人民日报评论年编·2011

人民论坛

人民日报评论部 编

人民日报出版社

图书在版编目(CIP)数据

人民日报评论年编.2011.人民论坛、人民时评/
人民日报评论部编.——北京:人民日报出版社,2012.1
　ISBN 978-7-5115-0768-6

Ⅰ.①人… Ⅱ.①人… Ⅲ.①人民日报-时事评论-2011-选集 Ⅳ.①D609

中国版本图书馆CIP数据核字(2011)第258163号

书　　名	人民论坛(人民日报评论年编2011)
编　　者	人民日报评论部
出 版 人	董　伟
责任编辑	鞠天相　蒋菊平
封面设计	艺和天下

出版发行:人民日报出版社
社　　址:北京金台西路2号
邮政编码:100733
发行热线:(010)65369527　65369512　65369509　65369510
邮购热线:(010)65369527　65369530
编辑热线:(010)65369538　65369514
网　　址:www.peopledailypress.com
经　　销:新华书店
印　　刷:北京朝阳印刷有限公司

开　　本:710mm×1000mm　1/16
字　　数:850千字
印　　张:56.75
印　　次:2012年1月第1版　2012年1月　第1次印刷

书　　号:ISBN 978-7-5115-0768-6
定　　价:98.00元

编辑说明

评论是人民日报的传统和优势，是人民日报的核心竞争力之一。2011年，按照"宣传党的主张，弘扬社会正气，通达社情民意，引导社会热点，疏导公众情绪，搞好舆论监督"的总要求，人民日报评论创新话语体系，完善知识体系，注重选题有"执政意识"、观点有"约数意识"、表达有"传播意识"、论证有"说服意识"，在党心和民意的共鸣中保持锐气和朝气，促进政府和民众的意见沟通、增强党和政府的公信力。

本书汇集了"人民论坛"、"人民时评"两个专栏2011年刊发的全部文章，其中"人民论坛"219篇，"人民时评"218篇，并附有电子版，敬请读者参阅、指正。

人民日报评论部
2012年1月

目 录

满怀信心迈向2012 　　　　　　　　　陈家兴/1
做人如写字,先方后圆 　　　　　　　　梁　衡/3
一年种了十年树 　　　　　　　　　　　严　冰/5
把优秀人才留在基层 　　　　　　　　　陈家兴/7
"德艺双馨"浅议 　　　　　　　　　　　永　春/9
下基层心中要有"红绿灯" 　　　　　　　谭用发/12
用责任赢得"微博未来" 　　　　　　　　刘晓悦/14
积极而为　量力而行 　　　　　　　　　金　苍/16
"功成不必在我任期" 　　　　　　　　　刘根生/18
中国稳中求进,走得又好又快 　　　　　叶小文/20
翻个筋斗明个理 　　　　　　　　　　　乐　其/22
我们需要什么样的"文化创造" 　　　　　周一波/24
大德在民 　　　　　　　　　　　　　　张金豹/26
防止"地沟油"反弹另有硬仗 　　　　　 清　唱/28
"城市家书"掀起的暖流背后 　　　　　　杨成林/30
"丰收灾"靠什么破解 　　　　　　　　　陈家兴/32
今天怎样为道德撑腰 　　　　　　　　　吕绍刚/34
干部就得有点精气神 　　　　　　　　　吕东升/36
道德建设需要"讲、议、行" 　　　　　　宣　言/38

"最美"行动诠释"德法相成"	马国英/40
自媒体时代的自律和他律	韩晓丽/42
知足·知不足·不知足	徐文秀/44
领导干部要有"底气"	魏地春/46
长点"精神"	姬建民/48
让文化提升人	张保振/50
只管干活 不用找人	李 平/52
"守德"如何不再难？	廖小言/54
说"沟通"	刘良军/56
媒体成长离不开"自我观照"	杜耀峰/58
给成绩打个"折"	桑林峰/60
一字一句总关情	辛士红/62
情浓自能化坚冰	王比学/64
教育的底色是公平	詹 勇/66
让权力成为一种负担	李永忠/68
贫困地区也有"富矿"	季 音/70
深一点，才能真一点	李 拯/72
"我不管"思维祸害不浅	郭震海/74
拥抱逻辑最给力	若 曦/76
"70亿地球"与"13亿中国"	詹 勇/78
改革需要"三不转移"	张 毅/80
让文化为幸福导航	向贤彪/82
少些"本能" 多些养成	王朝明/84
"生活就是不断地补课"	江 坪/86
文化"魂"与"体"辩证关系刍议	永 春/88
融入，新闻才有生命	王汉超/91
抵制过度娱乐化是电视媒体的责任	杨雪梅/93
从会风看作风 从作风看形象	君心言/95

辛亥百年"中国红"	舒　炼／97
中国进步的"辛亥开启"	孙东升／99
敢于唱"黑脸"	徐文秀／101
和谐诚为先	张　真／103
要到哪里听民声	郝斌生／105
知行合一以应社会关切	冯　舒／107
近一点，才能新一点	李　强／109
发展是最好的纪念	薛晓峰／111
百年不绝的铿锵之声	向贤彪／113
给子孙留下什么	桑林峰／115
搭好"渡人的梯"	田厚钢／117
辛亥革命开启社会新风气	陈家兴／119
多些创造性的"基层设计"	刘根生／121
"人人都是……"的现实思考	张　铁／123
领导干部要"始终装着问题"	蔡建华／125
切实加强道德建设	宣　言／127
辛亥百年说机遇	叶小文／129
"走转改"的启示	沈小平／131
直面问题要勇气更要能力	郑锦铭／133
百年探得复兴路	叶小文／135
身不离基层心不离群众	京　平／137
提拔了该感谢谁	何亚星／139
过度包装是一种浮躁	张　铁／141
莫以"官小"而失管	盛克勤／143
有心修得百年渡	叶小文／145
"仓廪实"更需行道德	桑林峰／147
青春之火照亮辛亥的天空	姚联合／149
做事的风格	张保振／151

贴得近才会更远	姜圣瑜/ 153
善用媒体方能推进"善治"	詹　勇/ 155
"攻得破"与"守得住"	卢福林/ 157
责尽心安　不计功利	劳　骥/ 159
今天,怎样讲好真话	赵振宇/ 161
让百姓唱主角	宣　言/ 163
新闻的"源头活水"在哪里	纪东冲/ 165
"二十八分钟典礼"的启示	吕万成/ 167
最美丽的风景在基层	严　冰/ 169
治治庸官	舒　炼/ 171
最是书香能致远	李泓冰/ 173
反对意见也是良药	高　岖/ 175
有反思的生活更幸福	张保振/ 177
严守为官做人的底线	桑林峰/ 179
社会需要"怎么办"思维	陈家兴/ 181
打通"最后一公里"扬显理论生命力	纪东冲/ 183
永远保持"那么一股劲"	辛士红/ 185
让老传统开出"时代花朵"	司空山/ 187
让科学发展观主导发展的思维	陈家兴/ 189
微博时代如何说话	唐维红/ 191
从"七一"到"八一"	向贤彪/ 193
"海拔高士气更高"的"西藏干劲"	陈家兴/ 195
六十载跨越千年的"西藏奇迹"	陈家兴/ 197
为人民服务是永远的"生命工程" 　　——"七一"重要讲话启示(一)	杜耀峰/ 199
总把群众当亲人 　　——"七一"重要讲话启示(二)	明岳思/ 201

把忧患作为一种执政心态
———"七一"重要讲话启示（三） 詹 勇／203
有"准备困难"就有"事业成功"
———"七一"重要讲话启示（四） 孙东升／205
"中国制度"撑起"中国传奇"
———"七一"重要讲话启示（五） 陈家兴／207
以信仰之旗凝聚青春力量
———"七一"重要讲话启示（六） 张 铁／209
真思亡危方能存安
———"七一"重要讲话启示（七） 李永忠／211
"躲不开、绕不过"提醒了什么
———"七一"重要讲话启示（八） 范正伟／213
民族复兴，在文化自觉中前行
———"七一"重要讲话启示（九） 吴 焰／215
先烈，人民不会忘记 向贤彪／217
"红花的种子"何以散遍中华 张 垚／219
红歌，中国人心中不朽的旋律 陈家兴／221
中国共产党为什么能保持先进性 叶小文／223
领导干部的人生标尺 郭 晓／225
西柏坡赋 梁 衡／227
人民的喜爱最珍贵 黄 石／229
共产党为什么能发展生产力 叶小文／231
先进是党员的"身份证" 岳光东／233
赓续我们的"非常之观" 朝 明／235
上海，红色起点的昭示 杨振武／237
风雨中洗礼优秀的品格 陈家兴／239
让"红色基因"代代相传 乐 其／241
与那些伟大的灵魂对话 桑林峰／243

郭明义的微博为何这么火	廖小言 / 245
从历史驶向未来的中国"红船"	詹 勇 / 247
共产党为什么能凝聚中华民族	叶小文 / 249
历史中蕴藏着永恒……	向贤彪 / 251
品德高下看"忧乐"	温振春 / 253
留下一个优雅的背影	辛士红 / 255
服务人民 没有最好 只有更好	强 卫 / 257
青海何以"大美"	卫 庶 / 259
"楚才"如何才能"楚用"	岳光东 / 261
"公选热"的冷思考	郝 淼 / 263
"会来事"与"会做事"	匡 吉 / 265
"焦桐"无语话政绩	郝斌生 / 267
谦让是社会和谐的种子	王开忠 / 269
社会管理从"心"开始	武雪梅 / 271
在"追寻"中沐浴崇高	孔祥武 / 273
社会管理当求"上工治未病"	简满屯 / 275
依法治国与依法治"权"	王比学 / 277
"流动中国"如何分享时代梦想	詹 勇 / 279
当"宝盒"比"宝珠"更炫目	朱 磊 / 281
"天花板"与"人往高处走"	乐 其 / 283
说百姓话 做百姓事	郭震海 / 285
领导干部应有"大气象"	李小三 / 287
互联网文明如何抵达？	詹 勇 / 289
由"二十年未变"想到的	陈洪锦 / 291
"网络理想国"怎样创建？	张 同 / 293
走进学习的春天里	张保振 / 295
共产党人的得与失	贾临波 / 297
就怕"不认真"	杨春长 王汉水 / 299

"键对键"取代不了"面对面"	廖小言 / 301
是什么磨掉了孩子的"棱角"	袁新文 / 303
不让"老好人"占先	刘祖华 / 305
个性充分发展是创新的必由之路	温红彦 / 307
"读书不肯为人忙"	向贤彪 / 309
如何甄别"老实人"与"老好人"	陈义芳 / 311
弄清"我是谁"	顾兆农 / 313
怎样认识"老好人"	陈国栋 / 315
寻找破译"心灵密码"的钥匙	林　尧 / 317
中国人的航空强国梦	严　冰 / 319
让历史走进今天	舒　炼 / 321
领导干部应多些"三司"	温振春 / 323
群众为什么爱"草鞋书记"	姬建民 / 325
让"艺术鲜花"植根"生活泥土"	卢新宁 / 327
制度创新让"腐败无门"	陈洪锦 / 329
也要学会"踱方步"	徐文秀 / 331
常与先烈"对对话"	辛士红 / 333
如何阻遏色情网站"卷土重来"	范正伟 / 335
想起了那些老党员	金采薇 / 337
民意采集应当讲科学	陈家兴 / 339
"跟跑"与"领跑"	向贤彪 / 341
"放下"的学问	蔡朝阳 / 343
文化遗产重在"神韵"	范正伟 / 345
"开门"还要"进门"	刘　杰 / 347
用"小载体"宣讲"大道理"	宣　言 / 349
稳定是"幸福大厦"的地基	詹　勇 / 351
科学要"慢"得下来	刘根生 / 353
当干部就得"在状态"	李小三 / 355

让安全为核电发展护航	范正伟 / 357
国产奶粉如何让百姓放心	张铁网 / 359
求解"幸福"的方程式	蔡朝阳 / 361
静观幸福热	梁　衡 / 363
我们怎样庆祝自己的节日	杨　杨 / 365
"跑两会"与"走基层"	刘成友 / 367
把欢乐长留基层	宣　言 / 369
自豪的底气	陈家兴 / 371
扎根沃土　承接地气	宣　言 / 373
做一只为民奉献的"玉兔"	王朝明 / 375
让基层成为干部成长的摇篮	裴智勇 / 377
没有边缘的岗位，只有边缘的态度	金采薇 / 379
基层还要经常走	汪晓东 / 381
从感动自己开始	何冠军 / 383
让政策更贴近实际	陈家兴 / 385
他们胸怀天下脚踏实地	桑林峰 / 387
一分布置　九分落实	宣　言 / 389
"三把火"与"先拾柴"	徐全利 / 391
幸福其实很简单	郝斌生 / 393
莫使"抓紧"成空谈	张守新 / 395
如果一生能用"热心"来概括	劳　骥 / 397
每个人都能走进"春天里"	王朝明 / 399
"十谢歌"走红折射了什么？	唐　宋 / 401
不负春光为百姓	戴　鹏 / 403
这样的爱心不仅温暖而且优雅	陈家兴 / 405
回家过年，解码温暖的力量	常　青 / 407
不为偏听常俯耳	向贤彪 / 409
坚持和强化楼市调控	王　炜 / 411

习惯如何决定命运 　　　　　　　　　张保振／413
"摩托妈妈"带来的不能只有感动 　　姜泓冰／415
"历史就是我们的一切" 　　　　　　桑林峰／417
干部之德重在"怎么考" 　　　　　　盛克勤／419
站出来，你就是英雄 　　　　　　　黄寒英／421
新年慰问，能否从"解疙瘩"做起 　　姬建民／423
读书的快乐从何而来 　　　　　　　杨春长／425
"敏感问题"躲不得 　　　　　　　　王皋子／427
一辈子做好一件事 　　　　　　　　郭震海／429
贺纪录频道开播 　　　　　　　　　詹　勇／431
历史应该如何"重新思考" 　　　　　刘根生／433
"指挥棒"与政绩观 　　　　　　　　马　磊／435
"怀着火热的耐心" 　　　　　　　　向贤彪／437
"温暖"怎么送才"保暖" 　　　　　　马　碧／439

满怀信心迈向 2012

陈家兴

不管人们的心情是期盼、兴奋还是忐忑，2012 这个举世瞩目的年份即将开始为世界计时。

新年伊始，展望世界，我们看到，尽管经济形势依然严峻复杂，但世界各国人民追求和平与发展的脚步依然没有停歇。欢欣与烦恼交织，进步与麻烦共存。这个星球就是一个变动不居的矛盾体，人类社会就是在不断应对挑战和危机中显示出非凡的意义。

我们看到，世界经济发展面临种种不确定因素，这让人不禁想起那个荒诞的"末日预言"。但几乎可以确信的是，误把玛雅历周期的一个结束日与其先入为主的世界终结日联系在一起，是荒唐的。

相形之下，中国古人"一元复始，万象更新"的认知更符合自然规律。2012 年又是一个双春年，中国民间总是抱有"双春年必是好年景"的美好期待。在错综复杂的国际大势之下，中国早已定准自身的位势，于无声处科学运筹，埋头苦干促进发展。

这一年，党的十八大将胜利召开，"十二五"规划承上启下，文化强国战略实施开局，如何贯穿科学发展主题和转变经济发展方式主线，如何保持经济平稳较快发展，如何实现社会和谐稳定，如何改善民生福祉，这些重大事件、重大任务，党中央早已点题定调、通盘谋划。身处复杂多变的国际大环境，面对我国经济运行中存在的矛盾、问题和风险，怎样完美写好2012年这一章？党中央强调要保持清醒头脑，增强机遇意识、忧患意识、风险意识，加强风险评估，及早准备预案。

作为明年经济社会发展的"总基调"，"稳中求进"不仅是切准国内外大势之脉后的科学决断，更折射了中国发展的独特气质。几十年来，中国正是走得稳，才积小步为大步，积小成为大成，走出了从容自信，走出了处变不惊。打动世界的"中国故事"之所以总有新意，备受关注的"中国传奇"之所以不断持续，奥秘正在于我们能够审时度势把握大局，以充满决断力、充满创造力、充满想象力的"故事大纲"，保证全篇撰写的精彩情节，推动中国航船的激流勇进。即将过去的一年，国际金融风暴的冲击，世界范围时局的动荡，都未能影响中国巨轮的平稳前行，在风云变幻的国际形势下，我们依然书写了令人叹服的篇章。继续发挥这些优势，"中国故事"的情节依然精彩可期。

再精彩的故事，也需要有信心的人来书写。再复杂的故事，也会有万变不离其宗的主题。这个人，就是信心满怀的亿万人民。这个主题，就是干好中国的事，办好老百姓的事。

新春试笔，就让我们写好2012年的中国故事。

（2011年12月31日）

做人如写字，先方后圆

梁 衡

我常恨自己字写得不好，许多要用字的场合常叫人尴尬。后来我找到了根子上的原因，自己小时用的第一本字帖，是赵孟頫的《寿春堂记》，字圆润、漂亮，弧线多，折线少，力度不够。当时只觉好看，谁知这一学就入了歧途。字架子软，总是立不起来。后来当记者，更是大部分时间左手握一个小采访本，右手在上面边听边划，就更没有什么体，只是一些自己才认识的符号。一次读史，说书法家沈尹默的字原来并不好，他和陈独秀相熟，一天在杭州友人聚会的酒桌上，陈当众挖苦他的字不好，沈摔筷下楼而去，从此发愤练字而成名家。"文革"中沈的检查大字报，常是白天贴出，晚上就被人偷去珍藏。我也曾多次发愤，但总是有比写字更重要的事等着我，使我一次次愤不起来。因为如果真要练字，就得从头临帖，从头去学欧阳询、颜真卿、柳公权，而这却要时间。真奇怪，欧、颜、柳、赵，三硬一软，我怎么当初就偏偏学了一个赵字呢？我甚至私下埋怨父亲没有尽到督导之责，一失酿成终身恨。

后来又看到曾国藩谈写字，说心中要把圆形的软毛笔当作一个四面体的硬木筷去用，转角换面，字才有棱有角，有力有势。于是我就去帖求碑，以求其硬，专选《张黑女》、《张猛龙》这种又方又硬的帖子来练。说是练，其实是看。办公桌一角摆上"二张"，腰酸背困之时，翻开看上几眼,过过瘾。练字要有童子功,就像小演员走台步,要用笔锋走遍那字架的每个角、每个棱。童子早不再,逝者如斯夫,我还是没有时间。字没练成,理倒是通了:学字要先方后圆。先把架子立起来,以后怎么变都好说。就像盖房,先起钢筋、骨架、墙面,最后装修任你发挥。如果先圆再去求方,就像对一个已装修完的家,要回头去改墙体结构,实在太难,只有推倒重来。而人生没有返程票,时光不能倒流,岂能什么事都可以推倒重来?只好认了这个苦果,好字待来生了。

字没有补练成,是因为挤不出时间,静不下心。世事纷扰,总是在应付着怎么做人。但提笔办公写作时倒是悟出一个道理,做人如写字,也要先方后圆。赵孟頫是宋臣而后又事元的,确实圆而不方,不像文天祥。人若能先方,即小时吃苦磨练,修身治学,品行方端,后必有大成。如果一个人,少年时就圆滑、懦弱,就很难再施教成才;而小时方正,哪怕刚烈、莽撞些,也可裁头修边,煨弯成才。

(2011年12月30日)

一年种了十年树

严 冰

国家林业局提供的最新信息显示，今年全国9000万亩的造林任务已提前一个月完成，其中重庆、福建、江西、辽宁、黑龙江、广西、湖南等地，一年种了十年的树。

常言道，十年树木。挖坑栽树非常辛苦，从种下到成材，需要十几年甚至几十年的时间，这期间还要精心管护、科学抚育，防止火灾、虫害和人为破坏。在自然条件恶劣的地方，养活一棵树跟养活一个孩子一样不容易。

一年种了十年树，延续的是一代又一代人的理想心愿。毛泽东曾极有远见地指出，"林业是个很了不起的事业"、"林业将变成根本问题之一"。邓小平倡导全民义务植树，强调"要坚持二十年，坚持一百年，坚持一千年，要一代一代永远干下去"。江泽民发出再造秀美山川的号召，强调植树造林要全党动员全民动手。胡锦涛等中央领导同志身体力行、率先垂范，带头义务植树。近10年来，以生态建设为主的林业发展战略稳步推进，我国每年造林都在8000万亩左右，人工林保有面积占世界总量的1/3。

一年种了十年树，折射的是国家和民族对绿色生态的渴望和追求。上至国家领导人，下至黎民百姓，无不倾情、倾心、倾力地植树造林、绿化祖国。"林业英雄"马永顺生命不息、栽树不止。"治沙英雄"石光银坚守沙漠几十载，把治沙作为一辈子的事业。"大山之子"杨善洲退休后扎根大亮山22年，把荒山变成了绿色银行。"既要金山银山，更要绿水青山"，近年来，生态优先、绿色发展已经成为各级政府的执政理念，生态良好、生态幸福已经成为人民群众的共同追求。

春秋时期的政治家管仲曾把树谷、树木、树人并列，作为国家发展的根本大计。可是，人类历史上，曾有过度砍伐森林、造成水土流失的惨痛教训。联合国《2000年全球生态环境展望》警告说，全球森林已从人类文明初期的76亿公顷减少到38亿公顷，这种状况如果不改观，森林资源将难以支撑人类文明的大厦。

基于这样的教训，我们更加深刻地认识到，林业不仅是重要的资源库、能源库，不仅关系国家能源安全和生态安全，更是人类生态文明的重要基础。今天的林业已经远远不是种几棵树、提供几根木材那么简单。科学家形象地比喻说，林业分别保护着地球的"肺"和"肾"，医治地球的"癌症"，提升地球的"免疫能力"。失去森林，人类就会失去生存的根基，就会失去未来。

联合国副秘书长沙祖康曾指出，当前，全球面临气候变化问题，森林也在不断退化和过度砍伐，但中国的森林面积和蓄积量在不断增加，这不仅提高了中国的国际地位，而且向全世界展示了负责任大国的形象。造林就是造福。林业已经成为一项养眼、养心、养生的事业。一年种下十年树，种更多的树、更好的树，留给未来的是绿水青山、美丽家园，是我们今人献给未来世界的一笔宝贵财富。

(2011年12月29日)

把优秀人才留在基层

陈家兴

天桥上,轻生少女陡然一跃。说时迟,那时快,重庆交巡警王静右脚斜迈虚步,快速把双手举过头顶,触手间果断收手收腹,顺势卸力抱住少女,又迅速回撤右脚,进而屈膝后倒,抱着女孩向地面滚去……事后有人计算双方接触瞬间少女冲击力约440公斤,竟被一副好身手的王静化于无形。面对徒手高空接人却毫发无伤的奇迹,人们惊叹:这莫不是武侠小说中的盖世武功"乾坤大挪移"?

"新入监罪犯的思想和孩子的体质一样,很脆弱。孩子照顾得好,能少生病,新犯也是一样。我多做些工作,他们将来改造就能少走弯路。"徐州监狱民警汪家杰用心去感化犯人,20多年里,他教育管理的罪犯数以千计,转化过的顽危犯有百余人。他能把昔日好斗的"刺儿头"变成改造积极分子,也能让濒临破碎的家庭和好如初。

王静、汪家杰只是千万优秀政法干警中的一员,但他们都有一个共同特点,身在基层,又都有经验、有水平、有本事。如果他们平庸一些,事情或许是另一番景况。正因为他们优秀出色,处理各种复杂问题得心应手,也就化解了不少矛盾问题,成为构筑当代中国大厦不可或缺的基础柱石。

"政法工作的活力源泉在基层,主要的执法活动在基层,工作的重点难点也在基层。"刚刚结束的全国政法工作会议这样定位基层政法工作,从一个侧面深刻揭示基层基础工作对于党和国家大业和大局的重要性。事实上,不仅仅是政法领域,从基层干部到基层党组织,从基层教育到基层医疗,哪一个领域的工作,都是构筑大厦的"基础件"。一个领域疏忽了,一块基石因质量问题难以承受应有的重量,要么就会导致大厦墙体"开裂",要么就会使其他基石承受的力量过载。

最活跃的发展动力在基层,最复杂的矛盾问题也在基层。每年每天,都会有大量的新事情新事务,出现千奇百怪的新情况新态势,即使是一些旧矛盾老问题也可能出现新角度新趋向,这是事物发展的一种必然。适应这个必然性,就需要把矛盾纠纷解决在萌芽状态。而要做到这一点,归根结底要靠广大基层工作者特别是优秀人才。正如有的大学生当猪倌、收破烂最终也能创造成就一样,优秀人才处理各种矛盾问题讲方法、有技巧,面对新情况新事物肯动脑、善学习,因而即使面对一项极其平常的工作,他们也往往能干出不一样的精彩来。

基层不牢,地动山摇。多年来,无数事实已经证明基层在社会治理中的重要地位。郡县治则天下安,基层向来是改革发展的主战场、保持稳定的第一线、服务群众的最前沿。把有经验、有水平的优秀人才留在基层第一线,实际上也就保证了发现问题的契机,提高了解决问题的效率,增强了服务群众的水平,从而才能最大限度地方便群众,最大限度地把矛盾化解在基层,夯实我们党的执政根基。

当代中国越是发展,越是需要把大量优秀人才留在基层,需要他们在基层贡献才智、施展才华,开创出基层不一样的生面来。显然,对这个问题光有倡导远远不够,而需各级领导给予政策倾斜、进行"制度设计",把精力、注意力更多放到基层,把人力、物力、财力更多投到基层,真正做到人往基层走、劲往基层使、钱往基层花。如此,基层必是一潭活水,社会的和谐稳定就有保障。

(2011年12月28日)

"德艺双馨"浅议

永 春

党的十七届六中全会提出，要引导广大文化工作者特别是名家名人自觉践行社会主义核心价值体系，增强社会责任感，努力追求德艺双馨。胡锦涛总书记在中国文联第九次、中国作协第八次全国代表大会上的重要讲话中，希望广大文艺工作者始终坚持德艺双馨，更加自觉、更加主动地承担起弘扬文明道德风尚的历史责任。这些要求，揭示了德与艺两位一体、密不可分的辩证关系，为广大文艺工作者坚守艺术理想、承担社会责任、实现人生价值指明了方向。

文艺工作者素有人类灵魂工程师的美誉，承担着提高人民精神境界、培育社会文明风尚的光荣使命。正人必先正己。要做到这一点，文艺工作者首先要努力塑造自己的崇高灵魂，始终追求德艺双馨。德，就是个人品德、职业道德、家庭美德、社会公德、职业精神、价值取向、社会信誉，以及理想信念、思想境界、精神追求等，是中华民族优秀传统文化和社会主义先进文化的集中体现，是文艺工作者立身处世之根、人格魅力之本。艺，就是艺术才华、艺术能力、艺术思想、艺术风格、艺术境界等，是艺术造诣的集中展现，是文艺工作者成就事业之基、艺术魅力之源。德与艺相辅相成、辩证统一，德是艺的灵魂，决定着艺的发展方向；艺为德提供支撑，是德发挥作用的基础。所以，立艺先要立德，人品决定艺品。古人讲"才者，德之资也；德者，才之帅也"，说的正是这个道理。在艺术实践中,有德而少艺,对群众不能形成强烈的艺术感召力和影响力,德就难以彰显;有艺而缺德,在群众中没有良好的形象和口碑,艺就难以真正被社会认可甚至还会成为反面典型;唯有德艺双馨,才能使高尚的人品和高超的艺品相得益彰、行之久远,受到群众发自内心的欢迎和喜爱。

文以载道,以文化人。古往今来,凡是那些流芳百世、脍炙人口的经典名篇,无不以美的内涵和形式激浊扬清、陶冶情操;凡是那些受人尊敬、广为赞誉的名家大师,无不以精湛的艺术魅力和高尚的人格魅力为人师表、昭示后人。仅从近现代的文坛和艺术界来看,这样的例子就比比皆是。鲁迅以"横眉冷对千夫指、俯首甘为孺子牛"的精神,用匕首和投枪一样的笔锋铸造了"民族魂";梅兰芳面对日寇的威逼利诱,毅然蓄须明志、息影舞台,表现出一代艺术大师的铮铮铁骨;抗美援朝期间,常香玉带领剧社走遍大半个中国,通过义演为前方将士捐献了一架战斗机,展示出高尚的爱国情怀;吴冠中一生不尚奢华、生活俭朴,却把精心挑选的几百幅画作以及多次作品拍卖所得,全部无偿捐赠……这些崇德尚艺的名家大师,以高尚的道德追求和高超的艺术造诣,诠释了德艺双馨的丰富内涵,树立了德艺双馨的光辉典范。他们的艺术历程和社会影响充分说明,德艺双馨是文艺家自己用人格品德、艺术实践铺就的人生轨迹,是历史和人民的客观评价,是文艺工作者追求的最高境界。

党的十七届六中全会吹响了向建设社会主义文化强国进军的新号角,我国文化建设迎来了繁荣发展的黄金时期。在这个百花盛开的文艺春天里,中国特色社会主义日益显现的勃勃生机和旺盛活力,既为不断涌现精品力作提供了丰厚的实践沃土,也为多出优秀人才特别是名家大师创造了良好环境。一切具有崇高精神力量又富有高超艺术才华的文艺工作者,都可以在人民的历史创造中进行丰富多彩的艺术创造,在推动社会文明进步中成就自己的艺术辉煌。在这样空前广阔的艺术舞台上,广大文艺工作者要自觉把德艺双馨作为毕生追求的奋斗目标。只有坚持把思想性艺术性观赏性相统一作为不懈追求,以十年磨一剑的精神,心无旁骛、潜心创作,才能打造出更多经得起历史和人民检验的精品力

作。只有坚持贴近实际、贴近生活、贴近群众,向实践学习,拜人民为师,艺术成就才会受到人民群众的认可、赢得广泛社会赞誉。只有坚持把思想道德修养作为立身和创作之本,在不断提高作品艺术水平的同时,始终如一地提升自己的道德境界和思想品格,才会形成人品与艺品共进、人格和艺术魅力俱佳的德艺双馨,才能产生真正的传世佳作和名家大师。

国运昌,文运兴。在中华民族伟大复兴的进程中,中国特色社会主义文化发展道路必将越走越宽广,时代呼唤更多德艺双馨的人民艺术家,呼唤更多无愧于历史、无愧于时代、无愧于人民的鸿篇巨制,让我们一起为之努力。

(2011年12月27日)

下基层心中要有"红绿灯"

谭用发

"领导干部下基层,心中要有'红绿灯'。规章制度须遵守,轻车简从莫扰民。"这是几年前我们到基层调研时,一位离休老干部送的几句话,至今记忆犹新,感触很深。

领导干部下基层调研层层陪同,不仅浪费人力财力,也影响了调研的质量。实际上,对这种做客式的调研,中央早就亮了"红灯"。2001年,党的十五届六中全会《决定》规定:"党政领导干部下基层要轻车简从、减少陪同,不准超标准接待。"2009年,党的十七届四中全会《决定》再次强调:"领导干部下基层调查研究,要轻车简从,不扰民,不搞层层陪同,不组织群众迎送。"遗憾的是,这些规定在一些地方没有得到很好的落实。尤其让群众反映多的是,有的领导干部下基层,车到路口遇上红灯,往往也是呼啸而过。

对基层的超标准接待,不少领导干部碍于面子,不好意思当场严厉批评、坚决要求纠正。有的渐渐习惯了前呼后拥的阵势,不这样反觉得"没面子"。如果领导干部真心不想给下面增加负担,就应该严格遵照中央的规定行事。安徽省农口有位领导干部,经常直接深入到田间地头,了解农情,检查工作,用餐时常在路边小餐馆自行解决。一开始基层也有一些同志不理解,认为他故作清高,在作秀。后来时间长了,对他这种始终如一、低调务实的作风,都表示信服和钦佩。

超标准接待屡禁不止，与对违规人员的监督和处理不严有关。领导干部到基层调研的地方，大都是自己管辖的区域，对地方的违规接待有直接的"话语权"，完全能够及时制止。可是，在对违规接待问题的监督和处理上，一些领导同志的态度是暧昧的，有的甚至压根就没想解决这方面的问题。几年前，有家电视台想拍摄一组严格按照红绿灯指示过马路的行人，栏目组在一路口观察了很长时间，竟没有找到一位符合规定要求的入镜人选。由此他们认为：在没有警察或电子眼监控的情况下，红绿灯的作用是有限的。领导干部下基层亦是如此，缺乏对超标准接待问题的监督和处理，再好的规定也会被束之高阁。

甚感高兴的是，在最近开展的走基层活动中，有的领导干部采取不打招呼、不要陪同、一竿子插到底的方式，吃住到农民家里，与他们交朋友、拉家常，了解群众的真实意愿和要求，群众感到很亲切、很亲近。有的群众说："解放初干部的好作风又回来了。"

领导干部下基层，心中要有"红绿灯"。愿所有的领导干部都能自觉遵照中央的规定，在走基层的实践中，走出好形象，走出真成效，走出与群众的真感情。

(2011 年 12 月 26 日)

用责任赢得"微博未来"

刘晓悦

"后台实名、前台自愿"。最近北京、广州、深圳陆续出台规定，要求组织和个人在注册微博时，使用真实身份信息。由此也引发了人们关于网络责任的思考，以及对微博未来的瞻望。

自2009年8月新浪推出"测试版"至今，两年多时间，微博在各大网站迅速兴起，微博用户数量超过3亿，成为我国互联网发展的标志性事件。今年以来，从"微博打拐"，到"免费午餐计划"推广，再到"郭美美"事件，微博发挥的积极作用表明，它不仅是一场技术革命，更助推着社会各个方面的进步。

但与此同时，诸如"金庸去世"的谣言、虚假广告的传播、"僵尸粉丝"的买卖……微博"双刃剑"的另一面，不仅损害了公共利益和公众利益，也引起网站、用户和公众的不满。这提醒我们，如果说在发展初期，放水养鱼难免泥沙俱下，在微博已经具有相当规模、产生巨大影响的当下，要实现微博的长远健康发展，就决不能"萝卜快了不洗泥"。毕竟，一个谣言满天、粗话连篇的微博，谁也不愿意看到；诚信、责任与自由一样，都关乎微博未来。

"在互联网上，没有人知道你是一条狗"。这条流传已久的黑色幽默，道出了网络匿名的特点。应该说，匿名微博，为直率批评、匿名举报、舆论监督提供了许多便利，促进了包括微博在内的网络发展。然

而，也正是因为匿名的"来无影去无踪"，导致了一些不负责任的态度在网上流行，为网络谣言的传播、网络水军的泛滥提供了土壤。正因如此，作为世界上互联网最发达、普及率最高的国家之一，韩国几年前就通过推行网络实名制，以此打造安全健康的网络环境。

自由同时意味着责任。在自媒体时代，微博虽然是行使个人表达权利的私人信息载体，但由于其广泛传播的特性，也使得微博具有了公共属性，因此也必须遵守相应规则，在自由和责任之间获取平衡。在这个意义上，"后台实名、前台自愿"的操作方式，兼顾了各方面的利益，既考虑了微博用户对隐私权的关切，同时也有利于净化微博言论，打击不负责任的网络谣言，遏制"僵尸粉丝"等不良微博营销行为。这也是为何微博"实名制"出台后，拥有超过2.5亿用户的新浪股票当日反弹上涨，美国华尔街投行分析师说"实名制规定的出台比传言更好"。

正如一位论者所言，在社会发展中，指望匿名来传播真话推动进步，终究只是一种无序的、低质量的运行状态。通过类似"后台实名"等机制的建立，让微博在更高层次释放建设性力量，符合当下微博发展的阶段性特征，也必将推动微博向更高水平发展。当然，在这一过程中，我们既要提醒发言者的责任，同时也要强调网站和监管部门的责任。"后台实名"后，如何防止用户个人信息的泄露，如何让监管在法治轨道运行，这同样考验着网站的社会责任、监管部门的管理水平。

(2011年12月23日)

积极而为 量力而行

金 苍

"积极而为，量力而行"，近日召开的中央经济工作会议再次将"改善民生"放在突出位置。改革深水区、社会转型期，这八字民生观，意味深长。

民生问题，关乎千家万户。我国有1亿多小学生、5000多万初中学生，背后是超过3亿的家长群体；我国老年人口数超过整个欧洲老年人口之和，"4—2—1"的家庭格局让更多人面临赡养压力。可以说，从成长到养老，每个人的一生，都与"民生"二字紧紧相连。对于以"为人民服务"为宗旨的执政党，民生是最大的政治，怎能不积极而为？

因为庞大，更显复杂。正如有人所说，中国各地发展阶段，囊括"三个世界"，跨度超过百年。区域差距、城乡差距、行业差距、群体差距……差异性，使每一地、每一步都面临不同的"发展语境"。比如农民工问题，对中西部流出地，表现为留守儿童和老人的问题；对东部流入地，则是权利保障和社会融合的问题。根据情况，量力而行，同样重要。

"积极而为"与"量力而行"结合，才能更好地保障和改善民生。以医改为例，国家层面高度重视，多次提出总体意见；各地根据不同情况，探索适当路径：有20多亿元地方财政收入支撑的"神木模式"，

也有贫困县走出的"桑植探索"、"蓝山经验"。即便面临"最高难度"的医改,北京也在"宁要微词,不要危机"的宗旨下,跨出建立门诊医生工作站、预约挂号等改革的一步又一步。

从方法层面看,积极而为,是顶层设计,调动财政、制度、社会等各种资源,有什么问题就解决什么问题;量力而行,则是因地制宜,根据不同情况、不同发展阶段,有多大能力就解决多大问题。在涉及最广大人群、最广泛区域的民生政策上,这二者结合,尤为重要。

不仅是方法论,"积极而为,量力而行"更是负责态度和科学精神的统一。无论是就业、教育、社保,还是医疗、农民工、保障房,这些领域莫不面对欠账较多、财力有限、头绪繁多的问题,莫不需要以极大勇气和担当推进改革。也正因此,才更需要实事求是、尊重规律,在闯关之路上走稳走好。

实践中,"积极而为"与"量力而行",相辅相成,缺一不可。没有了积极而为,量力的天平上,困难容易压倒条件,量力而行反变成"量力不行"。而如果没有量力而行,积极而为就可能成为"极端而为",好心办坏事,适得其反。

回首中国改革发展的历程,从"杀出一条血路"、"摸着石头过河",到科学发展、包容增长,都隐含着积极而为与量力而行的哲学。不仅是在民生领域,在经济、政治、文化、社会"四位一体"大格局中,同样需要把握好两者的辩证关系,才能把中国带入更美好的未来。

(2011 年 12 月 22 日)

"功成不必在我任期"

刘根生

一位领导同志在谈到"一把手"应当是什么样的人时说，干部总有更替，任职总有期限，但一个地区科学发展总体方向不能变，科学规划基本思路不能变，应保持工作连续性和稳定性，每一位领导干部都应该有"功成不必在我任期"的境界。

"地上本没有路，走的人多了，也便成了路"。反过来，地上有了路之后，走的人少了，没人走了，路也会渐渐荒芜。如果实践已证明那是一条康庄大道，后人偏偏不愿走，非得再辟新途，就不是一种理性的态度。

领导干部交替是正常规律，只有一任接着一任干，"一张蓝图绘到底"，蓝图才能变成现实。如果新官上任，纠结于"功劳算到谁头上"，放着现成路不走，硬要"走自己的路"，工作连续性就会被打断，可持续发展就可能沦为"断断续续发展"。"尾巴工程"，"半拉子工程"，"前任建后任拆、前人挖后人填"现象，大多由此而生。从路径选择角度看，"功成不必在我任期"意味着承前启后，在正确道路上继续走下去，不去计较目标到达后功劳归谁。此等"不变"，绝非保守，而是一种理智，也是一种境界。

"功成不必在我任期"，也意味着在继承中创新。无论规划多么有前瞻性，也难以涵盖现实及未来所有新情况新问题新矛盾。若是没有创新，什么都照老样子来，那是因循守旧，只能走进死胡同。当然，创新不是简单地搞"无中生有"，而是在继承基础上发扬光大，在落实中具体问题具体分析。没有继承，创新就成了无源之水，所谓"走前人没走过的路"很可能成为撞大运。继承也不是以前怎么做今天就怎么做，前人说多少今人就做多少，沿着前人之路亦步亦趋，而是放眼现实，有所取舍，在实践中完善。

"功成不必在我任期"更深层意思还在于，既要干好在任见效之事，又要干好后任才能见效之事。据说有种毛竹，最初5年里，它总是向地下生根，根系可伸展出几公里，人们几乎看不到它有什么变化。第六年雨季到来时，毛竹终于钻出地面，之后就像施了魔法般以每天近两米的速度生长，一直长到30米高。试想，没有长时间根系培养，哪来日后快速成长？经济和社会发展，也是这个道理。如果"任期"意识过浓，太看重任内政绩，就可能放弃"根系"培养工作。

历史是条长河，"今天比昨天好，明天比今天好"是社会进步的结果。然而，我们也不能忘了，今天胜于昨天，既不等于"昨天"一无是处，也不全是今人功劳。站在前人肩膀上，"今天"才能比"昨天"走得更高更远。同理，"明天比今天好"，得看今人怎么干。今人多做"根系"培养工作，"明天比今天好"才能成为必然。若是急功近利、寅吃卯粮，杀鸡取卵、竭泽而渔，"明天"怎样就要打个问号了。"功成不必在我任期"，就蕴涵着这种历史观、发展观、功德观。

(2011年12月20日)

中国稳中求进，走得又好又快

叶小文

改革开放 30 多年，中国一路走来，创造了"三个十年"连续增长的奇迹。纵观一部近、现代世界经济史，能继续走好"第四个十年"的经济体，几乎没有。中国能否迈过这个坎，创造新的发展奇迹？

即将过去的 2011 年，中国继续呈现增长较快、价格趋稳、效益较好、民生改善的良好态势。面对复杂多变的国际政治经济环境和国内经济运行新情况新变化，在即将到来的 2012 年，中国能否续写成功，给全球经济注入新的活力？世界在拭目以待。

刚结束的中央经济工作会议，向世界发出中国声音：我们能一路走好！我们的走法，就是"稳中求进"。

稳，保持宏观经济政策基本稳定，保持经济平稳较快发展，保持物价总水平基本稳定，保持社会大局稳定。进，继续抓住和用好我国发展的重要战略机遇期，在转变经济发展方式上取得新进展，在深化改革开放上取得新突破，在改善民生上取得新成效。

稳中求进，要把稳增长、控物价、调结构、惠民生、抓改革、促和谐更好地结合起来。那么，稳增长与调结构如何结合？稳增长能否调结构，调结构能否稳增长？

与其理论上争执纠结，不如实践中寻找答案。当今世界，经济结构调整和转变发展方式的制高点，是大力发展绿色经济，积极发展低碳经

济和循环经济。以西部欠发达地区四川遂宁为例，人口密度大，地下缺资源，手上缺资金，经济发展速度缓慢、质量不高，产业结构不合理。落后地区搞绿色经济，能不能？大跨度的经济结构调整和发展方式转变，行不行？

遂宁回答：能。他们摒弃高耗能、高污染的生产方式、生活方式，着力发展生态种植业、绿色养殖业、农业循环经济，加快建设现代生态田园城市。现在，绿色产品上飞机、进超市、入万家，电子信息、生物制药、绿色能源产业快速崛起，现代商贸物流快速发展。人均地区生产总值由2005年的5789元增长到2010年的13837元。

从切薯片到做芯片，从"居中不通"到"交通枢纽"，从"丘陵盆地"到"开放前沿"，从"被动保稳定"到"源头创和谐"……遂宁的探索充分说明，搞绿色经济也能促进稳定增长。因为经济发展和环境保护本来就是相辅相成的，环境就是吸引力，环境就是凝聚力，环境就是生产力。

生机勃勃的创造，在于人民群众本身。中国远非一个遂宁，到处都有稳增长、调结构的生动实践。率先发展的东部地区正在华丽转身：上海借鉴世博会期间的先进低碳案例，开始向低碳城市进军。江苏先行试点，打造沿海低碳经济示范区。浙江致力于创建循环经济示范省。广东把推动低碳产业作为经济新增长点。中部，有努力建设资源节约型、环境友好型社会的湖南，有以低碳经济发展示范区为目标的武汉城市圈。就连西部最贫困的贵州毕节，也在锲而不舍地"生态建设，开发扶贫"……

中国，这个后起的发展中大国，正稳中求进，走得又好又快。

（2011年12月19日）

翻个筋斗明个理

乐 其

前两年,贵州省瓮安县曾发生过一次大规模群体事件。当地党委政府吸取教训,加大了解决历史遗留问题的力度。其中一次上访5年多的林地纠纷积案,通过5个多小时实地勘察,3个多小时现场调解就得以圆满解决。翻个筋斗明个理。瓮安县有关领导说,同群众坐在一条板凳上想问题,平等协商解决问题,就没有解不开的疙瘩。

群众的怨声和骂声,有时也是解决问题的先声——用马克思的话说,翻一个筋斗,就成为真理。领导的责任就在于从翻筋斗中买个明白,从自身教训中找到真理,从而吃一堑长一智,增强做好工作的本领。

同群众坐在一条板凳上,说的是立场问题。毛泽东同志曾经指出,同人民群众的关系不是一般的方法问题,而是根本态度和根本宗旨问题。做好群众工作,前提是要站稳群众立场,维护群众利益,真正把群众当主人、当亲人。只有以此为根本出发点,才能摆正与群众的位置,尊重群众、依靠群众,顺应民意、善于行止。

群众的利益是最高利益。我们做一切工作,说到底都是为了让群众过上越来越美好的生活。近年来,因征迁工作引发的矛盾纠纷日渐突出。凡是做得好的地方,都能秉承和谐征迁的理念,严格按照法定程序办事,切实保障群众的权益,使群众的生活水平在征迁后不下降,力争有提高。如此，就能使征迁工作顺利推进，在维护群众利益与促进发展之间找到平衡点。

与群众平等协商，说的是解决问题的方法。做好群众工作是一门科学、一门艺术，除了感情投入外，还应掌握正确的方法。一些同志在工作中吃"闭门羹"、遇"冷脸"，甚至受气挨骂，从自身方面找原因，大都与工作方法简单粗暴有关。对群众颐指气使，搞强迫命令那一套，自然群众不买账，还极易产生对立情绪。瓮安县3小时消解5年积怨，其成功之处在于深入群众，与群众平等协商，充分听取和尊重群众的意见，入情入理地做好说服和劝解工作。

实践证明，平等协商是化解矛盾、解决问题的有效方法。平等，就是要求干部放下架子，带着深厚的感情，带着解决问题的诚意，真情体察民情，真心倾听群众呼声，为解决问题创造良好的前置条件。协商，就是充分发扬民主，认真听取各方意见，与群众面对面地寻求解决问题的"锦囊妙计"。只有这样，才能彼此消除误解、增进谅解、达致和解，赢得群众的理解和支持。

胡锦涛总书记在"七一"重要讲话中指出：社会矛盾运动是推动社会发展的基本力量。要遵循社会发展规律，主动正视矛盾，妥善处理矛盾。一方面，我们要做善治的"上医"，"见几而作，不俟终日"，及时敏锐地发现苗头，防微杜渐，使问题"察于未萌，止于未发"，牢牢掌握工作的主动权。另一方面，当问题发生之后，要勇于担当，以直面矛盾的勇气和认真负责的态度，采取及时有效的措施，在第一时间、第一地点把问题解决好。如果回避矛盾、推诿扯皮，就会积怨甚多，小事拖大，大事拖"炸"，严重影响党和政府的形象。

马克思指出，社会公仆应当"真诚地同情人民的一切希望与忧患、热爱与憎恨、欢乐与痛苦"。只有当群众发现干部真的是为了他们的利益，才会把干部当亲人，心贴心，和干部一起走。

（2011年12月16日）

我们需要什么样的"文化创造"

周一波

"文化引领时代风气之先,是最需要创新的领域"。党的十七届六中全会吹响了文化兴国的进军号角,解放文化生产力,推进文化创新创造,构建与经济"硬实力"相协调、相促进的文化"软实力",成为各地积极思考和探索的重要课题。

当前我国正处于重大的社会转型期,人们思想活动的独立性、多样性、选择性日趋增强,体制、利益的调整以及各种思想的碰撞带来矛盾和冲突,社会主体之间的关系变得日益复杂。越是在思想多元的背景下,文化整合凝聚、规范认同的作用就愈加凸显;越是在物质满足的语境中,构建符合当代国人生存状态和精神需求的文化就更加迫切。

说到文化,不少人认为会唱两首歌,背两首诗,说几段排比句,就很有文化,这只是浅尝辄止。即便是身怀绝艺的歌唱家、书画家,如果言行粗俗,道德低下,也只能是有体无魂,人们照样说你没文化。文化强弱不是以具体的文化样式而论,而是全方位深度的表现。那种"假古董吃香、真文物遭殃"的怪相,那些哗众取宠、过度包装的作品,是异化了的文化。

文化的根本功能是提升人的精神境界,为社会生活提供意义系统和价值系统,使人不仅在物质生活上,而且在知识、道德、审美各个方面得到全面发展。"以文化人"方能致远。同样的话题你讲的巧,同质的

工作你做的精，同行的关系你处的好，大家就会从内心里敬佩你……实际上，这种由文化所彰显的软实力，与中国传统思想中的"王道"一脉相承，具有一种安近来远的力量。

"物质文明的快速发展，呼唤精神文明疾步赶上。"这些年来，从文化立省到书香城市再到农家书屋，这种文化自觉、自信和自强的局面让人倍感振奋。与此同时，某些因文化失调而导致的发展误区也令人警思：一些地方不管基本史实竟相争抢名人、建庙造神，把保护传统文化变成了"祖先争夺"；有的地方则不顾客观条件搞大活动大景观大园区，将文化建设异化为"土木工程"。这种种现象说轻了是没文化，说重了就是害文化。

文化建设必须遵循文化发展规律，不是大干快上，一夜成名，需要长期涵养、积淀。就一个城市而言，在同等条件下，应该从区域和谐稳定看文化的社会调理功效，从经济发展质量、生态文明建设成效看文化的底蕴根基表现，从文化创新能力看文化的精神气象格局，从人民群众满意度和安居乐业看文化的为民惠民成果。同样，一个国家的文化发展水平，也要以民风和不和、民心齐不齐、创新成果多不多、幸福指数高不高等一系列指标去衡量。

鲁迅先生曾说："文化是骨髓里的东西。"文化发展繁荣不是空喊口号，而是知时好雨、润物无声；文化神采飞扬不是搽脂抹粉，而是静水深流、精气内行。始终坚持先进文化引领，以系统的理念科学谋划，以务实的态度把握规律，以超前的思维融会贯通，才能挥洒自如、令人向往，不断提高文化影响力、吸引力和竞争力。

(2011年12月15日)

大德在民

张金豹

在山东寿光，谈起老书记王伯祥，男女老少都会竖起大拇指赞不绝口，大街小巷不乏以他名字命名的店铺；在福建东山，每到春节和清明，人们会自发去老书记谷文昌坟前烧香，"先祭谷公，后祭祖宗"成为当地习俗；在河南各地，老百姓流传这样两句话："走遍河南山和水，至今怀念三书记"。他们说的"三书记"，是指兰考的焦裕禄、林县的杨贵、辉县的郑永和。

这些曾任县委书记的老同志都已离开岗位多年，有的早已去世，为什么老百姓对他们念念不忘？答案很简单，他们给老百姓办了好事，谋了福祉。王伯祥在寿光任职时，带领县委一班人扑下身子，与群众一起风里来、雨里去，改造盐碱地，开发滩涂养殖，发展大棚蔬菜，把贫困县变为全国百强县。谷文昌初到东山，面对的是风沙肆虐，民不聊生。他带领群众战风沙、植林带、建水库、筑海堤，使东山岛成为我国东南沿海的一颗明珠。焦裕禄等人的事迹更是家喻户晓。

然而，与他们形成鲜明对比的是，有些干部同样为官一任，但很快成为过眼烟云，在人们记忆中留不下什么印记。有的甚至还在任上，群众就看着不那么顺眼了。

实际上，在一个地方任职，干不干事，为谁干事，怎么干事，群众看得最清楚，感受最直接。如果天天耍嘴皮子，讲得天花乱坠，行动上不动真格的，老百姓不会买账；专干替自己脸上擦粉的形象工程、政绩工程，老百姓不会满意；一味地向上级讨巧讨好，不管群众疾苦冷暖，老百姓不会欢迎；只顾眼前、不管长远，长了自己的脸，断了子孙后代的路，老百姓不会拥护；热衷于自我设计，为了自己升迁提拔，不惜与民争利，甚至牺牲群众利益的，老百姓不会高兴；那些沉溺于灯红酒绿、声色犬马，一贯私欲膨胀、喜欢中饱私囊的，老百姓更不会答应。

我们党选用干部强调德才兼备、以德为先。德是人的立身之本，对各级干部来说，德是为官之魂。德不是空洞的、抽象的，而是具体的、实在的。衡量干部的德，还应有更高层次的标准。什么是官德？其核心是党性，党性的本质是为民，换句话说，执政为民是最大的德。官德在哪里？不在光环闪耀的锦旗奖杯上，不在对上对下的夸夸其谈中，不在铿锵响亮的口号里，而在百姓口碑里、民意闲谈中。

干部之德在为民，考德自然也需问民。这当然有赖于必要的程序、科学的方法、合理的标准，但关键还是要到老百姓中去，听听他们怎么说、怎么看，让他们称一称、量一量。凡是经不起实践、历史、群众检验的政绩，不是好政绩；凡是群众不喜欢、不满意的干部，不是好干部。

公道在人心。群众有自己的评判和选择，该忘记的忘记，该铭记的铭记，谁也无法左右。无论昨天、今天还是明天，刻意求名、华而不实的往往被人遗忘，不图虚名为民干事的反而声名远播。胡锦涛总书记讲得好：只有我们把群众放在心上，群众才会把我们放在心上；群众在我们心里的分量有多重，我们在群众心里的分量就有多重。这是不以任何人的意志为转移的历史法则和执政规律。

（2011年12月14日）

防止"地沟油"反弹仍有硬仗

清 唱

"已基本摧毁'地沟油'主要犯罪网络!""'地沟油'犯罪对人民群众食用油安全的现实危害得到有效遏制!"12日,公安部最新发布的这一消息令人振奋,也让我们揪着的心终于放松下来。

侦破利用"地沟油"制售食用油犯罪案件128起,抓获违法犯罪嫌疑人700余名,查实涉案油品6万余吨;打掉涉及全国28个省份,集掏捞、粗炼、倒卖、深加工、批发、销售等多环节于一体的制售"地沟油"犯罪网络60个……这些数字,既让人们震惊于"地沟油"犯罪的规模之大、罪恶之深,也看到了全国公安机关这段时间重拳打击"地沟油"犯罪的坚定决心和辉煌战果。

高压严打下,我们的食用油安全开始得到保证。然而,如何防止"地沟油"犯罪反弹,让"地沟油"彻底远离餐桌,任务仍然艰巨。

"地沟油"犯罪的主要源头、犯罪网络和利益链条虽已受到重创,但暴利诱惑下,很难保证没有人铤而走险,甚至是"风头"过后重操旧业。打击"地沟油"犯罪行动能否常抓不懈?危害人民群众生命健康的这一"毒瘤"能否彻底切除?需要拭目以待。

按照国务院食品安全委员会的统一部署,结合"地沟油"犯罪暴露出的管理问题,相关部门正在积极堵塞漏洞,健全长效机制,争取从根本上、源头上切断"地沟油"流向餐桌的渠道。然而,没有了"地沟油"，也可能会冒出"地沟水"、"黑沟鱼"。管理部门能不能举一反三，主动及时地查找危及食品安全的因素，与时俱进地完善食品安全检测标准，避免重蹈明明是"地沟油"却仍然"检验合格"的标准尴尬，让犯罪分子及时受到法律制裁，同时充分发挥事前监管的作用，把对群众的伤害减轻到最低？

在已查明的"地沟油"犯罪案件中，有些企业"挂羊头卖狗肉"，打着生产生物柴油的幌子，举着环境保护的牌子，把"地沟油"销往餐桌，其应有的社会责任感荡然无存。殊不知，这种责任的缺失，既害人也最终害己，你生产的有毒食品害了他人，他生产的假劣药品也有可能伤到你。这样的"恶性循环"能不能随着企业自身发展的需求与社会责任意识的增强而终止，甚至形成一种诚信经营的"良性循环"？

而在这次公安部"地沟油"摧毁行动中，人们发现，"人民战争"是关键法宝。正是群众积极向公安机关"通风报信"，对摧毁"地沟油"犯罪网络发挥了巨大作用。现在，大的"地沟油"犯罪网络被"端"了，但还可能有一些隐藏较深的小"地沟油"犯罪存在；"地沟油"犯罪被遏制了，但还有可能死灰复燃，更何况，还有其他危及食品安全和社会治安的违法犯罪。这尤其需要"群众的眼睛"与"群众的力量"，只有积极参与起来，让违法犯罪活动难以藏身，你我的食品安全和人身财产才能得到更好保护。

"地沟油"风险暂时距我们远去了，但食品安全的警钟需要长鸣，打击食品安全犯罪的行动不能松劲……

（2011 年 12 月 13 日）

"城市家书"掀起的暖流背后

杨成林

数千封情真意切的"家书",上万条大大小小的建议,各级部门一连串的"下访"和现场办公……最近在辽宁大连,广大市民与城市管理者之间持续不断的热线互动,在这座冬日的海滨城市卷起强劲的暖流。

城市,本是人类"抱团取暖"的所在。人们共同聚集在一起,支撑起和谐共生的城市文明。现代化的演进一面赋予城市更多的繁华,一面又无情消解着人与城市、人与人之间的热度。"台北不是我想象的黄金天堂,都市里没有当初我的梦想",罗大佑的一首《鹿港小镇》,唱出了现代都市人的怅惘。在加强和改进社会管理的大背景下,在快速发展的城市中寻找凝聚人心的力量,增进市民的归属感和向心力,成为城市管理者不容回避的重要课题。

"大连你好,见字如面。"一封封"城市家书"让人惊喜地发现,尽管随着人口的扩张,城市管理时常捉襟见肘;尽管随着社会转型,社会矛盾日益凸显;尽管"人情淡漠"的感慨不时带来困扰,可一旦提供一个"出口",市民对城市的深情仍会情不自禁地涌流。

"城市道路建设,我也想提点意见","请珍惜城市独有的老建筑","愿足球之城的名片永远靓丽","我爱大连,从未离开"……从退休老人到"80后"大学生,从产业发展、文化教育、城市建设到环境保护、市民生活、交通管理，"每封来信字里行间都透露着对我们这座城市的热爱，而这种热爱正是通过你们这个平台传递到了城市的每一个角落，让我们体会到了这座城市大家庭的团结和温暖"，大连市委书记唐军在他的"家书"中道出了城市管理者的欣喜。"民心可用"，这是社会管理最应依靠也最可依靠的资源。

"民心可用"的前提是"民心须敬"、"民意须从"，而敬民心、从民意的正确方法，是坚持问政于民、问需于民、问计于民。我们强调社会管理创新，但一切创新手段和方法的根本，还是我们党长期形成的优良传统和革命精神。我们说，大连"城市家书"这一新形式拉近了与百姓的距离，营造了畅所欲言的氛围，实现了城市管理者与市民的良性互动；而深想一下，它不过是"人民来信"这一传统方式与新时代背景结合的产物。善于从传统中汲取宝贵的精神财富和丰厚的政治资源，把传统手段用好、用足、用活，是社会管理创新的重要方面。

城市的发展不可能是一帆风顺的，总会存在这样那样的问题，破解发展中的问题需要上下同心、凝聚共识，而凝聚共识、形成合力，核心是要解决民生问题，关键是要让百姓满意。正如胡锦涛总书记所说，"只有我们把群众放在心上，群众才会把我们放在心上；只有我们把群众当亲人，群众才会把我们当亲人"。试想，如果大连所做的只是"空对空"的大讨论，如果没有与"城市家书"相衔接的深入基层、为民解忧，没有活动开展以来帮群众解决1.2万余个实际问题作依托，"城市家书"又怎么可能引发社会各界的持续关注，化作席卷一座城市数百万市民心灵的暖流？

"城市家书"是大时代的小篇章，是城市居民和社会成员对自身状况、愿望、情感的书写。更仔细地倾听，更真诚地互动，更顺畅地表达，每一座城市都能营造出和谐共赢的环境，每一寸土地都将凝聚起建设更美生活的力量。

（2011年12月12日）

"丰收灾"靠什么破解

陈家兴

近年来,农产品"丰收灾"现象在一些地方陆续出现。在郑州"萝卜哥"因萝卜滞销而免费送人之后,12月8日河南又传出十万亩胡萝卜滞销的消息。在其他一些地方,从海南农户把香蕉用来喂猪,到内蒙古土豆遭遇卖难,再到江苏大白菜两分钱一斤仍卖不动等等,丰收却不能增收的"丰收灾",导致一些农民损失惨重,让人们忧心忡忡。

面对这一现象,媒体在呼吁、政府部门在组织促销,甚至一些地方领导走上街头直接叫卖。这些做法,有的的确缓解了一些燃眉之急,但终究不是长久之计。因为具体农产品的市场营销,未必是媒体和政府部门的长项,等到出现"丰收灾"再来搞这种"救济式"援助,未免为时已晚。那么谁又有这等优势?

"丰收灾"现象,从一个侧面说明农产品的生产还是一种"小农经济"。一个个分散的农民在凭经验、凭感觉种植,今年土豆好卖,明年接着种;大家都去种,不滞销才怪。一些地方官员也在凭有限的考察和直觉指导农民种植,比如发现板栗好卖,就让全县农民种板栗,结果大赔本,伤心的农民只好又把板栗砍掉。这些情况表明,善于捕捉瞬息万变的市场行情是成败的关键。那么谁又有这等本领?

诚然,搞"农超对接",发展龙头企业,延长产品链等等,都是破解"丰收灾"的必要之举,但从根本上来说,还要靠更为长效化、专业化的行业合作经济组织。"丰收灾"的出现，恰恰说明经济组织的缺位。凭经验感觉搞农业生产，同样说明经济组织缺席。在市场运行中，只有灵活的经济组织，才能准确捕捉到市场行情，知道市场需要什么，饱和量是多少。因而，农民被组织起来种植，才告别了经验感觉种植，其农产品才会适销对路。农产品被组织起来，才会进入高效流通体系，实现产销通畅。

前不久，广东决定对社会组织"松绑""放权"，"重点培育和优化发展经济类、科技类、公益服务类、城乡社区服务类社会组织，实行直接登记制"。北京也规定，工商经济类、公益慈善类、社会福利类和社会服务类四大类社会组织，可由民政部门直接申请登记。从制度上给行业合作经济组织创造生存发展环境，才有市场经济海洋中各类经济组织的一展身手。

在发展经济组织的过程中，政府部门可以创造良好生存环境，可以依法监管，却不可以越俎代庖。真正管用的各类经济组织，都是适应市场经济需要、从市场中自发成长起来的，能够高效地实现产销对接，方便地为生产者提供高质量的服务。只有真正将这些组织扶持起来、放开手脚，才能克服目前一些行业协会只收会费不干实事、徒有其名的弊端，持续地为农业生产提供各种有效服务，让丰收给农民带来实惠和喜悦。

(2011年12月9日)

今天怎样为道德撑腰

吕绍刚

年轻公务员殴打父母,舆论哗然。市委书记迅即亲笔致信,语重心长,引发一座城市的道德反思。这是最近发生在深圳的故事。

当舆论纷纷指责当事人时,这封信以就事论事的态度出现,没有居高临下的道德审判,没有简单粗暴的行政干预,而是以私人信件的方式,语词恳切,态度宽容,指向一个更深远的问题:社会转型期,如何支撑起我们的道德?

毋庸置疑,揭露假的、谴责恶的、批判丑的,这是为道德撑腰的重要手段。对"郭美美事件"及其背后黑幕的质疑和挖掘,在慈善界掀起"透明风暴";对微博中以讹传讹谣言的求证与澄清,也让自媒体在"自我净化"中培育出社会责任。正因为一次次的"惩恶",善的高度才得以彰显。

然而,这绝不是为道德撑腰的唯一方式。与"惩恶"同样重要的,是"扬善"。道德是一种行为规范,一种文化价值,更是一种理性的精神。要彰显道德,仅靠牢骚、抱怨、指责、打压等消极手段,远远不够。

"只要大家共同参与、共同努力,一定能够汇涓流而成江海、积小善而成大德",深圳市委书记的公开信,传递价值导向。道德楷模的评选,三届吸引了2.87亿人参与,汇集强大的道德之力;"感动中国"

等有着广泛影响的活动，让公众收获的也不只是感动。见微知著，春风化雨，道德才能孕育和谐。

"你是北大人，看到老人摔倒了你就去扶。他要是讹你，北大法律系给你提供法律援助；要是败诉了，北大替你赔偿！"前段时间，北大副校长的"撑腰体"表态引来热议。即便操作还有困难，这也提醒我们：从政府机构到专业协会、社会团体，都有能力、也有责任以制度化的方式为道德保驾护航。正如深圳日前公开征求意见的《公民救助行为保护条例》，助人免责、助人受助等，都是对道德的强力支撑。

向上向善氛围的培育，媒体作用举足轻重。过分拔高道德典型，会出现"捧杀式"的失真；过分夸大偶然负面事件，则会出现"棒杀式"的粗暴。两者都会伤害整个社会的道德认知。在议程设置时，媒体需要有积极、正面的价值追求与立场，不可只为博取眼球，制造轰动。

作为社会管理者，公权力机构是社会道德的重要基石。如果公职人员勾连暴力、酒驾、猥亵等恶名，机构部门沾染强拆、欺骗、腐败等劣行，其所引发的道德波动不容忽视。正如一位领导所说：公信力是公权力的基础。"领导要取信于民，使党内信得过，人民信得过"。管住权力之手，筑牢权力公信，同样是在倡导道德。

为道德撑腰，更重要的力量来自每个人的道德自觉。道德于人，不仅是奉献，更是收获。恪守诚信时得到真诚赞美，帮助别人后收获由衷致谢……在道德生活中，那些心理满足、那些个人实现，那些被需要、被重视的感受，都是幸福感的源泉。践行道德当然不是为了施恩图报，但"德福一致"的溢出效应，同样弥足珍贵。

道德不是孤立的，它是与政治、经济、法律等并行的社会规则。道德问题也非中国独有，工业时代以来全球都在反思物质进步与道德滑坡的裂变。为道德撑腰，最根本还是把社会的治理结构，奠定在积极的社会伦理基础上，在每个公民的道德成长中，达成整个社会的道德提升。

(2011年12月8日)

干部就得有点精气神

吕东升

日前,一位领导同志在会上说,实现跨越式发展,首先要实现思想上、精神上和文化上的跨越。在激烈竞争中立于不败之地,不仅要比投资、比项目,更要比精神状态、比文明程度;不仅要打造经济社会发展的硬实力,更要打造精神文化的软实力。这样的看法,为人们从精神维度审视发展带来了启示。

毛泽东同志曾提出一个著名论断:人总是要有一点精神的。人活在世界上不仅是物质的存在,还得有精神生活。"人"字由一撇一捺构成,如果说左边一撇是人的躯体,右边一捺就是支撑整个人格大厦的支点——精神信仰。没有精神信仰这个支点,"人"这个大厦必然轰然倒塌。

精神状态、精神力量对于一个人的生存发展来说至关重要,对于一个政党、一个民族来说更是如此。因而,小平同志才会指出,对马克思主义的信仰是中国革命胜利的一种精神动力;胡锦涛总书记在"七一"重要讲话中,才会将"精神懈怠的危险"摆在"四大危险"之首;党的十七届六中全会才会把文化建设提到"发展硬道理"的高度,才会以社会主义核心价值体系作为"兴国之魂"。

好比体育运动员的竞技状态往往左右比赛成绩,一个地方、一个单位的发展水平和成效,往往取决于干部的精神状态。尤其是当前,改革

进入深水区，矛盾进入凸显期，前进的道路上不但不可能一帆风顺，而且充满了风险、曲折和坎坷。没有那么一股子劲，没有那么一点"精气神"，就难以渡过急流险滩，穿越问题峡谷，驶入发展的新境界。

面对房价高、看病贵、上学难等民生难题，就应有"咬定青山不放松，任尔东西南北风"的执着，敢于啃硬骨头，不达实效不罢休；面对新形势下的群众工作，就应有"精诚所至，金石为开"的真诚，站稳群众立场，倾听群众呼声，保障群众利益；面对百舸争流、千帆竞渡的发展态势，就应有"对手在后面赶杀"和"跑慢了就会被狮子吃掉"的忧患意识，就应有"视而不见是愚人，不抓不抢是庸人，错失良机是罪人"的机遇意识，摆脱自我陶醉和满足心理，时时在工作和事业上向高标准看齐，抢抓机遇、创先争优。

精神状态的优化，精神力量的激发，不仅需要个体的自觉，更要靠制度发挥催化剂、生长剂的作用。近年来，武汉市掀起"责任风暴"、实施"治庸计划"，实行严格问责，对落后单位亮"黄牌"，连续两年"黄牌"，主要责任人免职，有效地治理了庸官、懒官、"太平官"等问题。深圳市实施公务员聘用制，将"铁饭碗"变成"瓷饭碗"，倒逼公务员更加用心尽力，从而改出了效率、改进了作风。

新形势下，党员干部尤其是领导干部始终保持奋发有为、永不懈怠的精神状态，为经济建设构筑精神高地，为改革发展扬起心灵风帆，将会产生推动大发展、实现新跨越的无穷动力。

(2011年12月7日)

道德建设需要"讲、议、行"

宣 言

  道德建设为人民生活提升幸福指数，为国家强盛提供精神力量。道德兴则民心齐，道德兴则国运昌。在我国经济转型、社会转轨过程中，人民群众热切呼唤良好道德风尚，人民群众中也蕴藏着道德建设的巨大热情。近年来，江苏常州等地通过开办各类"道德讲堂"，讲身边故事、议现象行为、行爱心善举，吸引群众主动参与、自觉实践，营造了浓厚的道德建设氛围。这是新形势下道德建设的一个好载体好方式，值得各地借鉴。

  道德规范要经常讲。道德规范是调节人与人、人与社会关系的行为准则，体现在现实生活的各个方面。道德规范离不开言传，需要经常讲。话不讲不清，理不讲不透。经常讲，就是用百姓的话，用身边的事，讲社会主义荣辱观，讲基本道德规范，讲需要大家共同遵守的行为准则。尊道贵德，利人利己；败坏道德，害人害己。只有经常讲，晓之以理，才能让大家明白哪些该做，哪些不该做，在耳濡目染中晓理明义、崇德明礼。只有经常讲，动之以情，让大家乐于听、听得懂、听得进，才能记得住，入耳入脑入心，在潜移默化中提升境界、厚德端行。

  道德标准要反复议。常言说得好，"人无德不立，国无德不兴"。道德标准是尺度，不辨不清；价值标杆是导向，不议不明。道德标准价值取向重在身教，需要反复议。反复议，就是经常评议"身边道德模范"和"身边好人"。点评道德现象行为，在交流探讨中明晰标准、明辨是非、明确取向。只有反复议，让思想交流交锋，在辩论中解疑释惑，在评判中扶正祛邪，才能让大家明白什么是真善美，什么是假恶丑，什么是应该坚守的道德底线，什么是必须抛弃的腐朽观念，进而明确立言立行的价值标准。

　　道德养成要践于行。九层之台，起于垒土；千里之行，始于足下。道德建设是内化于心的养成工程，更是外化于行的实践工程，最终要落实到每个人的具体行动中。践于行，就是善于发现和学习"身边好人"和"平民英雄"，用"凡人善举"共同传递道德的力量，让来自身边的感动成为每个人的自觉行动。只有践于行，让更多的人从小事做起，从身边做起，"积小德为大德，积小善为大善"，才能形成正确导向，形成和谐氛围，形成文明风尚。

（2011年12月6日）

"最美"行动诠释"德法相成"

马国英

每年12月4日揭晓的年度法治人物,都是当年法制宣传日的一大看点。什么样的人入选法治人物,反映出当年法治进程的某些特点。毕竟,法治不仅是威严静态的律条,更是鲜活生动的生活,而生活由每个人的点滴行为构成。

今年评选的"十大法治人物"中,一个当选群体引人注目——杭州"最美妈妈"吴菊萍、烟台"最美女孩"刁娜等见义勇为模范携手亮相,共同组成"2011最美中国人"的温暖形象。

因为几桩"助人遭诬"、"路人冷漠"事件,法律与道德的关系,成了今年法治话题中议论较多的一个。偶发的极端个案,让人对道德的无助心生焦虑。"出德入法",法与道德相生相依、相辅相成,法治的正常运行离不开道德的支撑、铺垫与辅助。正是在这个意义上,"最美中国人"以自身的善行义举,触及了法治社会的大课题。

见义勇为、好人好报,是人所嘉赞的行为,但践行起来却并不容易,即便是被称为社会正义"最后一道防线"的法律,有时也难以维护这最朴素的信条。拿"老人跌倒扶不扶"这个本不是问题的问题来说,施助与受助双方产生矛盾的根本原因是证据缺失。只要哪一方有"确凿充分"的证据,结论自然明了。而实际上,除了几个保留现场视频资料的案件外,其他事故现场难以还原,法庭认定的法律事实难以确定与客观事实一定相符。

道德无助，凸显法治无力。某些场合下的困境，给道德之美添了几分悲壮。这既刺痛人心，也提示法治完善的方向。比如，严格执行法律规定的举证责任原则，细化证据保全制度；确立"爱心救助免责"制度；健全保险制度，保障应急医疗救治经费支付等。正因此，深圳近日公开征求意见的"公民救助行为保护条例"，才引发强烈反响。许多人都对通过地方立法解除好人后顾之忧抱有期待，希望其立法与实施过程能为其他地方立法以及更高层次的立法探路。

"最美中国人"做了人们觉得应该做却常常没有勇气做的事。如果法律制度可以最大程度地化解风险，那么，善行义举自然会"该出手时就出手"，越来越多的人会加入到"最美中国人"的行列。

纵观人们对法律与道德纠结的讨论，以及地方的立法探索，指向很明确，就是希望通过增强法治的力量，提升道德水准，匡正社会风气。与此同时，表彰典型、弘扬道德对法治建设的推动力，也没有被忽视。显然，道德水准提高的过程，必然是公民意识增强的过程，责任担当的理念更为坚定，自觉守法的氛围得以强化，维护权益的行为更加理性，法治实行的成本就会降低。

道德体现为每个社会成员的行动。对法治建设来说，任何空洞的争论、质疑，都比不上一次负责任的行动。"最美中国人"之美，就在于他们的行动。颁奖词说，这个普通人组成的群体，"以行动印证良知，以诚信唤起爱心，以责任呼喊正义"。法治是一种生活方式，是每个人的参与。如何以自身的道德之美成就法治社会的和谐之美？入选的这些可敬、可亲、可学的普通人，用"最美"的行动，做出了最动人的诠释。

（2011年12月5日）

自媒体时代的自律和他律

韩晓丽

在互联网上，每一个账号，都像一个小小的媒体。发帖子、转微博、评新闻……信息、观点、态度便汇入了互联网的比特之海。自媒体——自我的小媒体，在近5亿网民、3亿微博的努力之下，焕发出巨大能量：境内50余家微博客网站，每天更新帖文达2亿多条。

从郭美美的名牌手袋到故宫破碎的瓷盘，在进行舆论监督、反映社情民意上，自媒体发挥着重要作用。据统计，在2010年舆情热度靠前的50起重大舆情案例中，微博首发的有11起，占到了22%。

不过，并不是所有人在所有时候，都会把赞赏的掌声献给自媒体。社交网站、微博上"日本核辐射空气抵沪"的无稽之谈，让上海市民惊出一身冷汗；"甬温线动车事故29人失踪"的以讹传讹，花费很大精力才得以澄清；而"滴血食品传播艾滋病"的失实传言，也在一定程度上造成了公众恐慌。

谣言不是自媒体的主流，但其危害也不容小视。"艾滋女事件"等，对个人造成的精神损害难以弥补；"浙江某学院党委书记开房被抓"等，损害到领导干部群体的形象；而"碘盐防辐射"的谣言，更在短时间内引发抢购风潮。

新闻界前辈郭超人曾这样形容记者：笔下有财产万千，笔下有毁誉忠奸，笔下有是非曲直，笔下有人命关天。自媒体的发布者，可以说在不同程度上有着与记者相似的影响。开放的论坛、博客、微博，跟锁在抽屉里的日记本、摘抄本不同，已属于网络公共空间的组成部分。面对碎片化的信息，多一些独立思考、多一些理性判断，少一点冲动偏激、少一点轻信盲从，谨守法律的边界，谨守道德的底线，正是自媒体的"媒体责任"。

自媒体也是一种"自组织"，有着"自我净化"的功能。"金庸去世"的谣言在微博扩散，就曾引来网友广泛反思，更多人在评论、转发时，更理性、更谨慎。近日"武汉女大学生被割肾"的传闻，通过知情网友的质疑、辟谣，也部分地澄清了事实。然而，近5亿网民与9亿多手机用户，十几亿支麦克风、十几亿个自媒体，难免会有杂音。正如指挥、纠正跑调的音符，合唱才能更和谐、更美妙，要让自媒体更好地发挥媒体作用、承担媒体责任，他律同样重要。

立法机构、司法机关、互联网管理部门完善法规、加强监管，是更为有效、也更为根本的"谣言粉碎机"。互联网企业是"第一把关人"，尤需多一些社会责任感，多一些有效管理。传统媒体面对真假莫辨的网上信息，要通过认真细致的调查、求证，披露真相、以正视听。更重要的是，作为"被谣言"的主体之一，各级党政机关和社会团体应及时发布信息，回应热点疑点，说明真实情况，使谣言止于公开透明。

每一位严格自律、抵制谣言的网民，每一家秉持"真实、客观、公正"原则的媒体，每一个正视网络舆情、积极应对、及时回应的部门，都构成对造谣者的他律。这样的他律，与网络、网民的自律，正是自媒体的两侧护栏。有了护栏的引导和保障，这一全新的、快速发展的媒介形式，才能在信息民主化的大潮中推动社会进步，与国家、人民一起，走向更好的未来。

（2011年12月2日）

知足·知不足·不知足

徐文秀

日前,一位老同志对换届提拔的干部说了这样一番意味深长的话:走上新的岗位,要始终记得把责任举过头顶、把名利踩在脚下、把百姓装在心中、把本色进行到底,记住做官知足、做人知不足、做事不知足。

这番话言简意赅、语重心长,它提醒得及时,说得实在,对领导干部尤其是年轻干部为官、为人和为业很有启发。

做官知足,这既是一种清醒,更是一种心态。现在有一些干部热衷于做官、满足于做官、陶醉于做官,"官瘾"十足。有的精心设计自己的当官路线图,步步为营、"小步快跑";有的看到他人特别是与自己条件相当的人提拔了,就眼红心热、坐立不安;还有的板凳都还没有坐热,就急于"走人",甚至伸手"跑官要官",人们为其画像:两年不提拔,心里有想法。三年不挪动,就想去活动。

做官要知足,就应端正"官念"、淡化"官欲"、克服官本位。从本质上讲,共产党的"官"更多意味着一份责任和奉献,意味着一种风险和挑战。做官绝不是做老爷,更不可以谋一己私利。"看庭前花开花落,任天外云卷云舒",只有看淡名利,保持平常之心、知足之心,才能正确看待手中的权力,扛起肩上的职责,尽到一个人民公仆应尽的本分。

做人知不足，这既是一种自律，更是一种自觉。人生在世，说到底得凭做人而安身立命。一些干部总是自我感觉很好，常常孤芳自赏、自以为是，不能正确地看待自己。有的盲目自大，有的盲目自我，还有的盲目自恋。金无足赤，人无完人，问题的关键在于是不是"看得清"、敢面对，是不是"改得了"、能战胜。

古人云："志之难也，不在胜人，在自胜也。"做人知不足，就是要以"吾日三省吾身"的精神和自觉，常常以人为镜，照差距；以事为例，看不足；以己为训，查过错。人不怕有过错、有不足，就怕错过了知错、纠错，知不足、改不足的机会。做人知不足，才会不断完善自我、修正自我，使自己逐渐成为一个高尚、美好的人，一个脱离了低级趣味、少犯错误的人，一个有益于他人、有益于社会的人。

做事不知足，这既是一种责任，更是一种精神。以怎样的态度对待工作，不同事业心和责任心的人会有不同的追求。有人视之为事业甚至生命，但也有人做"公事"懒洋洋，干私活打冲锋；对工作马马虎虎，只求"过得去"，不求"过得硬"；有人刚开始做一件事情时，有一股子劲，时间一久，便开始懈怠，一旦遇到一点挫折或失败，更是变得无精打采起来。

做事不知足，需要有一种强烈的事业心和责任感，有奋发有为、积极进取的精神状态，要带着责任、带着感情，扑下身子想干事。当前，我们国家进入了一个既快速发展、又矛盾集中的新阶段，有大量的事情要去破题、破解，迫切需要一大批对工作有热情、对事业有激情的人去推动，迫切需要一大批做事情不知足、做工作不满足的人去开拓，齐心协力地攻坚克难、打开新局面。

知足者乐，知不足者勇，不知足者进。做官知足、做人知不足、做事不知足，才会内心和谐快乐，个人成长进步，事业兴旺发达。

(2011 年 11 月 30 日)

领导干部要有"底气"

魏地春

我们有时遇到这样的领导干部：面对歪风邪气不能坚决抵制，面对发展难题无所作为，面对突发事件手足无措。凡此种种，损害了形象，降低了公信，更容易使工作陷入被动局面，给事业发展造成不利影响。

这种现象也反映出某些领导者能力和自信心的欠缺，或者说是"底气"不足。对领导干部来说，"底气"是推动科学发展的锐气、驾驭复杂形势的大气、团结带领群众的和气、促进自身完善的元气。那么，领导者的"底气"从何而来呢？

底气需要坚定信仰导航。信仰是人生的灯塔，领导干部有了坚定信仰，才能在大千世界、滚滚红尘面前，做到"底气"十足、两袖清风。面对诱惑，少数领导干部"识得破"却"抵不过"，突破了思想防线、越陷越深，最终锒铛入狱、悔之晚矣；很多领导干部却能够洁身自好，清白做事，干净做人，原因何在？关键在精神信仰，节高则气壮，节破则气消。在关键时刻顶得住，与一贯对自己的严格要求、品格锤炼分不开。

底气需要过硬本领支撑。这是个知识大爆炸的年代，也是个知识折旧率很高的年代，面对日新月异的社会生活，如果不注重学习和积累，知识就会老化、能力就会退化。有的领导干部肚子里没有"干货"，患上"本领恐慌"症，开会讲话的时候要么套话连篇、实则无物，要么

拾人牙慧、毫无新意；遇到问题的时候，要么故弄玄虚装深沉，要么避重就轻装糊涂。总之，就是对业务不精通、对情况不了解、对自己不自信，好比《水浒传》里的白衣秀士王伦，自身经不起掂量，哪有"底气"可言？

底气需要成熟心态涵养。领导干部具有良好的心态才能在纷繁复杂的事务中保持从容不迫，心气平和、"底气"充盈。现在一些领导干部心理压力大，总是觉得心里没底，患得患失、畏首畏尾，缺乏掌控大局的心理素质。特别是有的同志政绩观不端正，心态有些浮躁，急功近利、盲目跟风，想问题作决策随意性大。没有"咬定青山不放松"的坚忍、没有宠辱不惊的超脱、没有兰心傲骨的冷峻，如何能有乐观豁达、举重若轻的底气？

底气需要务实作风奠基。脚踏实地地做事情、见成效是领导干部安身立命的资本。没有实打实的业绩，"底气"无从谈起。我们党的宗旨是为人民服务，党组织把领导干部放在了一个重要的岗位，就是要勇挑重担，以求真务实的作风，实实在在地为群众谋福利。反观一些领导干部，乐于当"混事官""太平官"，不求有功、但求无过，缺乏进取心，工作乏善可陈，"底气"自然不足。

底气需要创新意识砥砺。一些领导干部思想跟不上时代发展步伐，有的不适应新闻媒体特别是网络的发展，对出现的问题习惯"捂着""盖着"，导致谣言满天飞；有的习惯靠行政命令来解决思想问题、利益纠纷，引起群众不满。如此观念陈旧、固守老套，怎能有对新生事物和社会变化不惧怕、不抵触，成竹在胸、顺势而为的底气？

"底气"不是与生俱来的，而是在实践中逐步积累起来的。作为领导干部，确有必要从各个方面涵养和增强"底气"，这既是为自己加分，更是为党和政府添彩，为人民造福。

(2011年11月29日)

长点"精神"

姬建民

不时听到群众对一些党员干部的街谈巷议，说有些年长的官员感到提升无望、"船到码头车到站"了，有些年轻干部因为感觉生不逢时、付出难有回报，就精神萎靡不振，办事拖拖拉拉，整天无精打采，工作不负责任。虽然不贪不腐，但也不在状态，不干实事。对此群众很有看法。

"如果你丢了钱，还可以再去挣；丢了健康，等于丢了人生的一半；丢了精神，就丢了一切。"人生在世，总要有点"精神"，领导干部尤其如此。"才不称不可居其位，职不称不可食其禄"，占着位子不干事，达不到目的发牢骚，精神懈怠混日子，从根本上讲是丧失了信仰和意志。

领导干部要坚守党的信仰，这是执政的"主心骨"。因而，干部更应该长点"精神"。比如长点艰苦奋斗的精神。红军长征过草地时"没有粮食，就吃树皮、树叶。同人民有福共享，有祸同当，这是我们过去干过的，为什么现在不能干呢？只要我们这样干了，就不会脱离群众"。比如长点居安思危的忧患精神。对于一个干部，成绩只能说明过去，奉献才是天职。躺在"老本"上向百姓讨价还价或不思进取，就是精神懈怠，就是"忘本"。而从根本上说，永葆革命激情，自强不息、淡泊明志，全身心地把一切献给党和人民的事业，才是应有的

"精神"。革命前辈打天下靠的是这种"精神",当今我们守天下依然需要这种"精神"。长了这种"精神",才可能找准人生坐标,才有方向、有追求、有干劲,才会正确对待职务上的"进、退、留、转",一心为民,永不懈怠。

先贤有言,"生于忧患,死于安乐"。地位的变化与利欲的追求往往容易成为精神懈怠的诱因。毛泽东早就预见,执政后"党内的骄傲情绪、以功臣自居的情绪、停顿起来不求进步的情绪、贪图享乐不愿再过艰苦生活的情绪,可能生长"。黄炎培先生早在1945年谈到"历史周期率"时就说:"大凡初时聚精会神,没有一事不用心,没有一人不卖力,也许那时艰难困苦,只有从万死中觅取一生。既而环境渐渐好转了,精神也就渐渐放下了"。仔细检视,一些领导干部缺乏"精神"的种种表现,无不与过分强调与膨胀个人私欲有关。面对长期执政条件下所面临的客观危险,摆正个人与人民的关系,跳出"历史周期律",始终是官员"赶考"的重大课题。

人生就像一首歌,歌词与旋律要由个人谱写。虽人在旅途不如意事常十之八九,既可能顺风顺水,也可能艰难坎坷,但不管环境与条件如何变化,参加革命的初衷不能变,献身人民的"精神"不可移。"精神"之美并非天生,靠的是心灵的磨练、培育和涵养。静以修身、俭以养德、无私奉献永远是各级官员的必修课。长了这点"精神",就会不甘平庸、勤政敬业,恪尽职守、永不懈怠,始终保持共产党人的蓬勃朝气、昂扬锐气、浩然正气,真正唱响人生价值的"正气歌"。

"精神是不会衰老的。"共产党人的"精神"内蕴着全心全意为人民服务的先进理念,更应薪火相传,世代承袭。想想这些,我们还有什么个人利益不能放下,还有什么理由"精神懈怠"而有负百姓呢?

(2011年11月28日)

让文化提升人

张保振

生活中，常听到这样的话语："鸡子有俩爪，总会刨食吃！"只要是动物，面对饥寒交迫的困境，不会坐以待毙，总会刨土觅食；"虎毒不食子，狼狠不咬崽！"无论什么样的动物，对自己的孩子，都是会充满浓浓的爱意，决不会主动伤害之；"孔雀羽毛好，开给配偶看！"即便是动物，"恋爱"求偶，也知道要展示自己最光彩的一面。

以动物世界的这些现象反观人类社会，还真有不少相似之处。但是，人作为"万物之灵"，毕竟有其他动物难以企及的地方。恩格斯说得好："鹰比人看得远得多，但是人的眼睛识别东西远胜于鹰。狗比人具有锐敏得多的嗅觉，但是它不能辨别在人看来是各种东西的特定标志的气味的百分之一。"究其原因，恐怕在于人既能读书写字，亦能思考写史。故，人眼虽不戴望远镜，也能视通万里；人脑虽不加电脑，也能思接千载。这就是文化的力量，也是人区别于其他动物的根本标志。

文化就是这样：无用之用，看似无用，却有大用。它常常在不经意间，提供着是非、善恶、真伪、好坏的判断标准；在不知不觉中，塑造着不一样的人格、不一样的精神、不一样的风骨、不一样的血脉。所以，无论是一个企业还是一个地区、一个民族还是一个国家，对文化总是高看一眼、厚爱一分、严求一层的。

文化是人创造的，文化也是为人服务的。为人服务，就是要充分发挥文化的功能，以文"化"人，使人"成为自己的社会结合的主人，从而也就成为自然界的主人，成为自身的主人——自由的人"。而"自身的主人"即"自由的人"，是人之所以成为人的最高境界。"自由的人"，生存，而不是苟活；自由，而不是放纵；独立，而不是自私。个体自由发展，同时又以自己的发展为他人创造自由发展的条件。这正如联合国的一份报告所说：如果我们把人的发展看做是人类生存的整体繁荣，那么文化恰恰就是这种发展的最终目标和归宿。

当然，要发挥文化以文"化"人的作用，关键是要有趣。文章有趣，才有人读；影视有趣，才有人看。先得有趣，才能有效吸引眼球，进而入耳、入脑、入心。而有趣，重要的是有旨趣。这个旨趣，就是社会主义核心价值观。即便是娱乐节目、搞笑作品，也不能脱离这个旨趣，突破价值底线。否则，就会无趣无味，坠入庸俗、低俗、媚俗的泥潭，不仅难以提升人，甚至有可能把人拖下去，沾一身污泥，让心灵蒙上尘土。

马克思主义的经典作家在谈到人与其他动物的本质区别时，明确指出，动物最多是搜集，而人则是创造，且是与自己的"意识相适应"的创造，是"按照美的规律来建造"。而这，也正是社会主义文化大发展大繁荣的应有之义。唯此，才能使文化起到"灯"与"火"的作用：靠"灯"照路，用"火"暖人，使文化不断滋补人、丰富人、发展人、提升人，不断提高幸福指数，不断提升人的全面发展水平，最终把人塑造为一个"自由的人"。

(2011年11月25日)

只管干活　不用找人

李平

一位领导同志在干部工作会上提出,要大力倡导"只管干活,不用找人"的选人用人风气。两句话、八个字,文字朴实、寓意深刻,值得一议。

胡锦涛总书记在"七一"重要讲话中强调,要坚持德才兼备、以德为先用人标准,坚持凭实绩使用干部,不让老实人吃亏,不让投机钻营者得利。"只管干活,不用找人"既是贯彻"七一"讲话精神的实际体现,也是基层党委在选人用人问题上的有益实践。

"只管干活",彰显的是干事创业的鲜明导向,就是告诫党员干部要把心思和精力扑在工作上,心无旁骛,永不懈怠,勇于挑重担,敢于打硬仗,老老实实做人、踏踏实实干事、兢兢业业工作。

只管干活的人往往可敬、可信、可爱;他们为人厚道、干事实在;崇尚的是事业、信奉的是真理、主张的是实干;他们只会干事不会"来事",只重规则不懂圆滑;他们专注干事,不事张扬,常常是工作上的顶梁柱、考验面前的排头兵。

对这样的老实人,组织上一定不能冷落,一定要特别留意、特别关照,不用他们来找,主动跟上去、贴上去,积极发现、密切关注,认真培养、用其所长。只有公道正派地使用这些干部,让他们不吃亏、受重用,才能稳定"军心",激励人心,让党员干部集中精力做实事、解难题，让敬业奉献成为普遍自觉。

"不用找人"，彰显的是选人用人的境界和素养。这既是对广大党员干部的一种承诺，也是对各级党委领导选人用人的一种期盼和要求。不用找人，体现的是一种责任，一种为事业选人、以公心选人的担当；一种胸怀，一种登高望远、求贤若渴的宽厚；一种风气，一种五湖四海、举贤荐能的大气。

"不用找人"，就是要杜绝宗派主义，划线站队、搞小圈子，用"自己的人"，在少数人中选人；就是要杜绝利益主义，不给钱不办事、给了钱乱办事；就是要杜绝个人主义，凡事都要向自己"汇报"一下，什么干部都要来"熟悉"一下，以示权威；就是要杜绝好人主义，接到电话、收到条子拉不下脸，这也照顾，那也迁就。

"不用找人"，根本的是切实依据程序和规定。根据条件和标准，坚持凭实绩使用干部，让干部不用来找、不用去跑，真正让那些"只管干活"的人有机会、有舞台，让所有优秀的人才都能脱颖而出、贡献力量。

现实中，确实存在"只想出彩，设法找人"的人，他们不是谋事而是谋势、谋人、谋官，考虑的是怎样图名挂号，怎样让领导关注、上级满意，为自己升迁增加砝码；他们"会来事"、善于钻、习惯跑，他们读的是"厚黑"，崇尚的是"关系"，想方设法拉关系、找靠山，千方百计走捷径、缩周期，不是想做大事，总想着当大官。这样的人，往往不讲党性、不重品行，一旦被任用，往往把权力作为谋取私利的工具，难免贻误和损害党和人民的事业。

政以得贤为本，国以任能而兴。各级党委部门和领导干部需要擦亮眼睛，选贤任能，真正让那些工作能力强、道德品质好、群众信得过的干部脱颖而出，切实担负起为党和人民的事业选好人用好人的政治责任。

（2011年11月24日）

"守德"如何不再难?

廖小言

最近,社会道德领域的一些现象给人"冰火两重天"之感。吉林长春一家小馄饨馆的店主,收下乞讨老人捡的游戏币和圆铁片,照样送上热腾腾的馄饨;河南郑州卖馒头的老太7年"无人售馍",顾客自觉"天下无贼",使人感到暖流涌动。而一些老人倒地之后无人救助的场景、佛山"小悦悦"事件的伤痛,又让人颇觉寒意袭来。

其实,在"冰火两重天"的表象背后,是更令人纠结的"道德两难"问题。当道德面临现实风险,我们能否为道德埋单?如果见义勇为可能付出被诬陷的司法代价,老人倒下了扶还是不扶?如果救助伤者可能因救助不当被告上法庭,孩子被撞救还是不救?当经济快速攀升,社会急剧变迁,各种出人意料的道德事件像集束炸弹轰击传统道德理念,我们又该如何坚守道德底线,重构道德世界?

这确实是横亘在我们面前的严峻挑战,只有找准这一现实问题的"题眼",才能找到破解的钥匙。一方面,馄饨店主、售馍老太同样面临道德风险,却用信任、爱心等朴素的情怀避免了"两难"处境,带来了良性的道德循环,这说明人们并不乏道德良知与勇气,个体的善行也能激发出令人敬佩的道德能量。

另一方面,一系列负面道德事件也在警醒我们,如果好人屡屡受到诬陷讹诈,如果法律在关键时刻不能站在善良这一边,如果社会心理一再被暗示行善的后果,那么人们即使在情感上渴望扶危济困,在生活中也很可能选择独善其身。"道德两难"由此向社会现实提出了迫切的课题:营造道德践行的社会环境,解除道德行为的后顾之忧。

让道德不再为难,降低行善所要付出的代价和成本,是破解"道德两难"的现实路径,也是描绘社会道德图景的基础工程。正反的事例告诉我们,道德不仅是个人的良知与修养,更是社会共同的责任与担当。这就需要执法者守护道德底线,别让常理推定淹没道德情理;需要媒体坚守社会道义,不再为吸引眼球去夸大渲染;需要公众守望社会公德,不再只是针对他人而抛开自己去做道德评判。只有这些成为常态,才能走出"道德两难"的困境。

换一个视角来看,日本作家栗良平感人肺腑的《一碗清汤荞麦面》正在长春那个小馄饨馆中,以关爱和尊重为主题上演;一些公司贴出的行善"撑腰通告",以责任与行动为潜台词传播;山东"最美女孩"刁娜在车流中救助陌生伤者,车祸肇事者、被救者、施救者三家人互谅互帮,以良知和大爱感动了无数人。这些让人眼热的场景都在真切地告诉我们:只要更多的人站出来去修复和维护道德,就能为破解"道德两难"提供更多现实支点,让"两难"变成受助者获益、道德受鼓舞的"两全"。

"道德两难"的存在,也在提醒我们,当经济的洪流冲刷道德的堤岸,对道德的坚守与建设迫在眉睫,决不能让道德"亡羊"了才想起"补牢","积重"了才想起"难返"。因此,我们需要不断深入探究道德问题的演化轨迹,照亮其曲折路途,疗治其存在病症,以抓经济搞改革那样的干劲,脚踏实地致力于精神家园的建设,这样才能创造出与时代梦想相辉映的道德成果。

(2011年11月23日)

说"沟通"

刘良军

作为"一切社会关系的总和",人与人之间最需要沟通。在一定意义上说,没有沟通就没有人的社会,沟通如同社会的"空气"。

管理学家西蒙曾经说过:管理的全过程就是决策。而决策要科学、民主、正确,就非有一个充分的沟通过程不可。否则,所谓的决策就只能是眉头一皱,计上心来,或属于官僚主义的"拍脑袋",或属于主观臆断的"闭门造车"。刘备所以会于"创业"之初选择西进路线,并最终缔造蜀国,原因就在于行动之前有了与南阳诸葛亮一番彼此交心的促膝沟通。毛泽东同志曾经说过:没有调查就没有发言权。这里的"调查",就是放下身份,去与下属、群众作深入恳切的沟通。我们强调"问政于民、问需于民、问计于民",前提就是要拜人民为师,与群众保持密切沟通。

中医中有一句名言:通则不痛,痛则不通。说的是人身上某一处血管或经脉不通畅时,一定会感觉那里疼痛。其实在人际关系中,又何尝不是这个道理?如果领导对下属有偏见、下属对领导有看法、群众对机关工作有质疑,一般说来,这中间都有一个缺乏有效沟通、充分沟通的缘由。特别是面对一些流言蜚语、明显缺乏事实依据的讹传,更需要勇于沟通、主动沟通、善于沟通,以沟通及时还原事实真相、消除大众的主观疑虑、校正人们的错误视听。延安时期,针对外界对延安情况的不了解、对中共当时的革命政策有偏见,毛泽东同志大胆地邀请外国媒体与民主党派人士到延安去,通过窑洞里一番番开诚布公的长谈、延河边一次次深入细致的沟通,外界对中共的偏见渐消,共产党赢得了更多的了解、信任、支持与称赞。

没有沟通,便没有和谐。沟通是有效化解矛盾、促进和谐、增进团结的一剂良药。通过沟通,将内心里的真实想法、意见与建议和盘托出,就能知道双方各自暗藏的"底牌",就能知道双方各自所能承受的底线,就能互换角度考虑问题,就能达成互相之间的谅解,就能彼此照顾到对方的切身利益。"负荆请罪"的故事我们都不陌生:如果蔺相如不与廉颇作积极主动的沟通,不在沟通中说清楚"革命无贵贱、分工有不同"的真谛、分析透彻将相不和的严重后果,相信蔺、廉二人的矛盾会逐渐激化。同样的道理,面对部分群众的不满心声、针对下属不理解所产生的抵触情绪,只有主动沟通,才能畅通言论,化解误会、达成共识、共建和谐。

沟通强调身份的对等、姿态的相近、语言的平和、态度的友好。很多时候,沟通双方在身份与地位上的不同,容易成为沟通的障碍。在这种时候,位高、强势的一方,尤其要做到平易近人,拿出"甘当小学生"的恭敬态度,让对方感受到被尊重、被理解、被信任。在做群众工作时,如果依然时刻不忘自己的"官"身份、依然要端官架子、依然说着霸气十足的官话,有意将自己身份与普通群众区别开来,也就难怪沟通不和谐、沟通无结果、沟通没效果了。

(2011年11月22日)

媒体成长离不开"自我观照"

杜耀峰

"你站在桥上看风景,看风景的人在楼上看你。"卞之琳的名诗《断章》,经常引起许多人的共鸣。

这种"看"与"被看"的关系,也往往体现在媒体身上。不久前,在深圳联防队员涉嫌强奸事件中,一些记者将受害人团团围住,反复追问各种难堪的问题,甚至不顾受害人双手捂脸、家属下跪哀求。这种无视他人尊严与隐私的越线采访,不仅给当事人带来了"二次伤害",也让一些媒体饱受批评质疑,甚至成为新闻事件中的另一个不光彩主角。

类似事情虽难说普遍,却也并不鲜见。从当初的"杨丽娟追星事件"到"福建南平校园惨案",一些媒体对案件现场的"细致刻画",就曾引发"谁害死了追星女之父"的追问,以及对媒体伦理的反思。在这个意义上,媒体报道公共事件,自身也被公众打量。这提醒媒体,在追求真相的同时,也要时刻"自我观照"——是否保持了"庄严的距离"?是否遵守了基本的道德底线?是否恪守了起码的新闻伦理?

作为时代的瞭望者和社会良知的守护者,这些年来,媒体的作用和影响越来越大,在反映群众诉求、揭露不端行为、还原事件真相、促进问题解决等方面,都发挥了积极作用,并成为政治进步和文化繁荣发展的重要标志。正因如此,中央领导多次提出要"善待媒体",社会公众把期待的目光投向媒体,新闻记者也对自己的职业充满光荣和自豪。

然而上述事件提醒我们，一项工作越是重要，越要有一定之规、一定之约，要放在社会的大系统中考量。对媒体来说，同样不能打着知情权的旗号去侵犯隐私权，甚至以"唯我独尊"的态度让一切让路。相反应该看到，离开了对弱者的尊重，再多的关注也无法形成关怀；热衷于对观众眼球的博取，采访本身就可能变成伤害；缺少了对自我的省察观照，再良好的初衷也可能事与愿违。

在一定程度而言，今天的中国已经进入了一个"自媒体"时代。伴随着博客、微博的兴起，"人人都有麦克风、个个都是通讯社"。在这样的背景下，媒体之所以依然被看重，就在于其专业和职业，能够在群情激奋时保持理性，在乱象纷呈中发掘真相，在多元价值里呵护良知。在这样一个时代，媒体要树立公信、获得发展，就更应该秉持其职业精神，坚持追求真相，同时不忘捍卫底线；坚定表达观点，也要学会尊重异见。试想，如果一个媒体总是手电筒只照别人不照自己，如何获得反思进步的能力？如果一个媒体人经常在公开场合大爆粗口，又如何体现知行合一的公信力？

中国的媒体正处于快速生长的时期。不管是党报党刊，还是都市媒体，要健康成长壮大，都需要宽松宽容的环境，也都离不开"自我观照"的觉悟，"辨别真伪善恶美丑需当旁观者，事关国家社会群众不作局外人"。不断树立媒体的"角色意识"，时刻保持清醒的头脑，在众声喧哗中激浊扬清，在利益诱惑下允中守直，既以自己的镜头笔触记录历史，也以自己的嘉言懿行助推时代，这是记者受人尊敬的根本保证，也是媒体健康发展的不二法门。

(2011年11月21日)

给成绩打个"折"

桑林峰

据央视报道,杂交水稻之父袁隆平的试验田收割以后,第 5 号田 0.897 亩产稻谷 1172.5 公斤,按通行的"七五折"计算,每亩净产量为 980.4 公斤。对此,袁隆平不为所动,主动说服验收专家组放弃通行的"七五折",改用更苛刻的标准计算净出率。最终公布的结果是亩产 926.6 公斤。

"考虑到今年实验环境较好",袁隆平不用现有标准,坚持给成绩"打折"。这一做法,折射出一名科技工作者求真务实、谦虚谨慎的态度和作风,值得我们深刻反思和学习。

渴望成绩,宣扬成绩,是人之常情。但面对成绩,不能一味夸大,应站在尊重事实的基础上,客观分析成绩的含金量,最大限度地挤掉成绩中的水分。这才是正确对待成绩的态度。

古人云:"名不可简而成也,誉不可巧而立也。"现实生活中,有的人却不能正确对待成绩。有的追求"窗户上挂喇叭——名声在外",事情没做多少,便"拉长、吹大、垫高","精心包装,隆重推出";有的在试点先行、经验总结时,把自己的做法说得完美无缺,好像放之四海而皆准;还有的甚至把想法说成做法、把估计说成统计、把预期说成结果、把别人的事说成自己的事。殊不知,"浓于功业,生造作病;浓于名誉,生矫激病",如此对待成绩,等到光环散尽、泡沫吹掉、水分挤干、原形毕露时，丢丑的只能是自己。

成绩美在货真价实。肥皂泡的颜色再鲜艳，也经不起阳光的暴晒；气球吹得再大，也经不起小小针尖的检验。工作成绩连着单位发展实力，关系百姓的幸福指数，来不得半点浮夸和虚假。重大科学决策的实施，取决于试点先行的经验总结；国家整体实力的评估，来源于各单位上报的各种数据。如果探索的经验、上报的数据水分过大、出入太多，就会影响科学决策，贻误国家建设的整体规划。

当然，有了成绩有一说一、有二说二，没有必要为"打折"而"打折"。但一些成绩的取得，有的是在实验阶段，有的汇集单位精英之力，还有的甚至是借助"外脑"完成的，并不代表单位的实际水平。这种时候给成绩"打打折"，才是符合客观的，才能真正经得起群众、实践和历史的检验。

碑不自立，绩由人传；石碑好立，心碑难立；高风大德，有口皆碑。历史是最公正的裁判。贪大喜功、梦想美名远扬之人，往往得不到人们认可；而俯首为民、不计得失、淡泊名利的人，反倒容易让群众传颂，留下口碑丰碑。党员领导干部面对成绩时，切不可沾沾自喜、忘乎所以、夸大其词，一定要树立正确的政绩观，本着对人民负责、对国家负责、对历史负责的态度，科学评估本单位取得的成绩，该打折的打折，该挤水的挤水，真正能让成绩晒在阳光下，经得起事实的检验。

（2011年11月18日）

一字一句总关情

辛士红

"感人心者，莫先于情"。"走转改"活动开展以来，广大编辑记者满怀激情走进基层，满腔热情贴近群众，满腹才情倾注笔端，为读者奉献出一篇篇精品力作。

清人袁枚曾说："作者情生文，斯读者文生情。"新闻作品在客观记录的同时，也同文学作品一样，鲜明地打上了作者的情感烙印，真实反映出群众的喜怒哀乐，在以情动人中实现传播效果最大化。

中国新闻史上，多少名篇"字夹风雷，声成金石"，一字一句总关情。毛泽东的《人民解放军百万大军横渡长江》，飞扬着摧枯拉朽、锐不可当的激情；魏巍的《谁是最可爱的人》，洋溢着对志愿军战士无比热爱、真诚礼赞的深情；邵云环的《没有灯光的漫漫长夜》，饱含着对异国人民身处战火、失去和平的同情。穆青在采访焦裕禄事迹的过程中，眼泪抹了一把又一把，写不成字，吃不下饭，多年后他的采访日记上还依稀可见斑斑泪痕……

"情者文之经，辞者理之纬，经正而后纬成，理定而后辞畅，此立文之本源也。"那些带着泥土气息和真情实感的新闻作品，往往令人一见钟情，过目难忘。新闻"易碎品"的属性难易，但情感的力量可以穿越时空；新闻的形式在推陈出新，但"笔下带情"的要求永不过时。记者如果失去"情"的利器，无论是妙笔生花，还是闭门苦思，都写

不出像范长江、穆青那样的作品,也达不到他们那样的高度。

现实中,为什么交通发达了,通信先进了,有的人与群众的距离却远了、沟通却少了?为什么一些新闻报道要尽各种"花活",看起来亮丽炫目,却依然难以赢得受众欢迎?说到底,是对群众的感情淡漠了。情感冷漠的记者,走进基层的脚步不可能坚定;情感贫血的作品,感染力和影响力不可能有坚实的基础。

"文生于情,情生于身所历。"记者的心中情、笔端情,不是一己之悲欢,而是家国情怀、时代担当,是"乐为人民鼓与呼"的赤子之心。这种情感,躲在高楼大厦不接地气培养不出来,坐在车上隔着玻璃浮光掠影感受不出来,泡在网上、会上远离生活挖掘不出来。只有深入到实践一线、基层岗位和生活甘苦中,"同群众坐在一条板凳上",才能心相连,情相通,酝酿出生动感人的作品。

新闻工作在本质上就是群众工作,需要新闻工作者以深厚的感情对待群众,以务实的作风服务群众,以清新的文风感染群众。与人民同爱,所以经文纬武;与人民同恨,所以激浊扬清;与人民同忧,所以秉笔直书;与人民同乐,所以且行且歌。是淡漠、疏离对群众的情感,还是拉近、加深对群众的情感,不但决定着记者的采写质量,而且反映出记者的职业操守、思想作风和新闻追求。

邹韬奋先生上世纪30年代办《生活》周刊时,着意以普通人为服务对象,"简直随他们的歌泣为歌泣,随他们的喜怒为喜怒,恍若与无数至诚的挚友握手言欢,或共诉衷曲似的"。今天,融入时代进步洪流中的新闻工作者,更需要增进群众感情、树立大众情怀,走近群众、融入群众,真正成为群众的贴心人,才能不断书写出饱含深情、富于启迪的崭新篇章。

(2011年11月17日)

情浓自能化坚冰

王比学

近日，在刘玉美工作法研讨会上，已故的重庆市江北区铁山坪街道司法所所长刘玉美的先进事迹让人感动，引人深思。

刘玉美工作法，核心就是一个"情"字。凭借一个"情"字，她让1500多起民间纠纷得到解决，让10多起群体事件得到平息，让58名刑释解教人员得到安置帮教。这个"情"字怎了得！

带着热情贴近群众。放下架子，才能拉近距离；扑下身子，才能打成一片。面对群众，刘玉美总是有股热乎劲儿，"不要叫我所长，叫我玉美，或叫闺女"，走乡串户，她就像走亲戚一样；群众来访，她总不忘问候、让座和倒茶，从而化解了隔阂、增强了信任。面对难题，刘玉美总是与群众坐在一条板凳上，轻松愉快聊家常，设身处地想问题，从而把工作做到了群众心坎上。

带着柔情化解纠纷。法律是刚性的，但刘玉美的心却是炽热的。为了解决污水处理厂纠纷，她与村民同吃同住四天三夜，尽管遭遇白眼甚至谩骂，她始终面带微笑，耐心说理讲法；吃了村民的"闭门羹"，刘玉美用她那柔美的声音叩开了一张张冰冷的铁门，也打开了一扇扇心灵窗户。正是因为将柔情与法律有机地结合起来，刘玉美形成了化解矛盾纠纷的"秘诀"：以情暖人，用法帮人。唯其如此，她才能坚守自己的工作誓言——"我要为群众守住上法庭前的最后一道和解大门"。

带着衷情构筑信任。安置帮教是刘玉美的一项重要职责,在很多人眼中是社会不稳定分子的刑释解教人员,在她眼中却是亲人和兄弟。"提前介入、无缝衔接、安身暖心、扶助就业、定期回访",刘玉美用爱心构筑信任,用真情解决困难,用恒心矫正恶习,用法律规范行为,使得刑释解教人员的安置率达91%。这个了不起的数字说明,社会管理、群众工作的难题并非无解,只要秉持以人为本的理念,投入耐心细致的工作,就会找到突破口,就能摸索出新办法,从而打开新局面。

干部有热情、柔情和衷情,才有了群众的理解、信任和赞誉。"闺女,谢谢"、"是玉美给了我第二次生命",一些"老上访"转化为"排雷兵"……这些真挚的话语,这些可喜的变化,是群众对刘玉美的认可和褒奖。没有与群众鱼水相依的深厚感情,群众不可能说出发自肺腑的话;没有掏心掏肺为百姓着想的现实行动,百姓不可能给予诚心诚意的回报。

情浓最能暖人心,情浓自能化坚冰。然而在一些地方,基层治理中存在干群关系疏远、紧张甚至矛盾尖锐化的问题,其中的一个重要症结,也在于一个"情"字。少数干部开展工作罔顾民情,面对群众疾苦冷漠无情,损害群众利益不近人情,凡此种种,伤害了群众感情,流失了群众信任,破坏了干群血肉联系。

"从思想上尊重群众、感情上贴近群众、工作上依靠群众",这是胡锦涛总书记就如何做好新时期群众工作所提的要求。带着热情、柔情和衷情做工作,刘玉美把严肃的执法过程变成了依靠群众、服务群众、帮助群众的过程。"情"字彰显境界,"情"字体现方法,"情"字牵动民心,从这个意义上说,"刘玉美工作法"对于做好当前群众工作有着深刻的启示意义。

(2011年11月16日)

教育的底色是公平

詹 勇

近来,一些学校出现的"颜色标签"颇为引人注目。西安一小学给"差生"戴绿领巾,包头一中学给"好学生"穿红校服,山东一中学用红黄绿三色作业本区分学生成绩好坏。

这些做法,尽管其初衷可能是教育探索、激励上进、缩小差距,但在教育实践中,已然变形走样,甚至背道而驰:戴着绿领巾的孩子一出校门就赶紧摘下领巾塞进书包,领到颜色作业本的孩子经常躲着做作业……"颜色标签"已给一些孩子的精神世界蒙上了一层阴影。

我们有着有教无类、因材施教的古训,在近现代教育视野中,卢梭提倡"尊重儿童,不要急于对他们作出好坏的评判",著名教育家苏霍姆林斯基也一再提醒,在影响学生的内心世界时,不应挫伤他们心灵中最敏感的一个角落——自尊心。"颜色标签"之所以为人诟病,不仅在于其简单粗暴的教育功利化倾向,更在于无视个体尊严和个性的等级制度,生生将本应在同一片蓝天下并肩成长的孩子分隔开来,给教育公平抹上了暗色。

除了这些看得见的"颜色标签",社会生活中还存在看不见的教育差别标识。学校有重点校、普通校之分,班级有重点班、实验班、普通班之别,学生有特优生、良好生、普通生、差等生之属,农民工子弟"入学难"背后是户籍制度下本地居民、外来人口的待遇差异,义务教

育阶段"择校难"背后是优质教育资源的分布不均。

这些有色无色的标签标识折射出了转型期中国教育事业的难点和痛点。从国际经验看,上世纪60年代以来的教育改革浪潮中,教育公平成为各国政府和教育界最关心的问题。随着我国教育事业的发展进步,人民教育需求的迅猛增长,审视中国教育这个"世界最大规模的教育体系",在教育公平迈出重大步伐的同时,一些教育不公问题也更为凸显,进一步促进教育公平成为紧迫的现实课题。

"教育公平是社会公平的重要基础"、"最大的公平是教育公平",正是基于这样的共识,近年来,"促进公平"作为工作方针之一写进了《教育规划纲要》,"惠及全民的公平教育"成为教育发展的重要目标;正是着眼于受教育机会公平、教育资源合理配置,义务教育、师范教育免费政策陆续出台,应对名牌大学农家子弟越来越少的"自强计划""圆梦计划"不断推出,让农民工上大学的"农民工高考"火热进行……

在现实的困惑与改善的努力中,教育公平的逻辑越来越鲜明:教育发展需要量的丰富,但更要有质的均衡;需要技术的升级,但更应立足人的发展,"教育的目的在于充分发展人的个性并加强对人权和基本自由的尊重"。

当然,教育公平不可能一蹴而就,这既是一个复杂的社会系统工程,也是一个需要逐步实现的历史过程。面对五光十色的社会现实,五花八门的教育方法,不论是社会管理者还是教育者,都须清醒地看到,教育的底色是公平。只有在公平正义的背景下,教育才会成为人人皆可攀援的"向上阶梯",学校才会成为每一个孩子的成长乐园,我们的社会才能绘制出色彩斑斓的发展进步图景。

(2011年11月14日)

让权力成为一种负担

李永忠

今年是曾经执政74年的苏共亡党二十年祭。前苏联部长会议主席雷日科夫引用过一句名言——"权力应当成为一种负担。当它是负担时就会稳如泰山,而当权力变成一种乐趣时,那么一切也就完了。"

新中国成立五年时,打江山的陈毅元帅,出于对权力的感悟,曾写有一首感事述怀诗《七古·手莫伸》。诗中指出了权力所必然带来的三大好处:即"威严、美色、推戴"。我以为,如果陈毅元帅面临市场经济条件,他还会加上"钱财"这一大好处。这四大好处是使权力变成乐趣的几大诱惑,诱惑之下,如果没有足够的警醒,权力者就可能在"快乐"中走向"堕落"。

7月19日,贪污受贿逾2亿元的杭州市原副市长许迈永已被执行死刑,因为"钱多、房多、情妇多",许迈永被民众戏称为"许三多"。在腐败分子中,这样的"三多"为数不少。为什么他们抵制不住诱惑,最终在把权力变成乐趣中滑向深渊?一般来说,抵制诱惑需要较强的自制力。而在体制转轨和社会转型的"双重转换"中,来自外在各方面的诱惑和欲望,给人性本身所具有的自制力带来前所未有的巨大压力。在这外欲大于内制的特定时期,缺少制约制衡的权力,无疑成为一些类似许迈永的人,走向深渊甚至断头台的放大器或加速器。

改革开放30多年来的腐败与反腐败实际证明:权力在市场经济条

件下的含金量迅速攀升,对权力的制约却停留在计划经济时期。这种"一手硬、一手软"的不协调状态,这种"一腿长、一腿短"的不同步状态,就是腐败行为不断滋生蔓延的土壤条件,就是腐败案件易发多发的生存空间。权力已成虎,制约之笼却很脆弱,各种诱惑就可能使权力出笼。尽管一直以来反腐决不手软,处置手段相当严厉,但权钱交易仍在滋生蔓延,说明加快制度改革和建设是多么重要。

科学的反腐制度,就是权力的负担,就是给权力套上的笼子。党的成熟不仅表现于思想上、理论上,更体现于制度上。没有党内的制度创新,不可能在党内建立健全科学制度。提高党的领导水平和执政水平,依赖于党内制度建设水平的提高;加强拒腐防变和抵御风险能力,取决于党内制度建设的加强;保持党组织和党员的先进性,得力于党内制度建设的科学性。总之,党的成熟程度与党内制度建设的完备程度成正比。党组织和党员对制度的自觉遵守程度,永远是与党内制度建设的正确和严密程度密切相关的。

经验表明,当相当多的领导干部,在相当长的执政过程中,把权力当作乐趣来享受,而没有负担的压力和感受,就基本注定了失去监督的绝对权力,将导致绝对腐败的内在必然。如果依靠制度的力量,让权力成为一种负担,权力将成为领导干部为人民服务的公器。只有如履薄冰地慎用权力,才能全心全意为民用权并保持党的先进性纯洁性。

(2011年11月11日)

贫困地区也有"富矿"

季 音

"走基层、转作风、改文风"活动，已经从上到下在各地普遍展开，一篇篇来自基层、丰富多彩的报道，让广大受众看到了祖国日新月异的变化，给人很大鼓舞。

基层是落实党与政府各项方针政策的第一线，那里的建设状况与人民生活状况，是国家制定政策的重要依据。来自基层的信息是最重要的信息。以新的作风走向基层的记者，无疑应当着眼全局，尽可能多去一些基层单位，既要采访城市，也要采访农村；既要去经济发达地区，也要到边远的贫困地区走走。俗话说："多见者博，多闻者智"，希望在这次活动中，读者们能多读到一些来自不同地区、不同发展水平的基层真实生动的报道。

过去有些记者偏爱到经济发达的富裕地区采访，去偏僻贫困地区采访的人比较少。当然，那些经济比较发达、改革开放走在前列的地区和单位，应当大力宣传报道，推广他们的先进经验，对其他地区的发展发挥示范推动作用。但是，对一些贫困地区和相对后进的地区和单位，也不可忽视，应当把它们纳入走基层活动的范围。记者应当满怀热情地到这些地区走走，深入采访那里的变化和困难，倾听基层干部和群众的呼声，为促进这些地区的经济发展和社会进步，逐步走向富裕，出一份力。

其实，那些贫困地区和发展相对后进的地区，虽然目前还比较贫困，但人民的智慧并不"穷"，他们既有改变现状的渴望，也蕴藏着逐渐摆脱贫困走向富裕的积极性与创造精神，只要把各项工作做好，群众智慧一旦释放出来，就不难摘去贫困帽子。安徽凤阳县在上个世纪80年代以前还是个著名的贫困县，后来该县小岗村农民发挥他们的创新精神，创造了家庭联产承包责任制，不但完全改变了本村的贫困面貌，而且为推动全国农村改革作出了巨大贡献。在推广小岗村经验过程中，那些热情支持并作了有力报道的记者，显然起了重要推动作用。

这就是说，在有些贫困和后进地区，往往也有"富矿"，即可贵的经验与创造。开发这些"富矿"，记者无疑负有重要责任。这些年来，我国减少贫困人口的工作取得了极大成就，是走在世界前列的。到基层去，采访报道这方面的成就与经验，不是一件极有意义的工作吗？

党中央与国务院一直深切关怀贫困地区的人民，千方百计加强扶贫工作，逐渐缩小贫困面。在这次"走转改"活动中，记者们有责任把党与政府的期盼落实到自己的行动中，到贫困地区走走，深入采访，报道他们与贫困作斗争的感人事迹，多听听基层干部和农民的真心话，在加快消除贫困、走向共同富裕这件大事中，尽一个记者的职责。

（2011年11月10日）

深一点，才能真一点

李 拯

基层是中国社会的"基本面"。转型期的复杂性和多面性，在基层有着最真实、最直接、全景式的体现。远离这个"基本面"，我们注定难以把准时代的脉搏。

物价、汇率的变动以怎样的形式影响着中小企业的生存？为什么富裕地区都没能做到的免费医疗，贫困县却搞得红红火火？基层干部的工作动力主要从何而来？"农民工二代"怀着什么样的生活理想？又是什么驱使那些被扶起的老人倒打一耙？

这些发生在基层的纠结，离我们并不遥远。然而要找到真实而非臆想的答案，继而探寻切实可行的解决之道，却远不是那么容易。走基层，没有透过现象看本质的深入观察，没有打破沙锅问到底的钻劲儿，很容易迷失在种种令人困惑的表象之中。

走基层是走马观花、浮光掠影、浅尝辄止，还是"下马看花"，带着思考、带着责任沉下去，其效果迥然不同。

曾经听到这样的故事：一位新闻界同行接到线索去采访矿难，宣传部门表示没听说有这回事，先期到达的记者也说没这回事，辗转联系到举报者指认的遇难矿工家属，竟然也说没有。极其艰难的调查取证之后，真相才浮出水面："记者"是领了"封口费"的假记者，矿工家属也已被煤矿用钱"安抚"。

也曾听到这样的经历：基层干部向记者抱怨，政府出钱资助规模化种植蔬菜，有菜农居然虚报面积敷衍了事；继而发现，类似的资助前些年也曾有过，但种出来的作物低价滞销，菜农担心重蹈覆辙；再深一步了解，原来补助是与当地的产业规划挂钩的，不按上级的规定种，补助就领不到。记者由此感慨，如果只是奔着"某地转变发展方式创建蔬菜大县"的表扬稿轻轻松松走一遭，写出来的东西恐怕会离谱得找不到北！

真实是新闻的生命，求真是新闻工作者永远的价值追求。但真相往往不是漂在水上的油花，也不是清澈溪流中触手可及的卵石，很多时候，它就像原始森林里来去无形的灵狐，只有穷追不舍的猎手，才可能发现它的踪迹。

深一点，才能真一点。河南日报记者王天定便是这样的猎手。这位第十一届长江韬奋奖获得者每年下基层采访250天左右，"不是在基层，就是在下基层的路上"，被人称作"王全省"。他用一年400幅以上的见报照片，勾画出中原大地基层社会真切的世相拼图。

深一点，才能真一点。"从地里长出来的"记者陈中华坚持用脚跑新闻，向我们诠释一个并不深奥的道理："真一点"是价值观，"深一点"是方法论；"真一点"是新闻追求，"深一点"是现实路径。正如老记者穆青所言："调查研究是我们做好报道工作的基础，没有调查研究，或者调查研究常常间断，都意味着宣布新闻工作的死刑。"

基层蕴藏着一个复杂而深刻的中国。只有一个猛子扎到底，才能洞察大江深处的潜流，才能揭示看似不可思议的现象背后的内在逻辑，才能在司空见惯中找到新的感受新的启示，才能打捞起众声喧哗中那些沉没的声音。

（2011年11月9日）

"我不管"思维祸害不浅

郭震海

干部换了,难道"为人民服务"的宗旨也变了吗?走访基层发现,一些乡镇换届、部门调换负责人后,新任干部对前任干部留下来的、没有来得及处理的问题多是拒之门外,理由是:"这是上一届留下的事,找上一届干部去,我不管!"为此,群众意见很大:"上一届干部是党的干部,难道换了个干部就不是党的干部了?"

这类干部奉行的是一种"我不管"思维,主要表现在,你吹你的号,我敲我的鼓;一任领导一张图,一届班子一个调。这种现象在一些地方十分普遍,首先表现为一种极端的"新官不理旧事"的思维定势。"我不管"式的地方新任官员总认为理"旧事"是给前任"扫尾",是嚼别人剩下的馍,干得再好都是前任的政绩,为前任"贴金",体现不出自己的水平,反映不出个人的政绩。

"我不管"思维还表现为"新官上任三把火"的思维定势。"我不管"式的官员到位后,着急按照自己的意愿抛出"新思路",匆忙按照自己的想法烧起"三把火",总想尽快干出政绩、拿出成果,好让上级认可。这种想法是可以理解的,但若为此走极端,则断然要不得。这种思维定势,往往是不惜把前任未干完的有益于地方发展的项目废弃,把制定好的一些制度推翻,偏要"标新立异"。对前任遗留的问题,群众找上门来,更是能拖则拖,能躲则躲,消极对待。如此种种错误思想作怪，势必导致前任一些刚刚开展的工作半途而废，上届某些遗留问题束之高阁。

干部的新老交替，是党和人民事业的延续，是历史发展的一种必然。"新官"、"老官"都是党的干部，都是人民的公仆，都要讲究服务群众的一致性，坚持推进发展的连续性。"旧事"不会因"老官"不在位而自动消失，也不会因后任的无视而不存在，反而因为关系百姓利益、关系地方发展而迟早会成为突出问题。早理旧事早好，拖久了往往就会成为"老大难"问题。在这个意义上，能不能理旧事，善不善理旧事，既体现领导干部的政治责任与素养，更反映领导干部的执政能力与水平。

任何好的决策都经不起折腾。朝令夕改是可持续发展的绊脚石，"我不管"思维更是祸害不浅。我国的航天计划、青藏铁路、三峡工程等，从构想到设计，从施工到竣工，是几代人坚持不懈接力的结果。在地方，一些民生工程，由于时间、资金、人力、环境等因素的影响，不可能在一届班子的任期内完成，这就需要下一届干部勇于担当，拿好"接力棒"，跑好"接力赛"。尤其是对那些既符合当地实际、又符合群众意愿的事，无论是哪任定下的，作为后来者，都应保持政策的连续性和稳定性，把好事做好、把实事做实。或许有人会嘲笑你在为他人"擦屁股"，但百姓会朝你竖起大拇指。

（2011年11月8日）

拥抱逻辑最给力

若 曦

一位领导在香港介绍贵州省情时说，提到贵州，人们总联想到"黔驴技穷"这个成语，其实那是以讹传讹，让贵州背了1000多年的"黑锅"。

何故？因为所谓的"黔驴"根本不存在，典故的第一句话就说得明明白白："黔无驴"。接下来的故事也交代得清清楚楚，驴是好事者用船载来的"老外"。既然那驴只是客居，怎么会是"黔驴"？因此，应当正本清源，为黔正名。

这个正名很给力。黔地没有驴，将一头外来驴冠以"黔驴"，属于张冠李戴，名不符实。用逻辑常识衡量，叫违反矛盾律，是个假概念。概念为假，在知识之林就无立足之地。逻辑敲下法槌，权威一言九鼎。

现代哲学科学光照100多年，类似"黔驴"的逻辑错误，仍有着顽强生命力。讨论问题，辨别是非，质疑真假，鲜见运用逻辑法则，以逻辑服人；常见动用权力，诉诸感情，或提高分贝。比方，有企业被曝光生产伪劣产品，回应却是"民族企业"情况特殊需要支持；某地出现坏人丑事，反驳说词是"放大污点"、"夸大负面"，同时抬出另一些好人好事反击。

这样的争论和辩解，俗话叫跑题或偏题，或王顾左右而言他。用逻辑法则度量，属于转移论题，或偷换概念。就像谈论一个人，大家关注他的道德品行，你却大谈他身体健康。也如同打枪不瞄准，只管"让子弹飞"，而不管是否击中目标。这种争辩，言语再多、分贝再高、辞藻再美，也往往是治丝益棼，越描越黑。

因此，无论释疑解惑，还是自证清白，都需要尊重逻辑、运用逻辑。谚语说，道理问到你，比绳子捆得紧。这里的道理就是指逻辑，意思是逻辑的力量让你没有还手之力，比绳子捆住你还管用。有了逻辑在手，语言不多道理深，分贝不高力道大。既能服人，又能服众。

逻辑是正确思维、准确表达的法则。一如法律对社会的规范，交通规则对道路的管理。有了逻辑规范，思维和表达就会避免误入歧途，交流和沟通就能避免鸡同鸭讲。一切无谓的争论、理解的偏差就会找到根由，所谓的"公婆争理"就会有所裁判。谣言未必止于智者，是非一定止于逻辑。

逻辑是辨别真伪、增长智慧的法宝。一个新说法、一个新观点、一个新发现，只有符合逻辑才能成立，才能成为知识和道理。反之，这个说法、观点和发现就可能是谬误，是伪知识和假信息。戴上逻辑显微镜，错误推理就会无处遁形。常用逻辑法则，是非之辨就会泾渭分明。

逻辑更是认识世界、科学研究的方法。数学、物理、化学，自然科学的任何发展都离不开逻辑。历史研究、法律体系、事件真相，社会文明离开逻辑寸步难行。物理学里的自由落体定律，就是伽利略运用逻辑规则，发现亚里士多德理论的推理错误，从而推导出正确的结论。法律体系里公法与私法的先后，宪法与其他法律的从属，都是依据逻辑而建立。正如一位哲人所说，生活犹如巨长的链条，见到一环，可推知整体。所以，拥抱逻辑最给力，拥抱逻辑也最智慧。

（2011年11月7日）

"70亿地球"与"13亿中国"

詹 勇

"这个孩子的生日,是个叫人高兴不起来的日子。"10月31日,随着几声婴儿呱呱坠地的啼哭,全球人口总数首次突破70亿大关。面对越来越拥挤的地球,联合国秘书长潘基文的焦虑,反映了人类在"人口爆炸"压力下的忧患意识。

当第70亿个人类居民降临这旋转不停的蔚蓝色星球,人们感受到了"人口时钟"加速运转的节奏。从10亿增加到20亿,人类用了100年;从20亿到30亿,用了30年;而从60亿到70亿,只用了12年。

人口的迅速膨胀,一方面在资源上做着"减法",70亿人每天最少喝干2.3个昆明湖,耕地、能源、矿产等资源也以同样惊人的规模在消失。另一方面则在需求上做着"加法",更多的人口,意味着需要更多食物、更多能源、更多就业和受教育机会、更多社会保障,这已成为各国政府越来越沉重的社会责任。

然而,"加"与"减"的背后,远不止是数量"多"与"少"的消长,更有"贫"与"富"的差距、"众"与"寡"的对比、"安"与"危"的反差。发达国家食物充足,欠发达地区却有10亿人每天饿着肚皮睡觉;一些国家为人口剧增而头痛,另一些国家却为人口净减少几十万而苦恼;一些人奢华度日,许多人却还在贫困线下挣扎……70亿人的地球,不仅是一个日益拥挤的星球,更是一个充满矛盾的世界。

从"70亿地球"的视野看中国,现实更为纷繁复杂。我国通过计划生育少生4亿人使世界70亿人口日推迟了5年,以30年完成发达国家百年人口转变历程。在工业化、城市化迅猛推进的背景下,当今中国也提前面临老龄化社会的"未富先老"之困;人们既享受着"人口红利"带来的发展机遇,也开始思考民工荒带来的"刘易斯拐点"之忧;数以亿计的农民工涌向城市,也导致了一些农村地区的"空心化"之痛……人口问题像一面镜子,折射出转型期中国的不同发展层面和现实难题。

一个肩负13亿人梦想与幸福的国家,如何在现代化道路上,统筹协调好人与自然、经济与社会、效率与公平等关系,创造以人为本、包容共享的发展空间,这不仅是一个民族的探索与奋斗,也是人类普遍需要面对的共同课题。目前,联合国启动了"70亿行动",呼吁世界各国在贫困和不平等、赋予妇女和女孩权利、生殖和健康权利、年轻人、人口老龄化、环境城市化等领域采取联合行动。

《2011年世界人口状况报告》指出,"人口爆炸"将会成为我们赖以生存的地球的一大严重威胁,人口增加趋势形成了"机遇与挑战"的共存局面。面对"70亿地球",立足"13亿中国",我们不仅面临"加减法",更应学会"乘除法"。

环球同此凉热。一个很小的问题,乘以70亿,都会变成一个大问题;一个很大的挑战,除以70亿,就可能获得化解的契机。国际金融危机引发全球性应对,气候变化问题呼唤全球性治理,日本核泄漏引起全球性恐慌,无不说明70亿人的命运日益休戚与共,人类社会需要"共同分享发展机遇,共同应对各种挑战"的力量。让"同一个世界,同一个梦想"的发展主题在"地球日志"上写下更为精彩的篇章。

(2011年11月2日)

改革需要"三不转移"

张 毅

当前,是我国现代化建设的关键时期,也是深化改革的攻坚时期,广大领导干部应当以一种什么样的精神状态和工作姿态,深入实践科学发展观,不负重托,不辱使命?

日前,海南农垦总局党委书记王一新在垦区经验交流会上,提出改革要坚持三个"不转移",颇给人启发。尽管阻力重重,不转移目标,坚持市场化改革方向是刚性的,打破体制僵局,推行政企分开、社企分离,建立现代企业制度;尽管非议不断,不转移矛盾,不惧怕触动利益群体,现代农业产业体系的新平台轮廓清晰,步履蹒跚的老垦区焕发了青春;尽管头绪很多,不转移注意力,扭住生产力解放,扭住民生改革,心无旁骛,海南农垦改革环环相扣,狂飙突进,按国务院要求和海南省的部署,改革主体任务已经完成。

好一个"三不转移"!这是椰岛岸边激起的美丽浪花,也是改革实践中的一笔财富。当前,我国社会发展转型处于关键隘口,新问题不断涌现,各方诉求此起彼伏,各种矛盾相互交织,构建和谐社会,艰巨而紧迫。矛盾千变万化,工作千头万绪,新时期党的领导干部,尤其是一个地方、一个部门的决策者,要面对更大的压力、更严峻的考验、更高的要求。而"三不转移",是推进改革要具备的基本条件。

不转移目标,是对意志和智慧的考量。既要敢于担当,又要有驾驭

复杂局面的艺术。不同意见可以商量,遇到问题可以协调,但改革目标是在实践中反复论证而确立的,不能翻烧饼。否则,目标摇摆不定,永远走不出"沼泽地"。改革的目标是刚性的,方式方法可以是柔性的。深化改革,要循序渐进。片面强调刚性,容易耽误事;片面强调柔性,成不了事。

不转移矛盾,是对品格和能力的检验。"摆平就是水平"、"搞定就是稳定"等观点,在官场上颇有市场。问题是怎么"摆平"、怎么"搞定"?一味避重就轻,眼前的事安抚下去,深层矛盾掩盖起来,今朝平安过渡,日后积重难返。殊不知,执政的世故是对人民的渎职,改革的懈怠是对历史的犯罪。"苟利国家生死以,岂因祸福避趋之",历史给我们的机遇不多,改革攻坚哇有一马当先。"义不反顾,计不旋踵",主动化解矛盾,才会获得加倍发展的动力。

不转移注意力,是对境界和修养的评判。浮躁之风,流传颇广,危害甚大。麦子刚播下去,就想它赶紧出苗拔节;树刚栽下去,就盼它开花结果;事情还没做出模样,就迫不及待地邀功请赏。"事业重如山,名利淡如水",不给个人留余地,改革才能开辟新天地。走上领导岗位,要时刻谨记权为民赋,要从个人名利中解放出来,从官僚主义的不良风气中解放出来,始终保持共产党人的先进性,励精图治,聚精会神,以旺盛的斗志投入工作,作出表率,干出实绩。

改革人永远是年轻,改革人永远要坚定。"三不转移",尽显胸怀全局的大气、攻坚克难的锐气、尽职尽责的静气,最根本的一条,是老实做人、扎实做事的正气。

(2011年11月1日)

让文化为幸福导航

向贤彪

猴盾，闽东一个普通的畲族村庄。这里，不仅以风光秀丽的"绿色银行"著称，而且以红红火火的"农家文化"吸引人的眼球——村民像城里人一样，可随时到"文化超市"看书、健身、上网；入夜或在露天广场看电影、或轻歌曼舞、或品茗聊天……丰富多彩的文化生活改变了村民的生活方式，提高了村民的文明素质。多年来，这里无赌博、无封建迷信、无刑事犯罪，先后获得省市"精神文化精品村"、"新农村建设示范村"等荣誉。有人赋诗赞曰："山围村合水连天，文化红火照眼明；宝地风淳真乐园，经济文化一线牵。"

"霜熟稻粱肥，几村农唱；灯红楼阁迥，一片书声。"几百年前郑板桥先生理想中的农家欢乐祥和景象，如今在猴盾和农村不少地方成为现实，也引发人们对文化力量的思考。

"在致富奔小康的路上，既要'富口袋'，也要'富脑袋'，既要'壮身子'，也要'健脑子'。"质朴无华的话语，道出了一种新的理念。有了这种理念，文化建设不再是经济的"附属品"，文化生活不再是生活的"调味品"，而是从战略上思考、从全局上谋划，像重视GDP那样重视文化建设，像抓项目那样抓文化落地，像精心营造物质家园那样营造精神家园。如此，"用之可以尊中国"，可以充分发挥文化的召唤和引领作用，使文化自信和文化自觉有所依附、落地生根。

　　文化功能的显现,文化作用的发挥,不像经济建设那样"吹糠见米"、立竿见影,但文化的功能却如滴水穿石、垒土成塔,文化的作用好似春风化雨,潜移默化。从根本上说,文化是"化"人的,是把人的整体素质"化"高,把人的追求和境界"化"高。但这种"化"要如春雨,"随风潜入夜,润物细无声";要似春风,"著物物不知","不知细叶谁裁出"。一句话,这种"化",是靠"文"潜移默化,用"文"打动人心,依"文"改变风俗,使人们在文化的浸润和艺术的熏陶中,逐步完善自己的人生观和价值观,自觉远离愚昧无知,脱离低级趣味,向更高的追求和境界迈进。

　　"如果我们把人的发展看作是人类生存的整体繁荣,那么文化恰恰就是这种'发展'的最终目标和归宿。"人类所做的一切都是为自己创造幸福,那么幸福在哪里?幸福就在美好的人性、人心和人情之中,幸福的人一定不可或缺善良的人性、知足的人心和亲密的人情,而幸福需要灵魂的导师、信仰的指引、心灵的升华和价值的创造。正是在文化的滋养中,人们获得无比美妙的幸福感受。

　　有诗人言:"如同布匹,精神也需要洗涤。蘸着昂扬的色彩,荡洗懈怠、萎靡、迷惘和疲惫"。在文化对人的"化"与"养"中,我们获得的不仅是精神的愉悦、素质的提升,而且是自身的全面发展。恰如恩格斯所言:"文化上的每一个进步,都是迈向自由的一步。"

(2011年10月31日)

少些"本能" 多些养成

王朝明

看过一部纪录片《迁徙的鸟》,一群大雁在寥廓天地间飞翔,迢迢征途,漫漫风雪,都无以让执着的雁阵有所动摇和懈怠。本能的力量是如此之大,竟能支撑着貌似孱弱的鸟儿耐得饥寒疲惫、穿越高川瀚洋,着实令人感喟和深思。

在本能的驱使下,雁雀尚犹如此,人呢?人当然也会受生物本能作用。不同的是,人类却可以通过理智来分辨和驾驭本能,而不是任其泛滥、被其主宰、受其支配。积极的本能催人奋发,消极的本能使人颓废。对于党员干部尤其是领导干部来说,更应对人性中的弱点抱一份自觉的省察,时刻不忘告诫自己克敛笃慎,少些"本能",多些养成。

少些贪图享乐的"本能",多些操守自重的养成。"食色,性也","人们所奋斗的一切,都同它们的利益有关",正是基于对人之"逐利"和"食色"本能的清醒认识,才更有必要心弦紧绷,对浮名、金钱和美色,保持足够的警惕和必要的距离。欲海搏舟而不倾覆固然令人钦佩,但并非每个人都能做到,经不起诱惑,不妨离得远一点,或为上策。

少些死不认错的"本能",多些知耻后改的养成。心理学家认为,人犯有过错后大都有自我保护不愿认错的本能。近年来一些公共事件,所以激起公愤、引爆众怒,当事者"醉死不认这壶酒钱"的态度,无疑是重要诱因。"君子之过也,如日月之食焉。过也,人皆见之;更也,人皆仰之"。羞耻是一种"内向的愤怒",更是一种自新的力量。正确面对、勇于承认并积极纠改错误,也许会暂时丢一点"面子",但赢得的是更加珍贵的公信和人心。

少些畏难发愁的"本能",多些勇于担当的养成。趋利避害是动物的本能,但天生不适用于党员干部。党的性质和使命,公职人员的身份和职责,决定了每一名党员干部的坐标都应是中流砥柱。"如果一个人不知道他要驶向哪个码头,那么任何风都不会是顺风",勇于担当,首要和关键的是坚定信念、建树信仰,明确为之奋斗的目标,定准前进的方向,增注知难而进的动力。

少些慵懒懈怠的"本能",多些砥砺奋进的养成。有的领导干部,起初尚能兢兢业业、恪尽职守,然而一旦做出一些业绩、晋升到一定职位,就不由自主地生出"船到码头车到站"的念头,进而"刀枪入库马放南山",放任自己躺在"功劳簿"上睡眼惺忪,不思进取,泯然"众人",做起了庸官懒官太平官。治庸治懒,须经常的教育和提醒,靠严明的制度和奖惩,更要付诸自觉的激励和养成。

少些高高在上的"本能",多些视民如伤的养成。有的党员干部,嘴上不离为民服务、人民公仆,潜意识里却"八抬大轿"、作威作福。这种骨子里的官老爷意识、县太爷习气,一天不除,宗旨意识、公仆精神就难以立起来。于理性上敬畏人民、尊重公众,在方法上依靠人民、发动群众,从感情上贴近人民、体恤百姓,惟有如此加倍养成,为人民服务才能由宗旨成为"本能"。

期待有一天,坚持不懈的"养成"化为了每一名党员干部的"本能",那么,我们必将以更加整齐有力的"雁阵",穿越种种艰难险阻,拥抱更为高远壮阔的天地。

(2011年10月28日)

"生活就是不断地补课"

江 坪

"生活就是不断地补课",这是人民日报社原总编辑范敬宜同志曾经在给我的信中说的话。这句话的出处是这样的:

2003年岁末,老范应邀到杭州为浙江新闻骨干传授新闻工作实践经验。离杭前,我请老范写一幅范仲淹的《岳阳楼记》,他欣然答应。过了些日子,我与他通电话问及此事,他急切地说:"我马上写,马上写。"第二天,我就收到老范寄来的快件,并附了一封信,其中写道:"今天下午接到您的电话,猛然觉悟自己失信了,于是马上动笔,在天黑以前把《岳阳楼记》写完,现在寄上。虽然您不一定能够满意,但我总算补上了一课——就像偷懒的小学生,在老师监督下紧赶慢赶交上了卷。收到后望给我来个电话。如不及格,请直言相告,我好再补课。生活就是不断地补课,不仅搞新闻如此……"

"生活就是不断地补课"。这句话,内涵深邃,很有哲理。事实上,我们每个人天天都在"补课",老范就是一位勤于"补课"的人。

补课,补的是真诚的课。真诚,是正确处理人际关系的基石。相互真心诚意,才能得到相互信赖,相互帮助,相互进步。而真诚是否能做到事事处处,一以贯之,则是对真诚与否的检验。一个人不可能没有缺点,也不可能没有疏忽,但只要认识到了,补上"改正"这一课,那就是真诚的实际展现。老范"下午接到您的电话,猛然觉悟自己失信

了,于是马上动笔,在天黑以前把《岳阳楼记》写完"这个立马"补课"的行动,令人动情,教人受益。

补课,补的是作风的课。作风的好坏,反映了一个人品德的高低。作风好,能够深入实际,调查研究,密切联系群众;作风不好,高高在上,虚华飘浮,就脱离了群众。老范的作风十分朴实,平易近人,他无论身处何种岗位,始终行走在平民百姓之中。他说:"离基层越近,离真理越近"。他与的哥交往,在京城传为佳话。当有人撰文赞扬此举,他谦虚地说:"我没有你说的那么好。如果一个'官员'离开了专车迈不开步,那才是一种悲哀。"

补课,补的是"先忧后乐"的课。范仲淹的"先天下之忧而忧,后天下之乐而乐",是实现人生价值的崇高境界。你是"先忧"?还是"先乐"?这是人生征途中每时每刻都需要必答的问题,是检验党员干部人生观的试金石。从国家大事到生活小事,都应该以"先忧后乐"为准绳,找找自己的差距,从中找到补课的内容,在不断地补课中,使自己真正成为一个脱离低级趣味的人、有益于人民的人。

"生活就是不断地补课"。让我们在日常的生活、工作、学习中,不断看到自己的不足,不断地补课,使补课成为生活中的一种常态,在补课中去充实人生、创造价值。

(2011年10月27日)

文化"魂"与"体"辩证关系刍议

永 春

党的十七届六中全会《决定》指出,社会主义核心价值体系是兴国之魂,是社会主义先进文化的精髓,决定着中国特色社会主义发展方向。要把社会主义核心价值体系融入国民教育、精神文明建设和党的建设全过程,贯穿改革开放和社会主义现代化建设各领域,体现到精神文化产品创作生产传播各方面。这一重要论述,深刻揭示了社会主义核心价值体系在文化建设中的灵魂作用,体现了我们党对文化建设规律认识的进一步深化,是全会《决定》突出强调的一个重点。学习领会全会《决定》这一精神,需要我们正确认识和把握文化"魂"与"体"的辩证关系。

文化是人类改造客观世界过程中创造的精神成果的总和。从精神生产的特有属性和内在规律来看,任何文化都包括虚体部分和实体部分,虚体部分就是文化所蕴含的精神价值,实体部分则是承载文化精神价值的物质基础和传播形态。前者是文化之"魂",是文化思想性的根本体现,是文化引领风尚、教育人民、服务社会、推动发展的力量源泉,是一个民族的精神家园,决定着文化的性质和方向。后者是文化之"体",是文化实现教育功能、以文化人的重要途径,是文化生产力的重要依托,决定着文化精神价值的传播力和影响力。"魂"与"体"相互依存、相辅相成,统一于精神生产和文化建设的实践中。离开了

"魂","体"就失去了精神价值的支撑,就会空洞无物,失去思想性和生命力,甚至偏离正确的方向;离开了"体","魂"就无所依附,难以传播,文化的精神价值就难以实现,就难以发挥教育引领的作用。

当代中国文化之"魂",就是社会主义核心价值体系。它包括马克思主义指导思想、中国特色社会主义共同理想、以爱国主义为核心的民族精神和以改革创新为核心的时代精神、社会主义荣辱观四个层次的内容。社会主义核心价值体系是社会主义意识形态的本质体现,充分反映了马克思主义中国化时代化大众化的要求,继承和发展了中华民族优秀传统文化,吸收和借鉴了人类文明有益成果,是一个开放包容、与时俱进的体系。社会主义核心价值体系作为当代中华文化的"魂",引领着社会主义先进文化的前进方向。在当代中国,一切文化产品只有生动地体现了社会主义核心价值体系这个"魂",才有主心骨,才有精气神。从这个意义上讲,文化的"魂"是一切文化产品创作、生产、传播的生命所在,不管以什么形态承载、传播,都必须保持崇高的精神价值,不存在商品化的问题。

当代中国文化之"体"有多种形态,包括国民教育体系、公共文化服务体系、文化产业体系以及各种形式的文化产品和服务(如小说、电影、戏曲、动漫等)。这些"体"作为文化的物质基础和传播形态,都是承载、传播文化精神价值的重要载体和形式,都承担着弘扬社会主义核心价值体系这个"魂"的重要功能。因此,只有把"体"做大做强,才能使文化之"魂"广为传播、深入人心。

文化"魂"与"体"的辩证关系,揭示了文化发展的客观规律,反映了社会主义文化建设的内在要求。正确认识和把握二者的辩证关系,有助于我们进一步廓清对文化意识形态属性和商品属性、社会效益与经济效益、思想性知识性与艺术性观赏性等一些重要关系的模糊认识,进一步增强用社会主义核心价值体系统领文化建设的自觉性和坚定性,积极培育、大力提升文化的思想内涵和精神价值,确保文化建设始终沿着社会主义先进文化的方向前进;进一步增强推进文化改革发展的责任感和紧迫感,大力推动繁荣文化产品创作生产,涌现更多的精品力作。充分发挥国民教育在文化传承创新中的基础性作用。大力发展文化事业和文化产业，完善覆盖城乡、结构合理、功能健全、实用高效的公共文化服务体系，发展竞争力强的文化产业，催生新的文化业态，不断加强文化载体建设，增强文化传播力，使当代中华文化之"魂"广为传扬、影响深远。特别是要深刻领会发展文化产业是社会主义市场经济条件下满足人民多样化精神文化需求的重要途径，是充分发挥市场在文化资源配置中的积极作用、激发全社会文化创造活力的必然要求，加快发展文化产业，不断增强文化产业的整体实力和竞争力，为更加广泛地传播社会主义核心价值体系提供强有力的支撑。

总之，学习贯彻党的十七届六中全会精神，必须正确处理文化"魂"与"体"的辩证关系，在推进文化改革发展的过程中，始终牢牢抓住文化的"魂"，创新和用好各种文化的"体"，使二者相互促进、相得益彰，做到形神兼备、强"魂"健"体"，推动社会主义文化大发展大繁荣，不断巩固全党全国各族人民团结奋斗的共同思想道德基础。

（2011年10月26日）

融入，新闻才有生命

王汉超

看似形而上的思辨，往往是实践中具体而日常的问题。新闻，重在记录时代，还是影响当前？新闻，到底需要一个冷酷的旁观者，还是深情的参与者？

带着问题走基层，或许能找到自己的答案。前不久，"重走进藏路"的报道中，我跟随报道小分队，第一次走进雪域高原。当翻译不够时，单独和牧民在一起，尽管语言上难以交流，但从感受上却从未有过隔阂，由于牧民的善良、单纯，眼神和笑容之间，彼此有一种亲近。

这种感受，随着采访深入而加深。车在大地尽情驰骋，不经意间看见男人、女人、孩子、老人在向你的汽车挥手，忙不迭地挥手回礼。有次问路，那位阿妈讲不好汉语，急得满头汗，倒让我很过意不去。被群众拉着跳"锅庄"不由得咿呀跟唱，尽管没有语义，相互却能听懂友善。这里但凡吃饭，兴至便要开唱，不唱何以抒怀。

每次和坚守过高原的记者谈起西藏，都是无限怀想，都是如数家珍，像谈起共同的故乡。想到电影《孔繁森》结尾，有一段孔书记穿上藏袍，献了一首藏语的歌《幸福》，镜头里他挥起衣袖，边舞边唱，一时物我两忘。进了藏我才体会到这一情节的传神。这是很多援藏干部最真实的状态——深爱与融入。

有一天，面对着诗一样铺展在面前的西藏蒿草，一位驻藏的同事对我说，这里让人想扑进去，想投入大地，想让生命放歌。我忽然就懂了，用总结和材料堆砌出来，那新闻是死的。融入了现场，投入了深情，文字之间贯通了血与肉、气与魂，新闻才有生命——在时代里才有生命，在群众中才有生命。非此，行而不远。

采访中，有一件打动我的小事。在达孜县拉木村高山牧场采访科学养殖时，被牧场的男女老少围着，看看记者相机里到底拍的啥？当在照片中找到自己，互相指着看，乐个不停。同行一位女记者对他们说，"把地址留给我，每人都拍一张。等照片洗好，给你们寄回来！"

"走基层、转作风、改文风"考验的是一名记者与群众的真实感情。感情深浅做不了假。曾听一个老工匠说过："你别看高楼大厦，要看他窗户毛边剌不剌手，打置门窗房子得像对自家的孩儿，没这个，你就出不来世上最好的活儿。"我想，没这个，怕也出不来世上最好的报道。

新闻讲求的真实客观，绝不是"隔岸观火"式的真实客观，那种客观只会成为教条。新闻是应当有温度的。这个温度，只有融入才能感知，只有感同才能传达。采访不是问询，写作不堆砌，需要的是心与物、心与心的"同频共振"。记者身心"代入"，才能对物最大还原，对事感同身受，才能让环境开口说话，才能让采访对象敞开心扉。感情，不是手段，而是前提，不是技巧，而是品德。

新闻的生命，说到底是一种实际而非空泛的人文精神，是否以群众的冷暖为冷暖，以群众的得失为得失，以群众的期盼为期盼，对关乎群众身家性命的问题是否保有足够的情感，是融入与否的界限，是冰冷与温暖的区别。融入了，新闻才有生命。

（2011年10月25日）

抵制过度娱乐化是电视媒体的责任

杨雪梅

当前,在所有的媒体中,电视提供的娱乐无疑是最直接最充足的。

中国观众的电视时间几乎是被娱乐所包围的,娱乐正在"全国总动员"——在周末晚间的黄金时间,相当多的频道都在播出 PK 选秀、游戏狂欢、情感体验、名人访谈等娱乐性较强的节目,即使不停地换台也找不到其他可看的节目。刚刚在《可凡倾听》见过的明星,有可能又出现在《超级访问》中;由《超级女声》带动的选秀节目正被"山寨"在许多家的卫视中;由《非诚勿扰》刺激出的相亲节目也遍布全国,从《称心如意》到《婚姻保卫战》再到《我们约会吧》,一时间,非"相亲"似乎不足以赢得收视率。

这种"千台一面"的娱乐之风甚至波及少儿节目。在一些少儿节目中,很小的孩子就在充斥声光电的耀眼舞台上表演各种各样的流行节目,模仿成人的歌唱,演一些庸俗的小品,打扮得不伦不类,而且和一些影视明星同台献艺,让孩子在电视这种大舞台上过早地成人化、庸俗化,令人担忧。

过度娱乐化并非中国独有。20 世纪 80 年代以来,经济全球化席卷了世界的每一个角落,传媒业也迎来了娱乐化浪潮。其突出表现就是娱乐性节目比例大量增加,新闻节目比例下降,而一些严肃的新闻节目也出现了娱乐化现象。比如,在一些重大政治事件和社会事件的报道中,为了吸引受众的注意力，媒体往往将新闻聚焦于某一个人物身上，追求戏剧性，将复杂的矛盾简化为好莱坞式的善恶对立和爱恨情仇。

如果说同质、抄袭、克隆显示的只是原创的缺乏和急功近利的炒作，那么低俗化就是对于电视公共服务功能的彻底背叛。一些节目以猎奇为动机，以窥视为目的，以隐私为依托，大肆宣传拜金和享乐，引起了观众的反感。一些电视剧把低俗当趣味，拿缺点做笑料，任意颠覆经典，随意娱乐历史，让艺术远离审美。

中国拥有世界上最大的电视观众群，除了娱乐，我们还需要科学、教育、文化等多种类型的节目。婚恋交友类、才艺竞秀类、情感故事类、游戏竞技类、综艺娱乐类、访谈脱口秀、真人秀等类型节目在黄金时段的出现应有一定的总量控制。

"仓廪实而知礼节，衣食足而知荣辱"。当今的中国，基本实现了"仓廪实"和"衣食足"，可是并没有完全做到"知礼节"和"知荣辱"。观众在观看电视节目时，大多数时候是被动地接受，因而给予什么、怎样引导非常重要。

写过《娱乐至死》的波兹曼对于资本主义的文化曾忧心绝望之至："如果文化生活被重新定义为娱乐的周而复始，如果严肃的公众对话变成了幼稚的婴儿语言，总之人民蜕化为被动的受众，而一切公共事务形同杂耍，那么这个民族就会发现自己危在旦夕，文化灭亡的命运就在劫难逃。"这话对于今天的我们，仍然有警世之用。

(2011年10月24日)

从会风看作风 从作风看形象

君心言

好一股清新之风扑面来。

10月7日下午,浙江召开的加强政府自身建设电视电话会议让人眼睛一亮:所有与会者统一着装,男的西装领带,女的一身职业装,透出一股精气神;在休息日以电视电话会议的方式举行,不占用工作时间,而且只开了39分钟;会议没有主持人,少了"请某某领导作重要讲话"之类的"穿靴戴帽",省委副书记、代省长夏宝龙讲话时直入主题、言简意赅,提出全省干部要做到"六戒六要",切中时弊、发人深省。

可能有人要问:开会,有必要统一着装吗?这是不是形式主义?其实不然。俗话说得好,人要衣装马要鞍。政府部门公务员的穿衣戴帽不是细枝末节,不是个人私事,而是政府形象的一种展示、干部作风的一种映射,要的就是这股精气神。精神状态不好,怎么能做好工作?

如今在一些地方和部门,干部对自身形象不是过于讲究了,而是太不讲究了。君不见,上班穿背心拖鞋者有之,酒后脸红脖子粗的在办公室大喊大叫者有之,接待群众来访时双脚翘在桌上爱理不理者有之……开会时,穿着随意,乱打手机,狂发短信,交头接耳,吞云吐雾等,不一而足。甚至有网友把干部开会睡觉的照片发到网上,引起一片骂声和嘲笑声。

素以工作效率和政府形象著称的新加坡,对公务员言行举止的要求更为详细,从着装打扮、举手投足,到待人接物、休闲娱乐等方面,都有具体规定。这种严谨规范给公务员带来了不一样的"精气神",影响和促进了廉洁高效的官场作风。

事实上,广大公职人员真正讲究的不仅是穿着规范和得体,更应从日常行为和举手投足间,培养和强化公共行为的规范化意识,促进工作规范化、制度化、法制化。从当前干部作风存在的一些问题看,确实需要"戒贪图安逸,要锐意进取;戒消极怠慢,要恪尽职守;戒不学无术,要善学善思;戒坐而论道,要踏实肯干;戒松散狭隘,要团结合作;戒骄浮奢侈,要心怀敬畏",才能实现干部公共行为规范化的跃升,使干部作风和形象有一个比较大的转变。

对于干部来说,贪图安逸病在"眼",眼界不宽,自我满足,事业发展就会止步不前;消极怠慢病在"手",自缚双手不作为,耽误工作,连累百姓;不学无术病在"脑",不愿学习、不想思考,最终只会原地踏步;坐而论道病在"脚",不深入基层,不了解民情,决策时无的放矢,工作时人浮于事;松散狭隘病在"胸",胸襟狭小,容不得他人,损人不利己,成事不足败事有余;骄浮奢侈病在"心",自以为是、目空一切,最终败在自己脚下。这些都是百姓深恶痛绝的病灶,去之则可得百姓信任、可贴民心、可塑形象,干事则无愧于心、无愧于事、无愧于人。

会风连着作风,作风连着形象,广大干部公共行为的规范化,必使风气为之一变、形象为之一新。

(2011年10月21日)

辛亥百年"中国红"

舒 炼

"红楼","红船","红旗"。翻开武汉地方志办公室编纂、中央文献出版社出版的大型史志《中国红——辛亥革命百年祭》,三个标志性历史意象扑面而来,引领人们以百年视角鸟瞰辛亥革命以来的历史,在百年壮阔历程中解读辛亥革命,感悟百年"中国红"的生动书写。

"红楼"挺立,冲破黑暗。作为武昌起义湖北军政府旧址,"红楼"是辛亥革命的重要标志。围绕这一意象,我们听到了孙中山第一个喊出"振兴中华"口号,听到了紫禁城里皇冠落地的回响,听到了五四运动中"外争主权,内除国贼"的呼喊,"红楼"起处,沉睡千年的中国开始觉醒,社会进步的闸门开始打开。

"红船"驶来,曙光出现。在中国共产党的领导下,中国人民把孙中山先生等革命先驱未竟事业进一步向前推进。穿越革命烽火,走过抗战岁月,迎来解放时代,20多年艰苦卓绝的斗争,化作"中国人民从此站起来了"的庄严宣告,中华民族完成了民族独立、人民解放的历史任务,建立了一个人民当家作主的中华人民共和国。

"红旗"飘扬,前途光明。在天安门城楼升起的五星红旗,见证了神州大地上社会主义建设的火热高潮,经历了艰辛探索和困难挫折,辉映着"摸着石头过河"的改革开放进程,标示着60多年来尤其是30多年来现代化建设的"中国奇迹"。今天,在中国特色社会主义伟大旗帜指引下,中国进入了历史上从未有过的高速发展阶段,中国大地上展现着日新月异的现代化图景。

"红楼"、"红船"、"红旗",串起了自辛亥革命以来的百年历史,汇聚成一部"中国红"的主题交响曲。从黑暗到光明,从落后到文明,从封闭到开放,从贫弱到富强,百年历史时空中,涌现了大批仁人志士和革命先烈,崛起了孙中山、毛泽东、邓小平三位世纪伟人,书写了惊天地、泣鬼神的壮丽史诗。

"拼将十万头颅血,须把乾坤力挽回",在近代以来历尽苦难与辉煌的历史行进中,最为荡气回肠的高潮篇章写就于中国共产党成立以来的90年。以完成了新民主主义革命、完成了社会主义革命、进行了改革开放这"三件大事"为标志,中国发展进步迎来了前所未有的光明前景,中国老百姓过上了前所未有的红火日子。

百年"中国红",在风雷激荡的时代风云中,从五光十色的社会变迁中,把朴素而深刻的历史启示标注得分外醒目:历史和人民选择了中国共产党,选择了马克思主义,选择了社会主义道路,选择了改革开放。这不仅是过去百年的基本结论,也是我们面向新的百年的行动指南。

百年"中国红"图景来之不易,这是一代代中华儿女为之牺牲奋斗的结果,凝结着无数革命先烈的鲜血,凝结着海内外中华儿女的民族情、奋斗心,值得我们倍加珍惜和呵护,更需要我们在此基础上再绘蓝图、再谱新篇。

今天,"中国红"已经日益融入百姓生活,更多地作为一种中国元素和时尚色彩。然而,"中国红"所代表的光荣历史和精神力量,历经百年挥洒和积淀,已经深深融入民族复兴的时代潮流,成为中华儿女心中最具凝聚力和号召力的文化符号——"中国红",中国雄!

(2011年10月20日)

中国进步的"辛亥开启"

孙东升

"皇帝倒了,辫子割了。"人们常常这样述说辛亥革命的功绩,同时遗憾于革命的胜利果实被人摘取,慨叹于革命的不彻底。然而,从中国社会发展进步的长河看去,辛亥革命又是一座不朽的丰碑。这座丰碑的不朽,就在于它开启了中国政治从封建专制走向民主共和的新历程,打开了中国进步的闸门;它所带来的新思想新观念,一如破堤之水不可阻挡,使中国再也不复回到从前。

打破历代王朝的更迭机制,否定整个皇权体制,这是此前两千多年里中国人所不敢设想的。轰轰烈烈的太平天国革命,达到了中国旧式农民革命的最高峰,其结果是洪秀全做了天王,实际上还是皇帝。义和团运动大张旗鼓,口号仍然只是"扶清灭洋"。资产阶级改良派鼓吹爱国救亡,康有为念念不忘的却是"列祖列宗及我皇上深仁厚泽涵濡煦育数百年之恩"。在中国,谁敢撼动皇帝的权威?革命老人吴玉章曾回忆说:"从前皇帝自称天子,如果有人说皇帝是强盗,可以打倒,别人一定把他看作疯子。"但正是像孙中山先生这样"曾经被看作疯子的人",冲破了封建主义的漫漫长夜,"把天捅了个大窟窿",把统治中国几千年的君主专制制度推倒了,也就从此开辟了中国进步的道路。

由辛亥革命所开启的政治变革和思想解放,促进了民众的觉醒,成为捍卫进步的一种力量。辛亥革命后,如果有人想做皇帝或者拥护别人做皇帝，也一定会被看作疯子。袁世凯想做皇帝，张勋想复辟，他们都有武力做后盾，不是都落得个可耻的下场吗？伴随着帝制倒塌的，是皇帝偶像被粉碎。一向至高无上、神圣不可侵犯的皇帝，如今都可以被打倒，那么还有什么陈腐的东西不可以打破？

人类历史发展是一个曲折前行的进程。应该承认，由于历史条件的局限，辛亥革命既未能铲除帝国主义和封建势力在中国统治的根基，也没有改变中国深层的社会结构，更没有改变中国的半殖民地半封建社会性质。然而作为中国人民为改变自己命运而奋起革命的新的伟大起点，辛亥革命仍然具有深刻而久远的影响。它为中华民族接受进步的思想观念提供了丰富的土壤，为新民主主义革命的到来准备了经济基础与阶级基础，为社会主义思想的传播和中国共产党的诞生创造了社会条件。从中国工人阶级力量不断发展壮大、马克思主义在中国的传播、五四运动的爆发、中国共产党的成立，到新民主主义革命的胜利、新中国的成立，辛亥之后中国的发展进步尽管还经历了若干波折，但始终是在辛亥革命为中国进步奠定的基础之上不断前行的，充分受益于辛亥革命所留下的宝贵遗产。

回眸辛亥以来的百年，放眼下一个百年，中华儿女都是在前赴后继着近代以来仁人志士的执着梦想，为着中华民族的伟大复兴，前赴后继着辛亥先烈的未竟事业。我们已经迈过了无数坎坷的路，我们看得见通向彼岸的光。而今要做的，就是顶着这一口气，一路向前，永不停歇。

(2011 年 10 月 19 日)

敢于唱"黑脸"

徐文秀

一些领导干部在检查指导工作中，对于存在的问题和不足，总是习惯避重就轻、隔靴搔痒；对不良现象总是睁只眼闭只眼，不敢唱"黑脸"，更不敢说"硬话"。有的人形象地说，一些领导干部对人喜欢说两句话，一句是点点头"干得好"，一句是拍拍肩"好好干"。

不敢说不足，不愿唱"黑脸"，误事害人，受损的是党的事业，受害的是群众的利益。改革发展日益深入，我们面临的环境和形势复杂多变，"躲不开、绕不过"的矛盾尖锐突出，在这种情况下，如果看见不足不敢说，发现错误不敢纠，问题总是被有意无意地捂着，就会贻误化解弊端的好时机，使前进中的危险和风险越来越大，矛盾和问题越积越多。同时，领导干部的言行有很强的示范效应，如果领导干部看见不足、面对问题退避三舍，态度暧昧，就会影响更多的人效仿跟风，形成一种不良气候。

不愿说不足，不敢唱"黑脸"，说到底是私心作怪、私利作祟。一些人总是怕字当头，经常是怕这怕那，既怕伤和气，又怕丢选票，更怕引火烧身，一句话就是怕自己的个人利益受到影响，时时处处明哲保身。还有的人不敢唱"黑脸"，恐怕是因为自身屁股不干净，"吃人家的嘴软，拿人家的手短"，底气不足，怕"你说人家，人家说你"。打铁还得自身硬，唱"黑脸"的底气，首先来自坦荡无私、一心为公。

敢于唱"黑脸",就是要敢于说不足。看病是治病的前提,发现和指出问题是解决问题的条件。善于"望闻问切",直言不讳,有一说一,不以一俊遮百丑,才能切中时弊、发人深省。

敢于唱"黑脸",就是要敢于说"硬话"。有人说过去在讲某人的缺点时,还用有些"急躁",如今,因为怕人接受不了,连"躁"字也不用了,还要加上"有时",批评人的话说得更加"婉转"、"软绵绵",成了一种思想按摩。面对缺点、不足和错误,必要的"拍桌子"比一味的"拍胸脯"更利于解决问题。

敢于唱"黑脸",还要敢于自我"揭短"。批评不易,自我批评更不易。现在不少地方是,"相互批评提希望,自我批评谈情况",批评和自我批评字斟句酌,还被美其名为讲究方式方法。自我批评是一种胸襟、勇气和自觉,是以形示人。领导干部要常照镜子,知不足、纠不足,帮自己查不足、讲不足,不讳疾忌医,勇于树立纠错标杆,营造闻过则喜、知错就改的好风气。

毛泽东同志曾经指出,所谓发挥积极性,必须具体地表现在领导机关、干部和党员,"敢于和善于提出问题、发表意见、批评缺点"。唱"黑脸",乃事业所需、人民所呼、现实所求。敢于讲问题、说不足,才会知得失、辨方位、敢进取,我们的队伍就始终充满生机活力,事业就更有希望。

(2011年10月18日)

和谐诚为先

张 真

时下,"不信",似乎成了生活的主语:做好事,不信,认为是作秀;帮助人,不信,认为有企图;甚至有人遇险去解难也不信。媒体报道,广东肇庆一70多岁阿婆跌倒后被人扶起,闻讯赶来的阿婆女婿却对其恶语相加:"周围的人都不扶,就你来扶?不是你撞的你会扶她?"多亏有监控录像证明。这个故事真让人感慨。

我们的目标是建立一个和谐社会。要和谐,诚为先。诚,不仅是和谐的润滑剂,而且是和谐的奠基石。可以说,离开诚,谈和谐,无异于缘木求鱼。事情就是这么简单:人与人如果互不信:"话到嘴边留半句";或者是互猜疑:"未肯全抛一片心";或者是互防范:"明是一盆火,暗是一把刀",能和谐得了吗?

同样是媒体报道,安徽合肥一76岁老大妈搭本村顺风车意外身亡,车主四次提出赔偿都被老人亲属婉拒,理由是要做好事人的钱,良心会不安。这种以德报德、好人好报的故事,展现了社会风气的另一端,折射了人性诚挚美好的一面,读来让人温暖感动。

和谐诚为先,就是把诚视为做人的根本。常言道:"不信不立,不诚不行"。对于诚,我们的中华文化早有定论:唐代的李翱,把"诚"视为"人之性";北宋的周敦颐,把"诚"看作"人之本";普通的老百姓,更是把天行四时、地育万物当作"诚之源"。可以说,自古诚行天下，而今诚比金贵。事实最具说服力。且不说过去那个老喊"狼来了"、"狼来了"的小孩，由于自己的不诚而险些被狼吃掉的故事，就是当今那些头上带有不少光环的专家、学者、教授，最终由于自己的学术不诚，或抄袭、或造假，不照样落个身败名裂的结局吗？

和谐诚为先，就是为人处世要诚心诚意。诚者，"开心见诚，无所隐伏"之谓也（《后汉书·马援传》）。可以肯定，做事只图其表，不叫诚；干事只谋私利，更与诚风马牛不相及。诚，只能是以心待之，诚恳、诚挚；以实处之，实心、实意。喜欢上镜、热衷造势，蓄了一尺水，却掀一丈浪，尽管所为之事是好事，所干之事是实事，也难免让人疑窦丛生。毕竟，真诚，用不着表白。其心，人能感；其意，人能知。生活就是这样：人心自有一杆秤，心心相通可预知。

和谐诚为先，就是诚字当头，行在其中。诚，不是外衣，穿穿就行；而是行为，只有行动才行。这种行动，不是比谁说的动人，而是比谁行的扎实。这种扎实，自不妄语始：即便有天大本事，也决不说天大话语；自做小事始：见有难，帮一把；见有哭，问一声；自放身段始：处高，向低走；有根，向群众。相信，只要这样做了，说不上能感天地，泣鬼神，倒是可以天天心舒畅，夜夜入梦乡。毕竟，诚字当头，于人有相长之益；行在其中，于己无自辱之患。

和谐诚为先，既是一种道德追求，又是一种行动底线。是道德追求，就要宣传教育；是行动底线，就要法律约束。实践证明，一种好的行为形成，只靠教育、不靠法律是不成的。不能设想，人人都是雷锋。对信奉"不说假话办不成大事"的，对有诚信不良记录的，就要靠法律与纪律，不仅使之得不到便宜，而且让其处处碰壁。如此，才能让"诚果"累累，才可使和谐满园。

（2011年10月17日）

要到哪里听民声

郝斌生

"衙斋卧听萧萧竹,疑是民间疾苦声。"最近,新闻战线正在开展"走转改"活动,新闻工作者到基层接地气、"抓活鱼",大有收获。由此想到一个问题,领导干部要到哪里听民声?

民声就是老百姓的声音,是他们的心理感受,酸甜苦辣,五味俱全;是他们的价值评判,臧否世道,疾恶向善;是他们的所思所盼,衣食住行,柴米油盐。"民有所想、我有所谋,民有所呼、我有所应,民有所求、我有所为",倾听民声、体察民情,是正确决策的基础,也是为政者起码的责任。

然而在复杂的现实社会里,在那些民主气氛不那么浓郁的地方,要想听到真实的民声,把握民意的脉搏,并不是一个轻松话题。

坐在会议室或大礼堂听到的民声,多半是有组织有纪律有主题有约束的民声。这种民声虽然也是"七嘴八舌不停口",但应该警惕,其中有多少"一个个伸出拇指把你夸"的成分。印刷成材料装订成书本的民声,虽然也是来自民间,但应该了解,这些经过整理和加工的民声,保留了多少原汁原味,是否沾染了官腔套话。以笔者的亲身经历为例,有次去冀南农村采访一位村支书,访问了十几个人都夸书记好。后来,走出这个村到邻村去打听,都说我采访的那个人是当地一霸。

听不到民声很可怕,听到伪民声更可怕。领导干部高高在上,自然就会有人拿了伪民声来哄你高兴。有时候，我们张开臂膀欢迎老百姓提意见，甚至设立逆言奖诤言奖，但为什么千金难买民声？群众为什么开会不说会后说，为什么当面不说背后说，为什么对熟人不说对生人说？令人深思。

有些地方，防民之口甚于防川。畸形的言路恶化了社会风气，助长了迎合拍马屁行为。老百姓要么三缄其口，要么言不由衷。面对那些称颂县委书记的视频、夸赞领导班子的快板书，组织部门很有必要深入了解，到底是民间自发的声音，还是少数人打着民意旗号的阿谀奉承？那些被群众"颂扬拥戴"的人，到底能不能经得住微服私访？

现实生活中的民声除了黑白分明的大实话之外，还有咸言辣语型、奇谈怪论型、正话反说型，听民声也要察言观色，更要动脑筋分析思考。民声需要挖掘，这就得放下架子、躬下身子。跷起二郎腿、挺起将军肚容易把民声吓跑，带上录音机扛上摄像机"车辚辚马萧萧"容易让民声走调。不仅如此，还要意识到民声也有高有低。沸腾的民声，是共性的，具有普遍性，代表普遍利益；微弱的民声，往往是个体的，是一家一户的呻吟，很脆弱，最容易被人忽视和遗忘。

要到哪里听民声？胡锦涛总书记等中央领导同志给我们做出了榜样：到鸡犬相闻的农家小院里听民声，到牛羊咩叫的田间地头听民声，到候车室和堵塞的风雪路上听民声，到码头的吊塔上和采煤的掌子面听民声，到棚户区里和低保户家里听民声。你要亲自揭锅盖，摸炕头，看粮仓。你要用真诚打开老百姓的话匣子，用真诚畅通群众诉求表达的渠道，用真诚保护老百姓的说话权利。只有这样，我们听到的民声才最真实，据此作出的判断决策才最科学，党和政府的群众基础也才最稳固。

（2011年10月14日）

知行合一以应社会关切

冯 舒

据报道,中宣部理论局今年8月组织撰写出版的通俗理论读物《从怎么看到怎么办》,迄今发行量已经突破300万册。

书籍的热销,一方面反映出该书的选题紧紧扣住了公众的关注焦点,另一方面也说明,即使是在阅读快餐化的今天,理论读物只要做到联系实际、不断创新,同样在读者中拥有广泛的市场,具有巨大的吸引力。

当前的中国社会,既处于发展的重要战略机遇期,又处于社会矛盾凸显期。经济社会高速发展的同时,发展不平衡、分配不公、腐败蔓延等积弊一时之间难以彻底消除,物价、住房、医疗、教育、就业等挑战也接踵而至,怎样看待、分析和切实地解决这些问题,关系改革发展的大局,关系亿万群众的民生,成为社会关注和期待的热点。

面对纷繁复杂的经济社会问题,面对广大人民群众的关切,《从怎么看到怎么办》以深入浅出的方式,直言不讳地指出当前社会热点难点问题的症结所在,并且提出如何去解决上述问题,直面"怎么看"、提出"怎么办",知行合一,无疑是对人民群众关切的最好回应。

怎么看,体现的是"知"。作为理论工作者,面对当前的诸多问题,首先应对社会情势有清醒认识,民众关心什么、核心问题是啥,都需了然于胸,唯此才能对症下药,取得实效。另一方面,只有本着求真务实的精神，对问题采取实事求是的态度，透过现象寻求本质，联系干部群众的思想实际释难解惑，这样的"知"，才是让读者心悦诚服、受益良多的真知。

怎么办，体现的自然是"行"。常言道，知易行难，问题搞明白是一回事，解决问题是另外一回事。很多事情讲起来自能洋洋洒洒谈出一大篇，但说完之后怎么办，却是言者听者面面相觑，不复多言。因此，在《从怎么看到怎么办》一书中，最主要的篇幅都用在了"怎么办"上，从中我们既看到中央和地方为解决热点难点问题所推出的一系列重要举措，也看到了专家学者针对问题提出的各种解决思路和方法。书中提出的八个"怎么办"，进一步细化了政策措施，明确了发展思路，认为对于短期内能解决的问题，要积极采取措施，尽快让群众见到效果；对于短期内条件不具备或时机不成熟的，要积极创造条件推动解决；对于可能在较长时间内存在的少数问题，则将问题的长期性、艰巨性和复杂性充分说清楚，争取广大群众的理解和支持。这样摆事实、讲道理的态度和方法，值得肯定。

更重要的是，通过《从怎么看到怎么办》这本小册子，群众可以看出，无论中央还是地方，面对当前日趋纷繁复杂的经济社会形势，都保持着相当清醒的头脑，并且不断以务实和果决的措施，来保证经济社会航船的平稳运行，保证广大人民群众的切身利益。这种知行合一的作风，无疑是提振社会信心、获取社会共识的良好方式。保持这种良性互动，思想理论战线必将更加有所作为，为经济社会发展创造更加良好的社会环境，为下一步的改革发展赢得更多的理解和支持。

（2011年10月12日）

近一点，才能新一点

李　强

今天的中国，无疑是最不缺新闻的地方。

数不完的新鲜事，道不尽的新变化，目不暇给的新名词，不胜枚举的新问题……信手拈来，都是上佳的新闻素材。然而这些新鲜的素材，有时竟很难为新闻工作者发现，一些记者甚至抱怨"没新闻"。为何会有如此抱怨？

一辆自行车、10年采访路、36册采访本、120万字采访笔记、100多个县市区、300多个村镇，大众日报社高级记者陈中华，常年奔波在基层乡野，碰到假化肥深挖坑农事件，碰到住房难呼吁建设廉租房，自己得癌症住进医院接着写老病友的"陪护难"……在他的眼里，永远有写不完的新话题。

陈中华为什么能？因为他知道农民种地为啥赔钱，了解"示范园"为何变成了荒草滩，懂得村民代表大会咋个开法才算透明，他把农民当兄弟，农民也把他当兄弟，他这个记者是"从地里长出来的"。

反观一些新闻工作者，报道取材失之于窄，形式失之于旧。镜头成天追着明星、领导，"元旦完了猜春晚，春节到了送温暖，年年岁岁花相似，岁岁年年四季歌"，少数人养成"典型高大全，经验靠'提炼'，稿件抄文件，对话自己编"的坏习惯，甚至捕风捉影听风是雨、为赚眼球放弃追求，直接踩到了职业道德的底线。

种种陈规陋习,正是他们抱怨"没有新鲜事"的直接原因,而究其根源,则在于贴近实际的认识不到位,贴近群众的工作不得力,贴近基层的功夫不到家。

平心而论,陈中华的能力,并不天生比新闻界的同行们高,他去基层的条件,也不比同行更优越。他的高明之处,在于真正贴近基层,观察、记录并且参与基层的发展进程。

贴近基层,不仅仅是物理层面的接近,更是心理层面、思想层面、情感层面的贴近。没有贴近之心的基层调研,时常可能变成彼此心照不宣的成果汇报会。失去责任担当的基层之旅,难免如人民日报原总编辑范敬宜所嘲讽的,"朝辞宾馆彩云间,百里万里一日还。群众声音听不到,小车已过万重山"。只有矫正长期高高在上、基于都市、精英的视野和价值观,只有主动走到基层治理的末端,走入平民百姓的生活,我们才能重新"发现"基层,继而把握一个完整真实的中国。

也只有在这样一个全新的社会图景中,新闻工作者才能更加充分地认识到脚下这片土地的厚重与繁杂:一边是 GDP 登上世界第二、高速发展以致"城市病"蔓延,另一边却是超过一半的农村人口、数千万仍需扶助的贫困人群。如何了解一个真实的中国社会?什么才是时代的真问题?这都需要新闻工作者贴近基层去找寻答案。

在这个时代,我们不缺乏纵论世界大势、笑谈国际风云的宏大叙事,也不缺乏上层建筑、制度供给的深刻探讨,但我们往往缺乏向下的眼光和行动,对基层社会的了解,渐后于社会高速发展的步伐,而缺乏基层视角的中国,定然不是一个完整的中国。

离群众越近,新闻才越有新气象——新线索、新表达、新亮点。

离土地越近,新闻才越有新价值——新思考、新发现、新收获。

(2011 年 10 月 11 日)

发展是最好的纪念

薛晓峰

100年前,"起共和而终帝制"的辛亥革命,结束了沿袭几千年的封建帝制,打开了社会进步的闸门,也留下了未竟的理想追求。今天,当我们再次处于社会转型的关口,回望辛亥革命这段波澜壮阔的历史,辨识百年发展历程中的变与不变,反思百年社会变革中的成功、失败,立足当下继续前行,这是每一个国人必须认真对待的事情。

孙中山先生为追求民族独立、民主自由和民生幸福贡献了毕生精力,他最早提出了"振兴中华"的口号,发出了我们这个饱经苦难的民族最强烈的心声,唤醒了千千万万劳苦大众,激励了无数爱国志士前赴后继、浴血奋斗。他爱国若命的人生态度,百折不挠的坚强意志,天下为公的博大胸怀,放眼世界的开放心态和鞠躬尽瘁的高尚品德,永远为世人铭记和景仰,永远值得海内外全体中华儿女继承与弘扬。

告慰于孙中山先生和其他革命先驱的是,他们毕生为之奋斗的革命目标和建设祖国的美好蓝图,正由中国共产党带领全国人民一步一步地变成现实。正如胡锦涛总书记指出,"中国共产党人是孙中山先生开创的革命事业最坚定的支持者、最亲密的合作者、最忠实的继承者"。中国共产党领导中国人民彻底改变了中华民族的命运,开辟了中国历史的新纪元。和100年前相比,中华大地发生了翻天覆地的变化,中华民族伟大复兴展现出前所未有的光明前景。

发展是最好的纪念，继承体现在行动中。改革开放30多年来，作为孙中山先生的故乡，广东省中山市发扬孙中山先生"天下为公"的惠民思想，大力办民生实事，率先推行城乡一体的基本公共服务，基层富裕水平位于全省乃至全国前列。为实现孙中山先生对故土"一椽得所，五桂安居"的美好愿望，种树治水抓生态，成为首个国家级生态文明示范区的地级市。秉承孙中山先生"博爱、创新、包容、和谐"的人文精髓，大力实施"文化名城"战略，唤醒市民的文化自觉，荣获国家历史文化名城称号。多年来以广东省21个地级市中倒数第二的国土面积，创造了全省第五的经济总量，成为赫赫有名的"广东四小虎"之一。如今的中山市，经济强盛、生活富裕、环境优美、政通人和，提供了经济社会文化自然和美协调的珠江口西岸城市发展模式范本。

对革命先驱的纪念，如同点燃一把火炬，不仅为了展望过去，更是为了照亮未来。孙中山先生对中国民主革命的伟大功勋，决定了孙中山先生不仅是中山市的，更是全国乃至世界的。他的理想体现了人类文明的共识，他的精神更是凝聚两岸同胞乃至全球华人的强大力量。辛亥革命所追求的价值观念直到今天，仍是激励我们前进的力量。现在，我们要建设的社会主义现代化，其核心是以人为本，最终目的是人的全面发展；我们要追求的目标是实现民族复兴，为人类进步事业做出贡献；这与辛亥革命的理想是一脉相承的。今天，我们仍应牢记先生的一句名言："革命尚未成功，同志仍须努力。"

(2011年10月10日)

百年不绝的铿锵之声

向贤彪

回望百年前,在列强的鲸吞蚕食瓜分豆剖中,中华民族和中国人民陷入了苦难的深渊。无数冷酷的事实把一个异常尖锐的问题摆在中国人面前:中国是不是要灭亡了?它像可怕的噩梦那样,沉重地压在每个爱国者的心头。"泪添九曲黄河溢,恨压三山华岳低",便是这种屈辱和愤懑的真实写照。面对亡国灭种的"时代问题",孙中山第一个喊出了"振兴中华"的口号,喊出了中华民族埋藏已久的心声。

一个口号就是一面旗帜。在这面旗帜的召唤下,一代又一代中华优秀儿女奔走呼号、殊死抗争,才有了清末志士仁人的放眼向洋,才有了辛亥革命的惊雷炸响,才有了帝制的结束、民国的诞生,才有了新主义新政党的崛起……中国共产党人继承先辈未竟的理想事业,高擎真理的火炬,在荆棘丛生的密林中走出了一条直奔光明的大道,使灾难深重的中华民族巍然屹立于世界的东方。

如今,在中国这块古老而年轻的土地上,孙中山先生和他所代表的那一代人的理想,日渐化为辉煌的现实,中华民族日益从封闭走向开放,从保守走向改革,从贫穷走向富强,书写了历史崭新的篇章。然而,那一代人从心底里喊出的"振兴中华"的铿锵之声,那一代人苦苦思索和探索的历史轨迹,那一代人的理想信仰和精神追求,却并没有淡出人们的视野,仍然那么强烈地扣人心弦、催人奋进。

一个民族是需要有一种精神来支撑的。辛亥革命的仁人志士们对民主共和的信仰和追求，凝聚成矢志不渝的奋斗精神。用鲜血和生命去实践自己的信仰和追求，甘为"四万万同胞受死"，以求"专制永不见于中国"，这种爱国情怀和不懈奋斗的精神，具有超越时空、经久不衰的永恒魅力，是我们血液里的铁和钙，是我们的精神脊梁和力量之源。正如一位学者所说：凡是有凝聚力、向心力、进取心的民族，都对自己艰苦卓绝的奋斗传统有一种光荣感和敬畏心，都会以高度的历史责任感加以褒扬和传承。

一个国家是需要在变革中展示作为的。孙中山先生总结19世纪百年历史并思考人类文明走向时，提出"百年锐于千载"的论断。他们所开创的历史伟业，犹如在荒芜原野上开辟了一条前所未有的道路，虽然这条路不免坎坷崎岖，但它是通往中华民族的复兴之门。大国自有大定见。作为一个文化积淀深厚的大国，中国不会跟着别人亦步亦趋，不会照搬其他模式。中国共产党带领中国人民开辟的中国特色社会主义道路，是对振兴中华崇高理想的最生动实践，是对革命先驱的最好告慰。今天我们所走的是一条前所未有的变革之路、创新之路、特色之路。

当年，孙中山先生如是寄语："我辈既以担当中国改革发展为己任，虽石烂海枯，而此身尚存，此心不死。既不可以失败而灰心，亦不能以困难而缩步。精神贯注，猛力向前，应付世界进步之潮流，合乎善长恶消之天理，则终有最后成功之一日。"只要我们志存高远，奋发努力，为了远大目标而心无旁骛，淡定执着，我们也会如先辈那样，在回应时代问题中不断创造新的业绩，最终实现中华民族的伟大复兴。

（2011年9月30日）

给子孙留下什么

桑林峰

给子孙留下溺爱，才会有大量"啃老族"的出现；给子孙留下权力高于一切的理念，才会有"我爸是……"的骄横；给子孙留下"名人效应"，才会有"谁敢打110"的跋扈。正所谓，开什么花结什么果。给孩子留下什么，需要现代人反思。

《战国策》里有句名言："父母之爱子，则为之计深远。"教给子孙正正派派做人的道理、老老实实谋生的本领，这是最好的馈赠。"造财不如造才"、"留钱莫若留贤"，这样的思想被历代的开明之士所信奉。理学家朱熹留下《朱子家训》、官员包拯留下《诫廉家训》、明学者朱柏庐留下《朱子治家格言》、清末重臣曾国藩留下《曾国藩家书》，教育后代修身向善，成长成才，给后人无尽的启示。

给子孙留下精神遗产，更是优秀共产党人的自觉选择。早期党的领导人方志敏在狱中写下《可爱的中国》、《清贫》，给子孙留下了对党的忠贞信仰和艰苦朴素的好作风。东北抗日女英雄赵一曼给儿子留下了一封信，用自己献身革命解放事业的实际行动教育儿子成长进步。朱德总司令一生简朴，两袖清风，临终时没给孩子们留下一点存款，而且叮嘱他们要自食其力，保持艰苦奋斗的本色。革命老人徐特立告诫后辈："青年人任重道远，要继承的不是财产，而是前辈留下的尚未完成的革命事业。"开国将领陈洛平给子孙留下"三块弹片"，要求子孙继承传统、自力更生、努力工作。这种留品德、遗作风的行为，不仅是对子孙负责，更是对党的事业负责。

反观近些年来出现的腐败案件，很大一部分与一些领导干部想给子孙留下钱财有关。内蒙古原国税局长肖占武利用受贿想给子女留些钱，结果把孩子也搭了进去，这不能不说是一种悲哀。湖南原机械工业局长林国悌利用非法所得想给孩子"留下点东西"，案发后连女儿的生活费都成了问题，这不能不说是一种莫大的讽刺。不清白做人，整天让子孙坐公车，吃别人送的东西，花别人送的钱，靠关系办事，在这样的环境下，子孙长大了如何做到公私分明，如何让他们明辨是非、美丑、善恶，走好脚下的路？

古今提倡立德、立言、立功。其中的"功"、"德"，就是个人所取得的成绩，所赢得的口碑。人之父母，尤其是领导干部，都要在不进则退的时代大潮中，严守廉洁清正的品格，多干百姓称道的业绩，赢得百姓的夸奖，以此激励子孙开创属于自己的事业，建立胜于父辈的功绩，真正避免"富不过三代"悲剧的发生。

留下千垛干柴，不如留下一把斧头。最宝贵的馈赠，是奋斗的精神和做人的本领，而不是身外的财产。正如林则徐的一句名言："子孙若如我，留钱做什么？贤而多财，则损其志；子孙不如我，留钱做什么？愚而多财，益增其过。"给子孙留下什么，的确是一门学问，值得天下为父母者深思。

（2011年9月29日）

搭好"渡人的梯"

田厚钢

"组织部是个渡人的梯,导向至关重要"。"老百姓的组织部长"李林森以其毕生的努力与奉献,体现了对组织工作的清醒定位,给为政者如何选人用人带来良多启示。

政治之道,首重人才。选人用人事关党的事业薪火相传,事关经济社会发展大局。组织部门如何搭好"渡人的梯"?"上的干部,让群众佩服;交流的干部,让社会信服;下的干部,让干部心服"是李林森在实践中摸索出的"完美标准"。

搭好"渡人的梯",提拔的干部要让群众佩服。一般来说,干部能走上更高的台阶,必须政治上靠得住、工作上有本事、作风上过得硬、人民群众信得过。"信得过"说白了就是群众认可你、敬佩你。现实中只有群众佩服的干部,才能得到群众的拥护和支持,肩挑重任,在新的岗位上尽快打开局面、破解难题。李林森坚持"重品行、重实绩、重基层、重公认"的选任干部标准,着眼于在完成重大任务、应对重大事件、推进重点工作中悉心考察识别干部,为想干事、能干事、干成事者搭起进步的梯子、提供更多的机会和施展才华的舞台。

搭好"渡人的梯",交流的干部要让社会信服。为了丰富阅历,增强适应各种条件、多种环境的能力,一名干部往往会到不同的地方和岗位工作。什么时间、到什么岗位、任什么职务,组织部门要从发展的大局、工作的全局来考虑,干部的经历、政绩、能力、专长是重要的考量标准,因地制宜才能发挥最大的效用。交流的干部让社会信服,关键在于让百姓相信派来的是好干部,能给他们带来新希望。在全国、全省组织工作满意度调查中,李林森任职的四川达州万源市连续3年各项指标位居第一方阵,为"社会信服"作了有力注脚。

搭好"渡人的梯","下"的干部才会心服口服。国家干部不论职务高低,都是人民的勤务员。在党委、政府换届时期,不少干部面临着"进、退、流、转",上容易,下太难,从前沿到后方,从领导职务到非领导职务,会导致部分干部心理失衡,对此,李林森始终坚持"以德才选干部、凭实绩用干部、靠公论定取舍",有能则举之,无能则下之,不让老实人吃亏,不让投机钻营者得利。他任组织部长的5年,18名优秀乡镇党委书记受到提拔重用,11名长期坚守边远高寒山乡的党委书记被交流回市级部门,各方反响良好,上的、下的都心悦诚服。

人梯架起,人才茁起;人梯通天,群星灿烂。作为组工干部的楷模,李林森自觉讲党性、重品行、做表率,坚持荐好人、察准人、用对人,在要害的岗位上发挥了重要作用。千里马常有,而伯乐不常有,愿更多的组工干部像李林森那样,把"渡人的梯"搭得更科学、安全、高效,使更多的干部干事有机会、锻炼有平台、进步有空间。

(2011年9月28日)

辛亥革命开启社会新风气

陈家兴

辛亥革命之后，社会风气为之一新，中国的进步开始变得不可阻挡。回望百年之前，社会风气的变革，新旧两种风气的激荡，无不惊心动魄。

今日男子头发留长留短很自由，但在百年之前剪除发辫的激荡则不小。其时，革命党人早早地剪去辫子，继而发动群众剪。南京临时政府成立后，发布了剪辫的通令。从清初为留长辫发布"留发不留头、留头不留发"的"雉法令"，到民初发布"剪辫通令"以及"欲削夺其选举权，以实行强迫手段"的舆论谴责，即可知一些重要的社会生活习俗亦是"兵家必争之地"，所折射的正是习俗变化对社会进步的推动力。

如果说剪发辫是一种强力倡导，那么乘车变化则是自由选择带来的习俗变革。旧时达官贵人、士绅商贾多以轿子"肩舆"代步，男女不同乘。辛亥革命之后，坐新交通工具成为时髦，男女同车而行亦为时髦，最终解构了轿子所形成的隐性社会等级秩序。当时的上海，"有乘各式汽车、马车、电车者，有乘轿者，有徒步者，有男女携手同行者，有男女同车左拥右顾疾驰而过者"。至此，虽有力挽旧秩序、护"舆制"官威者指斥为有伤风化，亦已无力回天。

辛亥革命的移风易俗之力，所带来的冲击和解构是全方位的。比如推动妇女解放,使妇女挣脱三从四德的枷锁。比如服饰纷呈,"西装东装,汉装满装,应有尽有,庞杂至不可名状"。比如革除缠足等恶习,促使社会上渐对"涂朱傅粉穿耳缠足之习""视同怪物"。移风易俗所带来的积极变化也是明显的,黄炎培就曾这样写道:"社会风俗人心,从某些部分看来,辛亥革命以后和以前大大改变了,所以卑贱、颓废、放荡行为,有些少了,有些完全消灭了……总之,辛亥革命无数头颅换来的,除推翻封建帝制以外,广大民众的体格、品格相当提高了。"

社会的移风易俗,源自辛亥革命在政治、经济、文化领域的巨大变革对社会所产生的巨大影响。正如马克思所说,"随着每一次社会制度的巨大历史变革,人们的观点和观念也会发生变革"。当封建帝制被推翻、皇帝被拉下马,"国不可一日无君"的帝王思想就被破除。当民族工商业实现大发展,实业救国、科学救国思潮即兴起和普及。当禁锢人们的封建专制主义旧制度、旧思想、旧观念、旧习俗被批判,带来的便是思想的启蒙和观念的现代化。这一切作用在社会领域,就是旧的社会风俗与秩序不断被消解,各种新风气不断形成,社会观念在"润物无声"中发生悄然转变。我们说辛亥革命打开了中国进步的闸门,一个重要方面就体现在开启社会风气和推动社会进步上。

当现代化的大门被开启,中国的进步也就开始蓄积势不可挡的社会力量。辛亥革命以后,一个最显著的变化就是"谁要再想做皇帝,就做不成了"。袁世凯的皇帝梦只做了83天,张勋复辟丑剧更是昙花一现,这一切正应了孙中山先生所说,"世界潮流,浩浩荡荡,顺之则昌,逆之则亡"。

(2011年9月27日)

多些创造性的"基层设计"

刘根生

南京最近出台郊县镇街分类考核实施办法,取消了镇街 GDP 总量考核指标,居民就业和收入成为考核主要指标。这一做法,意在引导镇街干部自觉纠正"唯 GDP 总量和速度"的倾向,全心全意推进科学发展。这样的"基层设计",引人思考。

"顶层设计",是站在战略制高点寻求解决问题之道,从高端规划发展问题。但"顶层设计"要落地,还需"基层设计"来呼应。比如基层考核若依旧唯 GDP 论英雄,科学发展蓝图就难免被"前任政绩后任债、一任政绩几任包袱"等现象搞得千疮百孔。

如果说"顶层设计"是在战略层面创新,"基层设计"就是在战术层面创新。"顶层设计"是制定大政方针,"基层设计"则是以创造性精神执行和推进。未来几年怎么走?无论是中央还是地方,都已制定规划纲要。而作为大政方针,规划纲要总是根据全局状态制定的,不可能特别具体。要把"顶层设计"变为现实,需要基层吃透上级精神,从本地实际出发,多些"基层设计"。

有种现象由来已久,即"上下一般粗"。上面一个政策下来,不"消化",不"加工",直接往下"贯彻"。它看似是"全面贯彻",还特别"雷厉风行",但事实上,却因缺乏"基层设计",没有结合具体"下情",执行中难免磕磕绊绊,致使"落实"屡屡"落空",使政策在执行中表面化、简单化、绝对化,或者欲速而不达。故而毛泽东在《反对本本主义》中说:"盲目地表面上完全无异议地执行上级的指示,这不是真正在执行上级的指示,这是反对上级指示或者对上级指示怠工的最妙方法。"

多些"基层设计",关键在善于"变通"。提到"变通",人们往往会想到"上有政策、下有对策"。其实,"下有对策"不是"变通",而是把上级政策肢解或曲解,为小团体利益及个人私利所用,本质上属于背离或破坏上级政策。"变通"是以创造性精神落实政策,使政策效益最大化。"变通"意味着变动常规,但这种变动又符合"顶层设计"精神,为客观实际所需要。善于"变通",才能有执行力。这考验着基层治理的智慧和能力,也考验着基层干部的责任心。吃透"上情",了解"下情",掌握外界信息,把握变革最佳时机,勇于担当,求真务实,方能以良好"基层设计"把"顶层设计"精神落到实处。

改革创新往往先从基层得到突破。破解发展中的难题,需要"顶层设计"指引方向,也需要"基层设计"来充实和完善。在这种互动过程中,我们还应防止"看的指责干的"。不琢磨事老琢磨人,别人在那里埋头苦干,他在那里说三道四。别人干好了,他说风凉话;别人有了失误,他说泄气话,甚至"放冷箭",搞得基层创新风险大、成本高、麻烦多。在这个意义上,只有为"基层设计"者创造良好环境,来自基层的创造创新才会五彩纷呈。

(2011年9月26日)

"人人都是……"的现实思考

张 铁

"走转改"活动中，来到大同煤矿集团四台矿采访。在 160 多米深的井下，问在场矿工："你们谁是通风员？"周围的工友都笑了，回答说："我们人人都是通风员。"

地下矿井，最大的安全隐患是瓦斯。只有加强通风，才能防止瓦斯聚集带来危险。同煤集团提出"人人都是通风员"的口号，正是为了强化员工安全意识，形成"人人懂通风"、"人人管通风"的安全工作格局。

职工的参与，是安全生产工作的重要一环。在安全生产中，操作的规程需要职工遵守，制度的执行需要职工监督，让他们都参与安全管理，对于提升安全意识、形成安全文化，意义重大。"人人都是通风员"，可谓一种安全管理新理念。这一理念的核心，就是把职工发动起来，人人关心、人人参与、人人负责。

人人都可以做的，又岂止是通风员。对于企业，可以"人人都是决策者"：人人贡献企业发展良策，才能凝聚合力。对于社区，可以"人人都是安全员"：安再多摄像头，都敌不过居民的眼睛，群治群防概念从未过时。对于城市，可以"人人都是协管员"：每人都能阻住路人乱闯红灯的脚步，扶起不小心跌倒的老人，城市肯定更有秩序、更加和谐。

不是吗？汶川地震时，救灾总动员成就"汶川奇迹"，可谓"人人都是救灾者"；从"免费午餐"到"聚蕉行动"，"人人都是慈善家"的实践，更新着公益的形象和观念；个税法修正汇集超过23万条意见，"人人都是立法者"促成个税起征点提至3500元。种种"人人都是"，不断推动民主政治、社会管理前行，成为时代进步的重要生长点。

"人人都是"的背后，是责任意识和参与精神。无论是状告政府信息不公开的公民，还是活跃在社区中的志愿者，甚至是跟帖评论、转载留言的网民，都体现出对社会责任的体认、对公共事务的关注。正因为"人人都是"，社会的发展才既有了可靠的外在支撑，更有了强大的内生动力。

有人会认为，通风涉及矿工自身安危，所以才会人人愿当通风员。实际上，社会生活的各个领域，"人人都是"同样关乎每个人切身利益。说到底，每个人都可能会有在街头摔倒的长辈，都可能出门时忘记关上门窗，都可能被拥堵在红绿灯下的十字路口。

更何况，"人人都是"不仅是责任，也是权利。无论是十七大报告提出的"扩大公民有序政治参与"，还是社会管理创新中的"社会协同、公众参与"，"人人都是"的公共参与，是实践"共建"、获得"共享"的基本权利。

另一方面，"人人都是"也需要社会管理者在制度与渠道上的"供给"。同煤集团"人人都是通风员"，有一系列宣传教育、考核方法和实施制度的支撑，所以才深入人心。而人人都可以扮演的其他身份，要真正成为现实的推动力，同样有赖于社会管理者观念创新带来的方式之变、制度之变。

处于复杂而深刻变化之中的中国，无论是社会事务的管理还是公共产品的供给，无论是矛盾冲突的解决还是多层次需求的满足，仅靠政府之力远远不够。"人人都是"因而更有现实意义：增强公民、社会的参与意识，借力使力，形成合力，才能真正完成社会与公民素质的现代转型。

(2011年9月23日)

领导干部要"始终装着问题"

蔡建华

有人问大科学家爱因斯坦:"您脑子里都装着什么?"爱因斯坦回答说:"我脑子里始终都装着问题。"矛盾无处不有,问题无处不在,发展的过程就是一个不断解决矛盾和问题的过程。对于领导干部来说,始终装着问题,折射出的是一种态度,更是一种责任。

始终装着问题,首先要有强烈的问题意识。著名教育家陶行知说过:发明千千万,起点是一问;人力胜天工,只是每事问。问题,是推进建设发展需要认真研究并加以解决的矛盾和疑难之事。是否具有强烈的问题意识,是衡量领导干部思想作风、工作标准、领导方法的重要标志。问题作为一种客观存在,有的显而易见,有的深藏于复杂的表象之中,有的则通过别的形式反映出来,只有保持强烈的问题意识,才能增强洞察问题的敏感性。问题的形成和发展,必然要具备一定的条件,经历一个时间过程,越早发现则问题越小,越晚发现则问题越大,解决的难度就越大,甚至会吃大苦头。有了强烈的问题意识,才能善于发现问题。判定一个领导干部有没有强烈的问题意识,就看他能不能主动正视问题,积极揭露问题,老实对待问题。

始终装着问题,关键是要思考问题。人因思想而站立,思想因问题而升华。对于领导干部来说,思考越经常,思想越丰富;思考越具体,思路越清晰;思考越深入,决策就越科学正确。现在,有些领导干部不愿思考问题，不善于思考问题。究其原因，有的事业心责任感不强，得过且过，做一天和尚撞一天钟，出不了思想，拿不出思路；有的精神状态不够振奋，心浮气躁，斗志消沉，热衷于迎来送往，精力不集中，没有心思思考问题；有的思想作风不够端正，要么嘴上喊着问题，本上写着问题，就是不用心思考问题，要么只盯着细枝末节、鸡毛蒜皮的问题，不愿触及深层次的问题。不思考问题，就装不下问题；不深入思考问题，就把握不了事物的本质规律。如此，工作要开展得深入也难，决策要做得对路也难。

始终装着问题，核心是要解决问题。古人云："为官避事平生耻"。毛泽东同志曾指出："什么叫工作，工作就是斗争。那些地方有困难、有问题，需要我们去解决。我们是为着解决困难去工作、去斗争的"。领导干部居其位，就要谋其政、尽其责。首先就要牢固确立发现问题是水平、汇报问题是党性、指出问题是责任、解决问题是政绩的观念。其次则要敢于亮剑，亮剑一靠能力素质，要拿得出解决问题的招数，二靠党性原则，要有敢于出招的勇气。时下一些单位的难点敏感问题长期解决不了，更多的不是拿不出招数，而是不愿、不敢出招，怕负责任，怕担风险，怕一旦决策之后问题解决得不好，会给自己的形象和前途带来不利影响。只有抛开私利、直面挑战，才能把重大问题研究好、敏感问题处理好、棘手问题破解好。

树立问题意识是思考问题的前提，善于思考问题是解决问题的基础，解决问题是根本目的。领导干部只有脑子里始终装着问题，才能保持清醒头脑，把握事物特点规律，善于解决发展中的问题，从而更好地履行好党和人民赋予的职责使命。

（2011年9月22日）

切实加强道德建设

宣 言

9月20日,全国道德模范评选表彰颁奖典礼在京举行,让我们向道德模范们表示崇高的敬意。党的十七大以来,公民道德建设牢牢抓住建设社会主义核心价值体系这个根本,为巩固共同思想基础、形成坚定理想信念、凝聚强大精神力量、培育良好道德风尚、促进社会和谐稳定发挥了重要作用。

中华民族历来有崇德重德、尚德倡德的传统,常言道,"人无德不立,国无德不兴",强调的就是道德对于个人修身立业和国家长治久安的重要作用。在全面建设小康社会、加快推进社会主义现代化的新时期,高度重视和大力加强道德建设,更显得尤为重要。

加强道德建设需要从教育入手。人无常心,习以成性;国无常俗,教则移风。中华民族有着五千年的文明史,自古以来十分注重道德的教化和养成,早在战国时期,孟子就曾提出"善政不如善教之得民也"。我们党无论是在革命、建设还是在改革开放的历史征程中,对道德教育都没有放松,社会的文明程度显著提高,这也成为我们不断赢得胜利、推动社会进步的重要法宝。当前,随着经济全球化的深入发展和社会生活各领域的深刻变革,人们思想多元多样多变的趋势日益明显,主流价值观和基本道德规范在一定程度上受到挑战,讲利益不讲道义、重能力不重品行的现象有所滋长。我们要清醒认识到,市场经济的发展不能以牺牲社会道德为代价，道德教育在任何时候只能加强不能削弱。只有把社会主义核心价值体系作为道德教育的主题，融入到整个国民教育当中，不断丰富教育内容，创新教育方式，从娃娃抓起，用典型引路，充分发挥道德模范的榜样作用，抓细节抓具体，持之以恒、久久为功，才能推动良好道德风尚的形成，更好地助推经济社会的健康发展。

加强道德建设需要法律和制度作保障。德以劝善，法以诛恶。道德是软约束、是人们内心的法，法是硬约束、是最基本的道德，二者功能互补、相辅相成。要使道德教育由软变硬、由虚变实，必须有一套严格的法律和制度来规范和保障。法律是道德规范和社会文明的风向标，必须把道德观念渗透到社会管理之中，把道德规范体现到法律法规的制定之中，并通过法律法规和各项制度的严格执行，扶正祛邪、惩恶扬善，使外在的道德规范内化为人们的行为自觉。如果扶危济困、助人为乐者的合法权益时刻得到保障，好人难做、冷漠围观现象就会减少；如果不择手段、非法牟利者的行为受到严惩，"毒奶粉"、"地沟油"便会失去生存空间。惟其如此，人们从善的信心才能得到提升，整个社会的道德基石才能坚实稳固。

加强道德建设需要每个人从自身做起。国家者，积人而成。遵守社会主义道德既是觉悟、也是义务，道德大厦的建设需要每个社会成员添砖加瓦。当下，有的人对不道德现象有痛恶之言，也有行善助人之心，但常常瞻前顾后、逡巡不前；有的人不懂我为人人、人人为我的道理，只想作壁上观、独享其成；有的人则置社会道德于不顾，为了一己私利不惜损害社会和公众的利益。凡此种种，应当坚决摒弃。为官一任必须讲官德，只有清正为民，才能赢得信任、造福一方；为人师表必须讲师德，只有言传身教，才能受人尊敬、琢玉成器；经商办企业必须讲商德，只有诚信经营，才能赢得市场、长远发展。全社会都要讲公德，只有人人修身自律，躬行实践，才能积小流而成江海，积小善而成大德，富强、民主、文明、和谐的目标才能真正实现。

(2011年9月21日)

辛亥百年说机遇

叶小文

一部近代史，常回顾辛亥革命。它一举结束了统治中国几千年的封建君主专制制度，极大地推动了中华民族的思想解放，为众志成城、发展中国开拓了奋进之路。

几代中国人，总缅怀中山先生。他站在时代前列，以"世界潮流，浩浩荡荡，顺之则昌，逆之则亡"的胸怀和眼界，"内审中国之情势，外察世界之潮流"，为救亡图存、振兴中华开启了历史新程。

无论15世纪的郑和下西洋，还是19世纪末的洋务运动，都想顺应世界潮流，却都没抓住历史机遇。只有孙中山领导的辛亥革命，才抓住、赢得了机遇。

机遇，常以偶然性的形式出现，稍纵即逝，佢其中蕴含着必然性，必然性通过偶然性为自己开辟道路。抓住和用好机遇，要善于从偶然性中发现必然性，善于抓住偶然性后面的必然性。如培根所说，"开始做事前要像千眼神那样察视时机，而在进行时要像千手神那样抓住时机。"

尽管鸦片战争后中国迅速沦为半殖民地半封建国家，多数国人还是"当国者如醉卧覆舟之中，身已死而魂不悟；忧时者如马行画图之上，势欲往而形不前"。甲午战争之败刺痛国人，孙中山当机立断，"亟拯斯民于水火，切扶大厦之将倾"。亟亟切切，如何下手？进而点明要害:"满清政府可以比作一座即将倒塌的房屋,整个结构已从根本上彻底地腐朽了,难道有人只要用几根小柱子斜撑住外墙就能够使那座房屋免于倾倒吗?"于是,1911年10月10日,辛亥革命爆发,起义军一夜间占领武昌,3天内光复武汉三镇,一月内13省宣布起义,3月后成立民国,推翻满清。抓住机遇振臂一呼,振聋发聩;用好机遇乘势而上,摧枯拉朽!

放眼世界,无论是地理大发现之后的工业革命,第二次世界大战后的科技革命,还是上世纪70年代的信息革命,一些国家抓住机遇走在前列,一些国家痛失机遇被动落后。地球越来越小,发展越来越快,慢走一步,差之千里;耽误一时,落后多年。尽管当今世界大局多变,但本世纪头20年我国发展的这个重要战略机遇期仍然没有变。来而不可失者时也,蹈而不可失者机也,我们必须紧紧抓住并且应当大有作为。由此,我们更加深刻地理解了胡锦涛总书记在今年的"七一"重要讲话中强调的重要论断,"牢牢抓住和用好我国发展的重要战略机遇期,是我们赢得主动、赢得优势、赢得未来的关键所在,是对我们党执政能力的重大考验,也是对我们民族自强能力的重大考验。"

重大机遇伴随重大考验,伴随着可以预见、不可预见的种种风险和挑战。今天,我们"内审中国之情势,外察世界之潮流",就要内审中国转变发展方式、促进科学发展之情势,外察世界多极化、经济全球化之潮流,迎接考验、化解风险、战胜挑战,珍惜机遇、抓住机遇、用好机遇,坚定不移走自己的路,继续大步赶上时代潮流,实现孙中山先生"后来者居上"、"与诸民族并驾于世界"的夙愿。

辛亥百年说机遇,机遇分量重千钧。此时不为何时为?看我中华要振兴!

(2011年9月20日)

"走转改"的启示

沈小平

"走基层、转作风、改文风"活动开启，一大批来自基层、清新朴实、生动鲜活的报道受到社会各界好评。"蹲点"、"一线"、"民声"、"民情"、"体验"，这些"三贴近"特色鲜明的关键词频繁出现在新闻媒体新开设的栏目中，让人有如沐清风之感。

到基层去，是转变作风、改进文风的一把钥匙。不仅是新闻单位，其他机关单位、党员干部都应该这样，防止和纠正作风飘浮、脱离群众，真正把身子沉下去，大力整治文风会风，提倡开短会、讲短话、讲管用的话，更有效地促进问题和矛盾的解决，扎扎实实践行执政为民理念。

当前，在一些党政机关文件、领导干部讲话和文章中，文风上存在的问题仍然很突出：一是长，二是空，三是假。文风不正，严重影响真抓实干、影响执政成效，耗费时间和精力，耽误实际矛盾和问题的研究解决。不仅损害讲话者、为文者自身形象，也损及党的威信，导致干部脱离群众、群众疏远干部，使党的执政主张在群众中失去吸引力、感召力和亲和力。

走进基层，才能把握群众的思想脉搏，养成回应群众关切的文风。坐在机关大楼里感受不到群众安危冷暖，也培养不出与群众的深厚感情。"民有所呼我有所应，民有所盼我有所办"。只有深入基层，才能知道老百姓衣食住行和就业、就医、就学、养老还有多少困难，社会上还有多少"零就业"家庭、困难家庭，才能知道老百姓当前对改善民生是多么的期待，也才能找到我们工作的着力点。现在一些文件、讲话、文章被群众戏称为"镜中之花、水中之月"，没味、没用，听不明、看不懂，最大的要害就是没有回应群众的关切和诉求。

群众是语言大师，老百姓的话最生动、最活泼、最有生活气息。走进基层，才能掌握和运用群众的丰富语言，养成群众喜闻乐见的文风。如果只是坐在办公室里遣词造句、苦思冥想，语言就会干瘪枯燥，文章就会索然无味。不能和群众谈心，你说的话群众听不懂，怎么会有感召力？怎么指导实践、推动工作？同百姓"唠嗑"，才能说出"家常话"、抒发百姓情。深入了群众，就来到了智慧的大课堂、语言的大课堂。

写文件、作报告、发表文章，都是为了解决问题。办法从哪里来？一不能只靠坐在机关大楼里拍脑袋作设计，二不能只靠"笔杆子"查资料编材料，只能从调查研究中来，从群众的实践和创造中来。人民群众生活在基层，对体制弊端了解最多，对民生疾苦感受最深，对最关心、最直接、最现实的利益问题最有切肤之痛，什么事应当办，什么不能办，什么是当务之急，什么事应当暂缓，他们最有发言权。无论经济社会发展到什么阶段，通讯手段多么先进便利，都代替不了亲身感知和直接体验。

如果我们的各级机关干部都以基层为念，都能眼睛向下、扑下身子，作风与文风必有切实的变化，干部与群众的感情必定更加亲密。

（2011年9月19日）

直面问题要勇气更要能力

郑锦铭

在一些地方，有的领导干部忙于交际应酬，对具体工作不管不问，出现问题时一头雾水，搞不清楚状况。有的面对问题时"打乒乓球"，互相推诿、躲躲藏藏，把新问题推成了"老大难"。有的则"和稀泥"、"纸包火"，能拖则拖，把小问题淤积成了大问题。其结果是直接导致领导干部乃至政府部门公信力的丧失。

当前我国既处于发展的重要战略机遇期，又处于社会矛盾凸显期，矛盾和问题有所增多。正如马克思所说，"问题是时代的口号"，矛盾的出现反而是解决前进障碍、推动发展进步的重要契机，历史正是在问题和矛盾的不断产生与解决的循环过程中向前发展的。出现问题就怕得不得了，不敢正视，不敢直面，不是一个唯物主义者应有的态度和心胸。

是否敢于直面问题，是一个态度问题，更是一个能力问题，有时候能力甚至决定态度。因而，在端正面对问题的态度时，着眼于建树直面问题的能力很有必要。

敢于直面问题，首先就要有面对质疑的承受能力。承受能力源于面对问题时的底气，而底气则取决于对待工作"敢于担当、乐于奉献"的事业心、责任感。作为领导干部，在任何名利的诱惑下都要身正影直、清正廉洁、拒腐防变，确保不做问题的"典型"和"源头"。在复杂紧急的情况下,都要"每临大事有静气",确保头脑清醒、不自乱阵脚。而在祥和安宁的环境下,应当居安思危,防患于未然。只有这样,才敢在问题出现的时候"大大方方站出来",才敢于承受各种可能的质疑,做到"心中有数、底气充足"。

直面问题的目的在于解决问题。能不能最终解决问题,关键在于有没有准确到位的分析能力。解决问题就像大夫看病一样,前提是要对"顽疾"有正确的判断,知道病症出在什么地方,缘于什么诱因。这种能力的基础,在于平时工作中对权力责任清楚于脑,对办事方法和手段烂熟于心,为工作的出发点和走向"把好脉"。而在抓重大工作、处理重点难点问题时,对一些薄弱环节和不太起眼但事关全局的"关节点"不放过,更多着眼于制度机制的建树,做好预防和准备。如此,当问题出现时才能在最短的时间内找到"症结所在",保证"对症下药、药到病除"。

直面问题,不能没有掌控大局的谋划能力。有的领导干部在处理棘手问题时,往往"拆东墙补西墙","头痛医头、脚痛医脚",甚至"慌不择路"。究其原因,就在于缺乏全局意识,找到了"点"但顾不了"面",以致顾此失彼,使工作陷入被动。只有站在全局高度,冷静分析问题性质和来源,弄清问题是否有倾向性、普遍性,准确评估损失程度和影响范围,防止问题"蔓延开来",同时杜绝"早完早了事"的想法,着眼于从根本上、系统地解决问题,才不会"按下葫芦起了瓢",才有问题"攻克一个、解决一片"之效。

(2011年9月16日)

百年探得复兴路

叶小文

"行路难！行路难！多歧路，今安在？"探准路，走好路，方能"长风破浪会有时，直挂云帆济沧海。"百年前辛亥革命的经验和教训，百年来中华民族的探求和奋斗，皆如斯言。

世界上不少民族为谋振兴发展，不懈探路。历史上的土耳其，一心想融入欧洲文明；今天的日本，为求继续发展，其有识之士呼吁"从过去持续了150年的脱亚入欧路线向亚洲重视路线转变"。

鸦片战争以来，灾难深重的中华民族，更是历尽坎坷，举步维艰。辛亥革命一举结束了统治中国几千年的君主专制制度，为中国开了新路。但资产阶级革命派的主张，救不了中国。此前太平天国运动的平均主义理想，洋务派的"中学为体、西学为用"主张，资产阶级改良派的变法维新，都经不起历史检验，都没有改变中华民族的屈辱地位和中国人民的悲惨境遇。由此，孙中山先生感叹"知难行易"："如果知得到，便行得到。难处是由于不知，不是不能行，是由于不知道怎么样才行。"行路难，行路难，探路知路难上难。

中华民族复兴之路在哪里？究竟"怎么样才行"？路漫漫其修远兮，国人上下而求索。直到俄国十月革命之后，才找到马列主义这个真理，作为解放我们民族的有力武器，而中国共产党则是拿起这个武器的倡导者、宣传者和组织者。

但是，有了马列主义有了党，探索历程依然艰辛。党起初由于缺乏革命经验，照搬马列书本和苏俄模式，走"城市中心论"道路，中国革命损失惨重。毛泽东等中国共产党人开辟了一条适合中国国情的"农村包围城市"革命道路，党才领导人民迎来了新民主主义革命的胜利曙光。新中国成立后，由于缺乏建设经验，搬用苏联的社会主义建设模式。尽管在实践中认识到弊端，试图走出一条适合中国情况的社会主义建设道路并进行了初步探索，但由于指导思想偏差，一度陷入"以阶级斗争为纲"的错路。路不明，步子是乱的，力量是散的；路不对，功夫是废的，效果是反的。

以十一届三中全会为转折点，党开始了建设社会主义的新探索。摸着石头过河，改革开放探路。扭住经济建设这个中心不放，坚持发展这个硬道理，开创科学发展的新局面。一路风雨兼程，而一个真理却颠扑不破：把马克思主义普遍真理同我国的具体实际结合起来，走自己的道路，建设中国特色的社会主义。沿着这条路，国家总体实力和人民群众生活水平迅速提高，中国的发展奇迹举世瞩目。实践证明，中国特色社会主义道路，就是实现社会主义现代化的必由之路，创造人民美好生活的必由之路，实现民族复兴的必由之路。

梦里寻她千百度，百年探得复兴路。小平说过："我们现在的路子走对了，人民高兴，我们也有信心。……路子不会越走越窄，只会越走越宽。路子走窄的苦头，我们是吃得太多了。如果我们走回头路，会回到哪里？只能回到落后、贫困的状态。"无论前面有什么曲折坎坷、挑战风险，正如胡锦涛总书记所指出的，决不走封闭僵化的老路，也决不走改旗易帜的邪路，而是坚定不移地走中国特色社会主义道路。笑看发展峰高处，选准道路辉煌出，这是中华民族百年奋斗的追求所在，也是我们迈向新一个百年的方向所在。

（2011年9月15日）

身不离基层心不离群众

京 平

当前,新闻战线开展的"走基层、转作风、改文风"活动正逐步走向高潮,记者下基层的身影多了,版面上来自基层的声音多了;记者贴近群众的距离近了,版面上真切感人的报道多了;记者践行的感悟深了,版面上打动人心、发人深思的作品多了。老百姓高兴了,直说"真没想到",记者受到了锻炼,直说"真没想到"。

"真没想到"是因为一段时间以来,有些媒体忘却了、忽视了新闻的源头在基层、鲜活的新闻在广大群众生活实践中这一新闻工作者的本职。不出家门、不下基层、不到现场,就无法了解国情、社情和民情,就无法感受到社会的发展变化、人民群众的喜怒哀乐和各种诉求,就无法写出真实感人的报道,就无法向读者、听众传递真实的声音,记者和群众的关系疏远了、陌生了。报道虚假空洞,群众反映强烈。这样的记者有违记者的本分,有损记者的声誉。

做一名合格的记者就要追求"铁肩担道义,妙手著文章"。铁肩是在基层实践中磨出来的,妙笔是从群众语言中练就的。如果没有历时10个月、行程4000余里的西部之行,范长江就不会写出中国新闻史上著名的通讯集《中国的西北角》;如果没有深入基层的扎实采访,就不会有通讯主角和作者同时齐名的《县委书记的榜样——焦裕禄》这一传世佳作;如果没有对农村形势的深入调查,就不会有范敬宜的《莫把"开头"当"过头"》这一在历史关键时刻起到"定音"效果的名篇。

老一辈新闻工作者给我们做出了榜样,新一代的年轻记者更应该奋起直追,走向基层、走向百姓。"不到现场见到那个人、看到他的生活、听到他说的话,写出的东西必定是干涩的"、"如果不到基层去,不走近百姓生活,冷暖不相知,新闻稿件无疑会缺乏真情实感、通篇冷硬文字"、"新闻工作者要有行万里路、访百家人的实践能力……如此写出的新闻报道才不会是无病呻吟,才能引起读者的共鸣"……这些年轻记者们走向基层的深切感悟,让我们看到了"走基层、转作风、改文风"活动的初步效果,更对未来充满了信心。

曾经有人这样形容全国著名劳模申纪兰:手不离劳动,身不离西沟,心不离群众。仿造此语,我们的新闻工作者应该是:手不离笔,身不离基层,心不离群众。通讯再发达、网络再便利,都只是新闻记者工作的武器,而不是工作的内容和目标。范敬宜曾经说过,做一名合格优秀的新闻工作者,除了深入群众,没有其他捷径可走。无论新闻手段如何现代化,都代替不了对国情民情的了解,都离不了对社会实践的参与。迈开双腿走下去,放开身心沉下去,用心观察,用心思考,用心讲话,用心做文章,只要身心都深入下去了,每一位记者就会有所收获,有所成长。

(2011 年 9 月 14 日)

提拔了该感谢谁

何亚星

近日,一名新升职的干部提着礼品到一位领导家里感谢"提携之恩",谁知这位领导不但婉拒了他的"好意",还语重心长地说:"这是组织决定和群众认可,要谢你就感谢党,感谢群众。"这番话耐人寻味、意蕴深长。

当前,各地的换届工作正在展开,一大批德才兼备的干部走上新的领导岗位。提拔了又该感谢谁呢?这位拒绝"谢恩私门"的领导掷地有声地给予了回答。

"滴水之恩,涌泉相报"。任何一名干部的成长,都离不开党组织的培养、社会的熏陶、同事的帮助以及个人的努力。正如陈毅元帅所说:"第一想到不忘本,来自人民莫作恶。第二想到党培养,无党岂能有所作?第三想到衣食住,若无人民岂能活?第四想到虽有功,岂无过失应惭怍。"被提拔重用,意味着组织的重托和群众的信任,这份恩情应该记在党和群众的头上,应该更加昂扬地奋发工作,更加谦虚地孜孜学习,更加热情地对待群众,更加严格地约束言行。

然而,在个别单位和领导干部中,存在"谢恩私门"的现象,有的把职务升迁看成是某个领导的"恩惠",对领导感恩戴德,投桃报李,而把组织的培养和群众的信任抛在一边;同时,有个别领导干部以"恩人"自居,认为"你是我提拔的"、"我是为你说了话的",把下属的升迁完全归功于自己。

"谢恩私门"者,除了人之常情外,还隐藏着私心,就是希望得到领导的更多青睐和额外关照。"贪天之功"者,冒领了党的情,容易让群众误以为靠组织不如靠个人,干工作不如找关系。两者相互依附,推波助澜,颠倒了个人与组织的关系,玷污了上下级之间纯洁的同志关系,实质是把组织行为当成个人"恩惠",把同志之情异化为人身依附。如果任之蔓延,容易形成小团体、小圈子,滋生腐败现象,败坏党风、政风和社会风气。

"虞舜不逢尧,耕耘处中田。太公未遭文,渔钓泾渭川。"不可否认,一个人的成长进步,确实离不开领导的关心、赏识和厚爱。人非草木,孰能无情。作为部属当然要对这样的领导心存敬意,但不能将"恩典"完全归功于某人。作为领导,也应把举贤荐能当作分内之事和应尽义务,"苟得其人,虽仇必举;苟非其人,虽亲不授",不拘一格地选才荐才。

在这方面,"羊祜自焚奏稿"一事可以作为镜鉴。晋国大将羊祜率兵伐吴,后病重回朝,向晋武帝司马炎再三推荐杜预接替自己,然后将荐稿烧掉。晋武帝不解,问道:"举善荐贤乃美事也,卿何荐人于朝,即自焚奏稿,不令人知耶?"羊祜回答:"拜官公朝,谢恩私门,臣所不取也。"他不想让杜预知道后感谢自己,因为这是国家的任命,不应感谢个人。

身正则影直,上廉则下端。克服"谢恩私门"的现象,需要各级党委端正选人用人导向,坚持任人唯贤,公道正派,需要各级领导热心荐才但又不慕虚名,不搞团团伙伙,让那些"攀龙附凤"者受到冷遇,断了"官念",让那些"投资感情"者无机可投,无空可钻。

(2011年9月13日)

过度包装是一种浮躁

张 铁

马三立有个叫《偏方》的相声：某人浑身发痒，见路边有人卖止痒"家传秘方"，赶紧买了。一层又一层打开，拆了30多层包裹的纸，才露出两个字——"挠挠"。

每近中秋，与这个段子类似的情节，总会上演。拆开雕花的印花的、木质的金属的盒子，去掉锦缎装饰、堆塑点缀，剩下拳头大两只月饼，让人有买椟还珠的冲动。这样的过度包装问题，多年一直未能解决，反而从月饼蔓延到酒类、茶叶甚至药品。

包装也是推销手段，能提高商品附加值。包装豪华了，商品显档次，身价自然也就水涨船高。另一方面，对不少人，买月饼、送月饼是"公关行为"。包装精美、外观豪华，才有面子、显身份，才拿得出手。很多过度包装，正是生产者的逐利冲动和消费者的面子消费共同作用的结果。

市场的选择，背后有社会的心态。当人和人之间的关系变成了"人脉资源"，礼物、礼节也就从表达情意、沟通感情的方式，变成一种利益的输送和交换。流风之下，即便是走亲访友的礼物，也难免以昂贵论斤两、以豪华论轻重，呈现出"浮夸"的状态。

过度包装式的"浮夸风"，岂止吹在商品领域？有人名片印上20多个头衔，从董事长到顾问，包罗万象，被讥为"头衔通胀"；有人追逐名包名表名牌服装，全身上下奢侈品，人称"名牌崇拜"；还有人热衷于莫须有的各类奖项，交钱拿奖做宣传，追求"奖项效应"。

一些地方建设中，也有此通病。或动辄"打造国际化大都市"，甚至让半数市民都学说英语；或无中生有建设"月光之城"、"中国鬼都"，投资巨大规模空前；甚至从小说中的只言片语捕风捉影，衍生出西门庆故居、孙悟空故里等等噱头，大兴土木、大肆炒作。

这让人想起上世纪初茅台酒在巴拿马万国博览会拿金奖的故事。当时茅台酒装在深褐色陶罐中，较为简陋土气。因为自信酒好，参展者在陈列时摔碎了酒瓶，果然酒香四溢，引来轰动，成为"好酒不怕巷子深"的经典。

然而茅台的金奖毕竟无法遮盖产业经济整体落后的窘境。此后一个世纪以来尤其是近几十年，"中国制造"对世界潮流的追赶，既有技术上的奋力打拼，也有对"一流产品，二流包装，三流价格"的观念反思。令人遗憾的是，伴随着这种原属进步的反思，一些富起来和渴望富起来的国人，开始以豪华、奢侈、精致的花边装饰自己的生活，进而走入"不求最好，只求最贵"、"不顾里子，只要面子"的误区，以"包装"吸引眼球，借"名牌"抬高身份。

经验表明，一个快速发展中的国家，要摆脱功利浮躁的乍富心态，摆脱文化自信缺失、消费品位低劣的现状，需要一个过程。时尚、心态之类意识范畴的升华，较之物质基础的提升有一个相对滞后的过程，何况我们的物质基础尚且说不上十分坚实。如此情势之下，靠行政命令遏制过度包装，以观念引导推动务实发展，用意很好，也肯定有所助益，但长远的疗效，还有待整个社会的进一步发展和沉淀。只有真材实料的金奖茅台越来越多，真心实意的为民服务受到褒扬，真情实感的沟通逐渐成为人际交往的主流，所谓删繁就简、返璞归真，才不会只是"要求"。

（2011年9月9日）

莫以"官小"而失管

盛克勤

一份资料显示,某省检察机关2009—2010两年间立案查办涉嫌职务犯罪的132名司法机关工作人员中,有正、副处级干部5人,其余127名均为科以下基层司法机关科员及无职级人员,占总人数的96%以上。这从一个侧面表明,"小官"贪腐现象不可忽视。

"小官"贪腐较为普遍,以至一些"小官"变成大贪,一个重要原因在于权力监督缺位,以致养虎成患。在这个问题上有几种不当认识,一是认为官小不用管,觉得小官权不大,贪腐也有限。二是认为官小不好管,觉得小官群体大,要管很麻烦。三是认为官小不便管,觉得小官天天见,管会得罪人。小官失管,一些不自觉、不自律的小官便难免会蠢动起来,真以为"天高皇帝远",有恃于"阳光照不见",在阴暗处干起贪腐的勾当,而且胆子一天比一天大。

很显然,倘以官小,就认为对他们的权力"不好管"、"不便管"甚或可以"不用管"的话,这便如同视长江大堤之蚁穴于不见,观高殿大梁之蛀虫于无睹,天长日久,这样的小官和我们党的事业就必然都会吃大的苦头、遭大的祸害。

其实,小官群体大,正说明其出现贪腐问题的数量也相对较多,说明对其加强监督的任务繁重且必要。小官在身边,正说明其贪腐直接损害的就是周围群众、基层百姓的利益,说明他们的言行作为,将直接影响人民群众对党的干部队伍的观感和评价。小官权力小,则说明对他们的监督更易掉以轻心,更易成为死角,更易为手中握有实权的各色芝麻绿豆官留下豁口,最终导致"针尖大的窟窿透过斗大的风"。某地银行股级干部硬是搬走国家亿元巨款的案例,即是一个令人兴叹的残酷注脚。

莫以官小而失管,需要真正从本源上弄清权力与贪腐的关系。"绝对的权力导致绝对的腐败",一方面是说,权力过大、过于集中会导致腐败;另一方面是说,只要失去监督,不管权力大小,都必然导致腐败。当前,人们对位高权重者已越来越有了监督意识,对他们的用权行为也越来越用上了检视的眼光,这无疑是公民意识的一种觉醒,是一种社会的进步。但同样需要注意的是,对那些职务、地位并不怎么起眼的干部如何行权,人们同样应当予以高度关注。据闻,江苏、浙江等省已开始在广大农村普遍建立健全村务监督委员会,尝试用民众的力量,来制约身边小官的手中权力,来有效解决发生在群众身边的腐败问题。这无疑是一个值得期待的尝试。

对干部队伍的监管,原不应分官大官小。党要管党、党管干部,决不能只重提拔使用,只抓高官要职,还必须对面广量大的干部的日常用权行事,加强教育、加强管理、加强监督。在这方面,各级纪检监察部门、党政法检各种监督机构力量,都应有积极作为。把用权的各个环节、掌权的各个群体都监管到位,贪腐行为必被扼杀在萌芽状态。

(2011年9月8日)

有心修得百年渡

叶小文

辛亥革命百年纪念，想起一句话：有心修得百年渡。

有何"心"？拯救中华之心。"一自海禁开，外夷势跋扈"，列强外夷对中国鲸吞蚕食瓜分豆剖，清朝政府腐败黑暗昏庸无能，"四万万人同一哭，天下何处是神州"？此时，"亟拯斯民于水火，切扶大厦之将倾"，不愿忍受奴役和压迫的仁人志士和劳苦大众在苦难中觉醒，奔走呼号奋起反抗。辛亥革命爆发，一举推翻清王朝，结束了两千年的封建君主专制制度，建立了中华民国；极大地推动了中华民族的思想解放，为中国先进分子探索救国救民的道路打开了新的视野；开始了比较完全意义上的反帝反封建的民族民主革命。其虽未能改变旧中国的社会性质和人民的悲惨境遇，但为中国的进步潮流打开了闸门。百年过后，仍然扣人心激人心振人心。

振何"心"？振兴中华之心。孙中山第一个喊出了振兴中华的口号，呼唤"万众一心，急起直追，以我五千年文明优秀之民族，应世界之潮流，而建设一政治最修明、人民最安乐之国家，为民所有、为民所治、为民所享者也。"一声振兴中华，至今振聋发聩。一切热爱祖国、爱我中华的人们，不论属于哪一个党派团体，不论属于哪一个民族，不论抱有哪一种信仰，不论居住在何地，一声振兴中华，便引心向往之，亦能心心相印。

沉睡的巨狮醒了,"有心"就好,有志事成。何以还要"有心修得百年渡"?

振兴中华之大业,不会一蹴而就,难以心想事成。而振兴中华之心,是亿万人民的集体意志,要不断凝聚,休养磨练,锲而不舍,长期坚守。孙中山说,"我辈既以担当中国改革发展为己任,虽石烂海枯,而此身尚存,此心不死。既不可以失败而灰心,亦不能以困难而缩步。精神贯注,猛力向前,应乎世界进步之潮流,合乎善长恶消之天理,则终有最后成功之一日。"

这"最后成功之一日"究竟多远?要以"百年"度量。

历史学家章开沅说,纪念辛亥革命应该把视野放宽阔一点,不仅仅一个辛亥百年的事情,至少应该重视三个一百年:一个是作为辛亥革命背景的一百年、一个是辛亥以来的这一百年,同时还应该在这个基础上放眼今后的一百年。从这三百年中,我们才能较为完整地把握中华民族从沉沦中走向复兴的历程。

如果说辛亥革命前的一百年,中华民族陷入悲惨沉沦之境,那么辛亥革命后的这一百年,中华民族则是在艰难曲折中昂扬奋起。这一百年来,中国共产党带领各族人民缔造新中国,开辟中华民族复兴的崭新纪元,在历史新时期开辟中国特色社会主义道路,创造了世人惊叹的传奇成就,迎来民族复兴的光明前景。"最后成功之一日",就在今后的这一百年里,而成功的密码,就在于这两百年来一代代人前赴后继矢志不移的民族复兴追求与梦想。

辛亥百年说百年,有心修得百年渡。振兴中华之心,百年愈坚;奋斗不息之念,百年不变。不动摇、不懈怠、不折腾,不为任何风险所惧,不被任何干扰所惑,中华民族伟大复兴百年可期!

(2011年9月7日)

"仓廪实"更需行道德

桑林峰

近段时间,"最美妈妈"吴菊萍、"90后"孝女孟佩杰、"温州温暖"群体等一个个道德标杆,用自己的言行让传统美德在新时代闪光,给我们以灵魂震撼和精神洗礼。他们以实际行动启示我们,在物质丰裕的年代,社会公众更应知道德、守道德、行道德。

中华文明绵绵不绝,其根在于优秀的传统道德文化。我国商代有"六德":知、仁、圣、义、忠、和。春秋时期孔子提倡仁、孝、悌、忠、信等道德规范。宋元时期形成了"孝悌忠信、礼义廉耻"的"八德"。现当代学者将中国道德文化的核心理念归纳为忠、孝、和、礼、义、仁、恕、廉、耻、智、节、兼、诚13个方面。这些道德力量不断传承,在新的时代依然灼灼其华。

温家宝总理说过,"道德是世界上最伟大的,道德的光芒甚至比阳光还要灿烂。"然而现实生活中,一些人在利益的诱惑下,放弃了道德修养,远离了道德准则。

有的人缺少仁爱之心、正义之感。诸如"自己的父母不去赡养"、"老人跌倒无人敢扶"、"小孩落水围观者无人相救"、"歹徒当街行凶没人制止"等现象,时有耳闻。

一些党员干部放松了政德的约束,背离了"政者,正也"、"为民、务实、清廉"等要求。"你是替党说话,还是替老百姓说话"等荒谬的

"雷人雷语"频出,产生了一些经不住权钱色的诱惑,甘愿贪污受贿、腐化堕落的腐败分子。

一些人为了挣钱,缺乏诚信,利欲熏心。部分商人为追求经济利益,采取卑劣的手段欺骗消费者,假冒伪劣横行,"地沟油"、"瘦肉精"、"染色馒头"等恶性食品安全事件时有发生,严重威胁着人们的生命健康。

不知廉耻、善恶、美丑是导致社会道德败坏的毒瘤。德是根,物是花,厚德才能载物。当我们致力于经济发展时,遵循一种合乎道德的人际关系、政治操守、经济准则,是其中应有之义。仓廪实知礼节、衣食足行道德。物质的丰富和精神世界的丰盈并行不悖,发展才能协调持续,社会才能和谐美好。从汶川到玉树,从舟曲到温州,一个个生命救援的故事,无不凝聚着道德战胜灾难的强大力量。在市场经济大潮中坚守高尚道德情操,让守望相助、团结友爱鼓满风帆,生活之舟才能驶向更美好的天地。

道德是心灵的窗口,大道直行才是根本。践行道德,靠学习教育明德,靠舆论导向树德,靠自我改造立德,靠法规制度护德。这需要积极借助政府、社会和公民的力量,对善行进行大力传播,对恶行进行无情鞭挞,真正形成正气扬、邪气息的良好道德环境。

优秀的传统道德文化是中华民族安身立命所在,不能坚守和捍卫自己优秀的传统文化和传统道德,在经济全球化的今天就会逐渐失去自我。只有大力弘扬孝、诚、和、廉等传统美德,加强对党员干部的廉耻教育,严格道德规制,把道德修养积淀在血脉中,把追求高尚行为变成自觉行动,才能确保政治文明建设的顺利推进和民生事业的健康发展。

(2011年9月6日)

青春之火照亮辛亥的天空

姚联合

　　一个民族，如果没有充满理想的青年，如果青年人没有追求理想的热忱，是没有前途的。在辛亥先烈群星璀璨的天空中，青年志士之星特别耀眼。"民主共和"花朵之初开，离不开青年人沸腾热血的浇灌。

　　黄花岗七十二烈士平均年龄为29岁，其中20多岁的年轻人占绝大多数，最小的余东雄年仅17岁。人称"首义三武"的孙武、蒋翊武、张振武，都是策动武昌起义的重要角色，分别只有32岁、27岁、34岁。被孙中山称为"熊一枪"的熊秉坤，率领敢死队猛攻楚望台军械库，时年26岁。响应武昌起义的各省革命志士也大都是年轻人。湖南共进会会员焦达峰，率领会党和新军在长沙发动起义时，年仅25岁。陕西同盟会会员井勿幕发动会党和新军起义时，年仅23岁。山西同盟会会员、新军标统阎锡山发动新军在太原起义时，也只有28岁。

　　这些青年人，不是为了要成为英雄而赴死，而是为了要做一个有尊严的人。他们不想被封建专制王朝当作"奴才"来使唤，更不想再在高高在上的封建专制者面前，跪下双膝、匍匐叩首。他们想呼吸自由的空气，不要再在"朕即国家"的封建专制制度下苟且偷生，宁愿用生命换取平等、自由。

　　这些青年人，不少人并不缺乏钱财，甚至在旧制度中仕途通达，但他们抱定"不自由，毋宁死"的信仰，怀揣炸药，像追逐光明的飞蛾，勇往直前地扑向灯火,在中华大地上播种民主之花。他们知道在封建专制制度下,赢得民主,需要付出血的代价;享受自由,要用性命去换取。所以他们毅然决然地告别垂老的父母,告别新婚的妻子。

从根本上说,这些青年人毅然决然的斗争,为的是拯救屡遭凌辱、灾难深重的国家,为的是使国家摆脱腐朽落后的封建专制统治,为的是把国家引向光明。这正是有志之士在青年之时树立的报国之志。把自己的理想抱负与国家和民族的前途命运紧密地联系在一起,正是青年人薪火相传的"青春精神"。

这种"青春精神",在一代又一代热血青年身上传承。在国家和民族遭遇危难的时候,在祖国和人民需要的时候,青年人挺身而出、义无反顾、竭诚奉献。五四运动的火炬是以北京大学学生为首的莘莘学子点燃的。中国共产党的建党大业,是由一群平均年龄仅28岁的年轻人完成的。1935年,在民族危机的重要关头,北平的青年学子走上街头,唤醒全民族的抗战。新中国成立60多年来,在英雄辈出的群体里,始终都有一群胸怀理想、热血沸腾的青年,他们用理想的光芒照亮人生之路,用青春的激情唱响奉献之歌。

"少年智则国智,少年富则国富,少年强则国强,少年独立则国独立,少年自由则国自由,少年进步则国进步"。辛亥革命百年来,我们祖国之所以充满活力,我们民族之所以雄姿英发,源于一代又一代青年人所焕发的"青春精神",所奉献的青春力量。

(2011年9月5日)

做事的风格

张保振

生活中,常见到有这些现象:

有人做事如小河流水哗啦啦:事不大,动静大;有人做事如大海流水静悄悄:事不小,动静小。

有人做事如夏天的知了:无论何时,都在高处喊;有人做事如地上的蚂蚁:无论何时,都是在低处行。

有人做事如下棋攻垒:无论何种攻法,都顺棋道,炮跳飞;有人做事如下楼赶会:无论上电梯,或是走楼梯,都是随着兴趣走,凭着感觉行,无章法,无定规。

现象不同,做法迥异,伄都透出了做事的风格。

做事的风格,实是做人的表现。风格,简言之,就是"风度格调"。一个人的风度,离不开其言谈、举止。从某种意义上讲,人的言谈,是其思想的外现;举止,是其品质的外显。而一个人的格调,离不开其仪态、姿态。仪态,往往透出人的内在修养;姿态,常常能显出人的内心修行。风格是"装"不出来的。即便能装,也是装一时、一事可以,要长久装、事事装,则不可能。毕竟,套上去的外衣总有脱下的时候,化妆后的脸庞总有卸妆的时刻。伪装,永远难以持久。

做事的风格,体现思想的追求。事,都是人做的。人,离不开思想的支配。人做什么事、怎么做事、把事做到什么程度,都有个选择问题。选择，是人的主动性所在。这个主动性，或是义为之，或是利为之，或是义、利兼而为之。义，是一种信仰；利，是一种利益。义与利，看似不搭界，实是一辆车。义，也是一种利。只不过，这种利的范围更大些、更深些，是"大我"中有"小我"，"小我"决不能游离于"大我"之外。有了这种义利观，或者说是价值观，做事，才不至于雷声大，雨点小；处事，才不至于过了今天，不讲明天；干事，才不至于掺杂使假，坑人害己。

做事的风格，带有时代的印记。尽管做事的风格总带有个人的追求，但个人的追求，不可能没有时代的印记。人在社会中，人是社会人。个人的行事风格，总是在时代与民族的行事风格前提下形成并发展。时代与民族的行事风格，也总是通过一个又一个活生生的个人行事风格体现出来。个人的追求，不可能不烙上时代的印记。时代的印记，也是一个又一个活生生的人用行为书写出来、雕刻上去的。不能只埋怨时代与社会的焦躁、急躁与浮躁，要扪心自问：我做得怎样？是飘在空中，还是扎在土中？毕竟，飘浮物是立不稳的，且很可能污染空气；只有扎根土壤的庄稼，才有可能奉献出养人的粮食。

做事的风格，人人有之。但人相近，岗不同。对于肩负一定责任的各级领导者来说，做事的风格更带有一定的导向性、示范性。古有言道："主上好金莲，民女多裹脚"，"楚王好细腰，宫女多饿死"。无数事实证明，领导者的一个细微行动，胜过十堂生动说教。这是常识，也是文化。正因为如此，领导者如何做事，形成何样的做事风格，不能不细琢之、深思之、慎行之。

（2011年9月2日）

贴得近才会更远

姜圣瑜

连日来,广大群众欣喜地看到记者编辑走进基层、走进社区、走进村边田头的身影,听到新闻报道带来的劳动之声、百姓之声和基层之声。

"与大地贴得更近,看天空才会更远",这是杂交水稻之父袁隆平的话,也是他作为一位院士的成功之道。对于新闻工作者来说,什么是大地?现实就是大地,群众就是大地,生活就是大地;什么是天空?党的路线方针政策就是天空,党和政府的工作大局就是天空。只有深入基层,才不会坐井观天;只有走进基层,才能对党的路线方针政策理解得更全面,更透彻;只有走进基层,才能胸中有大局,笔下出精品,写出一篇篇"顶天立地"的报道、写出"让党和人民都满意"的报道。

新闻工作,本质上是群众工作。新闻战线开展"走基层、转作风、改文风"活动,从根本上是为了解决"为了谁,依靠谁,你是谁"的问题。对新闻工作者来说,基层实践是新闻的第一现场第一源头,人民群众是新闻的第一坐标第一主角。只有扎根基层沃土,置身火热实践,新闻作品才能更具亲和力、吸引力、感染力。

有少数记者没有"与大地贴得更近",写出来的报道不是贴近实际、贴近群众、贴近生活,而是"贴近网络,贴近电话,贴近材料"。现在有一种怪现象:大报跟着小报走,小报跟着网络走,网络跟着微博走……有的记者因热衷于网上喧嚣热闹而迷失了方向,报道出现偏差;有的记者写稿子,靠鼠标点点,电话打打,材料抄抄……通讯手段的现代化给记者带来了工作的方便,但是我们应该懂得"每一种对方便的礼赞,都要警惕它是否只是懒惰的借口"。

一位外国摄影记者有句名言:"如果你拍得不够好,是因为你靠得不够近。"摄影和文字报道都是一个道理,其采访距离与报道质量有密切关系。"走基层、转作风、改文风","走"是前提,"转"是关键,"改"是目的。英国作家萨克雷曾说过"播种行为,可以收获习惯;播种习惯,可以收获性格;播种性格,可以收获命运。"只有当"走"变为记者采访的自觉行为、变为一种采访习惯、变为记者个人性格的时候,我们才能收获到历史赋予我们这一代新闻人的命运。

有人形象地把"转作风"称为"接地气",新闻工作者只有接了"地气",写作才有灵气,说话才有底气。有人说,对于相同职业的人来说,其外在的活动空间和生活经历不同,会造成其内心思维活动的差距十分悬殊。新闻这一行更是如此,工作不深入,采访就会找不到感觉,写稿自然底气不足。深入首先要"身入",转变作风是一门学问,走下去这是第一步。"身入"还要"心入",真正从心灵上缩短与基层、与群众的"距离",用心去沟通,用心去体验,用心去感悟。"心入"还要"跳出",跳出基层写基层,"与大地贴得更近些,看天空才会更远",站在更高处看大地,才看得更全。

基层有民生,亦有国脉。读懂了基层,才算读懂了中国。媒体记者的责任和使命也正在于此。

(2011年9月1日)

善用媒体方能推进"善治"

詹 勇

今天的社会已进入"全媒体时代",信息渠道无所不在,报道触角无孔不入,权力在"聚光灯"下运行日益成为一种常态。对此,不少干部清醒地认识到,"批评是一种宝贵的支持"、"表扬和批评都是爱"。

当然,也有一些人闻功则喜,闻过则怒,指责批评报道"影响稳定",断定是舆论监督"伤了事业",抱怨"天下本无事,媒体来扰之",把自己工作的过失推到传媒身上。

应当承认,确实有少数媒体在点击量、收视率、发行量的误导下,炮制"纸馅包子",谣传"尸油煮粉",持论耸人听闻,造成不良社会影响。这些做法无疑罔顾媒体责任,损伤了社会信心。但我们也不能以偏概全,由此否定媒体的正面作用、拒斥舆论的批评监督。许多事实已经证明,正常的舆论监督正是工作的推进器。

事实第一性,新闻第二性;问题在先,舆论在后。这是我们判断媒体作用的科学视角。马克思说过:报刊是公众的捍卫者,是无处不在的眼睛。敏锐感知社会痛点、难点、焦点,真实还原问题的发展过程,这既是媒体的社会责任,更是履行胡锦涛总书记对媒体提出的"宣传党的主张、弘扬社会正气、通达社情民意、引导社会热点、疏导公众情绪、搞好舆论监督"社会职能的现实途径。

近年来,在质疑声中揭露"周老虎"真相、修复政府公信力,在反思"被精神病"现象中推动精神卫生立法,在持续追问中大力推动慈善组织的信息透明……这些案例,彰显了媒体参与、舆论监督的巨大力量,也说明媒体的介入和有关方面的积极反应,有利于形成推动"善治"的合力。

由此看来,一些领导干部慨叹,"舆论监督也是正面报道"、"坏事变成了好事",其实有两层意思。从媒体作用看,直面热点、反映问题,固然会带来一时的难堪与被动,却引起了疗救的关注,创造了事态向好的方面发展的契机。从地方和部门作为看,媒体的"怎么看"再痛切深刻,没有相关部门"怎么办"的扎实接棒,问题矛盾依然不能破解。

于媒体而言,社会责任越大,就越要用好手中的话语权。一事当前,最需要客观公正地分析问题,正确引导社会舆论,而不是情绪宣泄;攻坚克难,最难得的是建设性意见和思路,给人们带来信心和希望,而不是轻率地怀疑一切。纷繁复杂之中,媒体理性是重要支点,这才能涵养社会理性、推动社会进步。

对治理者来说,更应认识到,媒体不是事件的起点,也不是事件的终点,而常常是"拐点"。明智而负责的治理者,不仅能主动适应全媒体背景下的监督环境,把接受监督作为一种政治素养;而且能善待、善用、善管媒体这一治国理政的重要资源和手段,由"问题"入手,实现善治。在云南孟连,当地融化干群坚冰,创造了群众工作的"孟连经验";在湖南郴州,政府理顺利益格局,变暴力强拆为和谐拆迁,无不见证了这种变化。

"一条微博、一段微视频、一句流行语,都是微动力,都可能成为引起风暴的蝴蝶翅膀"。这"风暴",到底是"过也,人皆见之"的嘘声,还是"更也,人皆仰之"的掌声?赢得好评,当从善待"差评"开始。

(2011年8月31日)

"攻得破"与"守得住"

卢福林

在残酷的战争中,善攻者必有运筹帷幄之略、万夫不当之勇,善守者必有兵来将挡之策、水来土掩之法。善攻者可摧城拔寨、攻城略地,善守者可守得密不透风、固若金汤。自古以来,善攻者往往也善守。如蜀汉名相诸葛亮,之所以能够把最弱的事业做大做强,最终形成三国鼎立之势,就在于他深谙攻守之理,攻中有守,守中有攻,攻守相得益彰。

对于党员干部来说,也需把握好这攻与守的关系。

攻,就须"攻得破"。从现实情况看,党员干部亟需攻破者,一为阻碍学习的堡垒,一为阻碍发展的堡垒。学习的好处无须多谈,之所以需攻,就在于学习往往因难以坚持而被放在了一边。这就要克服学习的惰性,勤于学习、善于学习、终身学习,并将平时所学转化为工作实践的能力。要发展,总是会面临诸多困难、问题和矛盾,而这成了一些干部裹足不前、回避问题的原因。唯有主动到条件最艰苦、环境最复杂、矛盾最集中的地方去,同大家一起研究办法、采取措施、破解难题,才能打开发展新局面。

从另一个角度看,党员干部更要"守得住"。

首先就是守得住思想防线。思想上的滑坡必然导致前进方向的偏离,引发行动上的溃退。因此,对于党员干部来说,加强党性修养乃是最基本的思想建设,也是最基本的要求。任何时候,都不能忘了自己的党性,不能忘了是在为谁服务。唯其如此,方能自觉守信念、守纪律、守清贫、守寂寞,面对各种诱惑时始终保持清醒的头脑。

其次要守得住法纪红线。试看落马贪官,哪个不是守不住法纪法规,最终以身试法?身为领导干部,不可不知法知规。没有法治观念,缺乏法纪意识,迟早会犯错误。因此,党员干部必须不断提高鉴别力,加大自控力,增强免疫力,始终把法纪法规、党纪条规作为不可逾越的红线。

再次是守得住从政底线。要从小处着眼,从小节着手,"勿以恶小而为之",不搞"小圈子",戒除"小爱好",远离"小兄弟"。古话说:"不虑于微,始成大患;不防于小,终亏大德。"党员干部搞一次特殊就丢掉一份威信,破一次规矩就留下一个污点,谋一次私利就失去一片民心。要时刻认清自己的身份,检点自己的言行,珍惜自己的名誉。

对于党员干部而言,"攻得破"是要求,"守得住"是关键。守得不严,"蚊虫"与"苍蝇"就会乘虚而入。相反,守得再好,攻克不了发展难题,甘于平庸当太平官、无能官、无为官,"守得住"就没有积极作用和实际意义。只有善攻且善守者,人生道路才能走得稳,从政道路才能走得远。

(2011年8月30日)

责尽心安　不计功利

劳　骥

有位在县里担任主要领导职务的干部抱怨说，他多年坚持不贪不沾，每天很辛劳，工作很努力，但群众还是有意见，心中常感困惑和郁闷。这种情绪在干部中有一定代表性。

大多数干部确实很辛劳也很努力。每天起早贪黑，为经济发展上项目、筹资金思虑奔波，为保障改善民生而探索，就是节假日也很难有个"歇口气"的机会。换不来满意，其心情可以理解。

然而，群众不满意，并不是不体谅干部，也不是不明事理。说到底，干部还得从自己身上找原因。

"努力"是干部的本分。从担任领导职务那天起，既应时刻记下组织的重托，也应明白群众的期待。群众在眼巴巴地希望你体察民情、了解民意，期盼你屁股坐到群众的"板凳"上，真心实意为群众办实事、办好事，渴望你既要洁身自好，更应勤于政务。食人民俸禄，就当尽心竭力地为人民群众谋利益。努力工作当属最起码的要求。

群众满意才是标准。群众瞅着的，是你的努力是否解决了教育、就业、医疗、住房、社会安定等实实在在的问题，百姓是否真正享受到因你努力工作而带来的成果与实惠。假如你成天忙忙碌碌，却事倍功半、成效低下，甚至将精力耗费在劳民伤财的"形象工程"与"政绩工程"上，辛劳在应对上级检查的表面文章中，或是奔波于觥筹交错的接待里，群众怎么会没有意见？

"举事以为人者，众助之；举事以自为者，众去之。"干部成绩的大小，群众是裁判；努力不努力，群众满意是标准。不然，你尽管"努力"得满头大汗，群众却不知你为谁而干；整天累得够呛，群众却不买账；自感尽其所能，群众却不领情。王伯祥曾在山东寿光任县委书记五年半，使该县发展为全国百强县第二十四名。20多年后，他的名字依然为寿光人民所传诵。云南保山地委书记杨善洲在职努力为人民，退休后22年一心带领群众造林致富，并将价值超过3亿元的林场经营管理权无偿交给国家，被群众誉为"草鞋书记"。相比这样的"努力"与"辛劳"，有抱怨的领导干部都需要深思。

百姓心里有杆秤。一方面，形象工程蒙哄不了群众，掺水的政绩欺骗不了群众；另一方面，对于一些确因客观条件和环境限制难以速见成效的事情，只要尽心尽力了，就不必计较是不是得到夸奖。群众决不会只看效果不管过程，把板子全打在干部身上。

"廉政不做贪官，勤政不当懒官，仕政不为庸官。"责尽心安，不计功利，才能放下抱怨，放平心态，聚精会神地想民需、体民愿、帮民困、解民难，切实将应有的"努力"转化为群众的"满意"。

（2011年8月29日）

今天，怎样讲好真话

赵振宇

讲真话是个老话题。如今，新媒体的发展，为我们提供了较为广泛和通畅的讲话渠道。新近发布的数据显示，截至今年6月底，我国网民数已达4.85亿，微博用户数量骤增至1.95亿。在"人人都是通讯社，人人都有麦克风"的时代，从某种意义上说，现在，难的不是讲真话，而是怎样把真话讲好。

所谓讲真话就是讲心里话，讲自己对客观现实的真实看法，讲自己愿意讲的话，讲自己认为不得不讲的话。真话至少有两种类型，一是真实地反映客观现实，经过实践检验它是正确和基本正确的；二是发自肺腑的由衷之言，它可能是对的，也可能是不正确、不全面甚至是错误的。

列宁说过，我们应当说真话，因为这是我们的力量所在。今天，从社会运行和治理的角度来说，真话是社会良性互动、和谐运行的基础与润滑剂。通畅公民讲真话的渠道、掌握社情民意，是科学执政的首要前提。正确的话，利于把握时局，认清形势，理性决策；片面或错误的话，也有利于掌握动态，分析原因，从另一面或反面检查和改进工作。真话不等于真理，但"讲真话"却是真理。

面对新形势，政府应带头讲真话、讲好真话。以《政府信息公开条例》的实施为代表，近年来公开透明的声音成为主流，但同时也存在质量不高、问责不力等问题。如何创造更好的制度环境,向公众提供更为客观真实的信息,为公众提供更多讲真话的条件,考验着政府讲真话的决心和能力。

新闻媒体是真话的发声者和传播者。在纷繁复杂的社会现实和问题面前讲真话,媒体应采集和提供充足、连续和真实的信息,让受众得到事实真相,正确认识社会现象,凝聚社会共识与合力。对于广大民众而言,也需要提高讲好真话的本领,用好"人人都有麦克风"的发言机会。

把真话讲好是一门学问,至少需研究以下四个问题:一是谁来说,即明确传播者自己的身份,社会角色不同,传播的内容和方式也不同;二是对谁说,即研究说话的对象,针对不同的时间和空间,根据接受对象的不同确定自己的传播方向和策略;三是说什么,即研究听话者的需求,确定传播内容;四是怎么说,即研究描述和评论方式,提高说真话的效果。

如果说敢讲真话主要体现的是一种勇气,那么讲好真话则关键在于理性表达,有话好好说。利用大众传媒讲真话,需要尊重传播规律和受众心理,讲究方式方法;在岗位上讲真话,需要摸透工作中的现实问题和尖锐矛盾;对当事人讲真话,需要点到痛处、说到难处,晓之以理、动之以情。因此,在新的舆论场中,我们不能"想到就说",而是要"想好了再说"。意见深思熟虑,表达有理有序,才能真正看到问题,有利于进一步解决问题,话语的力量也才会化为社会进步的动力。

(2011年8月26日)

让百姓唱主角

宣 言

　　增强基层宣传思想工作的影响力、说服力，需要充分发挥群众的主体作用，让普通百姓登上讲台、担当主角。今年以来，北京市以"党在百姓心中"为主题，深入开展百姓宣讲活动，让普通市民讲述党和人民群众的血肉联系，引起了广泛的社会共鸣，为我们做好基层宣传思想工作提供了有益启示。

　　让百姓唱主角，从身边看变化。宣传思想工作归根到底是群众工作，根基在群众、智慧在群众、力量在群众。百姓宣讲团的成员全部来自基层一线，来自各行各业，选的都是百姓最了解的身边人，讲的都是百姓最熟悉的身边事。他们看似很普通，却与群众最贴心，他们的事迹看似很平淡，却让群众感觉最亲切，这些身边的变化看似不起眼，却往往能够让群众看明白、看真切。宣传思想工作只有聚焦群众生活点滴，从身边变化中选材取料，才能更好地阐释深刻主题，讲清重大道理，坚定人们跟党走中国特色社会主义道路的信心和决心。

　　让百姓唱主角，用事实传真情。"真者，精诚之至也，不精不诚，不能动人。"百姓宣讲不是用大道理讲发展，不是仅从宏观谈变化，而是以一个个有血有肉、朴实感人的故事为切入点，通过真人、真事、真心话，表达人民群众对党的无限深情。这些故事都源于生活的真实、情感的真实，提炼而不拔高，赞颂而不夸大，动情而不煽情，如同涓涓细流注入百姓心田，在潜移默化中达到春风化雨的效果。真实真情是宣传思想工作的生命，只有尊重群众，尊重事实，坚持让群众说话、用事实说话，才能经得起群众的检验，迸发出强大的情感力量，才能站得住、传得远。

让百姓唱主角，以贴近引共鸣。百姓宣讲的主角从群众中产生，与听众身份相近、情感相通。他们宣讲的内容是党为人民办的一件件好事实事，群众看得见、摸得着；他们宣讲的语言是"拉家常"似的语言，群众喜欢听、听得懂；他们宣讲的形式是"交流面对面、沟通心贴心"，打破了台上台下的固有界限，使听众有亲近感，能产生强烈的情感共鸣。

百姓宣讲的成功实践告诉我们，只有坚持贴近实际、贴近生活、贴近群众，更多地把镜头对准群众，把版面留给群众，把舞台面向群众，宣传思想工作才能做到群众的心坎儿上，才能让群众听得进、听了信、信了服。

（2011 年 8 月 25 日）

新闻的"源头活水"在哪里

纪东冲

"源头活水"贵在"清如许"。新闻的"源头"在哪里？不同的新闻观有不同的选择，也决定了其"活水"的清澈度与涵养力。正在全国开展的"走基层、转作风、改文风"活动，用实践对此作出了回答。

新闻不是凭空产生的，它是真实世界的反映。但是，不同的立场、观点和方法，反映出来的"新闻世界"与"真实世界"是有差异的。当"新闻世界"与"真实世界"总体上重合时，新闻的"源头活水"才是完全清澈透明的，才对社会富有涵养力。这就对新闻实践的立场、观点和方法提出了鲜明的要求。

大千世界，人是主宰，人的活动就应是新闻的源头所在。人民群众既是一切奋斗目标的主体对象，又是推动历史前进的动力源泉。毫无疑问，新闻就应当站在人民群众的立场上，真实反映他们的酸甜苦辣，真切感知他们的喜怒哀乐，真情体会他们的安危冷暖。新闻人就应当和人民群众在一起，在无距离有感情中，传播民情民意民声。一些新闻作品、文艺作品、影视作品不好看，百姓不感兴趣，就在于远离了人民群众，没有与百姓的脉搏一起跳动，缺少了生动体现百姓心思情感的语言。只聚焦于极少部分人，乐道于个体化的"杯水风波"，而让大多数人"被沉默"，大多数人就会用"不看"表态。

植根于什么样的土壤，就会获得什么样的营养。只在网络上的虚拟世界遨游，只在冬暖夏凉的高楼大厦中苦思冥想，只在空泛的概念、苍白的道理上进行逻辑推演，思想就有枯竭的危险，思维就会缺乏创新的活力，思考容易出现不切实际的症状。实践是检验真理的标准，也是一切思考判断的起点，更是新闻的"大地"。只有坚持实践的观点，扎根广阔的大地，扎根现实的基层，扎根实际的一线，新闻才会汲取不竭的养分，新闻"大厦"的地基才会牢固。

"对于一个手中只有榔头的人，他所看到的问题都是钉子"，这是美国大作家马克·吐温说过的一句名言。不同的人有反映世界、观察事物的不同方法，有的人喜欢用先入为主的思想观念、预设固化的价值标准去观察和反映，就如用一把榔头对现实世界和客观事物一路敲打，必然使"新闻世界"成为"真实世界"的扭曲和变形。只有用实事求是的方法，对现实世界和客观事物进行理性的观察和反映，"新闻世界"才会呈现"真实世界"的本来面目。从实际出发，全面而不片面，好就是好，不好就是不好，我们对现实世界和客观事物所形成的观念看法才是客观中允真实、体现事物发展规律的，同时也才能站得住脚、令人信服。

新闻传播的目的，是要让人们了解更多的信息，增长更多的见识，汲取更多的思想养料，从而形成惩恶扬善、激浊扬清的社会氛围，凝聚积极进取向上、推动文明进步的合力。我们相信，"走基层、转作风、改文风"活动的开展，一定可以使广大读者更多地倾听人民呼声，感受伟大时代，获得前进力量。

（2011年8月24日）

"二十八分钟典礼"的启示

吕万成

前不久，参加国防大学开学典礼，会上包括开班仪式、领导讲话和学员代表发言，整个典礼仅用28分钟。没有重复讲话，没有冗长发言，没有繁琐程序，学员们普遍反映，时间虽短，但主题鲜明、重点突出、节奏明快，令人耳目一新。

诸如此类会议，该校并非仅此一例：此前的校党委全会原本3天压缩到1天半；教育部署会全程不到1小时，领导讲话控制在15分钟；召开座谈会，每人发言仅给5分钟，等等。在这里，开短会、少开会、开务实会蔚然成风。其背后的故事引人思考、给人启迪。

会议是传达上级精神、统一思想认识、研究部署任务、解决实际问题的一种重要形式。开会是领导者履行职责时经常采用的一个重要工作方法。但开什么样的会、怎样开会，不仅是会风问题，更体现着作风。当前，不少单位还存在着开会多、开会长、层层开会等现象，既影响工作效率，也助长不良风气。国防大学"28分钟典礼"，实事求是、务实高效，值得借鉴。

"28分钟典礼"是一把尺子，检验的是水平，彰显的是追求。28分钟时间不长，但领导讲了话、代表发了言，该有的程序和效果都有了。这种开短会、讲短话，既体现领导艺术和科学方法，也是对工作效率、能力素质的追求。时下，有些领导会上一开口，动辄数万言，缘由很简单,讲短了,怕工作讲不全、讲不到位,难以引起重视。殊不知,这是效率意识、素质缺失的表现,平时不注重调查研究、分析思考,讲起话来当然就抓不住要害,点不到实质,难以提纲挈领、一语中的。就像毛泽东同志所抨击的"开中药铺"一样,看似面面俱到,实则没有中心。

"28分钟典礼"是一面镜子,透射出的是实干。一些领导干部之所以乐于开大会开长会,究其原因还在于思想懒惰、作风不实,过分看重开会,习惯于把开大会长会与工作重要性画等号,满足于以会议落实会议,以讲话落实讲话,认为会开了就是强调了,要求提了就是抓过了。这种流于形式、浮于表面、不求深入的工作作风实在要不得。党中央多次强调指出,各级领导干部都要在抓落实上动脑筋、下功夫,要求下决心精简会议和文件,改进会风和文风。国防大学开学典礼仅用28分钟,领导不在会议上浪费时间,而是走出会场走进课堂,到一线去听课指导,到基层去狠抓落实,实实在在解决具体问题,体现的是一种真抓实干的好作风。一位领导同志说得好,会风体现作风,有时甚至比会议本身更重要。

"28分钟典礼"是一面旗子,确立的是导向。当然,这里并非主张所有的会越短越好,也不是为了短而短,而是要言之有物、明了透彻、切中要害、解决问题。"28分钟典礼"正是如此,所以它短得让人心服,给人一种引领。各级领导干部应该以之为鉴,多一些效率追求,多一些真抓实干,多一些解决问题,这样党风自然更加清新,群众自然更加信服。

(2011年8月23日)

最美丽的风景在基层

严 冰

当前，新闻战线正在深入开展"走基层，转作风，改文风"活动。新闻界同行们此时此刻的心情正可用一句古诗来形容："马思边草拳毛动，雕眄青云睡眼开"。大家渴望着到基层的广阔天地去纵横驰骋，到工矿企业去探寻"中国制造"的奥秘，到乡镇农村去解码"和谐社会"的基因，到产学研基地去倾听"科教兴国"的脉动，为增强新闻报道的亲和力、传播力、影响力做出新的贡献。

网络时代，编辑记者更要接"地气"。处在信息时代，我们当然要充分利用网上海量信息的优势，兼收并蓄，去粗取精，去伪存真。但不论网上信息多么丰富，都代替不了亲身感受和直接体验。只有到了基层，才能闻到大地的泥土味，才能听到百姓的心里话，才能在感情上与民众贴得更近。只有接"地气"，才会冒"热气"。写出有灵气、有生气、有才气、带着泪珠和露珠、散发着泥土芬芳的新闻作品。我们应当进一步发扬"靠双脚跑新闻"的精神，走进群众实际生活，走进群众心灵世界，在生动的实践中体察伟大时代的变迁，在坚实的土地上接通新闻事业的"地气"。

新闻报道，要散发"乡土气"。贴近基层实际的新闻报道，是真实可信的作品；充满"乡土气"的语言文字，会有家书般的亲和力和感染力。真实是靠细节和现场说话的，"乡土气"是要身临其境才能捕捉到的。为此,就要迈开双腿,走进普通人的生活,走进他们的内心世界,感受他们的喜忧,分享他们的欢笑,用带着自己情感体温的作品感染受众。

打造精品,必须依托基层这个"富矿"。读者对信息的需求是多样化的,仅有宏大叙事、浅层描述,并不能全方位满足他们的需求,还要有真实的事例、生动的场景和鲜活的语言。基层有编辑记者取之不尽的宝藏,是精品迭出的不竭源泉。在这座"富矿"里开掘得越深,越有可能挖出五彩斑斓的宝石。

最美丽的风景在基层,最感人的故事在基层,最锻炼人的舞台在基层。基层蕴藏着最鲜活、最生动的新闻资源,到了基层,就有了报道的素材,就有了思想的火花,就有了写不完的故事。不下基层不行,下了基层浮光掠影、走马观花也不行,只有到了"深水区",才能抓到"大活鱼"。让我们走出高楼大厦,到改革开放前沿去,到普通民众中间去,挖掘现实素材,采写现场报道,以敏锐的时代眼光提炼报道主题,以深厚的生活积淀丰富报道内涵,不断增强新闻宣传的亲和力、公信力、吸引力、感染力,书写这个时代最动人的篇章。

(2011年8月22日)

治治庸官

舒　炼

　　干事业、谋发展，需要一大批经过实践锻炼和考验，埋头苦干、不事张扬的优秀干部，也需要整顿干部队伍，治治庸官。

　　何谓庸官？就是那些暮气沉沉、能力平平，心懒、嘴懒、手懒、身懒，不想作为、不会作为的干部。近些年来，一些地方频频发生重大、特大事故，造成重大人员伤亡和财产损失，一个很重要的原因就是庸官不懂得如何抓管理、抓安全生产，不愿意深入第一线指挥，不肯动脑、动手去解决事故隐患等问题。

　　把庸官从岗位上拿下，是倡导一种"能者上、庸者下"的用人导向。用什么样的人，不用什么样的人，是一种导向。把能者用上去，就能形成一种引人向上的力量；把庸者换下来，更能成为令人警醒的警钟。毫无疑问，这样的用人导向，对那些"混"字当头、得过且过、推诿扯皮、追求安逸的庸官，既是严肃的处罚又是深刻的教育，同时对那些想干事、能干事、干成事的能者，也是极大的鼓励。

　　把庸官从岗位上拿下，是彰显一种"爱人才、给舞台"的正气。这种正气，给人才以温暖，给人才以用武之地，必将吸引众多的人才。相反，如果不爱惜人才，不给人才以舞台，那人才只能像韩信一样"跑"，这样留下的尽是庸才。人才资源是第一资源，彰显"尊重人才、爱惜人才；量才为用，无才不用"的正气，是好事、大事，也是难事，万万不可掉以轻心。

把庸官从岗位上拿下,是领导干部的重要职责。如果让庸官吃香、走俏,得势又得利,只会极大地挫伤认认真真学习、老老实实干事、干干净净为官者的积极性,让他们感到灰心、伤心和寒心。更为严重的是,还会扭曲是非观、荣辱观,使一些人产生迷茫与困惑,甚至效仿庸官,不谋事、不干事,好事揽自家、坏事赖人家、难事推上家、做事找下家。各级领导干部和组织部门一定要坚持原则,秉公用人,努力铲除滋生庸官的土壤,让庸官没有位子"庸",没有地方"混"。

今年是省、市、县、乡四级集中换届之年,各级领导和组织部门一定要抓住这个时机,把那些"你想事,他扰事;你干事,他败事;你没事,他挑事;你成事,他坏事"的人从领导岗位上撤换下来。同时,把那些政治坚定、业绩突出、作风过硬、群众信任的老实官、有能力的官、干干净净的官选拔上来,形成良好的工作氛围,推动各项事业不断向前发展。

(2011 年 8 月 19 日)

最是书香能致远

李泓冰

炎炎夏日,恰是闭门读书天。8月17日在上海开幕的"上海书展"打破了地域性限制,首次升格为国家级,书展取了个好名字:"书香中国"。这给本周发生在上海盛夏的阅读活动,平添一丝深长的意味——对于一个有五千年文明史、几乎人人都会读唐诗的民族而言,书香是否能够历久弥新、浸润国人心灵呢?立意倡导并推动全民阅读的努力,能否收到实效呢?

人民日报曾经公布过关于国人阅读的一组数字,颇触目惊心:1990年,扣除教材、教辅,我国人均图书消费量为5.2册,2009年这一数字为5.6册。20年过去了,经济上飞速发展的中国,人均购书量只增加了不到半本。考虑到图书馆阅读还很不普及,这个20年徘徊不前的数字就显得格外刺眼。

在以课业负担重闻名的中国,孩子们也鲜有自由阅读的时间和精力。一项针对中美儿童的阅读调查称,中国儿童能够独立阅读的年龄,比美国儿童晚了4年,阅读量仅及美国儿童的1/6。功利性阅读,正在影响着孩子们的阅读品位,甚至造成他们对读书的反感。

不过,好消息也不是没有。不久前发布的"第八次全体国民阅读调查"表明,尽管电子化阅读在急速发展,仍有63.8%的网民更倾向于"拿一本纸质图书阅读"。这或者表明国民对传统阅读生活仍然心存期待。

在网络时代,要为图书阅读争取目光越来越挑剔、时间越来越宝贵的读者,实在不是一件容易的事。

一般而言,书展是一种商业活动,对接出版商与销售商、签署众多合同,也就算是成功的书展了,吸引些读者、作者签售卖掉点书,只是书展烘托气氛的事儿。有意思的是,本年度上海书展却郑重展示出读者本位的倾向,推出一系列面向普通读者的活动,诸如同时开始的上海国际文学周活动、名家新作讲坛、以"全民终身学习"为主题的长三角地区公众讲座论坛、"读点经典"现场诵读会,等等。为了让市民能充分享受上海书展的文化盛宴,书展还以各种形式办进区县、街道甚至社区,并向各区县的残障人士、低保户、外来务工人员及子女等困难群体发放了两万余张免费入场券⋯⋯

这样的一些努力,不仅仅是提高书展的层次,也不单是在为图书争取读者,更是在为非功利化阅读培养读者、培育市场。通过书展的平台,温和地、循循善诱地放大那些知识分子寻找读者、寻求知音的声音,进行文化推广、文化交流,才是一个成功书展的新标杆,也是切实推行书香中国的良好开端。

急速发展的中国,正努力走向文化大繁荣、大发展的中国,很需要书香来夯实文化根基。我们不但向往经济强国,更向往文化强国。要以新的理念认识文化的地位作用,以新的思路谋划文化改革发展,推动书香中国,开展全民阅读,传承文化薪火,不但是操作性很强的文化积累的破题路径之一,也是当代出版人在中华文明复兴和可持续发展的道路上必须承担的历史责任。

打造书香中国,此其时也。

(2011年8月18日)

反对意见也是良药

高 岻

报载,三峡工程大江截流成功后,有记者问水利工程学家潘家铮:"谁对三峡工程的贡献最大?"潘教授回答:"那些反对三峡工程的人对三峡工程的贡献最大。"

提反对意见,往往给人的印象是唱"对台戏"。即便是潘家铮,也如他自己所言,在三峡工程初始时,是"最听不进反对意见的","一听到有人说反对意见我就感到恼火"。而他之所以有了今天的感触,是"通过实践慢慢体会出来的"。正是由于反对意见的存在,才使得我们的决策更趋科学合理,使我们对事物的认识更接近其本质。

日常工作中,提反对意见本来是一件很正常的事,但却被一些人视为做傻事,不合时宜。这也跟所谓的"好人主义"哲学有关,对上只报喜,不报忧;对下只讲成绩,不讲问题;对内只栽花,不栽刺;对外多一事不如少一事。这种哲学的信奉者多了,我们能够听到的反对意见就越来越少了。

这不由得让人联想到,在一些地方和单位,上级决定,一呼百应;开会研究,一致通过;选举任免,全票当选。而正是这种"完美"的背后,很可能掩盖了一些矛盾和问题,埋藏着隐患。

马克思主义哲学认为,世界是由矛盾构成的。事物的发展运动充满着矛盾。人们对事物发展规律的认识会受到种种局限,因而充满曲折。

在事物发展过程中,出现矛盾,本是很正常的事情。问题在于我们如何对待反对的意见、批评的声音。

一事当前,出现不同意见并不可怕,关键是要有能够涵纳不同意见的胸襟和底气。广开言路,把问题摆明,在多角度、多方位的论证中,寻求解决问题的正确途径和方向,即使发生一些论争,又有何妨?三峡工程之所以顺利建成,发挥出预期的效应,尊重、倾听反对者的意见,对照反对意见,进行科学论证,使设计施工方案不断得到优化,对工程的建设起到了关键的作用。正所谓多一份反对意见,就多一份备选方案;多一份反对意见,就少一份片面和失误。

从这个角度讲,不同意见甚至是反对意见是一剂良药,使我们从不同的认知中,全面客观把握事物发展的规律,权衡利弊得失,进行科学决策;反对意见是一块警示牌,警示我们无论干什么事情,都要坚持做到认真负责,使工作的成效经得起历史的检验;反对意见是一面镜子,提醒我们无论办什么事情都要讲求科学,求真务实,善于进行换位思考,站在不同角度、不同立场上去审视问题,检查工作得失,不断修正失误,改进不足。

"千人之诺诺,不如一士之谔谔"。确保党和人民的事业不断走向成功,我们需要党国同德、上下同心,社会和谐,但也需要包容和尊重不同声音。

(2011年8月17日)

有反思的生活更幸福

张保振

有这样一个故事：一个漂亮的女孩同时被两个家境不同的英俊小伙子看上。在取舍时，女方家庭出了一道难题：用一天的时间，谁先把空荡荡的三间房子装满，就把女儿嫁给谁。结果，一个富家子弟雇了许多人，买了许多粮与物往里搬，但仍有空隙；另一位青年小伙虽资源不多，却成竹在胸，到傍晚时分提了一盏油灯进屋去，就让灯光把整个房子"填"满了。

这个故事告诉人们一个道理，幸福也是一种智慧，这种智慧，就在于看到了幸福生活并不等同于物质堆积如山、财富充塞于室；幸福全靠"实"的还不行，还需要点"虚"的东西。这里边，包含了对生活的反思。

人生在世，总想让生活过得更舒心些、更体面些、更幸福些。这是人之常情。要达此目标，只靠勤劳之手不够，还需靠勤劳之脑。

勤劳之脑，贵在反思。哲人有言，"未经反思的生活是不值得过的"。反思，是使生活过得好的重要关口。有反思，就会更加理解今日幸福生活如何来之不易；有反思，就会看清追求更好日子面临的困难与挑战；有反思，就会积极探求从梦想到现实的可行路径；有反思，就会明晰追求幸福的边界和底线……生活的实践告诉我们，一个缺少反思的人难以智慧起来、振作起来，难以在问题与希望并存的生活大道上迅跑。

生活中,有些人缺乏对自我的省思、对责任的感知、对规则的敬畏。马克思曾经说过:"对不希望把自己当愚民看待的无产阶级说来,勇敢、自尊、自豪感和独立感比面包还要重要"。这不是在否定"面包"的重要性,而是在反思中揭示被物质主义外衣掩盖了的生活本质。比如,金钱是生活的必需,幸福的要素,但如果把它当作一种"偶像的价值",干那种肉中注水、奶中添害之类的缺德违法事情,就不仅是道德血液的贫乏,也是生活价值的迷失。

在反思中追求幸福生活,实质上是提高个人在社会中的发展能力。一个人,不可能自我封闭,更不可能是"外星人"。在家,就有家庭生活;在单位,就有集体生活;到社会,又有社会生活。而这种种生活,就需要有不同的态度与方法去对之、行之。这种对之、行之的态度与方法,关键在思想。认识错位,常常导致人际关系失调,难免疙疙瘩瘩、磕磕碰碰,甚至碰出"火花",心生怨气,以至牢骚满腹。这样的日子,的确难以过好。

在反思中追求幸福生活,也是完善自我的一种能力。人无完人,更不可能朝夕之间尽善尽美。反思,就是瞄准"臻于至善"这个目标不断前进。总结经验教训,感悟生活道理,把握做事规律,从而言之得当,行之得体;分析主观客观,通过观察辨明现实症结,通过学习提升自身素质,从而思之有法,为之有力,不断增强追求幸福、享受幸福的能力。

在反思中追求幸福生活,说到底,就是辩证思维、和谐生活,既不怨天尤人,也不妄自菲薄,以理性乐观的态度,干好自己的事,种好自己的田,用自己辛勤的努力,抗御现实的风浪,开拓幸福的航程,即便是"料钱随月用,生计逐日营"的平常日子,也过得有滋有味,心情舒畅。

(2011年8月16日)

严守为官做人的底线

桑林峰

对党员领导干部来说,为官做人的标准应该超出底线越高越好,即使做不到高很多,最起码也要坚守底线,不能突破。一旦突破底线,就会像大厦失去了支柱,大坝动摇了根基一样,必然带来生活上的腐化、道德上的堕落、法纪上的失范。

现实中我们不难发现,底线的突破也是很容易的。如果对"六个为什么"搞不清楚,对"四个重大界限"划不分明,对错误思潮和不良现象不去抵制,对政治纪律不去坚守,就会突破政治底线。如果不遵守社会公德、职业道德、家庭美德、个人品德,是非不清、荣辱不辨、美丑不分,就会突破道德底线。如果无视法纪威严,经不住各种诱惑,管不着自己的手脚,就会突破法纪底线。如果为爱好所迷,被情趣所累,让欲望所困,就可能突破生活底线。可以说,为官做人的底线就是一条警戒线、一道分水岭,不能搞变通,不能"闯红灯"。突破了,就失去了为官做人的根本和资本,就会受到法纪的惩罚和道德的谴责。

坚守底线,首先要戒贪欲。贪如水,不遏则滔天。很多党员干部滑向罪恶的深渊,无不是从"贪"字开始。"山林再大,也经不住野火的焚烧;江海再深,也灌不满一只有漏洞的酒壶",要明白"知足者富,知止者久"的道理,保持重事业、淡名利的健康心态,不为金钱所诱,不为美色所迷,不为享受所惑,自觉做当荣之事、拒为辱之行,以实绩求进步、以品行树威信、以作为得地位。

祸患常积于忽微。一个人失去底线,往往都有一个从量变到质变的过程,从一次宴请、一个红包开始,逐渐发展到以权谋私,违法乱纪,最后成为"阶下囚"。现代社会生活越来越丰富,党员领导干部面临的诱惑也越来越多,如果政治信仰不坚定、纪律约束不严格、生活作风不检点,就很难把住自己。古人云:"莫以善小而不为,莫以恶小而为之。"细节虽小见风骨。小事、小节中有政治、有方向、有形象、有人格。坚守底线,贵在慎微。

一般来说,翻船大都在"平流无石处"。心理学告诉我们,人在逆境时,往往比较谨慎小心,因而常会平安无恙;而在顺境中,则容易麻痹、骄傲,也就容易出问题。愈是身居高位、成长进步顺利之时,愈是要保持清醒的头脑,允中守直、激浊扬清、谨慎从事,常以"蝼蚁之穴、溃堤千里"的忧患之心对待自己的一思一念,以"如履薄冰、如临深渊"的谨慎之心对待自己的一言一行,以"夙夜在公、寝食不安"的公仆之心对待自己的一职一责,始终保持坚定的党性、良好的品行、先进的表率。

政治底线,用忠诚守卫;思想底线,用信念守卫;道德底线,用良心守卫;生活底线,用健康守卫;法纪底线,用荣誉守卫。对于党员领导干部来说,坚守自己的底线,一点一滴建树自己的高尚品德志趣追求,才有"先进",才能"带头",才成"模范"。

(2011年8月15日)

社会需要"怎么办"思维

陈家兴

社会向前发展，总会伴生新的问题。以"问题"思维去"发现社会"，是十分必要的。但社会要前进，仅靠"问题"思维是远远不够的，还必须运用"为什么"思维，导引社会"怎么看"问题，分析和回答"为什么"。然而，处在社会深刻变革的时期，"为什么"思维仍然不能为出现的各种问题提示正确的方向，找到解决问题的办法和出路。这就迫切需要"怎么办"思维。

在看到问题之后，又弄清楚了问题的来龙去脉，进而找到办法解决它，这是社会前进的一个简单逻辑过程。在这一过程中，"怎么办"思维显然是对社会前进有着主导和决定性作用的，它是一种积极的、主动的、进取的思维价值取向，不仅能促使社会各方在"解决问题、推动进步"上凝聚共识，也能在促使人们在一起想办法中焕发智慧、激荡智慧、汲取智慧。

最近，中宣部理论局组织撰写了通俗理论读物《从怎么看到怎么办》，针对当前干部群众普遍关注的物价、分配、住房、就业、医疗、教育、腐败等热点难点问题深入回答。这种直面社会问题、直接回应"怎么办"的方式，运用的正是"怎么办"思维，既在解决问题的思路、方法、举措上为广大干部群众解疑释惑，又促使各方把智慧力量凝聚到思考"如何解决问题"上来，也有利于引导全社会建树"怎么办"

思维。

革命战争年代,毛泽东等老一辈革命家身处"艰难困苦"之境,最终仍能取得"事业成功"。其中一个重要原因在于他们善于"预见和准备困难","准备想各种办法对付之"。这彰显的是一种政治大智慧,从思维方式上看是一种"预见性"思维,从思维价值取向上来说即是一种"怎么办"思维。

在当前这样一个变革的时代,实现公共治理的"善治",实现社会关系的"和谐",同样需要"预见性"思维,尤其需要"怎么办"思维。对于各社会成员来说,这种"怎么办"思维更为重要,它是"人民首创精神"的重要组成,是群众无穷智慧与创造的思考起点,不仅有利于公民实现"有序政治参与",彰显知情权、参与权、表达权、监督权,更有利于提升公民参与社会管理的水平和质量。

正所谓"三个臭皮匠顶个诸葛亮",面对社会发展进程中的诸多矛盾和问题,一个人的意见和建议抵不上众人的意见和建议,一个人想办法不如大家都来想办法。当社会各方都形成这种"怎么办"思维,都在思考怎么解决问题,再艰难的问题也有最佳的解决办法,只要人民群众"心往一块想,劲往一块使",实现善治就有取之不竭的智慧和力量。

(2011年8月12日)

打通"最后一公里"扬显理论生命力

纪东冲

如果说，一个民族要想不断进步，就一刻也不能停止理论思维，那么，如何对待时代发展中的重大现实"问题"，则彰显出理论思维的价值取向。

面对时代问题，理论通常把发现和提出作为第一价值取向，把分析问题作为第二取向，到此理论的思考也往往就止步了。其实，作为理论思维的一个完整价值架构，解决问题的思想价值毫不逊于前二者，是实现理论思维脉络贯通的"最后一公里"。这一思维价值取向，在理论上是播种、开花之后结出硕果的必然过程，在实践中是让理论成果必须接受检验的必要准备，在价值效果上则是直接产生推动进步作用的关键步骤。在这个意义上，打通这"最后一公里"，理论更显其现实价值和生命力。

"如何解决问题"，就是我们通常所说的"怎么办"。今年，中宣部理论局把其通俗理论读物"理论热点面对面"聚焦于"怎么办"，即是一次打通"最后一公里"的理论尝试。以往，它通常是就干部群众关切的重大现实问题提供"怎么看"的理论思考，以释疑解惑，增进共识。而在近年来人们关切的重大热点相对固定和集中之后，广大干部群众的思想关切也就自然地转到了"怎么办"的思考上。正是切中这一思想脉搏，读物直接就"怎么办"进行理论解析，不仅有力回答了干部群众心中的疑问，也展现了在"如何解决问题"上理论思维的魅力。

怎么保持物价稳定，怎么解决分配不公，怎么解决住房问题，怎么解决就业难，怎么解决看病难，怎么实现教育公平，怎么解决发展不平衡，怎么遏制腐败现象蔓延？《从怎么看到怎么办》梳理解决问题的理论思路，寻找解决问题的现实路径，对已经做的、正在做的和将要做的进行了分析，揭示了解决问题的出路和方向。这样的回答，实事求是，客观理性，令人信服，既使广大干部群众在"怎么办"的问题上进一步形成共识，更为干部群众打开了思维的一个新视角，能够促使和引导干部群众一起思考疑难问题的解决办法，从而贡献各自的思想和实践智慧。

理论的探索，不能仅仅满足于针对现实问题给出合理的解释，还应善于结合实际问题给出可行的答案，这同样是理论的使命。人们诟病一些人是"思想的巨人、行动的矮子"、"眼高手低"、"站着说话不腰疼"，原因在于这些人不能走出书斋、走进基层实际，也就容易脱离实际，使思想理论难以在实践中发挥作用，扬显生命力。中宣部理论局组织专家学者在深入实际认真调研的基础上对重大热点问题给出"怎么办"的回答，这从一个侧面生动地表明，理论与实际联系越紧密，把价值取向更多定位于"如何解决现实问题"上，理论思维脉络的"最后一公里"就彻底打通，理论就越能显示其"实践指南"的高度与境界。

（2011年8月11日）

永远保持"那么一股劲"

辛士红

新中国成立后,毛泽东同志多次告诫全党,革命成功只是万里长征走完了第一步,要保持过去革命战争时期的那么一股劲,那么一股革命热情,那么一种拼命精神。

穿越历史风云,胡锦涛同志在"七一"重要讲话中,提出"我们决不能也决不会躺在过去的功劳簿上",并且把精神懈怠的危险置于"四大危险"之首,号召全党"勇于变革、勇于创新,永不僵化、永不停滞",同样展现了今天的共产党人在成绩面前的"那么一股劲"。

这到底是一股什么样的劲?

战争年代,这股劲压倒一切强敌顽寇,突破枪林弹雨,表现出"血战到底的气概"。在百废待兴的新中国建设中,这股劲表现为战天斗地的气概、如火如荼的激情,"宁可少活20年,拼命也要拿下大油田","活着没有把沙丘治好,死了也要看着兰考人民把沙丘治好"……困难面前,党员挺立如山;激流挡道,党员躬身为桥。在改革开放中,这股劲表现为"杀出一条血路来"的气魄、"摸着石头过河"的胆识,敢试敢闯敢为天下先,讲述了一个个春天的故事。

这股劲,如旗帜,猎猎飘扬;如支柱,坚不可摧。这股劲,已沉淀为千千万万党员的精神底色。书写在中华民族的精神史册,珍藏在一个民族的精神记忆中。

今天,我们远离了战火硝烟,不需要时时冒着流血牺牲的危险;告别了饥馑岁月,不需要勒紧裤腰带过日子。然而,"执政考验、改革开放考验、市场经济考验、外部环境考验"更加复杂严峻。无论是"生于忧患,死于安乐"的古训,还是世界上一些多年执政的大党老党相继垮台的现实,都警示我们,一个政党执政时间越长,越要有自我更新、自我发展的活力,越需要警惕精神懈怠的危险。

现实生活中,有的党员自足自满,丧失了开拓奋进的激情;有的党员畏首畏尾,失去了直面挑战的勇气;有的党员纠结于个人得失,稍不如愿便撂挑子、闹情绪。"精神为主人,形骸为屋舍;主人渐贫穷,屋舍亦颓谢。"精神的懈怠,必然带来斗志的衰退,作风的松散,事业的滑坡,必将使一个人在大浪淘沙中失去定力,随波逐流。

"真正的成功者不是不会懈怠麻痹,而是从未停止与之战斗。"我们党已经成立90年、执政62年、领导改革开放33年,一路上凭着那股劲,成功地迈出"万里长征的第一步",乃至第二步、第三步。今后的征程,"道远且阻",发展中遇到的问题丝毫不比不发展时遇到问题少。描绘更新更美的蓝图,需要我们继续保持那么一股披荆斩棘、一往无前的拼劲,保持那么一股不屈不挠、愈挫愈勇的韧劲,保持那么一股居安思危、续写荣光的心劲。有了这股劲,我们党就能在诡谲的波光中不为所惑,在变幻的风云里站稳脚跟,在大好的形势下乘胜前进,在骤至的危机前奋发有为,就能迸发出追求的动力,担当起时代的使命,坚守住党员的本色。

60多年前,我们党"进京赶考",面临着严峻考验,取得了优异成绩。如今,"赶考"的环境、"考题"的内容、"考官"的特点等都发生了深刻变化。只要我们坚持"两个务必","不动摇、不懈怠、不折腾",永远保持"那么一股劲",饱经忧患、历尽沧桑的党就一定能够继续生机勃发,活力无限。

(2011年8月8日)

让老传统开出"时代花朵"

司空山

"为什么不用农机种地呢?"一位老大娘说:"玉米涨价还没有农资涨价高,用牛种地也是为了少花点钱。""天这么旱为啥不喷灌?"一位大学生村官说了实话:"这个'百亩喷灌'项目建成后一直未用,可能是机井和管线连接有问题。"

这是山西省副省长刘维佳自带被褥住村干活后听到的一番对话。

这样的真话实情,普通人容易了解,但身在大楼里的干部未必了解。刘维佳的经历令人感慨,更令人深思——在新的时代,如何密切联系群众,如何保持血肉联系?

胡锦涛同志在"七一"重要讲话中告诫全党要警惕"脱离群众的危险",要求"每一个共产党员都要把人民放在心中最高位置"。由此不禁想起,1944年《纽约时报》记者福尔曼在延安等地采访后这样的感叹:"他们所以能以缴获的武器或简陋的武器坚持作战,就是因为他们与人民站在一起。"党的90年历史告诉我们,把人民利益放在高于一切的位置,人民才会凝聚在党周围,才会和党一起推动历史、创造历史。我们党今天取得的巨大成就、创造的惊人传奇,从根本上说都来自于人民的力量,来自于党同人民的血肉情谊。

有人说,新的时代,一些老传统过时了,不适应了。比如,你要真下乡,和百姓同吃同住同劳动,手中的活儿谁干?案头的文件岂不要堆成山？不坐小轿车，山一程，水一程，这时间谁浪费得起？在一定意义上，这顶多算是"聪明人"的借口。要是这么摆困难、说条件，红色江山打不下来，当代中国的长足发展也搞不起来。

懂得了"民心向背"这个中国历代兴衰更迭的基本道理，懂得了"党执政后的最大危险是脱离群众"的深刻含义，我们就会想方设法地同人民在一起，进而把人民作为决策干事的一种根本价值导向。如此，我们又岂会畏于文山会海、日常琐碎、路遥山隔的障碍？一些人又岂能干那些损害群众利益的事，对百姓打官腔、摆官架颐指气使？

被称为当代乡镇党委书记楷模的文建明，发动干部挨家挨户找问题，数年下来已经找不到积怨了，干群关系融洽，百姓收入7年翻两番。他的事迹表明，坐在办公室等矛盾找上门，远不如自己上门找矛盾。工作再忙、文件再多，每年真正到基层与百姓住一两个月，用心听百姓说话、为百姓办事，"血肉情谊"不言自明。

新的环境条件不是干群疏远的理由。想拉近距离，就有千百个办法；想解决问题，就有千百条途径；想为民谋利，就有千百种方式。心无百姓，这也难那也难；心有百姓，"老传统"总能开出"时代花朵"。

（2011年8月4日）

让科学发展观主导发展的思维

陈家兴

北京市上半年 GDP 增长 8%，增速全国最低，质量却排第一。这不是经济出现滑坡，而是北京着眼科学发展战略布局，主动降速度、调结构、转方式，以把握新的经济发展模式主动权。年初，中央将今年 GDP 增速定为 8% 左右，全国大多数省份上半年 GDP 增速均超过 9.6% 的水平。

发展是快好还是慢好？不可一概而论。有的快是擘画蓝图的神笔，有的快则是祸害的源起；有的慢是勤修内功的表现，有的慢则是不思进取的懈怠。

发展可以快，但不能忽视了它的要素和内涵。低质量的发展，建不成现代化强国。不安全的发展，带不来人民福祉。不公平的发展，社会就会失去凝聚力。结构不合理的、低水平的发展，经不起市场的风浪、变幻的风云。不科学的发展，难以促进社会的和谐进步。无视这些基本道理，一味追求速度和规模，发展速度该降的不降，如同"沙雕"巨轮，外形好看，却试不得水，更承载不起东方大国的扬帆远航。

发展应当统筹兼顾资源和环境的承载力、社会和文化的整合力、人的心理和精神的承受力。自然资源大多取之有尽，用之而竭，吃了子孙的饭，把生态破坏了，把所得投进去也难再修复。把人们生存的环境污染了，生活质量就下降了。不注重社会整合，不注重文化培育，不注重人的精神调理,人们就会丧失生活的乐趣,降低幸福的指数。无视这些基本道理,无视科学发展的要求而一味追求速度,是难以实现现代化的。

科学发展观是一门思维科学,看待事物讲方法,分析问题讲辩证,要求发展必须从实际出发,实事求是。我国发展正处重要战略机遇期,不抓住机遇把经济搞上去,历史未必总把机会留给中国。但一些地方、行业、领域的发展实际千差万别,面临的环境条件各不相同,讲求一致的发展速度是教条和机械。具备了条件和能力,注重了发展的要素和内涵,兼顾了发展的各方面利益,完全可以走得快一些,慢下来就是精神懈怠。相反,不顾条件和实际地大干快上,这样的快也不是科学发展。

据报道,全国有655个城市正计划"走向世界",有183个城市要建"国际大都市",30多个城市欲建"金融中心",若干城市不适合建地铁也要上,一些地方都在不惜大肆举债搞建设,不少地方、行业、领域在一窝蜂似地宣称"跨越式发展"。是否坚持科学发展?不妨用科学发展观这面"镜子"照一照,用这把"尺子"量一量,看看是否真正科学。

重大决策事项只请意见相同或相近的专家,只听一面之辞,常常使科学化、民主化的决策程序走过场。一些重大工程项目,动不动就压缩工期、提前竣工,向重大节日、纪念日献礼,但求"功成必在我任期"的现象时有发生。为了工程进度,没有做好群众工作就强拆的事情也屡禁不止。我们不妨用科学发展观这块"试金石"试一试,用这枚"指南针"测一测,看是不是真正造福人民,有没有坚持以人为本,做没做到发展成果由全体人民共享。

科学发展观是治国理政的科学理论,应主导发展的思维,才会实现人和政通、民富国强。有些地方、行业、领域看起来你追我赶的发展热潮,实际上是盲目攀比的不良风气,实质则是形象工程和政绩工程的影响尚未消除。由此看来,只有坚持对历史、对人民负责,坚持科学发展的理念,才有走科学发展之路的坚定和自觉。

(2011年8月3日)

微博时代如何说话

唐维红

突发事件的信息往往来自微博,最多的大众评论出自微博……微博从一问世,就因其拥有的便捷性、自主性、互动性等优势,将互联网WEB2.0的特性展露无疑。140字的低门槛,让每一个"小我"都有了发声的平台,为世界带来了一个人人都能发声、人人都能被关注的时代。

在2010年,微博在中国还只是自己的"元年"。从这一年起,各大网站争相开通微博,用户数字不断刷新。随时随地发布信息、自主选择关注对象、几何级的传播范围……面对微博热潮,越来越多的人不再观望,而是选择加入其中,这其中,不乏各级党政机构和领导干部的身影。据人民网舆情监测室的不完全统计,目前党政机构和领导干部的微博已覆盖从中央到地方多个行政层级以及众多职能部门。这些微博在畅通干群对话渠道、塑造政府机构亲民形象方面收效显著。

有的领导干部在两会期间开通实名微博,不回避敏感问题,坦诚而自信。有的领导则是微博达人,电脑、手机,随时发布更新,粉丝甚众。至今年1月底,全国公安系统微博已达800余个,不仅在信息发布、警情通报、安全常识等方面服务百姓,更在突发事件中表现抢眼。

微博平台被称为"将平民和莎士比亚拉到了同一水平线上",拥有特殊的、草根化的话语环境,与一些党政干部习惯了的话语体系有不小的差距，也使一些官员"重新学会说话"。

"不讲官话大话而讲白话百姓听懂的话，否则谁听你的？"在微博上，不说套话、不说假话成为发言的第一准则。140字的容量，使你不得不字斟句酌；不说官话，不说套话，才能让你的微博有实情、有真意；几何级的传播范围，直达受众的传播方式，令说假话、说错话的后果"很严重"。

平等对话、真诚对话，则是微博发言的基本原则。平等、分享，是互联网的精神内涵，也是互联网的魅力所在。网上没有主席台，人人都有麦克风，"只要大家互相交心，坦诚相见，最终都能够赢得信任"。

及时发言、准确发言，乃是领导干部和机构微博的力量所在。无论承认与否，领导干部和党政机构的微博与普通网民的微博相比，具有特殊性。掌握更多的权威信息，对党和国家的方针、政策有更深刻的认识和了解，这是网友关注的原因所在。通过微博这一平台，及时、准确地回应网友的关切，才能达到这些微博开通的最终目的——知民情、解民忧。

微博时代学会说话，何尝不是一种作风转变？一些领导干部在网上、在微博中表现出的坦然、从容，往往就来自于对工作的自信，对百姓的真诚。另一些党员领导干部不敢、不愿、不会说话，不敢、不愿回应热点。细究原因，大抵有两种可能：一种是觉得没必要说，另一种可能是不知道该怎么说。热点也是工作的重点甚至难点，没思路，没举措，没成效，自然就无话可说。

驾驭网络的能力，体现的是领导干部的素质能力。我们期待网络上、微博里，会说话、受追捧的领导干部越来越多，更期盼现实中解民情、办实事的领导干部越来越多。

（2011年8月2日）

从"七一"到"八一"

向贤彪

庆祝党的九十华诞的喜悦之情还在心头荡漾,"八一"建军节又伴随着嘹亮的军歌激起我们澎湃的心潮。

从"七一"到"八一",从南湖到南昌,我们付出了十分惨痛的代价,牺牲了众多鲜活的生命,才懂得了一个质朴而伟大的真理——没有人民的军队,就没有人民的一切。1927年8月1日,随着清脆的枪声在南昌城头响起,一支新型的人民军队走上了历史舞台。从此,中国共产党有了自己绝对领导之下的武装力量,中国人民有了自己可信赖和依托的子弟兵,中华民族有了实现独立解放和伟大复兴的坚强保障。

一个民族要有"民魂",一个军队要有"军魂",党对军队的绝对领导,就是我军永远不变的军魂。从八一南昌起义的枪声,到井冈山"朱毛会师";从坚寺八年抗战,到推翻蒋家王朝反动统治;从和平时期的大规模建设,到与时俱进的改革开放———部波澜壮阔的党史,也是一部血火交织的军史。党旗指引军旗飘,军旗跟着党旗走。正因为有了党的正确领导和指挥,我们这支军队才英勇善战,所向无敌;正因为无数军人的骨子里浸透了对党的忠诚,我们这支军队才英雄辈出,群星闪烁。

以党的旗帜为旗帜,以党的宗旨为使命,使我们这支军队从诞生之日起,就脚踏着祖国的大地,与人民群众血肉相连、命运相牵。从战争年代的张思德、董存瑞、黄继光、邱少云,到和平建设和改革开放时期的雷锋、李向群、丁晓兵、杨业功……无数优秀的中国军人都把祖国的尊严看得高于一切,把人民的利益看得重于一切,为了国家富强和人民幸福,他们赴汤蹈火也在所不惜,谱写出无数惊天地、泣鬼神的壮丽颂歌。正因为人民军队把服务人民作为唯一宗旨,全心全意为人民谋利益,才赢得了亿万人民群众的真诚信赖和支持。这是我军立于不败之地的坚实基础,是任何力量都打不破的铜墙铁壁。

党缔造了人民军队,同时,党又把思想的先进性、行动的模范性以及勇敢牺牲精神,植根于人民军队的血脉之中,成为我军英勇善战、克敌制胜的强大精神动力。今天,我军的成员虽然换了一茬又一茬,但人民军队的光荣传统和作风却代代相传,溶解在每一个军人的血液中。无论走进哪一座军营、哪一座哨所,新一代军人都透露着成熟与阳刚,英武与自信,热情与豪迈,写就着永不言败与坚忍不拔的红色传奇。有军人,祖国就放心;有军人,人民就安心。

"脚踏着祖国的大地,背负着民族的希望,我们是一支不可战胜的力量。"有了党的绝对领导,我军就有了主心骨;有了人民群众的支持,我军就有了坚强的后盾。党与军队,人民与军队,就是这样休戚与共、水乳交融。经过84年苦与难磨砺、血与火洗礼的人民军队,将以忠诚托起使命,用血肉铸就长城,用奋斗继写辉煌,在鲜红的军旗上续写着自己的光荣,赢得新的胜利。

(2011年8月1日)

"海拔高士气更高"的"西藏干劲"

陈家兴

平均海拔 4000 米以上的西藏,是名副其实的"世界屋脊"。初来乍到的人,大多要经历胸闷头痛、浑身无力等痛苦的适应过程。事实上,高原反应还只是西藏独特的自然条件对"外地人"的"下马威",广袤的荒原、恶劣的气候、稀少的人烟、偏远的地理位置、复杂的地质条件、相对落后的经济基础,让这里的每一分进步,都要比内地付出加倍的艰辛。没有一代代西藏人不屈的精神、顽强的奋斗,西藏就不可能在短短的 60 年里、艰苦的环境下创造出令世人惊叹的发展奇迹。

从"特别能吃苦、特别能战斗、特别能忍耐、特别能团结、特别能奉献"的"老西藏精神",到"缺氧不缺精神"、"艰苦不降标准"、"海拔高士气更高"等援藏干部的奋斗号角,我们能真切地感知各族干部群众身上那种特殊的精气神,那股令人钦佩的"西藏干劲"。60 年来,这种"西藏干劲"成为一种富有穿透力的精神,一种富有感染力的文化,一种干事创业的强大力量。

雪山不会忘记,孔繁森、冯军、陈金水、陈刚毅、任国庆、许晓珠等一大批优秀的共产党人,为西藏的发展进步付出了太多的辛劳和牺牲。"既然来援藏,就知责任大,你不援藏我不援藏,谁建设咱祖国,谁来建设家?"大批进藏、援藏干部"头发少了、血压高了、心率快了、用药多了、记忆差了、视力降了、睡眠少了"也无怨无悔,"献了青春献终身,献了终身献子孙"。他们的先进事迹在雪域高原上树立了一座又一座丰碑,他们的精神力量感染鼓舞着后来者在这里竭诚奉献。

雪山不会忘记,西藏首位自然地理学博士除多、西藏首位气象专业女博士卓嘎等千万西藏本土人才的故土情深。"这里是我的故乡,是我成长的地方,这里有养育我的父母,还有关心我的乡亲,我要把所学回报这片沃土。不为名利,只想学有所用。""西藏缺人才,我必须回来。"这种毅然的选择,成就了西藏,也成就了他们自己。

雪山不会忘记,无数西藏百姓为自己的幸福未来而挑战自己、挑战大自然,用勤劳智慧的双手描绘幸福生活的美好图景。"现在翻了身,别人能干的,我们为什么干不了?"在这种干劲里,生活逐步实现质的提升。

60年筚路蓝缕,60年耕耘不辍,正是富有"西藏干劲"的一代代西藏人,让西藏经济社会实现从封闭贫穷落后走向开放富裕文明的巨大跨越,让西藏的面貌发生历史性变化,神奇的高原在现代化进程中不断展现巍然的雄姿。

实现西藏的跨越式发展和长治久安,是西藏各族同胞的心声,是所有中华儿女的心愿。"西藏干劲"里,凝结着在祖国大家庭共同团结奋斗、共同繁荣发展的民族情怀,凝结着中华儿女血脉相连同甘苦、共命运的同胞情谊。不断焕发这种"西藏干劲",雪域高原会变得更加富饶,更加祥和,更加美丽。

(2011年7月21日)

六十载跨越千年的"西藏奇迹"

陈家兴

短短60年里,西藏这片古老神奇的雪域高原历经千年未有之巨变,书写了世人惊叹的传奇。

这种历史性跨越,西藏的百姓体会最为真切。"在旧西藏,'朗生'就是会说话的牲口,饿了、冻了也像牛马一样忍受着,妇女地位就更低了。""1959年民主改革,我们家第一次有了自己的房子。""我是农村户口,感冒了去乡村医院,只需要1块钱挂号费,输液和药是免费的。"这是今日西藏农牧民的生活感慨。每到7月这个美丽季节,以往只属于少数人特权的"过林卡"(注:相当于内地的郊游度假),如今已是普通百姓的最爱。蓝天、白云,草地、帐篷,青稞酒、酥油茶,琴声、歌声、欢笑声,这是西藏幸福生活美景的生动展现。

生活幸福安康,缘于西藏巨变与飞跃。这60年里,西藏的生产总值、人均纯收入有了几十倍上百倍的增长,免费义务教育、免费医疗、最低生活保障、安居工程让广大农牧民的生活质量有了前所未有的改变。无铁路、无航空、无公路、西藏电力孤网运行等等的历史相继终结,使西藏的发展更好地实现全国范围内的资源配置,这里的人民更便捷地在全国范围内自由来往。

雪域高原恶劣的自然环境条件,使这里的发展面临着难以想象的困难。然而,奇迹硬是在艰难的奋进中铸就。这60年,西藏的经济从

"供给型、输血型"逐步迈向"市场型、造血型"。藏东北牦牛、藏西北绒山羊、藏中奶牛、藏中北绵羊、藏中优质粮油菜、藏猪藏鸡等特色产业带,更好地托起了农牧民美好生活的希望。青稞啤酒、甘露藏药、5100冰川矿泉水等企业长足发展,日益成长为西藏新型工业的支柱。沿着中国特色、西藏特点的发展路子,西藏不但创造了发展的奇迹,更奠定了下一步跨越式发展的基础,凝聚了继续腾飞的动力。

60年来,西藏保持着千年不变的自然风貌与文化传承。经济社会发展的巨大进步里,现代化建设的匆匆步履中,这里的山川、语言、宗教、文化依旧,唐卡、藏香、藏餐、音乐散发着独特的文化韵味。正是在不遗余力的保护与弘扬中,西藏优秀的民族传统文化绽放出诱人的光彩。美丽的生态、悠久的文化,让人们感叹于高原生存环境恶劣的同时,又感佩于这里的人民独特的"诗意栖居"。

一切奇迹的背后,都有其深刻的制度根源。60年来,西藏废除了黑暗、残酷、泯灭人性的封建农奴制,实行了民族区域自治制度,建立了人民民主的社会主义制度。从"会说话的牲口"变成国家和社会的主人,西藏人民不仅享有了平等参与管理国家事务的权利,而且享有了自主管理本地区、本民族事务的政治权利,藏族和其他少数民族干部成为建设西藏、发展西藏的骨干力量。成就斐然的政治建设,为实现各族同胞的幸福安康提供了坚实基础和有力保障。

"共产党,大救星,活菩萨!"成千上万的藏族同胞这样由衷赞叹。一个团结、民主、富裕、文明、和谐的新西藏,正在雪域高原上呈现出光明的发展前景。

(2011年7月20日)

为人民服务是永远的"生命工程"

——"七一"重要讲话启示(一)

杜耀峰

"依靠谁,为了谁,我是谁",这不仅是一句自我省思的哲学追问,更是一个先进政党必须时刻回答的重要命题。

细心的人发现,在胡锦涛总书记"七一"重要讲话中,"人民"一词出现多达 136 次。"紧紧依靠人民"、"拜人民为师"、"人民是真正的英雄"……如此充满感情的论述,既是对辉煌成就的科学总结,也提供着开启未来的"钥匙"。

回望中国共产党 90 年历史,始终围绕着一个中心——"人民",始终坚持着一种行动——"为人民服务"。只有理解了党与人民的关系,看到了中国共产党人的坚守,才能破译中国共产党的"成功密码":为什么能够从各种政治力量中脱颖而出,为什么历经挫折还能得到人民的信任支持,为什么能不断创造一个又一个奇迹……

从这个意义上讲,人民就像一块永恒的试金石,时刻考验着每一位共产党员的政治本色;为人民服务是永远的"生命工程",关系到中国共产党的根基、血脉和力量。

正如一位学者所言,任何政党都必须行动着,如果没有行动,政党必然从政治中出局。90 年来,正是因为将革命、建设、改革的宏伟蓝图转化为波澜壮阔的伟大实践,将为人民服务的纲领、路线和政策转化为人民群众的共同奋斗,中国共产党才不断从胜利走向胜利。新的历史

时期,重申"人民"的重要性,继续实践"为人民服务"的理念,依然呼唤这种"行动的政治"。

今天,对肩负重要使命的中国共产党而言,无论是经受长期执政、改革开放、市场经济和外部环境这"四大考验",还是抵御精神懈怠、能力不足、脱离群众、消极腐败这"四大危险",仍然需要从人民中汲取智慧和力量,"为人民服务"仍是我们一切努力的方向。

每一位党员干部都应该认识到,"行胜于言",人民群众不仅看你说了什么,更要看你做了什么;如果"为人民服务"只是说起来重要、忙起来不要,那就只能成为消解信任的"空头支票"。每一位党员干部在开展工作的时候,都要仔细想一想:究竟是站在人民立场上,还是站在个人、少数人立场上说话办事?代表的是最广大人民根本利益,还是代表某一个人、某一部分人的利益?只有我们把群众放在心上,群众才会把我们放在心上;只有我们把群众当亲人,群众才会把我们当亲人。立身不忘做人之本、为政不移公仆之心、用权不谋一己之私,解决人民最关心最直接最现实的利益问题,我们党才能得到人民的支持,把握前进的航向,始终立于不败之地。

一个政党的前途命运,最终取决于人心向背。建党90周年之际,在当年曾经见证"为人民服务"写入党章的革命老区陕西,省委书记赵乐际谈到经济社会发展取得巨大成就时,由衷地"向全省人民致以崇高敬意",同时向全省党员干部提出了"站在人民立场"谋划发展推动工作的要求。"上下同欲者胜",我们深信,一个把人民利益书写于党章、宣示于誓词、贯穿于行动的政党,一个在各个层面都能与人民互动、为人民掌权用权、替人民谋求福利的政党,必将获得最为深厚的力量,保持更加蓬勃的生命力。

(2011年7月11日)

总把群众当亲人

——"七一"重要讲话启示（二）

明岳思

党以民为本，党因民而兴。论及我们党与群众的血脉联系，胡锦涛同志在"七一"讲话中满怀深情地这样概括："90年来党的发展历程告诉我们，来自人民、植根人民、服务人民，是我们党永远立于不败之地的根本。"党群亲情深似海，回望历史，我们会更深刻地体会这段话的丰富内涵。

孟良崮的枪声似在耳畔断续响起，百万军中取上将首级的胆气久久回荡。"父亲死了，儿子上；丈夫死了，妻子上"。渊子崖村誓与敌人一搏到底的悲壮感天动地。

面对生命垂危的战士，沂蒙妇女明德英决然打碎封建思想枷锁，用乳汁将其救活；为了赢得宝贵的作战时间，李桂芳组织妇女干部跳进冰冷河水中，用瘦弱的肩膀搭起坚实的"火线桥"。王换于用全部"家底"呵护41个革命将士后代，致使三年中四个亲骨肉因营养不良相继夭折。

按下《沂蒙山小调》的播放键，眼前跃动的是八百里沂蒙一幕幕"党为民、民拥党"的大情大义。这铭刻着鱼水深情的革命老区，令人深深感动。正如陈毅元帅所说："我进了棺材也忘不了沂蒙山人，他们用小米供养了革命，用小车把革命推过了长江！"

党群同心斩棘的朴实教材又岂止"沂蒙精神"？井冈山精神、长征精神、延安精神、西柏坡精神,无不贯穿着党与群众的鱼水亲情,它们共同构成了代代传承的"精神集体"。

历史不会忘记,井冈山上走来的"三大纪律"、"八项注意",为党的群众路线下了"定义",为抗战胜利奠定了基石;历史不会忘记,长征路上沿途群众救治伤员、刘伯承与彝族首领歃血盟誓结为兄弟的千古佳话;历史不会忘记,宝塔山下、延河水畔"为人民服务"的忠诚宣誓;历史不会忘记,土地改革的策源地西柏坡,群众迸发出"土地回家了"的欣喜。

回首以望,中国共产党的群众立场始终不变,群众路线薪火相传。平型关划破寂静的枪声,天安门前庄严的宣告,南海边奏响高昂的"春天旋律",汶川地震的温情呐喊与挺身,共产党人所迈出的每一个有力脚步,都会烙下一个"人民至上"的深深脚印。在改革攻坚的今天,坚守"从群众中来,到群众中去"的中国共产党愈发成熟与自信。

然而,也有少数党员干部摆不正群众位置,逐渐丢弃了群众观。有的将群众"摆得过远",不愿与群众做亲人,生怕群众抓"小九九"、"揭伤疤";有的将群众摆得过低,看不起群众,视群众为"土包子",不屑向群众学习,不情愿为群众办实事。这些都会导致党员丧失群众基础,淡化党群深情,危害不浅。

倘若说,党是溪水,群众便是泉眼,泉涌才能长流;党是大树,群众便是土壤,土沃才能根深。党群同心,其利可断金,其力可移山。在任何时候,都不能淡了党同人民的血肉情谊,都应当同人民共患难、心连心。这是我们党90年历程给予每一位党员干部最深刻的启示。

(2011年7月12日)

把忧患作为一种执政心态

——"七一"重要讲话启示（三）

詹 勇

"安而不忘危，存而不忘亡，治而不忘乱"，面对掌声是否头脑清醒，面对成绩能否看到问题，是一个政党先进与否、成熟与否的"检测仪"。

在建党90周年的辉煌时刻，在"给中国共产党打高分"的赞誉声中，胡锦涛同志的"七一"重要讲话充满忧患意识地向全党敲响了警钟：世情、国情、党情正在深刻变化，执政考验、改革开放考验、市场经济考验、外部环境考验等"四种考验"复杂严峻，精神懈怠、能力不足、脱离群众、消极腐败等"四种危险"更加尖锐。

"中共以忧患意识迎接90华诞"，这是海内外诸多媒体当下的普遍印象。如果以"忧患"为关键词解读90年历史，一个马克思主义政党生于忧患、成长于忧患、发展壮大于忧患的历程更为寓意深远。

党诞生于民族危亡的苦难岁月，唱着"中华民族到了最危险的时候"带领人民浴血奋斗，带着"两个务必""进京赶考"，在"开除球籍的危险"下开始改革开放，在"居安思危"中迎来新的世纪，在"忧患在心、准备在先"中战胜疫病、地震、金融危机等一系列风险挑战。勇于从挫折中奋起，善于在忧患中奋进，已经成为我们党最为重要的政治品质之一，也为如何在新的历史起点上开创未来提供了深刻启示。

忧患源于责任。"办好中国的事情,关键在党",不管是干革命、搞建设,还是促改革、谋发展,中国共产党人"权为民所用,情为民所系,利为民所谋",始终以民族复兴、人民幸福为己任。"士不可不弘毅,任重而道远",正是因为这种强烈的历史责任感和使命感,党才会实事求是地看到问题与不足,才会深切反思自身能力素质存在的差距,才会极其重视密切联系群众的传统,才会高度警惕贪污腐败对人心向背的影响。

忧患激发动力。多难兴邦,多难励党,从遵义会议到十一届三中全会,从战胜"九八洪水"到创造"汶川奇迹",越是生死抉择,越是搏击风浪,党的政治本色就越是彰显,修正错误、自我完善的能力就越能大幅提升,中国社会历史的进程就越能加快。

今天的中国,发展的奇迹固然令人惊叹,但发展黄金期与矛盾凸显期交织,历史遗留问题与现实难点问题交织,住房、教育、医疗、就业、环境、腐败等问题空前凸显,制约科学发展的体制机制障碍躲不开、绕不过。看到问题不是目的,解决问题方见真章。如何保持奋发有为的状态,发扬开拓进取的精神,鼓起攻坚克难的勇气,不断探求解决问题、化解矛盾的方法和途径,检验着共产党人的执政能力与水平。

"忧劳可以兴国,逸豫可以亡身"。"四种考验"无所不在,"四种危险"警钟长鸣,对于今天的共产党人来说,忧患意识不是过去时,而是现在时、将来时。"形势逼人,不进则退",迫切要求党员干部尤其是领导干部,把忧患作为一种"执政心态",多些问题意识,防止积弊日深;少些"盛世心态",理性看待成就;多些群众意识,促进干群融合;少些名利观念,杜绝以权谋私。唯有如此,才能不断赢得广大人民的支持,不为任何风险所惧,不被任何干扰所惑,继续把党和人民的事业推向前进。

(2011年7月13日)

有"准备困难"就有"事业成功"

——"七一"重要讲话启示(四)

孙东升

"精神懈怠的危险,能力不足的危险,脱离群众的危险,消极腐败的危险,更加尖锐地摆在全党面前",胡锦涛同志在"七一"讲话中这样告诫全党,同时再次强调"执政考验、改革开放考验、市场经济考验、外部环境考验是长期的、复杂的、严峻的",令人警醒,催人自省。由此不禁想起1945年召开的党的"七大"。

60多年前的这次会议上,在世界反法西斯战争即将取得最后胜利、中国革命面临新的重大转变的关键时刻,毛泽东却专门讲"准备困难"。他说,我看光明多得很,但是我们更要准备困难。困难多得很,比如外国大骂,国内大骂,失去几大块根据地,被消灭若干万军队,爆发内战,党内出现悲观心理、疲劳情绪,经济困难,国际无产阶级长期不援助我们,以及其他意想不到的事……他竟一口气列出了我们党可能面临的17条困难!

预见到即将面临的困难,"准备想各种办法对付之",这正是毛泽东那一代革命家留给我们的政治智慧,也是中国共产党90年光辉历程的启示。

事实上,从党成立的那天起,我们每前进一步都十分艰难,有时甚至面临生死存亡的考验。1927年大革命失败时,"被人家拦腰一枪打在地上",数以万计的共产党人和革命群众血洒大地,革命形势几入绝境。第五次"反围剿"失败,红军被迫长征,前有环境严酷的雪山草地,后有敌人的武装追击,内有张国焘分裂的危险,困难几乎达到无法想象的程度。但共产党人战胜了艰难困苦,在逆境中开辟了前进的道路。正如毛泽东所说:"你要是没有碰到那个坏事,你就学不到对付那个坏事的本领,所以艰难困苦能使我们的事业成功"。

党的90年历史反复证明,在任何时候都要把困难预见得充分一些,把问题考虑得周全一些,我们才会始终保持清醒的头脑,才能够越发积极地准备和应对,最终创造出令世人刮目相看的伟大成就。

新中国成立后,中国共产党在带领人民进行社会主义建设进程中,同样经历了各种困难和挫折。比如新中国成立之初西方国家的经济封锁,"大跃进"的挫折,60年代初的严重经济困难,甚至"文化大革命"那样全局性的错误,等等。但是,中国共产党人靠自己的力量渡过了难关,纠正了错误,从困难中奋起,进而在改革开放的历史新时期,团结带领人民在神州大地上进行了一场史无前例的改革创新实践,开辟了一条通向现代化的"中国道路"。

今天,作为已经拥有8000余万党员的执政党,面对更加繁重复杂的现代化建设任务,必然还会遇到更多想得到和想不到的困难,遭遇各种各样的风险。但是共产党人敢于正视和面对困难,有能力战胜风险和挑战。正如毛泽东在"七大"口头政治报告(注:毛泽东文集中确有"在中国共产党第七次全国代表大会上的口头政治报告"一文)中曾告诫人们的那样:"麻烦还在后头,不要怕麻烦。要革命就会有麻烦,而且有时非常麻烦","世界上不会没有风波……我们党现在经常遇到风波,有大风波,中风波,小风波,我们不要怕风波。现在我们的意志更加坚强了,不至于被风波淹没。要在中国这个海里淹死我们党,那是不可能的,也是不会的。"

历史可以告诉未来,前进道路上,有"准备困难",就必定有"事业成功"。

(2011年7月14日)

"中国制度"撑起"中国传奇"

——"七一"重要讲话启示(五)

陈家兴

半个多世纪以来,在走向现代化的进程中,中国用几十年时间走过了西方发达国家一二百年走过的路。中国的发展,不但给本国百姓带来了实惠利益,更让这个有着13亿人口的国家成为世界经济增长的新引擎。如此令人瞩目的成就,中国人是如何创造的?在一些国际观察人士那里,这始终是一道颇难破解的"中国式难题"。

"中国特色社会主义制度,是当代中国发展进步的根本制度保障,集中体现了中国特色社会主义的特点和优势。"胡锦涛同志在"七一"重要讲话中揭示了中国成功的制度因素。新中国成立以来,尤其是改革开放30多年来,中国之所以能始终快速发展,创造出追赶现代化的"中国速度",除了"中国制度"适应生产力发展水平所释放的巨大活力,还在于"中国制度"具有集中力量办大事、决策与执行的高效率、强大的动员力等独特优势,具有始终坚持在学习基础上改革创新、在实践基础上纠错求是等优秀品质。

在中国建设社会主义,是一项前无古人的全新事业。我们的根本政治制度、基本政治制度、基本经济制度,以及在此基础上形成的经济体制、政治体制、文化体制、社会体制等各项具体制度,都带有鲜明的中国特色,符合中国国情,顺应时代潮流,是马克思主义基本原理同中国具体实际相结合的产物。中国特色社会主义制度的出现,突破了西方世界既有的制度设计和价值理念，创造了与过去5000年全然不同的中国历史，把中国人民的自由幸福推向一个前所未有的高度。

然而也正因如此，在有些人眼中，"中国制度"总显得有些"另类"，不符合其预设的价值标准。于是，各种"崩溃论"、"威胁论"接踵而来。质疑、批评、否定，与中国社会的发展进步如影随形。

其实，任何一个国家的成功，都必然有其相应的制度支撑。这是一个极其简单的道理。没有一整套与发展相适应的制度，我们怎么可能实现数亿人口的脱贫、成功解决十几亿人的吃饭问题？怎么可能使经济总量跃至世界第二，实现人民生活的总体小康？怎么可能成功抵御国际金融危机的冲击，为疲软的全球经济注入活力？怎么可能一次次战胜自然灾害挑战，从容面对社会转型风险，实现整个社会的稳定与和谐？

放下理论层面的争议，让我们看一个具体的例证。资本对制度极为敏感，在经济全球化时代，吸引投资的能力，是公认的观察一个国家制度优劣的晴雨表。中国能够成为吸引外资大国，稳定地引来外商直接投资，引来全球五百强企业投资设厂，一个隐含的前提就是对"中国制度"的认可。外国媒体评价，这表明全球用资本对"中国制度"投了赞成票。

经历了对建设什么样的社会主义、怎样建设社会主义的艰辛探索，经历了改革开放的伟大实践，中国的制度建设实现了在时代大势下既自觉扬弃自己又主动与一切人类优秀文明激荡交融的双重选择。神州大地上演绎的"中国传奇"，显示了"中国制度"所具有的独特包容力、整合力，展现了深厚的文化自信。在前进的道路上，只要我们既吸收他人长处，又不放弃自身优势，更不固步自封，"中国制度"必定为中国的现代化提供永不枯竭的活力源泉。

（2011年7月15日）

以信仰之旗凝聚青春力量

——"七一"重要讲话启示（六）

张 铁

一个政党要赢得未来，就一定要赢得青年。

走过90年，中国共产党依然焕发青春的朝气。8000多万党员中，35岁以下的年轻人占到1/4。胡锦涛同志"七一"重要讲话中，也强调了这样的"青年特质"："我们党的队伍里始终活跃着怀抱崇高理想、充满奋斗激情的青年人，这是我们党历经90年风雨而依然保持蓬勃生机的一个重要保证。"

我们党从成立之日起，就始终代表广大青年、赢得广大青年、依靠广大青年。

"延安的城门成天开着，成天有从各个方向走来的青年，背着行李，燃烧着希望，走进这城门。"抗日战争初期，诗人何其芳这样描述延安对青年磁石般的引力。全面抗战初期的两年，奔赴延安的青年多达4万余人。

"到农村放飞梦想，靠奋斗实现价值。把人民当作根本，以奉献锤炼品格。"2008年，首届"中国十佳大学生村官"这样倡议同学们把青春奉献给广袤田野。到目前，农村已迎来20多万名大学生"村官"。

到延安去、到解放区去，支援边疆、志愿服务……革命、建设和改革年代，一代代青年聚拢在共同的旗帜下。历史背景不同，人生经历各异，现实选择却如此一致，正因青年是时代的晴雨表，总能感受进步的脉动、向前的浪涌,总能向着未来的曙光、时代的潮头而去。

当代青年成长的背景,是中国社会的急剧变革。从城市化的"前锋"到信息化的"主力",他们有更开阔的视野、更独立的思想、更自信的心态。马克思说,"一个时代的精神是青年代表的精神,一个时代的性格是青春代表的性格。"青年的选择,同样能代表我们这个时代的选择:教育部对140所高校2.5万余名大学生的调查显示,近八成有入党意愿。这样的选择是因为他们坚信:个人的命运与国家的命运,从来就是一个共同体。

正如《钢铁是怎样炼成的》中的名言,每个人都会追问人生的终极价值,要"不因虚度年华而悔恨,不因碌碌无为而羞耻",就要把自己献给"最壮丽的事业"。跳出一时一事、一人一地的局限,用更大的尺度来考量生命的质量,用更广的视野来观照人生的价值,每个年轻人都会毫不犹豫地选择为国家、为民族、为人民奋斗。而这,不正是我们党从诞生之日起就勇敢承担起的使命吗?

青年的选择,是对党的信任,也是对党的鞭策。当前,我们正行进在"历史的三峡",面对世所罕见的复杂局面、前所未有的风险考验,只有勇敢革除自身弊病,防止"四大危险"的侵蚀,才能吸引更多青年投身我们的队伍。也只有超越既得利益,不失时机推进重要领域和关键环节改革,才能激励更多青年创造共同的事业。

新中国成立之初,华罗庚向留学生发出回国的号召:"为了抉择真理,我们应当回去;为了国家民族,我们应当回去;为了为人民服务,我们应当回去!"真理、国家、民族、人民,激励了多少年轻人慨然前行。走过90年,唯有继续把这样的信仰放在肩上,我们才能永远与青春同行,以青春之我,创建青春之国家、青春之民族、青春之人类。

(2011年7月18日)

真思亡危方能存安

——"七一"重要讲话启示(七)

李永忠

思所以危则安,思所以亡则存。居安思危是执政者应有的基本素质,也是执政者应有的政治责任。

胡锦涛同志在"七一"重要讲话中,向全党警示了精神懈怠、能力不足、脱离群众、消极腐败等"四大危险"的存在,强调坚决惩治和有效预防腐败,关系人心向背和党的生死存亡,如果腐败得不到有效惩治,党就会丧失人民信任和支持。这些告诫与论断振聋发聩,发人深省。

90年来,在中国革命、建设和改革进程中,防止因腐败而导致的"政治风险",一直是我们党高度重视、积极破解的问题。毛泽东同志曾告诫全党:腐败现象是社会主义社会的一个基本乱源,轻则引起群众的反对和不满,重则引起"第二次革命",造成干部"霸王别姬"、党和国家改变颜色。邓小平同志教育全党:"中国要出问题,还是出在共产党内部","不惩治腐败,特别是党内的高层的腐败现象,确实有失败的危险。"

从党的执政实践来看,在和平建设时期,如果说有什么东西能够对党造成致命伤害的话,腐败就是很突出的一个。从世界政治史来看,执政党只有坚决反对腐败、有效地预防腐败,才能保持执政地位,维护国家的稳定和发展。

近年来,党和政府立足党和国家工作大局谋划和推进反腐倡廉,反腐力度不断加大,反腐方略不断完善,反腐斗争不断深入。面对各种新的腐败现象的滋生蔓延,面对依然严峻的反腐败形势和繁重的反腐败任务,迫切需要认真研究产生"消极腐败的危险"的深层背景,不断提高拒腐防变和抵御风险的能力。

腐败的集中表现是权力的腐败,各种腐败现象的根源无不或深或浅隐藏在权力之中。而权力的腐败,又源于权力的异化。不管是吃拿卡要、贪污受贿,还是权力部门化、部门利益化,无不背离了"立党为公、执政为民"的职责,造成公权私用、以权谋私,给党和政府的公信力带来损害,给国家和人民的利益带来损失。

事实证明,腐败往往是主观和客观防线双双失效的结果,没有自律的权力,必然走向异化;没有监督的权力,必然走向腐化。也正因为如此,各级领导干部首先应树立正确的权力观,必须认识到手中的权力是人民赋予的,只能用来为人民谋利益,决不能把权力变成牟取个人或少数人私利的工具;只有筑牢精神防线,增强自身拒腐防变的免疫力,抵御消极腐败危险才会有底气。

另一方面,"行使权力就必须为人民服务、对人民负责并自觉接受人民监督"。这种监督的力量,既来自于制度——建立健全权力运行制约和监督体系,完善党内民主监督制度,保证干部按照法定权限和程序行使权力;更来自于人民——推进党务公开和政务公开,让权力在阳光下运行,把权力行使过程置于人民群众的监督之下,群众雪亮的眼睛是遏制腐败现象的利器。只有织密监督网络,规范权力运行,抵御消极腐败危险才会有可靠保障。

危险的存在,既是警醒,更是鞭策。现实在考验,人民在期待,党员干部如何老实做人、干净做事,党和国家如何剔除腐恶、气正风清,说千道万,行动是最有力的回答,实效是最得人心的答案。

(2011年7月19日)

"躲不开、绕不过"提醒了什么

——"七一"重要讲话启示(八)

范正伟

近日,中共中央办公厅、国务院办公厅联合印发《关于深化政务公开加强政务服务的意见》。连同此前中央部委公开"三公"经费、中国红十字总会捐赠信息发布平台上线试运行等举措,信息公开这一社会普遍关注、高度期待的改革,正以前所未有的力度向前推进。

胡锦涛总书记在"七一"讲话中指出,"我国发展中不平衡、不协调、不可持续问题突出,制约科学发展的体制机制障碍躲不开、绕不过,必须通过深化改革加以解决。"

改革的成就有目共睹,难度也与日俱增。改革越是向前推进,所触及的矛盾就越深,涉及的利益就越复杂,碰到的阻力也就越大。实践表明,收入分配、公车改革、垄断行业改革、公务员财产申报……在一些关键环节,改革往往牵一发动全身,当断不断反受其乱;在许多重点领域,改革面对种种利益堡垒,此关不破难有突围。

从"摸着石头过河"到"改革顶层设计",从经济领域到社会政治领域,改革已经进入了一个全新阶段。与前期放权让利、侧重于经济领域的改革相比,今天的改革更为复杂。在深水区作业、艰难处攻坚,改革已从普遍受益的"帕累托改进",过渡到利益在不同群体间的调整分配,每前进一步都充满了权衡和博弈。更重要的是,政府也日益面临着自我改革的使命。

现实中，一些领域改革方案迟迟难以出台，一些领域改革方案制定尚未提上日程，一些局部领域的改革时有退缩反复。这一方面说明自我改革的艰难曲折，同时也表明，无论是尾大不掉的既得利益，还是小富即安的求稳心理，都要求我们以更大的勇气和决心推进改革。

开弓没有回头箭。面对"躲不开、绕不过"的体制机制障碍，选择回避固然可以求得一时轻松，但必然错过重要战略机遇期，让危机跑在了改革前面；面对人民群众的新要求新期待，采取明哲保身、多一事不如少一事的态度，能躲就躲、能绕就绕，必然挫伤群众热情，甚至引发更多更大的矛盾和问题。

大力推进经济体制改革，积极稳妥推进政治体制改革，加快推进社会、文化体制改革……只有不躲不绕，坚持正确方向，敢于触动体制机制障碍，改革才能以新的突破、新的创造，唤起全社会的改革热情，在发展中赢得先机。

"凡用兵者，攻坚则韧"。我们战胜的困难有多大，我们取得的成就也将有多大。在"中华民族到了最危险的时候"，我们党团结带领人民筑起了拯救民族危亡的血肉长城；当"中国经济濒临崩溃的边缘"，我们党毅然打开决定当代中国命运的改革开放大门。今天，面对"躲不开、绕不过"的种种矛盾和问题，继续发扬无畏无私的改革精神，中国的发展进步必将开启一片新天地。

（2011年8月5日）

民族复兴,在文化自觉中前行

——"七一"重要讲话启示(九)

吴 焰

"那个文化觉醒后的清晨,走来了中国共产党。他们从遥远西方盗来文明火种。从此,文化涅槃,文明蝶变。一个民族也走过长夜,走过坎坷,走进曙色。"激情燃烧的七月,一位学者在深情回眸中这样评价。

而他笔下走过90年壮阔岁月的中国共产党,同样有激情却更为理性——"以高度的文化自觉和文化自信",提高民族素质,塑造高尚人格,推进文化改革,进行文化创造,共享文化成果,"七一"重要讲话中,这一面向未来的重大文化使命的提出,使得"以什么样的视角认识文化,以什么样的态度对待文化,以什么样的思路推动文化繁荣发展"的重大课题,有了明确的方向。

对文化的理解,世界上恐怕没有哪一个民族,像我们这样感受深刻。这个在西方国家"还没有发明文字时,就已拥有一部以固定的语言连续记载的历史"的民族,曾以五千年文脉涵养了一个泱泱中华。然而,近代以来的封闭与落后,令其社会与文化被西方的坚船利炮深深撕裂,不仅留下苦涩的"李约瑟之谜",甚至被西方讥为"存在即是时代的错误"。历史在残酷又深刻地揭示着一个规律:文明的兴衰起伏、文化的强弱更迭,决定着民族的命运、国家的走向。

一个民族的觉醒,首先是文化上的觉醒;一个政党的力量,很大程度上取决于文化自觉的程度。从"睁眼看世界"到洋务运动，从戊戌维新到辛亥革命，一次次不甘屈服的抗争与探索，都未能找到民族自救自强的方向。中国共产党以先进理论为旗帜，用深刻的文化自觉唤起四万万五千万同胞的伟大觉醒，最终突破"三千年之未有变局"，亿万人民复兴之梦日渐清晰。

社会主义先进文化是马克思主义政党思想精神的旗帜。而文化的先进性，不仅是一种本质属性，更成为一个动态过程。如果说，百年前的文化自觉缘于救亡图存的急迫，那么，今天的文化自觉与文化自信，更着眼于全球化趋势，也更具中华民族伟大复兴的特质。

多元思潮冲击下产生的"迷惘一代"，多种价值观碰撞下的"失落的文明"，告诫我们：提高民族素质和塑造高尚人格必须上升到重要位置。全球金融危机下文化产业的"口红效应"、社会深刻变化时期文化的"精神纽带"，启发我们：文化的力量需要以更大发展去激活。我们固然从积贫积弱变为世界第二大经济体，但文化的价值输出与话语分量还处弱势的现实，更警醒着我们：没有影响世界的文化核心价值观，就绝无世界强国的梦想成真……重新认识文化、确立文化、创造文化、共享文化的过程，是一个时代文化坐标的标定、一个民族精神家园的构建、一个国家整体力量的显现，更是一个政党引领人民前进所必需的精气神。

上世纪末，联合国教科文组织作出了一个影响深远的定义："文化的繁荣是发展的最高目标"；几年前，一生研究社会学的学者费孝通，用晚年全部学术精力为"文化自觉"鼓呼，"中华民族的复兴，正在于文化的复兴"。今天，当文化的较量已成为国与国的核心竞争，托夫勒所言"一个国家硬实力不好，可能一打就败；一个国家软实力不好，可能不打自败"正在变为现实。前行在民族复兴的征程上，我们不妨重温恩格斯的那句名言——

"文化上的每一个进步，都是迈向自由的一大进步"。

（2011年8月9日）

先烈，人民不会忘记

向贤彪

在红军长征中，湘江之战打得异常惨烈，由于许多部队全体阵亡，6000多名闽西子弟几乎无人留下姓名……近年来，福建龙岩、三明两市政府投入大量的人力、物力，四处查找烈士姓名，查找出了1000多名在湘江战役中牺牲的红军战士的名字。在纪念建党90周年前夕，一座刻有烈士英名的纪念碑刻，和无名烈士纪念碑一起，巍然屹立于湘江之滨。

在江苏淮安，年逾八旬的离休干部梁钧拿出自己的全部积蓄，为在抗战中牺牲的烈士立纪念碑；在新疆新源，当年参加修筑天山公路的老兵陈俊贵举家西迁，由东北老家来到天山脚下，为战友义务守墓30年……无论是政府大规模查询烈士姓名的壮举，还是群众自发为烈士立碑、守墓的义举，此景此情都令人感动，令人敬佩，令人赞叹。它无可辩驳地证明：为人民做了好事的人，人民都不会忘记。

对那些为祖国和民族建立丰功伟绩的老一辈无产阶级革命家、革命先烈、所有先驱，胡锦涛同志在"七一"讲话中一连用了三个"深切怀念"。人民不会忘记，这是人民赋予革命英烈的最高荣誉。客观世界没有不朽的东西，只有留在人心中的，才是不朽的。人民不会忘记，这是人民最深厚、最朴素、最伟大的一种感情表达。在奔腾不息的历史长河中，多少事物都是转瞬即逝，而留在人们心中的，只能是最动人、最宝贵、最有价值的东西。

英烈身上所体现的"平生铁石心，忘家思报国"的爱国情怀，"闲居非吾志，甘心赴国忧"的忧患意识，"名编壮士籍，不得中顾私"的高尚境界，"捐躯赴国难，视死忽如归"的献身精神，是一个民族的立身之本、生存之本，是一个国家的希望所在。从英烈们的身上，我们品味到那些镌刻在党史中的理想、信念、牺牲、奉献是那样具体、形象和厚重。我们感受到那些在血与火的锻造中凝炼的革命精神和优良传统是何等的可贵！

据民政部资料证实，革命战争年代以来，约有2000万烈士为中国革命献出了自己宝贵的生命，目前有姓名可考、可列入各级政府编纂的烈士英名录中仅有180万人左右。有1800多万英勇赴死的先烈，他们不仅未能安享天年，竟连姓名都未留下，这令后人在追思怀念时，感到刻骨铭心的痛惜、遗憾……

一个没有英雄的民族，是没有希望的民族；一个没有英雄的国家，是没有前途的国家。无论是有名还是无名的革命英烈，都是中华民族的优秀儿女，都是人们心中的英雄，也是我们对照的镜子、人生的坐标、学习的榜样。

"人民不会忘记"，是一个民族集体的记忆，更是一个民族奋勇前行的不竭动力。让我们记住一位伟人的话：成千上万的革命先烈，为了人民的利益在我们的前头英勇地牺牲了，让我们每一个活着的人想起他们就十分难过，难道我们还有什么个人利益不能牺牲，还有什么私心杂念不能抛弃的吗？铭记英烈的功勋，与英模人物同行，会给我们带来取之不尽、用之不竭的精神财富和力量源泉。

（2011年7月8日）

"红花的种子"何以撒遍中华

张 垚

1927年4月28日,李大钊就义前,慷慨陈词:"不能因为你们今天绞死了我,就绞死了伟大的共产主义!我们已经培养了很多同志,如同红花的种子,撒遍各地!"

他的声音从未消逝,化为了激荡岁月的一个伟大预言。90年前,50多粒"红花的种子"从暮霭沉沉的旧中国破土而出;今天,8000多万"红花的种子"已经撒遍日新月异的中国大地,演绎着中国共产党的活力与传奇,诠释着党的优势与力量。

"红花的种子"播种在哪里,就能在哪里生根、发芽、开花、结果。在"红米饭、南瓜汤"的歌谣中,能听到萌动发芽的声音;在飞夺泸定桥的22勇士的无畏身影中,能看到顽强生长的画面;在"两弹一星"研制者"死在戈壁滩,埋在青山头"的豪迈誓言中,能感受到茁壮成长的力量;在小岗村的"红手印"里,在深圳敲响土地拍卖第一槌的探索中,能触碰到蓬勃有力的重生……

"红花的种子"为什么能生生不息,为什么能有如此神奇的"裂变",为什么能有撒遍中华的强大生命力?

90年来,一代又一代"红花的种子",有着坚定不移的理想信念、矢志不渝的奋斗目标、无私奉献的高尚情操、与时俱进的创新能力。正是这些具有优良基因、优秀品质的"先进"种子,激发出了突破黑暗生长光明、战胜困难走向希望的无穷力量,持续推动着历史前进。

毛泽东说过,"我们共产党人好比种子,人民好比土地。我们到了一个地方,就要同那里的人民结合起来,在人民中间生根、开花"。"红花的种子"在成长壮大的90年间,之所以能历经劫难依然生机勃发,沐浴风雨而益显风华,不仅在于自身"过得硬",更在于根基"扎得牢",扎在"土壤"深处,牢牢植根大地。人民群众用小米哺育了苏区、边区、解放区,用独轮小车推出了淮海战役的胜利,用创造精神催生和投入一系列改革开放实践……融入人民,依靠人民,服务人民,"红花的种子"找到了力量之源和胜利之本。

"种子"对"土地"的依赖是永恒的,"种子"与"土地"的交融是永远的。今天,389万个党的基层组织遍及城市、乡村,深入企业、社区,覆盖各阶层、各群体。它们如同盘旋交错于地下的发达根系,源源不断地从大地获得滋养,又用理想信念和火热实践凝聚"种子"和"土地"的力量。从带领群众致富奔小康的"领头雁",到联系和服务群众的贴心人;从洪涝灾害中冲不走的"主心骨",到特大地震中震不垮的党支部,无不涌动着党群、干群同心协力、坚强奋进的不竭动力。美国学者舒曼指出,共产党中国犹如一栋不同砖瓦砌成的大楼,她被揉合在一起,站立着,而把她揉合在一起的就是意识形态和组织。

"种树者必培其根,种德者必养其心"。在90年的视野中,呈现的是一幅幅"红花的种子"从幼芽成长为参天大树、从独木发展为浩瀚森林的恢弘场景。在对未来的瞩望中,如何继承优良传统,发扬奋斗和奉献精神,永远保持干群血肉联系,以更加旺盛的生命力和创造力在中国大地上书写新的辉煌,依然是每一粒"红花的种子"须臾不可懈怠的历史使命。

(2011年7月7日)

红歌，中国人心中不朽的旋律

陈家兴

在井冈，在延安，在太行，在山城，在北京，神州大地上，红色旋律在深情地回响。这红色的吟唱，是对中国共产党90年走过沧桑风雨、写下恢弘画卷的情感纪念，也是对几代中国人历经时代变幻、刻下精神印记的心灵重温。

"夜半三更哟盼天明，寒冬腊月哟盼春风，若要盼得哟红军来，岭上开遍哟映山红"，这低回沉吟的旋律中，是劳苦大众对身处黑暗的忧伤，是对新生力量拯救自己于苦海的切盼，亦是百姓在艰苦忍耐中托物寄情以待光明的朴素情怀。

"中华民族的儿女啊，谁愿意像猪羊一般任人宰割？我们抱定必死的决心，保卫黄河！保卫华北！保卫全中国！""最后一口粮做军粮、最后一块布做军装、最后一个儿子送战场"，曲调无论激昂高亢还是婉转悠长，都透着一种毅然决然：为了国家的命运，为了人民自己的利益，人民誓死捍卫，不惜流血牺牲。

"共产党辛劳为民族，共产党他一心救中国，他指给了人民解放的道路，他领导中国走向光明"，这浑厚明快的歌声中，是人民对"没有共产党就没有新中国"的真情感念。"禾苗在农民的汗水里抽穗，牛羊在牧人的笛声中成长，西村纺花东港撒网，北疆播种南国打场……我们世世代代在这田野上劳动，为她打扮为她梳妆"，这欢快的调子里，是人民在希望的田野上建设新家园的豪情展示。

"一九七九年那是一个春天,有一位老人在中国的南海边画了一个圈"。中华大地上的"春天的故事",不仅在30多年中奇迹般改变了国家和人民的面貌,更成为人们在未来道路上自觉前行的步调。"让我告诉世界中国命运自己主宰,让我告诉未来中国进行着接力赛",悦耳的歌声里,有新时代里中国人坚定走自己路的强音。"那是一条神奇的天路,把人间的温暖送到边疆,从此山不再高路不再漫长,各族儿女欢聚一堂",纵情的放歌中,是实现人民利益的不变基调。

可以说,红歌就是中国共产党带领人民改变民族命运、创造国家历史的心灵记忆,是中国人民投身革命、建设、改革火热实践的"劳动号子"。红歌的旋律,有一种深沉的穿透力,使人们的意识与情怀浸染于历史的情境,又在历史与现实的切换与交融中焕发一种向前的力量。那些不朽的红色旋律中,记载着、凝结着无数中国人的心灵故事。在一定意义上说,红歌的历史,也是中国人的一部心灵史。

今天,中国人的文化生活丰富多彩,不同类型、不同样式的电影、歌曲、图书都有爱好的人群,都有自己的市场。为什么在文化多元的时代,红歌依然让人感到亲切?是因为,吟唱红歌是人们发自内心的情感;更因为,历史中潜藏着精神与力量,照亮着未来的路。

红歌的魅力和生命力就在于,它把中国人最深沉的心灵故事用动人心魄的旋律记录下来。经典优秀的红歌,说的是共同见证历史的事,表的是共同参与历史的情,歌的是共同创造历史的志,每每能触动中国人心灵的琴弦,听了就让人忘不了。红色旋律在中国人心中是不朽的,红歌中透射的那一种精神与力量更是不朽的。

(2011年7月5日)

中国共产党为什么能保持先进性

叶小文

面对巨大成就、严峻挑战，一个有 90 年历史、8000 多万党员的世界上最大的政党，怎样充满自信地走向未来？

聆听胡锦涛总书记在庆祝建党 90 周年大会上的讲话，答案很清楚：共产党始终在不断推进和加强党的先进性建设。

先进性是共产党的本质属性。党章明确规定，中国共产党是中国工人阶级的先锋队，同时是中国人民和中华民族的先锋队。

先进性是共产党千锤百炼的优秀品格。90 年来，中国共产党团结带领人民在中国这片古老的土地上，书写了人类发展史上的壮丽史诗。一番番"障百川而东之，回狂澜于既倒"的历练，证明党的先进性，证明无数优秀共产党人始终在实践这种先进性。

先进性是人民拥护共产党的根本依据。立党为公、执政为民，以人为本、以民为重，全心全意为人民服务，把最广大人民根本利益作为党全部工作的出发点和落脚点，不断实现好、维护好、发展好最广大人民根本利益。

成就辉煌、历史确证、人民拥戴、世界瞩目，但党却异常清醒地告诫自己：先进性不是一劳永逸、一成不变的，过去先进不等于现在先进，现在先进不等于永远先进。不要让鲜花掌声淹没群众意见，不要让成绩数字掩盖存在问题，不要让发展成就麻痹忧患意识。常怀忧党之心，才能恪尽兴党之责。

先进性，来自依靠人民、心怀天下，敢为天下先；来自前仆后继、与时俱进，敢于担当和面对：

——面对深刻变化的国际国内形势。世界处在大发展大变革大调整时期；我国处于全面建设小康社会的关键时期，深化改革开放、加快转变经济发展方式的攻坚时期。战略机遇期，也是矛盾凸显期。

——面对改革发展稳定的繁重任务。我国已创造了三个十年连续增长的奇迹。但纵观一部近现代世界经济发展史，连续保持十年、二十年增长的国家有若干，三十年的也有，能继续走好第四个十年的经济体，当代几乎没有。

——面对人民过上更好生活的新期待。居民收入增长和经济发展要同步，劳动报酬增长和劳动生产率提高要同步，一部分人先富起来和社会公平正义要同步。

——面对党员队伍和党的建设遇到的新情况新问题。坚守信仰，革命时不容易，执政后更不容易。精神懈怠的危险，能力不足的危险，脱离群众的危险，消极腐败的危险，更加尖锐地摆在全党面前。

四个"面对"中的共产党，执政考验、改革开放考验、市场经济考验、外部环境考验，接踵而来。党不断告诫自己，执政时间越久，改革开放和社会主义市场经济发展越深入，国内外环境变化越深刻，越要高度重视保持和发展党的先进性，越要推进和加强先进性建设。

共产党为什么能始终站在时代发展前列和中国社会发展进步的潮头？因为她始终能审时度势、把握大势，坚持真理、修正错误，拒腐防变、抵御风险，勇于变革、勇于创新，永不僵化、永不停滞，与时俱进、与民同在，不断提高党的建设科学化水平，不断加强党的先进性建设。

（2011年7月4日）

领导干部的人生标尺

郭 晓

1936年，美国记者斯诺在陕北看到了刚刚走完长征之路的中国共产党人，所见所闻，令他非常震撼，于是在《西行漫记》中写下了这样的评价：他们"是我在中国十年以来所遇见过的最优秀的男女"。回首党的90年，英才辈出，一批又一批优秀共产党员，在历史的天空上，写下了无数光辉篇章。这其中，从焦裕禄到杨善洲的优秀领导干部群体，不仅造福于人民，感动着社会，更给今日的为政者树立了"人生标尺"。

人生的刻度在于奉献。当我们细读这些优秀领导干部的人生历程，追寻其人生轨迹，其中不乏普通人的喜怒哀乐、酸甜苦辣，但他们迈出的每一步，却又往往超越了常人的考量与选择，一次又一次的奉献成为了他们人生的节点。当孔繁森跪别年迈多病的老母亲，擦干泪水毅然前往西藏阿里；当祁爱群割舍对家人的思念，前往雪域高原上更为艰苦的工作地点；当退休后的杨善洲放弃回家安享晚年的想法，卷起铺盖一头扎进山里造林……把党和人民的利益看得高于一切，把百姓的幸福安康看得大于一切，他们找准了人生的方位，在服务人民、奉献社会的过程中，也使人生价值得到了升华。

人生的厚度在于为民。"意莫高于爱民，行莫厚于乐民"，一个优秀的领导干部，其信仰之坚定，情感之丰富，心灵之强大，思维之高远,干劲之充足,一个根本原因就是因为深入实际、心系群众,从百姓那里获得了无尽的启示、无穷的力量。焦裕禄拖着患有肝病的身体几乎跑遍兰考,为治理"三害"找到了办法;牛玉儒出门爱打车,喜欢到公园散步,为的是近距离倾听百姓呼声;郑培民总是坚持自己拆看群众来信,发现了许多现实问题;任长霞3年中接待信访群众3000多人次,连破大案要案,带来一方平安。

"一个人爱的最高境界是爱别人,一个共产党员爱的最高境界是爱人民",时代在发展,社会在变化,但以百姓幸福为一生守望,以群众冷暖疾苦为不舍牵挂,以改善民生为不变承诺,始终是党员干部不可动摇的人生基点。

人生的长度在于事业。牛玉儒生前常说:"不要谋着做大官,要谋着做大事,要做人民拍手称快的好事、实事。生命一分钟,敬业六十秒。"许多优秀领导干部,或英年早逝,或因公殉职,或积劳成疾,或奉献到老,这些曾经无比鲜活、有血有肉的生命,像炉中煤一样燃烧自己。斯人已逝,而他们的光与热依然长久地温暖着这个世界。

今天,在兰考,焦裕禄当年带领人民种下的泡桐已经茂密成林,成为当地百姓享之不尽的"绿色银行";在小岗村,沈浩当年引进的项目正使村民的腰包越来越鼓;在云南施甸,杨善洲留下的万亩林场正持续发挥生态效益和经济效益。"忧劳兴国、忧劳兴业",这些好干部的"生命"并没有画上句号,因为他们留下的事业依然长青,他们的精神光芒依然闪耀,他们的事迹永远为百姓传颂。

小平同志说过:"办好中国的事情,关键在党,关键在人。"关键的关键,又在领导干部身上。我们党之所以能勇往直前,不断创造辉煌和奇迹,离不开一代又一代优秀领导干部的努力与奋斗。从90年的新起点上迈向未来,领导干部们更需要用先进者的人生标尺衡量自己,校正自己,鞭策自己,在实践中交出不负人民期待的崭新答卷。

(2011年6月30日)

西柏坡赋

梁 衡

西柏坡乃冀中一普通山村。然其声沸海内，名传八方；瞻者益众，研者益广。天降大任，托国运于僻壤；小村何幸，成历史之新篇。

1948年春，中国北方大地正寒凝将消，阳气初升，国共两党还胜负未分。时毛泽东方战罢陕北，过黄河，进太行，一路西来；刘少奇正经略华北，闹土改，分田地，发动群众。中央五大书记，自一年前延安分手，重又际会于此，设立中国革命之最后一个农村指挥部，将要夺取大城市，问鼎北平。

是时也，日寇甫败，蒋介石心气正盛，仍欲圆"剿匪"旧梦。于是设指挥部于南京，乃六朝古都，纸醉金迷之城。共产党则选定这个山沟，穷乡僻壤，无名无姓之村。当是时，势虽必胜，党却还穷。战事紧，参谋竟无标图之笔，而以红蓝毛线推盘演兵；文电急，领袖苦无办公之所，只就炕桌马灯草拟电文。借得民房一室三桌，是为情报、作战、资料三部；假小院石碾一盘，以供毛、周、朱选将、发令、点兵。虽军情火急，院门吱呀，不妨房东荷锄归；指挥若定，读罢战报，还听窗外磨面声。谈笑间，一战而取辽沈，二战而收淮海，三战而下平津。全国解放，大局已定。

当此乾坤逆转，将开国定都之时，中共高层却格外之冷静。一间大伙房里正在开党的中央全会，静悄悄，审时度势，析未来；言切切，防微杜渐,议党风。斯是陋室,无彩旗之张挂,无水茶之递送;甚而上无主席台之摆设,下无出席者之席尊。主持者唯一把旧藤椅,代表席即老乡家的几十个小柴凳。通过的决议却是不祝寿、不敬酒、不命名。务必艰苦朴素,务必谦虚谨慎。其心之诚,直叫拒者降、望者归,大江南北,传檄而定;其风之严,令贪者收、贿者敛,军政上下,两袖清风。孟子言,先贤而后王;哲人曰,先忧而后乐;共产党人,未曾掌权,先受戒骄之洗礼;五大领袖,进京之前,相约不做李自成。

中国革命乃土地革命,政权之争实民心之争。仰观自陈胜吴广至太平天国,起起灭灭,热血空洒黄土旧,悲歌唱罢王朝新。只有共产党,地契旧约照天烧,彻底解放工与农。党无己利,人无私心,决心走出人亡政息周期率;言也为民,行也为民,载舟覆舟如履薄冰。西柏坡,一块丰碑,一面铜镜,一声警钟;二中全会,两个务必,两个预言,再三提醒。自古成由艰辛败由奢,谦则受益满招损。正西风烈,柏松翠,坡草青,精神在,长久存。

(2011年6月29日)

人民的喜爱最珍贵

黄 石

在全国人民隆重纪念党的九十华诞之际，一项特别的评选活动引起广泛关注。第四届"我最喜爱的人民警察"评选活动以其超过1.5亿张的网络投票数，掀起了走近警察、崇敬英雄的热潮。

是什么样的吸引力，让人民群众和社会各界对一项行业评选如此关注？让人民警察的英雄赞歌在全社会广泛传唱？

这是人民群众对平安和谐的期盼。在经济转轨、社会转型时期，多样多发的各类社会矛盾，极易演变成各类违法犯罪，给社会治安稳定带来严重冲击。同时，随着人民群众生活水平的提高，对社会安全感和稳定度的要求也越来越高，对人民警察有着更深的期许。评选最喜爱的人民警察，其实正是人民群众在为他们所期盼的社会平安投票。

这是社会崇尚英雄、追求正义的心声。和平时期，同样需要英雄。构建和谐社会，享受幸福生活，人民群众呼唤守卫一方平安、维护公平正义的"真心英雄"。在200万公安干警中间，无论是危难时刻挺身而出的特警、斗智斗勇侦破大案的刑警，还是救灾抢险一线的消防战士，无不以英勇无畏的气概，践行着英雄的壮举。

这是新时期警民鱼水情深的见证。"有困难，找警察"，时代发展了，技术进步了，但警民心连心的情怀没有变。"人民警察要天天融汇在群众之中，时时出现在群众面前"，从人民群众最期盼、最紧迫、最急需的事情做起，竭尽全力地为群众办好事、办实事，办最需要的事，才能不断增进同群众的感情，赢得人民群众的理解和支持，上亿的网络投票数就是一个明证。

这是人民群众主动性和监督权的直接体现。社会治安好不好，群众感受最直接；公安工作怎么样，群众最有发言权。与这次评选相呼应的，是近年来全国公安机关开展的"民意广场"、"警民恳谈"等各类形式的开门评警活动。打开大门听民意，敞开心扉访民声，开放缩短距离，走近带来贴近，正是从群众的支持和参与中，公安民警找到了改进工作、提升水平的动力源泉。

和平时期，警察是最危险的职业之一，每年牺牲的民警达400多人，负伤的达3000多人，可谓天天有牺牲，时时有流血。为什么还有这么多人热爱这个工作，坚守这个岗位？"作为一名基层民警，最高兴的就是群众喜欢我"、"只要看到老百姓的笑脸，我就感到满足"、"群众需要我，就有力量和勇气"……从当选民警们的感言中，我们能够找到答案——人民群众的喜爱与信任。

人民的喜爱最宝贵。让人民喜爱，是誓言，也是承诺。当前，广大人民群众和社会各界对公安队伍最喜爱的是，在关键时刻、危急关头，能够拉得出、冲得上、打得赢；最期盼的是，在打击犯罪、服务群众的过程中，公安队伍能镇得住坏人、帮得了百姓、管得住自己。只有不负群众的最爱，解决群众的最盼，让人民群众真正感到安心、放心、贴心，才能真正成为一名让人民喜爱、受群众欢迎的人民警察，才能锻造一支让党放心、让人民信任的公安队伍，也才能永葆忠于党、忠于国家、忠于人民、忠于法律的政治本色。

（2011年6月28日）

共产党为什么能发展生产力

叶小文

生产力最活跃,也最过硬、最现实。共产党为什么能发展生产力?请比较一个事实:

众所周知,电力,是生产力水平的标志;日本,是生产力发达的国家。但这次强震引发福岛核电站危机,进而导致关东地区电荒,日本却不能全国调剂电力。因为关西的大阪电力和关东的东京电力两大电网无法并网。包括东京在内的部分地区不得不实行3小时轮换停电,很多企业一度停产。

日本面积不大,电网何必还分东西?原来不同的公司代表不同资本家的利益,国家干预不了。相比之下,中国是共产党执政,代表全国人民的根本利益,不仅"车同轨,字同文",而且是"政同令,人同心",统一电网理所当然。

就这点简单的事,优势立显。

大电网全国调配,游刃有余。既可西电东送,优势互补;又可东电西输,支援西部。例如,在建的青藏直流联网工程,从根本上解决西藏缺电问题,提升西部地区能源优化配置水平,促进西藏以及青海经济社会持续发展。

大电网带来大发展。我国已建成世界第一条±800千伏直流和1000千伏交流线路,特高压输电技术标准被国际电联确定为国际标准。

由电网说到发电。在发电机组领域，我国改革开放之初30万千瓦以上机组全部靠引进，而现在每年新增1亿千瓦发电机组全部由国内生产供应，有33台百万千瓦超临界发电设备投入运行，是世界上百万千瓦机组最多的国家。我国发电设备在国际竞标中有绝对的性价比优势，印度、印尼1000万千瓦设备招标中几乎都是中国设备中标。

由发电再说到新能源。我国在这个领域异军突起，已自主设计制造了5MW、6MW风机，居世界领先地位。我国年生产太阳能电池800万千瓦，占全球的50%。奥巴马在今年国情咨文中多次提到中国新能源发展，惊呼又一个斯普特尼克时刻到来了。

由新能源，还可以说到许多"中国奇迹"。旧中国留下的是千疮百孔、一穷二白的烂摊子。旧貌换新颜，共产党建立了以生产资料公有制为基础的社会主义生产关系，人民群众成为生产的主人；日月换新天，通过改革初步建立起社会主义市场经济体制，调动广大人民群众的积极性和创造性，进一步解放生产力。中国一跃而为世界第二大经济体；粮食、钢铁、水泥、原煤、有色金属等一大批重要工农业产品产量跃居世界首位；"两弹一星"、杂交水稻、载人航天等一批重大科技成果振奋人心；人民生活水平普遍提高；中国出口居世界第一；中国在世界金融危机中表现优异。现在，举国全力贯彻科学发展观，加快经济发展方式转变，促进经济社会全面协调可持续发展……

毛泽东在中共七大指出，中国一切政党的政策及其实践在中国人民中所表现的作用的好坏、大小，归根到底，看它对于中国人民的生产力的发展是否有帮助及其帮助之大小，看它是束缚生产力的，还是解放生产力的。今天的中国，活跃的生产力，以一个个鲜活、过硬的事实证明：共产党领导人民进行革命、建设和改革，都是为了促进生产力的解放和发展。社会主义的本质就是解放生产力，发展生产力。

（2011年6月27日）

先进是党员的"身份证"

岳光东

共产党员作为一种光荣称号,就在于它意味着先进性。对于党员来说,先进乃是一种独特而鲜明的标识,是有别于其他群体的"身份证"。90年里,我们党所以能在每一个历史关头"障百川而东之,回狂澜于既倒",带领人民革命、建设、改革,写下灿烂的历史篇章,就在于党的先进性,就在于无数优秀共产党人实践这种先进性。

先进是党员的"身份证",它具有永不褪却、历久弥新的英雄底色,铭刻"人无我有、人有我优、人优我精"的不懈追求。在火热的实践中,这种先进对于党员来说意味着什么?

先进意味着"地气"十足。我们党视群众为衣食父母,恪守"从群众中来,到群众中去"的理念,不断加强与人民的鱼水深情。斗豪绅、分土地,大开放、奔小康,谋跨越、促和谐,共产党人的行动渗透着浓浓的民意与民利。抗日战争、解放战争、98抗洪、抗击非典、汶川地震、玉树地震、舟曲泥石流,灾难面前人民利益至上,共产党人的回答异常坚定。正因为扎根人民,人民始终与党站在一起,于是有"小推车队"推出淮海战役胜利,有"沂蒙红嫂"舍生忘死救伤员,有全民齐心协力抗灾害。党的奋斗伟业一再昭示:任何轻视人民利益的"先进",都是站不稳的。

先进意味着原则至上。原则是先进的"生命线",它需要钢铁般的坚毅作保障,需要"不计较、不眼红、不抱怨、不失衡"的高尚情操来把关。同时,原则又是件"易碎品",稍不留意就会一碎到底。其实,早在抗战时期,"不拿群众一针一线"就已经为共产党员的原则定了"国标"。然而,时至今日,少数党员为情所困、为财所惑、为权所动,一次次地丢掉原则底线,与职责貌合神离,与先进愈行愈远,务必引起警惕。党员要想永葆先进,就必须泾渭分明地理顺原则、矢志不渝地坚守原则。

先进意味着表里如一。党员的先进不是靠作秀来掩人耳目,而是本色的自然流露;不是一时为私利争强好胜、强出风头,而是毫不做作、一心为公的"大意识"。"人前一套、人后一套"的先进虽能蒙混一时,却终将原形毕露。先进的党员注重的是一辈子、纯自然的口碑,犹如与兰考"三害"斗争到底的焦裕禄、"青山处处埋忠骨,一腔热血洒高原"的孔繁森、创造"小岗奇迹"的沈浩、"草鞋书记"杨善洲,他们身上没有功利性的沽名钓誉,有的只是共产党人的真性情。

先进意味着永远争先。先进不是天上的"馅饼",等不来、守不住,唯有搏与拼,才能争得先进、保持先进。在新的时代条件下,我们仍需强调,一个组织就是一座堡垒,一名党员就是一面旗帜。是共产党员,就要敢于亮出自我,就要找准定位,就要比出压力、比出动力,就要不骄不馁、披荆斩棘,踏着险阻冲向先进的高峰。

90年风雨兼程启迪我们,愈能够经受住群众考验和时代洗礼,共产党人的腰板就愈直、骨气就愈硬,先进这个特殊的"身份证"就愈加鲜亮。

(2011年6月24日)

赓续我们的"非常之观"

朝 明

前进的智慧,向上的力量,常蕴于先行者的足迹和历史的辙印。

建党 90 周年之际,研读党史,在感慨中国共产党建党伟业之艰苦卓绝、革命先辈奉献牺牲之慷慨激烈的同时,不禁思索:假若没有漫漫 90 载的非常历程、峥嵘岁月,没有一场场存亡抉择、生死考验、血火淬炼,没有一次次失败挫折、艰辛探索、奋斗拼搏,而是一路走来顺风顺水、平畴坦陌,还会不会有如今这个自强不息、生机勃勃的大党?

磨难出英雄,忧患创伟业,"世之奇伟、瑰怪、非常之观,常在于险远"。于 90 年的节点上蓦然回首,波澜壮阔的历史大视野中,处处是可歌可泣的"非常之观":从上海租界的石库门、南湖上的一只小船、"八一"起义的枪声、"地球上的红飘带"到天安门城头的庄严宣告,从社会主义改造完成、"两弹一星"研制成功到拨乱反正、改革开放,从"98 抗洪"、抗击非典、抗震救灾到迎战金融危机……

非常之观,源自不懈之跋涉。古往今来,世事如登山,若非历尽险、远,则难觅"非常之观"。如果说"险"首先鉴判的是勇气、胆识和气魄,那么"远"则更多地考验信念、意志和能力。在历尽千难万险、取得革命胜利之后,提醒自己这只是"万里长征走完了第一步";在改革开放举世瞩目的成就面前,要求自己"抓住历史机遇,乘势而上,加快发展"。积 90 年只争朝夕的奋斗,中国共产党人把中国推向了一个前所未有的历史高度,也给世界带来了无尽的震撼和启示。

非常之观,贵在自觉之砥砺。90年来,中国共产党改造着中国社会,也不断改造着自己。以"把全党变成一个大学校"的学习和实践迈向知识爆炸时代,以"批评与自我批评"的良好作风修正错误、把握方向,以"人心向背关系党的生命"的清醒认知密切与群众的血肉联系,惟其如此,党才能在诡谲的波光中不为所惑,在变幻的风云里立场坚定,在大好的形势下开拓前进,在骤至的危机前奋发有为。一个永不自满、永不停滞的执政党,焕发着无限活力和能量,始终立于时代的潮头、走在民族的前列。

非常之观,始于经常之忧患。艰难困苦,玉汝于成。人类历史上,举凡建立彪炳史册的丰功伟业者,谁不是遍遭"九九八十一难"方取得"真经"、修成"正果"?党诞生于民族危亡之际,崛起于民族救亡历程,又引领新中国走过了无数的封锁、禁锢、危机、灾害。每一项巨大的成就、每一次可喜的进步,无不伴随着复杂的挑战、探索的艰辛、改革的阵痛,从困境中不断走向胜利的中国共产党人,总是居安思危、警钟长鸣,总是从困难中想办法、在灾难中谋进步。苦难与辉煌,将忧患意识和责任意识深深地融入了党的血脉之中;坚强与奋发,使党带领饱经风雨洗礼的中国走出了历史的悲情,抒发着迎来复兴的豪情。

"韬厚喷薄沧海上,直将浮蔽作华裳",90年风起云涌,90年波澜壮阔,90年的光辉篇章凝结着历史的沉思,也将夺目的光芒照进现实。"行百里者半九十",党正带领中国人民从新的历史起点上继续出发,"不动摇、不懈怠、不折腾",继续创造更为壮美的"非常之观"。无限风光在险峰,更在未来。

(2011年6月23日)

上海,红色起点的昭示

杨振武

今年以来,我多次走进上海兴业路76号的那座石库门,参加建党90周年的各种纪念活动。踏进那间18平方米的屋子,我常常想到,90年前,历史何以就选择此地作为一个伟大政党的诞生地?这寻常的街巷、这家常的桌椅、这十余人的聚会,成就了日后开天辟地的宏伟大业,其间历史是怎样展现它的逻辑的?如果当年租界里的巡捕们再早半个小时闯进会场,结果会迥然不同吗?

历史没有假设,却有规律可循。专家的研究,有志者的探访,越来越多的史实显示出上海的这座石库门成为"红色起点"的必然。

离兴业路1公里处,就是当年江南机器制造总局,这是中国近代第一个民族工业基地,上世纪20年代初,那里刚刚成立了全中国的第一个工会组织。其时,上海的产业工人数56万,占到全国1/4,居全国各城市之首——这是建党的阶级基础;兴业路附近,此前,马克思主义研究会、中俄通讯社、以英文补习社为名义的干部学校等一批与党的组织萌芽相关的机构已经陆续酝酿成立——这是建党的组织基础;那时候,在兴业路附近的几个街区里,《新青年》、《星期评论》、《劳动界》、《共产党》、《天问》等刊物编辑部已星罗棋布——这是建党的思想和舆论基础。如此看来,"一大"在兴业路召开,党在上海诞生,绝非偶然的巧合,而可谓水到渠成。

走出"一大"会址,就是已成为上海时尚地标的新天地。面对流光溢彩的街景,看到中外游客怡然和谐的场景,常有人会骤然觉得反差巨大,恍若隔世。但细细想来,站起来的国家,现代化的城市,富足的市民,安逸的生活,这一切,不正是不远处石库门里先驱者们90年前的奋斗初衷?不正是90年来所有前赴后继的共产党人艰苦卓绝斗争的目标?从这个意义上来说,新天地,乃至上海的今天,正是我们党90年奋斗的结晶和缩影;而上海几十年来的发展历程,也始终是与党的发展壮大紧密相连。

建党之后的28年中,从党纲的确立到工人运动的兴起,从左翼文化的重镇到地下斗争的要地,上海为民族独立和国家解放,作出了重要的贡献。新中国成立后,从建立现代工业体系,到实现科技创新突破,从"共和国的长子"到以浦东为龙头实现全方位的对外开放……今天的上海,让几乎所有到访浦江之畔的人们为之惊叹,为之喝彩。上海的发展,正是党领导下的中国特色社会主义的生动实践;上海的成功,正是党90年来形成的中国正确发展道路的有力例证;上海的辉煌,也正是实现了几代中国共产党人梦寐以求的理想;上海的今天,让我们更加坚定了跟党走继续改革开放伟大征程的信心!

今天,在庆祝建党90周年的日子里,上海,作为党的诞生地,作为中国共产党的首个革命圣地,红色起点意味着新的更加重大的责任。党中央把率先转变发展方式、率先提高自主创新能力、率先推进改革开放、率先构建社会主义和谐社会的重任交给了上海,既是信任,更是使命。上海,一定会发扬红色起点的光荣传统,牢记责任,努力奋进,不负使命,敢于争先,不断为党增光添彩,为创造国强民富的更加美好的明天贡献力量!

(2011年6月22日)

风雨中洗礼优秀的品格

陈家兴

为什么中国共产党能够历经九十载而有旺盛的生机与活力？能够带领人民彻底改变 1840 年以来的中华民族命运，开辟一条具有中国特色的现代化路径？

回望党的九十年，它强烈的忧患意识、执着的学习精神、不变的求是品格，在历史的荡涤中凸显其坚，在风雨的洗礼中益显其华。这些优秀的品质，铸就了党的活力与传奇。

"生于忧患，死于安乐。"中国共产党在忧患中诞生、成长，更在忧患中开拓、创造。无论时代变迁，无论地位变化，它的忧国、忧民、忧党意识始终贯穿。

红日初升时，党在"中国向何处去"的忧思中，带领人民完成救亡图存的历史命题。即将全国执政时，党在"夺取全国胜利，这只是万里长征走完了第一步"的自警中，抵制"糖衣炮弹"侵袭，在"两个务必"中"建设一个新世界"。历史的重大关头，党在"如果一切从本本出发，思想僵化，迷信盛行，那它就不能前进，它的生机就停止了，就要亡党亡国"的清醒中，开启崭新时代。新的历史起点上，党在面临执政、改革开放、市场经济、外部环境这"四大考验"的告诫中，居安思危、思而有备，始终保持清醒头脑。

中国共产党被称为世界上少有的具备自觉学习意识的政党。这种学习的自觉，乃是一种基础性的品质。因为学习是一切进步的先导，是求新求变的起点，是创新创造的前提。党的长于实践、善于传承、勇于探索、敢于创新的诸多品质，皆以学习为发端，以学习品质为基础。

这样的学习品质，其奇特处就在于，不仅能够在"有分析有批判地学"中"吸取一切文明优秀成果"，还能够有力克服"本领恐慌"；不仅讲求"从战争中学习战争，在游泳中学会游泳"，更敢于在"没有现成答案"中"大胆地试、大胆地闯"。基于党的九十年学习、实践、创造的成功经验，"建设学习型政党"就不仅是党在新起点上的一项"战略任务"，更是其优秀品质的内在要求。

在延安的"七大"会场，"坚持真理，修正错误"的横幅格外醒目。这种对真理的执着追求，体现一个政党的自我修复能力，成为其始终活跃在历史舞台的决定性因素。党的九十年辉煌，并不回避民主革命时期遭受的重大失败、社会主义建设时期犯过的严重错误。也正是有了对失败的深刻反思和对错误的彻底修正，才有了在正确道路上前行的坚定决心。

历史前进的道路上，未来总是充满着未知，没有谁会永远正确。唯有炼就实事求是、与时俱进的品质，方能在失误中充分汲取，在失去中有所获得，在失败中走向成功，不断开辟正确的前进方向。

党的历史中蕴藏着党的未来。无论前程风和日丽，还是艰难险阻，砥砺这些优秀的品质，中国共产党必能更加从容自信地面向现代化、面向世界、面向未来。

（2011年6月21日）

让"红色基因"代代相传

乐 其

红色，象征光明，凝聚力量，引领未来。瑞金、井冈山、遵义、延安、西柏坡……无一例外地因为"红色"而典藏了历史，穿越了时空，成为一代又一代中国人心中永久的向往和神圣的殿堂。

当我们一次次聆听父辈们讲起那些峥嵘岁月的往事，一次次捧读写满苦难与辉煌的历史教科书，一次次重走那些洒满烈士鲜血的红色征途，一次次与革命先烈目光凝视和心灵交流，无不在心中"铁石相击，必有火花；水气相荡，乃生长虹"。于是，在儿时的憧憬中，留下了红色的印记；在中年的奋斗中，续写着红色的故事；在老年的回忆中，印照着红色的辉煌。

一位剧作家说："我经常恍惚，我的脚下埋葬着曾经鲜活的生命，我就踩在他们的身体上，我们的幸福和我们的生命来自于他们勇敢的牺牲。"想起千千万万为国捐躯的革命先烈，我们的心中便充满难以抑制的感动和激动。这不又因为他们用鲜血和生命为我们铺就了一条通往理想境界的道路，而且因为他们用精神和意志托起了一个民族不屈的脊梁。那融入历史长河中的精神血脉和红色基因，成为一个民族的集体记忆，成为我们共有的精神瑰宝，引领我们坚定而从容地走向未来。

对于共产党人的人生而言，红色基因是信仰，目光远大，追求高远；红色基因是忠诚，爱党爱国，矢志不渝；红色基因是追求，勇于拼搏,自强不息;红色基因是忘我,无私奉献,无怨无悔。这基因,让青春常驻,让生命之花绽放,让人生的每个时期都有其独特的魅力。

在我们身边,确有许多传承红色基因的时代先锋,从雷锋到郭明义,从焦裕禄到孔繁森,从钱学森到吴孟超,从吴运铎到丁晓兵……他们用奋斗与牺牲,书写着对真理和信仰的执著,对祖国和人民的忠诚,其事迹令人叹服,其品格光彩照人,其精神感天动地。当我们凝视他们时,他们是那样地不同,但又是那样地相似;在他们身上,我们能够穿越时空的阻隔,找到一种一以贯之、永不褪色的精神力量。

传统也许不必每天挂在嘴上,但是需要铭记于心。时下在我们的队伍中,一些人不再追求理想的远大,不再崇尚灵魂的纯洁与高尚,不再讲家国大义、诚实守信,一心盯着眼皮底下的利益。凡此种种,皆可从对历史的淡忘、对红色基因的漠视中找到原因。请记住一位伟人的话,忘记过去,就意味着背叛。精神基因的退化和变异,必将导致信仰的偏离、精神的颓唐、人格的矮化,为组织的信念与纪律所不容,为历史和人民所抛弃。

一位哲人说过,传统不是守住炉灰,而是热情火焰的传递。在这伟大的变革时代,那些和血与火相伴随、与你我他相联系的红色基因,是我们情感的依附、精神的归宿、前行的动力。"死者们在生前/无法言说的话语,死去之时/却可以向人们讲述。死者们的传达/超越生者们的语言,用火表明。"今天,历史的接力棒传到我们手上,我辈更应该珍惜这笔丰厚的精神财富,用红色的激情去拥抱时代、拥抱事业、拥抱人生,让红色传承万代千秋。

(2011年6月20日)

与那些伟大的灵魂对话

桑林峰

优秀共产党人那平凡或不平凡的故事，那高尚的精神境界，那执着的使命担当，呈现给我们的是一个个伟大的灵魂、一座座不朽的丰碑、一行行人生的标杆、一曲曲壮美的凯歌，值得我们敬仰与回味。

"一尘不染香到骨，两袖清风昭汗青。"一个人做点好事并不难，难的是一辈子做好事。对于党员干部来说，一时一事按共产党员的觉悟办并不难，难的是一辈子按共产党员的要求办事。焦裕禄、杨善洲、吴孟超、严高鸿们做到了，他们耕耘一辈子、奉献一辈子、坚守一辈子。这正是他们伟大情操、伟大精神、伟大灵魂之所在。正如鲁迅先生所说，"这就是中国的脊梁"。

然而现实生活中，有些人不能理解也不愿意向先进典型学习。在他们看来，坚持原则是"傻瓜"，投机取巧是"能力"。入党为什么，当干部做什么，身后留什么……在这些问题上，有些党员干部沦为了极端的现实主义者和功利主义者。他们对自己很宽容，行私情谋私利，醉心于捞个盆满钵满；他们对身边人很放纵，"一人得道、鸡犬升天"；他们对是非很漠然，信奉"有权不用、过期作废"，党性修养的脆弱在这些人身上到了令人忧虑的地步。

先进典型的榜样力量、高尚人格，是最好的"清醒剂"、"放大镜"，可以很好地照出卑劣者的渺小、低下和耻辱。"清气澄余滓，杳然天界高。"榜样就是这阵阵"清气",能够澄滤精神的"余滓",赋予前行的力量,引导人们走入"杳然"的境界。在伟大灵魂身上,我们感受到核心价值的凝聚力、传统美德的吸引力以及高尚人格的感染力。保持先进性,尤其需要每个党员追随高尚的灵魂、心中的榜样,"苦其心志"、"劳其筋骨",长时间地磨砺。正如刘少奇的论述:"我们的党员,不但要在艰苦的、困难的以至失败的革命实践中来锻炼自己,加紧自己的修养,而且要在顺利的、成功的、胜利的革命实践中来锻炼自己,加紧自己的修养。"

高山仰止,景行行止。向伟大灵魂学习,不是让自己感动一阵子,最重要的是对照榜样,不断寻找差距、缩小差距、历练自我。老一辈无产阶级革命家谢觉哉曾写下这样的话:"雷锋同志是平凡的,任何人都可以学到;雷锋同志是伟大的,任何人都要努力才能学到。"先进典型一辈子大公无私、淡泊名利、两袖清风、一身正气,他们的人生令人震撼和感动,他们的高度需要我们"跳一跳才能够得着"。我们与伟大灵魂照照像,重在以他们的先进事迹和崇高精神为镜鉴和标杆,经常照一照,比一比,看清楚我们和他们的差距究竟在哪里,真正弘扬他们的精神,努力做他们的传人。

"薪火相传终有继,江山更待新宇开。"做一名优秀的共产党员,就是要常和伟大灵魂对对话、照照像,用自己一辈子的追求,体现党性的张扬和升华,坚守共产主义理想信念,坚守实事求是的科学精神,坚守服务人民的赤子情怀,坚守薪火相传的优良传统,真正使共产党人的精神家园纯洁而高尚。

(2011年6月16日)

郭明义的微博为何这么火

廖小言

"当代雷锋"郭明义在新浪网开通了自己的微博,很快就受到网友热捧,关注者以日均万计的人数增长。截至6月12日下午,郭明义微博"粉丝"突破100万,在全国道德模范、典型人物开通的个人微博中,首个突破百万人。在新浪1亿多微博博主中增长速度最快,在微博新人排行榜上排名第一。

微博上,郭明义向网友发出问候,写下感想,介绍自己日常的工作生活,得到了"粉丝"们热情洋溢的回应:"郭师傅,你让我们相信,雷锋就活在我们身边"……

眼下,微博成为时尚。一些娱乐明星、时尚"大腕"和话题人物的微博人气高涨,备受关注。郭明义3月25日开通微博,两个多月来,郭明义共发微博2000多条,"粉丝"回应或跟帖2万多条。据统计分析,98%以上的"粉丝"对郭明义的事迹和微博持推崇态度。作为新时期学雷锋楷模、优秀共产党员的郭明义,他的微博吸引了如此之多的关注,在浩如烟海的网络信息中脱颖而出。这本身就是一种耐人寻味、更令人欣喜的文化现象。它说明,郭明义的高尚品德、感人事迹和人格魅力,确实具有强大的感召力和影响力,足以让人们怀着感动、敬意和好奇,通过微博"近距离"接触郭明义、了解郭明义、亲近郭明义。

郭明义微博的"火爆",恰恰表达了我们这个社会一种深切的愿望。尽管时代发生了深刻变化,但期待我们的时代涌现更多的先进人物,希望我们的社会文化中出现更多凝聚先进价值的内容,始终是人们发自内心的呼唤和激情。

有一种观点认为,在互联网上,主流价值的表达容易被多元化的舆论消解,正面的声音经常被众多杂音、噪音淹没。但实际上,只要是过得硬的人物和事迹、只要是符合人民群众心愿的精神,无论在哪里,总会受到欢迎,同样会成为热点和时尚。像郭明义这样的先进人物和道德楷模,同样能够成为网上焦点,成为社会热点话题,成为人们推崇的"明星"。这种明星效应,对人们的思想境界和社会风气会产生难以估量的影响。一方小小的微博,汇聚千万人的心声,郭明义的微博,成了人们守望高尚的精神追求、可贵的道德操守和共产党员本色的一个窗口,成了交流真善美的一个平台,成了传播主流价值的一个网上热力源。

先进人物永远被时代、群众所需要。但一个时代有一个时代的表达方式和传播手段,只有积极利用、善于运用,才能拥有话语影响力。今天,我们必须正视的是,如何借助现代信息传媒手段,让先进人物的传播更生动、更喜闻乐见、更能够融入日新月异的社会文化和时尚生活。

一个先进人物、一种时代精神、一种价值理念的传播,一旦能够进入文化的血脉,就会在民族文化的土壤里生根开花、在民族文化的长河中源远流长;一旦能够进入网络,就意味着主流文化和主导价值在这个新领域彰显;一旦能够进入重点人群,包括广大网民和青少年,就表明这个人物、精神与价值得到这些社会思潮、文化时尚中最活跃的人群认可。如何实现这"三进",值得我们探索与创造。

(2011年6月15日)

从历史驶向未来的中国"红船"

詹 勇

历史总是充满戏剧性,波澜壮阔的历程,往往以难以想象的平凡作为起点。90年前,在浙江嘉兴南湖的一条普通画舫上,党的"一大"胜利闭幕。几十年来,这艘"红船"静静停靠在湖面上,接受了2200多万人次的参观。世界上再没有第二条船,能像"红船"这样获得如此多的关注,引发如此深长的思考。

穿越历史的"红船",见证了一个国家从危亡到复兴的命运转折。当13个平均年龄只有28岁的中国人在船上商议建党的时候,其时距离郑和船队下西洋已有500多年,距离"天朝上国"在鸦片战争的坚船利炮中崩溃已有80多年。那时的中国,正如晚清小说《老残游记》所形容的,是艘"无一处没有伤痕"的破船,漂于海上行将被风浪所吞没。

然而,从南湖"红船"走出去的中国共产党,在与历史风浪的搏击中,日益坚强壮大,激发出扭转乾坤的神奇伟力,不仅改变了一个古老民族沉沦百年的命运,也将一个文明古国推进了社会主义现代化的航道。南湖的"红船",与井冈山的翠竹、陕北高原的黄土、西柏坡的青松、天安门的金顶、深圳湾的碧波相互激荡,构成了一幅风起云涌的历史图景。站在今天回望,我们会更加深刻地理解,90年前"红船"上发生的一切,确乎是"开天辟地的大事变"。

劈波斩浪的"红船",承载了一个政党创造历史的核心奥秘。"水可载舟,亦可覆舟",中国古代的治理者这样总结。在中国共产党人的政治实践中,这一古老命题焕发出新的意义。在延安,美国记者斯诺把党员干部与老百姓同甘共苦、齐心协力的现象,称为"东方魔力"。在大地震后的四川,共产党员为了受灾群众甘愿吃苦受累的事迹,被外国友人叹为"取不走的经"。这两个历史片段,讲述了一个党怎样与人民血肉相连、命运与共,诠释了一个党怎样将其为人民服务、以人为本等政治理念化为生动的现实。

新中国成立后,董必武在南湖写下这样的句子:"烟雨楼台,革命萌生,此间曾著星星火;风云世界,逢春蛰起,到处皆闻殷殷雷。"星星之火之所以可以燎原,因为共产党人好比种子,扎根于群众之中;中国革命、建设和发展之舟之所以能乘风破浪,因为党始终依水行舟,为大众谋幸福,由此赢得了堪为执政之基、力量之源的拳拳人心。

历尽沧桑的"红船",见证了一个执政党领航中国的驾驭能力。回首现代化航程,有过社会主义建设时期的高歌猛进,也有过"大跃进"的"触礁"、十年"文革"的"迷航";有改革开放后的高速航行,也有在特大地震、金融危机等惊涛骇浪中的奋力扬帆……90年来,无论是在顺风顺水时预防风险,还是在关键时刻找准航向,抑或是在危难时刻力挽狂澜,党在成就中清醒,在探索中成熟,在挫折中奋发,表现了非凡的把握机遇、应对挑战、化解危机的能力。

当今世界,依然百舸争流、千帆竞发;浩荡的文明潮流中,不乏暗流涌动、急流险滩。"办好中国的事情,关键在党",只有坚强而先进的领航力量,才能引领中国沿着正确航向到达理想彼岸。

90年前,在嘉兴南湖,"一大"代表们面对漫天风雨,在会议闭幕时只能压住声音轻呼口号。今天,小小"红船"上诞生的大党,正驾驶中国现代化巨轮,驶向民族复兴的光明未来。我们可以向世界发出响亮的声音:有中国共产党的领导,中国的明天会更好!

(2011年6月14日)

共产党为什么能凝聚中华民族

叶小文

近访澳大利亚、新加坡，遇著名侨领、澳洲中国和平统一促进会主席邱维廉。老人深情地说，共产党为什么能凝聚中华民族？我们远在海外的华人体会深切。近代中华民族有三个时期凝聚力特强。一是辛亥革命推翻清政府，一是抗日战争救亡图存，再就是现在的祖国统一民族复兴了。共产党是应势而生，顺势而上。天时地利，必有人和。

海外有知己。共产党凝聚中华民族的真谛何在？我带着这个问题，一路向海外华人请教。请听新加坡国立大学郑永年教授的一番见解。

郑永年认为，辛亥革命虽然推翻了清王朝，建立了中华民国，但中国摆脱不了一盘散沙、任人宰割的悲惨境地。孙中山先生痛感要使中国大众产生民族主义国家意识，建立国家是首要任务。只有作为一种组织的国家才能把民族主义制度化；只有民族主义制度化后，才会体现出其政治力量来。组织政党，发动革命，就成了孙中山建设中国民族国家、救亡图存谋振兴的有力武器。他主张"以党治国"，这并不是说"要党员都要做官，然后中国才可以治；是要本党的主义实行，全国人都遵守本党的主义，中国然后才可以治。"但当时"并无国可治，只可以说是以党建国。待国建好，再去治它。"

为什么孙中山之后，国、共两党都要建国治国，国民党却最终败于共产党？因为国民党的主义和组织都不被中华民族所接受。郑永年认为,"简单地说,在社会基层,国民党所依靠的是地方精英,即地方绅士,而共产党则直接依靠农民,直接把中共的治国理念传达给了人民","走上了一条自下而上的民族主义建国道路。"他还引用美国学者弗兰兹·舒曼的话说,共产党"在重建一个伟大的国家,约束着她的人民,改善着人民的生活,打下了增长的基础。共产党中国犹如一栋由不同的砖石砌成的大楼,她被糅合在一起,站立着,而把她糅合在一起的就是意识形态和组织。"

当然,共产党也并非先知先明、不犯错误的神仙圣人。从清末改革运动到孙中山再到毛泽东,在改革开放之前,中国一直处于持续的革命之中,探索的重点在于建立一个什么样的国家。尽管毛泽东领导的共产党人最终建立了人民共和国,但对共和国应当是怎样的一个国家,一直处于艰难的探索之中,对很多问题的理解只能在实践中进行。如果不理解改革开放之前30年的历史,也很难甚至不能理解改革开放30年的成就。

经过建党90年艰苦卓绝的奋斗和建国60年艰辛曲折的探索,中华民族终于走出了一条建设中国特色社会主义的道路,从苦难走向辉煌。沿着这条路,建设一个日益富强民主文明的中国——我们在这里凝聚,从这里复兴!

天时,天行健自强不息;地利,地势坤厚德载物;人和,睡狮一旦醒来力量就要爆发,民族走向复兴力量就要凝聚。

时代潮流,浩浩荡荡,中华民族正当此天时地利人和。应势而生,顺势而上,共产党必能凝聚中华民族。

(2011年6月13日)

历史中蕴藏着永恒……

向贤彪

问道必先知史。党的历史，堪称思想宝库，它传递出的智慧与感悟，厚重而深刻；宛若教科书，书写着共产党人的灵魂，指引着将来的命运。只有真正走进党的历史，每一个中国人才会真切地感受到神圣和崇高、光荣和自豪，心灵为之净化，精神为之升华，平添奋进的动力。对于自己来说，党史中有什么？每一名共产党员更应有此深深一问。

党史中有理想信仰。理想是人生的航标，信仰是生活的太阳。90年来，革命先辈为什么能像雄鹰一样飞到欧洲和苏俄去感受革命的风暴，去寻求救国救民的真理？为什么会有一批又一批热血青年抛弃殷实富裕的生活，甚至毁家纾难而走进山林，建立革命武装？为什么无数优秀的共产党员在战场上舍身拼杀，在刑场上大义凛然，表现出视死如归的英雄气概？这就是理想的召唤，就是信仰的力量。党的历史反复证明，坚定的理想信仰，无论对于一个民族、一个国家还是一个人来说，都是前进的号角、力量的源泉。今天，时代变了，观念变了，但共产党人的理想信仰不能变。有了这个不变，有了这份坚定，才能既抬头看天又脚踏实地，排除干扰，凝聚力量，继续宏图大业。

党史中有力量源泉。回顾党史，我们会情不自禁地想起那首著名的歌谣："最后一尺布用来做军装，最后一碗饭用来做军粮，最后的老棉被盖在担架上，最后的亲骨肉送儿上战场"；想起千千万万个戎冠秀、沙奶奶、红嫂的动人故事。确实，中国革命的胜利，从根本上说，是人民力量的胜利，人民意志的胜利。党和人民血肉般的联系，永远是我们的力量之源、胜利之本。历史告诉未来：始终保持与人民群众的血肉联系，真正做到权为民所用，情为民所系，利为民所谋，才能得到人民一以贯之的支持和拥护，给我们带来取之不尽、用之不竭的力量源泉。

党史中有奋斗精神。"艰难困苦，玉汝于成"。党的历史，浸透了血水和汗水，凝聚了光荣与辉煌。在90年的奋斗历程中，井冈山精神、长征精神、延安精神、大庆精神、"两弹一星"精神、九八抗洪精神、抗震救灾精神等一系列精神财富璀璨夺目。这些宝贵的精神财富，是民族精神的结晶和升华，是我们共产党人特有的精神状态和人格魅力。精神是历史的积淀，是历史真正厚重之所在。法国年鉴学派大师吕西安·费弗尔曾说："在动荡不安的当今世界，唯有历史能使我们面对生活而不感到胆战心惊。"我们应当以先辈为榜样，把他们的精神在新的时代里、新的事业中传扬。

泰戈尔说过，一个民族必须展示自身之中最上乘的东西，那就是这个民族的财富——高洁的灵魂。中国共产党团结带领人民90年不懈奋斗，在更高层次上展示了中华民族高洁的灵魂。那绣在红色旗帜上的故事，刻在红色大地上的传奇，形成在红色历程中的传统，已镌刻在波澜壮阔的红色党史中，更镌刻在各族人民的心坎上，成为我们弥足珍贵的精神财富。

在喜迎建党90周年的日子里，静下心来认真地读一本党史读物，参观一处党史纪念地或者纪念馆，与"双百"人物中的共产党员作一次"心灵交流"……让自己走进红色的党史，让精神与信仰散发恒久的光芒，我们会更深刻地认识党，更加坚定地昂首前行，续写新的辉煌篇章。

（2011年6月10日）

品德高下看"忧乐"

温振春

前不久,某航班因天气原因延误,本应后飞的航班却因一位领导干部的登机"先飞"了。此举引起社会关注。人们由此联想起,当年日理万机的列宁自觉排队理发,毛泽东、周恩来认真践行"我也要遵守制度"的诺言。

"先天下之忧而忧,后天下之乐而乐",原是领导干部应有的胸怀。然而近些年来,却有一些人把"先忧后乐"抛在脑后,变成了"先天下之'优'而'优',先天下之'乐'而'乐'"。一些地方涌现了花园式、宾馆式、别墅式、皇宫式办公楼,超豪华装修、超规格购置高档轿车等现象,也不罕见。

在现实中,先后本是公共生活的一种秩序,伧孰先孰后,有时暴露出某种特权思想,折射出某种媚官恶俗。诚然,领导干部工作繁忙,有时需要一些适当的服务与便利,这可以理解。但决不能以此为由,谋求特权,追求"优先"照顾。这样的领导干部,损害党和政府形象,必受群众冷眼,为世人所不齿。

一些领导干部的"先优先乐",从根本上说乃是淡忘了党的宗旨,淡薄了群众情感。把安身立命之本抛在了一边,往往就会发生蜕变,膨胀自我特权,视党和人民赋予的职权为既得利益,当成谋取个人或小集团利益的工具和手段。

"政者，正也。""为政以德，譬如北辰，居其所而众星共之。"领导干部是人民公仆。只有摆正位置，"吾日三省吾身"，常用党的宗旨、入党誓词、先烈精神和英模事迹对照自己的言行，才能进入角色，明其所想，知其所为，做出成效；才能秉公持正，坦荡磊落，"利归天下，誉属黎民"；才能见贤思齐，不以物惑，不以情移，耐得住寂寞，守得住清贫，经得住诱惑，保得住气节。

讲公德、扬正气、守规矩是衡量一个人品德素养的重要尺度，领导干部则应以此为基本的为政素养和要求。只有做到"先忧后乐"，才能见出一个领导干部的高尚境界和品德，才无愧于组织的信任和群众的重托。

（2011年6月9日）

留下一个优雅的背影

辛士红

当前,省市县乡四级党委自下而上的换届工作陆续展开,一批领导干部面临着退出岗位、交流换岗。一位将要退居二线的县委书记公开承诺:不递一张条子,不提任何条件,不干一件以权谋私的事,给大家留一个优雅的背影。

优雅的背影!这是一个多么富有诗意的场景。提起背影,我们可能想到惜别的泪眼、亲人的张望,这其中多少渗透着一点离愁别绪。如今,这位县委书记优雅转身的情怀,一扫低沉感伤之情,映衬出共产党人的品行、气节和操守,不能不让人肃然起敬。

领导干部在任之时,如舞台上的主角,聚光灯大多对准的是"华丽"的一面,公众看到的也大多是"正面"形象。而离任之时,主人公将告别熟悉的舞台,留给观众一个转身的背影。这个背影,既是平时形象的延伸,也关系着政声的优劣、群众的口碑。

可就是这么简单的转身动作,有些人做得并不优雅,心理失衡、言行失态、道德失范,不该伸的手伸了,不该破的"戒"破了,毁坏了多年在台上积累的公众形象。有的是"补偿心理"作怪,总认为自己付出的多,得到的少,再不"捞一把"就亏待自己了;有的是出于"随众心理",认为自己是快走的人了,得到一些额外照顾不算啥;还有的认为"有权不用,过期作废",心急火燎要将手中的权力"套现"。

离任是一面镜子,可以照出一个人官德品行的高下。离任是一个考场,可以辨别一个人思想作风的优劣。为官理政,重任在肩。在任之时,因为顾及人言和法规,保持形象并不太难。离任之际,为公的初衷不改,为民的本色不变,时时处处依然能约束自我,洁身自好,则难能可贵。

"清风两袖朝天去,免得闾阎话短长",这是明代廉吏于谦离任时的高洁和优雅。清朝嘉定县令陆陇其离任时,百姓夹道相送,泪飞如雨,被人赞为:"有官贫过无官日,去任荣于到任时。"山东省寿光县老书记王伯祥离任时,一辆130小货车就拉走了全部家当,20年后的今天人们依然念念不忘。他们都经受了离任的考验和历史的检验,留给人们的形象朗如日月,挺拔如松。

爱默生曾说:"优雅的举止是最好的艺术,它比任何绘画和雕塑作品更让人心旷神怡。"领导干部优雅的转身,更具有示范和表率作用。这种优雅,从容而高贵,体现出对人格的珍重、对声誉的珍视、对形象的珍惜,彰显出对本色的坚守、对制度的敬畏、对交好接力棒的自信。

离任,无论是退出领导职务,还是到新岗位任职,都不是人生的休止符,而是政治生命的转乘站。领导职务总有离任之时,但共产党员的身份永不离任。只有做到政治觉悟不退、精神追求不退、模范作用不退、清正廉洁的形象不退,才能坚守共产党员的精神家园。

"慎终如始,则无败事"。良好形象的树立需要终其一生的努力,而败坏这种形象只须一个简单的动作。尤其是在离任之际,一个念头发生偏差,一次选择出现失当,终身的追求就可能毁于一旦。面临离任考验的领导干部,尤应慎之又慎,写好人生的"点睛"之笔,留一个完美、干净的背影。

(2011年6月8日)

服务人民 没有最好 只有更好

强 卫

干部的政绩在于人民的利益，干部的前途在于人民的幸福。这样的认识启示我们，服务人民，没有最好，只有更好。

我们党一切事业的根本目的，就是要让人民满意。胡锦涛同志指出："社会管理，说到底是对人的管理和服务，涉及广大人民群众切身利益"。我们要把群众工作作为社会管理的基础性、经常性、根本性工作摆在突出位置来抓，真正做到社会管理工作让人民得益、让人民满意、让人民高兴。

时代不同，群众工作的内容和方法也不同。但万变不离其宗，做群众工作必然要涉及干群关系问题。在干群关系中，干部始终是矛盾的主要方面，只有干部把群众放在心上，群众才会把干部放在心上；只有干部把群众当亲人，群众才会把干部当亲人。

前不久，中央组织部作出了向杨善洲同志学习的决定。杨善洲同志最宝贵的品格就是始终对人民群众怀有真挚而深厚的感情。我们要学习杨善洲同志，切实增进同群众的感情，把群众呼声作为第一信号，把群众需要作为第一选择，把群众满意作为第一标准，充分保障群众利益，充分尊重群众意愿，充分发挥群众积极性，进一步密切党和群众的血肉联系。

科学的方法对做好群众工作至关重要。要多用真诚服务的方法，及时了解群众的安危冷暖,真心对待每一位群众,耐心关爱特殊人群,热心帮助弱势群体。要多用平等协商的方法,尊重群众的主人翁地位,尊重不同群众的生活习惯和宗教信仰,以平等交流、相互沟通和民主协商的方式解开群众心中的疙瘩,协调社会关系、化解社会矛盾。要多用深入一线的方法,走出机关,深入基层、深入群众,到矛盾多的地方去,到条件艰苦的地方去,面对面地解决群众的困难和问题,增强群众工作的针对性、有效性。要多用宣传解释的方法,用群众喜闻乐见、通俗易懂的语言把党的政策告诉群众,把社会主义制度的优越性讲给群众,把群众的利益和权力交给群众。要多用换位思考的方法,耐心地倾听群众的"牢骚声"、"诉苦声"、"委屈声"甚至"骂声",甘当群众的"出气筒"、"减压阀",从中找到差距、不足和失误,不断改进我们的工作,积极引导和培育健康社会心态。

社会管理工作要让群众满意和高兴,最重要的是切实解决好人民群众最关心最直接最现实的利益问题,不断让人民群众得到实实在在的利益。关心群众生活,解决群众困难,提高群众幸福感,是最根本的群众工作。只要我们抓住协调群众利益这个核心,真心实意地为群众谋利益,群众就会真心实意地拥护我们。将改善民生作为最大的政治,坚持"小财政办大民生",推进基本公共服务均等化,让各族群众生活得更有尊严、更加和乐。

群众工作不仅是一种政治理想和政治号召,更是党员干部必须履行的职责、纪律和要求。建立健全群众工作的领导体制、工作机制和考核评价制度,不断健全维护群众权益机制,加强对制度执行情况的督查,我们就能够把党对群众工作的要求落到实处。

(2011年6月7日)

青海何以"大美"

卫 庶

江南的美,更多的美在小巧玲珑。青海的美,更多的却美在"大"。大山,大江,大河,大湖,集于一地。雄浑之美,壮观之美,磅礴之美,深邃之美,显于一域。人到此地,豁然开朗,心旷神怡,境界亦为之一宽。

青海大美之大,为风骨为精神。在于大气和谐,几十个民族和睦相处,藏传佛教、伊斯兰教等多种宗教和谐共存,人与自然和谐相处。在于源远流长,从柳湾彩陶、同仁唐卡、丹葛尔古城、藏医药,到西路军、原子城、青藏公路,古往今来。在于大爱深情,玉树强震,四面八方千里驰援,玉树人自救互救;玉树重建,全国支援相助,玉树不倒、青海长青,美丽的格桑花重新绽放。

青海大美之美,为神韵为风华。在于生态自然,高山高原,冰川江源,野生动物,其原生态、大自然,美得令人心颤。在于神奇神秘,塔尔寺、格萨尔王传说闻名天下,早于庞贝古城2000多年的大型史前灾难遗址喇家遗址正在为人所知。在于风情无尽,"花儿"歌声动人,康巴歌舞独具特色。

青海大美,亦美在细部,美在具体。夏都西宁,风情海东,圣洁海南,美丽海西,生态海北,秘境黄南,雪域果洛,天上玉树。生态文化,民族文化,宗教文化,自然人文,可谓"大"在多元发展、多样共存,"美"在丰富多彩、悠久深厚。

多少年来,青海偏居西域,其"大美"不为更多人知,只有多扬其风骨神韵,方能让天下人美其美、享其美。

欲扬其风骨神韵,何妨在"大"上做文章?需有大气魄、大战略、大思路、大手笔,引进大项目、大资金、大企业,形成大品牌,构建大交通,做好大服务,形成大产品,对接大市场,架构大产业,以大开放促进大发展,勿被"小作坊"、"小商铺"式的发展误了前程、束了手脚。亦需在"特"上求生存,瞄准其独特的地域环境和省情,找到富有青海特色的开发模式和战略途径;在"新"上寻空间,以新资源应对新市场,开发新产品,提供新服务,利用新技术,培育新业态,营造新环境,开辟新天地。

欲扬其风骨神韵,更需站位"高"。后发而立足高起点,后起而占据制高点。"生态立省,坚持走内涵式发展道路","十二五"期间,旅游总收入年均增长20%以上,打造百亿元产业,建设高原旅游名省——5月31日青海第五次旅游大会的郑重宣告,表明了青海人民深思熟虑的坚定抉择。如此原生态的美,需要走内涵式发展之道、科学发展之路,决不走先污染后治理的老路,先破坏后保护的弯路。

唯有让其风骨神韵自然绽放,方能存其"大美",成其"大美"。

(2011年6月3日)

"楚才"如何才能"楚用"

岳光东

"惟楚有才"、"楚才晋用",是与楚国有"地缘"关系的两个典故。一褒一贬,既道出了楚地藏龙卧虎的繁荣景象,又折射出楚国人才流失的深刻教训。

据《左传》记载,春秋时期鲁襄公二十六年,公孙归生向令尹子木提到了"楚才晋用"的四个典型例子:在"绕角战役"中大败楚军的析公;在"彭城战役"中助晋胜楚的雍子;为晋国抵御北狄进攻,并且使吴叛楚的子灵;"鄢陵之战"中积极献计献策、大破楚军的贲皇。这些在楚国籍籍无名的能人,到了晋国却大展身手、光彩照人,令楚国的为政者扼腕长叹,也给后世的用人者留下探寻得失的镜鉴。

"治国经邦,人才为急"。人才是国家发展的不竭动力,唯有"人才兴",才能"事业兴"。当下,从中央到地方,人才日益受重视,人才工作也逐步走上正轨,然而,仍然有个别地方摆不正人才的位置,做不到人尽其才,最终导致"楚才"流失,发展受阻。

识才爱才和选人用人是领导者的基本功,也是体现领导者水平高低的标尺。那么,作为一名领导者,应该向晋国学习什么,从而避免人才流失,实现"楚才楚用"?

当有"周公吐哺"的重才之情。"萧何月下追韩信",得以成就汉室大业;"周公吐哺",得以"天下归心"。历史反复证明:谁重视人才,发展就会"青睐"谁。晋国伟业所以能够绵延百余年,与晋国国君重才之情是密不可分的。唯有从思想上重视人才,求贤若渴,握发吐哺,才能够引来"凤凰",营造百舸争流的可喜景象,我们的事业才会充满希望,孕育不竭动力。为此,领导者应当树立"轻视人才就是失职"的观念,不断增强识才、选才的责任感和紧迫感。

当有"海纳百川"的聚才之度。有些领导干部在人才使用上"嫉贤妒能"、"求全责备",大搞"近亲繁殖",从而导致一些"千里马"被拒之门外。要想杜绝这种现象,不妨学学晋国,晋悼公不仅大胆任用能臣魏绛,而且还虚心接受与自己意见相左的"和戎"国策,对曾居楚十年的智罃同样信而任之,支持其改革,并最终获得成功。"英雄不问出处",使用人才就应当打造宽松的环境,建立开明的机制。作为领导者,就应该不断培养宽阔的胸怀、宏大的气魄,敢于任用"诤言善谏"之士。同时,在人才使用上要多些任人唯贤,少些任人唯亲,对于才华出众的"千里马",只要没有原则性的毛病,就应当大胆起用。

当有"人尽其才"的驭才之智。"任人之道,因才而授职,譬如良工之于木,大小曲直各当其用,则无弃材"。"强兵如云"固是好事,但是,更为重要的是如何"驭才有术",如何"量才录用、适才适用"。晋文公举善授能,"父事狐偃,师事赵衰,长事贾陀",从而确保了"人尽其才"。有些地方并不缺乏优秀人才,缺的是人才引进之后的科学任用。人皆有长,亦有短,用才就要"用其长,避其短",千万不能"乱点鸳鸯谱",以致出现"挥泪斩马谡"式的悲剧。在人才使用过程中,领导者还需做到"赏罚严明",建立科学的奖惩机制,从而确保"用好人才、用活人才"。

(2011 年 6 月 2 日)

"公选热"的冷思考

郝 淼

公推公选作为干部选拔任用制度改革的一个重要举措,受到各方面肯定。在有的地方,组织部门精心谋划,各级干部踊跃参加,选拔了一批优秀人才。

然而,也出现一些值得注意和探讨的问题。有人形象地说,有这么一些"空中飞人",似乎只要"赶到一个地儿,做上一道题儿,讲上一段词儿",就可以"考而优则仕"。与此同时,各种"考试包过,不过退款"的"公选培训班"日渐火爆,似乎只要成为一名"考试达人",职位就唾手可得。在日益升温的"公选热"面前,如何选出"会考更会干"的优秀干部,恐怕还需要理性的思考、科学的操作。

看成绩,更要看实绩。"金石有声,不考不鸣",面对试题,交出条分缕析、言之有物的答卷,的确能够反映应试者的思维能力和知识水平,这是胜任工作岗位必不可少的一种素质。但是一纸答卷,写得下"古今政绩如悬鉴"的认知,却难以毕现"时为苍生咨惠鲜"的实干,即使满分的卷面成绩恐怕也不能完全和实际工作能力画等号。古有赵括"纸上谈兵"的教训,今天的公选,不可只选"秀才",不选贤才;只选演说家,不选实干家。考分固然是重要参考,但真正经得起时间考验的成绩只能来源于一心为民的实绩,来源于推动科学发展、促进社会和谐的扎实工作。一考不能定终生,还需在工作中不断检验干部。

重考试，更要重考察。一场考试，一个分数，高下立现，上位者喜形于色，出局者拂卷长叹。在操作层面上，用一张考卷评价一个干部，常常是成本较低，也是各方较能接受的选择，但要全面客观地评价干部，就不能把考场表现当作唯一的镜子，需要进行全方位考察。"纤微皆审谓之察"，如果说民主公开、竞争择优的考试体现了五湖四海选拔干部的宽广视野，那么细密审慎、兼听则明的考察规则则是实现以德为先、任人唯贤的制度设计。从这个角度说，在实践中考察干部，到群众中了解干部，是一种最能掂量出干部分量的"路考"。

评口才，但更要评口碑。不可否认，口才不仅本身就是一种素质，也是综合能力的体现。对政策熟悉，对情况了解，对工作有思路，言谈间自然理直气壮、娓娓道来。但也不能走入唯口才是举的误区，在综合评价一个人的表现时，切不可为口若悬河者所误导，更不能被滔滔不绝者所迷惑，"信言不美，美言不信"，先贤早就如此提醒。观其言，更要察其行，尤其要注意给那些在艰苦地区、在基层一线默默无闻、埋头苦干的老实人以公平的机会。他们也许不那么善于或乐于表达，但是群众的眼睛是雪亮的。"劝君不用镌顽石，路上行人口似碑"，群众最可信，口碑最难得。

从少数人拍板到多数人投票，从内部决定到公开操作，从考场考察到实践考验，公推公选的每一步迈进，无不在"公"字上下功夫，在"实"字上做文章。作为一种制度探索和民主实践，免不了有这样或那样的问题、偏颇，但只要保持"摸着石头过河"的改革勇气，贯注求真务实的实践理性，就必定会在创新中"柳暗花明又一村"，迎来公平竞争、人才辈出的生动局面。

（2011年6月1日）

"会来事"与"会做事"

匡 吉

在现代语境里,"会来事"即是精于看前后左右关系尤其是看上司脸色行事,善为己谋。"会做事"就是会干工作,体现的是履职尽责水平,他们一般都是素质高、能力强或业务好、技能精的人才。显然,事业的兴旺发达,需要的是"会做事"而不是"会来事"的干部。

"会做事"固然难得,"会来事"也非易事。因为要"会来事",就得不断揣摩上级意图,时刻观察领导脸色,还要到处去"活动",广结关系网……这就必然牵扯大量的精力,所以很难专注于做事。与此相反,要"会做事"的话,就得"在其位,谋其政",就得把精力集中在工作上,因而很少有心思去搞关系。

值得注意的是,有不少干部只想"会来事",不想"会做事"。他们崇尚"关系学",深谙关系之道,在谋求晋升的关键时刻,不是凭真本事,而是通过投机钻营来达到目的。多数情况是,"会来事"的一旦得势和获利,"会做事"的就会受到冷落、遭到排挤。现实中确实有些同志,尽管工作表现好,但因为不善交际、没有关系,所以被"逆淘汰"。

为什么会造成这种颠倒呢?因为"会来事"者,经常与领导套近乎,善于表现、乐于表功,容易留下好印象。而"会做事"者很少出头露面,不会恭维奉迎,所以不被人注意和了解。所谓"做得好不如说得好，说得好不如拍得好"，原因就在于此。除此之外，恐怕还有利益的因素。靠"活动"获得一官半职，大多要付出利益成本。"会来事"的能跑会送，易被提拔使用；"会做事"的不跑不送，常原地不动。

"会来事"与"会做事"，虽都是说"事"，但此"事"非彼"事"。前者是投上所好之事，后者是关系到单位发展建设之事。在一个单位，如果"会来事"的吃香，就会有更多人效仿，这样就会树立不好导向，形成不良风气。而"会做事"的吃亏，不仅耽误个人的成长进步，更影响到单位的发展建设。

作为各级领导，无论是从维护个人利益出发，还是着眼单位发展大局，都应当对"会做事"的人给予关注，对"会来事"的人保持警惕。我们强调不让老实人吃亏，实际上就是不让"会做事"的人吃亏；对他们既要关心和支持，更要尊重和重用。做到这一点，除了坚持党性原则、端正思想作风外，关键还要建立科学的考核评价机制。只有对干部全面深入地了解、公道正派地使用，"会做事"的才会脱颖而出，"会来事"的才会没有市场。

(2011年5月31日)

"焦桐"无语话政绩

郝斌生

前不久,河南郑州大学举办穆青学术研讨会,会后安排与会者参观兰考县的一棵泡桐。从郑州出发,去兰考县看一棵泡桐树,对有些人来说,实在有点不可思议。他们可能推崇黄山的迎客松,向往九寨沟的古木,思慕晋祠里的周槐唐柏,而对一棵只有48年树龄的泡桐缺乏足够的认知。

这棵泡桐被称为"焦桐"。这是1963年春天,焦裕禄同志在兰考县胡集村搞调研时栽种的。如今这棵树两人合抱不住,立地参天,自成风景。泡桐是一种很普通的林木,当地百姓把它称为焦桐,一字之改体现了兰考人民对焦裕禄的怀念和爱戴。徘徊树下,清风习习,仰望焦桐直插云霄,如一座挺拔的精神坐标,看似无语,却带给我们深深的思考。

种泡桐,是当年焦裕禄经过大量调查研究,结合当地实际,提出的根治兰考风沙、盐碱和内涝的"施政纲领",用今天的话说是他的政绩。焦裕禄在兰考工作的有效时间满打满算只有一年半,一年半的时间里,泡桐再怎么生长,也不可能成材,但脉把准了,路找对了,事情就好办了。事实证明,泡桐不仅改善了兰考的生态环境,更是一棵"摇钱树"。经过国家林业部门的考察认定,如今兰考泡桐种植面积和开发利用在全国首屈一指,并且带动了板材加工和民族器乐制作,成了兰考人享用不尽的"绿色银行"。

焦桐的历程,见证了"打基础、谋长远"的历史价值。前人栽树后人乘凉,前人打井后人汲水。兰考人民之所以深情缅怀焦裕禄,除了永不磨灭的精神财富,主要因为他在任时的举措就像河流的源头一样,源源不断地产生惠及这片土地上人民的效益,而且时间越久远,就越能彰显当时决策的宝贵价值。

每一个领导从主观愿望上都希望把工作搞好,但政声人去后,一个领导干部留下了什么、让人记住了什么,不能仅仅看他在任时出的那些数字、盖的那些楼、修的那些路,更重要的是他开创了什么样的发展思路,奠定了什么样的发展基础,究竟为后任设置了障碍还是开辟了坦途,为政绩寅吃卯粮、竭泽而渔还是厚积薄发、可持续发展?

焦桐的挺立,也评判了追求"潜绩"还是"显绩"的抉择。种树是个苦活、累活,更是个慢活,与盖楼、开路、修罗马式广场相比,确实见效慢。树长的再快,也赶不上盖楼的速度,即便是速生树种,也需要十来年才能长成材。而现在一些干部搞形象工程、政绩工程,开路就像拉拉链一样,盖楼就像栽杆子一样,转瞬之间就是一个新"气象"。诸如"白宫楼"、"遮羞墙"、"绿漆山"、"无根树",这些华而不实、违背民意、劳民伤财的所谓"政绩",对国家发展、民生改善又有多少意义呢?焦桐不言,而下自成蹊;高楼乱盖,而批评四起,答案也就不言自明了。

"种树人何在,攀枝空叹嗟;人无重见日,树有每年花"。焦桐是一面镜子,也是一把尺子。它屹立于大地之上,默默地告诉我们,干部的政绩就是人民的利益,干部的前途就是人民的幸福。每一个面对焦桐的党员干部,都应扪心自问:我的工作成果能不能像焦桐一样,经得起风雨的洗礼、历史的检验、人民的评判,在实践里和人心中长久地留存?

(2011年5月30日)

谦让是社会和谐的种子

王开忠

据悉,台湾在公交车上为老人孩子等体弱者设立"博爱座",座位上的年轻人见到体弱者马上让座,甚至在高峰时很多年轻人宁愿站着,也不去坐身边空着的"博爱座"。

由此想到我们北京的公交车,也有专为体弱者设立的黄色座椅,这黄色座椅相当于台湾深蓝色的"博爱座"。然而,形式相同,效果两样,人们常常在北京的公交车里看到这样一种现象:黄色座椅上坐满一些年轻人,而附近却站着不少老人孩子。

最近,根据对北京市10条公交线路共20趟车的调查,乘客中有70%的年轻人不让座,15%的年轻人与体弱者争座,35%的年轻人在乘务员动员乘客让座后仍无动于衷。专座不能专用,温馨的黄座椅成了一些老人孩子等体弱者眼中的墙上画、水中花。

温良恭俭让,是中华民族传统美德。其中的"让",有谦让、辞让、推让之意。可敬的"让",能给人以帮助、给人以温暖。让座拉近距离,互助增进友爱。让座,把方便让给他人,把辛苦留给自己,是高风亮节、胸怀宽广,是弘扬美德、营造和谐。让座,让出的不仅是一个座位,让出的是车厢的文明,让出的是人间的温暖,让出的是社会的和谐。让座,事情虽小,却能看出一个人的人生境界,看出一个人的人格魅力。

改变目前状况,弘扬传统美德,形成让座风气,必须多管齐下:

——需要有关方面共同努力。媒体要通过有效的宣传,提升公众的文明意识;家庭、学校、单位和社会各方面要通过有效的教化,增强公众文明出行的自觉性;公交单位要通过有效的措施,将"黄色座椅为老幼病残孕专座"的规定落到实处。在宣传教育中尤其需要细化内容,提高针对性、增强操作性。比如,明确要求人们特别是年轻人做到:乘车时见到老人孩子要让座……这样的效果可能要比空讲道理好一些。

——需要司乘人员尽心尽职。让老人孩子等体弱者上车有座,司乘人员经过努力是可以做得更好一些的。比如,司乘人员要提醒乘客给老人孩子让座,担负起督促执行有关"专座"规定的责任;又如,安排持"老年证"者坐黄座椅,要求其他人为其让座……俗话说,"只要有心人,万事能办成",解决体弱者乘车难问题也不例外。

——需要年轻群体增强公德意识。尊老爱幼,是全社会的共同责任。调查显示,乘公交车的75%左右是年轻人,年轻人是乘客的主体,也是助人的主体。年轻人身体硬朗、腿脚灵便,站着乘车能够承受,要有境界、有风格、有包容,有谦让精神。谦让是社会和谐的种子。许多事实证明,人有多大包容就有多大"后路"。今天我为他人,明日他人为我;让人一个座位,将会获取一片天地;送人一朵鲜花,将会获得一个春天。由此及彼,由寡及众;我让人人,人人让我;人人向善,社会向善,如此良性循环,何愁弱者无座位?何愁车厢不温暖?何愁社会不和谐?

我们建设和谐社会,和谐社会从哪里来?从我们每一个公民的行动中来,从每一件小事中来,一个国家的文明与和谐往往是通过类似让座这样的小事体现出来。公交车是和谐社会建设的"窗口",有着很强的辐射作用。补足公交车内公德缺失这块"短板",会让尊老爱幼的传统美德更加发扬光大,让和谐新风吹暖京城,吹暖中华……

(2011年5月27日)

社会管理从"心"开始

武雪梅

在汉字中，两个点、一扇门守护着当中最重要的那一点，是谓"心"。孟子说：得天下有道，得其民；得其民有道，得其心。社会管理是对人的管理和服务，也应从"心"开始。

时间为我们定格这样的画面：北京中日友好医院医护人员非典时带着"共产党员"的胸牌走上危机肆虐的一线，让我们知道真正的医者仁心。信访局长潘作良在被认为"闹心"的岗位上让百姓"顺心"，群众在他病逝后，真心跪着为他送行。谁为人民着想，谁就会得到群众由衷的拥护。"淮海战役胜利是人民群众用小车推出来的"，说的就是这个道理。社会管理从"心"开始，实质是要求社会管理者在心灵深处树立群众至上的理念，笃行不息，须臾不忘。

从政府负责角度衡量，从"心"开始即是贴近民心、关切民生。现代社会可以现场办公，信息时代可以网络问政。车下基层了，心也要下去。网络热线连上了，但只有化了民怨才能暖人心。拆迁现场慎用强制的推土机而要用度人如己之心，拆出带有幸福指数的GDP；城市拥堵别只顾管理部门行政的方便，更要长远规划科学疏通。社会管理的政府之心，说到底是和百姓利益紧紧相连，真正做到以人为本，服务为先。

从社会协同角度理解，心的相知相通，才有相互协同。人人紧密联系的社会生活中，社会组织既是管理者也是被管理者，作为构建和谐生活的重要环节，群体组织有益的参与为管理科学化提供了无限可能。辽宁鞍山小伙伊成略在火车站被偷，向路人借一元钱难于上青天，之后他成立"呼吸联盟"，倾心开展爱心服务；同一个城市里，郭明义组织红十字志愿服务队，单是自己就无偿献出了超过自身十倍的血量。每个城市有100个这样的组织，就等于疏通了社会的毛细血管，优秀社会组织就是社会"输血机"，支撑社会之心健康跃动。

从公众参与角度探讨，从"心"开始即是基于良知的自我管理。老吾老以及人之老，幼吾幼以及人之幼，中国人最讲究"己所不欲，勿施于人"。每个企业、每个人堵住自己工厂排污的管道，才能在明净的天空下尽享风清月白；管住自己田头的农药，才会在别人开的餐馆里吃得安心；年轻时为尊师敬长的风气添砖加瓦，老来才可能安享敬重关爱……社会是一个川流沟通的水系，种瓜得瓜，种豆得豆，大家一起把"用心做人，尽心做事"当作座右铭，给蒙尘的责任感与道德观做个阳光浴，在"我为人人，人人为我"的信念中播种爱心、呵护信任，我们才会收获长久的幸福。

"治天下必先治己，治己必先治心"。让我们聆听古人的教诲，一起尝试从"心"开始的社会管理，一起用"心"建设无怨无悔紧紧相系的社会与家国。

（2011年5月26日）

在"追寻"中沐浴崇高

孔祥武

这是一次心灵之旅、青春之旅、快乐之旅、收获之旅。

5月4日,人民日报社启动大型主题活动"追寻"。来自全国18所高校的90名大学生,兵分9路,沿着中国共产党诞生、发展、壮大的红色足迹,寻访若干在党史上具有重大意义的纪念地。

10个马不停蹄的日日夜夜,10名风华正茂的青年学子,"追寻"活动湘鄂小分队奔走在三湘大地、江汉平原、大别山区。他们遍访韶山、宁乡、湘潭、红安、洪湖等9个市县,参访数十个革命历史纪念馆,一次次在伟人铜像前、烈士纪念碑下深深鞠躬。一行行热泪洒落在红土地,泪水里净化了灵魂,感动中升华了境界。

一幅幅历史图片,记录着多少风雷激荡?一件件革命实物,见证着多少峥嵘岁月?一个个故事,又承载着多少沧桑历史?在纪念馆声光电的现代科技演绎中,历史如何照进现实?

韶山冲,中国中部一个极为普通的小山村,如果没有毛泽东,可能仍会默默无闻。60多年来,5000余万人怀着敬意,前来参观。这个小山村,究竟蕴藏着怎样的吸引力?

在毛泽东故居,"一门六英烈"的故事,让青年感受奉献;一件打了73个补丁的睡衣,让学子感受节俭;橘子洲头"谁主沉浮"的沉重"天问",警示后人牢记前辈们上下求索前赴后继的艰辛。

面对一代女杰杨开慧的忠魂,青年学子们感念她作为革命女性,面对严刑拷打,坚贞不屈慷慨就义;作为知识女性,作别过去奔向文明;作为现代女性,相信爱情忠于爱情,更感悟到信仰的力量。

在毛泽东、刘少奇做过农村调查的长沙县,青年学子们重走伟人调查路,不少人第一次走进农户家中切身感受农村巨变,体悟"没有调查就没有发言权"的道理。

一曲《洪湖水浪打浪》传唱了几代人,站在洪湖岸边,前来"追寻"的大学生对"浪"的理解有了自己独特的感触:"浪"常常被赋予一种意象,勇往直前,永不言败;"浪"一波接着一波,前赴后继,生生不息。

历史与现实交融,昨天与今天交汇。10天里,青春在历史前沉思,责任在感悟中砥砺。"我们人生的'追寻'之旅才刚刚起步,10天的'追寻'活动只是一个简短的开场白,将历史的记忆变成我们脑海中真实感动的一部分,在崇敬与信仰中勇敢地继续前行,去'追寻'心中的小梦想与大理想。""我会将这份收获小心翼翼地珍藏在行囊,熔铸入血液,凝定为意志,延展成生命。"这是队员们的心声。

"青年者,国家之魂。"走进党的历史,在追寻中沐浴崇高,在思考中走向成熟,青年人的步子会更坚实,青年人的胸襟会更广阔,青年人的未来会更远大。

(2011年5月24日)

社会管理当求"上工治未病"

简满屯

据报道,四川遂宁推行社会稳定风险评估机制,尽管有 25 项重大决策被否决,但却预防和消除各类隐患数百起,从源头上化解了社会矛盾,促进了和谐。这一做法,与中医里讲的"上工治未病"颇有异曲同工之妙。

由此想到一句古语:上医治国,中医治人,下医治病。现在我们加强和创新社会管理,其实就是通过解决社会问题和矛盾,使社会肌体更加健康,社会运行更为顺畅,与医学上的治疗保健,对象不同,而事理相通。

找准症结是前提。人体具有灵敏的反应机制,脉搏、体温、舌苔、血压等都可以反映身体的状态。在诊断方面,尽管中、西医的方法和侧重点不同,但在透过现象看本质,根据特征断病情这一点上是相同的。在现代社会,表达方式日益丰富,舆论热点层出不穷,背后往往隐藏着这样或那样的社会问题。好比人如果发烧了,既要把温度控制在一定范围,更要迅速查找病因,根据发烧原因对症下药,方能真正退烧。当社会表达机制发起"烧"来,同样需要采取措施,一方面使"烧"的程度不致超过了社会能承受的范围,另一方面认真分析思考原因,从根子上解决存在的问题。

把握时机是关键。高明的医生能在疾病没有形成破坏态势时明察秋毫,也能在疾病发展的关键节点上妥善施治,以较小的代价让人恢复健康。"知几其神","见几而作,不俟终日",事物发展变化的关键点存在于萌芽状态和每一阶段转化的时刻,社会管理也是如此。只有经常深入实际,深入群众,了解社情民意,才会敏锐发现社会问题,防微杜渐,也能够正确判断形势,因势利导,趋利避害。

注重方法有讲究。中医重治本,以恢复身体平衡为根本目的,忌头痛医头、脚痛医脚;中医也务实,不同的情况有不同方法,一个药方不能包治百病,即使同一个药方的使用也因人而异。社会管理面临的问题纷繁复杂,情况变化多端,更需要全局观念和统筹协调能力,明辨趋势走向,分清轻重缓急,讲究方式方法,把政府主导与社会协同结合起来,把加强管理与改进服务结合起来,把维护权益和思想教育结合起来,把依法治理与经济、行政、道德、科技等手段结合起来。

常态工作是基础。一个善于自我锻炼、自我调节的人,能让自己的五脏六腑功能正常,配合顺畅,就很少生病,这体现了预防是最好的治疗。社会管理也是这样,需要建立完善各种长效机制,使各级政府和干部平时就履行好职责,让各类纠纷、矛盾、诉求有正常解决的渠道,让社会心态在润物细无声的工作中走向理性平和,让社会共识在交锋和碰撞中不断增进,让社会合力在交流和互动中不断增强,唯其如此,我们社会的健康运行才会有根本保障,面对矛盾和挑战的能力与底气才会与日俱增。

一个家庭需要安康的状态,一个社会需要和谐的环境。社会管理既是治国理政,也事关每一个人的幸福,等不起、慢不得,更应多一份责任心,多一些主动性,以"上工治未病"为追求,以齐桓公讳疾忌医为鉴戒,让我们的社会管理更有生机活力。

(2011年5月23日)

依法治国与依法治"权"

王比学

经过 25 年全民法制宣传教育,领导干部自觉学法用法的意识大大增强,并已成为一种新的执政风尚。但不可否认的是,以言代法、以权压法的旧习在一些地区一些领导干部的头脑中仍有残余。

从"谁耽误嘉禾发展一阵子,就让他难受一辈子"的雷人口号,到信奉"没有强拆就没有新中国"的强制、暴力拆迁事件;从用"红头文件"否决生效的司法裁定,到"什么法不法,老子就是法"的强硬态度,一些干部的表现,与依法治国的理念大相径庭。

是这些领导干部不懂法吗?不是!从 1986 年至今,我国连续实施了 5 个全民法制宣传教育五年规划,一直把领导干部列为重点。各地也都推出了诸如任前法律知识考核制度、各类法律知识竞赛等措施,他们应该知道哪些行为可为,哪些行为不可为,说"不懂法"只是一种借口。真实的原因,是个别领导干部缺乏对法律的尊重和敬畏。在他们眼里,法律只不过是治理百姓的工具,而自己权力在手、"真理"在握,依长官意志执政天经地义。

"奉法者强,则国强;奉法者弱,则国弱。"从"人治"走向法治,领导干部是关键。领导干部法律素质的高低,直接影响其主管的一个地区、一个部门能否依法办事。如果领导干部不懂法,无视法律,甚至违法,其危害程度比普通公民违法要严重得多。

正因如此，中央反复强调，"建设法治政府，就是为了使行政权力授予有据、行使有规、监督有效，做到依法治官、依法治权，防止行政权力的缺失和滥用，带动全社会尊重法律、遵守法律、维护法律"。今年是"六五"普法规划启动之年，全国人大常委会前不久通过的《关于进一步加强法制宣传教育的决议》再次强调，把领导干部作为法制宣传教育的重中之重。

将领导干部作为普法对象的重中之重，不仅仅是让他们知悉法律条文，更重要的是让他们进一步树立法治意识，自觉约束手中权力，自觉践行依法行政。

要让领导干部树立法治意识，就得让其尊重法律的神圣。如果领导干部不以身作则，就算百姓守法，久而久之法律在群众心目中也会失去尊严，甚至出现信暴力而不信法律的恶果。只有让领导干部明白法律是至高无上的，任何组织和个人必须在法律规定的范围内活动，而没有任何超越法律规定的特权，必须按照法定的权限和程序行使手中的权力，才不至于总是习惯依靠长官意志和简单的行政命令来管理经济、社会和文化事务。

要让领导干部树立法治意识，就得让其敬畏法律的威严。如果没有相应的惩罚责任，缺少有力的约束和强制，违法成本过低，甚至用权可以抵罪，敬畏法律也就成了一句空谈。只有对领导干部的违法滥权行为真惩处、真治理，让他们权衡得失，放弃侥幸心理，才能杜绝以言代法、以情代法、以权扰法。

依法治国当自依法治"权"始。在中国特色社会主义法律体系形成的今天，加快由注重依靠行政手段管理向注重依靠运用法律手段管理的转变，在领导干部中培养"研究问题先学法、制定决策遵循法、解决问题依照法"的习惯，确已成法制宣传教育的当务之急。

(2011年5月20日)

"流动中国"如何分享时代梦想

詹 勇

第六次全国人口普查结果显示,由于巨量人口流入,广东已经取代河南成为我国人口第一大省。十年间,我国流动人口从1.2亿增至2.2亿。不管是每年春运期间的人潮汹涌,还是奔忙在城市各个角落的农民工,在日新月异的发展图景中,一个"流动中国"的存在,不仅改变了我国的"人口版图",也深刻地影响着我们的社会生活。

社会学家鲍曼曾用"液化"来说明社会变动,从坚固、沉重、形状明确的固体状态转化为流动、轻灵、千姿百态的液体状态。我们的社会,从安土重迁几千年的乡土社会,到今天数亿人规模的迁移流动,这是现代化浪潮带来的时代进步,也是市场经济之手造就的社会发展"千年未有之大变局"。

"流动中国"带来了活力,以广大农民工为主体的流动人口,白手起家,埋头苦干,不仅改变了自身命运,更用汗水与泪水创造了无数发展奇迹;"流动中国"也带来了挑战,流动人口规模庞大,居住分散,关系复杂,不仅管理难度大,而且对个人发展、公共服务的利益诉求越来越强烈。"北漂"、"柜族"的艰辛与渴望,不仅刺痛了社会,也成为社会管理者亟待破解的难题。

近年来,农民工更加受到重视,从暂住证到居住证,从"外来户"到"新市民",流动人口在社会管理的改革中迎来了更多发展机遇。但我们也不能忽视,流动人口管理中还存在一些观念和行动上的误区,那些属于我们时代的价值和梦想,尚未在亿万流动人口身上充分兑现。

服务意识不强,思想观念依然停在"管制思维",要么"只管要求,不问诉求",忘记自身职责,要么"只管手脚,不管头脑",缺乏人文关怀;重使用轻共享,轻视流动人口的艰辛贡献,以为可以"召之即来,挥之即去",在户籍、就学、社保等方面设置障碍门槛。更有甚者,把流动人口看作"麻烦"、"包袱"。

这些问题的存在,既表明了转型期社会管理情况之复杂、任务之艰巨,也凸显了在流动人口工作上,一些地方和干部还缺乏创新思维和能力。"世易时移,变法宜矣",在流动人口剧增、权利意识增强的背景下,目光打不开,思想不对路,办法跟不上,难免会出现"越使劲越跑偏"的情况。

由此看来,胡锦涛总书记之所以强调社会管理面临的重大问题与人口问题密切相关,不仅意味着在"流动中国"日益壮大的国情下,亟需加强与创新社会管理;也指出了这样的创新,应该具有更为宽广的视野、更为科学的思路、更加以人为本的措施。

以包容发展的实践,像关心"菜篮子"、"米袋子"一样,关心农民工的切身利益;以"功在当代、利在千秋"的胸怀,为人口流动打下公平的政策和制度基础;以善疏忌堵的智慧,把流动人口管理和服务纳入发展总体规划之中,让农民工逐渐融入城市生活。一个既有序又有活力的"流动中国",将以更为强劲的进步力量书写我们时代的梦想。

(2011年5月18日)

当"宝盒"比"宝珠"更炫目

朱 磊

书里放入黄金,原本几十元的图书,一下子被炒到几千甚至几万元的高价;某本新书上缠满了某某荐书、获某某奖、某某人物最爱等各种"封腰";标价动辄上千上万的精装本图书摆上书店柜台……就在我们为豪华月饼、天价烟酒等物质产品"过度包装"忧心的时候,文化产品的"过度包装"问题同样难以忽视。

有社会学者指出:过度包装已不仅是一种经济现象,而且是一种社会现象和文化现象。环顾四周,从图书市场到影视剧,从综艺节目到各类"文化节",这些距离大众最近的文化"水源","过度包装"之风已起,或多或少地出现了重形式、轻内容,重明星、轻剧本,重宣传、轻内涵等问题,有的还愈演愈烈。

在市场经济环境下,文化需求越来越旺盛,也越来越多元,多一些搭配与装饰,多一些看点和卖点,原本无可厚非,但无论外在形式、包装样式怎样变化翻新,总离不开这样两个前提:一是内容要过得硬,这样包装才能有所附着;二是包装要恰到好处,才能与内容这个"主角"配合默契,相得益彰。

文化产品的"过度包装",正是在利益驱动下,脱离了这些基本前提,让外观、噱头等来唱"主角"甚至是"独角戏",忽视了文化产品对现实的开掘、对艺术的创造,犹如空心之木、无源之水。这种做法一且习染成风,最终伤害的是文化原创力。

就像再华美的袍子,也难以掩盖虚弱的身体,精美装帧、豪华阵容、强大造势,固然可以带来一时的关注,吸引大众的眼球,有的还能赚个盆满钵满,但那些远离现实、内涵空洞、思想贫瘠的作品,昙花一现,自毁口碑,终究难逃被受众否定、市场淘汰的结局。在曲终人散之际、繁华落尽之时,它们到底在文化发展历程中、在人们心灵世界里留下了怎样的痕迹?

如果物质产品的"过度包装"带来了资源的浪费、奢靡风气的滋长,那么文化产品"过度包装"给社会带来的负面效应,则提醒人们,过于厚重、极不合体的"华衣",不但给文化发展套上了沉重"枷锁",也在人们亲近文化的路途上砌起了道道经济的和心理的"围墙"。

美学家别林斯基曾经说过:纯朴是艺术作品必不可少的条件,就其本质而言,它排斥任何外在的装饰和雕琢。在今天的文化生态下重新理解这句话,不是要走从"繁冗"到"简陋"的极端,而是在经历了种种"甜得化不开、绕得搞不懂、炫得看不清"的熏染和浮躁后,人们更加珍视艺术的本质,更加渴求本真的呈现。正因如此,当杨丽萍演绎"云南印象"的时候,人们惊叹于西南少数民族舞蹈别样的原始美;当央视青歌赛"原生态"唱响舞台的时候,观众备觉清新动人;当"旭日阳刚"在春晚舞台上以失了些音准的嗓门唱《春天里》的时候,人们依然为这种命运的放歌而感动……

古人曾有"买椟还珠"的寓言,这个故事一方面说明"乱花渐欲迷人眼"的考验客观存在,另一方面也凸显了理性选择的重要性。今天,不管是物质消费还是文化消费领域,都存在"过度包装"现象,这让我们不由得要思考:当"宝盒"比"宝珠"更炫目,你该如何选择?

(2011年5月17日)

"天花板"与"人往高处走"

乐 其

"人往高处走",这是一句耳熟能详的老话。但何为"高处",却因人们认识上的差异而呈现出不同的境界、不同的人生态度。

不想当将军的士兵不是好士兵。相对于士兵而言,将军是居于"高处"的,可统领千军万马。但人人都去当将军,手下却无兵卒可指挥,他还能成为将军吗?于是,一位共和国士兵讲出了一句同样振聋发聩的话:"这一生我可能成不了将军,但我乐意成为将军手中的一把利剑。"

"弃燕雀之小志,慕鸿鹄以高翔"。一个人想求取政治上的进步、职务上的提升,本是人之常情,无可厚非。但有些人简单地把职务提升与人生"高处"划等号,认为只有职务上去了才算进步,才是成功精彩的人生。殊不知,干部队伍的结构总是"宝塔型"的,越往"高处"走,位置越少,进步的空间越有限,每一个干部都可能会在职务进步上遇到"天花板"。这就需要我们换一个角度看问题,认真思考什么叫"高处"?如何追求进步?

其实,在现实生活中,许多人早已用行动回答了这个问题。雷锋、沈浩、许振超、郭明义、阿里木、何祥美……这些英雄模范,都不是身居高位的人,同我们一样都是普通人,干着平凡的事情,却以积极进取的人生态度勤奋学习、努力工作、默默奉献。他们或以业务技术水平超群在同行中脱颖而出，或以奉献爱心的义举温暖他人，或以勇于担当社会责任受人尊重，或以超越自我的人生境界为人楷模……他们的成功同样令人羡慕，他们的人生同样精彩绝伦。

条条大路通罗马。走向人生"高处"的路，并非只有仕途一条。在本职岗位默默奉献，在别人遇到困难时乐于相助，在世俗考验面前选择与高尚同行，在关键时刻能够挺身而出，都反映了人们向上发展、追求成功的愿望。从某种意义上说，事业的成功、人生境界的提升，才是登临人生"高处"的潇洒，才是最具本质意义的进步，才是值得我们矢志追求的人生目标。

要立志做大事，而不要立志做大官。这应该成为我们的一种追求。有了这种人生态度，就会多一份超然、一份清醒、一份执著，"无意功名利禄，不肯屈节随俗"，以平常的心态对待职级待遇，以进取的精神对待工作和事业，而渐入"宠辱不惊，看庭前花开花落；去留无意，望天上云卷云舒"的人生境界。反之，就会陷入人生的误区，把人生的价值押在职务升迁上，无意于干事创业，却汲汲于仕途，结果不仅与真正意义上的进步相距甚远，甚至可能会为"官本位"思想所累，陷入"因嫌纱帽小，致使锁枷扛"的人生悲剧。

一个人可以没有丰厚的财富，但不能没有美好的心灵；可以没有显赫的职位，但不能没有向上的追求；可以没有理想的工作，但不能没有敬业的精神。只有心里装着一个美好的目标，不停下走向"高处"的脚步，用行动诠释奉献，体验崇高，收获快乐，才能以事业成功和境界提升书写人生的华美乐章，达致常人难以企及的人生高度。

(2011年5月16日)

说百姓话　做百姓事

郭震海

到农村去，和百姓聊天，他们提到自己乡里的领导时说，架子大，有官腔，往往是讲半天话，听不明白一句。和乡里领导谈心，他们似乎也很委屈，说自己很想干出点成绩，但往往事不如愿，百姓不给"面子"。

一方面是群众不喜欢领导摆官谱、讲官话、打官腔，有怨气；另一方面是为官者想干事、有激情，得不到群众的支持，很憋屈。究其原因，主要是领导"地气"接得少，讲话讲不到百姓的心里，做事难合群众的意。

如今，干部倡导年轻化，在乡镇一级的领导岗位上，有不少是年轻同志。他们走出"校门"进"部门"，有激情，有思想，理论水平也很高，就是了解基层实际少，了解群众意愿少。新官一上任，"地气"不接就想燃起"三把火"，急于表现、求"功"心切。干事情不闻民声拍脑袋，凭空想象，结果工作很难抓到点子上，话也很难说到群众的心坎上，事也做不到群众的意愿上。

还有一些乡镇干部，官当得久了，变得"油滑"了。高高在上、派头十足，上午乡镇待一会儿，下午小车一开，一溜烟回家进城。对此，群众有形象的说法："有的干部像候鸟，白天群众找不到，晚上全都进城了。"甚至有些干部不善于讲百姓话，一张口就是讲"理论"，一工作就是发"命令",喜欢坐在办公室"纸上谈兵"。某地换了乡镇领导,半年过去了当地百姓只闻其"令"不见其人,偶尔一次到村去也是倒背双手,指点一番,"昙花一现",很少走进百姓家,问问群众所需所求。

群众说,脚上不沾土,不是好干部。为官者,当以民为天。作为乡镇干部,更应该深入到群众中间,了解基层的实际情况,明白群众的真实意愿,走乡间小道,蹲田间地头,对百姓知冷知热。只有真正和百姓打成一片,成为群众的贴心人,话才能说到群众的心坎上,事才能做到群众的所想所盼上,群众才会没怨气,认可你,接纳你,支持你,拥护你,才会给你掏出心窝子,工作开展起来才会更顺当。

乡镇是我国最基层的行政机构,一头连着城市,一头连着农村,在农村乃至整个国家经济社会发展中发挥着基础性作用,是桥梁更是基石。乡镇干部处在基层的最前沿,直接面对群众,一举一动直接关系到党在群众中的形象。因而,乡镇干部身上的担子很重、责任很大,工作起来也非常辛苦,工作之中也常有不如意,迫切需要上级的关心、社会的支持、群众的理解。但就社会和群众而言,只有你实实在在与当地百姓发生了联系,才有理解与支持的基础。有人说,看一个乡镇干部称职不称职,就看他和群众走得近不近,会说几句百姓话,做了几件百姓叫好的事。因而,群众才是称量基层干部的秤砣。

(2011 年 5 月 13 日)

领导干部应有"大气象"

李小三

何谓气象？

气象是一种形象、一种态势，体现在看待问题的眼界、面对问题的胸襟、处理问题的思路、解决问题的方法，等等。这源于与生俱来的气质，更源于后天的积累和涵养。

而大气象，则是升腾于表面之上的超脱精神、豁达气度和宽容心胸。眼界宽、思路宽、胸襟宽，谋大计、抓根本、顾大局，善于从大局看问题，善于多角度审视矛盾。党的这些要求，正需要领导干部涵养出大气象。

现实生活中，一些领导干部的气象却令人担忧：有的心浮气躁，急功近利，一心想着用三招两式就能一炮打响；有的阳奉阴违，言行不一，经常把"为人民服务"挂在嘴上，却汲汲于一己私利；有的意志消退、精神萎靡、情趣低俗，热衷于灯红酒绿，沉湎于声色犬马。

对工作而言，领导干部是组织者和实施者，涵养出大气象，有了坚定的政治信念、开阔的眼界胸襟、卓越的能力和优良的作风，才能领导好科学发展。对群众而言，每一位党员特别是党员领导干部，都是党的形象代表。领导干部如果气象不正，不仅难有作为，而且损害党的形象，产生不良效果，影响社会风气。

更何况，当前正处于改革攻坚期、发展关键期，经济社会深刻变化、新矛盾、新问题层出不穷。如何统筹内与外两个大局,如何把握变和不变的辩证关系,如何摆正个人与岗位两个身份、两种利益,都需要领导干部有超越一事一策的眼光、超拔一人一己的气度、超脱一时一地的精神,才能在这大有可为的时代,成就一番大事业。

涵养大气象,并非易事。观、想、行、学,四字可从。

观,是"仰望星空"。星空,比喻信仰的高峰、理想的高度。崇高的理想和坚定的信念,是领导干部大气象的根本所在。焦裕禄、任长霞、杨善洲……先进典型就像星空中的璀璨群星,只有始终以他们为榜样,保持崇高的精神追求,不断加强道德修养、升华思想境界,才能不囿于眼前纷争和一己私利,看到本质、守住根本。

想,是"心怀民生"。对于领导干部,每一项决策之后,都可能预示着灿烂未来、宏伟蓝图;每一个数字之后,都可能有着万家忧乐、民生冷暖。只有时时系念于此,才能更周全地调研、更大胆地决策、更谨慎地执行;也只有时时心怀民生,才有看全局、抓整体的眼界,才有重实干、讲实效的作风。

行,是"脚踏实地"。大气象并不是虚无的"高蹈",而要落实到每一项具体工作。恪尽职守、兢兢业业,履行好党和人民赋予的领导责任,为群众诚心诚意办实事、尽心竭力解难事、坚持不懈做好事,大气象才能化为切实的行动,助推事业的发展,赢得群众的信赖。

学,是"志存高远"。邓小平同志曾说:"不注意学习,忙于事务,思想就容易庸俗化。"一些领导干部正是在不学无术、浑浑噩噩中沦为只会左右应酬、只会阿谀钻营的庸官俗吏。把学习变成一种生活需要,以知识充实自己,以思想陶冶自己,追求就会远大,气象就会高迈。

涵养大气象,不是一时一事的暴风骤雨,而是时时事事的细水长流。把涵养的功夫,化为工作的底色、思考的底蕴,大气象必然会随之而生、因之而成。

(2011年5月12日)

互联网文明如何抵达?

詹 勇

请试着回答下面的问题:"梨花体"和"咆哮体"有什么区别?"毫无鸭梨"和"亚历山大"是什么关系?"自虐型消费"是怎样的消费?"生探"是一种什么新的职业?

今天的互联网上,天天诞生着这样的新概念和新名词,有的如昙花一现,过些时间就消失得没有踪迹;有的慢慢积淀下来,收进词典,走进大众生活,成为时代文化新的组成部分。

一段视频短片,在奥运火炬传递期间风靡全球,凝聚起全球华人的共识;两位农民工一支翻唱的歌曲,激起亿万国人关于"春天里"的共鸣;一款连 USB 接口都没有的上网终端,让那么多年轻人如醉如痴,在专卖店前排起长龙;一个并不出奇的"偷菜游戏",吸引了许多白领的注意力……互联网这个平台,可谓时时孕育文化新时尚,催生新的文化现象,它所释放的蓬勃生机与活力,为文化发展注入新的动力,也带来了社会生活新的气象。

然而,"每一种技术或科学的馈赠都有其黑暗面"。网络飞速发展,互联网文化中一些消极、负面的内容也日益凸显。低俗炒作之风流行,虚假消息不胫而走,淫秽色情不时露头,"网络水军"兴风作浪,少数"网络暴力"行为突破法治底线……如何趋利避害、扬长避短,营造健康文明的网络文化环境,建设积极向上的网络文化,是我国社会主义文化建设面临的新课题,也是新形势下加强和创新社会管理面临的新挑战。

文化的发展有着共同的内在规律。同其他任何文化形态一样,互联网这个文化平台,积极健康的内容不去主动占领、形成主流,消极、低俗的内容就可能喧嚣一时;文明、秩序、道德不大力倡导、形成声势,杂音、噪音就可能乘虚而入、混淆视听。把握网络发展的规律和特点,以时代的眼光、创新的思维、改革的精神看待网络文化建设,不断提高运用和驾驭网络的能力,互联网文明之花才能更好地绽放,网络对中国社会的进步作用才能更好地体现。

近年来,有关部门先后开展了"大兴网络文明之风"、"绿色·阳光网络工程"等活动,持续展开打击互联网和手机媒体淫秽色情专项行动,网络环境明显净化,人民群众满意度明显提升。"文明办网、文明上网",成为各级政府、互联网业界和广大网民的共识。这充分说明,一个文明的网络文化环境,既是互联网自身发展的内在要求,也符合人民群众的热切期待。

联合国信息社会世界高峰会议《原则宣言》曾宣称:"在此信息社会中,人人可以创造、获取、使用和分享信息和知识,使个人、社区和各国人民均能充分发挥各自的潜力,促进实现可持续发展并提高生活质量。"当今世界,互联网掀起的深刻文化变革和文明进步浪潮风起云涌。牢牢把握积极利用、大力发展、科学管理的发展航向,以先进文化引领网络文化,培育网络文明风尚,凝聚网络文明共识,激发网络文化创造力,我们才能拥有更加健康文明的网络,更加丰富现代的生活,更加和谐进步的社会。

(2011年5月11日)

由"二十年未变"想到的

陈洪锦

"我们几乎天天都要'被辐射',而有毒工种补贴20年未变,每个月仅50块。"前不久,南京一家医院的科室主任如是说。在人们普遍关注日本核泄漏危害的情势下,预防"辐射"已引起人们的重视,天天"被辐射"而补贴"20年未变",就显得有些滞后和不协调。

由此不禁想起"50年不变"的"高温法律"。在去年酷暑难耐的炎炎夏季,一些地方忍受烘烤、在高温下工作的工人,每人每天只有2元钱的防暑降温费。这个标准源自我国唯一一部高温作业可参照的法规——1960年7月1日颁布的《防暑降温措施暂行条例》。今天,不说2元钱的补偿到底能在多大程度上体现高温关怀,就是用它所能买到的一瓶矿泉水来衡量,只怕工人在这高温环境下一天所流的汗,都要比这一瓶水多。

类似的状况,远非孤例。根据1979年《火车与其他车辆碰撞和铁路路外人员伤亡事故处理暂行规定》:死亡者家庭生活确有困难的,由铁路部门酌情给予80—150元火葬费或埋葬费,还可酌情给予一次性救济费100—150元。这个最高300元的赔偿标准,一直"暂行"至2007年9月1日,时间长达28年。"火车撞死人就赔几百块,铁路上一个人还不如一头牛",这是人们当时对铁路部门赔偿标准严重偏低的一种牢骚,也是对相关标准偏低又长年不变而发自心底的一种不满。

50年来特别是近30年来,变化的东西实在是太多太快。大楼高了,马路宽了,收入翻了几番,物价涨了几个跟头。在这样的巨变之下,这"多少年不变"的标准,确实显得不合情理,不合时宜。

细细分析一下,上述那些个"不变"中涉及到切身利益的,几乎都是基层一线的劳动者,都是辛苦工作着的人们。在骄阳似火烘烤下工作的,是建筑工地上的打工者,扫马路的环卫工人,开公交的司机,站岗的交警;在有毒有害岗位上工作的,除了医院放射科、介入科工作人员外,还有长期接触相关化学品的一线工人;而在铁路上被火车碰撞的,更多的可能是长期外流、无家可归的拾荒者、流浪者。

"五一"这个劳动者的节日已经过去了,但我们不能因此而淡去对劳动者权益的关注,而应当通过实实在在的努力,为劳动者特别是为基层一线辛苦工作着的普通劳动者办点实事好事,比如把这"多少年不变"的标准适时变一变,适当提高一点。

作为对现实社会生活始终起规范指导作用的规章制度,与时代合拍也应是其要义之一。远远落后于时代的步伐,不但不可能成为时代发展的引领者,反而会成为时代进步的障碍。唯有把握时代脉搏,顺应民众期许,及时清理、修改、调整有关规章制度,它们才不仅会有生命力,也才会真正具有制度本身的"尊严"。

(2011年5月10日)

"网络理想国"怎样创建?

张 同

互联网真是个好东西。不懂的词找百科,不会的事问搜索;谈思想有网友;记录生活、联络感情,有博客微博社交网站;遇到不平事,有热心人鼎力相助……

但互联网是不是人人道德高尚的"理想国",是不是事事随心所欲的"乌托邦"?"数字化生存"坚定的支持者马云会说不是。他经营的阿里巴巴公司,刚刚清理掉贸易平台上1000多家涉嫌欺诈的供应商。"艾滋女事件"当事人闫德利会说不是。有人假她名义开博曝光279名所谓"性接触者"的手机号,引起轩然大波。网络发烧友李俊也会说不是。由他制作的"熊猫烧香"病毒,让上百万台电脑受害,也让制作者本人锒铛入狱。

互联网诞生之初,一群知识精英曾梦想:靠人的道德自律,组成一个网上自由王国。他们失败了。这毫不奇怪。网络世界中每一条信息、每一个地址背后,都是现实生活中真实的生命。到去年底,全球网民数量已达20.8亿,如果再加上52.8亿手机用户,几乎整个世界都已联网。一旦出现管理真空,从个人隐私到国家安全,从电子商务到知识产权,合法行为、合法权益、合理诉求将遭到冲击和破坏,造成的可能不只是混乱,而是灾难。

作为掌握最多管理资源和管理手段的政府,理应担负起互联网

"管理员"职责,在互联网管理中发挥主导作用。这已是全世界的普遍共识。美国有130多项互联网管理法规,堪称"世界之最";英国、日本、澳大利亚等国也有法律授权调查机关必要时监控网络信息。对于很多行为,小到上网公布他人体重,大到进行黑客攻击,很多政府都会明确插手制止:"你不能!"

在一些人眼里,管理互联网意味着限制网民思想、钳制言论自由、阻碍信息流动。事实并非如此。政府对互联网的管理,体现在监控有害信息,打击网络犯罪,维持网络世界秩序;体现在填平网络鸿沟,提高信息使用效率,让更多人享受网络便利。看看我们身边,网络打假、微博打拐,培育不断成长的公民精神;网络问政、网络举报,更提升与时俱进的治理能力。

互联网推崇自由、促进自由,但绝对的自由并不存在。互联网的自由,也是法律之下、道德之下的自由。无论发表言论还是进行交易,遵守法律法规、恪守社会道德、尽到社会责任,可谓"底限原则"。

正因此,管理网络不仅需要政府,也需要全体网民的参与、社会各界的支持。网络这个典型的公共空间中,每一句发言、每一个行为,都可能进入几亿人的眼睛。网上的一则谣言,可能引发现实的恐慌;一次次不经意的拷贝和转发,可能让作者的版权受到严重侵犯……每一个网民都应该谨慎对待自己在网络上的一言一行,像谨守在公共场合的规矩一样谨守在虚拟场合的规矩。管理者和全体成员共同努力,才能最大程度维护大多数人的自由和权利。

中国接入互联网不到20年,然而无论网民数量还是国家顶级域名数量,都已是世界第一。这样的发展速度,是网络"管理员"的成绩,也是对"管理员"的挑战。政府只有不断适应网络发展的新情况,发挥网络"管理员"职责,才能真正奠定"网络理想国"的基石。

(2011年5月9日)

走进学习的春天里

张保振

正是春光烂漫时。看春雨滋润大地,看万物蓬勃生长,看百花争奇斗艳,其中的汲取与滋养,积累与绽放,不也正好北学习对于我们的价值吗?

子曰"学而不思则罔",欲进学习之门,必须学会思考,而首当其冲的,就是对学习本身的思考。

学习就是生活。生活处处皆学问,生活事事有知识。即便是"庄稼活,不用学,人家咋着你咋着",照样也是一种学习。可以说,人若不学习,不仅遇事则懵,碰难难进,而且如鱼缺水,难以存活。毕竟,时代发展太快了。不学习,即便口利,言之难爽;即便眼尖,见之若无;即便耳灵,闻之如聋。惟有处处留心,事事学习,方可口言善、眼见远、耳闻言,与时代同步,与环境友善。

学习的这种生活,在身边、在言谈、在民间。而身边无沿、言谈无边、民间无限。因而,只要让学习走入生活,使生活学习化,学习生活化,就能天天洞达乐观,年年春色近人。

学习也是成长。成长有生理、心理之分。生理的成长,先天注定,过了一年长一岁,越过越衰老;心理的成长,后天学定,越学神越爽,越过越年轻。生理的成长,在身体;心理的成长,在精神。身体有极限,精神无封顶。一个人,只要常学习、会学习,就会如入芝兰之室,身香而不闻其香，浑身上下散发出一种书香味、书卷气。这种书香味、书卷气，因诗书在腹、志向在胸，视，可通万里；思，会接千载；气，不言自华；品，日见其高。即便是浮躁声声催人急，照样会从容淡定不随从；哪怕是浮飘风高卷瓦走，照样会我自巍然如泰山。更不会有一字之得而自夸、一事之见而自鸣、一时之光而自醉。

学习的这种成长，在精神、在品位、在文明。而精神无边、品位无顶、文明无涯。因而，学习从来只有"入学"时，没有"毕业"时。惟有活到老，学到老，方是人间正道。

学习更是创造。创造，总是在前人或同代人的成果上进行的。要创造，就离不开向前人或同代人学习。这就叫：欲当先生，先当学生；要想超刘翔，先要学刘翔。也正是从这个意义上讲，学习，是创造，并且是创造链条上一个必不可少的关键环节。这个环节，说到底，就是"知彼"。惟有"知彼"，才有可能少走弯路、少做无效劳动，才有可能站在前人或同代人的肩膀上，高起点思考问题、高起点开拓奋进，进而有所发现、有所发明、有所创造。

《孙子·谋攻》中说："知己知彼，百战不殆。""知彼"，就是学为第一。要想在激烈竞争中能"百战不殆"，只有"知彼知己"。否则，"不知彼而知己"，很可能只是"一胜一负"。做事要先学习、再创造，学习就是创造的内在要求。

学习的这种创造，在知彼、在知向、在知力。而"知"，不仅是知道了、晓得了，更是对一种道理或规律的认识，是知其所以然。实践告诉我们，一旦对事物知其所以然，思路就会豁然开朗，创造也会分外给力，走进"草色青青柳色黄，桃花历乱李花香"的春天里，也就不远了。

(2011年5月6日)

共产党人的得与失

贾临波

近来,"草帽书记"杨善洲的感人事迹被人们争相传颂。他六十年如一日,清贫一辈子、奉献一辈子、奋斗一辈子,成为党员干部学习的楷模。一个楷模就是一部巨著,仔细品读杨善洲,给我们留下很多思索和启迪,如何从他身上看"得失",便是其中之一。

从一些世俗的眼光来看,杨善洲似乎很"傻"。在位时,手里有权,却不为自己和子女谋半分利;退休后"自讨苦吃",去荒山植树22年,将政府奖励的十几万元捐献出来;病逝前,又把价值3亿多元的林场经营权无偿交给国家……总而言之,他失去了太多太多。

但另一方面,杨善洲又用一生的忠诚和执着,守护着共产党人的精神高地,为老百姓办好事谋福利,受到了群众的信赖和爱戴。"生为守大义,死成千古贤",杨善洲的一生,是壮阔而丰厚的,他失去了很多世俗的名利,却赢得了事业的辉煌、人民的认可,写下了一个共产党人关于"得失"命题的精彩人生答卷。

得与失相伴一生,每个人从呱呱坠地的第一次"得",到寿终正寝的最后一次"失",生命的轮回中,得与失始终如影相随。马克思说过,人们奋斗所争取的一切,都同他们的利益有关。没有追求,人生的车轮就会因缺少动力而停滞不前。当然,也应看到,人生之旅不会一帆风顺,"得失"不由人、不顺心的境况时有发生。很多时候,我们需要调整心态，学会理性的放弃，才能放下包袱，勇往直前。因为得失往往连着权责，只要权利与义务对等，无论是得还是失，都是必然的、合理的。只有这样，才能以"看花开花落、云卷云舒"的平常心，既不为一时所得而忘形，更不为一时所失而痛心。

得与失有层次之分，这种层次至少表现在两个方面，就个体而言，有物质层面的得失，也有精神层面的得失；就社会而言，有个人利益的得失，也有党和人民利益的得失。杨善洲的可贵之处在于，他不仅把精神层面的追求放在物质层面之上，而且把个人的得失置于党和人民的利益之下。这种得失观，不是要否定个人合理的利益追求、物质追求，而是作为一名共产党人和党的干部，更应志存高远、行为世范，把党和人民的利益作为更高追求，开拓更宽广的人生境界。

得与失是可以转化的。转化的根本条件是个人的价值取向。杨善洲牢记宗旨、一心为民，所以他的每一次"失"，都孕育着更高层次的"得"。他放弃本来可以安乐的退休生活，在高原林场起早贪黑地劳动，把一片不毛之地，变成了价值上亿元的"绿色银行"。相反，有的人价值取向扭曲，总想捞点什么，不想留点什么。他们时常感到痛苦，主要不是因为得的太少，而是因为想得的太多，得一而望十，得陇望蜀，结果常常是得不偿失。

以人为镜，可以明得失。杨善洲是一面镜子，更是一杆标尺。他的事迹，时刻鞭策和激励广大党员干部特别是领导干部，正确看待得与失，做到不为私心所扰，不为名利所累，不为物欲所惑，树立正确的人生观、价值观，为党和人民的事业鞠躬尽瘁、不懈奋斗。

（2011年5月5日）

就怕"不认真"

杨春长　王汉水

"世界上怕就怕'认真'二字，共产党就最讲认真。"这是毛泽东同志的名言，其"逆定理"同样成立：共产党就怕"不认真"。不认真，什么事也干不了，干不好，干不成。

当前正值省市县乡四级换届之际，中央特别强调严肃党纪，确保换届正常进行。据报道，"为进一步严肃换届纪律，畅通反映渠道"，某地联合公布260名各市县纪委书记、组织部长手机号码和电子邮箱。但记者拨打采访，有140多人未联系上，其中，有的停机、关机，有个别的甚至是空号、错号。假如事先认真一些，这样的事情就不会发生，而发动群众公开监督的良好初衷，也能更好地体现。

这几年，我国相继成功举办北京奥运会、上海世博会，成功发射神舟系列飞船，战胜了汶川地震、舟曲泥石流等重大自然灾害。这一系列大事的办成、难事的办妥，没有"认真"二字，是不可能办到的。另一方面，有的地方、单位腐败现象仍然比较严重。为预防和遏制腐败现象，中央已经出台了1200多项法律法规和党内规定，建立了比较健全的反腐倡廉的法律法规体系。为什么腐败现象仍然未从根本上得到遏制？其中原因很多很复杂，但至少有一条，就是因为贯彻落实的"不认真"。

共产党就最讲认真，为什么在少数党员干部那里就"不认真"了呢？首先就是被利益主导了。一些人手握本地区、本部门人事、财政、物资、工程等方面的大权，有以权谋私的欲望，有捞好处的便利，想的就是要怎么去躲避制度约束，何来认真执行？在另一些人那里，有好处的便认真执行，想让他"不认真"都难，没好处的就"不认真"对待，认真基本与他绝缘。"认真"的利益选择性和导向性，就使很多有利于群众切身利益、公共利益的事总是没见影。

还有一些人的不认真，未必是被利益蒙住了头脑，却是被胆小束缚了手脚。有的纪检、监察、审计部门虽有法规制度为后盾，但却不敢得罪领导，怕影响升迁、被穿小鞋；不敢得罪他人，怕影响关系，这样执行起监督职责来当然就不认真，畏首畏尾，敷衍了事，执纪执法也便失之于宽。党内监督如果失去了党性的支撑，监督的不认真、装样子也就会成为常态，权力也就会失去制约，腐败当然就屡禁不止。

世上的事，成于认真，毁于不认真。不认真，不仅败坏党风、政风、社会风气，最终也会影响党的事业。在新的历史条件下，这个问题值得每一名共产党人警醒，认真之风亟需在我们手里重振。

（2011年5月4日）

"键对键"取代不了"面对面"

廖小言

面对面,是一种司空见惯的交际和工作方式。面对面的交流,有助于双方坦诚、直接、充分地交换思想,有效沟通,增进感情。俗话说,"当面锣、对面鼓","人怕见面,树怕扒皮",就是这个道理。

面对面,更是我们党开展群众工作的一种重要形式,是群众路线的具体体现。我们党能够获得人民群众的拥护和支持,很大程度上要归功于善于做"面对面"的群众工作。今天,应对复杂的形势和挑战,加强和创新社会管理,说到底还是做人的工作,更需要提倡"面对面"。

面对面的交流,心与心的碰撞,和群众坐在一条板凳上,说的是心里话,看到的是实际问题,听到的是群众心声,收获的是真知灼见,有利于科学决策、化解矛盾、赢得民心。当然,面对面,不是我们工作的唯一方式,但却是我们贯彻落实科学发展观、坚持以人为本的重要切入点,也是我们能不能很好地坚持党的群众路线的试金石。

然而,一些地方、一些领导干部,却忽视甚至丢弃了"面对面"的传统,把和群众面对面当成一种负担,群众感觉他们"电视报纸常露面,日常工作难见面,关键时候不出面",只管自说自话,不听群众说话。这样做,疏远了党群、干群关系,影响了工作开展、事业发展。一些地方发生的群体性事件,往往最初问题并不严重,常常因为一些干部对群众不理不睬、对群众合理诉求不管不顾,导致小问题升级、小矛盾复杂化。有的决策，群众意见已经不小了，却缺少表达渠道和机会，往往就导致决策失误。

想不想、敢不敢、会不会和群众"面对面"，绝不是一件小事，也不能简单地归结为工作方式。有的人借口工作忙任务重，有的人说要抓大事、议大事，有的人强调现代社会科技发达，尤其随着网络时代的到来，随着"键对键"电脑办公的普及，工作方式也应该创新。这些都是站不住脚的。孰轻孰重？对于各级领导干部来说，群众利益无小事，最大的事情就在人民群众之中。孰"旧"孰"新"？工作方式可以现代化，技术手段可以多样化，但都是为了和人民群众打成一片，"键对键"更不是扔下"面对面"的理由。一位领导同志说得好："当今时代，信息手段十分发达，利用信息工具了解和掌握情况，也是一种方式，而且是越来越重要的方式。但不管通信手段多么发达，不管有多少了解情况的其他渠道，都不能替代亲自深入实际、深入基层、深入群众进行实地的调查研究。"

坚持权为民所用、利为民所谋、情为民所系，首先就要经常和群众"面对面"，使之制度化，成为一种常态。在新形势下，既应处理好"键对键"与"面对面"的关系，将二者有机结合起来；更要切实提高"面对面"的能力，锻炼直接和群众打交道的本领，掌握不同阶层、不同人群更能接受的话语、交流方式，不仅要更好地创造"面对面"的机会，还要更好地珍惜和利用"面对面"的机会，在交流沟通中把群众工作落到实处，让"面对面"最终成为"心贴心"、"心连心"。

（2011年5月3日）

是什么磨掉了孩子的"棱角"

袁新文

"把全面发展和个性发展紧密结合起来","全面发展和个性发展相辅相成。"在庆祝清华大学建校 100 周年大会上,胡总书记的论述,既是对青年学生寄予的厚望,也是对教育真谛的生动诠释。

世上没有两片完全相同的树叶,每个人的天赋潜质也各不相同。正视个体差异的客观存在,尊重个性,因材施教,是当代教育的基本理念。总书记讲话之所以引起广泛共鸣,就在于今天的教育界,压抑学生个性、磨灭孩子"棱角"的现象普遍存在。

多年来,我们的学校教育特别是德育有一种明显倾向:重视集体主义教育,忽视自我意识培养;重视规章纪律对学生的约束,忽视个性心理的发展。而在基础教育领域,长期形成的"大一统"理念影响深远:统一大纲、统一教材、统一课程、统一要求、统一考试、统一录取……"一刀切"的教育体制下,教育者习惯用同一个教育目标、同一种教育标准培养和要求学生,习惯用相同的教育模式、相同的教育策略来实施教育教学计划,其结果是,忽视了学生的个性、潜能、兴趣、特长等个体差异,忽视了青少年认知发展的基本规律。

罗素曾说:"富有才华的个人发展,需要有一个对他们来说几乎没有任何强求一致的压力的童年时代。"然而,在应试教育环境里,繁重的课业负担压弯了孩子的脊背,也挤压了他们个性发展的空间;分数和升学率成了教育质量的代名词,成为老师评价学生、学校评价老师、政府和社会评价学校的唯一标尺。"天天围着分数转,月月为了分数干,年年盯着分数线",学生、老师、学校,为了分数这个共同的目标而奋战,哪有心思琢磨考试以外的"小事儿"?哪有精力考虑什么个性发展?

在考试和升学的沉重压力下,中国家长时常感到无助、无奈,时常纠结、焦虑,无意中也为应试教育推波助澜。北京市家教研究会针对部分中小学生家长的一项调查显示,压抑孩子的创造性已成为家庭教育中不容乐观的问题:当孩子把冰激凌放进热粥里吃时,竟有近40%的父母对孩子进行训斥,"批评他不听话,胡来",甚至"绝对不允许";当孩子想体验一下如何煎炸食品时,只有11.4%的父母允许孩子单独试一试,近10%的父母会让孩子"躲远点"或"回屋学习"。随着孩子年龄的增长,家长们越来越关注孩子的学习成绩,越来越忽视孩子的个性发展。

学生的创造力、想象力和个性发展,离不开自由宽松的空气。邹承鲁院士回忆在西南联大的求学时光时曾说:"那几年生活最美好的就是自由,无论干什么都凭着自己的兴趣……没有求知的自由,没有思想的自由,没有个性的发展,就没有个人的创造力。"在着力推进素质教育的今天,我们不应选择适合教育的学生,而应创造适合学生的教育,为学生发展个性、彰显本色提供更加广阔的空间。

(2011年4月29日)

不让"老好人"占先

刘祖华

选什么样的人、怎么选人,是换届中各方面关注的一个焦点。中央多次强调,这次省市县乡集中换届要坚持正确的用人导向,努力选出组织满意、干部满意、群众满意的好干部,不让老实人吃亏,不让老好人占先。

总的来看,绝大多数干部在这次换届中能够正确对待个人的进退留转,靠埋头做事、干出成绩来接受组织和干部群众的挑选。但也有一些平时不干实事、喜欢拉关系、四面讨好的老好人,以为这次换届是个机会,试图利用自己结交的人缘、积聚的人气得到提拔升迁。对这样的老好人,一定要保持警惕,防止他们占到先机、捞到好处。

老好人不是真好人。孔子把老好人看作是"德之贼",认为"乡人皆好之,未可也。"老好人见到错误不批评,是非面前不开口,遇到问题绕道走,你好我好大家好,实质上是怕得罪人丢选票,怕担责任摘官帽,骨子里只对自己好。早在革命时期,毛泽东同志就将这种老好人表现斥之为干部队伍建设的腐蚀剂,是一种严重的恶劣倾向。换届中,如果让老好人占先,老实人就会吃亏,就会挫伤多数干部的积极性,带坏风气、贻害事业。

不让老好人占先,根本要靠科学的机制选人。在这次换届的民主推荐中,要旗帜鲜明地提出重用老实人、不用老好人的导向,教育引导广大干部群众认清老好人的面目和危害，实事求是、客观公正地推荐干部。在确定考察人选时，要全面科学分析民主推荐结果，注重干部的德才表现和工作实绩，把充分尊重民意和不简单以票取人辩证统一起来。在干部考察中，要注意多方面听取意见，包括听取少数人的意见，同时把换届考察和年度考核、日常考核结合起来，加强综合分析，不被伪装蒙蔽，不为假象所惑。在组织选举中，要严防老好人暗中拉票，真正让德才兼备、业绩突出的干部脱颖而出，让老好人无机可乘。

不让老好人占先，关键是营造风清气正的换届环境。要把严肃换届纪律摆在突出位置来抓，坚持教育在先、警示在先、预防在先，把保证风清气正工作做在歪风泛起之前。要强化制度监督、民主监督、组织监督，把严格监督贯穿于换届的全过程，使老好人在干部群众的"火眼金睛"下无缝可钻、无先可占。要加强宣传引导工作，大力营造良好的舆论氛围，真正让讲原则、守规矩、干实事的老实人成为香饽饽，让拉关系、卖人情、做虚功的老好人没市场。

不让老好人占先，公道正派地选人用人是保证。各级党委和组织部门要把坚持公道正派作为讲党性、重品行、作表率的核心要求，落实到换届工作各个方面，体现在换届工作各个环节。要公正对待干部，公平评价干部，公道推荐干部，不徇私情所托，不掺杂个人恩怨，不搞亲亲疏疏，不受私利和小团体利益的驱使，严把选人用人关，使正直老实的干部得到重用，使投机取巧的老好人无利可图。

（2011年4月27日）

个性充分发展是创新的必由之路

温红彦

清华百年华诞,正值春风送暖四月天。在庆祝清华大学建校100周年大会上,胡锦涛总书记给清华大学同学和全国青年学生提出的三点希望,引起热烈反响。尤其是总书记强调在德才兼备、全面发展的基础上,要保持个性、彰显本色,给全国青年学子以极大的鼓舞。

"总书记希望我们'把全面发展和个性发展紧密结合起来',听了格外新鲜,令人振奋。我们要牢记总书记的嘱托,在服务国家和人民的实践中实现自己的个性发展和人生价值。"这是一位清华学子听了总书记的重要讲话后发出的感慨。

感慨的不仅仅是这位同学,许多高校师生和广大青年都感到耳目一新。"在发展个人兴趣专长和开发优势潜能的过程中,在正确处理个人、集体、社会关系的基础上保持个性、彰显本色……"总书记的殷殷希望,包含着厚重的时代内涵和丰富的人生哲理,彰显出个性在人才发展中的重要性。个性,简单说就是天赋,表现为兴趣、爱好、特长。总书记提出的"把全面发展和个性发展紧密结合起来",明确表达了对青年人保持个性的由衷肯定。

全面发展与个性发展是相辅相成的。个体千差万别,人的个性发展就是使个人所具有的天赋得到充分地发挥。个性发展得好不一定带来创新,但没有个性发展则肯定不会有创新。因此,个性的充分发展是创新的必由之路。只有将全面发展与个性发展相结合，才能激发人的创造性，才能造就社会文明的五彩缤纷，即所谓"参差多态乃是幸福的本源"。

把全面发展和个性发展紧密结合起来，不仅为青年学子成长提供了价值准绳，也为高校教书育人提供了工作方法。百年清华见证并参与了中国高等教育探索发展的历史，这里蓬勃昂扬的青春理想、严谨勤奋的治学氛围、艰苦朴素的优良传统、生动活泼的文化生活，造就了许许多多全面发展、个性鲜明、可堪大用、能负重任的栋梁之材。只要高等教育始终让青年学子全面发展并保持个性，我国的人才培养水平就一定会大幅度提高，我国的高等教育质量一定会大幅度提高。

把全面发展和个性发展紧密结合起来，更是对整个教育领域提出的新要求。数字化的生存状态，交互性的网络特点，使当代青年的文化需求更具个性。尊重学生的个性和差异，就应将教育选择的"遥控器"交给学生，让学生在学习中收获乐趣、找到动力。坚持以人为本、全面实施素质教育，最集中的体现就是充分发挥学生的主动性，尊重教育规律和学生身心发展规律，为个性化、创新型人才的成长提供良好环境和机制，使学生在德智体美相互促进、有机融合中实现全面发展。

把全面发展和个性发展紧密结合起来，是以人为本的科学发展观的要义所在，是全面建设小康社会的时代要求。《共产党宣言》中说："每个人的自由发展是一切人的自由发展的条件。"尊重个人的价值，是社会进步的前提和基础。今天的中国，科学发展的目的就是为人的全面发展、个性发展提供更多更好的条件。

我们有理由相信，当神州大地上每一个人的个性和优势都得到充分发展的时候，中华民族的伟大复兴将指日可待。

（2011年4月26日）

"读书不肯为人忙"

向贤彪

在这个世界上,可以冠之为"神圣"二字的东西并不多,而有识之士把读书当作自己生命历程中神圣的事情之一,无疑是睿智的。走进书香的世界,宛若走进人类心灵的家园,展书而读,生活就多了一种滋味,多了一抹亮丽,人生也就因此而充实和生动起来。

然而,对到底为什么要读书、怎样读书这个基本问题,不同的人因为阅历的差异而持不同的态度。著名学者陈寅恪在80多年前给毕业生的赠言中赋诗道:"天赋迂儒'自圣狂',读书不肯为人忙。平生所学宁堪赠,独此区区是秘方。"这个"不肯为人忙",指的是读书求学需要有独立思考的精神,不受已成的观念束缚,要有创见,不是为名利而取悦他人,如此方能使学术精进、学有所成。陈寅恪以此为读书求学的"秘方"传给后人,至今仍不失为教人如何读书的一剂良方。

"凡是伟大的领导者都是伟大的读书者",伴随他们读书的内生动力就是独立思考。鲁迅先生说过:"读书应自己思索,自己做主。看别的书也一样,仍要自己思索,自己观察。"书本里有思想,那是沉睡的"睡美人";实践中有思想,那是带着泥土的"胡萝卜"。唤醒"睡美人",洗净"胡萝卜",需要进行多角度、全方位的深入思考,方能摒弃囫囵吞枣、不求甚解的不良学风,学到书本里的真知,掌握其精髓和真谛。倘若只看书而忽略思考,那正如鲁迅所言,只能算是"书橱"了。

读书与思考相伴，方能读出思想；读书与知疑相随，方能读出境界。李贽认为："学人不疑，是谓大病"。因为只有疑，才生思；只有思，才启信；只有信，才敢践；只有践，才能进。所以，学贵知疑，疑则有进。康熙皇帝对"囊萤"的典故有疑，令人捉来数只萤火虫装进用白绢缝制的口袋（练囊）里，却发现并不能用来照明读书，继而叹曰："读书不可尽信也！"李四光对当年地质学界普遍流行的"中国贫油论"大胆质疑，从而提出了新的地质构造理论，并用这一理论指导我国石油的勘探工作，从根本上解决了我国石油资源匮乏的问题，摘掉了我国"贫油"的帽子。如此读书贵疑之举，摒弃的是盲从和轻信，确立的是独立人格和理性思维。

今天，读书的目的早已超越获取知识。培育创新思维、增强创新能力，是更重要的目的。马克思曾把想象力称为"十分强烈地促进人类发展的伟大天赋"。爱因斯坦认为，想象力之所以比知识更重要，是因为知识是有限的，而想象力则概括着世界上的一切。读书的真谛就在于突破现有的知识和观念的局限，造就人的更新。一旦冲破现有知识和经验的限制，就能引领我们进入"登东山而小鲁，登泰山而小天下"的意境；一旦冲破思想上条条框框的束缚，人们的积极性、创造性，就会像火山一样爆发出来。

邓小平同志曾指出：肯动脑筋、肯想问题的人愈多，对我们的事业就愈有利。民族的复兴、国家的进步，离不开那些肯动脑筋、勇于创新的人们。单位的建设、岗位的胜任，也同样容不得我们浑浑噩噩。在这样一个拼学识、拼智慧、拼头脑的时代，如果我们的头脑总在休眠状态，岂不要被人远远抛在脑后？如果我们遇事老爱人云亦云，岂不总是让自己的头脑跑别人的"马"？读书求学需要独立思考，激活想象力，激发创新精神，干事创业亦如此。

（2011年4月25日）

如何甄别"老实人"与"老好人"

陈义芳

老实人和老好人,虽只有一字之差,却在价值取向、行为准则、精神境界上有着明显的差别。在换届中不让老实人吃亏、不让老好人占先,就必须慎重甄别和对待这两种人。

老实人守规矩,老好人重圆滑。老实人给人感觉似乎是"榆木疙瘩一根筋","只向直中取,不向曲中求",但他们讲原则、守规矩,是党和人民值得信赖的人。老好人看起来讲人情、重感情,但他们往往不问是非、不讲原则,说话办事"看来头"、看风向,这样的人就像"墙头草",关键时候靠不住。

老实人干实事,老好人谋关系。老实人的最大特点是说老实话、办老实事、做老实人。他们不会花言巧语,不搞弯弯绕绕,不屑投机钻营,靠的是踏实干事来立身做人。老好人则只栽花、不挑刺,喜欢吹吹拍拍、曲意逢迎,用尽心思琢磨悦人之道,即便对歪风邪气也不抵制、不斗争,凭的是四处讨好来为自己"聚人气、结人缘"。

老实人重公义,老好人藏私心。老实人心地善良、朴实忠厚,遇事更多考虑的是集体、是大家,只要对公家有利,自己吃点亏也无妨。老好人看起来对上级尊敬有加、对同僚谦和礼让、对下属满面笑容,其实骨子里自私自利,更多地想的是自己得好处、占便宜。

古人说,"举直错诸枉,则民服;举枉错诸直,则民不服。"换届中,正直老实的人受到重用,就会在干部队伍中树立起实干之风、进取之风。如果让老好人得势得利,就会让苦干实干的干部寒心。如何"不让老实人吃亏、不让老好人吃香"?广大干部群众要擦亮眼睛,准确甄别老实人与老好人,为老实人说好话、投好票。各级党委和组织部门要改进干部推荐、考察工作,把尊重民意和不简单以票取人辩证统一起来,重用老实人、不用老好人,真正让老实人成为香饽饽,让老好人吃不开、没市场。

(2011年4月22日)

弄清"我是谁"

顾兆农

日前,一位领导同志在湖北视察时指出,要搞清楚"为了谁、依靠谁、我是谁"的问题。据悉,湖北将就此开展一次"三谁"的讨论和教育活动。

群众路线,是党的"三大法宝"之一。一切为了群众,一切依靠群众;从群众中来,到群众中去……"为了谁,依靠谁",大家都耳熟能详。这里想特别强调的是,要着重弄清楚"我是谁"。因为,这个问题,对有些人来说,已经有点弄不清了。

在一些人看来,"我"就是某某长、某某总,水平总比别人高,能力总比别人强,站得总比别人高,看得自然也比别人远,所以,我说你听,我说你做,似乎是天经地义,总之,"我"比别人活得更明白。其实不然。毛泽东同志早就说过,群众是真正的英雄,而我们自己则往往是幼稚可笑的。回过头去,看看历史,不少事情,正是这样!

"我是中国人民的儿子"。小平同志这句简单、直白而饱含深情的话告诉我们,人民才是父母。

"我是一个兵,来自老百姓……"一首老歌,传唱不衰,原因之一,是因为它说清楚了一个简单的道理:"我"只是一个穿上了军装的老百姓。

"我是谁?"当我们执着地追问下去,答案难道不都是一样的?

说是一样，其实不一样。

坐公交，挤地铁，踏自行车，在农贸市场里跟菜贩们讨价还价，去医院看病左等右站……老百姓的这些日常生活，对一些人来说，恍若隔世。不少人不是没有过这样的生活，而是身份"高"了以后，远离了这样的生活。有些人走上一定岗位以后，压根就再没有坐过公交车和长途汽车。到地铁里去读读那些乘客的脸，能看到几位所谓的"成功人士"？"官样的"面孔更是少之又少。

明明置身群众，却如此脱离群众；明明来自老百姓，却与老百姓这样疏远；明明可以随时还原成老百姓，最真实和最深切地体验百姓生活，却偏偏不去这么做。为什么？重要的原因是，忘记了自己究竟是谁。

久而久之，你忘记了老百姓，老百姓也会忘记你；你远离了老百姓，老百姓也会远离你。

一位领导同志说得好，对一个执政党而言，群众工作是党的"生命工程"。没有群众就没有党，党的最根本的危机是群众不信任，我们最根本的危险是脱离群众。民心向背，决定我们党的执政地位稳固还是动摇，得到群众拥护是我们党的根本利益。因此，群众工作是我们党的根本性工作，群众路线是我们党的根本工作路线。没有群众路线，政治路线、思想路线和组织路线就失去了根基。事实说明，与群众接触多了，官僚主义就会减少；与实际接触多了，主观主义就会减少；与民情接触多了，形式主义就会减少。

从这个意义上说，搞清楚自己究竟是谁，不仅是各级领导干部自身成长和做好本职工作的需要，更是强化各级领导干部执政之基意识的一种自我教育。

（2011 年 4 月 21 日）

怎样认识"老好人"

陈国栋

今年是省市县乡集中换届之年。面对换届,多数干部能正确对待,把心思和精力用在踏实干事上。但也有一些干部为赢取选票,处心积虑做老好人。如果让这些老好人在换届中得到好处,势必挫伤多数人的积极性,影响选人用人公信度。

所谓"老好人",并不是通常所说的那些心地善良、朴实忠厚、热心快肠的"好人",而是指那些处事圆滑、讨好卖乖、不坚持原则、和稀泥的"好好先生"。他们推崇的是"你好我好大家好",奉行的是"多栽花少挑刺",表面上与人为善,实质是自私自利。

有人以为,老好人没有多少坏处,这样的人还能维护团结、增进和谐。其实不然!因为这些人的心思主要放在人情关系上,而不是放在认真做事上,往往遇到难题绕道走,碰到矛盾往外推。这样的老好人越多,我们的事业越不可能开拓前进。特别是,一些老好人为了不得罪人,什么事都好商量,甚至不惜拿原则作交易,损害国家和群众的利益。河北石家庄团市委原副书记王亚丽"造假骗官"之所以能屡屡得逞,除了少数人当"幕后推手"外,也与一些干部不坚持原则、当老好人有关。他们或为讨好领导、或送顺水人情,对王亚丽骗官行为睁一只眼闭一只眼,致使王亚丽能一路造假、一路升迁,给党的干部工作形象带来了严重负面影响。

古人说，"凡为官者，私罪不可有，公罪不可无"。党员干部为了事业而坚持原则、得罪人，有时是不可避免甚至是必须的。得罪人并不可怕，怕的是得罪了群众、贻误了事业。作为党员干部尤其是领导干部，必须以党的事业为重、以人民的利益为上、以原则规矩为先，不溜肩、不耍滑、不逢迎，坚持原则、秉公办事、开拓进取、奋发有为。否则，就会有负于党的信任、有愧于人民的重托。

换届是发现人才、选贤任能的重要机遇，也存在让老好人选上去的风险。我们要旗帜鲜明地树立"不让老实人吃亏，不让老好人吃香"的导向，真正把一大批坚持原则、改革创新、埋头苦干、实绩突出、群众公认的干部选拔到各级领导岗位，为党和国家事业的发展提供坚强的组织保证。

（2011年4月20日）

寻找破译"心灵密码"的钥匙

林 尧

世界上最复杂的,莫过于人的思想。把握社会转型中人们的思想,就更非易事。

31年前的春天,潘晓在《中国青年》杂志发表的"人生的路呵,怎么越走越窄"的来信,引发激烈的讨论。有位年轻人苦苦思考了一个月,没能找到令自己满意的答案。最近,已是海南军区政委的刘鼎新将军以一本《人呀人,你到底是什么东西》的专著,交出了自己当年未能提交的答卷。

比之潘晓所处的上世纪80年代初,中国社会正在经历的变化更为广泛和深刻。人们思想活动的独立性、选择性、多变性、差异性大大增强,公平意识、民主意识、权利意识、法制意识、监督意识空前提升。这些变化是社会进步的表现,客观上也增加了社会管理的复杂性和难度,对构建和谐社会关系提出新的重大课题。

"高学历者的贫穷是否意味着耻辱和失败"这样一个过去看来不值一问的问题,为何引发社会的讨论?面对"无肛婴儿"父母为了"让孩子少受点罪"而放弃治疗,我们是该理解还是谴责?坐在宝马车里哭和坐在自行车后笑,到底该有明确取舍还是允许自由选择?情与理、义与利、感性与理性、个体感受与社会情绪,与深刻调整的利益格局、深刻变动的社会结构扭结在一起,既为社会心理研究提供丰富的样本,也是思想理论工作者不容回避的现实挑战。

研究人的思想和社会心态,离不开科学的指导思想和得力的分析工具。改革开放30多年这方面最大的进步,是恢复了马克思主义利益理论的本来面目,在倡导维护集体利益、公共利益的同时,还个人正当利益以应有的地位。从"人们奋斗所争取的一切,都同他们的利益有关",到"物质利益原则是社会主义的重要原则",再到"群众利益无小事"、"始终把群众利益放在第一位",执政者比以往任何时候都更加注意从人民群众切身利益的视角看待和衡量社会改革,分析各种社会现象和人们的思想反映。顺着这条主线,不少盘根错节的思想问题有了解析的脉络,很多棘手的社会问题也有了得力的抓手。

在此基础上,结合几十年思想工作的实践,刘鼎新把人的心态细分成上进心、正义心、责任心、自尊心、虚荣心、嫉妒心和自私心,构建起系统的思想分析和思想工作方法。他从利益分析的角度出发,提出"'管住'和'用好'自私心"是思想工作和制度建设的重要内容,"'管住'和'用好'自私心的制度就是好制度"。这些分析在思想理论界引起强烈的共鸣,中国社科院常务副院长王伟光视之为"解读人类奥妙的力作",中央党校副校长孙庆聚称赞它"引领人们走出思想困局"。

思想进步是社会进步的基础,心态和谐是社会和谐的核心。在加强和改善社会管理的今天,培育奋发进取、理性平和、开放包容的社会心态,需要更多思想者付出艰辛的努力。希望有更多思想者,加入到破译"心灵密码"的行列中来,肩负起化解迷茫的重任,找到打开幸福之门的钥匙。

(2011年4月19日)

中国人的航空强国梦

严 冰

4月17日,我们迎来了新中国航空工业创建60周年,60年前的这一天,政务院下发《关于航空工业建立的决定》,随后重工业部航空工业局成立,新中国航空工业正式起航。

民众对中国航空技术差距的认知,是从抗日战争时期日寇频频飞临头顶的各种战机开始的。那时,日寇的飞机在我们的领空耀武扬威,狂轰滥炸,制造了重庆大轰炸等惨案。眼睁睁看着家园被毁,生灵涂炭,却没有制胜之术,不就是因为我们的航空工业不发达吗?落后就要挨打,中国人的航空强国梦从血的教训中升腾而起!

中国人民站起来之后,再也不能允许被动挨打的局面继续下去了。新中国航空工业在走过一个甲子的光辉历程后,逐步形成了专业门类齐全,科研、试验、生产相配套,具备研制生产当代航空装备能力的高科技工业体系,已研制出一批具有自主知识产权的、与发达国家在役航空装备性能相当的航空器,大幅度地缩小了与国外先进水平的差距。我们实现了从"白手起家"到"比翼世界"、从"跟踪学步"到"同台竞技"、从"打工者"到"对等合作"的历史性转变,跻身能够研制先进的歼击机、歼击轰炸机、直升机、教练机、特种飞机等多种航空装备的少数几个国家之列,为我国国民经济建设、国防现代化建设、社会科技进步和综合国力的提升作出了重大贡献。

航空工业被形容为"现代工业之花","工业皇冠"(大型客机)和"皇冠上的明珠"(航空发动机)就是由这一产业催生的果实。航空工业是国家战略性产业,是国家技术、经济、国防实力和工业化水平的重要标志。从投入产出效益来看,每向航空工业投入1万美元,10年后就可产生约50万至80万美元的收益;由飞机技术派生的衍生产品的销售额,则是航空产品本身销售额的15倍。

算起来,中国人的航空梦源于1909年,那一年,中国"航空之父"冯如驾驶自己研制的飞机飞向蓝天,离美国莱特兄弟研制人类历史上第一架有动力飞行的飞机飞上蓝天的时间只差了6年。如今,已经成为世界第二大经济体的中国,航空工业肩负着新的历史使命,预计2014年国产大型客机C919就将实现首飞,届时世界天空将呈现A(空客)B(波音)C(中国国产大客机)比翼齐飞的新格局。

从望尘莫及到望其项背再到并驾齐驱,将来还要实现遥遥领先的长远目标,这源于国民航空意识不断增强。我们之所以要更加关注天空,要有更加浓厚的航空意识,因为天空并不安宁,未来的威胁可能更多地来自天空;天空有着无穷的奥秘,缀满了财富,亟待我们去探索和发掘;天空写着民族的未来,谁拥有了天空,谁就掌握了自己的命运,把握了自己的未来;天空承载着中华民族复兴的希望,一个敢于以开放的胸怀拥抱浩瀚苍穹的民族,她的复兴必指日可待。

(2011年4月18日)

让历史走进今天

舒 炼

拥有"人间天堂"美誉的苏州城,历经千年风雨,几经损毁,几度重建,却始终保持着她引人入胜的魂和神。穿越时间的魅力,正来自《平江志》、《吴郡志》等一本本历史志书提供的重要史料,绵延着水城的生命脉络。历史是战略研究的可靠资料,是正确决策的重要依据。

对于一个国家来说,历史同样重要。古人云:"欲灭其国者,必先灭其史。"没有历史的集体记忆,就难有现实的广泛认同。一个国家自身的历史越是深入人心,就越有凝聚力。这样的凝聚力,是国家民族认同的"屋顶",是发展之路上"核裂变"的基础。

要从历史的长河中,找到我们思考、筹划和决策的有益滋养,就必须让历史走进今天,让深藏于典籍资料中的历史经验、教训、规律和精神走入今天的现实生活。

让历史走进今天,要"重视历史"。有人认为,我们现在做的事,很多都是新的,因而轻视、忽视了历史。其实现实是历史的延续,不能截然分开。文化的基因、政治的基因、社会的基因、心理的基因,每一项都深深熔铸于历史的血脉,影响着中华民族的发展走向。屈辱与抗争、思考与求索,民族复兴之路上坚实而厚重的脚印,离不开历史椽笔的镌刻。

让历史走进今天,要"整理历史"。中国向来有修史编志、鉴往知来的传统。国家之史、地方之史、专门之史……史志浩如烟海，从中整理出服务当代和现实的精华，正是史志工作者、历史研究者应有的职责。更重要的是，在志书编纂、资料收集、历史研究等工作的基础上，要突出发挥资政参考的作用，加强历史素材的研究和整理，为地方决策提供更多、更好的历史信息，发挥好"存史、资治、教化"的功能。

让历史走进今天，要"激活历史"。历史要走进今天，也必须"现代"起来。博物馆、档案馆、方志馆等，是基础设施；网站、博客、论坛等，更是新兴平台。一些地方这些设施、平台建得好，在进行地方文化涵养、乡土风物展示等方面，起到了十分重要的作用。也有些地方，博物馆常年关闭，档案馆紧锁大门，方志馆更是难觅踪影，让珍贵的历史沉默死寂，这是现实版的衣锦夜行。

让历史走进今天，还要"传播历史"。传播历史的主体很多，历史工作者是责无旁贷的主力。历史终归是为现实服务的，现实的需求是历史工作者的"增长点"。脱离现实而自我封闭的研究，既像是奢侈的精神游戏，更像是自我消遣的陷阱。把研究和传播结合起来，才能用现实关照让历史鲜活起来。否则，历史难免成为锁在深闺、虫蛀尘盖的断简残章。

中国历史源远流长。"通古今之变"，鉴往知来，是跨越五千年的智慧与光芒。只有让历史走进今天，才能更好地传承民族记忆、延续文化血脉，依托于厚重的土壤，奋发未来腾飞的翅膀。这是时代的要求，也是我们这一代人的责任。

（2011年4月13日）

领导干部应多些"三同"

温振春

西部一位县委书记日前向媒体倾诉,他为了应付各级领导和各类检查,一晚上竟然马不停蹄地陪了八顿饭、喝了不知多少酒。对不少基层领导整天陪着上级领导检查工作、陪着汇报工作、陪着吃喝玩乐的现象,人们称之为"三陪"。与之相对应的,一些地方领导干部进基层、进村子、进农户,深入一线与群众同吃、同住、同劳动,人们称之为"三同"。

对于"三陪",人们已司空见惯。近些年来,大凡上级领导甚至上级机关人员下基层公干,基层领导都要全程作陪,尤其要陪着吃好喝好玩好。因而事出"三陪"的屡见不鲜:有喝得胃出血、脑溢血住院的,有喝成"工伤"、"酒烈士"的……"三陪"耗掉了基层领导干部宝贵的健康、时间和精力,耽误了谋划一方改革发展大局的时机,延误解决基层问题和百姓民生的大事,损害了党政机关和领导干部的形象。

平心而论,上级领导下到基层,按照热情简朴的原则,客随主便地招待好,此乃情理之中。问题是现在不少地方搞得过于庸俗化,"三陪"已经到了泛滥成灾的地步,成为基层领导干部的沉重包袱。究其主要原因似乎有二:

上级领导好面子瞎折腾。现在,多数上级领导下基层检查指导,最多是下到乡镇、街道办事处走马观花,蜻蜓点水,而且一定要基层领导作陪，以显示其尊贵与威风，不陪或未陪好就认为是大不敬。而名目繁多的检查、评比，又为"三陪"推波助澜，给基层添了不少乱。

面对"三陪"问题，不少基层干部有时确也无可奈何。在"酒瓶"就是水平的潜规则下，一些干部为在上级领导心中留下"有能力"的印象，便投其所好，不遗余力地搞"感情投资"，互相攀比超规格，大献殷勤搞"三陪"。

与"三陪"形成鲜明对比的"三同"，是我党在新中国成立初期极力倡导的优良作风，是党密切联系群众，加强干群关系，成就事业的法宝。当年日理万机的毛泽东，"见不到群众就憋得发慌"。百万干部深入工厂农村，与工农群众同吃、同住、同劳动，赢得群众赞赏。去年以来，江西吉安县3000多名机关党员、干部发扬当年苏区干部好作风，深入乡村农户、社区街道，扑下身子搞"三同"，真心实意办实事，让群众感慨"好作风又回来了"。

"三同"是领导干部与基层群众接触、了解实情的一种必要形式，关键在于同心。只有满含感情、牢记责任、扑下身子沉到基层，多办利民实事，达到心心相融，才能真正取得群众的信任与支持。"十二五"刚开局，基层群众有不少困难和问题亟待解决，少些"三陪"，多些"三同"，我们才能更好地凝聚各方面力量，把美好期待一步步变成现实。

（2011年4月12日）

群众为什么爱"草鞋书记"

姬建民

他在职时,家里人一点儿"光"也沾不上,"农转非"转不了,新房盖不起,连一次公车都"蹭"不上。退休回到老家,一把锄头、一顶草帽、一双草鞋,用生命最后的22年时间,在大亮山上带领群众造林致富,最后将价值超过3亿元的林场经营管理权无偿交给国家。这位云南省原保山地委书记杨善洲,被人们亲切地称为"草鞋书记",给世人带来了震撼与感悟。

杨善洲下乡之所以脚穿茅草鞋、头戴竹叶帽,一身泥巴一身土,是因当地百姓还在"穿草鞋"、不富裕。他认为"如果眼看着人民群众在受苦,我们却安逸地坐在大楼里悠闲地办公,你不觉得有愧吗?"只有穿草鞋、戴草帽、深入群众中心里才踏实。百姓则热爱这种穿草鞋、背挎包、下地头的干部,喜欢这种不坐车子、不摇扇子、不端架子的领导。这也印证了"位不在高、勤政则名;官不在大、为民则灵"的箴言。"清风两袖朝天去,免得闾阎话短长。"无需"上纲上线"提炼什么"思想高度",一名共产党人朴实无华的人格魅力显而易见。百姓称他"草鞋书记",是对他最高的评价与赞赏。

杨善洲完全有条件不穿"草鞋",但他却把穿草鞋视为与群众沟通感情、密切联系的媒介,讲求与群众打成一片。道理很简单,你西装革履、油头粉面,坐着豪车去农村、入农户、到地头,老百姓能跟你这样的人说实话、道实情那才怪哩！群众并非强求领导一起穿草鞋，而是需要领导保持那么一种可贵的"草鞋精神"。换句话说，你穿上草鞋，百姓还有个看你是否办实事办好事的"考验"，更别说你"一盒烟一桶油，一顿饭一头牛，屁股底下一座楼"了。在这个意义上，"草鞋书记"杨善洲带给我们的震撼就是：一辈子都在做好事，一辈子不以权谋私，一辈子带领群众致富，一辈子无私奉献。带给我们的感悟就是：群众爱"草鞋书记"，更爱一辈子为群众谋利益的共产党人。

时至今日，除了偏远农村，农民穿草鞋的也不是很多了。现在工作条件与生活条件相对优越了，穿不穿草鞋不打紧，关键在于有没有对群众的深厚感情，会不会与群众同甘共苦，是不是真正把群众利益放在心头。杨善洲不只脚上穿着草鞋，更重要的是心里装着百姓、装着全心全意为人民服务的责任。穿草鞋不是摆样子作秀，当然也不能鼓捣成"大呼隆"的政治噱头。学习"草鞋书记"的"草鞋精神"，为的是牢记宗旨、服务群众，让更多的老百姓不再穿"草鞋"，能够过上文明富裕的好日子。

"当官不是永久的职业，永久的职业是好好地为老百姓。"脚上穿着"草鞋"，心中装着百姓，一辈子为群众谋利益，这样的领导干部肯定是一个大写的人，一个为老百姓所拥戴的人。

（2011年4月11日）

让"艺术鲜花"植根"生活泥土"

卢新宁

荷兰画家梵高有一幅名画《农鞋》，被后来者纷纷解读。其中以哲学家海德格尔的阐释最为深入人心：鞋具磨损内部那黑洞洞敞口中，凝聚着劳动步履艰辛、回响着大地无声召唤、显示着大地对成熟谷物的宁静馈赠……一言以蔽之，好的艺术品就是在人与大地之间建立起某种关联。

由此联想到中国美术馆的一个画展。在近日由全国政协书画室主办的"子夜墨魂——周一波画展"上，我们同样看到了许多"深入大地"的作品：背着小方桌兴冲冲迈步的《赶席》农民、在家看孩子种地的《留守男人》、讽刺"钓功名者"的《独钓》、体现城乡变迁的《二嫂进城》、反映城市陌生人社会的《喊楼》……这些作品题材，或拾取于乡间习俗，或根植于时代变化，使人感受到了深厚的乡土情感和现实关怀。

通过作品反映民意、民情、民风，并提出耐人寻味的现实问题，这是周一波画展的重要特点。"大风吹过黄土坡，还从纸上听民声"，作为中国长安画派的创新人物，周一波的画作不仅汲取了西方当代绘画的艺术精髓，形成了独特的"水墨杂文"艺术风格，更重要的是始终保持着对脚下大地的热切关注，对民间疾苦的高度关切。而无论是"乡土幽默"的专业评价，还是"民生情怀"的观众留言，画展收获的赞誉，也再次印证了那句大白话：生活是艺术的源泉。

明末清初的思想家王夫之曾说过，"身之所历，目之所见，是铁门限。即极写大景，如'阴晴众壑殊'，'乾坤日夜浮'，亦必不逾此限。"一件文艺作品所以感人，是因为它所表现出的人物、环境或者事件，符合并唤起了人们对现实世界的感知体验。所谓"胸中自有万千丘壑"，一个艺术家如果不深入生活，不投身大社会大自然中，胸中的丘壑又从何而来？

纵观当下许多文艺作品，小品《卖拐》被反复播放，电视剧《士兵突击》获得好评如潮，就在于它们深入生活、有现实关怀。反之，一些电影被诟病"空洞乏味"，往往是因为闭门造车；一些作品被人批评"看不懂"，根源就在于凭空臆造。

在今天这样一个信息化社会，"秀才不出门"固然也能"尽知天下事"。然而，越是在这样的背景下，深入生活的意义就越为重大。一是因为在众声喧哗的语境中，只有躬身体验才能去伪存真；二是因为深入生活，不仅包括信息掌握，更包含着感情培养，而后者正是艺术创作的激情源泉。在这个意义上，正如一位论者所言：现代农业可以搞无土栽培、工厂化生产；但艺术创作如果也搞无土栽培、工厂化生产，就不可能产生鲜活、富有生气的作品。

疏远了生活的人，生活也会疏远他；离开了泥土，就没有鲜花。毛泽东同志《在延安文艺座谈会上的讲话》中这样说："人民生活中本来存在着文学艺术原料的矿藏，这是自然形态的东西，是粗糙的东西，但也是最生动、最丰富、最基本的东西；在这点上说，它们使一切文学艺术相形见绌，它们是一切文学艺术的取之不尽、用之不竭的唯一的源泉。"身处大发展大变革的年代，能否踏准社会前进的鼓点，回应时代风云的激荡，让"艺术鲜花"植根于"生活泥土"，这直接决定着艺术家的创造力和生命力，关系到文艺是否能如鲁迅先生所言，成为"引导国民精神的前途的灯火"。

(2011年4月8日)

制度创新让"腐败无门"

陈洪锦

"腐败现象在一些领域仍呈易发多发之势,一些案件触目惊心,影响极为恶劣",人民日报4月6日刊登的温家宝总理在国务院第四次廉政工作会议上的讲话,指出发生这些问题的原因,"根本在于制度不完善,机制不健全,已有的制度执行不力,监督不到位和力度不够,导致对权力缺乏有力约束。"

诚然,对于一些潜在腐败分子而言,通过教育促其提高觉悟,通过严惩使其受到震慑,使他们"不想为"、"不敢为",确有效果。但根本的还是要致力于让腐败者"不能为",也就是构筑刚性的防腐堤坝,使他们"腐败无门",无门可入、无洞可钻。这样,胆大妄为者即便教而仍想为、震而仍敢为,却一概都为不起来了。这里的"腐败无门",显然不是那些不完善的制度、不健全的机制所能担当的,我们更需要的是制度创新,赋予反腐制度以真正的铜墙铁壁。

在制度创新方面,有两则"他山之玉"颇给人以启示。

加拿大政府为了限制超速、减少悲剧发生,在摄像取证、重罚违章不奏效的情况下,转变设计思路,修建起了"超速就无法正常行驶"的高速路。车辆一旦超速,刹那间就失去平衡,左侧车轮似悬空般地飘起来。只有降低车速,车辆才得以恢复平衡。

在美国弗吉尼亚州,不少车辆都装有自动酒精测试仪。这种测试仪与汽车发动机启动装置相连接，司机开车之前，必须朝测试仪上吹一口气，接受酒精度的电脑自动测试。如果测试仪显示你酒精度为零或者在许可的标准内，电脑就会通过系统自动解锁，你就能轻松开走车。反之，电子锁无法打开，你也就无法把车开上路。

超速开不了车，酒后开不走车，这"开不了"和"开不走"，就是严格刚性的"不能为"，就是不可逾越的"不能为"。在这样的制度面前，超速和酒驾大大减少，交通事故率大为降低。在反腐败方面，倘若我们有"超速开不了车"的高速路，有"酒后开不走车"的测试仪，那就能有效地遏制和消除腐败。

事实上，让"腐败无门"的制度创新方面，我国在不少领域都开始破题。比如，容积率是所有开发商都很关心的规划指标，一些地方规划局的腐败窝案就是倒在容积率上。广州市规划部门主动取消自由裁量权，通过法定规划，明文确定哪个区域容积率是多少，凡不符合的一律不批，托门子找关系也没用，因为规划局没权改，从而有效遏制了规划腐败。

国家税务局系统近年来全面推行的部门内控机制建设，亦初显制度创新之效。这一机制，旨在强化流程制约和风险管理。把制度规范、权力行使以信息化的形式固定下来，税收执法的受理、承办、审核、批准、办结等信息全程留痕、可查可控。同时，把预防腐败的要求融入到权力结构和运行机制各个环节，不按规定的程序操作就不能逾越，就办理不成。这一防腐机制，确保了国家税收的按时足额入库。

天下未有一成不变的制度，久必生弊。"腐败无门"的制度运行久了，往往也会被发现新的门和洞。在这个意义上，反腐的制度创新是一个无止境的过程，也是一个水涨船高的过程。如果我们始终着眼于"腐败无门"的制度创新，那么，腐败与反腐败的斗法，就会"魔高一尺，道高一丈"，反腐败终归是要棋高一着。

（2011年4月7日）

也要学会"踱方步"

徐文秀

京剧舞台上有一种角色,亮相时常常斯斯文文、不紧不慢,这种大而稳的行走便是"踱方步"。在社会舞台上,同样需要"踱方步"。陈云同志曾经说过,党内得有一批人是踱方步的。这话耐人寻味、意蕴深长。

"踱方步"是一种形象化的说法,它不是强调人的一种走路姿态,而是指人的一种思考和沉静状态,意谓,静心学习、用心思考,淡泊名利、善于谋略。他们往往站位高、想得深、看得远,大都思想深邃、思路纵横、视野开阔,虽不是什么先知先觉,却每每见微知著、一叶知秋。

对领导干部来说,"踱方步"有时也是需要的。当下,改革发展生机蓬勃,国际风云变幻多端,形势发展很快、变化很大,新情况、新问题和新矛盾也层出不穷。时代大变革、格局大变动、利益大调整、事业大发展,迫切需要一批有思想厚度和深度,深谋远虑、足智多谋的人。

特别是,当今社会节奏加快、转型加速,衍生出很多光怪陆离、扑朔迷离的东西,在碎片化、娱乐化倾向加剧的环境里,眼花缭乱的东西很多,昙花一现的也不少,同样需要沉得住气,静得下心来,慎思明辨、鉴别虚实。

然而,当前干部队伍里,不少人都是在走"碎步"、"快步",甚至

"猫步"、"乱步"。比如，干部普遍很忙，"眼睛一睁，忙到熄灯"，工作多，应酬也多，8小时内外都很忙。平心而论，这些干部不少也是身不由己，既有辛苦更有无奈。但从事业发展来说，在更多时候、更多情况下，会"动脑"的干部比会"动手"的干部更为缺乏，"思想型"干部比"操作型"干部更为稀缺。俗话说：善弈者谋势，不善弈者谋子。领导干部要经常谋谋势，需要既扑下身子务实，又跳出琐碎事务。

"踱方步"，重要的是踱动脑之步、动笔之步和动心之步。学会战略思维、辩证思维和创新思维，善于运用马克思主义的立场、观点和方法，分析、研判和解决重大的战略问题，在纷繁复杂的事物中辨明方向、理清思路、选择路径；学会在心浮气躁、急功近利的风气里，在各种诱惑面前，"看庭前花开花落，任天外云卷云舒"，更加平静、沉稳和执着。总之，就是要更多地注重思考和总结，更多地注意学习和调研，保持一份清醒和自觉，坚守一种淡定和从容。

"踱方步"，关键得学会给自己留出空间，多做"减法"、多"松绑"。忙，是眼下不少人的常态，但越是忙碌，越要善于学会偷闲不偷懒。事务不必太满、交往不能太杂、应酬不可太多、欲望不要太强。多拿"笔杆子"、少端"酒杯子"，多坐书桌、少坐牌桌，集中心思和精力于学习和思考，在"踱方步"中丰富、提升和完善自己，在"踱方步"中站上时代高处，走向时间深处，为党和人民的事业作出更大贡献。

（2011年4月6日）

常与先烈"对对话"

辛士红

一位曾在南疆军区任职的将军回忆说：我不仅走遍了南疆的山山水水、边防哨卡，而且瞻仰了那里所有的烈士陵园，每凭吊一次，对我都是一次灵魂的净化、思想的升华。

梨花风起正清明，祭祖扫墓万家忙。每当这个时候，人们在祭祀自己先人的同时，也不忘追思和缅怀那些长眠地下的革命先烈，对于党员干部来说，于情于理更应这样。

毛泽东同志称革命烈士是"拿出自己的生命去殉我们的事业"的人。一位古希腊哲学家说，为国献身的英雄，是将生命价值发挥到顶点的人。一个崇尚英雄、尊重先烈，并善于用其事迹和精神教化后人的民族，必定能赢得世人的尊重。世界上许多国家都把烈士纪念碑和墓地作为对国民进行传统文化和爱国主义教育的重要场所。在俄罗斯，莫斯科红场上的无名烈士墓被民众视为精神圣地，无数新人在这里举行婚礼，那里不灭的火焰激励了一代又一代人。

当"幸福"成为这个春天的热门话题，人们难以忘记那些为奠基幸福生活而献出生命的先烈。据民政部解放之初的统计，革命战争中有名可考的烈士超过 100 万人，而无名烈士是这个数字的数倍。他们气吞山河的气概，动苍穹而震寰宇；他们泽被后人的恩德，丝毫不亚于养育我们的亲人。缅怀先烈，饮水思源，人们更加懂得和平安宁来之不易，更加珍惜今天的幸福生活，更加自觉地维护社会和谐稳定。

有人说，墓地是最能让人参透人生的地方，而革命烈士的墓地"比国王的殿堂还要辉煌"。因为这里最能触发关于生与死、得与失、苦与乐、奉献与索取等人生价值的思考。独臂英雄丁晓兵有个常去之地，那就是烈士陵园。他的体会是，经常在心灵深处与那些长眠的英烈们"对对话"，就得到了一种支撑，一种安慰，一种心灵上的洗涤。

那些铭刻在烈士墓碑上的名字背后，也曾是一个鲜活的生命，也有儿女情长，也有悲欢离合，许多人甚至青春之花还没有完全绽放。当祖国和人民需要的时候，他们或沥血孤营，或横刀敌阵，或鏖战沙场，或昂首刑场，何曾想过什么功名利禄、待遇回报。与先烈"对对话"，就是以人为镜，扪心自问，荡涤心中的尘埃，让浮躁的灵魂感受安宁，让抱怨的心态感知豁达，让世俗的心境感悟淡泊。

"对话"先烈，我们获得的不只是人生的镜子，更有宝贵的精神滋养。一个人的生命是有限的，伟大的精神却可以光照千秋。"诚既勇兮又以武，终刚强兮不可凌。身既死兮神以灵，魂魄毅兮为鬼雄"，先烈们"捐躯赴国难，视死忽如归"的爱国主义精神、"良将不怯死以苟免，烈士不毁节以求生"的英雄气概、"压倒一切敌人而不被敌人所屈服"的钢铁意志，是一笔弥足珍贵的精神财富，值得永远铭记和珍藏。常与先烈"对对话"，深刻领悟人生真谛，吸取忠诚、坚韧、无私的精神营养，我们的心灵世界将更加敞亮，步子将迈得更加有力。

马克思说："我们的事业并不显赫一时，但将永远存在，而面对我们的骨灰，高尚的人们将洒下热泪。"清明的祭奠是一种风俗仪式，也是一种精神洗礼，让我们在追思和感动中，重温峥嵘岁月，与先烈对话，更与自己对话，重新认识自我和人生，不断激发前行的动力。

（2011年4月4日）

如何阻遏色情网站"卷土重来"

范正伟

若干年前，一位学者提醒人们："互联网最大限度地提供了发表言论的自由；但是，同时也给了种族主义分子、恋童癖以及色情传播分子梦寐以求的传播渠道。"现在看来，这一预言确有远见。

近日，"东方男模俱乐部"、"午夜影院"等62家传播淫秽色情的违法违规网站被依法查处关闭。这不是色情网站第一次被查处了，相信也不会是最后一次。从偃旗息鼓到卷土重来，从境内传播到利用境外服务器，网络扫黄"道与魔"的斗争，还将继续下去。

色情信息会影响青少年的健康成长，甚至引发性犯罪，这已为世界公认。互联网无孔不入的传播方式，让色情信息找到了"新沃土"。现实中，不难看到这样的场景：在网上看动画片的小孩，鼠标稍稍一移，就有可能点击到成人影片；从网上下载试题的学生，也可能眼前突然冒出几张色情图片。救救天真而好奇的孩子，让他们远离这些"电子毒品"，成为一个关系未来的命题；采取严厉手段监管互联网色情信息传播尤其是儿童色情传播，成为许多国家的重要国策。

俗话说，无利不起早。色情软件、色情网站、色情聊天室以及色情对手机的入侵的背后，是巨大的商业利益。"性总是最好的卖点"，把色情作为增加点击率的法宝，作为谋取不法利益的工具，这不仅是"纯色情网站"的专利。在"一本万利"的驱动下，一些门户网站也往往为网络色情大开绿灯,直接参与到以"性"取利的盛宴中,并且分得一杯羹。究其原因,既有商业道德缺失的问题,也有钻制度空子的因素。

整治网络色情的前提,是对"色情"的界定。曾经有一句名言,"你眼中的色情,可能就是别人眼里的情色。"那些打着"人体艺术"标记的图片,那些充满挑逗与暗示的"软色情",之所以能堂而皇之地出现在网络上,利用的正是对"色情"界定的模糊地带。对此,固然应看到社会对"色情"理解的历史性、发展性乃至地域性;但更要抱着对现实社会负责的态度,因地因时制宜,制定具有操作性的相对统一的标准。如此,既可以杜绝一些网站打"擦边球",也能够增加执法的公信力。

网络色情之所以成为"顽疾",除了"人性弱点"等因素,也与"执法力度"、"利益链条"密切相关。目前相关法律尤其《刑法》对网络色情都有相应处罚。一些色情网站运营者之所以铤而走险、死而不僵,往往出于侥幸心理,一是寄望成为漏网之鱼,二是大不了"打一枪换一个地方"。可见,要真正让违法者长记性、不再犯,既要通过拉网式的查处提高执法的"命中率",也要彻底地斩断网络色情背后的"利益链条";既要打摧枯拉朽般的"运动战",更要打充满耐心的"持久战"。

任何一个开放平台,有阳光就会有阴霾。虚拟与现实的不断交织,利益与欲望的相互发酵,使整治网络色情注定不会一劳永逸。从4月1日起,由文化部修订颁布的《互联网文化管理暂行规定》正式实施,网络"扫黄打非"将施行"黑名单"预警制。能否在如前所述急风暴雨般严查色情网站之外,更有持之以恒的规范和创新,将直接关系到互联网肌体的健康成长,影响到整个中国社会的精神气质。

(2011年4月2日)

想起了那些老党员

金采薇

  采写杨善洲报道的记者发来短信，说这是他所见到的一位圣人。我理解这种崇敬的情感，但确切地应该说，杨善洲具有圣洁的品格。
  杨善洲属于上世纪二三十年代出生的那代人，我们通常称他们是"老党员"。他们中不少人已经过世，健在的已是垂暮之年。他们有着不同的经历，却有着一样的精神特征。上至周恩来总理，下至县委书记焦裕禄，共产党员总是相似的。他们很少被当作先进人物，也无从得到表彰，因为杨善洲的故事在那个年代是党员干部的集体自觉。
  对党员干部来说，"共产党人除了人民利益之外没有任何特殊利益"，这是铁铸的信条，不用强调也不必要求，它是发乎内心的。所以，没有人把哪怕是公家一节电池往家里拿，有的是把盖好的房子先分给群众；没有人愿意向组织上张口要官位、要待遇，有的是倾其所有，把钱拿出来支援国家建设；没有人眼睛长在脑门上，对群众吆五喝六，有的是走进老百姓柴门，同吃同住同奋斗。
  由于时代隔膜，对现在的年轻人来说，也许杨善洲所做的一切似乎不那么好理解：哪有不要分文好处的招商引资，哪有不计报酬的一生投入，哪有不为家庭儿女考虑的长辈。但从那个年代过来并和那些老党员一起工作的人们，对此绝不陌生。焦裕禄、杨善洲们何止万千。人们对党员干部本质的认识就是如此。党员这个称号，足以唤起舍生忘死的勇气。不如此，反而让人难以理解。

时代变迁造就了过去与现在的不同。我们巡游网络时会感到生产力闻所未闻的发展速度。我们应该享受声光电化的丰富多彩，也应该抛弃陈旧过时的思想观念，追逐现代化的脚步。这都没有问题。当然从大的历史观来看，时代的变化，相当短暂，也是一个过程。人还是那些人，心还是那颗心，追求真善美的信念依然恒久不变，全心全意为人民服务的宗旨也没有随着共产党执政而改变。

"致君尧舜上，再使风俗淳"始终是先贤们的理想。其实，即使是圣洁的品格也不是遥不可及。杨善洲的圣洁，并非因为他做了什么不寻常的事。他的高尚一点也没有奇迹、壮举的意味。他的不同寻常在于他对党、对人民有着别于他人的深刻体悟。冯友兰说，人有四境：自然、功利、道德、天地。一个人顺着本能和习俗就可以做很多事情。利他可能不是最初的动机，这也未必意味着不道德。还有一种人，始终把自己看成社会整体的一部分，他们所有言行出于一个朴素的想法，一个人活着是为了使别人更美好，期望通过自己的奉献给大家带来幸福。共产党的文化，共产党人的传统，领导干部的修养，本该如此。这个信念固化在心里，外化为行动，也有了不一般的意义。更为重要的是，一个人的职位可能很平常，事业很平凡，但圣洁与高尚传达的感动却有惊人的力量：它是旗帜，在无数人心里飘扬；它是灯塔，为迷茫的人们照亮前路；它是标杆，成为人们学习的榜样。

今年将迎来建党90周年，一时间政党建设成为显学。人们不难发现，世界上绝少有哪个政党把公而忘私、奉献牺牲作为对党员的基本道德要求，也极少有哪个政党对党员进行持续不断的党性和党的修养教育。党的历史波澜壮阔，而在历史活动中一代代共产党员是最鲜活的部分。我们走过弯路、跌过跟头，甚至犯过大的错误，但老百姓不离不弃，始终围绕在党的周围，原因可以说很多，但最重要的一条，是因为他们看到像杨善洲一样的成千上万的共产党员，以他们的忠诚守护着坚定的信念：为中国人民谋幸福。

回望那些渐行渐远的老党员亲切的背影，我们这一代共产党人应该更加清醒地认识到，这是我们党成为领导核心须臾不可或缺的政治优势。

（2011年4月1日）

民意采集应当讲科学

陈家兴

近年来，决策之前问百姓意见，决策之后听百姓反馈，日渐成为事关群众利益的重大决策制定中的程序。甚至一些公共事务，一项具体工作，也大多会听听公众的看法。这是公共治理的一大进步。当然，在具体民意采集过程中，也出现了一些不太讲科学的现象，致使所采集的民意不同程度失真。比较常见的有这样四种情况：

征求意见走形式。走公开征求意见的程序是决策制度的刚性约束。但有的公开征求意见稿，仅是在公共平台上公布。结果，收上来的意见或有数千上万条，但有质量有分量的不多，提出有建设性意见的不多，不少意见只是笼统地说好，抽象地表达。这不是公众不热情不积极，委实是洋洋数万言，认真读下来太不容易，也便只好笼统回应。决策走到这个环节，原本是要听取真知灼见以修改完善的，因此不能满足于公开发布，还应当重点向社会各有关单位、组织、机构以及专家、学者定向寄达，请其专门抽出时间花费精力研读并找毛病、想办法。这样的决策才会更科学。

网络获取有偏差。互联网是获取民意的一个重要渠道，但网络的特点和技术的发达，也在客观上使网络推手、网络水军、网络刷票族们能够从容隐身普通网民之中，炮制出有倾向性、利益性的民意，以左右民意调查结果，实现特殊目的。甚至还有一些网站用增加网页、允许重复投票等办法，以成倍提高访问量、虚增影响力，试图左右决策考量。如果不能通过科学有效的办法研判分析，那么所获取的网络民意必定良莠难分、价值降低。

问卷调查不科学。不少单位、部门喜欢就某项工作、措施等搞问卷调查，看看群众的满意度。但有的问卷选项设计本身就有倾向性，比如四个选择项分别是：非常满意、满意、基本满意、不满意。显然，满意获填的机会多，占75%。就受众心理而言，由于缺少"不太满意"选项，选"不满意"又太过，最后至少也就填上基本满意了。有的问卷题目设计也有问题，公众心里的真实想法、最关心的话题不问，问的多不着边际，结果按其意思填问卷，只能对有关决策表示同意。只有选项的机会公平、关键问题不缺失，问卷调查才有基本的规范。

随机采样太离谱。有的媒体街头随机采访行人对某项问题的看法，10个人有7个人不同意，就此认为有70%的人不同意。有的电话访问找熟识对象、问题有诱导性，对方碍于情面、被诱导，就不会按照自己的真实意愿回答。有的对调查样本对象增加感情和物质投资，结果你想要什么答案，他就提供什么答案。事实上，随机采样，只有不受任何人为因素、地域限制等的左右，在概率学上才是更有参考价值的。

民意是金，是决策的沃土、政策的指向，被摆在治国理政的重要位置，它被一般公共治理广泛引入，是必然的趋势。越是这样，越要建立民意采集的科学制度与机制，使对象充分、方法科学、手段正当，以确保民意采得全、采得真、采得有价值。如此，民意才会彰显它的魅力，显示它的分量。

（2011年3月31日）

"跟跑"与"领跑"

向贤彪

　　一部《五星红旗迎风飘扬》电视剧，许多人看得热泪盈眶，激情飞扬！一位参与"两弹一星"研制的老科学家感慨地说："'两弹一星'的研制成功，使我们在这个领域实现了由'跟跑'到与发达国家'齐跑'的跨越。我们还要不懈努力，争取在更多的领域进入'领跑'的行列，从而实现中华民族的伟大复兴！"此番由"跟跑"到"领跑"的见解，表达了中华儿女共同的心声。

　　为人类社会进步做出过巨大贡献的中华民族，曾以四大发明遥遥领跑于当时的世界。然而，近代中国却落伍了，直到新中国成立后，我们才在一穷二白的基础上迈开追赶世界的步伐，特别是改革开放，为国家发展注入强大动力。如今，我们在不少领域已达到和接近世界先进水平，许多产品已位居"世界第一"。但同世界发达国家相比，我们在不少领域仍处于"跟跑"的地位。

　　我们有理由自豪，享受着在一些领域作为"领跑者"的荣耀；也不讳言在诸多方面仍落后于人，有太多"跟跑"的尴尬。《左传》曰："'居安思危'。思则有备，有备无患，敢以此规。"看到忧患，正视差距，就不会自喜于已经取得的成功，不敢有丝毫自满懈怠，而是保持高度的警觉和旺盛的斗志，发愤图强，励精图治。"寄言燕雀莫相唣，自有云霄万里高。"只有常怀这样的心态，才能永葆进击者的姿态，在更多的领域实现由"跟跑"到"领跑"的跨越。

上个世纪90年代初,邓小平同志高瞻远瞩地告诫:要抓住机遇,发展自己。正因为我们珍惜并牢牢把握来之不易的重大战略机遇期,聚精会神搞建设,一心一意谋发展,才使得我国经济建设进入快速发展时期,取得了举世瞩目的巨大成就。事实证明,抓住并用好机遇,就会赢得一次跨越;处理好改革发展稳定的关系,就能为发展创造一个良好的环境。"咬定青山不放松,立根原在破岩中。千磨万击还坚劲,任尔东西南北风。"只有紧紧抓住和用好战略机遇期,集中精力办好自己的事情,才能使我们国家赢得更大的发展,更好地保障和改善民生。没有稳定的社会环境,什么事也干不成,甚至已经取得的成绩也会丧失掉。

人间万事出艰辛。从"四大发明"到"两弹一星",从"激光照排"到"超级水稻",从"高速铁路"到"神舟飞船",无不饱含着一代又一代中国人忘我奋斗的艰辛和汗水。在赶超世界先进水平的进程中,我们既要发扬敢想敢试敢为天下先的闯劲,又要发扬锲而不舍、百折不挠的韧劲;既要保持不畏艰险、锐意进取的革命精神,又要遵循客观规律,具备沉着冷静、实事求是的科学态度。只要认准前进方向,沉住气不急不躁,用长劲稳扎稳打,不为一事的成功而骄傲,不为一时的得失遮望眼,不为局部利益绊住脚,就能一步一个脚印实现奋斗目标。

在上个世纪50年代,毛泽东同志就告诫全党要警惕"被开除球籍"的危险,那是一种放眼全球的战略眼光,至今仍折射出理性和智慧的光芒。今天,我们肩负的使命更加光荣,任务更加艰巨。"鼓荡激情扬征棹,一路轻舟乘东风。"只要我们凝心神、聚力量,不动摇、不懈怠、不折腾,埋头苦干,我们就有可能在更多的领域抢占先机,站在世界"领跑"的位置上。

(2011年3月30日)

"放下"的学问

蔡朝阳

　　干了很多，成效却不大；付出不少，收获却无几；事必亲为，效果难说好；忙里忙外，起色实堪忧……这样的工作场景委实让人尴尬、无奈。

　　这样的干部，只有"苦劳"，没有"功劳"，领导不欣赏；看似"拼命干"，实则"瞎忙活"，同事有怨言；人虽吃了亏，戏却不好看，群众不满意……当然，他们内心也有苦楚：付出了，为何没有相应的回报？努力了，为何成绩寥寥、问题成堆？

　　想起了一种喜负重物的小虫——蝜蝂。唐宋八大家之一的柳宗元，在其名篇《蝜蝂传》中，对其有生动描写："行遇物，辄持取，昂其首负之。背愈重，虽困剧不止也。其背甚涩，物积因不散，卒踬仆不能起。人或怜之，为去其负。苟能行，又持取如故。又好上高，极其力不已。至坠地死。"在文学家笔下，蝜蝂"勤劳"无比，擅长背负重物，但它的悲剧也在于此：什么都做，什么都要，不知放下和舍弃，最终一事无成。

　　蝜蝂是文学上虚构的小虫，但现实生活中，"蝜蝂式干部"却屡见不鲜：芝麻西瓜都往怀里抓，结果得不偿失没收获啥；目标不明目的不清，忘了"为什么出发"；眼睛盯着自己的"一亩三分地"，却不知已无资源可开发；只低头拉车，不抬头看路，因循守旧代价大……

或许,"蜷蚨式干部"需要明白一个道理:抓工作干事业,既要善于"拿起",又要懂得"放下"。如果说,"拿起"靠的是勇气,那么,"放下"考验的则是智慧。更多的时候,我们不光要注意工作能力和态度问题,而且要处理好"拿起"与"放下"的关系:如何在纷繁复杂、竞争激烈的时代,保持一份清醒和理性?如何放缓忙碌的脚步,做到张弛有度、收放自如?

在繁重的工作和长久的事业面前,我们的时间和精力永远是"稀缺物质"。在工作和事业"分母"不变的前提下,我们惟有尽量放大时间和精力这个"分子",成绩的"得数"才能更高。哲学家苏格拉底帮助我们"寻找最大的麦穗":先在一块麦田里走上三分之一的路,观察麦穗的长势、大小、分布规律,在随后三分之一的田地里选定一个相对最大的,然后从容走完剩下的三分之一,而不是眉毛胡子一把抓。经济学家帕累托教我们识别"重要的少数与琐碎的多数":重要的因子通常只占少数,而不重要的因子则占多数,因此,只有舍弃"琐碎的多数",掌握"重要的少数",方能控制全局、出奇制胜。

"放下"需要胸怀。舍弃小溪的清流婉转,才有大江的烟波浩渺;舍弃小丘的玲珑俊秀,才有高山的巍峨伟岸;舍弃温室的舒适安逸,才有生命的刚强绽放;舍弃地面的安闲游弋,才有激越的蓝天翱翔!

"放下"不是放弃。孟子主张"有所不为,而后可以有为"。"为"即拿起,"不为"即放下,"放下"是"拿起"的必要前提。如果不分主次前后、轻重缓急,什么事都"为",势必"无为"又"无成"。正如《韩非子》所言:"顾小利则大利之残"。抓住重点,才能突破难点;舍次保主,方可事成功奏。

"拿起""放下"有学问。在万千头绪中,我们不妨多一些思考和追问:"拿起"是为了什么?我有"拿起"的精力和能力吗?哪些是该"放下"的?在"放下"之后,我们是否想得更周到,干得更聪明,增添新的动力和能量?

(2011年3月29日)

文化遗产重在"神韵"

范正伟

自 2009 年被列入世界文化遗产后,福建土楼这一"世界独一无二神话般的山区民居建筑",近来因一部名为《土楼神韵》的歌舞剧,再次走进了公众视野。

"岁月如圆,起止在何方?楼里春秋楼外羡,回首望,几沧桑。"在这部福建永定县打造的歌舞剧中,客家先民悲壮迁徙、夯筑土楼、漂洋过海等历史场景的再现,迎春牛、打新婚、猜拳舞狮等客家风俗的展示,深刻诠释了土楼所积淀的厚重文化,同时唤醒了海内外客家人的共同记忆。

正因如此,这一出自县级文艺团队的作品,从县城演到省城,并在兔年新春走进国家大剧院,成为全国地市级以下文艺团体首次在此上演的剧目;也因为此,该剧在台湾演出时,许多知名人士不仅题字留言,还在演出后与演员手拉手共唱客家山歌……

在时下一些地方不惜举巨债"申遗"的情况下,在一些世界文化遗产过度开发、频频涨价的场景里,这一现象颇具启示意义:世界文化遗产到底意味着什么?它最重要的价值又在哪里?

1972 年《保护世界文化和自然遗产公约》在评定文化遗产时,强调要从历史、艺术、科学、审美、人类学等角度衡量是否"具有突出的普遍价值"。丽江古城成功"申遗",由于它是"保存浓郁的地方民族特色与自然美妙结合的典型";福建土楼举世瞩目,也因为它是"东方血缘伦理关系和聚族而居传统文化的历史见证"。文化遗产的价值,就在于它承载着丰富厚重的历史文化,蕴藏着重要的启示性资源。

在这个意义上,我们需要特别注意:文化遗产不是"文化财产",不能把"申遗"异化为"遗产搭台、经济唱戏",使其成为一笔单纯的经济账;不能把开发等同于门票经济,使文化遗产患上"富贵病";也不能把保护局限于古董楼阁,甚至高价制造假文物,使文化资源遭到"保护性破坏"。相反,要树立这样的文化自觉:"申遗"成功只是保护的序曲,应该像《土楼神韵》那样,去发掘文化遗产所蕴藏的内在神韵,保存文化遗产所积淀的岁月印痕,传承文化遗产所记录的民族基因,使之真正成为人类的共同记忆、民族的认同载体、文化的繁荣源泉。

在今天这个多元化的时代,文化是最能体现自我价值的元素,也是最能获得广泛认同的价值,特别是那些经历时间检验后留存下来的文化遗产。截至目前,我国已有20多项世界文化遗产,4项世界自然与文化双遗产。这是世界对中华文化的认可,值得每一个中华儿女自豪。但我们更要看到,相对于我国众多的文化遗产,"申遗"所能承载的遗产保护毕竟有限。

文化遗产的存在是一种客观现象。因此,一方面,我们重视世界文化遗产的传承;另一方面,也要把目光投向为数更多的文化遗产,以高度的责任心和敬畏感,去珍视它们的文化价值,发掘它们的内在神韵。唯此,才能培育积极健康的文化心态,通过文化凝聚前行道路上的共识,打造我们走向未来的"软实力"。

(2011年3月28日)

"开门"还要"进门"

刘 杰

"问题找到一个，解决一个，也就少一个。"被称为当代乡镇党委书记楷模的文建明，针对四川营山县城南镇实际，推出一套"干部下访寻问题解决"机制，挨家挨户找问题，帮助群众解难题。数年下来，积怨化解了，难题破解了，干群关系和谐了，百姓收入7年翻两番。他被干部群众称为"治乱书记"、"唯民书记"。

"做好群众工作，必须要有对群众的深厚感情。比如信访，不光要开门接访，还要走下去进门送访，和群众一起做好群众工作。"安徽宣城市委书记高登榜这样要求领导干部，特别是主要领导，要联乡、联村、联户，与基层致富带头人、贫困户、信访户结对子，每年入户不少于10天，解决实际困难不少于两件，以量化考核的办法，确保进得了门，住得下人，连得上心。

从干部坐机关到挨家挨户找问题、解难题，从开门接访到进门送访，都是一者被动一者主动，表明新形势下一些地方的干部，做群众工作的态度和状态发生了实质性的变化。

"为政之道在于安民，安民之要在于察其疾苦。"安民先要知民，知民必要进门，开门走出来，进门坐下来，才可能和群众交上朋友，听到知心话、真心话。"你对群众感情到位了，问题自然就好解决了。""当干部的，只要心里装着群众去工作，就没有摆不正的事。因为你给群众一寸，群众就会还你一尺！""把群众最苦、最怨、最急、最盼的事情，当成自己的事来办，哪里会有当不好干部的道理？"文建明的这些工作心得，道出的正是做好群众工作的真谛。

现在的问题是，一些干部"开门"已是不得已，甚至"进门"了还没有思想准备。说白了，就是对百姓并无真感情，心里其实没有装着百姓。缺乏这种感情基础，干群关系当然不调和，被要求去做群众工作，也往往事倍功半。你不与群众贴心，群众为什么要与你贴心？还可能跟你有对立情绪。你不真心关心百姓疾苦，解决实际难题，群众就有足够的理由相信你是来做做样子的，是来"贴金"的。

山西平遥古城县衙门前有副对联："吃百姓之饭，穿百姓之衣，莫道百姓可欺，自己也是百姓；得一官不荣，失一官不辱，勿说一官无用，地方全靠一官。"此联道出了为官为民的辩证关系和荣辱观，提醒为官者要亲力亲为，视民事如家事，视百姓如父母，因为自己也是百姓。它的现实意义在于，告诫我们的干部，只有把自己当成普通老百姓，才能做个让百姓信赖的好干部。

一些地方根据实际推出了不少群众工作的好制度，的确对干部产生了刚性约束。比如，宣城市还建立健全考核评价办法，把"述联"作为领导干部述职述廉的重要内容，让百姓参与评议打分，以群众满意不满意为最高标准。而当干部逐步完成对百姓的情感转化，从被动到主动、从冷漠到热心、从摆官架子到放低身价、从公事公办到促膝谈心，那么，制度的"紧箍咒"就会消于无形，干部也会发现自己的工作进入了一个新的境界。事实上，为民的理念正是这样深化的，干群和谐就是这样成就的。

（2011年3月25日）

用"小载体"宣讲"大道理"

宣 言

当前,把以党的十七届五中全会精神和今年两会精神为主要内容的形势政策宣传到基层,是各级党委的一项重要政治任务。浙江余姚市秉持"小载体讲大道理"理念,创设并运用小册子、小卡片、小段子等十种"小载体",进行形势政策宣传教育,创新了宣传教育形式,丰富了宣传教育内涵,为进一步增强基层形势政策宣传教育的针对性实效性提供了有益启示。

其一,创设喜闻乐见的宣教形式,让群众坐得住、听得进。把形势政策宣传到基层是一门艺术,需要创新举措、吸引群众。"小载体讲大道理"符合新形势下受众的接受习惯,运用现场互动、视觉艺术等手段,为广大干部群众学习形势政策搭建"直通车",变"灌输式"为"互动式"、"概念化"为"形象化",以群众喜闻乐见的"小载体"阐明了科学发展的"大道理",增强了宣传教育的吸引力和感染力。

其二,设置通俗实用的宣教内容,使群众记得牢、用得上。把形势政策讲明白,为群众所掌握运用,是宣传教育活动的根本目的。"小载体讲大道理"紧扣社会现实,回应社会关切,针对基层群众应学、应知、应会的内容与所思、所想、所盼的话题,把党的十七届五中全会精神和今年两会精神进行深度解读,同时配上与群众生产生活密切相关的农业、工业、旅游、教育、卫生等政策解读和生活常识,把"阳春白雪"转化为"下里巴人",使群众思想上受到启发、理论上得到武装、实践上得到指导。

其三,采用灵活多样的宣教方法,与群众贴得紧、讲得透。形势政策宣传教育的方法只有多样化,才能满足不同层次受众的个性化需求。"小载体讲大道理"遵循理论宣教时间、空间和对象三者之间的内在规律,坚持贴近实际、贴近生活、贴近群众,突出"短、平、快",采用一系列拿得出、叫得响,讲得透、传得广的方法和途径,为基层干部群众提供了便捷、管用的"理论套餐"。这种分众化、个性化、实用性强的宣教方式,既丰富了形势政策宣教的内涵和层次,又扩大了宣传教育的覆盖面。

(2011年3月24日)

稳定是"幸福大厦"的地基

詹 勇

这个春天,"幸福"成为一个热门话题。两会期间,求解幸福"方程式",描绘幸福"路线图",更为上上下下所关注。全国人大代表程静说:"幸福感的第一要义应该是安全感。只有国家富强、社会稳定,老百姓对自己的生活才有安全感,也才有幸福感可言。"的确,幸福的路径可能是条条大路通罗马,但任何幸福大厦拔地而起,都离不开稳定牢固的基础。

"利莫大于治,害莫大于乱",古往今来,历览治乱兴衰,政治稳定、社会安定始终是政治家们励精图治的目标,也是普通百姓安居乐业的前提。无论世易时移,稳定始终是国家发展的基石,民生福祉的源泉。

关于"稳定",小平同志有两句话,至今仍然振聋发聩:

"我们搞四化,搞改革开放,关键是稳定。"改革开放30多年来,正是在和平稳定的环境中,我国经济以年均近10%的增长率实现了起飞,国家面貌发生了历史性变化,百姓生活也迎来了改善最大的时期。"老话讲,家和万事兴。国家也是一个道理,没有国家的稳定,老百姓哪里去找这么多惠民的好政策?国家和谐稳定,事事兴盛,得实惠的还是咱老百姓。"北京市西城区一位普通居民的朴实话语,道出了广大百姓的心声。

"没有稳定的环境,什么都搞不成,已经取得的成果也会失掉。"动乱,往往是国家的歧途、人民的悲剧。一场"文化大革命",十年内乱,结果是发展滞后、物资奇缺、民生凋敝,给国家和人民烙下了深深的伤痕。去年底到今春,中东北非一些国家政局持续动荡,社会混乱,冲击经济,殃及百姓,利比亚更是深陷战争漩涡。"一国尽乱,无有安家;一家皆乱,无有安身",这些国家人民的遭遇令人同情,对所有爱好和平、向往幸福的人们,也是一个沉重的警醒。

重温这两句话,使我们对"稳定"这个似乎耳熟能详的问题有了新观照、新思考。有时候,在对比和变化中,人们能够更加真切地感受和理解世界,对于稳定更是这样。

经历了"3·14"事件的风雨,西藏农牧民们更加坚定地表示要"维护团结稳定的局面";走出了"7·5"事件的伤痛,新疆各族人民更加深刻地体会到"稳定是最大的民生"。对于刚从战火纷飞的利比亚撤离回国的近3.6万名中国公民来说,"刺刀在雨水中闪着寒光"的可怕回忆,让他们备觉家里灯光的温暖;"枕着枪炮声入眠"的痛苦经历,让他们感受和谐发展的祖国是何等强大,安定环境中的睡眠是何等香甜。即便是日前的盲目购盐风波,也让人们反思风险和谣言冲击之下,保持社会秩序和理性心态是多么可贵。

稳定,连着国事与家事,关系整体和个人,它就在我们身边,融入了我们的生活。也正因为如此,全国政协委员叶小文感慨:"和谐稳定就像我们周围的空气,平常也许感受不到,但稍稍稀薄,其重要性就立刻凸显出来。"

稳定是福,动乱是祸。这一道理看似朴素,其实深刻。"没有社会稳定,幸福只能是一句空话"。身在福中,我们应该"惜福",珍惜来之不易的和谐稳定局面;更需要"造福",用以人为本的发展,不断夯实民生改善的基础,用我们每一个人的努力,在稳定中获得更大的发展,在发展中不断收获幸福的果实。只有这样,才能长久地"享福"。

(2011年3月23日)

科学要"慢"得下来

刘根生

"做科学,要有点品位。"前不久在接受媒体采访时,北京大学生命科学学院院长饶毅教授如是说。在他看来,比较有创造性的东西,思路方法很巧妙的,就比较有品位;不能只想着发表论文,而是要努力呈现新鲜见解,回答重要问题。

显然,这样的品位并不易得。它不仅意味着一种科学的高度,还体现出一种学问的境界。对于科学家来说,科学的品位反映的是他的价值取向和志趣追求。

科学不是速成的。经济上可能有暴发户,科学研究领域却不可能有暴发户。科研有如农业,得慢慢积累,老实耕耘。就如种子从发芽到谷粒成熟,得经过生根、长叶、分蘖、穗分化、孕穗、开花、灌浆等过程,每一个生育期对温度、水分、空气、光照、养分等外在条件都有不同要求,你得顺应规律,精心呵护,懈怠不得也急不得。重大发现也好,重大创新也好,都是"长期积累,偶然得之"。因主客观条件问题,或许"长期积累"也未必有"偶然得之",但没有"长期积累",则很难有"偶然得之"。

要达致科学的品位,获得科研成就,特别需要"慢功",秉持一种"慢"的理念。有"慢"才能合乎科学规律,保证科研质量,回归科学本质,也才能享受科研的乐趣。当然,这个"慢",不是做事慢慢吞吞，拿着薪水不出活，而是摒弃急功近利，真正潜心学术。《现代临床解剖学丛书》共1000万字，被誉为我国临床解剖学里程碑。为完成这本书，钟世镇院士花了大半辈子时间，此书出版时他已75岁高龄。华裔科学家高锟，耗费40多年终于在光纤传输技术上取得突破性成就。足见，越是大成果，越要耐住"慢"。

在不少地方及科研单位，科研成果"短、平、快"的比较多，跟踪模仿多，原创性的大成果少。一句话，科学的品质不高。从治学精神和方法上找原因，主要就在于缺乏积累，太专注于比速度比数量了。有些学者每每有点小成果，就赶紧写论文发表，数量不少，质量却上不去。这就好比把种子埋进土里后，三天两头就刨开来看看发芽了没有，或者苗刚冒出土就拼命往上拔。这样做，就很难取得突破性进展。

人有外在利益和内在利益追求之分。对于现代科研工作者来说，外在利益主要指晋升、待遇、荣誉、科研基金等等。内在利益则主要指人生追求、内在情怀、个人兴趣，它是一种价值理念。科学家也是人，也有外在利益需求。问题是，外在利益和内在利益谁占主导地位。在科学研究中，处理好快与慢关系，提升科学的品位，就得以内在利益为主导，而不要总被外在利益牵着鼻子走。否则，制造些"职称论文"还行，要获得重大成果则绝无可能。

科学要"慢"得下来，根本在于营造宽容的学术环境。比如纠正科研考核中过分量化倾向。量化使评价有了客观标准，但变成"数字一刀切"就走极端了。有人因此戏谑科研考核是一种"数蛋游戏"：从讲师升为副教授要生多少个"蛋"，从副教授升为教授又要生多少个"蛋"，还规定这些"蛋"要生在什么地方，比如核心刊物。如此，还有多少人敢做"慢学者"？

（2011年3月22日）

当干部就得"在状态"

李小三

"村看村,户看户,群众看干部。"对于每一位干部来讲,理当"在其位、谋其政",把岗位当平台,把工作当追求,有所坚守,有所舍弃,执著向往,乐此不疲。现实生活中,有的干部心浮气躁,耐不住寂寞,静不下心来,不是扎扎实实地做一些事情,而是热衷于摆花架子,做表面文章,搞形式主义。有的"做官"的想法越来越浓,做事的想法越来越淡,干得顺利时"在状态",遇到挫折、不太顺利时就"心不在焉";处于进步、晋升时期"在状态",一旦"职务到头"、"进步无望"时便偏离"状态"。

在状态,首先就意味着认真负责、恪尽职守。古人云:"为官避事平生耻。"职务就意味着责任。一个地方、一个部门的干部,守土有责、富民有责、兴业有责,肩上的责任可谓重大。事业心和责任感是一个人的精神支柱,是一个人前进途中永不衰竭的精神动力。干部有了责任感,就能经常进行自我检查、自我监督、自我评价。做了有利于百姓的事,就会感到满足和欣慰;若为官一任,一事无成,甚至损公败业,就会深感内疚、惭愧和悔恨。只有强化责任感,才会有事业心,有使命感和紧迫感,把工作当作第一兴趣,产生源源不断的动力和激情,创造性地做好本职工作。

在状态,还必须真抓实干、锐意进取。真干而不是假干,实干而不是虚干,为党和人民干而不是为自己干,这是衡量干部党性修养的试金石。焦裕禄为了改变兰考的贫困面貌,深入基层调查研究,提出了治碱排涝的可行方案,带领群众改天换地。兰考人说他是为兰考人民累死的。牛玉儒上任伊始即深入调查研究,马不停蹄外出考察,制定出切合呼和浩特市实际的发展规划,带领全市人民真抓实干,病危之际仍坚持工作。对于广大干部来说,应当坚持高标准、严要求,专心致志、全身心地投入,以时不我待的紧迫感和昂扬向上的精神状态,尽心尽力地为人民群众谋福祉。

在状态,还要求严于自律、做好表率。干部手中或多或少掌握着党和人民赋予的权力,因而常常成为一些别有用心者的追逐目标,金钱、美色等的诱惑也比较多,如果把持不住自己,对骄奢淫逸的生活顶礼膜拜,很容易走上歧途。对于广大干部来说,应当自觉抵御拜金主义、享乐主义和极端个人主义的侵蚀,心不贪、嘴不馋、手莫伸,洁身自好,时刻警醒,防止不健康的东西从微小之处在思想防线上打开缺口。还要时时自重、自省、自警、自励,抗得住歪理,顶得住诱惑,不慕虚荣、不谋私利,一尘不染、一身正气。

在状态,也需要营造良好的制度环境。有切实可行的考核、监督机制,以及机关行政效能建设的首问负责制、限时办结制、责任追究制,广大干部才会有监督、有制约、有压力,改变干多干少一个样、干好干坏一个样、干与不干一个样的现象。用一个聚精会神干事业的人,就会激励一大批干事业的人。通过选人用人,褒奖贡献突出者,支持一身正气者,鼓励既积极向上又老实肯干者,鞭策相形见绌者,教育跟风行事者,约束投机钻营者。这样,党员干部"在状态"才会成为常态。

(2011年3月21日)

让安全为核电发展护航

范正伟

自 3 月 11 日以来,由日本大地震引发的"核泄漏危机",持续牵动着全世界的神经,很多国家对核电安全争议不断。

"核电发展要把安全放在第一位",国务院迅速召开会议,强调立即组织对我国核设施进行全面安全检查,并重申要充分认识核安全的重要性和紧迫性。

公众的担忧质疑,政府的高度重视,有充分的现实依据。自 1954 年苏联建成世界上第一座核电站以来,核电发展始终伴随着安全关切。1979 年美国三里岛核电站事故、1986 年苏联切尔诺贝利事故都曾给人类带来巨大伤痛。

与此同时,全球核电站的数量仍在逐年增加,核电已超过全球发电总量的 16%。迅猛发展的背后,是核电的独特优势:从环保的角度看,基本实现了温室气体的零排放;相对于其他清洁能源,核电具有容量大、波动性小和运行小时数高、经济成本低等特点。因此,在能源紧缺、全球变暖的背景下,发展核电成为一项重要的战略选择,许多原本放弃核电的国家也在重启核电项目。

又怕又爱,这恐怕是人类面对核能时的复杂情感。正如一位核物理学家所言,"核能有些像马戏团里的猛兽,听话时让人感到其乐无穷,一旦失控,后果不堪设想"。在无法放弃核能的背景下,安全必须成为人类利用核能的首项要求,成为政府发展核电时的第一承诺。

从这个角度来看,此次因地震、海啸引发的福岛事故,尽管有种种"百年不遇"的偶然,却依然敲响了安全的警钟,并应成为人类建设更加安全核电的动力。事实上,技术的进步也在不断地提高着核电的安全等级。可以说,在过去的半个多世纪,正是对经验教训的不断反思总结,人类对核电安全性的认识日益提升,满足着公众对清洁、高效、可靠能源的需求。

"要在确保安全的基础上高效发展核电",这是刚刚颁布的"十二五"规划的明确要求。随着核电事业的发展,特别是面对特大地震、海啸等自然灾害的袭击,核电安全必须警钟长鸣。"核电无小事",一方面,要吸取福岛事故的教训,不断提高核安全应急处置能力;另一方面,更要时刻保持审慎,对新上核电项目严格审批、对核电站选址科学论证、对核电站运行加强管理、对核废料处置未雨绸缪、抓紧制定《原子能法》等相关法规,在始终确保安全的前提下,让核电为我国可持续发展做出贡献。

核电有零排放的环保优势,也有安全风险。在选择支持核电之前,一位环保人士如此纠结。其实,在人类历史的进程中,这样的纠结岂止是核电?汽车与车祸、飞机与空难、摩天大楼与熊熊大火……科技发展提供了便捷,也带来了风险;发展中不同诉求的交织、冲突,这正是人类社会的"两难处境"。如何在面临两难时做出权衡,在面对风险时保持理性,在全力提高安全性、可靠性的前提下大力利用新技术,这是我们不得不面对的课题,也正是在与这种"宿命"抗争的过程中,不因噎废食,不一劳永逸,人类才不断创造着新文明,实现着更加全面自由的发展。

(2011 年 3 月 18 日)

国产奶粉如何让百姓放心

张铁网

今年春节期间,内地游客纷纷在香港、澳门抢购进口奶粉。前几天,甚至有内地家庭与当地家庭因此发生冲突。一些人据此认为,这是百姓对国产奶粉不信任、不放心所致。不过,媒体进一步调查了解到,同样一罐进口奶粉,港澳的售价比内地便宜不少,最高每罐便宜90元左右。因此,趁便在港澳买进口奶粉,便成为不少内地游客的现实选择。

尽管如此,我们也不能就松了一口气。国产奶粉依然面临着"三鹿奶粉"事件后遗症的严峻形势,洋奶粉趁机占领国内市场、获得消费者信任,国产奶粉的市场份额和消费者信心虽然都有较大幅度回升,但信任的基础仍然不牢固。不直面这个现实,进而下猛药整治国产奶粉,我们就可能面临两个继续恶化的现实。其一是,国产奶粉行业声誉低谷徘徊,市场份额继续让国外品牌蚕食,最终使行业发展受制于人,消费者利益受到损害。这一两年间,洋奶粉完成攻城略地之后,已经先后多次提价,开始掌控我国奶粉行业的定价权。其二是,一些低端、劣质厂商继续浑水摸鱼,搞乱市场,拖累知名品牌,危害公众健康。在"三鹿奶粉"曝出问题后,"三聚氰胺"去年又重出江湖。

就社会公众心理而言,信任往往只有一次。一次导致深度伤害的失信,即使在信任重建中得以复信,其心理伤口愈合的表面下,始终都会存留着犹疑的裂痕,一有风吹草动,犹疑的裂痕就会唤醒曾经的伤痛,其复信的基础就会坍塌。在这个意义上,国产奶粉的信任重建机会只有一次,必须给百姓一个真正放心的理由。更重要的是,给出这个理由的决心如果不够彻底,措施如果不够充分,力度如果不够坚决,时间如果不够长久,那么信任的坍塌与重建就将沦为一厢情愿的游戏。

尽管行业自律是构筑"放心奶粉链"的始端和源头,但在国产奶粉身陷信任危机的情势下,政府部门的强力介入或许是国产奶粉信任重建的决定性力量。3月15日,"中国乳都"内蒙古发起"放心乳粉从内蒙古做起"行动,试图扛起中国"放心奶粉"的大旗。这一由政府部门主导的行动,将采取许可重审、驻厂监督、批批检验、全程监控、质量追溯等七项强力措施,严格监管奶粉企业生产全过程。目的就是要保证内蒙古生产的"放心奶粉"质量100%安全,用实际行动捍卫国产奶粉的公信力,重塑消费者信心。

就在两会期间,国家质检总局局长支树平透露,到今年3月底,将完成对国内所有乳制品生产企业的重新生产许可审核认证,对不符合规定条件的生产企业一律取消生产许可,并将启动婴幼儿配方乳品安全诚信制度。这两年,《奶业整顿和振兴规划纲要》、《食品安全法》、《乳品质量安全监督管理条例》等也陆续出台实施。这表明,政府部门在国产奶粉信任重建中认清了自己的责任,找准了自己的位置。

食品安全是最基本的民生。在一些食品屡曝质量问题的现实环境下,人们对个别无良食品"听风就是雨"式的整体性不放心、不消费,乃是对自己身体健康和生命安全的珍视,是在对食品安全整体状况不明情况下的自卫。在食品出现质量问题时,政府部门是百姓质疑的最先对象,也是百姓信任的最后屏障。因而,政府部门唯有高度重视食品安全这一重大民生需求,用科学合理系统的制度筑起民众信任的堤坝,用从田头到餐桌的全程监管在场之"沙"聚成民众信任之"塔",我们给出的食品安全理由才会真正让百姓放心。

(2011年3月17日)

求解"幸福"的方程式

蔡朝阳

今年的两会,会场内外,频现的"幸福"二字,像阳光一样洒进人们的心里。

幸福是什么?有人说,幸福是一种感悟;有人说,幸福是一种感觉;还有人说,幸福是一种内心感动。教师的幸福是桃李满天下,医生的幸福是天下无疾,农民的幸福是五谷丰登……幸福,词典里有准确的定义,但每个人心中又有个性鲜明、千差万别的答案。

有"好事者"列出了"幸福方程式":幸福 = 个性 + 需要 + 生存状况,这是科学家的"方程式";幸福 = 效用/欲望,这是经济学家的"方程式";幸福 = 感恩 + 知足,这是社会学家的"方程式"。尽管见仁见智,但都传递了人们追求幸福的朴素愿望。

其实,幸福不是GDP,不能用数字来衡量,更无法像解答数学题一样来解析"方程式"。当然,无法用数字衡量并不意味着不可衡量。幸福不是写在纸上的东西,它藏在老百姓的日子里,绽放在老百姓的笑脸上。自然,老百姓也有自己的定义和答案,并用他们的"加减乘除",去求解心中的"幸福方程式"——

增加财富,夯实幸福的"九层之台"。"九层之台,起于垒土"。幸福是人类社会的终极目标,而物质财富是人类幸福的首要来源。或许,有人会怀念"短缺经济"年代的生活平静、环境良好以及产品质量的可靠,但同时,也没有多少人会否认当时生活的窘迫,以及改革开放以来高速经济增长给国民带来的巨大幸福。"十二五"时期收入增长快过GDP的预期,将让老百姓的幸福"九层台"更加牢固。

减少成本,提升幸福的"享受指数"。梳理改革开放走过的路径,我们清晰看到,中国的发展目标从以物为中心到以人为中心,科学发展理念越来越深入人心。同时,环境破坏、生态失衡、贫富差距、假冒伪劣、诚信缺失、道德滑坡等不良现象,也在不断侵蚀物质财富的增长带给国人的幸福感。减少和降低这些成本支出,幸福的"享受指数"才能大大提升。

信心倍增,获取幸福的"乘数效益"。改革开放的"成绩单"令人鼓舞,两会披露的"十二五"规划纲要草案,更加突出民生,近半发展指标直指民生,强调让民众收获更多幸福。这些,必将产生"乘数效益",极大激发人们对幸福的向往和信心。逻辑如此简单,又如此深刻:既然人的幸福是发展的起点也是发展的根本归宿,那么,幸福就应该由人通过科学发展来创造。

除去烦恼,走上幸福的康庄大道。发展为了人民,发展成果由人民群众共享。着眼于人民群众最关心、最直接、最现实的利益问题,重民意、解民瘼、帮民难,真正实现好、维护好、发展好人民群众的切身利益,才能不断提高人民群众的幸福感,汇集成聚精会神搞建设、一心一意谋发展的强大动力。

"笨人寻找远处的幸福,聪明人在脚下播种幸福。"面朝通往幸福的康庄大道,我们才刚刚出发。幸福就在你、我、他的手中,就在你、我、他的脚下。让我们抖擞精神,整装再发……

(2011年3月16日)

静观幸福热

梁 衡

最近关于什么是幸福的话题突然热了起来,特别是正当两会之际,名人荟萃,不少代表、委员纷纷在镜头前表达自己的幸福公式。但是那些还不够幸福的人却不见有什么公式。我静听静看了几天,虽没有公式,却有一点想法。

幸福的主体是公民个人,要靠自己感受。构成幸福的内容有三个方面:物质、精神、情感。情感也属精神,但又有区别,特别是对个体的人来说更显重要。恩格斯在马克思墓前的讲话里说,马克思的贡献是发现人先得生存,解决吃穿住(物质),然后才是宗教、政治(精神)。他还说过,人是各种社会关系的总和。这"总和"除政治、经济关系外,很大一块是情感关系,是和谐。总之,人要幸福,离不开物质享受、精神追求和情感支持。这三个方面依时代、环境不同都有个最低标准,比如恩格尔系数、最低工资规定等等。但在特殊情况下,可此消彼长,如为追求理想,短期内牺牲物质利益,亦觉幸福。我们这里讨论的是正常情况,所以三方面都要顾及。

幸福虽然是主观的体验但是要有外部条件,国家的责任就是为公民创造幸福的条件。这次两会正当"十一五"与"十二五"交替之际,政府关注民生,"幸福热"的话题,折射着民众对新的幸福、更加幸福的追求。所以当我们大谈幸福时要看一看还有哪些人不幸福。大致来说，有几种情形。1. 全国还有贫困人口1.5亿，工薪族收入偏低，在物质上不幸福；2. 社会就业难，找不到工作的大学生，无固定职业的不幸福；3. 部分人虽已脱贫，但仍感种种之不公，情感上不幸福；4. 学生负担过重，两亿中小学生一想起考试就不幸福；5. 已进入老龄社会，空巢老人门倚黄昏，精神上不幸福；6. 腐败严重，国财私用，纳税人心中有气，不幸福；7. 改革尚有许多未竟课程，忧国之士，心急情迫；8. 表达不畅，少数多年上访者，心中有冤、有怨，不幸福。

举出上述情形，不是把社会说得一塌糊涂，只是承认前进中的矛盾，也正是两会要议的民生话题。从上面所举的不幸福也可看出，主要是精神和情感层面的，这说明我们在物质方面已经有很大的改善。改革30多年，我们已经收获了很多的幸福，如实施社会低保、免除农业税、义务教育、改善住房等等。但幸福不说跑不掉，不幸福不说不得了，那是矛盾，是隐患，会影响民心，影响科学决策。治国者要长怀天下忧。治大国如烹小鲜，需要更精心、更高明的施政和管理。恩格斯说："我们的目的是要建立社会主义制度，这种制度将给所有的人提供健康而有益的工作，给所有的人提供充裕的物质生活和闲暇的时间，给所有的人提供真正的充分的自由。"这里他再三强调所有的人都要能够物质充裕、精神自由。我们的共同富裕和两个文明也有其意。那是个理想的社会、人人幸福的社会，太遥远了。我们就先说当前吧，如果五年之后，能让更多的人获得更多的幸福感，那真是国家之大幸，人民之大幸。当然那时又会有新的矛盾，我们还会再去追求更高更新的幸福。

（2011年3月15日）

我们怎样庆祝自己的节日

杨　杨

3月8日是国际劳动妇女节101年纪念日。101，预示着一个新纪元的开始。妇女同胞们应该用什么来庆祝自己的节日，以迎接第二个世纪的到来？

这是一个充满激情、充满期待，人人都可以无限憧憬的时代。我国广大妇女在波澜壮阔的改革开放大潮中，以奋斗求平等、以贡献求地位，在政治、经济、科教、军事、体育等多条战线奋力开拓、勇敢前行，不仅充分展现了自身的聪明才智，也为国家建设作出了显著贡献。

放眼我们女同胞，从那些活跃在政治舞台上的女省长、女市长、女局长，到那些积极应对国际金融危机冲击的女企业家、女银行家；从那些为实现"嫦娥奔月"辛勤耕耘的女科学家、为培养民族下一代甘当人梯的女教师，到那些在世界竞技场上为国争光的女体育健儿、活跃在文艺舞台上的女艺术工作者；从那些奋战在汶川、玉树、舟曲抢险救灾中，战斗在国际维和一线的女医务人员，到那些在北京奥运会、残奥会、上海世博会上始终绽放着自信微笑的女志愿者；从那些坚韧地在国防和军队建设中勇敢前行的女军人，到那些在60年国庆大典中以精准完美队形，通过天安门上空的我军首批歼击机女飞行员群体，她们展示出的那种昂扬向上的时代风采，如一股强劲的新风正气，扑面而来，赢得了全社会的广泛赞誉。

妇女的平等地位，始终是一个历史性课题、世界性课题。在纪念这个重要节日的时候，我们妇女同胞首先要充分认识到，生长在今天这个时代，中国妇女是幸运的！社会主义中国已经为妇女的平等、解放搭建起了一个广阔的舞台。作为妇女本身，也应该自强、自立，以自身的奋斗、努力，塑造新一代女性的形象。

改革开放大潮中那些满怀豪情、开拓进取的新一代妇女，给了我们这样的自信和榜样：她们始终把个人的前途命运同国家和民族的前途命运紧密结合在一起，把自身的智慧和力量寓于祖国和人民的事业之中，在平凡的本职岗位上作出了不平凡的伟大业绩。她们在困难面前不低头、在挑战面前不示弱、在曲折面前不退缩，在无悔的奋斗中顽强不屈地实现人生价值，使生命绽放出绚丽的光辉。她们无悔地担当起母亲、妻子、女儿的重任，在社会赋予她们的特殊角色中，成为传承文明、弘扬新风、融洽关系、增进和谐的重要社会力量。是她们，把"半边天"的含义推向了一个新的、更高的历史境界。

我们庆祝自己的节日，就要坚决摒弃那种"干得好不如嫁得好"的依附思想，消除那些等待观望、无所作为的消极观念。就当以杰出女性为榜样，以展示才华为自豪，以贡献社会为志向，以更加昂扬、自信、务实的精神和姿态，做出无愧于时代的业绩，展示我们的时代风采。

（2011年3月9日）

"跑两会"与"走基层"

刘成友

记者采访两会,常被称为"跑两会"。这个说法,应该是从"跑新闻"得来的。一个"跑"字,用于两会,真是形象贴切。你看,两会就是没有硝烟的新闻大战,长枪短炮,马不停蹄,夜以继日。有美丽的身影在飘,高跟鞋"嗒嗒"响;有"咚咚"的粗重脚步,未见人先闻声。看谁跑得快,看谁堵得准,看谁抢在前,看谁忙得紧。

听一位老记者讲,以前采访,大都是骑自行车,近处干脆步行,那是真正的"跑新闻",当时的两会我想大抵也是如此吧。先是到处跑,然后用笔写,之后人工排版,硬是码出了我们大学新闻教材里的佳作案例。现在信息化、数字化时代,车轮子代替了双腿,"跑两会",跑的是速度,是节奏,是效率。可以慢慢聊,细细说,但你必须跑起来,抢出去。竞争激烈,不够快就抢不到好镜头好新闻;不够快就意味着新闻成旧闻,落后于他人。

每年的两会,是代表委员议事论政的窗口,是中国发展改革的年检,是思想智慧的汇集,是社情民意的涌流。"跑两会",就是在倾听,在集纳,在播撒。如蜜蜂采得百花始成蜜,如麦克风扩大传播成强音。一份份议案提案建言献策,奔跑的记者,就是那个如饥似渴阅读、誊抄、传播的人。去粗取精,追根溯源,合并同类项,寻求公约数,看代表委员怎样履职代言,怎样行使权力。记录社会改革发展,见证中国时代进步。这样的"跑",很给力。

"跑",对记者而言,是一种职业要求,是一种工作状态,是一种精神面貌。新闻前辈说,当记者要"五到":耳到、嘴到、腿到、眼到、手到。不多跑,不"亲自跑",何以"五到"?还有种说法"七分跑,两分采,一分写",更是强调"靠双脚跑新闻"。用生命书写新闻的优秀记者甘远志说:"新闻,是跑出来的。"好新闻不是道听途说来的,更不是编造出来的。一些需要深度解剖的事件,仅通过电话采访恐怕不行,需要跑,需要在场,需要掘进,需要体验。

在此意义上,中央主要新闻单位今年开展的"新春走基层",就是一次深入基层、深度体验的活动,是接地气、长灵气、出生气的过程。一位老新闻工作者说:"做新闻没有捷径,最好的方法就是深入基层。""新春走基层"活动表明,新闻工作者"根在基层、源在群众"。"走基层、下基层、进基层应当成为新闻宣传的一种理念、成为新闻工作的一种常态。"如果说两会之"跑"更重速度,那么"走"要求更沉潜、更融入。

"新闻在路上,记者是行者。"不管是"跑"还是"走",都应该成为新闻工作的一种常态,成为记者的一种精神追求。"在路上",也就成为一个人上下求索、探寻真理、不断感悟人生真谛、接近完美境界的状态。对人生而言,一个人出生后便意味着走在路上,一个记者,应该永远在走基层的路上。

(2011年3月8日)

把欢乐长留基层

宣 言

2011年的春节是一个文化味浓浓的春节。各级文化部门和文化单位按照统一部署，集中组织开展的大规模"送欢乐下基层"活动，让基层百姓过了一个喜庆欢乐的文化年。数以万计的文艺工作者放弃厚酬商演，放弃与家人团聚的机会，和基层群众一起迎新春、过大年，为群众带去了党和政府的关怀，带去了欢笑和欢乐。实践证明：人民需要艺术，艺术更需要人民。这就要求我们应当把"下基层"这样得民心、顺民意、惠民生的活动变成一种常态，把欢乐长留基层。

把欢乐长留基层，需要饱含对人民群众的炽热情怀。"感人心者，莫先乎情。"文艺工作的源头活水在基层、在群众，作用和价值的实现在基层、在群众。只有饱含对人民群众的深情厚谊，站在人民群众的立场上考虑问题，设身处地为群众着想，才能用心灵感受民生，真正解决好"为了谁、依靠谁"的问题，不断增强深入基层、服务群众的精神动力；才能更加自觉地坚持"二为"方向，用真情回报群众，用鲜活笔触勾勒波澜壮阔的生活画卷，写百姓故事、为人民放歌，把温暖和欢乐源源不断地送到基层、送给群众。

把欢乐长留基层，必须始终保持"三贴近"的工作作风。"涉浅水者得鱼虾，涉深水者得蛟龙"。实践是大课堂，生活是教科书，群众是最好的老师。贴近实际、贴近生活、贴近群众，必然坚定我们的信念，磨练我们的意志,增强我们的能力,提升我们的境界。只有贴得近、贴得紧,做到脚板与心灵双双而至,才能把精神愉悦和幸福快乐送到群众的生活中去,送到群众的心灵之中。要发扬"田间地头当舞台"的精神,用双脚丈量民情,主动扑下身子,经常沉到最基层、深入第一线,到群众中去,到现场去,真正把话筒、镜头和笔头时时对准群众,把精湛的艺术奉献给群众。

把欢乐长留基层,还要不断增强基层文化的造血功能。授人以鱼,更要授人以渔。努力形成服务基层、服务群众的长效机制,既坚持"送"文化、做到常送常新,又引导"种"文化、做到根深叶茂,这是丰富基层文化生活的治本之策。我们要在多送、常送、送好的同时,大力构建覆盖城乡的公共文化服务体系,实施好重点文化惠民工程,鼓励基层文化创造,做大做强基层特色文化品牌,传承优秀民族文化,扶持民俗民间文化,有效引导群众开展自娱自乐的文化活动,培育一批基层文艺人才和文化力量,多推出适合基层群众的文化产品和文化服务,千方百计活跃基层文化生活,真正把欢乐长留基层一线、浸入群众心坎。

(2011年3月4日)

自豪的底气

陈家兴

"只要祖国想着我们,我们就一定能回去。作为一名中国人,我非常有安全感。我对身为中国人感到自豪!"这是在利比亚大撤离中,日本 Searchina 新闻网报道的一名受伤中国工人的感言。

危难事件中,世界再次见证了中国的"国家行动"。面对利比亚乱局,中国政府迅速反应,动用各方资源,分海、陆、空多个渠道,通过军机、客机、轮船、客车多种方式,在短短数天之内撤出了 3 万多名中国公民。英国《金融时报》网站报道称,"此次行动可能是中国有史以来最大的一次海外撤离行动。"

利比亚大撤离,引来国际舆论、祖国同胞、撤离公民等各方热议。美国《华尔街日报》网站报道称:"这凸显出随着中国在全球的影响力不断扩大,中国正越来越关注如何保护其海外公民和企业。"中国网友留言:"危难时刻展现祖国母亲的身影,祖国才是我们的坚强后盾。"

为祖国自豪,这是人们在危难之际发出的感慨,折射出国人在关键时刻的心态与底气。这底气首先来自于国家的公民情怀,来自以人为本的国家理念。它表现在将公民放在最重的位置,时刻惦念公民的生命安全和切身利益,用国家力量化解公民困境,让每一个公民的安全和权益都能得到保障。从汶川大地震、青海玉树强烈地震,到舟曲泥石流,再到此次利比亚大撤离,每一次危难,都是我们党以人为本治国理念的集中彰显。

为祖国自豪的底气，还来自于祖国的强大实力。没有强大实力作基础，即便有为公民提供安全保护的愿望，也会力不从心。国家积贫积弱，公民就缺少尊严感、安全感。国家实力增强了，才能为公民的切身利益提供坚实保障。尽管中国还是发展中国家，但在危难时刻展现的国家实力令人瞩目。从中国军舰护航索马里海域，到此次急赴利比亚海域为撤离行动护航，从近些年抵御自然灾难中动用大量物力财力，到此次能够集合国际力量提供帮助，都是国家实力的反映。

实力来自发展，发展离不开稳定。如果不是改革开放30多年来，我们很好地处理了改革发展稳定的关系，让社会稳定为发展创造了良好环境，就不会有物质财富的积累和综合国力的增强。正是有了几十年的稳定环境，中国才能够集中精力办好自己的事情，才有能力不断地改善人民生活，危难之际也才有实力更好地保障人民利益。

国际经验表明，没有稳定的发展环境，什么事也干不成，既有成果也会失去。一些国家原本发展势头良好，也积聚了相当的实力，然而一旦陷入乱局，成果尽毁，最终遭殃的是百姓。这充分说明了和谐稳定是人民之福，社会动乱是人民之祸，只有维护来之不易的稳定局面，才能推进国家的发展，实现百姓的福祉。

利比亚大撤离展现了我们的国家实力，但无论是从整体情况，还是从人均指标看，中国还远未成为世界强国，还需通过继续发展，让祖国成为13亿人民更为强大的后盾，成为人民安居乐业的美好家园。

（2011年3月2日）

扎根沃土 承接地气

宣 言

源浚者流长，根深者叶茂。毛泽东同志曾经形象地把共产党人比作种子，把人民比作土地，强调我们党只有同人民结合起来，才能在人民中间生根、开花。这种扎根沃土、承接地气、始终同人民群众保持紧密联系的优良传统和作风，让我们党赢得了人民群众的热情支持和信任，也是我们在新形势下做好各项工作的有力法宝。春节期间广泛开展的"走基层、送欢乐"活动，是新闻文艺工作者坚持群众路线，贯彻"三贴近"要求的成功实践，充分证明只有扎根沃土、承接地气，才能与人民群众同呼吸、共命运、心连心，才能把工作做到群众的心坎上。

扎根沃土、承接地气，就是要牢固树立群众观点。要牢记人民群众是我们的根、我们的本，把对群众的真挚感情转化为深入基层的热情、服务群众的激情。只有从思想上尊重群众、感情上贴近群众、工作上依靠群众，才能自觉站在人民群众的立场上想问题、办事情，做到以人为本、执政为民。那种对上"看天气"，对下"耍霸气"，办公室里"找灵气"，却唯独不到基层群众中"接地气"的做法，只会越来越远离群众，成为离地的花草、空中的楼阁。

扎根沃土、承接地气，就是要了解群众所思所盼、所求所愿。"知屋漏者在宇下，知政失者在草野"，只有扎根基层群众的沃土，才能充分了解基层的改革实践，检验政策的实际效果，把我们的资源用到刀刃上；只有承接基层的地气，才能深刻感悟社会的发展变化、准确把握群众的思想脉搏、及时反映群众的呼声和要求，更好地服务基层、服务群众。群众利益无小事，民生问题大于天。我们既要善于解疑释惑、疏导情绪，也要多办顺民意、解民忧、惠民生的实事，办成舒人心、暖人心、聚人心的好事。

扎根沃土、承接地气，就是要向人民群众学习。历史唯物主义告诉我们，人民群众是历史的创造者，源头活水在基层，闭门造车难合辙。基层的经验最鲜活，基层的措施最有效，基层是最好的课堂，人民群众是最好的老师。只有尊重人民群众的首创精神，从人民群众当中汲取智慧和力量，在基层的大河中摸索"石头"，在群众的实践中发现"金子"，才能不断创新我们的工作，使路子越走越宽广，事业越来越兴旺。

行之苟有恒，久久自芬芳。深入基层不能浅尝辄止，群众工作必须常抓不懈，要坚持把感情融汇到基层、把镜头聚集到基层、把工作落实到基层，使走基层、下基层机制化、常态化，在为基层服务、为群众服务的事业中不断做出新贡献。

（2011年3月1日）

做一只为民奉献的"玉兔"

王朝明

  前不久，陪一位老首长去其曾蹲点的村子走访。回返之际，乡里的干部请题词留念。他沉吟良久，挥毫写就一首《辛卯咏兔寄怀》："栖身垄亩稔民氓，解味知春辨莠良。最爱餐风啮苦菜，无衷效雀谋膏粱。躬身杵就灵丹味，匍地嚼得草梗香。玉桂冰心寒夜里，长将明镜照炎凉。"

  诗言志，诗寄情。一首小诗，道出了作者朴素心声，凝结着对人民群众的深情，也饱含着对年轻干部的鞭策与期待。

  期待与百姓贴得更近一些。执政党的最大危险，莫过于脱离群众。纸上得来终觉浅，田间地头有真知。汇报听得再多，也替代不了亲身实地的调查研究。要真刃地了解群众的所忧、所急、所盼，走马观花靠不住，蜻蜓点水得不来。只有"栖身垄亩"，方能"解味知春"，把握社情民意，掌控形势变化。只有"稔民氓"，方能"辨莠良"，成为行家里手。静下心来，沉下身子，贴着大地行走，真正带着感情、背负责任融进群众中去，是增进感情、赢得信任、凝聚力量促进科学发展的必经之路。

  期待平常心多一点、功利欲淡一些。面对大千世界、纷纭物景，是继续保持艰苦奋斗的作风，持守一份以苦为乐、砥砺奋进的心态，不改"最爱餐风啮苦菜"的秉性和品格，还是放松约束，放纵私欲，效仿只为一己稻粱谋的"燕雀",营营为中填欲壑,熙熙而追名逐利,党员干部理当作出正确的抉择。

期待将职责和使命看得更重一些。在神话故事里,源于为苍生解除疾病苦痛的大爱,小小的玉兔不辞辛劳,在桂树下执着不懈地捣着药臼。身为党员干部,更应常常反躬自问一下:人生如朝露,短暂而宝贵的生命历程,到底该怎样度过才无愧于天地造化,无愧于党和人民,到底该为谁辛苦为谁忙?一个真正的共产党人,就是一个有益于人民的人,积其毕生的奋斗与辛劳,最终为的还是国家富强、人民幸福。无数鞠躬尽瘁、披沥为民的优秀党员干部,以自己的行动做出了响亮回答。

期待慎独自省之风更盛一些。在大地上,兔子奉献的是肉和毛皮;在高天上,兔子捣的是药和孤寂。无怨无悔,任劳任怨,自警自励,这是一只爱惜名誉和品格胜过毛皮的兔子。耐得寂寞,耐得清贫,耐得辛苦,这又是一只珍视职责和信仰甚于生命的兔子。心挂苍生冷暖,情系人间炎凉,这执著无悔、奉献不息而又兢慎自端、洁身自好的兔子,恰如一面皎洁的月轮,映鉴着玉桂冰心,发散着清辉正气,党员干部可作比照和景从。

返程路上,吟咏着这首诗,颇有所悟,感念及兹,亦拈得一诗,以表心志:"星影婆娑月华疏,桂下百草香入腑。耐得广寒长杵臼,但为人间驱疾苦"。

(2011年2月28日)

让基层成为干部成长的摇篮

裴智勇

有消息说,到2012年,除部分特殊职位外,中央机关和省级机关公务员均从具有两年以上基层工作经历的人员中考录,并建立健全从村(居)党支部书记、大学生村官和工人、农民等基层一线人员中考录公务员制度。这表明,公务员选拔方向将出现重大调整。

应当肯定,高校应届生优点突出,年轻有知识,会英语懂计算机,思想活跃,视野开阔。公务员从应届生中产生,的确把一批潜力很大的优秀人才充实进来了,特别是一些专业技术性人才,及时给有这方面要求的公务员岗位补充了重要的"新鲜血液"。但也立当看到,从大学生的成长经历看,他们离开家门,出了校门,有些直接进机关门,成为了"三门干部"。这样的经历,一个不足之处在于,没有基层历练,没有吃过苦,对基层实际了解得不够、不透,在一定程度上容易脱离群众、脱离基层、脱离实际。年复一年,中央和省级机关公务员队伍逐渐出现令人心忧的"结构失调":"三门"干部增多,从基层"摸爬滚打"上来的干部比例减少;机关级别越高,来自基层的干部越少。

了解基层实际,了解基本国情,是公务员更好担当起职责使命的基本前提。我国幅员辽阔、人口众多,经济社会发展不平衡,具体情况千差万别、非常复杂。中央和省级机关是领导机关,领导机关的决策和一举一动,与人民群众的利益息息相关。如果领导机关的干部没有走入基层的经历,就难以准确把握社情民意,难以作出符合实际的正确决策,难以驾驭复杂局面。公务员选拔面向基层敞开大门,有利于干部队伍结构的优化,有利于领导机关科学民主决策,有利于更好为百姓谋福祉。

基层是人才成长的沃土,又是人才施展才干的舞台,更是优秀人才脱颖而出的平台。正因此,干部在基层成长,干部从基层选拔,干部到基层培养,是我们党早就确立的一个重要干部制度理念。此次公务员选拔方向调整,就进一步从制度上破除了基层干部流动的"天花板",畅通了我国人才培养链条,使我国公务员培养、锻炼、选拔机制更加科学。

令人期待的是,公务员选拔方向调整将形成一个科学合理的人才流动导向。一方面,促使高校毕业生"下得去"。基层需要人才,近年来,我国实施大学生村官计划、西部志愿者计划、三支一扶计划,越来越多的有志青年奔赴边疆,奔向一线,奔向基层。公务员选拔方向的调整,将使更多大学毕业生愿意到祖国最需要的地方去,历练自己,提升自己,基层面貌也必将因此发生更多变化。另一方面,促使优秀人才"上得来"。基层造就了人才,人才又有了上升通道,那么从工人、农民、基层干部到大学生就都多了盼头、添了干劲,这样就把基层激荡成一潭活水,变成干部成长的摇篮。

"宰相必起于州部,猛将必发于卒伍。"一个人成长成才,最终要在实践中磨砺,经受实践检验。可以想见,若干年后,当一茬又一茬既有丰厚文化知识、又有丰富实践经验的年轻干部,从基层走向机关、从群众中走向领导岗位,那将是一支多么壮大的有生力量,将会带来多么令人憧憬的新变化。

(2011年2月25日)

没有边缘的岗位,只有边缘的态度

金采薇

年终总结,往往会听到一种无由的叹息:"我们'被边缘化'了,所以工作难有起色。"这个抱怨,似乎是工作没做好的恰当理由。是不是有道理?可议。

边缘是相对中心而言的。就像演一台戏,总会有人在舞台中央担当主角,也必须有人在一边从事辅助,还会有人在幕后,调音、打光、化妆、置景等等。人人都居舞台中央,既不必要也不可能。但这并不意味着幕前幕后这些岗位无关紧要。要开演,恐怕一个都不能少。所谓相对而言,是说边缘与否,跟岗位配置和工作特性无关。优秀的音响师、化妆师、灯光师,都可以是中心,也未必比站在舞台中央的逊色。术业有专攻,岗位无贵贱,不论从事什么工作,站在什么岗位,都可以是中心或主角。

在工作中,有没有边缘的情形?当然有。有的单位和干部,工作长期不在状态,不见起色,乏善可陈甚至过失不断,自然不会无为却有位。正如,一支球队排兵布阵,当然不会把技术不精、状态不佳、斗志不旺的运动员排上主力阵容。不论认识上有怎样的差异,人心还是公道的:才干和功劳不会被埋没。能不能成为主角,要用能力和业绩说话。人们不会把信任和尊重无缘无故送给谁。生活经验告诉我们,没有哪个人天生就应该站在中央,成为主角或被重用,一定是经过长期不断努力，由小到大，由外到里，由边边角角走向中心地带。那种认为有了地位、占了位置才有作为的想法，是认识上的颠倒，也有悖事物规律。

"被边缘化"大多是一种主观感受，而非客观事实。在大家看来，有的单位被赋予的任务已足够重要，有的干部被委派的工作已属量才适用，但这些单位和干部依然觉得被照顾得不够，重视得不够。抱怨和不满，在很多情况下，不过是期望得到更多的同情和关注。然而，这种负面的心态不仅得不到同情和关注，反而会在怨天尤人中消磨工作热情和奋斗意志，自己把自己边缘了，甚至最终出局。不排除确有被忽视的情况，但从根本上说，从长远处看，命运还是掌握在自己手里，奋斗和业绩是走向成功最好的通行证。

对党员干部特别是领导干部来说，其实没必要过多留意"边缘"与否的问题。勇于任事，责尽心安，又何必为往哪儿站，扰得五内俱焚。吴天祥、许振超、郭明义、沈浩等先进人物，其岗位都谈不上是"要津"，大多是边边角角的工作，平凡得不能再平凡。但他们就是在平凡的边边角角，做出了不平凡的成绩，赢得了无数人的尊敬。这些同志的一个共同特点是，埋头苦干，任劳任怨，对名利无欲无求，甚至见到扬名争利之事就躲就让。而恰恰是老百姓发自内心地把他们簇拥到舞台的中央，给予他们崇高荣誉。也许可以这样说，任何人有权利得到应得的，但不能靠抱怨获取；要想让人高看一眼，得到重视甚至重用，首先要拿出硬本领、真业绩。从这些意义上说，没有边缘的岗位，只有边缘的态度，没有闲置的岗位，只有闲置的状态。

(2011年2月24日)

基层还要经常走

汪晓东

这个春节，在万家团圆的日子，中央主要新闻单位的记者们放弃与家人团聚的机会，来到革命老区、民族地区、边疆地区、沿海侨乡和灾区，和当地群众同吃同住、共度节日。他们用饱含深情的笔和镜头，记录城乡社会发生的喜人变化，讲述基层群众坚守岗位、默默奉献的感人事迹，抒发各族人民欢度节日、享受幸福生活的喜悦心情，传递普通百姓对美好未来的期盼愿景。

为什么要组织这样的活动？是为了让广大新闻工作者特别是年轻记者，加深对基层情况的了解，增进对人民群众的感情，使新闻宣传工作更加贴近实际、贴近生活、贴近群众。

到基层去，因为人民群众是我们的根、我们的本。马克思说，人民报刊"生活在人民当中，真诚地同情人民的一切希望与忧患、热爱与憎恨、欢乐与痛苦"。深入基层，感受群众的冷暖喜忧，感知群众的所盼所愿，在同群众的交流互动中增进感情，才能站在群众的立场上考虑问题，设身处地为群众着想，这样作品才能真正打动人，才能在群众中产生共鸣。

到基层去，因为人民群众是我们思想的源泉。诗云：读书破万卷，下笔如有神。对于新闻记者而言，读万卷书，更要行万里路。胸中无物，笔下怎会有神呢？生活是采掘不尽的富矿，深入火热的生活，融入普通的群众中间，我们就会获得源源不断的思想，就能发现无数生动鲜活的故事，我们的报道就能更有针对性和新闻性，更具吸引力和影响力。

到基层去，因为人民群众是我们最好的老师。我们常说，新闻报道要多说群众听得懂、听得进的话，少说空话套话。不深入基层，不和群众打成一片，写出来的东西难免空话套话连篇。要让文风更加清新，文章更加生动，就要以群众为师，向群众学习，从生活中汲取丰富的给养。"龙坳坪田大丘，三年两不收，哪年得收了，狗都不吃腊骨头"；"只要咱让小麦喝饱返青水，来年还能枕着馒头睡"……这些道出老百姓心声的朴实话语，只有多深入基层，才会听到更多、理解更深。

"基层之行，让我更加了解今天的中国，更加明白记者的职责"，"用身体验，才能用心体会"，"在基层，和群众同呼吸、共体会、心连心，使浮躁的心沉淀下来，得到净化，进而能够真切感受社会变化、冷静体悟生活真谛"……透过新闻工作者这些发自肺腑的感悟，我们发现，"新春走基层"活动，不仅是一次采访报道，更是体察民情、感知责任、提高素质的大课堂，在新闻媒体和群众之间架起了一座"连心桥"，成为激励记者成长的精神沃土，改进新闻宣传的生动实践。

"不接地气，记者就没有灵气；不接地气，报道就没有生气"，记者本该是行者。新春走基层，使我们更加深刻地认识到，时代变化了，条件改善了，密切联系群众的感情不能变，艰苦朴素、严细深实的作风不能变。我们一定要坚持"走基层"的思想作风，并贯穿在新闻工作实践的全过程。

（2011年2月23日）

从感动自己开始

何冠军

一个普通农妇,几十年如一日精心照顾孤寡老人,近期被评为感动地方的道德模范。当人们问起她做好事的信念时,她说:"不图什么,就图个心安。"朴实的话语,反映出一个普通人高贵、美好的心灵,也道出一个简单的道理:无论做什么事情,先感动自己,才能感动别人。

事实上,不论是靠卖羊肉串、收废品资助贫困学生的汉子、老人,还是其他许多感动我们的好人等等,走近他们就会发现,支撑他们高尚行为的不是外在的好评或奖励,而是内心的"大爱"。没有充满"爱"的心,可能会在一时、一地做些好事,却不可能长期、广泛地坚持。细心观察我们的周围,凡是感动我们的人,他们必有坚毅的心灵、不屈的意志,对自己选择的生活方式和事情,充满激情和热情,保持认真和耐心,并能从中体验到精神上的极大满足和心灵上的由衷快乐。

达·芬奇曾这样说过:"当爱好者和所爱好的对象结合为一体时,他就在那个对象上得到安息;好比在哪里放下重担,就在哪里得到安息。"人做事情,或出于性情,或出于功利。一个人为获得好名声,也会做一些奉献社会、服务大众的好事,但是,如果荣誉迟迟不来,好事便很难坚持做下去,必然会导致半途而废。出于自身性情做好事,就是为着一件事物本身而爱好它,不为旁的理由。做这样的事情,快乐了自己,也温暖了别人,精神得到了满足,从中得到人生的持续幸福,所以才能无怨无悔地坚持下去。

不能感动自己，往往就与创造和进步无缘。巴尔扎克在《论艺术家》中说："从事艺术就是为艺术本身服务，只能向艺术要求艺术能给的乐趣，除了艺术在静寂与孤独中所赐予的宝藏之外，不能向它要求其他的宝藏。"沉醉于精神创造的人，那幸福美妙的境界是难以描绘的。牛顿有一天早晨思索一个问题，直到第二天早晨，人家发现他还是在同一个姿态下在那里沉思。可以设想，如果牛顿内心对自己所从事的研究没有深沉、痴迷的爱，只想着论文和职称，盘算着荣誉和利益，任由无数苹果落地，也难有经典力学上的重大发现。

同样的工作，不同的人来干会有不同的效果，有才智和能力的原因，更重要的是心态。一个教师、导游，第一次讲解，尽管稚嫩，但往往很受欢迎，就因为他们带着感情的付出，用自己的心与学生、游客交流。但是有些人经不住日复一日、年复一年的单调重复，厌烦了、麻木了，每天的讲解变成了机械、呆板的背诵，热情少了，敷衍多了；耐心少了，应付多了。这样的讲解怎么可能感染人、教育人、引导人呢？作家刘埔说："会说话的人，要先感动自己再开口"，不只是教师、导游如此，其它行业莫不如此。只有对自己的工作保持神圣感、自豪感，做工作的主人，才能全身心投入其中，做出非凡的成绩，成为超越"匠人"的"大师"。

现实中，总有人抱怨工作没意思、不充实。其实，职业择人、岗位择人是时代的总体特征，多数人都不能随心所欲地选择工作和职业，并且任何职位和行业都免不了琐碎的劳作和孤寂的奋斗。与其被动地接受工作，不如沉下心来，寻找其中的乐趣，发挥自己的聪明才智，把平凡的工作干出特色。希望我们每一个人，都能从感动自己做起，首先让自己满意，再感动社会，实现人生辉煌。

(2011年2月22日)

让政策更贴近实际

陈家兴

给资产过百亿的企业家发放住房补贴,引发社会公众困惑,已是几个月前的旧闻。最近,当地作出回应:没必要过分争论,应该按照政策办,只要是高层次人才就应该享受补贴优惠,不能因为人才中有的人有钱、有的人没钱而改变。

的确,政策既定,就当按政策办,一视同仁,也不宜随意更改,以维护其严肃性。从总体情况看,通过优惠政策激励吸引高端人才,仍是最有效的办法之一,也能起到一种引导作用,促进形成尊重人才、尊重创造的社会氛围。不过,通过这一事件引发的争论,我们也应思考,制定政策时怎样才能更贴近实际一些?

不能否认,在许多政策的实践中,经济手段往往具有立竿见影的作用。在激励机制中,各种名义的金钱奖励比较活跃也比较管用。但也应看到,通往政策目标的路径有很多条,经济手段也好,具体的金钱激励也罢,都不是唯一的,也不是万能的。我们最需要的是,根据实际情况,创新政策措施、办法,而不必拘泥一个办法。如果不针对具体实际,都用一个办法,不仅缺少政策智慧,也容易引发社会矛盾。

同一政策作用在不同对象身上,政策效果往往不尽相同。但从总体上而言,出台一项政策,总要有实际效果。提供物质奖励的政策,对于那些缺少物质条件的人能起到"雪中送炭"的作用,但对于那些物质方面富裕的人,最多只是"锦上添花"。显然,这一政策对后者的激励效果可能减弱。而在实践中,追求最佳目标效果应当也必须成为决策考量的重要价值取向。

政策当然需要保持一定的原则性、标准性,但科学的政策从来就不排斥灵活性。当政策的目标对象乃至具体政策方向确定之后,应当也可以根据对象的实际情况和现实需求,提供多种选择可能,以最大限度地满足不同对象的最迫切需求。这样,政策就既保持了刚性,又富有了弹性,才能张弛有度。也只有这样,才能最大限度地调动政策对象的积极性、创造性,实现政策的最优化。

当然,偌大一个地域、一个群体或一个行业,实际情况可能千差万别,一项具体政策要全部针对这些实际而具体设定,在理论和实践上都不太可能。但至少,在政策制定之前,应该尽可能地搞好实际调查,把各种可能的情况都预见在内。在政策出台之前,虚心地听取各方面意见。在政策实施之后,出现与实际不符的情况,能调整的及时调整,不能调整的汲取教训。如此,政策才能与实际贴近些,再贴近些。

(2011年2月21日)

他们胸怀天下脚踏实地

桑林峰

人民日报大型人物专栏《"双百"人物中的共产党员》正在陆续刊出。目睹那一张张质朴刚毅的面孔，阅读一段段催人泪下的事迹，相信每个人的心灵都会为之震撼，思想为之感染，精神为之升华。

一个没有英雄的民族是没有希望的民族，一个没有英雄的国家是没有前途的国家。"双百"人物中的共产党员，是人们心中的英雄，是我们对照的镜子、人生的坐标。他们给我们带来了取之不尽、用之不竭的精神财富和力量源泉。

那是胸怀天下的信仰。没有信仰的人生如行尸走肉，有信仰的人生，才不可战胜。老虎凳、吊索、撬杠、带刺的钢鞭、电刑、竹签钉十指……这些我们想都不敢想的酷刑，却始终奈何不了一名29岁的女共产党员江竹筠。"你们可以打断我的手，杀我的头，要组织是没有的。""毒刑拷打，那是太小的考验。竹签子是竹子做的，共产党的意志是钢铁！"正是像江竹筠一样的共产党人，怀着对共产主义的崇高信仰，才不会向敌人屈服。信仰就是一种忠诚，一种希望，一种理想，它给人不畏牺牲的精神，给人崇尚光明的力量。人生缺乏信仰，就会变得浮躁。在物欲甚嚣尘上的今天，我们更需要有坚定的信仰。

那是无私奉献的精神。英模们之所以被人崇敬、让人感动，一个重要原因就是他们具有无私奉献、为民牺牲的崇高品质。被誉为中国的

"保尔·柯察金"的吴运铎，为了人民的兵工事业无私奉献，在生产与研制武器弹药中多次负伤，失去了左眼、左手，右腿致残，经过20余次手术，身上还留有几十处弹片没有取出，仍以顽强毅力战胜伤残，坚持战斗在生产一线。他说："只要我活着一天，我一定为党为人民工作一天。"还有"铁人"王进喜、"县委书记的好榜样"焦裕禄等，都把为人民谋福利，为国家做贡献作为己任和担当。正是这种鞠躬尽瘁、先人后己的奉献精神，才造就了他们崇高的人生。比之他们，当下一些为一己私利而狗苟蝇营、为满足私欲而为所欲为的人，应当自惭形秽。

那是不怕困难的力量。苦难成就辉煌，是因为人们战胜了苦难。新中国缔造和发展的历史，就是一部苦难辉煌史。在这部历史活剧中，英模人物是不怕困难、无所畏惧的"主角"。东北抗日联军的杨靖宇，在1939年秋冬"反讨伐"作战中，最后只身一人与敌周旋5昼夜，以无比坚强的毅力顽强战斗，直至弹尽粮绝，壮烈牺牲。杨靖宇牺牲后，残忍的日军将其割头剖腹，发现他的胃里净是枯草、树皮和棉絮，无一粒粮食。还有被烈火烧身岿然不动的邱少云、"保持英雄本色的忠诚卫士"丁晓兵等，他们以蔑视困难、无所畏惧，顾全大局、英勇战斗的实际行动告诉人们，不怕困难才能战胜困难，迎接胜利。现实生活中，一些人不敢面对困难、拈轻怕重、害怕任务，不敢挑担子，缺乏的就是战胜困难的意志和力量。事实证明，只有不怕困难，才能攻坚克难，无往而不胜。

一个民族只是关心脚下的事情，那是没有未来的。"双百"人物中的共产党员的先进事迹启示我们，既要胸怀天下，又要脚踏实地，从而书写物质满足、精神富有的无愧人生。

(2011年2月18日)

一分布置　九分落实

宣　言

"一分布置、九分落实",强调的是科学的决策确定后,需要花更多的心思、投入更大的精力来抓落实;强调的是好的思路、好的政策、好的措施要达到预期效果,必须在狠抓落实上下功夫。今年工作的大政方针、总体思路、目标任务和具体要求已十分明确,关键是全力以赴抓紧落实、抓好落实。

抓落实必须抓具体。"合抱之木,生于毫末,九层之台,起于累土",伟大事业是由无数具体工作成就的,任何工作只有具体才能深入。从具体事情抓起,就是要把原则要求变成可操作的具体措施,把目标任务变成实实在在的工作项目。每项措施、每个项目都要有方案、有要求、有载体,明确责任主体、明确时间进度,一项一项地分解,一件一件落实,决不能大而化之。倘若只发号召不出实招,只造声势不做实事,那么,再好的方案也等于零,再好的决策部署也会落空。

抓落实必须抓重点。我们要善于抓大事、议大事,突出重点、破解难点,解决主要矛盾,牵住"牛鼻子"。重点抓住了、抓好了,全局工作才能搞活、出彩。这是做好工作的重要方法,也是一条成功经验。我们要紧紧抓住牵动全局的主要工作、事关长远的重大问题、关系群众切身利益的紧迫任务,突出抓好重大活动、重点工程、重要项目,选好切入点、找准着力点,集中力量、整合资源、强化保障,在重点突破中实现整体推进。

抓落实必须抓成效。花开要有果，掷地要有声。干工作、抓落实，最终是要见成效。拿不出成效，形不成亮点，就好比推舟于陆，劳而无功。对认准的事情要扭住不放，狠狠地抓，一天不放松地抓，持之以恒、一抓到底、抓出成效，切忌日计有余、岁计不足。要从实际出发，从群众期待入手，创造性地开展工作，力戒依样画葫芦，上下一般粗，真正把工作落到最基层，做到群众心坎上。各级领导要靠前指挥，思想上"挂号"、工作中"上账"，加强督促检查，经常盘点一下，看一看确定的任务哪些还没有做，哪些做得还不够，一级抓一级，层层抓落实，力求取得最好的效果。

一年之计在于春，坚持不懈抓落实。让我们紧紧抓住可以大有作为的重要战略机遇期，乘着"十二五"开局之年的和煦春风，以只争朝夕、奋发向上的精神状态，鼓实劲、出实招、办实事、求实效，把中央部署的各项任务落到实处，力争各项工作取得累累硕果，迎接中国共产党成立90周年。

(2011年2月17日)

"三把火"与"先拾柴"

徐全利

有个单位的领导刚赴任,心怀"新官上任三把火",见门前栽着桂花树,即下令挖掉,新栽上桑树,说是要少些"花心",多想些"桑麻",引起人声哗然,结果"有令不行",碰了一鼻子灰。

"火"怎么没有"烧"起来?原来,那个单位所栽的桂花树已有经年,每年八月欣逢丹桂飘香,赏心悦目;而新栽桑树,不仅今后难有香馥可享,而且短期难产桑养蚕。更何况一个单位的发展,不在于门前栽什么树,而在于"内强素质,外树形象",推动事业科学发展。作为新上任的主要领导,不在谋划发展之"本"上下功夫,而在营造门面之"标"上费尽心机,这怎么能得到群众的拥护?

自古以来,在官场上往往是"铁打的营盘流水的兵",隔三岔五总有人"进退留转","千里来做官"的履新者,即是所谓"新官"。一个地方,一个部门,常有"新官",形成能上能下、能进能出的良性循环,这才有生机,才有活力。尤其是作为"新官",走马上任,大都踌躇满志,干劲十足,是故有所谓"新官上任三把火"。

新官上任想"烧"出点成绩,干出一番事业,得到领导的赏识和群众的公认,这种主观愿望和积极性都是值得肯定的。但既为"新官",大都人生地不熟,对风土人情、人文环境等实际情况知之不多,对所在地的后发优势和制约因素缺少研究,对未来发展的谋划难以成竹在胸，倘任意"放火"，乱烧一气，就有可能事倍功半，甚至事与愿违。可忧的是，有些"新官"胡乱"烧火"，烧伤了事业，烧伤了别人，也烧伤了自己。

"为官一任，造福一方"，"造福"是需要"烧火"的。"有为才有位"，所谓"有为"就是要干出群众公认的业绩。这就需要认清执政责任，头脑清醒，目光远大，思路开阔，能够带领一班人从眼前着手，长远谋划，作出正确的决策，制定符合实际的方略，抓好落实。显然，这样的好"火"，不是"新官"上任伊始就能烧得出来的。"烧火"之前必须"拾柴"，否则即使有米，巧媳妇也难为无柴之炊。

"兵马未到，粮草先行"。"烧火"之前先"拾柴"，乃是既要拾调查研究、了解实际情况、掌握第一手材料之"柴"，又要拾群众希冀、各方建议、众多思路之"柴"，还要拾群策群力、团结一心、和衷共济、真抓实干之"柴"。只有打好了"烧火"的基础，并认真研究出"烧火"的办法，才能做到"柴"足"火"旺，从而"烧"出成效，"烧"出新局面。否则，"烧火"的热情、干劲、愿望不仅落空，反留笑柄。

(2011年2月16日)

幸福其实很简单

郝斌生

我们中国人是那样地喜欢"福"字，尤其是在春节的时候，"福"字洋洋洒洒，铺天盖地，看塞北蔚县的剪纸，冀中藁城的灯笼，延安窑洞的窗花，形态各异的"福"字表达了人们祈福盼福的美好愿望。

"福"字端庄，有口有田。有人说是象形，有人说是会意，其实就那么简单，有田种，有饭吃。笔者在河北武强县博物馆看过一幅《农家勤忙》的年画。画中有20多位农民在田间劳作，画的上端还刻有一段有趣的文字：若务农早做活晚把牛放，多积些粪土草勤收田庄。稻粱菽麦稷各有各向，或宜早或宜迟时分几行。常言道勤苦人苍天保佑，纵然是吃些苦谷米盈仓。这就是劳动人民对幸福的理解。

幸福是一个万花筒，一百个人可能有一百种幸福观。有人将锦衣玉食、宝马香车、高官显位理解为幸福；有人把粗茶淡饭、家庭和睦、平平安安视为幸福；有人把放下当成幸福，有人把占有当成幸福；有人把履行职责视为幸福，有人把无官一身轻视为幸福。有人说被别人侍候着就是幸福，有人说幸福是为别人而奔忙。

幸福没有标准答案，而幸福的品质自有天平衡量。幸福如甘蔗，没有两头甜；似梅花，香自苦寒来。农家有一句谚语叫猪往前拱，鸡向后刨。它寓意求生活的路子千条万条，各有门道，但走哪一条道都需要付出辛劳。靠劳动换取的福是东海长流水，堂堂正正，心安理得；巧取豪夺假公济私的福是靠不住的福,是海市蜃楼,是祸之所依。

幸福没有固定模式,而幸福的感受在乎心灵状态。被人信任是幸福,拥有希望是幸福,扫却功名利禄后的淡定是幸福,挣脱浮躁纷扰的沉稳是幸福。而有的人,或裹着棉被不知暖,吃着蜂蜜不知甜;或攀比无止境,牟利无底线。事实证明,幸福与欲望成反比,欲望越高,你就离幸福越远;知足常乐,幸福就在身边。

强按牛头不喝水,强扭的瓜不甜。很多时候,丰厚的物质堆不成福,精神的愉悦却令人满足。坐在奔驰里的新娘可能心事重,颠簸在拖拉机上的农妇也能乐翻了天;扛着锄把进高楼未必高兴,靠着四合院的南墙晒太阳自在逍遥。痛苦要表达的时候,说出来就是幸福;权利有诉求的时候,对话和交流就是幸福。幸福固然需要物质作为基础,但更为重要的是尊严的挺立、心灵的圆融。

幸福是一种体验,也是一种创造。对为政者来说,最大的幸福莫过于为人民服务,最大的快乐莫过于与民同乐。输送了照明电是幸福,安装了自来水是幸福,修通了沙石路是幸福……给群众办的好事实事越多,群众越幸福,干部也越幸福。当胡锦涛总书记在狼牙山下帮助闫德书一家把两个"福"字贴在门扇上的时候,当温家宝总理在金寨县桃岭乡向农户老赵家恭贺双喜临门的时候,领导人与群众之间,涌起了无与伦比的幸福。

有人把幸福比喻成一只猫,你若试着去诱哄并叫唤它,它会逃之夭夭,但若顺其自然,顺其天性,它会主动来磨蹭抓挠你的脚。幸福其实就这么简单:身边的一缕清风,窗外的一弯明月,路旁的一曲轻歌,亲友的一声问候,工作的一点进展。其实我们每一个人都有自己的幸福,它不在远方,就在此时此刻。收拾心境,幸福无处不在;热爱生活,幸福正在敲门……

(2011年2月15日)

莫使"抓紧"成空谈

张守新

时下,有的单位在安排部署工作时,经常使用"抓紧"一词,如"抓紧研究""抓紧解决""抓紧落实"等等。不仅出镜率高,而且常常与另一个词"有关部门"联袂登台。

对某项工作提出"抓紧"的要求,体现了这项工作的重要性和紧迫性,有利于引起人们思想上的高度重视,进而增强责任感,积极进取,雷厉风行,加快工作进度,这对于促进工作是有益的,初衷是好的。

但在"抓紧"喊得响亮的同时,人们也常常会看到这样的现象:有些工作,大会小会说"抓紧",日复一日喊"抓紧",时日蹉跎,可进展依旧不大,只踩油门不挂挡,变成了"抓而不紧";更有甚者,不仅"涛声依旧",而且积弊丛生,问题愈演愈烈,陷入"越抓紧越吃紧"的怪圈。这类现象,不利于工作落实和事业发展,也有损党和政府的公信力。

出现上述现象,究其原因,不排除有人手少、时间紧、任务重、难度大、急事多等客观因素,但从主观上分析,一些干部在工作作风和方法等方面存在的虚、懒、散、乱、躁等问题,恐怕还是关键所在。

有的人对某项工作仅满足于提出"抓紧"的要求,没有进一步的具体安排。比如,谁承担领导责任,谁承担主办责任,谁承担协办责任；大致需要多长时间完成；在这一过程中间，在哪几个时间节点和环节上需要督促检查。诸如此类执行问题，都是一本糊涂账。这样，"抓紧"就成了笼统、空洞的要求，很容易落空。此谓"虚"。

有的人贪图安逸，懒得学习、思考和研究问题，不动脑筋，无所用心，对工作缺乏积极性、主动性，甚至"在其位不谋其政"，只满足于"当一天和尚撞一天钟"，"明日复明日"，能拖则拖，能混就混。此谓"懒"。

有的人对自己要求不严格，自由散漫，松松垮垮，吊儿郎当，纪律观念淡漠，上班无故迟到、下班早退，甚至旷工、脱岗、离岗，工作时间不务正业，很难集中精力、高效率地完成工作。此谓"散"。

有的人工作缺乏条理，一旦突发性临时性任务多起来、工作头绪杂起来，就手忙脚乱"打乱仗"，胡子眉毛一把抓，不会"弹钢琴"，分不清轻重缓急，看似"抓紧"，其实是"抓瞎"。此谓"乱"。

有的人工作沉不下心，心浮气躁，对问题思考研究不深入，没有想清楚、弄明白、研究透，没有把握住规律和特点，就急着"上手"，盲目蛮干，结果走了弯路，做了无用功，瞎折腾，"欲速则不达"。此谓"躁"。

因此，要使"抓紧"不致沦为喊口号放空炮，就必须对症下药，切实改进工作作风和方法。戒"虚"，就要拿出时间表、路线图，落实责任，抓铁有痕，踏石有印；戒"懒"，就应勤勤恳恳，兢兢业业，敢于进取；戒"散"，就应严格管理，严明纪律；戒"乱"，就应统筹安排，分清主次，协调推进；要戒"躁"，需要深入研究，把握规律趋势，抓到点上。

另一方面，到底抓没抓紧，有没有效，不能自己说了算，要看实践成果、要问群众评价，从考核机制上倒逼干部去办实事、下真功。如此一来，"抓紧"才能真正发力，用看得见、摸得着的变化说话，以实际成效取信于民。

（2011年2月14日）

如果一生能用"热心"来概括

劳 骥

近日获2010年度国家最高科学技术奖的两院院士、著名材料科学家师昌绪说,他的一生可用"热心"二字来概括。他对人热心,对科研工作热心,对科普事业热心,对我国材料科学的发展更是热心。"热心"人们虽常说常闻,但会其深意特别是"一生可用'热心'来概括"者恐为数不多。原因在于,"热心"说着简单,但要对人、对工作、对事业做起来、守下去却十分不易。

俗言"失败是成功之母",遇到失败与挫折是正常的,只有不屈不挠、坚韧不拔才能获得成功。然而,失败未必一定导致胜利,而热心却常常孕育成功。"一个人若是没有热心,他将一事无成。"热心,是做人与做事能够获得成功的前提,也是不怕困难、顽强攀登的力量源泉。

"我是中国人,我的祖国需要我",这是师昌绪1955年历经波折从麻省理工学院回到祖国时的想法。"从国家需要出发,活一天就要为国家做一天事",这是他朴素的追求与心路历程。师昌绪凝聚一生的"热心"根源于此。正是在这种内蕴心中的爱国情怀与责任的驱使下,我国许许多多的科学家把对事业的热心燃烧成旺盛的激情,演绎成不竭的青春与生命,创造了卓越的成就。

智者言,"智慧的最大成就,也许要归功于热心。""成功和能力的关系少,和热心的关系大。"人生在世,无不渴望有所建树,实现人生的价值。但无为平庸者众，有为成功者寡，原因就在于对"热心"的坚守程度不同。为了追求理想，任何人初始都会有一股子热心与热情，但有些人是"软柴火烧炕——几分钟的热度"，"热心"一阵子。成功者却满腔热情、不懈追求，如丁肇中"一辈子只干一件事"，如牛顿"我并没有什么方法，只是对于一件事情很长时间很热心地去考虑罢了"，"热心"一辈子。一个人有点"热心"并不难，难的正是一生"热心"。

"处处热心的人生，是事事满意的人生。"热心不是私心，不是只见个人的名利，只求个人的成功。师昌绪淡看名利，把成功归于大家，对待个人得失则永远是"用纳米尺来度量的"。有些人视科研论文为"绣花"，视科技推广为"织麻袋"，但他既能"绣花"，也愿"织麻袋"。他"非常尊重别人，哪怕只是一个工人或者实验员，也充分发挥每个人的积极性和创造性"，因而带出了一支能打硬仗的攻坚队伍。这种为人处世的低调、大度，不仅成就了一位科学家的胸怀，也养护着他的热心，达到一种很高的境界。有些人也许干事业并不缺乏"热心"，但在做人上却锋芒毕露，咄咄逼人，把"权势"与"地位"看得很重，与群众的联系却很淡薄，结果"虽托热心无人问，常使'公仆'泪满襟"，这种"热心"终究只是一种狭隘的私心。

"当一个人一心一意做好事情的时候，他最终必然会成功的。"我们尽管不可能修改人生的长度，但只要坚守了"一生的热心"，就完全可以拓展人生的宽度。

（2011年2月11日）

每个人都能走进"春天里"

王朝明

　　同一棵树，在不同的镜头里定格成迥异的风景。同一首歌，因为不同歌手的演唱，给人的感受亦大相径庭。春节联欢晚会上，一首《春天里》打动亿万观众。如果不是"旭日阳刚"的本色演绎，一首原本寄抒着感伤希冀的歌曲，或许很难让那么多不同阶层、职业和阅历的人，产生如此强烈的心灵共鸣和深切的情感回应。

　　《春天里》何以令人心动？歌声中，不由人不作思考和解读。

　　诚然，农民工的身份，"草根"的梦想，庞大的群体，相对改善却依然窘困的生存处境，足以令人关切同情。诚然，巨大的奉献，菲薄的索求，善良隐忍的秉性，诚实勤勉的付出，足以令人感慨敬重。诚然，少有抱怨却容易知足，少求回报却容易感恩，少作攀比却极易得来的幸福感，足以令人敬佩自惭。然而，与这些相比，直面人生，不甘命运，笑对磨难，永远以向上的姿态和积极的心态拥抱生活，即便屡遭挫折也永不放弃对梦想的执着与追求，或许才是《春天里》烘热这个冬天的深层次原因。

　　什么是令人歌颂、向往的"春天"？在有些人的潜意识里，"旭日阳刚"们所期待的"春天"，无非就是不用讨薪就能拿到血汗钱、腰包鼓一些，无非就是孩子不交借读费也能跟着自己在城里上学，无非就是伤了病了干不动活了能跟城里人一样有人管，甚至再多一些奢望——能在为之倾注心力的城市里搭起一个属于自己的家……是的,"春天"当然应该包含这些,但"春天"绝不应该仅仅限于这些。

"春天"至少还应给人以这样的美好愿景和温暖允诺:在持续改善"旭日阳刚"们物质生活条件的同时,关切并回应其情感渴求、精神需求和价值追求,维护并实现其拥有体面、尊严、幸福生活的平等权利,提供并保障其社会参与的公平机会。进而,搭建并拓展令每一个"旭日阳刚"尽情发挥才智、张扬个性风采、实现人生价值的平台……这,才是完整的"春天",也才是令人期待和敞开胸怀迎接的"春天"。

"因为我已置身最低,所以我的每一次奋力,都是向上的姿态"。大地上没有"自拔"的山,世界上少有随随便便的成功者。《春天里》为什么令人动情?从"旭日阳刚"的身上,每一个曾经为理想坚守困厄、正在为人生不懈追梦的人,或多或少地看到了自己的影子。面对在舞台上本色歌唱、在生活中奋力打拼的"旭日阳刚"的网络视频,许多人以"史上最干净的跟帖"表达心声、释放善意、不吝感佩。事实上,与其说是"旭日阳刚"触动了人们心中那柔软的神经,不如说是每个人为自己心中那份蛰伏的信念与梦想、那份蒙垢的热忱和激情所打动。没有什么比理想的复活、信念的重塑、梦的再一次飞翔更令人欣慰的了。

"我能高飞,像只鹰,全因为你是我翅膀下的风"。"旭日阳刚"唤醒了每个人心底的"春天",每个人走进梦想中的"春天",却不光需要自己的柔韧翅膀,更需要"翅膀下的风"。愿更多的《春天里》丰满和柔韧我们精神的"羽翼",愿社会持久给力"翅膀下的风",让每个人都能走进"春天里"。

(2011年2月10日)

"十谢歌"走红折射了什么？

唐 宋

一谢共产党，翻身把你想，以前我们做牛马，现在人人把家当；
二谢共产党，吃饭把你想，以前忍饥又挨饿，现在温饱奔小康；
三谢共产党，穿衣把你想，以前穿的蓑草衣，现在毛料新时装；
四谢共产党，住房把你想，以前住的茅草屋，现在砖瓦新楼房；
五谢共产党，走路把你想，以前走的羊肠道，现在道路宽又广；
六谢共产党，照明把你想，以前照的桐油灯，现在电灯亮堂堂；
七谢共产党，上学把你想，以前一堆大老粗，现在两基一扫光；
八谢共产党，看病把你想，以前有病无钱医，现在医药能报账；
九谢共产党，致富把你想，以前种粮要上税，现在免税还补偿；
十谢共产党，养老把你想，以前抚儿来防老，现在丢心政府养，党的恩情永不忘，誓把忠心献给党，紧紧跟着党中央，幸福日子万年长！

兔年新春，贵州省龙凤村农民自编自演的花灯戏《十谢共产党》，火遍乡村。

"十谢歌"感谢啥？以前我们做牛马，现在人人把家当；以前忍饥又挨饿，现在温饱奔小康；以前住的茅草屋，现在砖瓦新楼房……翻身、吃饭、穿衣、住房、走路、照明、上学、看病、致富、养老，龙凤村农民从十个方面歌唱幸福新生活、感谢党和政府的关怀。

歌为心声。"十谢歌"，唱出了中国农村发生的巨大变化，展现了新时代农民的精神风貌。从过去的"猫冬",到现在的"忙冬"——忙生产、忙"充电",一扫旧农村"懒"、"散"、"满"的落后形象。从过去的喝大酒、打麻将,到现在的花灯队、秧歌队,农村春节的新气象,让我们看到了中国农民的新追求,看到了中华大地的无限生机和希望。

"包产到户",激发了亿万农民的积极性和创造性;鼓励进城务工,把富余劳动力从垄沟里"解放出来";取消农业税,让延续2600年的"皇粮国税"成为历史;推行新农合,解决广大农民后顾之忧;实行城乡"同票同权",农民的民主权利得到制度化保障……"十谢歌"所折射的,是农民兄弟经济地位的提高,以及亿万农民政治地位的提升。一个个质的飞跃,不仅展现了中国农民生活得更加富足,更展现了中国农民做"主人"的自豪。

农民的"十谢歌",几多期待,几多憧憬!今年春节,与"十谢歌"同时走红的,还有农民工兄弟所唱的《春天里》。"如果有一天,我老无所依",唱出了两亿农民工的心声,也唱出了社会的关切。关心农民的喜怒哀乐,是党和政府义不容辞的责任:我们不仅要关心农民的物质生活,还要关心他们心灵的快乐和自由;不仅要关注农民这个整体,还要关注每一个个体的幸福和尊严;不仅要关切中国农民的"当下",还要关切中国农民的未来,让亿万农民都老有所养、老有所依、老有所乐……

1919年,李大钊曾发表题为《青年与农村》的文章。他写道:"我们中国是一个农国,大多数的劳工阶级就是那些农民。他们若是不解放,就是我们国民全体不解放;他们的苦痛,就是我们国民全体的苦痛;他们的愚暗,就是我们国民全体的愚暗;他们生活的利病,就是我们政治全体的利病。"共产党成立后,带领中国人民奋力"打拼",实现了"站起来"、"富起来"的梦想,农民生活实现了从温饱不足到总体小康的历史性跨越。

今天,中国还有八亿多农民,"三农"问题依然是"天大的问题"。农民的喜气、志气,是中国最大的福气。能否让农民高兴、让农民幸福、让农民满意,检验着我们党的执政水平、执政能力。从这个意义上说,龙凤村农民的"十谢歌",是感恩和感动,更是勉励和激励。

(2011年2月9日)

不负春光为百姓

戴 鹏

"常为深爱含泪水,唯恐蹉跎误苍生。回顾过去的一年,值得我们记住的并不都是辉煌,我们还有很多工作没有做好……进入小年,无论是城市还是乡村,都有了越来越多喜迎新春的鞭炮声,但也还有农民工企盼拿到工资回家过年的讨要声,还有物业管理不到位而使小区停水停电的抱怨声,还有亲人归来团圆却又无处安身的叹息声……"

年前,在郑州市委、市政府举行的新春团拜会上,河南省委常委、郑州市委书记连维良的新年贺词赢得了阵阵掌声,更使许多与会者眼圈潮红。笔者也曾多次参加过这类活动,但深深为这番贺年致辞感到震撼。

震撼自有震撼的道理。平心而论,在这个场合讲过去一年取得的成就,有利于提振人心士气、营造祥和氛围、激励新年斗志。不仅应该,而且必要。但能在这个场合顾念百姓疾苦,直面民声期盼、讲出工作不足,并且重点讲,深入讲,更显难能可贵。

倾听民间疾苦声,是一种觉悟和勇气。以郑州来说,去年该市生产总值突破 4000 亿元,财政收入达到 643 亿元,城镇居民和农民人均纯收入达到 18600 元和 8855 元,各方面工作取得了不少进步,但这都属于"应该"。存在的,尤其是民生方面的欠账很多,对应中央要求和群众期望尚有一定距离,属于"不该"。善于自省,体现了党组织和政府应有的胸怀。

直面民间疾苦声,是一种作风和责任。不陶醉于经济数字的好看,而是清醒面对经济社会发展的矛盾,这无疑是新形势下政绩观的一种转变,是领导干部素质提高的一种体现,是民生意识的一种提升,符合中央提出的"关心群众疾苦、解决民生问题"、"多讲政府工作不足"等要求。尤其对民生欠账问题,不掩饰,不回避,不怕因此"损伤"形象,体现了勇担当、敢负责的态度。

牢记民间疾苦声,也是一种压力和动力。古人曰:"欺人如欺天,毋自欺也;负民即负国,何忍负之。"如何正确对待群众呼声,努力消除群众疾苦,与其说是能力问题,还不如说是感情问题、立场问题。感情愈深,压力愈大,感情愈真,动力愈足。领导干部,尤其是一个地方的主要领导,只要牢记党的宗旨,真正把群众当作衣食父母,坚定地站在群众立场上,就不会漠视民生,也必然"寝卧难安,压力倍增"。

日前,胡锦涛总书记在河北省保定市同基层干部群众共迎新春。总书记深入了解民情民意,并代表党和政府深情祝福:"兔年象征着吉祥如意,衷心祝愿乡亲们在新的一年里日子过得更加红火、更加幸福!"站在"十二五"开局之年的新起点上,每一个党员干部都应不负群众期待,不负这大好春光,把百姓的苦乐安危真正放在心上,念兹在兹,孜孜以求,用更加扎实的民生答卷向党和人民汇报。

(2011年2月5日)

这样的爱心不仅温暖而且优雅

陈家兴

几名办案民警、几十位杭州警察、一群社会好人,把一个捐助3个孤儿的爱心故事自发地持续了好几年,让人们读了都"忍不住稀里哗啦流泪"。这个故事所以能如此深深地打动人,就在于贯穿这个故事的爱心表达,不仅温暖,而且优雅。

中国青年报1月26日以《警察与孤儿》为题,刊发了这个爱心故事。"铁血警察"不失柔情而自发表达爱心,社会公众对这种爱心产生温暖的感觉,皆源于人与人之间那种最可宝贵的理解与同情。正是这种理解与同情,穿透了世间的冷漠与轻视,用一种将心比心、推己及人的心理,去感受他人生活的苦与痛,获得一种感同身受的情怀。

3个孤儿的爸爸早因车祸离世,妈妈后来在一起抢劫杀人案中遇害。4年前,办案警察在见到给妈妈办后事的大女儿之后,心中充满怜悯:"这家人真不幸"、"3个孩子肯定会辍学"、"我们能不能帮帮这3个孩子?"人世间多些这样的理解和关爱,便会激发更多真挚的爱,每个人也都会被温暖的力量所包围。

很多时候,我们也许不缺少爱心,却缺少爱心的正确表达方式。有的爱心表达有些矫饰,有些高调,给受助对象带来尴尬乃至隐性伤害。在一个文明的现代社会里,我们可以有一些优雅的爱心表达方式。在这个警察与孤儿的故事里,我们看到了这种优雅。构成这种优雅的主要成分，其实不是什么稀奇的元素，而是人与人之间那种真正的平等与尊重。正是这种平等与尊重，让人们感受到了一种人格的尊严，一种爱的尊严。在一定意义上说，爱心其实更需要平等地表达，因为它不仅使受助者健康成长，还推动社会的爱心表达走向成熟。

面对3个孤儿，如何保护她们的自尊心，呵护她们健康地成长？警察们费了一番苦心。先是特地打电话给她们的一个亲戚，请其转达捐助的意愿，看她们是否愿意。又计算姐妹3人每年的学费和生活费开销，按次把钱打到银行卡里，只因为怕孩子们觉得"钱来得太容易"，不利于她们成长。捐助的事情被媒体知晓后，怕她们受伤害，只以"小梅"、"小红"之类的化名代替。担心孩子们面对诱惑时会学坏，则小心翼翼地暗示，要靠自己的努力赚钱，不要羡慕别人的财富。捐助与联系的过程中处处透着的这种平等与尊重，让我们感受到了一种爱的优雅风度，慈善的更高境界。

爱心与慈善，从本质上来说，不是一种施舍，不是居高临下地满足别人的需求，也不是看着别人依靠自己资助的快感。它的真谛就在于温暖的尊重，使人在获得帮助时保持尊严，不会有低人一等的感觉。这样，受助者将不仅学会感恩，更懂得了做人。而慈善者也会获得一种灵魂的升华，正如上述故事中的一位警察吴仁贤所言，虽然是他在给孩子们钱，却时常觉得，"自己才是被帮助的那个"。

（2011年2月1日）

回家过年,解码温暖的力量

常 青

有钱没钱,回家过年。又到一年春运时,游子思乡盼团圆。每逢此时此刻,天南地北的滚滚人流,大小车站里的芸芸众生,上演着一幕幕人间情景剧,拖儿带女的,肩扛手提的,身怀六甲的,彻夜排队的,骑摩托车返乡的,情急之下"裸奔"求票的……

尽管行色匆匆,哪怕步履艰难,却总是方向明确,意志坚定,奔向一个共同的目标——家。一幅千姿百态的归家图,一种浓酽酽的思乡情,总让人心热眼湿,慨然沉思。

回家过年,是家庭磁场的亲情感应。在家尽孝,为国尽忠,是我们的优秀传统文化。除夕夜阖家团圆,在外劳累一年的人们,不惧千难万难,吃尽千辛万苦,也要回到家乡,看望长辈,拜访师长,与亲友们围炉夜话,谈工作辛劳,聊家乡变化,叙久别相思,唠邻里家常,慰老人情怀,释子女乡愁,其乐融融,其情洽洽。这样一种亲情维系的家庭文化,已经深深融进我们民族的血液,筑成一条条风雨不可阻、困难不可挡的归乡路。

回家过年,是构建和谐的集体行动。正因为有了对"年"的集体记忆和共同体验,人们对"回家过年"这一群体性行为充满理解、关心和支持。据报道,在浙江宁波一个火车票代售点,一位六旬老人连夜熬制百斤热粥,免费发放给在雨雪中彻夜排队的返乡农民工;在上海、哈尔滨等地火车站,一批批大学生春运志愿者热情主动为旅客提供服务;在一家知名网站论坛,一本汇聚众多网友共同智慧的《春运手册》,内容涵盖航空、铁路、公路、客轮各类出行知识,点击量迅速攀升。友爱拉近距离,互助缓解困难,人同此心,心同此情,千里迢迢不再遥远,陌生路人不再隔膜,四海之内皆兄弟,南来北往是亲人。

回家过年,是以人为本执政理念的具体实践。据预测,今年春运期间,我国整体客流量将达到28.5亿人次,尽管我国近年交通条件得到很大改善,但如何让广大群众安全、舒心地回家过年,仍是一个巨大考验。党和政府正以人为本,竭尽全力让回家之路更顺畅。铁道部门尽最大努力挖掘运输能力,千方百计方便群众购票,还开通官方微博实时播报出行信息;公安部门要求春运期间高速公路坚持不封路,遇冰雪天气就用警车开道;青岛火车站为化解旅客长时间排队购票产生的怨气,率先设立"旅客抱怨中心",尽量让旅客将怨气留下,带欣喜回家。尽管回家的路上还有不少艰辛和烦恼,但改善现状、铺平道路的努力一直在继续。

一声"回家过年",神州大地人流涌动。1235条空中航线,8万公里铁路,373万公里公路,以及无数的江河,数以亿计的中国人,在短短40天内如同候鸟一样,完成世界上最大规模的人口"大迁徙"。"蛇化为龙,不变其文;家化为国,不变其姓",这种代代相传、生生不息的伟大力量,到底从哪里来?何以如此温暖动人?又何以如此坚忍不拔?

——去问开化的大地,去问解冻的河流,去凝视每一双眺望家乡的眼睛。

(2011年1月31日)

不为偏听常俯耳

向贤彪

一位地方领导同志在征求港澳政协委员对当地发展的意见时,其"静静地听,用心地记,平等地交流,深深地鞠躬"的现场表现,令随行的港澳记者赞佩,他们不吝笔墨称:"这不仅是领导者个人魅力的展示,而且预示着跨越发展的希望。"

把领导者用心听取各方意见与一个地区的发展联系起来,并非过誉之辞。"嗟余有两耳,未省听丝篁"。三国时期的官渡之战,曹操握发吐哺、兼听广纳,袁绍却拒谏饰非,不纳忠言,单是从"耳朵的对比上",曹与袁便高下立见,胜负可预!回想当年李鼎铭先生在延安提出精兵简政的建议,曾被不少人指责为存心削弱共产党和八路军。然而毛泽东却力排众议,接受这个建议,并把它作为一个极其重要的政策,结果使我们克服困难,顺利前进。

有哲人说:"人之所以长两只耳朵、一张嘴,就是要让我们听的比说的多。"用好耳朵,做到会听、善听,不仅使人开阔眼界、增知益智,比别人获得更多的知识和信息,而且能使人胸襟开阔、容人容事,培养自己高尚的人格。对于领导干部而言,会听、善听,还是一门重要的领导艺术,不仅会增强领导能力,提高领导威信,还会使直言之士多起来,使阿谀拍马之人望而却步。

"不为偏听常俯耳"。倾听的姿态很重要,"俯耳"先要"俯身"。

一位小学特级教师说："我与学生谈话，都是蹲下的。只有与孩子一般高，才能与他们平等交流。"领导干部与群众交谈，也要放下架子，拿出诚实和谦虚的态度。不少同志都有这样的体会，到群众的炕头坐一坐，与他们唠唠嗑、拉拉家常，亲身体验一下群众的生活，感情就不一样，见识就不一般。没有眼睛向下的决心，没有放下架子、甘当小学生的精神，就无法与群众沟通和交流，因而也就听不到"原生态"的声音。

能否会听、善听，看起来是对耳朵功能的检验，实则是对心灵的测试。"用耳听者，学到皮肤；用心听者，学到灵魂。"只有对人民充满感情，才能听到群众发自内心的声音，从他们的笑声中得到激励，从他们的叹息中找到差距，从他们的责备中受到警醒，从街头巷尾的闲谈中了解民情民意。

海纳百川，有容乃大。一个聪明的领导者，应该具有大海般的胸怀，善于听取和吸纳各方面的意见，不但要听表扬的话，也要听批评的话；不但要听顺耳之言，也要听逆耳之言；不但要听"上言"，也要听"下言"。特别是对于批评的意见，更要"洗耳恭听"，让群众把话讲完，并认真吸纳其中的合理成分。只有领导者虚心听言，诚心纳言，群众才会真心直言，吐露真言。二者相互作用，良性循环，才能共同创造一种实事求是、风清气正的良好环境。

培根说过：一个人从另一个人的诤言中，所得来的光明比从他自己的理解力、判断力中得出的光明更干净、纯粹。多听、善听，广纳群言，能让我们眼光更敏锐、心胸更宽阔、智慧更丰富，从而使自己的人格魅力和领导能力更趋成熟。"把耳朵叫醒"，把耳朵用好，无疑是做好领导工作的重要方法，每一个领导者不妨试试。

(2011年1月28日)

坚持和强化楼市调控

王 炜

国务院常务会议日前公布了加强房地产市场调控的一系列政策措施，通过进一步加强需求管理，努力增加有效供应，延续并强化了此前出台的各项调控政策，可以说是近几年来最严厉的政策组合。这体现了中央政府坚决遏制房价过快上涨、逐步解决居民住房问题、促进市场平稳健康发展的坚定决心。

从 2010 年初起，为遏制部分城市房价过快上涨，我国对房地产市场进行了为期一年、先后数轮、愈发严厉的调控。随着调控政策的落实和细化，房价过快上涨的势头得到有效遏制。同时，在住房交易量保持稳定增长的情况下，房地产投资和新开工仍保持理想增速，为今后一两年供求关系稳定创造了基础。调控取得了一定成效，新政实施以后，效果还将进一步显现。

由于近期房地产市场也出现了一些值得关注的新动向，对房地产调控的形势判断也不应过于乐观。统计数据显示，一线热点城市去年 12 月和今年 1 月上半月出现了量价齐涨的势头，与往年这时候的传统淡季截然相反，个别城市的新房成交价甚至创出了一年来的新高。同时，推动房价快速上涨的购房热潮，正呈现出从一线城市向二、三线城市，从传统热点城市向以前不被关注的地区转移的趋势，投资投机性需求在这些城市有所抬头。市场的这种变化需要各地政府高度关注，及时分析原因，因地制宜采取应对措施。

从宏观环境看，2011年房价继续上涨的压力仍然较大。我国仍然处在快速城镇化进程中，大量人口进入城市带来的首次置业和改善住房条件的刚性购房需求仍然巨大。过去两年适度宽松的货币政策和境外热钱流入的影响仍然存在，社会上货币充足，且缺乏有效的投资渠道，各种资金有进入楼市的冲动。同时，通货膨胀的预期仍然较强，资金有进入楼市避险的愿望。还应该看到，去年已经出台的调控政策随着时间推移，力度逐渐被市场消化，效果开始减弱，调控面临的压力不小。

因此，新一轮调控措施出台，针对性强、力度空前，很必要、很及时，效果也值得期待。

近年来，高房价已经让许多普通购房者逐渐被房地产市场所抛弃，普通百姓对房价过高、上涨过快意见很大。遏制房价过快上涨，促进房地产市场平稳健康发展，是党和政府对人民群众的庄严承诺，是改善民生的迫切需要，是加快转变经济发展方式的必然选择。2011年，尽管面临诸多挑战和压力，仍应当把楼市调控坚持到底，并进一步强化。

坚持和完善楼市调控，一方面要坚持贯彻落实已经出台的各项调控措施，努力增加有效供应，严格执行差别化信贷政策和限购政策，让现有措施发挥出最大效果。另一方面要根据市场变化，加强前瞻性研究，储备并适时出台新的调控措施。尤其要明确楼市调控目标，如房价的控制目标、应当回归到的"合理水平"等。同时要结合这些目标，进一步明确地方政府对稳定房价的责任，进行严格的考核和问责。

此外，应加快住房制度改革，加快公共租赁房等保障性住房建设，加快推进房产税试点等。通过这些手段和措施，巩固并扩大来之不易的调控成果，继续稳定市场预期，给普通购房者信心。

(2011年1月27日)

习惯如何决定命运

张保振

习惯，和每一个人如影随形，又深刻地影响着每个人的一生。对于哲人来说，他们对习惯的感悟更是独到而深刻：

"有什么样的思想，就有什么样的行为；有什么样的行为，就有什么样的习惯；有什么样的习惯，就有什么样的性格；有什么样的性格，就有什么样的命运。"

"习惯是行为的女儿，不过女儿反过来养育母亲，并按母亲的模样生下自己的女儿，不过更漂亮，更幸运了。"

"千百万人的习惯势力，乃是一种最可怕的势力。"

足见习惯具有非同一般的分量与影响力。好习惯让自己受益终生，坏习惯误己误人。在很多人那里，要改变既已形成的坏习惯，难。然而也并非不可能。

譬如，都说国人嗓门大，不善轻声细语，难以低言低语。其实，也不尽然。在台湾的故宫门前，总有几个志愿者举着小牌子，上面画着一个用食指竖挡在嘴唇边的头像，并横书着"请轻声细语"5个大字，以提醒参观者在进入故宫后不要大声喧哗。其间，如看到有个别人控制不住自己，嘴张声扬，激荡四周，志愿者便会举着这个牌子，一声不响、一动不动地站在他的面前。于是，嘴张就会变为唇动，声扬就会改为低语，四周就会安静许多。

由此可见，习惯，是可改变的；禀性，并非难移。关键是，一种好的行为方式，要坚持下去，经久不变。坏的习惯，要把它"一步一步地引下楼"，一点一滴改掉它。

经久与积久，关键在一个"久"字。要久，就要常习。常习，靠自己。人要有一点追求，追求源于一种需要，需要则是一种原动力。原动力越足，追求的脚步就越快，离文明的目标也就越近。毕竟，人类总是由低级向高级、由野蛮向文明迈进的。这种文明，不仅优雅，而且自由。这种自由，不是随便，更不是放任，而是自觉。

要久，还需要环境。既有自然环境，也有人为环境。人为环境，离不开制度。这样的制度，应使想懒的懒不了，会干的能干好；让粗俗的没处藏，高雅的聚满堂；使野蛮的远离去，文明的跑步来。一句话，使人人都成才，个个向文明，最终"成为自己的社会结合的主人，从而也就成为自然界的主人，成为自身的主人——自由的人"，从而种下和谐社会的"基因"，派出大同世界的"天使"。

《法言·学行》语："一哄之市，必立之平；一卷之书，必立之师。习乎习，以习非之胜是，况习是之胜非乎？"说的是，如果通过"习乎习"，对错误既已习惯，反过来就会以为事情本来就应该是这样的。这种"假作真时真亦假"的习非成是状况，委实可怕，着实让人生悲。所以，从自身做起，从点滴起步，养成好习惯，形成好风气，使之成为社会的文化、个人的性格，是多么的重要。

（2011年1月24日）

"摩托妈妈"带来的不能只有感动

姜泓冰

在浙江温州打工5年,梦见在重庆的6岁儿子全身是血与老鼠争食而不安,独自骑着摩托车6天狂奔2000多公里归家探子……一位年轻母亲未加思考的"本能"之举,又一次让我们感受到了母亲的坚强勇敢,母爱的巨大能量。

如果我们整个社会,能共同被什么事情深深打动,那么母爱,绝对是这个时代里最能温暖人心、触动深情的那一种。说"摩托妈妈"李春凤的故事是"又一次",就是因为,在以往的几年里,已经有不少母亲,以她们最低微的身份,最淳朴的表情,最平实的动机,最自然不过的举动和表达,告诉了我们什么是伟大、无私,何为"壮举"。

比如汶川母亲,比如湖北的"暴走妈妈",比如江苏的"拾荒老娘"……每一个这样的平凡母亲,都值得我们献上最高的敬意,不仅是为了她们坚韧过人的壮举,更是为了她们身上所昭示的最真挚纯净的情感、大无畏的勇气。这正是世间逐渐稀缺、渴求的宝贵资源。

感动之后,所有人都会有一样的沉重与忧虑:公路上六昼夜千里走单骑,严重疲劳驾驶,是多么不安全的举动。我们甚至不免担心,眼下整个南方正弥漫着少见的大雪,天寒地冻,道路交通将遇更多阻滞。已开启的春运,向西向北的不少地方也是一票难求。那些归家心切的外出务工者们,是不是有人会受了"摩托妈妈"的启发与鼓舞,不惜用徒步或者骑车的方式,"自助"地踏上返乡的路途?——听说,从广东到贵州等地的路上,已有这样的农民工摩托车队。

我们不禁推想:如果"摩托妈妈"可以轻松买到回乡的车票多好;如果她可以在西部就业而不必背井离乡几千公里、饱受思子之苦多好;如果她可以将年幼的儿子带在身边,在打工地接受照顾和教育多好……

这一次,也许会有受了感动的企业家帮助"摩托妈妈"留在重庆就业,让她不必再抛家别子。但对更多身为农民工的父母与成千上万的留守儿童来说,要改变这种孤单分离的生存状态,只能期待着打破城乡二元治理体系的改革措施可以尽快推进。在"民工潮"兴起20多年之后,各个地方早应放开襟抱,不将"融入"单当成口号,而要在医疗、社会保障和子女教育等方面切实给予他们同城待遇,让更多外来务工人员不再一味无根无梢地继续"外来"、"流动"。如此,则"流动大军"可以稍息,年年头痛的春运压力也可从根本上有所缓解。

对于一个正在转型中的社会,人间真情是最牢固的纽带。然而仅有对原始之爱的感动唏嘘,而无良性运转的制度设计,原始冲动的壮举很可能露出它冲撞无序的负面。拾荒供孩子读书、无钱而要为孩子换肾,或是为打工而与孩子生别离,这样的新闻少了,大约才是城乡一体化建设、区域均衡发展、社会保障制度等改革见了实效的时候,才能真让人欣慰。

(2011年1月21日)

"历史就是我们的一切"

桑林峰

如今,一些人在刻意戏说历史、歪曲历史、重构历史,特别是对党的历史人物进行解构,甚至亵渎。这是对党史的不敬畏。列宁讲,忘记历史等于背叛。从这个意义上讲,不敬畏党史,也是一种背叛。

今年是中国共产党成立90周年。恩格斯说:"历史就是我们的一切。"共产党的历史,就是共产党人的一切。党史里写着共产党人的灵魂,指引着将来的命运。对待党史,我们当怀着一颗敬畏心。

敬畏党史,才会主动学习党史。古人云:"以史为镜,可以知兴替。"培根言:"读史使人明智。"历史是一门科学,也是一门智慧学。中国共产党的历史,既是一部波澜壮阔的革命史、一部艰苦卓绝的斗争史,又是一部可歌可泣的英雄史、一部开天辟地的发展史。早在延安时期,毛泽东同志就指出:"如果不把党的历史搞清楚,不把党在历史上所走的路搞清楚,便不能把事情办得更好。"党的历史里有创新理论、有丰功伟绩、有光荣传统、有经验总结、有深刻教训,是我们取之不尽的精神宝库和用之不竭的力量源泉。法国年鉴学派大师吕西安·费弗尔说过这样一句话:在动荡不安的当今世界,唯有历史能使我们面对生活而不感到胆战心惊。党史书写着我们的昨天和今天,预示着我们的明天,它告诉我们从哪里来,到哪里去,使我们心有所依,情有所归。

现在一些党员干部信仰缺失,很大程度是对党史了解掌握的缺失,对党的经验教训汲取的缺失，对党的光荣传统继承的缺失。近年来，一些党员干部"雷语"不断，有的无知："你是替党说话，还是替老百姓说话"；有的狂妄："你知道我是谁吗?！我是局长"；还有的叫嚣："把我放了，给你600万"。此种表现，就是不敬畏历史，不敬畏人民。我们党的成长壮大，人民是靠山，作风是保证。共产党的干部正是以维护大多数人的利益起家，以廉洁自律为本，而受到广大人民群众的认可、拥护和爱戴。把党和人民割裂开来，为了个人利益恣意妄为、贪赃枉法，就是背离党的历史，违背党的宗旨，败坏党的作风。党的历史教会我们如何为官、如何做人，不敬畏党史，就会丢失为官做人的根本，遭到历史的唾弃。

敬畏党史的人，才能自觉为之奋斗，最终才能创造历史、改变历史。毛泽东、周恩来、朱德等老一辈革命家，本着对历史和人民高度负责的态度，改变了历史，创造了新中国。焦裕禄、孔繁森、沈浩等共产党人，继承党的优良传统，把党的事业看得高于一切，带领人民创造了卓越的业绩。还有很多党的优秀干部，像郑培民、王瑛等，他们都怀着对党史的敬畏之心，书写着历史、改变着历史、创造着历史，在党的历史中留下了浓墨重彩的篇章，留下了很好的口碑、不朽的丰碑。他们是真正的共产党人，是中国的脊梁。

瞿秋白说，人爱自己的历史，好比鸟爱自己的翅膀，请勿撕破我的翅膀。每一个人都要维护自己的尊严和品格，党的历史更需每一个共产党人去敬畏、去珍惜、去创造。如此，我们的党史才会更加光彩夺目。

（2011年1月19日）

干部之德重在"怎么考"

盛克勤

"德才兼备，以德为先"，德是选拔干部的核心和首要标准。一个时期以来，各地围绕干部"考德"课题作了不少探索。但焦点往往集中于"考什么"，而对"怎么考"的关注和实践还不够。

在当代社会，人们对干部、人才评价标准日趋多元的情况下，大家对干部"德"的范畴亦多有定见、不乏共识。其中，久已纳入人们视野的就有政治品德、社会公德、职业道德、家庭美德、个人私德。而在德的这么多概念的集合里，包含有哪些具体内容，见之于制度，明之于人心。前段时间，曾在网上引起过热议的"孝养父母"、"忠诚配偶"等内容，实质上就是引入传统道德、家庭美德，丰富考德的选项。

另一方面，知易行难，贵在力行，如何将纸上的"细条条"变成选人用人的"硬杠杠"，怎样把干部德的表现情况考实、考准，这是各级党委和组织部门需要用心探索破解的关键所在。

考察干部之德，犹如用多棱镜观物，每一个角度都呈现一个侧面，不同的侧面组成了真实的全貌。干部考德，不是"单打一"，应是"多打一"，贵在多角度、全方位地审视干部。

从成长轨迹看干部。所谓"滴水穿石，非一日之功"、"三岁一看，到老一半"，一个人的德性，是在长期成长过程中形成的，其道德品性、行为规范如何，一般都会在各自人生路上留下特定轨迹。"视其所以，观其所由，察其所安，人焉廋哉？"认识一个干部，既要看他的现在，也要了解他的过去，从中辨析干部的道德品质。若只凭一次发言、一次会面、一次演讲便轻下结论，难免会看走了眼。

以群众眼光评干部。干部德的表现有其特殊性。一个干部在工作场合、在公众面前，与其在私密场所、在小众范围的表现，可能判若两人；有的干部台上说的和台下干的、对他人的要求和对自身的要求，有时也迥异。这就需要我们在考察中尽可能地延伸触角、扩大范围、广开言路。尤其对干部八小时以外的表现、对干部公职管辖范围以外的表现，要力求多找知情人听知情话。有时还要善于从看似不经意的片言只语中听出"弦外之音"，更要不惜从民间的闲言碎语中追踪事实真相，通过各种民主、公开的方式，搜集、了解、综合基层干部群众的评价意见。

靠常态监测管干部。对干部德的考察了解，不能总是临阵磨枪，总是寄希望于干部提拔前的一次考察就能搞准。既然干部标准"德为先"，那么在平时就对干部德的表现作经常性的跟踪了解，平时就重视干部成长过程的介入监督，就应成为组织部门准确了解、随时掌握干部德的情况的主动作为，成为组织部门日常工作的应有安排。常态监测不仅利于组织对干部德的表现的掌握更及时、更直接，而且对干部在平时就注意养德、正德，也是一种无形的鞭策。

考察干部的德，说到底还是要建立在熟悉干部、了解干部、从严要求干部的基础之上。"知屋漏者在宇下，知政失者在草野"，如果我们的领导同志和组织部门平时勤往下走、勤与民谈、勤向众问，在考察时又能出以公心，注意倾听求证，那么，把干部的德考实、考准，还是不难做到的。

（2011年1月18日）

站出来，你就是英雄

黄寒英

总有一种力量让我们热泪盈眶，总有一种感动让我们深刻铭记。

在贵州毕节，来自遥远的天山脚下的阿里木以卖烤羊肉串为生。一串羊肉串，毛利不过两三毛钱，然而，在过去的8年里，阿里木靠卖出30多万串羊肉串攒下的10多万元，全部捐助了上百名贫困生，被誉为烤羊肉串的"慈善家"。"网络无疆，人间有爱，大美无言，草根有力。"阿里木的善举，成为寒冬里的一股暖流，又如心灵之海投下的一方巨石，激起巨大的涟漪。无论是领导同志网上力挺阿里木并号召广大网民"顶一票"，还是成千上万网民用接力投票表达支持，在"中国网事·感动2010"网络人物评选中，阿里木以绝对优势排在第一。

实际上，让阿里木力行善举的，同样来自感动。因为素不相识者的慷慨解囊，各族同胞兄弟姐妹般的关爱，让孤身一人来到异乡的阿里木得以站稳脚跟，感受暖流的他斩钉截铁地说"我要回报社会"，并且用8年辛劳、30万串羊肉串，传递着自己的感动，串连着人间真情。

"国家和人民需要你的时候，能站出来的，都是英雄"。这是阿里木始终坚持的一个朴素信念。其实，像他这样的英雄并非"孤星"。新时期雷锋郭明义，用20年执着无私的奉献激发了5000多人的爱心；"格桑花西部助学网"将爱心绽放在离天最近的地方，让数万名孩子受益；"板凳妈妈"许月华用残缺的身躯，先后培育了138名孤残儿童……这些"平民英雄"用真心去奉献,感动如约而至;用行动去传递,爱心春暖花开。

对善行的感动,有如盛开在纯洁心田里的一束红艳的玫瑰,存在每个人心中。很多人缺乏的不是感动,而是一种显示感动的勇气、一种传递感动的行动。感动于别人的助人为乐,却不敢在老人倒地时搀扶一把,担心被倒打一耙;感动于别人的见义勇为,却不能在路见不平时拔刀相助,生怕引火烧身。面对此情此景,是屈从不良道德环境,还是勇于改变现状,检验着人们的道德勇气,需要我们每一个人作出回答。

传递感动,践行感动,并非要惊天动地。这是一种"无声胜有声"的心灵洗礼,融入平平凡凡的小事中。阿里木、郭明义、"格桑花"、"板凳妈妈"们,都是我们身边毫不起眼的"小人物"。他们迥异于我们的,是数十年如一日,默默地为家人、为社会尽一己之责、一己之力。

任由世易时移、社会变迁,爱与善都是社会主流、时代潮流。尽管在不良风气的影响下,有人感叹世风日下、人心难测,甚至出现好人得不到好报的尴尬。但阿里木们从未退缩,即便善良偶尔被冤枉、被打击、被损害,也始终执着地做着自己认为该做的事情,不问得失,不计回报。正是他们的存在,人们才更加相信爱的阳光并未消失,只是被那些功利、市侩、冷漠的"浮云"遮蔽罢了。

感动很重要,行动更重要。只要人人都付出一点爱,这世界将会变成美好的人间。这熟悉的旋律,依然是我们社会迫切呼唤的命题。也许,你曾被雷锋感动过,曾被焦裕禄感动过,曾被沈浩感动过,曾被郭明义感动过,曾被许多人感动过,但是你有没有像他们那样,在社会需要的时候,站出来做点什么,哪怕是一件小事,哪怕是一个瞬间?

(2011年1月17日)

新年慰问，能否从"解疙瘩"做起

姬建民

逢年过节，领导干部访贫问苦、入户慰问是习见的事。一般就是一袋米、一桶油、一个红包拿在手，说几句嘘寒问暖的话，听几句感激感谢的音，也就过去了。河北沧州边防支队歧口派出所"张小三警务室"警长张小三，在常年坚持入户走访、帮助百姓做好事的同时，今年集中走访了曾经被派出所处理过或者对他有意见、不满意的8户村民，专门为了"解疙瘩"。他认为，"无论发生过什么事儿，都不能和群众'记仇'"，趁着过节时侯去给这些群众拜年，把工作做得再细致一些，群众的怨气就会消除一些。

坦诚地说，群众对上级领导和部门服务有些意见是正常的，也是一个客观现实。问题在于如何面对？特别是对那些有意见、有看法甚至不满意的人，是避而远之、遇到问题绕着走甚至漠然视之，还是从群众最不满意的地方改起，满怀深情地和群众一起坐下来交心换心，把结下的"疙瘩"解开，这反映了两种根本不同的群众观点和群众路线。前者是把群众当"仆人"，当"外人"，当"学生"，使自己与群众的"疙瘩"越结越深、越结越大，甚至酿成事端。后者是把群众当"主人"，当"亲人"，当"老师"，在"解疙瘩"的过程中进一步密切与人民群众的血肉联系。

做群众工作是不简单的事，做"有意见和不满意群众"的工作更

是不容易的事,弄不好就可能吃"闭门羹"、遇"冷脸子"。有些领导之所以不愿意登门做这样的群众工作,多是担心"热脸贴个冷屁股"、"受累不讨好",宁可躲着避着也不主动去"解疙瘩"。究其原因,还是缺乏对群众的深厚感情,甚至心里厌烦这些有"疙瘩"的群众,这恐怕就是思想立场上出现了偏差。"如果你对别人微笑,别人会回报你以微笑。"工作中常带着感情、带着"微笑",又怎么会"碰钉子"、"遇冷脸"呢?

执法行政不只需要依法办事,还应关注事后群众的想法与感受。被当地群众称为"神调"和"妇女主任"的张小三已经意识到,"过去一直觉得只要依法办事、问心无愧,老百姓就会理解;只要案件调解成功,群众就会感谢。实际上,老百姓既看重'理儿',还讲究'情',尽管对处理决定没啥意见,但就是心里的那个坎有些过不去,说明工作还远没做到位。"

在目前思想观念碰撞、利益调整变革的新时期,各种矛盾更为错综复杂,也给各级干部开展工作提出了全新课题。在改革发展稳定各项工作中,如果没有群众立场、群众观念、群众视角、群众情怀,工作就必然会出现偏差,也往往很难得到群众的信任和支持。相反,如果我们总是带着深厚感情开展工作,对群众"一副笑脸、一张甜嘴、一双勤腿、一股黏劲",群众的心里哪会有"疙瘩"呢?

从群众最不满意的地方改起,主动去解与群众的"疙瘩",是群众工作的一个重点。假如领导干部能够借新年之机,对有意见和不满意的人全部走访一遍(有的可能要多走访几遍),和他们唠唠家常,多沟通、常联系,老百姓就会给足"面子",使"疙瘩"解开或者变得小一点儿,上上下下都能够心情舒畅、快乐和谐。

(2011年1月14日)

读书的快乐从何而来

杨春长

读书是一件乐事,而读书若能有所得,则更是一件幸事。近日读张保振《快乐是一种能力》一书,感悟良多。

书中论述了许多"快乐"之道:做官为人、处世应事,廉洁、公正、被人尊敬才能快乐;遵循规律、辩证思维才能快乐;克己容人,胸襟开阔才能快乐;心态健康,乐天顺势才能快乐……而给人印象最深的,则是作者读书时那种精神一振、击节叫好的快乐,也不禁思考,这种读书的快乐从何而来?

关于读书的意义,似乎无需多言。曾有一项领导干部读书活动调查显示,绝大多数领导干部都认同读书对世界观、思想品德、高尚情操和人格魅力的塑造力和推动力。但这项调查同时显示,有些领导干部平时读书的时间并不多。

读书时间不多,或许是因为"太忙"。但倘若对比一下欧阳修"马上、枕上、厕上"的治学经验,再想想毛泽东主席"饭可以一日不吃,觉可以一日不睡,书不可以一日不读"的读书名言,便可知"忙"并不是理由。读书时间少,更多的恐怕还是把读书当成苦差事,没有体会到其中的乐趣。

古人讲,"知之者不如好之者,好之者不如乐之者"。读书的精妙之处在于培养乐趣。"乐在其中,乐此不疲",读书不仅应该养成习惯,更应该从中培养热爱、发现乐趣。所谓"热爱是最好的老师",无论是多读书,还是善读书,首先要热爱读书。有了热爱作基础,读书便不再枯燥,过程不再漫长。

读书的快乐不会凭空而来。对领导干部而言,这种快乐往往体现在学以致用上。"学者非必为仕,而仕者必为学"。从事领导工作,知识必须更多一点,眼睛看得远一点,问题想得深入、全面一点,这就必须多学一点。正像毛泽东主席当年讲的那样,领导干部要多看书学习,学一点哲学、经济学、历史、逻辑,学习马列,坚持数年,必有好处。读书的过程,就是增长知识和才能的过程,提高思想修养、情操水平的过程,还是一个从知之较少到知之较多,不谙事物底蕴、规律,到认识和掌握规律,不断从"必然王国"到"自由王国"的过程。在这个过程中,物欲淡化,心智提升,与民同心,为国分忧,洞悉事理,思接千载,视通万里,励精图治,事业有成,该是何等的安宁、快乐!

在大发展大变革时期,一个人如果不勤于读书学习,知识就会老化,思想就会僵化,能力就会退化。领导干部如能通过不断读书学习,加深对经济结构调整、城乡差距、利益分配、反腐倡廉问题等的理解认识,既增加智慧、增强本领,陶冶情操、净化精神,又解民生之忧虑,又该是一种怎样的快乐!

从这个角度看,不禁又想起《快乐是一种能力》中的那段话:"尽管书中没有什么'黄金屋',但有'力量屋';没有什么'颜如玉',却有'品如玉'。多学习会平添许多书香气,相应也会减少许多世俗气,以至在复杂多变的市场经济环境中,能视通万里看得远,思接千载想得深,保证昂首阔步少走弯路。"诚哉斯言!

(2011年1月13日)

"敏感问题"躲不得

王皋子

时下一些公众人物说话行事,都不敢触及社会敏感问题。一些同志,面对敏感问题,总是如蛇行一般七绕八弯,能躲则躲。也难怪,有道是"祸从口出",在敏感问题面前,稍不留神,就可能惹来麻烦,避而远之就成了一些人的万全之策。

然而,社会敏感问题,往往与民众的切身利益密切相关,比如物价、房改、企业兼并、管理机关变动等等。有些敏感问题还事关社会风气、社会诚信,甚至关涉到群众生存、健康等,如药品食品安全、农民工工资拖欠等等。这些问题并不会因为我们害怕就不发生,或者发生后见人们害怕,便偃旗息鼓,恰恰相反,有些问题你越是怕它,它还往往越是找上门来。

经验不止一次地告诉我们,对于社会敏感问题,采取遮掩、躲避的办法,往往很容易错过解决问题的时机,导致更大的社会问题发生。相反,如果能积极预防,及早介入,而不是害怕回避,反而能赢得主动,使问题解决得更圆满。

其实,在敏感问题上,遮掩、躲避,不仅不明智,也很不现实。越是敏感问题,民众越是想了解它,关注它。在信息社会,那些与民众生活密切相关的问题往往难以回避。如果在这些问题上总是遮掩回避,还极容易引起民众的误解,让人觉得干部隐情多,不够光明磊落,这样怎么能得到群众的好感和支持理解呢？问题越是严峻复杂，越要面向群众，加强沟通，及时披露信息，满足民众的知情权，为民众释疑解惑。

需要指出的是，问题敏感的时候，也往往是人缺乏理性的时候，民众情绪可能容易失控。但好比治水需要顺着来一样，越是这样的时候，越要加强对民众情绪的疏导。躲避敏感问题，使民众没有倾诉的对象，等于是对情绪的一种消极堵塞，往往加剧群众的不满情绪。

敢不敢触及敏感问题、解决敏感问题，考验着一个干部的工作水平与能力。敏感问题矛盾性强，涉及面广，甚至往往是多种矛盾相互交织。没有一定的工作手段，要应对好处理好，自然是不容易的。一些人之所以惧怕敏感问题，就是害怕自己应付不来，怕陷入尴尬，收不了场，下不了台。这也就是领导干部为什么必须有学识、有水平、有能力的道理所在。

越是敏感时期、敏感地方，越是需要领导干部去面对。领导干部是什么？是群众的领头人、主心骨。如果在敏感问题面前，领头人、主心骨明哲保身，缺乏主见，缺乏立场，缺乏魄力，这也是一种失职。

（2011年1月12日）

一辈子做好一件事

郭震海

前不久，美籍华裔科学家丁肇中到中山大学访问。面对记者的一系列提问，他"一问三不知"。因为这15年来他"只做了一件事"，那就是在宇宙间寻找反物质。

一位杰出的物理学家，一位令人敬仰的科学家"一问三不知"，这似乎有点不可思议。然而，他的"不知道"却给我们留下一个珍贵的启示：一辈子用心做好一件事。

据丁肇中自己说，他100%的时间都在实验室度过，只做实验。跟他一起工作的有600多位教授，丁肇中的唯一要求是只谈论与物理有关的内容，其他事情他都不了解。

一辈子用心做好一件事，这个标准似乎有点低。但真正做得到、做得好的又有几人呢？现如今，科研人员的职称越来越高，但很多人直接参与科研的时间越来越少。有人这样戏称一些科研人员"不是在开会，就是在去开会的路上"，"不在'走穴'讲课，就在'走穴'讲课的路上。"

在一些高校，一提到搞科研似乎就是为了写论文，写论文就是为了评职称。于是造假案、抄袭门、学术腐败案频频曝光，科研人员建立在专业知识之上的公信力和形象严重受损。有网民说，曾经，专家和教授是多么令人肃然起敬的称号，高校、研究所更是社会的精神高地和净土。然而，在学术丑闻频出的现实面前，这片高地和净土正面临被污染的危险。

心无旁骛，聚精会神，一辈子用心做好一件事，是一种多么可贵的精神！莱特兄弟为了让飞机能离开地面，一辈子都没有结婚。他们幽默地说："我们没有时间既照顾飞机，又照顾妻子，一生只能干好一件事。"

"中国航空发动机之父"吴大观，以其毕生的信念和精力，将一颗赤诚的"中国心"永远镌刻在祖国的万里长空。他说得最多的一句话就是："自从投身发动机事业之后，一天也没有改变努力的方向。不研制出自己的发动机，死不瞑目！"这种坚忍和执著，是滴水穿石的意志，是百折不挠的勇气。

我国"两弹一星"功勋奖章获得者钱学森，世界"杂交水稻之父"袁隆平，中国计算机汉字激光照排技术创始人王选，我国医学外科界公认的"宝刀"裘法祖等等，许多科学巨匠，无不倾其所有，毕其精力，"用心做好一件事"。在他们的身上体现了两个字：用心。

"锲而舍之，朽木不折；锲而不舍，金石可镂。"志向远大、坚韧不拔，看名利淡如水，视事业重如山，扎扎实实干工作，默默无闻作贡献，是一种崇高的境界。

如果，一个人一辈子能脚踏实地用心做好一件事，其实就是了不起的成功。

(2011年1月11日)

贺纪录频道开播

詹 勇

青藏高原上飞奔的藏羚羊、鄱阳湖边翔集的候鸟群、黄浦江畔川流不息的人潮、黑龙江的丹顶鹤在落日余晖中曲项向天歌、云南的梯田以灵动的线条舒展天地间……

诗一般的画面，天籁般的音乐，天人合一的意境，一个令人惊叹的"美丽中国"呼之欲出。这一切，不是幻梦，而是新年刚刚开播的央视纪录频道带来的视听奇观。久违的纪录片，以全新形象进入了人们的视线。

智利纪录片导演顾兹曼说过："一个国家没有纪录片，就像一个家庭没有相册。"近三十年来，从《丝绸之路》、《望长城》、《故宫》的文明钩沉，到《话说长江》、《话说运河》、《森林之歌》的山河走读，从《毛泽东》、《邓小平》、《香港沧桑》的历史风云，到《大国崛起》、《公司的力量》的探寻思索，一部部纪录片犹如一颗颗闪亮的珍珠，点缀在历史长河与集体记忆深处，集结成一本气势磅礴、鲜活生动的"国家相册"。

陶醉于纪录片的光影声色，人们从这里读懂中国与世界。其宏大，可以囊括一国一族之兴衰；其精微，可以毕现一花一露之瞬间；其贴近，可以讲述一家一人之悲欢。通过镜头语言，无论是追寻文化历史，还是记录时代变迁；无论是观照社会，还是探索自然，纪录片总能感应改革发展的脉动,传递人类文明的精神,留下最为本真的历史。

徜徉于屏幕里的风物山川,人们在这里进行交流与理解。"纪录是一个生命对另一个生命的启示",语言不通而画面可懂,文化不同而事理相通,地域有别而情感相融。纪录片具有跨文化的传播优势,在这个影像平台上,各国人民不仅可以"各美其美",更能够"美美与共",其多彩与交融,恰是当今世界文化多样性的一面镜子。

中国在飞速发展,世界在迅猛变化,在现代化、全球化巨潮的激荡下,中国人早已开眼看世界,求知于世界上发生过、进行着的一切,而世界的目光也日益聚焦于中国,关心这个东方古国到底发生了什么。

在中国与世界的"互看"之中,我们不能忽视,在文化传播力与影响力方面,我国与西方发达国家相比,从思想理念到文化体验,尚存在严重的"认知逆差"现象。国外不少人对中国文化的了解还比较片面和肤浅,甚至不乏误解和偏见。随着中国发展对世界产生巨大影响,中国已经越来越引起世界的关注。人们对历史和现实的中国充满了想象、好奇和期待,迫切希望在中国的"国家相册"里,看到的不只是长城、故宫、兵马俑等熟悉符号,而要把感知的触角伸展到更广阔更细微的中国历史与现实中去。

"为时代中国存像、与大千世界共鸣",记录并呈现真实的中国,是中国的需要,更是世界的需要。央视纪录频道应运而生,让中国多了一个走向世界的通道,也让世界多了一个了解中国的窗口。

大幕开启,众人瞩目,如何用"中国价值、国际表达"讲好中国故事?如何用客观真实的力量塑造中国形象?如何在传承与创新中弘扬中国文化?这不仅是中国电视人肩负的光荣使命,也是所有思想文化工作者需要承担的时代课题。

让我们打开这本厚重的"国家相册",珍视之,丰富之,欣赏之。

(2011年1月10日)

历史应该如何"重新思考"

刘根生

现在从过去演化而来,不懂得过去,就无法理解现在。故而人们从没有停止过审视历史,以求发现其新价值。从这个意义上讲,我们所思考的历史,几乎都是前人思考过的。在很大程度上,我们今天所能做的只是对其"重新思考"而已。也惟有"重新思考",我们才能不断发现历史的价值。

党史专著《苦难辉煌》就是个好例子。这本书出版不到两年,已印刷了18次,印数达到50万册。这本书的特色或者创新之处,就是把党和军队历史放在国际大背景下描绘,从追寻国家命运和民族命运角度来研究中国革命史。有网友评论,读这本书能避免因走得太快太急而忘掉了当初我们出发的理由,可以增添自己奋斗的动力。

事实上,当代人永远不可能回到"纯粹的过去",至多只能回到"当代人理解的过去"。这也决定了历史不像古董,能一代又一代以基本不变的物质形态传承下去,而是需要借助"重新思考"薪火相传。当然,这种"重新思考",不是把历史作为任意拿捏的"玩偶",故意站在前人思考对立面"标新立异",或从实用主义出发颠覆前人结论乱"翻案",或把今人观念强套在古人身上随意阐发。而是用历史唯物主义态度回望历史长河,准确把握深埋于历史尘埃中却具有生命力的历史真相、文化精华、精神实质。

发现历史的价值是一种创新。首先在于吃透"本义",历史是客观存在,有其特定内涵和本质意义,"重新思考"并非"重估一切价值",而是在继承中取舍和提炼。其次在于吃透"他义",因历史局限性,前人思考中往往是正确与谬误并存,故而对前人认识,也要放出眼光"拿来"。其三是拿出"我义",在"本义"和"他义"基础上,对历史文化作出准确解读。也只有这"三义"有机结合,才有可能在还原历史本来面貌中揭示本质,在不断发现历史新价值中启示当今。

如今,历史文化越来越热了,这本是好事,但其中有些倾向也令人担忧。比如不分精华糟粕,过度渲染帝王将相们烛影摇红、宫闱秘闻、煮豆燃萁、勾心斗角的稗官野史;或不管史实,片面追求"语不惊人死不休",大做历史人物翻案文章以哗众取宠;或将历史文化名人及重大历史发明创造恶搞到底。无论是曲解误读戏说历史,还是歪批阉割恶搞历史,都已不是在"重新思考"中发现历史的价值,而是在混淆是非,搞乱价值观。

发现历史的价值离不开质疑。人类难免有偏见,有质疑才能不断消除偏见,接近真理性认识。质疑实际上是对假定前提进行检验,如果没有这种检验,认识就会陷入僵化。但质疑是对思维定势怀着戒心,同时设想现存问题的各种可能答案并小心求证。"想当然"或"对着干"式审视历史不是质疑,是走极端,而极端往往通向愚蠢,又哪里还能发现历史的价值。

"以史为鉴,可以知兴替"。善于向后看,才能正确向前看。向后看得远看得真,才能向前走得更远,做出准确抉择。由是,以敬畏之心"重新思考",不断发现历史的价值,使之更好地服务于现代化建设,提升人民群众幸福感,应当成为一种文化自觉。

(2011年1月7日)

"指挥棒"与政绩观

马 磊

山东济南市商河县是个欠发达县,以前按经济总量排座次,在济南市10个区县中经常垫底,干部群众总觉得矮人半截。然而不久前,商河由于重视解决民生问题,群众满意度较高,在全市年度考核中夺得二等奖。

这样的成绩,既是当地干出来的,也是"考核出来的":在济南市制定的考核评价办法中,地区生产总值的指标权重如今只占5%左右,对社会民生类指标的考核权重则达到30%,商河沾了新考核制度的光,对其他只重地区生产总值数字的地方也是个鞭策。

有什么样的指挥,就有什么样的演奏;有什么样的考核评估,就有什么样的干部行为。商河县"成绩单"的变化告诉我们,考核是根"指挥棒",上级的考核评价,指引着基层干部群众的工作重心和努力方向,也是干部政绩观的构建模型。

政绩观,是干部对如何履行职责、去追求什么样的政绩的根本认识和态度。看干部的作为,为官一任、造福一方的有之,一心为群众办实事、做好事、解难事的有之,但也有一些人一味追求GDP,人的需求、权利、幸福被遮蔽或淹没在冷冰冰的数字后面,人民有难毫不心动,资源浪费毫不心疼,虚报夸大毫不心虚。

错误政绩观的产生,与特定的发展阶段有关,同时也与缺乏健全、科学的政绩考核评价制度有关。如果政绩与形象工程、面子工程、数字报表等紧密相关，而与公共服务和社会保障、群众幸福和评价等关系不大，又如何指望干部树立正确的政绩观？

事实上，作为管理科学的一部分，建立科学、完善的评估考核制度，在我国还处于"摸着石头过河"的探索阶段。一个值得注意的新动向就是，与山东济南类似，越来越多的地方把百姓的"幸福指数"引入考核体系。在河南省平顶山市，有两名乡镇党委书记因"群众幸福指数没有提升"而未能通过组织部门的考核。在江苏省江阴市，围绕"个个都有好工作、家家都有好收入、处处都有好环境、天天都有好心情、人人都有好身体"，制定了相应的指标体系和量化标准，形成了干部为群众"谋幸福"的现实动力。

科学的干部考核体系，不变的是以人为本，变化的是因地制宜。各地发展要根据实际各显神通，考核同样不能搞一刀切。以种桃为特色的乡镇，偏要用种苹果的标准来考核它；农业大县，偏要用工业指标来要求它，干部当然干不好，吃不消，甚至想出种种"雷人"的招数来应付上级。考核评价不能简单取决于长官意志，不是拍脑袋决策，也不是上下级利益博弈的产物，而应该有相对的独立性和专业性，一些地方尝试引入第三方评价就很有探索价值。在考核评估中，群众满意度评价的权重越高，干部的政绩观就越端正，建设服务型政府也就越能落到实处，当地群众的幸福指数也就会越高。

科学的考核评价制度，给干事创业者以广阔空间，给改革和探索以更多可能，也给干部树立了正确导向，具有牵一发而动全身的效力。这也启示我们，激励干部干一番国家需要、群众期盼、社会认可的事业，思想政治教育固不可少，但有力的制度保障其实更关键。

（2011年1月6日）

"怀着火热的耐心"

向贤彪

新年伊始，朋友从国外寄来贺卡，在他自己创作的一幅"山野晨曦"画作旁题了一行字，那是法国诗人兰波的诗句："只要我们怀着火热的耐心，到黎明时分，我们定能进入那座壮丽的城池……"

"火热的耐心"，多么美妙的字眼，多么深邃的意境！既蕴涵着对未来的信心，对事业的执著，澎湃着生命的激情，又包含着冷静、坚韧和理性等精神元素。迎接挑战，开创未来，需要火热的激情，也需要养点静气和耐心。前者给人以开拓进取的锐气，敢为人先的勇气，势如破竹的豪气；后者让人头脑清醒，心态平和，不急不躁，在耐心的等待中积蓄力量，在冷静的思考中从容应对，在反复的比较和选择中理智前行。

有人说，激情是文学家、艺术家头上的光环。英国著名诗人拜伦称激情为"诗的粮食，诗的篝火"。其实，激情绝非文学家、艺术家的专利，任何人在工作中都需要激情。雷锋"对待工作像夏天般的火热"的执著，王进喜"宁可少活20年，拼命也要拿下大油田"的豪情，郭明义"只要一走上工作台，我就会无比兴奋"的状态，都是对工作热爱、对事业充满激情的生动体现。有了这种对工作和事业的激情，就能激发人的巨大潜能，创造出一流的工作业绩；同时，激情还像一个磁场，能影响和带动周围的人全身心地投入工作。

在向激情获取人生动力的同时，还应向耐心索取力量和智慧。耐心是什么？耐心是滴水穿石的坚韧，是猛虎狩猎的等待，是蜜蜂酿蜜的积累，是禾苗拔节的希冀。古人曰："凿不休则沟深，斧不止则薪多。"耐心是一切聪明才智的基础，是成功成才的重要素质。凡成大事者不在力量大小，而在于有耐心、有恒心。"企者不立，跨者不行。"生活是需要耐心的，成功是一个自然的过程，伟大是由耐心堆积而成的。做什么事都急吼吼的，总想一口吃个胖子，一锹挖个深井，省略过程直奔主题，不再有从容的心态去做事，不愿耐下性子多做打基础的工作，到头来，终归是难以成就一番事业的。

在很多时候，耐心表现为性格和处事方式，殊不知它也是一种生存智慧和人生态度。耐心不是对命运的屈服，不是消极的等待，更不是胆怯畏缩，而是一种深谙事物发展规律的自信，一种把握自身命运的成熟，一种驾驭机遇的智慧，是坚定理想信念后的沉勇，是明确目标追求后的执著。激情澎湃固然可贵，但若缺乏应有的耐心，就有可能导致激情的滥用，做出种种违背规律的不理智的事情。激情只有被注入了耐心的元素，才能拥有一双慧眼，把缤纷的事物看得更真切、更明白，不随波逐流、人云亦云；才能增添干事创业的韧劲，向着既定的目标，不轻言放弃，扎扎实实、一步一个脚印向前走，一步一步迈入成功的殿堂。

"春信迢递花不断"。新的一年，愈加蕴含着浓浓的春意，愈将洋溢着激荡的春潮。无论面对成绩还是问题，面对顺境还是逆境，面对机遇还是挑战，我们都需要有"火热的耐心"，需要有攻坚克难的勇气和智慧。"前路崎岖君勿虑，扬鞭更上青云去。"只要我们远离浮躁，耐下心来，抓紧做好规划中的每一件事，抓紧现实中的每一分钟，热情加冷静，实干加巧干，"到黎明时分，我们定能进入那座壮丽的城池……"

（2011年1月5日）

"温暖"怎么送才"保暖"

马 碧

岁末年初,各地各部门掀起"送温暖"热潮。本来,在辞旧迎新的节点上,给贫困群众、弱势群体送钱送物,带去党和政府的关心,让寒冬里的他们切实得到一些帮助,欢度节日,展望来年,确实是一件暖人心、解民忧的好事,广大群众是欢迎的。

然而,现实生活中,有一些"温暖"没有送好,反而送得让人窝心,值得反思。譬如,有的在"送给谁"上下功夫,临行前一纸通知要求下面报人选,甚至"精心选点",要求"住址靠近路边、被访者'会说话'";有的在"送个啥"上犯迷糊,大都是一桶油、一袋米、一个信封装着钱,千篇一律一送了之;有的在"怎样送"上铆足劲,详尽"安排"和精心"导演"之后,慰问车队浩浩荡荡,随行人员前呼后拥,闪光灯不停闪烁……

这样的"送温暖",或送非所需,或走样变味,折射出少数干部工作飘浮、形式主义等不良工作作风,在理念和行为上并未真正贴近群众、服务群众。如果"送温暖"异化为"秀温暖",不仅寒了需要温暖的百姓的心,也削弱了党和群众的血肉联系,损害党和政府的公信力。

"瓜子不饱暖人心",群众心中有杆秤,称出的不仅是"温暖"的成色,也称出了干部为民执政的分量。"送温暖"的行动,不在钱物多少,关键是真心实意,尽可能为老百姓排忧解难,让他们感受到看得见、摸得着的实惠。"送温暖"的真谛,更在于通过这种行动,既让困难群众感受到党和政府的温暖,感受到社会大家庭的温暖,又让干部从中了解百姓疾苦、掌握群众期待,从而更好地开展工作。

"知屋漏者在宇下,知政失者在草野"。"送温暖"活动,正是干部体察民情、了解群众疾苦的重要渠道。困难户的情况各不相同,只有先行调查摸底,问"需"于民,量身定做予以个性化帮助,才能把准"送温暖"活动的脉搏,把"温暖"实实在在地送到困难群众的心坎上,才能帮助困难群众摆脱贫困状态,获得自我改善、自我发展的能力。

下基层"送温暖"的各级干部,如果都能真正深入到群众家里嘘寒问暖、"看粮袋、揭锅盖、摸被褥",如果都能仔细了解群众致贫的原因、帮助他们寻求从根本上脱贫解困的途径,"一次性温暖不保温"之类的抱怨就会少起来,群众就会从这种真心实意的"温暖"中感悟出干部的民生情怀,激发创造美好生活的信心和勇气。干群凝聚合力,开创美好新生活,这才是持久暖人的"大温暖"。

"心中为念农桑苦,耳里如闻饥冻声"。任何时候,干部都应怀着对人民群众的深厚感情,多到街巷田间想问题,多与困难群众交朋友,身处"庙堂高处",不忘"白云深处",用真心真情去"送温暖",用真抓实干去"造温暖",这样的"温暖"才能"保温",久久温暖群众的心。我们的社会,也会因此春意盎然,和谐进步。

(2011 年 1 月 4 日)

人民日报评论年编·2011

人民时评

人民日报评论部 编

人民日报出版社

图书在版编目(CIP)数据

人民日报评论年编. 2011. 人民论坛、人民时评 /
人民日报评论部编. ——北京:人民日报出版社,2012.1
　ISBN 978 – 7 – 5115 – 0768 – 6

Ⅰ. ①人… Ⅱ. ①人… Ⅲ. ①人民日报 – 时事评论 –
2011 – 选集 Ⅳ. ①D609

中国版本图书馆 CIP 数据核字(2011)第 258163 号

书　　名	人民时评(人民日报评论年编2011)
编　　者	人民日报评论部
出 版 人	董　伟
责任编辑	鞠天相　蒋菊平
封面设计	艺和天下
出版发行	人民日报出版社
社　　址	北京金台西路2号
邮政编码	100733
发行热线	(010)65369527　65369512　65369509　65369510
邮购热线	(010)65369527　65369530
编辑热线	(010)65369538　65369514
网　　址	www.peopledailypress.com
经　　销	新华书店
印　　刷	北京朝阳印刷有限公司
开　　本	710mm×1000mm　1/16
字　　数	850 千字
印　　张	56.75
印　　次	2012 年 1 月第 1 版　　2012 年 1 月　第 1 次印刷
书　　号	ISBN 978 – 7 – 5115 – 0768 – 6
定　　价	98.00 元

编 辑 说 明

评论是人民日报的传统和优势,是人民日报的核心竞争力之一。2011年,按照"宣传党的主张,弘扬社会正气,通达社情民意,引导社会热点,疏导公众情绪,搞好舆论监督"的总要求,人民日报评论创新话语体系,完善知识体系,注重选题有"执政意识"、观点有"约数意识"、表达有"传播意识"、论证有"说服意识",在党心和民意的共鸣中保持锐气和朝气,促进政府和民众的意见沟通、增强党和政府的公信力。

本书汇集了"人民论坛"、"人民时评"两个专栏2011年刊发的全部文章,其中"人民论坛"219篇,"人民时评"218篇,并附有电子版,敬请读者参阅、指正。

人民日报评论部

2012年1月

目 录

带着"责任"跨入2012	金　苍/	1
"天价罚金案"提醒了什么	盛大林/	3
给流浪儿最温暖的红包	李泓冰/	5
破解网络时代的"密码危机"	斯　壮/	7
楼市调控需扎牢土地"篱笆"	徐立凡/	9
"乌坎转机"提示我们什么	张　铁/	11
中国足球，铲毒瘤方能生新肌	何　勇/	13
谁为防辐射服制定"屏蔽保护"？	郝　洪/	15
建好保障房也是政治责任	李　强/	17
如何跨过讨薪难的"合同门槛"	周人杰/	19
有"汽车文明"才有校车安全	詹　勇/	21
公益诉讼主体需要"突围"	傅达林/	23
"孩子优先"应成全民理念	李长虹/	25
药企"行业禁入"需要落地	吴　帅/	27
渣土车"失疯"暴露管理"失调"	李　拯/	29
建立更加科学的"复出"机制	范正伟/	31
"志愿"能否成为更多人生活方式	张　铁/	33
莫让歪嘴和尚毁了暖心行动	姜　赟/	35
突击花钱，真是"预算"惹的祸？	励　漪/	37

用好扶贫"新国标"这把尺子	张　毅／39
社会组织"松绑"考验谁	江柳依／41
别让广告"绑架"电视剧	张　贺／43
"国考"如何"考德"	顾　春／45
正视食品安全的"标准焦虑"	姜　赟／47
"十五元公务餐"能走多远	刘成友／49
"三公"公开需要"问责落地"	郝　洪／51
耕地保护要杜绝"监守自盗"	刘彦随／53
请为乡村"文化之痛"做点什么	詹　勇／55
"自愿求职"岂是"自愿中毒"	傅达林／57
捍卫显规则，行更胜于言	江柳依／59
指责"路人"不如践行"最美"	包　寒／61
破除垄断才能改良"经济体质"	徐立凡／63
"巨型雕像"拷问慈善的商业边界	姜　赟／65
今天如何做记者	李泓冰／67
"降价退房潮"需要理性对待	景柱楠／69
银川"微博喊话"能否传更远	韩立勇／71
强调"公家人"的"私德"不是苛求	王甘武／73
大雾天里的"宏观"与"微观"	范正伟／75
如何拆除医患"信任隔离墙"	张　铁／77
三元餐补，善政如何善用	李泓冰／79
用制度关爱纾解"空心化"之痛	詹　勇／81
输得起的球赛，输不起的未来	李　强／83
堵住数据泄密的"利益缺口"	马红漫／85
"叫板官员"该由谁接招	张　铁／87
请以商业理性终结"拍砖"式互伤	田　泓／89
保障外地人是道管理考题	周人杰／91
清华"贫困县选才"的启示	秦　宁／93

请摘掉功利教育的"绿领巾"	姜泓冰 / 95
女童遭碾,我们都可能是"路人"	李泓冰 / 97
"淘宝伤城"背后是转型之痛	庞自立 / 99
慈善行为不能"权力统筹"	李天扬 / 101
拿什么根治"中小企业病"	周人杰 / 103
"流动时代"怎样呵护"留守未来"	范正伟 / 105
化解"坤叔困境"重在观念突围	郝 洪 / 107
智慧让梦想与现实"交会对接"	余建斌 / 109
别等事后才想起"安全警报"	张 铁 / 111
如何为他们修缮"人生护栏"	谢振华 / 113
"农民工高考"求解"上升焦虑"	詹 勇 / 115
信访"通",社会才能少些"痛"	庞自立 / 117
"禁止违法强拆"是执政高压线	范正伟 / 119
"院士之争"的背后	李泓冰 / 121
解企业之难方能治"民贷依赖症"	周人杰 / 123
根治"校车乱象"需要政府给力	袁新文 / 125
"秭归巡视"还需继续晒账本	陈 焜 / 127
救活廉价药不能只靠"强心针"	王君平 / 129
用制度防控"地方债务风险"	徐立凡 / 131
食品安全监管如何"道高一丈"	张 洋 / 133
拿什么封堵邵阳沉船的"黑洞"	李泓冰 / 135
信访如何实现"理性选择"	范正伟 / 137
民间文物鉴定亟需依法管理	刘 琼 / 139
道德和法律,究竟谁撞了谁	李泓冰 / 141
明清园林终究不是私产	张 铁 / 143
危机公关帮不了康菲	姜泓冰 / 145
正视公众的"税感焦虑"	周人杰 / 147
大火为何"烧"不到责任人	郝 洪 / 149

"打四黑"折射执法民意逻辑	马国英 /	151
珍惜"慈善风波"中凝聚的共识	姜 赟 /	153
刑诉法修改释放积极信号	兵 临 /	155
应明确保密和公开的边界	张 铁 /	157
行业协会需要"刮骨疗伤"	范正伟 /	159
让"最美"的人不再独行	詹 勇 /	161
集体摆乌龙，媒体如何自省	郝 洪 /	163
生态环境事故频发是一记棒喝	武卫政 /	165
渤海漏油不能只"罚酒三杯"	范正伟 /	167
感受深圳的"大运成人礼"	薛 原 /	169
高铁要坚定科学发展既定轨道	詹 勇 /	171
平抑物价需要"民生杠杆"	郝 洪 /	173
微博时代我们怎样辟谣？	杨 健 /	175
"陈醋之争"拷问行业协会责任	陈杰人 /	177
破坏水的发展是"失血的发展"	张 铁 /	179
消除隐患方能重树信心	詹 勇 /	181
政务公开，提速更需"保质"	陈家兴 /	183
透过审计署的"自我评价"……	范正伟 /	185
公开透明才能赢得"募捐市场"	姜 赟 /	187
"变废为宝"与"寻宝"同样重要	谢卫群 /	189
让公布遇难者名单成为制度	李泓冰 /	191
"城市的良心"需要制度支撑	陈仁泽 /	193
三公经费能否"晒"出公平公正	白天亮 /	195
记取"温州温暖"的力量	张 铁 /	197
高速时代尤须系好"安全带"	张 铁 /	199
"下一个姚明"需要宽松土壤	李泓冰 /	201
用好"4.85亿网民"的宝贵资源	范正伟 /	203
建立信任才能告别"听证专业户"	张 铁 /	205

房价回落需平整非理性"洼地"	徐立凡／207
频频垮桥是重要警醒	姜泓冰／209
清除"任期政绩"异化的土壤	刘成友／211
土地违法如何不再"此起彼伏"	高云才／213
高铁，仅有速度还不够	李泓冰／215
官员问责还需大胆"正视"	陈　琨／217
"最美妈妈"激发社会向善力量	郝　洪／219
谁来填补高温关怀的"制度真空"	武雪梅／221
对事故瞒报必须"零容忍"	何　勇／223
治理者如何面对"失当批评"	范正伟／225
用透明解开公路收费之"结"	刘先云／227
"招生掐架"暴露教育功利化之害	姜　赟／229
微博之力如何撬动现实	单学刚／231
聆听"最牛校长"的遗训	李泓冰／233
保障房要尽快突破建设瓶颈	徐立凡／235
该给"谁的西湖"怎样的答案	杨雪梅／237
"奶业标准"呼唤消费者声音	马跃峰／239
谁来为农村优秀生源"加分"	李泓冰／241
清理公路收费应催生"问责风暴"	单士兵／243
违规高尔夫击中多少"漏洞"	徐立凡／245
高校"抢生"不能走歪了路	姜泓冰／247
个税调整，善听才有良法	郝　洪／249
"擦鞋救母"叩问社会救助"凹地"	吴　冰／251
流动时代唱好融合大戏	詹　勇／253
高速时代别忘了"慢的权利"	李忠志／255
"权利思维"推动精神卫生立法	陈杰人／257
污染善后不能让企业"肇事逃逸"	何　勇／259
哈药"污染门"为何难关	郝　洪／261

对非法集资切莫"养痈成患"	徐元锋 / 263
高考改革要直面"时代课题"	袁新文 / 265
旱要"抗",更要"防"	赵永平 / 267
让孩子们生活得更快乐	李泓冰 / 269
工资集体协商,国企应做示范	张 刃 / 271
醉驾入刑莫留模糊空间	田 泓 / 273
"干预"涨价要注入市场因素	马红漫 / 275
舆论为何瞄准"真维斯楼"	李泓冰 / 277
从"移民热"看"宜居大国"建设	曲哲涵 / 279
善待"举牌"是一种素养	吴 焰 / 281
审计之后,尚须打造"阳光企业"	姜泓冰 / 283
工程建设为何"前腐后继"	王 琳 / 285
保障房不能成为"翻版福利房"	邓建胜 / 287
食品安全"一把手"如何负责	富子梅 / 289
有憾于故宫的接连"失守"	李泓冰 / 291
地价"限高"能否拉房价"走低"	于 猛 / 293
醉驾入刑要杜绝"模糊上路"	王松苗 / 295
"免费午餐"期待政府接棒	张 铁 / 297
官商合谋不治,矿难瞒报难止	陈家兴 / 299
开放包容不应只在大运会赛场	郝 洪 / 301
基层"晒账本"要防"技术处理"	马国英 / 303
"精神病收治"不得偏离法治轨道	范正伟 / 305
禁烟禁酒谁该率先垂范	李泓冰 / 307
抓食品安全不能只靠曝光	富子梅 / 309
帮菜农要防"越帮越忙"	张 毅 / 311
怎样看待"高调"的陈光标	李泓冰 / 313
岂容"法袍"成为"变现砝码"?	傅达林 / 315
"摆平"菜价还需创新	徐 冲 / 317
卖官因何"近水楼台"	陈家兴 / 319

问责给力才能告别"天价"	王四新 / 321
拿什么拯救食品安全的道德	范正伟 / 323
"还路于民"需要制度趟路	徐立凡 / 325
食品安全，警钟为谁而鸣	郝 洪 / 327
从"工"到"工人"，路还有多远	张 毅 / 329
公开不能只是防腐的"备选项"	陈家兴 / 331
警惕"一票否决"被异化	范正伟 / 333
危机公关不是"丑闻消音器"	单学刚 / 335
行业反"潜"需要攻坚战	姜泓冰 / 337
有了"四千万"，丢了什么	李泓冰 / 339
购物卡考验反腐调适能力	张 铁 / 341
"墓地使用权"被误卖的背后	李天扬 / 343
房价调控莫走调	于 猛 / 345
别给"黑哨不境论"留空间	清 唱 / 347
"无根树"何以种得如此坦然	李泓冰 / 349
土地流转须尊重农民意愿	徐立凡 / 351
不"慈"不诚，何以为"善"	田 泓 / 353
"高调退贿"，壮举背后的无奈	范正伟 / 355
期待"问责党委领导"的效力	邓聿文 / 357
别让"换届监督"虚晃一枪	董宏君 / 359
惠农政策农民岂能"不知情"	单士兵 / 361
问题食品确须"坚决查处"	姜泓冰 / 363
领导干部参选居委会的意味	郝 洪 / 365
危难时刻，人类需要互相温暖	詹 勇 / 367
高校改革，要到"深水区"学游泳	姜泓冰 / 369
交心赢得信任	李泓冰 / 371
重塑商业伦理要让诚信增值	张 铁 / 373
我们需要怎样的科学素养	陈星星 / 375
让新生代农民工走进"春天"	郝 洪 / 377

司法解释应传递法律的温度	吴丹红 / 379
尘肺病背后还有什么在艰难呼吸	毕诗成 / 381
吃空饷背后的"失守"	李泓冰 / 383
消除乙肝歧视须更严格执法	傅达林 / 385
从用工荒想到讨薪难	张 刃 / 387
谨防"民心工程"砸了民心	鲁 平 / 389
"微博打拐"验证民众智慧理性	单士兵 / 391
奥数被批为何成了一桩"冤案"	袁新文 / 393
治理欠薪还需"制度护薪"	詹 勇 / 395
倾听网络民意须防恶意"病毒"	陈家兴 / 397
提高违规成本才能禁绝"价签戏法"	张 铁 / 399
警惕面对群众诉求的"制度休眠"	范正伟 / 401
机关幼儿园是计划经济的"尾巴"	盛大林 / 403
实现教育家办学须解三道"扣"	林 尧 / 405
要"法正"不要"施恩"	杨 凯 / 407
平衡利益才能和谐发展	范正伟 / 409
让公共财政的阳光更温暖	百 合 / 412
应该从"德孝治县"中想到什么	陈 方 / 414
用好司法的"测震器"功能	吴丹红 / 416
面对公务接待潜规则	郝 洪 / 418
重视消除"百慕大"现象	李泓冰 / 420
不要随意动用警力参与拆迁	陈杰人 / 422
遏制"土地违法"须打破"利益格局"	徐立凡 / 424
抵制"金币诱惑"才能杜绝"血铅事件"	武卫政 / 426
诚信与"实名制"同样重要	邓海建 / 428
消除"被精神病"的恐惧	王松苗 / 430
公安"给力"带给我们什么	黄庆畅 / 432
违规别墅将走向何方	郝 洪 / 434
楼市调控考验地方政府	刘成友 / 436

带着"责任"跨入 2012

金 苍

时代的考题,需要社会管理者负责任的回答,也需要每一个公民参与、推动

年节是时间的标点。更替之际,也是盘点之时。"这一年改变了世界",很多国家的媒体,都这样总结即将谢幕的 2011 年。

的确,犹记 2011 年初,在新世纪第二个十年的开始,世界期待结束纷争,迎来一段平静的航程。然而,这一年的年历,却似乎写不下、载不动 365 天的深刻与复杂。日本地震中父子面对废墟的背影,定格人类面对科技和自然的隐喻;金融动荡、欧债危机,"下一个是谁"的问句如幽灵飘荡;喧嚣嘈杂的开罗时代广场、硝烟弥漫的的黎波里街巷,一个时代拉上帷幕悄然退场……2011 画上句号,几多思考、几多沉重。

在这"严重超载的一年",中国成功通过了"压力测试"。"对人民负责",建党 90 周年庆祝大会上,胡锦涛同志曾如此要求。2011 年改变了世界,同样改变了无数中国人的生活。当 1000 万套保障房的开工让无数人憧憬窗明几净的新家,当多数省份上调的最低工资标准让职工钱袋更充实,当我们默默关心房价的回落、仔细计算工资条上纳税数字的变化,这列承载着世界上最多人口的列车,正穿越动荡的世界,在既定的轨道上一路向前。

2012年,"对人民负责"的声音,必将有更多回响。年末的重要会议,释放强劲信心。经济工作会议确定"稳中求进"总基调,让人看到中国不断前行的决心;政法工作会议划定深化社会矛盾化解、社会管理创新、公正廉洁执法三项重点,"和谐稳定"成为关键词;农村工作会议"粮食生产再获丰收、农民收入再攀新高、农村民生继续改善"的要求,给广袤农村注入更多希望……

面对世界形势的变化、治理格局的变革、社会转型的变奏,"对人民负责",正是更科学的发展理念、更开阔的发展视野、更合理的发展取向。这是高速时代的稳健安全,是信息时代的公开透明,是流动时代的权利保障,是转型时代的社会管理,是利益时代的道德再造,是中国理应在2012年开始的更长时段中,需要坚持的前行方向。

"对人民负责",需要顶层设计,也需要末端治理。从这个角度看,2011的句号不是结束,而更多标注着开始。

很多难题,已经破题。事故催生"赋权校车"的法制航标,走出校车困局迈开第一步;"三公经费"公开赢得掌声,凝聚起公开、透明的现代行政理念共识。很多趋势,已然萌生。"免费午餐"唤来政府接棒,"社会协同"的生动局面渐行渐近;"微博时代"更多信息在传播、更多诉求被表达,"公众参与"在更大范围内有序前行。破题,还需进一步求解;起步,还需更稳健前行。这些,都需要在未来的航程中,以"对人民负责"的态度,持续发力。

时代的考题,不仅需要社会管理者负责任的回答,每一个公民也都是亲历者、参与者和推动者,即便是140字的转帖评论,即便是3块钱的微小公益,即便是200毫升的爱心善行……只要责任低语"你应该"时,每个人都大声回答"我能够",就一定能让2012的中国,向着更好而改变。

(2011年12月30日)

"天价罚金案"提醒了什么

盛大林

> 对售假行为,执法部门理应严打重罚。但"重"也应有"度"

2151万元,这是郴州商贩李清在销售假冒"鄂尔多斯"羊毛衫一案中被一审裁定的罚金数额。和这一天文数字形成巨大反差的是,李清称他在销售假冒"鄂尔多斯"羊毛衫中仅获利1万元左右。目前,对这一广泛关注的案件,内蒙古高院日前以"事实不清、证据不足"为由,撤销一审判决,发回重审。

假冒伪劣,人人喊打。像李清这样的售假商贩,执法部门理应严打重罚。但"重"也应有"度"。李清售假获刑缘于消费者不满抗议所致,但"天价罚单"开出后又引来公众议论,舆情的变化恰在于这个"度"。在有的人看来,对一个只经营了3个多月的个体户及小网店主来说,2151万元的罚金确实超乎常人的想象;而罚款之所以如此之高,是因为被认定的非法经营数额高达4301.3364万元,而这主要是根据库房所存假货的标牌价计算出来的。有人认为,这个"根据"值得怀疑。因为生活中更多的情况是,在低端商品市场,标牌价与销售价常常天差地别。

李清自称实际售价只有每件一二百元左右,而绝大多数假货的标牌

价为一两千元。李清供述的销售价格未必可信,而根据法律规定,未售出部分的非法经营数额,可按照标价或者已经查清的侵权产品实际销售平均价格计算。至于采用哪个标准,办案人员拥有自由裁量权。但无疑,自由裁量也必须考虑常识,尊重事实。

公诉方解释说,之所以以标牌价计算,是因为侵权产品的实际销售价格无法查清,理由是淘宝网记录只能证明网店的销售价格,不能证明李清在实体店也是以同样价格销售。而李清称,详细的销售数据都记录在他的电脑主机上,电脑主机被警方扣押,无法自证。

内蒙古高院的"发回重审"至少说明,在事实与证据上,判决存有"不清"、"不足"的问题。至于"重审"命运,很多人和李清一样关切,也难免会与河南去年曝出的"天价过路费案"比较——那同样是一张巨额罚单,舆论同样认为罚之过重。前不久,该案进行了案件重审,结果是被告人偷逃过路费的金额从368万元大幅减少至49万元,刑期也大幅减少。

舆论不应左右司法判决,"天价罚金案"最终如何认定,有待法院裁决。但类似案件舆情也是一种提醒:公众关注的除了罚金的多寡,更主要的是判决有没有令人信服的理由,办案人员能不能体现应有的专业素质及责任心,执法能不能起到应有的社会效果。

(2011年12月29日)

给流浪儿最温暖的红包

李泓冰

> 以国家的力量,让弱势群体有通过教育改善个人乃至家庭命运的机会,这是以积极方式调整社会利益格局的最好路径之一。

寒冷的岁末,听到一则令人欣喜的新闻——在即将跨入2012年的前夕,以国家的名义,向流浪的孩子们送了一份温暖的"红包"。

26日,民政部、中央综治办、公安部等八部委联合下发通知,部署从现在起至2012年年底,在全国联合开展"接送流浪孩子回家"专项行动,提出到2012年年底,我国城市街面力争实现无流浪的未成年人。

"流浪儿童",是一群几乎天天被城里人撞见、却常常被忽略的孩子。在超过2亿的少年儿童群体中,这群数量在100万—150万之间的特殊孩子,只是微小部分,但他们的存在,却是一个国家、一个社会的心头之痛。这群儿童,穿着脏兮兮的衣裳,忍受着无良成年人的胁迫与城里人冷漠的眼神,游走于城市的地铁与街巷之间,还时常不幸成为社会新闻的隐身主角:一流浪儿童溺水身亡,某工地建筑构件砸伤儿童……

流浪孩子呈现的,绝不是自身的失爱与哀愁。严重缺乏家庭温暖,

缺乏母爱或父爱，缺乏教育机会，冷漠、自卑、缺乏安全感，且将引爆接踵而至的各种社会问题：失学、失业、失婚，家庭失和及犯罪率上升……虽然，流浪儿童是世界上几乎每一个国家、每一个城市都不得不面对的难题，但放任流浪儿童现象，汗颜的将不只是他们的父母，还有政府与全社会的每一位公民。因为，一个国家是否健康，是否健全，不只在它拥有多少高楼大厦，创造了多少经济奇迹，也不仅在于它的精英人群生活得多么风光多么国际化，更在于它如何对待最弱小、最无助的人群。

对于流浪未成年人，5年前，民政部等19个部门就曾出台专门意见；3年前，又在各地大规模推动建立流浪儿童救助保护中心；今年4月起，新疆更启动大规模的"回家行动"，宣布要将所有在外流浪的新疆籍儿童接回家，提供学习教育条件。现在，更向散落在全国各地的所有漂泊孩子伸出温暖之手：孩子，来吧，让我们接你回家，接你上学……以国家的力量，让特殊、弱势群体获得通过教育改善个人乃至家庭命运的机会，这是以积极方式调整社会利益格局的最好路径之一，也使今年初由网友发起的民间"解救乞讨儿童"微博活动，与专业力量、政府行动汇合，形成强大的社会合力，让整个"回家行动"有了切实解决的可能。

当然，流浪儿童"回家"的实施过程，也会充满挑战和困惑。比如，接孩子回家，能否杜绝强制行为？倘若流浪儿童的家乡、父母仍陷于生存、教育与就业的困境之间，如何能保证他们不再重归流浪？还需要各方形成合力，需要集体的智慧……

（2011年12月28日）

破解网络时代的"密码危机"

斯 壮

只有将普及安全知识、树立安全观念、强化安全责任、提升安全技术、完善安全立法等措施结合起来，才能扎紧网络空间的篱笆，化解网络时代的"密码危机"

一场现实版的"密码危机"正在上演。

来自新华社的消息称，继国内最大的程序员社区网站遭遇黑客攻击泄露600万用户的登录名及密码后，又有多家网站的用户密码失窃。据初步评估，目前网上公开暴露的网络账户密码有5000多万个，这还不包括已被盗取但尚未被公开传播的网络用户信息。

也许是不那么"显而易见"的缘故，人们往往十分在意交通安全、财产安全、人身安全，对信息安全的敏感度却要低得多。而事实是，信息安全同样十分重要。君不见，不仅有傻乎乎的局长拿微博当QQ，公开约情人去酒店开房，更有那么多名人乐于当自己的"狗仔队"，走到哪里都将自己的行踪现场直播；还有人将日记写在网上，事无巨细，无所不包。至于密码，就更是怎么方便怎么设，"123456"、"111111"、"888888"……易如反掌的破译，令心怀不轨的人想不动心都难。

殊不知，今天的互联网上，觊觎网民个人信息的人就潜伏在我们周遭。有人挖空心思钻山打洞，做梦都想用他人的秘密换取不义之财。举

个例子,有段时间网上流行一个游戏:把1900—2000年间的每一个年份、每一个月份、每个月的每一天都编成不同的字,比如1970年是王,4月是傻,21日是贵;1982年是范,9月是梨,18日是花,让参与游戏的人拼成自己的名字。不明就里的人纷纷中招,大笑之后回复:"哈,我叫王傻贵,我叫范梨花!"玩笑之间,他们的生日早已暴露,而那些将生日设为密码的人,网上保险箱就此敞开了大门。

如果说由于知识储备的欠缺,个人的信息安全意识不强还情有可原的话,那么那些掌控着众多网民信息的网站和机构疏忽大意,就未免太不应该。以天涯网站为例,在明知今年上半年就有2.17亿网民遭遇过病毒或木马攻击、1.21亿网民有过账号或密码被盗经历的情况下,居然仍然用明文将用户信息保存在Windows服务器上,这不能不说是对用户的极端不负责任。像银行保护储户财产一样严格保护网民的信息安全,应该成为所有互联网企业的重要职责。

"道高一尺,魔高一丈",任何信息安全技术都不可能永保无虞。与技术升级相比更关键的,是在法律上形成对网络犯罪的强力震慑。从目前我国的信息网络安全立法来看,开放性不高、兼容性不够、操作性不强等问题不同程度存在,"不得危害计算机信息系统的安全"等大而化之的内容较多,一些法规之间还存在交叉和冲突,与网络应用迅猛发展的形势不相适应。

如此情形之下,只有将普及安全知识、树立安全观念、强化安全责任、提升安全技术、完善安全立法等措施结合起来,才能扎紧网络空间的篱笆,化解网络时代的"密码危机",为下一步更大规模的电子商务、网络支付、网络实名制等奠定安全基础,让每个手握"网络存折"的人睡得安生。

(2011年12月27日)

楼市调控需扎牢土地"篱笆"

徐立凡

> 从严治理土地闲置,既是扎牢楼市调控篱笆的有益之举,也将在客观上起到倒逼地方财税机制改革的作用

国土资源部21日公布《闲置土地处置办法(修订草案)》,向社会公开征集意见。草案规定,国土资源主管部门与土地使用者协商未能就处置方式达成一致的、土地闲置满1年的,经批准后可按土地出让或者划拨土地价款的20%征缴土地闲置费;未动工开发建设、土地闲置满2年的,经批准后可无偿收回土地使用权。

《闲置土地处置办法》实施已经12年。12年后修订,现实针对性很强。楼市调控已经步入深水区,从房地产市场到过度依赖土地财政的地方,不可能不受到影响。所不同的是采取积极态度主动适应调控,还是采取消极态度消化调控。现实中,对于调控采取种种变通方式、对调控政策打折执行的事情并不少。

在土地市场,由于销售回款、银行贷款、房地产信托等主要资金来源渠道趋于狭窄,有的开发商为保证现金流规模,用各种理由推迟开工或竣工,甚至采取假开工的方法"过冬",等待市场转热后,利用土地增值获取利润。由此,消解了楼市应有的经济带动效应,造成了土地资源的闲置浪费。

与此同时,个别地方出于财政增长需要,不仅对闲置土地的行为从宽处理,还通过土地性质变更、延迟开发商交付土地出让金等方式,以维护土地拍卖市场反周期的"热度"。

还要看到,一些地方以政绩追求为出发点,对土地的开发使用缺乏合理规划,也是造成土地闲置的重要原因。根据国土部调查,2010年全国曾清理整治房地产闲置用地13万亩,处置近10万亩,其中约半数与此有关。

相对于执行了12年的闲置处置办法,修订草案在对闲置土地的认定上没有大的变化,但是对项目开工、竣工时间和违约责任等作了更明确的规定,监管、查处也更具操作性。这也就扎牢了楼市调控篱笆,堵上了过去可能被钻空子的制度缺口。

应该认识到,相对于利益诉求多元的动态市场,静态的管理办法总会留有空白。比如,即使对于项目开工、竣工有了更明确的责任认定标准,但开发者仍可能通过拖延项目上市等手段降低市场供应。如何界定监管的效力边界和开发商的自主裁量权边界,将恶意闲置土地的途径彻底封死,需要在实践过程中完善设计。

此外,无论是地方原因还是开发商原因,其闲置土地的责任认定和监管需力求相对一致,而不宜厚此薄彼。修订意见稿规定了土地可"闲置"的六种情形,要求由政府原因造成的土地闲置,须在15日内向主管部门提出申请。这一表述表明,在责任主体认定范围上已较一致。而如何以更精确和刚性的规定,规范不同开发者的土地使用行为,不仅有待新草案实施后的经验积累,更有待地方财税更科学的长效机制能够确立。

从这个角度说,从严治理土地闲置,既是扎牢楼市调控篱笆的有益之举,也将在客观上起到倒逼地方财税机制改革的作用。

(2011年12月23日)

"乌坎转机"提示我们什么

张 铁

把握了群众利益的诉求点,也就把握了问题解决的关键点

广东陆丰乌坎事件近日迎来转机。以广东省委副书记为组长、包括数名厅级干部的省工作组21日进驻陆丰,倾听民众诉求。省委书记"必须直面和解决好这些矛盾和问题"的重要批示,工作组"民意为重、群众为先、以人为本、阳光透明、法律为上"的真诚表态,让一度情绪激烈的当地村民趋于平和。

从乌坎事件来看,村民的诉求点在利益,转折点也在利益。今年9月以来,部分村民之所以频频上访,源于对村干部处置土地、财务、换届等问题的不满。如果能及时抓住利益诉求点,事发前认真倾听、公正评判、果断解决,就不会小事拖大、层层升级,演变成群体性冲突,乌坎事件也就会呈现不同走向。如今的峰回路转,正在于省工作组充分肯定"群众的主要诉求是合理的"。这表明,在面对具体矛盾冲突时,把握了群众利益的诉求点,也就把握了问题解决的关键点。

今天的中国,正处于社会转型期,经济社会在不断前行中不可避免地积累了一些矛盾,利益主体多元化、利益诉求多样化、利益冲突显性化。广东作为改革开放的先行地,经济发展快,开放程度高,社会转型快,流动人口多,社会管理压力大,社会矛盾早发多发,出现的问题既

具有典型性，又具有警示性。直接诱发乌坎事件的土地问题，在全国其他地方也不鲜见，这些问题交织着个别利益和公共利益、短期利益和长远利益，使"偶然性"冲突背后存在着"必然性"动因。

有利益博弈并不可怕。有了这样的博弈，才能更好地平衡利益、协调关系，让整个社会处于动态稳定之中。群众固然不能"有诉求就过激，一过激就违法"，再合理的诉求也要在法律框架下解决，基层政府也不能把本属正常的诉求表达，用"堵"和"压"使之演变成过激对抗。在乌坎事件中，基层政府最初失误正在于，没有正视村民合理的利益诉求，让理性的上访升级为过激的行动。省工作组以"最大决心、最大诚意、最大努力"解决群众合理诉求的坚定承诺，化解了激烈的情绪，为问题的彻底解决，为当地的稳定和谐，创造了基本条件。这种有错即纠的政治勇气，体现了我们党一以贯之的宗旨：对群众利益负责，就是对党的事业负责。

回顾近年来的诸多群体性事件，究其实质，大多源于群众利益诉求得不到纾解和满足。这提示我们，面对群众的利益诉求甚至是矛盾冲突，地方政府要有高度的大局意识。一方面，要看到"群众利益是发展的最终目的"，"着力解决好人民最关心最直接最现实的利益问题"是最大的政治；另一方面，要扫除面对群众的"对手思维"，真正像中央领导同志要求的，把解决群众利益问题"作为检验干部群众观念、宗旨意识、领导能力的试金石"。

实际上，社会管理得好不好，不在于是否存在矛盾冲突，而在于能否很好地容纳和化解矛盾冲突。在法治这个核心原则之下，如何公正利益分配？如何畅通利益表达？如何保障利益救济？回答好这些问题，矛盾冲突才会如渠中之水，有来处有去处，不至于阻塞汹涌。

列宁曾说，利益触动每个人的神经。"乌坎转机"告诉我们，要减少社会矛盾的触点、降低燃点，必须将社会管理摆在更重要的位置，解决好群众利益问题。

（2011年12月22日）

中国足球，铲毒瘤方能生新肌

何 勇

但愿若干年后回望，这场在严寒冬日里的审判，会成为中国足球重生途中温暖的起点。

12月19日，中国足协原要员张建强在辽宁铁岭接受法律的审判，而中国足协原专职副主席谢亚龙、南勇，原副主席杨一民，原著名裁判陆俊等昔日足球大佬，也将陆续受到法律的审判。庄严的司法利剑，刺穿了中国足球肌体上的毒瘤，把龌龊和肮脏的利益链条一一呈现。

至此，中国足坛反腐风暴步入新阶段。这场反腐战役对于中国足球的影响有里程碑意义——并不仅止于惩恶扬善的道德层面，也不止于球迷多年怨气的发泄，这一足坛系列反腐案，会让我们更清醒地审视中国足球存在的恶疾；倘若以此为新的起点，中国足球也会进入一个新的发展阶段。

说中国足球迷是世界上最"悲摧"的球迷，一点不过分。世界杯四年一轮回，奥运会四年一轮回，亚洲杯四年一轮回，球迷们希望燃起、破灭，再燃起、再破灭。究其背后，既有管理的"长官意志"，也有对青少年培养的漠视；既有职业联赛的混乱，更有足球管理体制的滞后。

三名足协副主席落马，数十人涉案，近10家俱乐部受牵连，从甲

A 到乙级，从男足到女足，从俱乐部到一些地方足管中心都有涉及……随着审判细节的逐渐披露，症结也愈发清晰：中国足球从计划经济体制转轨到市场经济体制的过程中，缺乏市场经济必备的法治精神，缺乏行之有效的制度约束、监管，从而使足球大环境变得极不健康。广大球迷寄予厚望的中国足球运动成为各种蛀虫寻觅、吞噬不当利益的温床。足球事业作为一个系统工程，在人才培养、竞赛管理和训练体制方面，尤其制度建设和法制法规方面，都远落后于足球事业发展的要求，更远远落后于世界足球发展的趋势。

张建强案后陈辞："没有道德、没有规范、没有制度、没有制约、没有监督"；谢亚龙狱中吐露："在这个环境里，人慢慢变得麻木，丧失了警惕"。这是一种悲剧人生迟到的感悟，更是一种对足球工作者的警醒。

铲除毒瘤，是为了生出新的肌肉；清理害群之马，更要注重惩前毖后。既要从产生"假赌黑"的体制机制方面找原因，又要更加注重法治建设，强化日常监督，防止小病累积生重疴；既要搞好中国足球的制度设计，又要培育好职业联赛，多出人才。

足球是世界上影响最大的体育项目，中国拥有世界上最庞大的球迷群。从政府到民间，都十分热爱和支持中国足球，足球没有理由搞不上去。从上世纪90年代中期到2009年，"假赌黑"的泛滥周期虽然漫长了点，但应该能成为过去，健康规范、市场和法治才是中国足球发展的方向和趋势。

但愿若干年后回望，这场在严寒冬日里的审判，会成为中国足球重生途中温暖的起点！

(2011年12月21日)

谁为防辐射服制定"屏蔽保护"?

郝 洪

期待更多的国家标准能够跟得上突飞猛进的市场,跟得上日新月异的社会

市场上如日中天的防辐射服正遭遇前所未有的质疑声浪。著名打假斗士方舟子关于"防辐射服起不到屏蔽作用"话音未落,日前,又有权威媒体调查称,这一类防辐射服,如果面对一个辐射源,能阻隔90%的辐射,但在多个辐射源时,防辐射服内的辐射强度反而变大。

"为了下一代的安全,我们穿还是不穿?"面对质疑,最不安的是消费者——这边商家言之凿凿防辐射产品有科学依据,那边权威媒体称有科学实验为证。到底谁更科学?公众迫切需要来自权威部门的声音。

遗憾的是,目前市场上的防辐射产品的标准多是生产企业自身定的,我国目前尚无防辐射产品的行业标准,也使得这一新兴产业既不属于医疗器械也难归工业产品,防辐射服的生产、销售等环节因此处于监管真空,以至于今天被质疑有严重安全隐患时,我们迟迟等不到相关部门的说法,看不到监管部门的行动,只听到国家服装标准化技术委员会有关人士说,防辐射标准还在起草,目前只是技术研究,要等有关机构拿出初稿、各方论证、国家审定通过后才能正式发布。

标准制定需要一定时间,只是,消费者和企业恐怕没有多少时间可

等。因为,在等待的一年半载间,多少婴儿会问世?面对电磁辐射环境,孕妈们该如何选择?防辐射服的市场占有量非常巨大,一旦真有健康危害后果不堪设想。如果确是一种"科学忽悠"甚至是"科学谎言",需要立即叫停、市场禁入,以免造成更大危害;如果安全问题与产品的质量优劣有关,需要立即加大检测、加强监管,绝不能让不安全产品、不合格服装流入市场;如果这类产品没问题,也迫切需要权威部门拿出科学解释,开展科普知识,化解公众焦虑,保证行业、产业的发展。

当然,无论哪种行动,当务之急都必须有来自权威部门的声音,尽快确认孕妇防辐射服是否"伪产品",相应加快行业标准的制定,从而让退出与检测、监管做到严格而科学,整治混乱无序的市场。

从频谱仪、脑白金,到核酸营养,经济发展以及人们对生活质量的追求,让许多打着"科技创新"的新概念产品应运而生,其中也产生了一些"科学忽悠"甚至是"科学谎言"。诚然,产品的面世必会超前于标准的确定,监管的能力往往在解决问题中才能获得提高,民间举报、媒体监督更易先行一步发现问题,但对已经形成市场规模的产品及新兴行业及时关注、跟进、发布信息,缩短标准制定的时间差,是当前相关部门亟需提高的能力。防辐射产品市场火爆已有数年,城里准妈妈几乎人手一件孕妇防辐射服,如此庞大的消费市场,相关检测机构和监管部门难道不能更敏感、更主动吗?

行业标准缺失、滞后,监管部门缺位、无为,会让"科学忽悠"一次次上演,令消费者一回回伤财伤神,甚至威胁人们的健康安全。为了下一代的安全,期望防辐射服产品标准尽快出台。为了社会的安全,期待更多的国家标准能够跟得上突飞猛进的市场,跟得上日新月异的社会,为社会经济发展保驾护航。

(2011年12月20日)

建好保障房也是政治责任

李 强

> 保障房是政府主导的民生工程,并非纯粹的市场行为,要算经济账,更要算政治账

十几道验收居然都管不住一处"闹心房"。本版昨日报道了武汉的一个问题保障房项目,这处墙本裂缝、屋顶漏水、"按照正常标准不应通过验收"的项目,竟通过了监理公司和质监站等当地十几个职能部门的逐项验收。

作为重大惠民工程,近年来,国家加大了保障房建设力度,2008年以来全国开工建设的保障房,现已竣工的有800万套,今年又开工1000万套,而"十二五"期间,更要建设3600万套保障房。在大建快上之后,保障房质量保障始终受到关注。

这并非杞人忧天。近期,从北京某保障房小区楼体底部开裂,到湖南郴州经适房项目楼板掉落、墙体漏水,再到武汉这个"伤痕累累"的保障房小区,保障房质量问题屡有曝出。虽然,"楼脆脆"、"楼歪歪"甚至"楼倒倒"只是极少数,但对于这些保障房的住户而言,就是100%的问题。

房地产开发建设是一个系统工程,牵涉勘址、设计、施工、监理等多个环节,涉及上下游数十个产业。任何一个纰漏,都可能导致质量问

题。也正是因此,中央和地方三令五申强调加强保障房质量监管,实行质量终身责任制,一旦质量出了问题,不论责任人走到哪里,都要追究其责任。

但现在看来,对于责任的具体认定,还需进一步细化厘清。以此次武汉保障房的质量问题为例,那么多监管验收程序,居然一路绿灯,让一个问题工程活生生地过了关,而多个政府相关部门都宣称对此不负责任,且看上去程序并无大问题。如果这样的说法成立,我们倒要问问:当真做到了每个环节、每个程序都按正常标准验收,还是仅仅"纸上验收"敷衍塞责?如果确如这些部门所言不存在什么失责、渎职行为,那就意味着现行监管制度本身一定存在亟须填补的漏洞。

业内人士透露,目前的项目验收,大多是备案制和抽查制,真正对房屋质量进行把关的,原则上只有监理公司。这倒给出了一个答案:本应是层层把守的质量关口,成了"一夫当关",并且这个"夫"还是开发商请来的,这等于让开发商自己监督自己。如果开发商、施工方和监理方这些责任主体能够自觉一点、负责一点,住房质量就会好一些。但保障房利润低,出于成本和利益的考量,开发商和施工单位更容易有降低标准乃至偷工减料的冲动,"瘦身钢筋豆渣砖",早已说明这一问题。

看来,要加强保障房质量监管,需要切实让现行的监督制度形成有效的制约关系,更要强化政府职能部门的责任意识,不能仅把这一重要关口托付给开发商的"道德血液"。要看到,保障房并非纯粹的市场行为,它是民生工程,更是民心工程。一旦出现质量问题,不仅民众居住安全受威胁,政府公信力更会受损。这背后,有经济账,更有政治账。

(2011年12月16日)

如何跨过讨薪难的"合同门槛"

周人杰

> 75%的建筑工人没有签订劳动合同,反映出打通农民工权利救济渠道的紧迫

又到岁末,农民工欠薪问题再度成为焦点。一项覆盖京、渝、沪、深四地的调查发现,75%的建筑工人竟没有签订劳动合同,成为"讨薪难"的一个重要因素。

劳动合同是依法保障农民工维护权益、获得报酬的重要依据。一些用工企业执意不签合同,意图就在于模糊甚至否认劳动关系,为拖欠、少付、不付农民工薪水埋下伏笔。合同的缺失,不仅将农民工权益保护置于不确定的尴尬境地,也增加了行政执法、诉讼调查与司法执行的成本。以司法解决欠薪问题的渠道,因此遭遇"合同门槛"。

其实,农民工并非不知道合同的重要,他们往往没有条件和能力去要求签订劳动合同,遑论在没有合同的情况下与欠薪者对簿公堂。诸多媒体报道展示了这样的"劳动生态":投诉企业不签合同的农民工,却被劳动监察部门告知"它签你就干,不签你就走人";告到法院,高昂的花费、漫长的等待也让诉讼之路难以走通;即便胜诉,执行往往也遥遥无期。依法讨薪尚且如此难,那些因证据不足在法律上处于不利地位的农民工,又该如何讨回基本权益呢?

在行业利益链条的最末端,农民工的"议价能力"本就有限。很大程度上,法律是他们合理合法维护自身权益的最终手段。如果反映问题无效、解决问题无门,就难免会有极端之举。从跳桥跳楼、断指断肢到拜神拜官,这背后,不仅是一个群体无奈的抗争,更是诉求表达、权利救济渠道的阻塞。

75%的建筑工人没有签订劳动合同,从一个侧面反映出打通农民工权利救济渠道的紧迫性,也提出了农民工维权的一个新难题。尽管《劳动法》、《劳动合同法》对不肯签订合同的企业都有明确的处罚规定,尽管法律严格保护那些没有合同但存在事实劳动关系的工人们,但当前更普遍存在的现象是:一些企业,尤其是建筑领域的企业,往往利用农民工的弱势与自我保护能力不足而只作口头约定,将自己立于"不败之地";而面对用工形式的临时性、分散性与分包性,法律与监管又还有空白,更给农民工讨薪制造了难度。

应该看到,针对当前一些"讨薪"新问题,从高层到各地都展开了及时研究,提出新对策,前不久,人社部要求的各地限时处理集体劳动报酬争议和小额争议,九部委也组成联合执法检查组,依法严厉打击恶意欠薪等劳动用工领域违法犯罪行为。这些,让人看到解决"常态化服务"不畅的积极努力。

但这终究也只是一种"应对性服务"。如何告别"年底突击讨薪"的窘况?如何破解"运动式讨薪"的困局?恐怕,需要从制度建设,从常态化服务,从流动人口的管理创新等方面着力。讨薪难要跨过"合同门槛",还必须真正落实以人为本的理念,提升农民工的社会地位。

(2011年12月15日)

有"汽车文明"才有校车安全

詹 勇

> 在车轮滚滚的汽车时代,培养汽车文明,实现"多轮驱动",校车才可能成为"安全的流动校舍"

12日,就在社会热议《校车安全条例(草案征求意见稿)》的时候,两起校车事故相继发生。广东顺德,一辆校车与一辆货车相撞,37名学生受伤;江苏丰县,一辆运送小学生的校车侧翻掉入水沟,导致15人遇难。

惨痛的事实再一次警醒我们,校车安全形势依然严峻。而反思这两起事故,校车安全呈现出更为复杂的一面。与以前事故多因"黑车"、"超载"引发不同,这两起事故均涉他因。从事故初步调查看,除校车质量不过硬外,驾驶员操作不当、路况条件恶劣也是重要原因。丰县校车为什么一避让就翻车?顺德校车在泥头车、工程车风驰电掣的事发路段,经历了怎样的"生死时速"?

透视近年来的校车事故,我们不难发现,校车运行体系还相当脆弱,安全阀门并不牢靠,各种安全风险在积聚后多点爆发。我们从自行车王国进入汽车大国,但远未成熟的汽车文明,为交通事故埋下了隐患。也因此,"礼让"成为稀缺素质,违规驾驶成家常便饭,车道上的"抢逼围"屡屡发生;非法改装随处可见,超载现象愈演愈烈;交通设

施简陋,违章车横冲直撞,道路上危机四伏……

这些问题也说明,校车安全是系统工程,不仅需要政府部门给力,也需要社会各方努力。校车不仅仅是"车"的问题,也是"人"的问题,需要服务部门、监督部门、生产部门、管理部门、教育部门等相互配合,才能良性运转。让校车成为"安全的流动校舍",还需从更多方面改进,培养汽车文明,实现"多轮驱动"。

不久前,有城市发生火警,但消防车鸣笛多时也无车让路,眼看着大火却无法前行。消防车碰到的"冷遇"表明,如果没有汽车文明,不要说超载、抢道、疲劳驾驶、非法改装等不安全因素难以制止,就连法律赋予的"特权",亦难有用武之地。它让人担忧正在期待"特权"的校车:难道这种"冷遇"和"无视"就一定不会发生在校车身上吗?

校车安全功夫既在"车上",也在"车外"。孩子们当然需要越来越多中国版的安全校车,但也不能忽视驾驶人员、运行环境等方面存在的短板与隐患。车辆规格、标准提升了,但还是由安全意识薄弱、能力素质不高的司机来操控,依然会驶向灾难;校车自身标准提高了,但其他车辆无视交通规则,横冲直撞,也可能有"飞来的横祸"。眼下,从国家层面到地方政府,都在积极推动校车的"赋权",这是重要保障,但制度设计要成为校车的安全护栏,既有赖于有关部门的严格执法,更需要全社会的自觉遵行,提高汽车文明。

每一辆校车上都承载着中华民族的未来。在日益到来的汽车社会的滚滚车流中,校车如此重要却又如此脆弱。无论是社会管理者、教育者,还是司机、行人,抑或是父母、子女,都有一份安全责任,合力构筑校车安然前行的坦途。

(2011年12月14日)

公益诉讼主体需要"突围"

傅达林

如果公益诉讼主体资格的法律障碍能有所突破,类似"砸式维权"的极端行为就可能被导向合理、常态化的司法轨道

11日,北京、天津等21个城市的消费者协会以及中国消费者报社,联合向全国人大常委会发出建议函,呼吁在消费者权益保护法修订过程中,明确消费者组织代表"不特定多数消费者"进行公益诉讼的权利和主体资格。

三鹿奶粉事件、团购网"忽悠"事件……近年来,与消费侵权有关的公共事件屡有发生。这些事件中,受害者范围大、分布广,按传统模式,单个消费者诉讼维权比较困难,有些受害者只好选择忍气吞声。在质量纠纷、物业纠纷、旅游服务纠纷等情况中,这样的困境普遍存在。

消协组织吁请公益诉讼权,做消费者司法维权的"代理人",背后是广大消费者的诉求和愿望。如果能从法律层面赋予消费者组织公益诉讼的主体资格,无疑有助于实现消费者"弱弱联合",扭转消费者维权时的弱势地位,促使整个消费环境改观。

更重要的是,公益诉讼能让社会群体更好地相互沟通和表达意见,

是维护公利、疏解冲突的一种重要法治化路径。比如,如果有团体能代表消费者诉讼维权,各种可能的极端维权行为,就能被导向合理、常态化的司法轨道,从砸电视机到砸宝马大奔的"砸式维权",是不是也能少一些?

经济学界的"公地悲剧"之说启示我们,缺乏保护的公共利益,最易受到侵害。公益诉讼制度,正是为了化解"公地悲剧",确保侵犯公共利益的非法行为都能受到应有的追究。遗憾的是,我国还缺乏对公益诉讼制度的构建,即使是现实生活中频现"公地悲剧",即便捍卫公益早已纳入道德倡导的范畴,公益诉讼仍面临主体资格的法律障碍。

由于现行法律将诉讼主体明确为"直接利害关系人",使得诸如消协、环保民间组织等,难以有效介入公益诉讼当中,出现"执着的原告、热闹的媒体、稳如泰山的被告、无动于衷的法院"的窘境。正因此,不久前全国人大常委会审议的《中华人民共和国民事诉讼法修正案(草案)》,拟首次赋予社会团体提起公益诉讼的资格,被视为推动公益诉讼前行的突围之举。

其实,消协组织讨要公益诉讼权的背后,也蕴含着社会团体和民间组织希望在社会管理领域中有更大作为。另一方面,如果消费维权、环境保护、行业自治等诸多领域的公益诉讼主体能明确扩容,让"代理人"更多,那么这种制度的本身,除了化解民间矛盾外,还能吸收更多的公民参与到对不法行为的谴责和追究当中,更有利于协调政府和公民的关系,增进公民对国家的认同,从而释放更大法治潜能。

(2011年12月13日)

"孩子优先"应成全民理念

李长虹

"校车优先",不仅是解决当前校车问题之需,更传递出强化"孩子优先"国家理念的信号

11日,国务院法制办公布《校车安全条例(草案征求意见稿)》,明确接送幼儿、小学生的应是专用校车,还赋予校车三项优先权:交警指挥疏导校车优先通行;校车可以在公交专用车道以及其他禁止社会车辆通行但允许公交车辆通行的路段行驶;校车在道路上停车上下学生,后方车辆应当停车等待,不得超越等。

尽管只是征求意见,但条例牵动人心。对孩子来说,这是交通优先的一小步,也是校车安全的一大步。虽然这"优先",是一次次惨痛的事故倒逼出来的,但终于迎来的实实在在的制度赋权,既是对天堂里孩子们的告慰,也是对更多孩子和家长的宽慰与安全保障。

而对于转变社会观念来说,条例则跨出了让"孩子优先"的一大步。

我们有过刻骨铭心的记忆:17年前,在克拉玛依大火中,就是一句"让领导先走",令孩子们错过了逃离火场的最佳时机;我们无比心疼地看到,在一些地方,成年人的活动,还在用未成年人作道具:顶着烈日出席企业庆典,穿着单衣雨中夹道欢迎领导视察……虽然是极端少

数现象,但也折射出,"孩子优先"的理念并没有成为社会共识,也未获制度上的保障。

因此,校车安全条例征求意见稿里的那些"优先权",不仅是一种解决当前校车问题之需,更重要的是,它传递出强化"孩子优先"国家理念的信号。

保护孩子,是一个文明国家的重要事情之一。我国《未成年人保护法》规定:"国家根据未成年人身心发展特点给予特殊、优先保护,保障未成年人的合法权益不受侵犯。""学校、幼儿园、托儿所和公共场所发生突发事件时,应当优先救护未成年人。"这是法律规范,也是道德准则。而刚刚颁布实施的《中国儿童发展纲要(2011—2020年)》,也把保障儿童的优先发展提到了前所未有的高度。

当然,现在的关键是,如何将这些规定、要求,从纲要里、法律上落实到与孩子们相关的方方面面工作中,特别是落实到政府部门的相关制度设计中。

对当前牵动人心的校车安全条例来说,"孩子优先",体现在赋予校车种种"特权";而对各级政府机构来说,"孩子优先",是校舍的"安全防震",午餐的"免费保障",是不再让孩子们在透风漏雨的教室里读书,不再让孩子被拐离散、流浪街头,不再让留守儿童缺乏生活保障;对全社会来说,树立"幼吾幼,以及人之幼"的人文关怀,坚持"孩子优先",应该成为一种社会的共识与责任。

"校车之痛"带来了"校车优先"。希望"孩子优先"不要再用"痛"才能换来。一个坚持"孩子优先"的国家,一个"呵护未来"的社会,才会拥有美好的未来。

(2011年12月12日)

药企"行业禁入"需要落地

吴 帅

> 只有让不良企业付出高昂代价,才能让全体药企不敢掉以轻心,始终坚持"安全第一"

7日召开的国务院常务会议讨论通过了《国家药品安全规划(2011—2015年)》。其中一条重点内容备受各方关注:开展医药企业信用等级评价,对严重违规、失信者,将"行业禁入"。

毋庸讳言,我国的药品安全现在还处于风险高发期。这些年来,"鱼腥草"事件、"欣弗"事件、"刺五加"事件……一次次刺痛着公众的神经,背后暴露的是生产、销售、监管环节中的违规失责;而药品的"虚高"也一直备受诟病:一些中成药添加了西药成分,却被吹嘘成"百分百纯中药,毫无毒副作用";一些药品动辄戴上"最新成果"、"专家推荐"的帽子,哄骗消费者掏腰包……与其他行业生产企业相比,药品生产、销售企业的特殊性在于,即使"偶"有一次违规操作、失信失范的行为,伤害的却是难以挽回的健康与生命。也因此,"安全第一"是这个行业的不二法则;而用"行业禁入"这样的措施来警示企业,正是降低安全风险的必要之举。

不过,很多案例也显示,要让更多药企习惯于讲信用、把好关,单单靠道德自律恐怕不行,必须建立一个标准化的行业信用评价体系,用

制度的力量来惩恶扬善,形成讲规则讲信用的医药市场环境;单单靠禁令的震慑恐怕也还不够,更必须谨防"高举轻放",只有实查真禁,让不良企业付出高昂代价,才能让全体药企不敢掉以轻心。

很多时候,对药企而言,惩罚了"坏人"就等于保护"好人"。如果那些不讲信用、严重违规的药企经营者,能够占领市场、获得"成功",那么对其它经营者而言,将是一种严重的隐性伤害,"逆激励"效应将使更多药企随波逐流,导致诚信在更大范围内流失。

实际上,一些地方已经开始意识到这个问题。在浙江,今年5月已启动了相关的信用评定通报制度,公示了一批严重失信的药品批发企业,这向更大范围内推进药品行业诚信制度化迈开了重要一步。不过,开展医药企业信用等级评价也只是第一步,它是否能够发挥良好的现实效应,将取决于能否以更多的细节来保障执行效果。以什么标准评价信用?由谁来评定?通过什么程序来评定?如何对严重违规失信者真正做到"行业禁入"……回答好了这些问题,才能让好的制度设计变成好的管理实践。

当然,还必须通过"补"和"管",给药企创造一个良好的外部经营环境。让它们讲诚信、不作假、不行贿,也能够依靠质量和服务,在市场竞争中取胜,逐渐走向规范与强大。

药企的规范、诚信,关系到行业风气,更与老百姓的生命健康紧密相关。"药品安全"的各种严格规定只有从国务院文件与相关规划中,落实到各级监管部门的行动里,才能切实成为悬在药企头上的达摩克利斯之剑。

(2011年12月9日)

渣土车"失疯"暴露管理"失调"

李 拯

渣土车管理的两难，都可用更精细的管理、更优化的流程和更先进的技术解决

进入12月，陕西西安渣土车连续发生事故，造成3人死亡。据西安警方统计，在不到一年时间里，已有51人葬身渣土车轮下。

渣土车成为"马路杀手"，司机应承担直接责任。仅今年7月，西安渣土车闯红灯、超速等违章行为，就达到令人咋舌的12000多次。渣土车司机们哪来的胆量如此明知故犯、铤而走险？

这背后是个人和企业的逐利冲动。有徐州的运输企业曾在媒体面前算账，渣土车超载的赢利是不超载的两三倍甚至更多。而拉的趟数，决定着司机和企业的收益。一些司机"拉土'冒尖'才有生意"、"怕罚款开得更快"的坦白，也让人看到司机的生存压力。

同时，建筑垃圾清理行业准入监管不严，无资质运输企业混杂其间，用不正当竞争手段将运输价格压到极低。这使得整个行业劣币驱逐良币，演成恶性竞争。

生存压力与逐利冲动，成为推动渣土车多拉快跑的汽缸。超载、超速成了必选项，违规、违章成了潜规则，表现在道路上，就是渣土车的"集体疯狂"。

行业的无序,指向相关部门管理的粗放。针对频发的渣土车事故,西安去年就设立了"建筑渣土清运市场整治办公室",包括市容园林局、城管执法局、交警支队等部门的人员。但从效果看,作用还没有发挥好。

的确,渣土车管理有难度。比如,渣土车司机组成"同盟",一车受罚,众车绕道;比如,渣土处理涉及多部门,责权难免"打架"。但这些都可用更精细的管理、更优化的流程和更先进的技术来解决。正如西安市副市长所言,事故的背后是"整治工作不到位、相关部门责任心不强、手段不硬、管理上漏洞较多"。

实际上,渣土车违章并不仅仅是在西安。今年前7个月,郑州渣土车因严重交通违法行为被处罚的,就有7000余起。去年6月24日到28日,石家庄、邯郸、张家口三地发生5起渣土车侧翻事故,造成7人死亡、12人受伤。

如何以有效方式进行合理分配,让渣土车司机、运输企业和建筑行业达成利益协调?市场需求不断扩大,大量企业和个人进入,如何根据实际情况变革管理手段,让这一行业能持续健康发展?某种程度上可以说,渣土车、建筑垃圾清运业的管理困境,拷问的是社会管理者从根本上解决问题的水平和能力。

在12月6日的发布会上,西安市副市长表示"深感有愧"。希望这一表态,能促成持续发力,不仅在渣土车管理问题上,也在更多社会管理的问题上,寻找到"无愧"的答案。

(2011年12月8日)

建立更加科学的"复出"机制

范正伟

> 正视"干部复出"背后的公众焦虑,建立更加科学的干部复出机制,这是"治病救人"的题中之义,也是"理性政治"的必然要求

去年9月,因强拆自焚而引起轰动的江西"宜黄事件",牵动着人心。时隔一年,有消息称,因"宜黄事件"被免职的宜黄前县委书记、前县长均已复出。此消息最近刚被江西抚州市委组织部证实。

根据当地回应,无论《关于实行党政领导干部问责的暂行规定》还是《党政领导干部选拔任用工作条例》,干部复出的最低期限应是"一年",而此次复出任命也是根据工作需要以及两人的表现和特长,并严格按照有关规定、履行相关程序后作出的。

这些年,行政问责制不断推进,有些官员因过失而被问责。"一棒子打死"这些官员,既不符合"惩前毖后、治病救人"的原则,也不符合干部问责、任用的本义。在公开、透明、公正的前提下,让昔日被问责官员重新走上合适的新岗位,也是一种进步。

但显然,这一过程必须公开透明,经得起检验。人们注意到,从"跨省追捕"的当事人重新上岗,到重大矿难的责任人低调履新,都曾引起公众的"满腹狐疑",背后所折射的制度、理念与现实之间的落

差,耐人寻味。

不是所有舆论指责都合理合法,但反过来,要增强干部复出的说服力,消解公共事件的负面影响力,就必须打消来自公众的各种疑虑,赢得良好的舆论环境。这也是今天中央要求政务公开做好"群众关注热点问题的公开"的应有之义。就"宜黄事件"来说,"立案调查"的调查结论和销案情况如何?有关责任人承担的是政治责任还是法律责任?问责期间官员对所犯错误有无深刻认识……这些是否也应给公众一个明确说法,进而获得更多的理解和支持。

"培养一个干部不容易",但这种培养必须是阳光下的培养。离开了透明性、缺少了能见度,于组织而言,会招来各种猜疑,对干部来讲,也难免不明不白。遗憾的是,许多干部的复出,往往是被偶然发现的,结果自然是引起习惯性质疑、反面性猜想。我们对普通干部的任命都有严格的公示程序,那些因公共事件被问责的干部,因其社会关注度高,复出更应满足公众知情权和监督权。

中央多次强调,行政问责的根本目的在于强化行政监督、提高政府执行力和公信力。在行政问责日益常态化的今天,干部复出的质量直接关系到行政问责的成效和初衷。正视"干部复出"背后的公众焦虑,建立更加科学的干部复出机制,这不仅是实现"治病救人"的题中之义,也是培养"理性政治"的必然要求。

(2011年12月7日)

"志愿"能否成为更多人生活方式

张 铁

>志愿服务是一种公共生活,能打破群体的陌生和隔膜

这是一条容易被"淹没"的报道:北京首都博物馆志愿讲解员张鹏,9年义务讲解3000多小时,分享文化的同时,收获一大批"粉丝"。

12月5日——"国际志愿者日"。从汶川地震的志愿者到世博会的"小白菜",无数如张鹏这样的普通人,正把"志愿"一词,推送进社会的视野。据中国青年志愿者协会统计,1993年到2009年,有4亿多人次志愿者提供了超过83亿小时的志愿服务。

张鹏是一名国企下属企业的办公室副主任,爱好历史文化。不同的是,他并没有把世界限定在办公桌旁,把爱好锁死在防盗门内。假设每小时接待20个参观者,他已在志愿讲解员岗位上与6万人交流。打开他的微博,更可见与中小学校、社会团体的广泛互动。对于张鹏,志愿服务,正是一种公共生活。

我们或许能想象,如果不是成为志愿者,这个"80后"小伙子可能的生活:逛街、唱歌、打游戏、看电视……正有越来越多"宅男宅女",蜷缩入自己的小小世界。以自己为中心和重心无可厚非,然而也难言生活质量与境界。相比之下,张鹏用志愿服务打开一扇截然不同的

大门,选择了一种更积极、也更开阔的生活。

参与志愿服务,是利己和利他的结合。在马斯洛的需求层次理论中,社会需求、尊重需求和自我实现需求,都只有在人与人的关系中才能实现。志愿服务搭建的公共生活,不正是实现这些高层次需求的平台吗?正如张鹏收获尊重和满足,奥运、世博志愿者收获对国家、社会的信心,这些,都是难能可贵的自我成长。

培育良性公共生活,同样是社会健康发展的基石。一个左邻右舍老死不相往来的社会是难以想象的,一个老人靠街头麻将、小孩靠网络游戏打发时间的社会同样是不正常的。公共生活是社会共同体的粘合剂,在这条纽带下,人与人互动交流,群体的陌生和隔膜才能打破。如果任由冷漠空气持续蔓延,每个人都封闭进一己的世界,难保你我不会成为走过小悦悦身边却视而不见的第十九人。

很多时候,不是我们远离志愿服务、拒斥公共生活,而是门槛有些高。一些发达国家的志愿组织,"从下水道到臭氧层到太空垃圾"无所不包,形式也亲切而有吸引力。在中国,志愿服务很多还打有行政烙印,志愿者的注册、组织、培训仍面临诸多问题。在一个网络调查中,80%的网友表示愿参加志愿服务,"可不知如何加入"。

志愿服务尚需改进,公共生活有待填补,社会管理者理应更为重视。倡导之外,需要更多的首创精神、更精心的制度安排、更有效的组织运作。上月底,广东降低社会组织登记门槛,可谓有益探索。各类社会组织,理应成为社会管理的重要资源。

一次讲解后,孩子们往张鹏手中塞了很多糖果、钥匙扣等小礼物。播入他们心田的,不仅是文化的种子,更有志愿的种子。走出小我,走向社会,或许,这才是一种更值得过的生活。

(2011年12月6日)

莫让歪嘴和尚毁了暖心行动

姜 赟

> 虽然偏差已纠正，但变质的爱心煤折射出的政令执行趋利化倾向，却不能不警惕

备受关注的"变质爱心煤"事件有了最新进展。山西省纪委监察厅继向社会公开曝光7起为低收入农户免费发放冬季取暖用煤中查获的短斤少两、借机收费等典型案件后，近日，又公布了对25名相关责任人的处理结果，让人们对爱心煤的未来重拾信心。

政府在5年内为全省每户低收入家庭免费提供1吨爱心煤，无疑是雪中送炭的温暖政策、惠民之举。然而，本应赢得民心的暖心行动，却在某些地区遭遇"冷空气"，碰到了"执行梗阻"：运城稷山县陶梁村村干部借发煤之机，以借款名义要求每户村民先交100元修路款；大同天镇县张西河村负责人以发煤为条件，向村民收取原已停止收取的农村合作医疗费；朔州朔城区和民镇东洼村的1吨煤中，1/4是煤矸石……这件事背后折射出的政令执行趋利化的扭曲倾向，不能不引起各方警惕。

省里出台"红头文件"保驾护航，还将一户一吨煤政策纳入考核方案。如此强势的行政推动下，执行环节里竟还有人罔顾禁令和良心，把低收入群体的福利，变成了某些部门某些人中饱私囊的工具。利益的

渗透力之强，可见一斑。虽然爱心煤的执行偏差已得到纠正，但正如山西省委书记袁纯清强调的，对于这种不良风气"不要掉以轻心，绝不可有任何的松懈"。

类似这种"民心工程惹民怨"的事，在其他地方也曾发生。轻者，使好政策的落实过程磕磕碰碰，影响政策效力；重者，则把地方利益、部门利益乃至个人利益凌驾在人民利益之上，不仅消解政策暖意，更让基层民意亮起红灯，损害政府信用和制度权威。

当下，一些地方基层政府的运转在资金上确实存在一些困难。架桥修路、医疗文化、招商引资，都需要钱。但这绝不是与民争利的借口，只有群众的利益得到保障和发展，才谈得上搞建设、抓服务、促发展。更何况，爱心煤还是最需要保障的低收入群体的福利。

我们更需正视，趋利化正成为政府执行力的病灶，波及不少地区、不少领域。比如，节能减排，在一些重工业地区遭遇疲软执行；环保禁令，在一些化工园区遭受对抗执行；阳光拆迁，在一些城市化加速地区被歪曲执行等等。对这样的"趋利避害"，执政者尤当毫不放松，一抓到底。

岁末来临，各地送温暖行动力度频频加大，怎样将这些好政策自上而下执行不走调、不异化，当从爱心煤事件中吸取教训，严格制度、加强监督，杜绝"歪嘴和尚"，遏制逐利冲动，确实把温暖送到群众心上，取信于民，造福于民。

(2011 年 12 月 5 日)

突击花钱,真是"预算"惹的祸?

励 漪

> 消除年底突击花钱之怪现状,改革财政预算制度固然重要,建立完善的监督机制才是关键

11月30日,财政部召开全国财政预算执行工作视频会议,要求各地坚决防止年底突击花钱:严格审核财政资金拨付,严格按照财政预算、项目进度、有关合同和规定程序办理资金支付,严禁超预算、超进度拨款。

"严禁年底突击花钱"也算是个常青新闻了。但禁令年年发布,花钱突击战却岁岁不止,有的还有许多冠冕堂皇的理由。

湖南省文化厅前不久一次3000万元的政府采购,被公众质疑为"只买贵的,不买对的"。有关官员的解释是,其一,因为"贵一点的东西相对更有质量保证";其二,是"预算执行的需要",因为,"如果预算没有执行完,必然会影响到第二年的预算编制"。

年底突击花钱现象屡禁不止,政府采购屡有高价,确实与现行财政预算制度有一定关系。长期以来,很多部门和单位一直实行传统的"基数预算",每一年的预算视上一年度的收支情况而定,如果一个单位去年预算是100万元,只花了80万元,节约下来的20万元不仅全部上交,而且第二年的预算可能会因此削减为80万元。因此,为了确保

来年财政预算不降低,许多机构就想着花掉预算,至于这笔钱花得是否合理合规,是否有效率,则不在考虑之列,或者说不是考虑的重点。

但是,突击乱花钱、政府高价购真是"预算"惹的祸吗?如果仅仅是为了花掉预算,各行政机构大可以将这些钱用到更需要的地方,比如文化厅的政府采购,省出来的钱是否可以用于提高各乡镇文化站的其他硬件建设、专业人员的培训?或者用于偏远乡村文化站点的建设,让更多的乡民能够享受文化福利?

可惜,现实中的不少突击花钱,是将不该发的钱发了,不该吃的饭吃了,不该出的差出了,不该买的东西买了——原本用于公共财政的支出,变身为行政机构的小金库,丰富的是少数人的荷包,提高的是小部分群体的福利。部门利益,甚或是极少数的个人利益成为"乱花钱"的真正动力,而所谓"花光预算"不过是其挡箭牌。如果财政预算审核监督不力,预算执行不公开、不透明,不从根本上遏制某些部门和机构的利益冲动,就算把"基数预算"改成了"零基预算",也会有突击花钱的可乘之机。

消除年底突击花钱之怪现状,改革财政预算制度固然重要,建立完善的监督机制才是关键,只有让每一项财政收入支出都置于公众监督之下,将公众的知情权、监督权、问责权落到实处,严格监督、严厉问责,才能从根本上消除突击花钱的积弊。

(2011 年 12 月 2 日)

用好扶贫"新国标"这把尺子

张 毅

不能只看扶贫标准"长高",更要看扶贫开发的基础夯实

中央扶贫开发工作会议宣布,将农民人均纯收入2300元(按2010年不变价)作为新的国家扶贫标准。对于扶贫"新国标",会场内掌声热烈,会场外好评如潮,贫困地区的人们更是充满着兴奋与期待。

2300元是个什么概念?这个新标准比2009年提高了92%,它意味着,我国农村贫困人口将从2688万人增加到1.28亿人,占农村户籍人口13.4%,贫困人群扩大了1个亿。

当前,世界经济复苏迷雾重重,国内控通胀、保增长面临挑战,国际国内形势错综复杂。在此情况下,大幅提高扶贫标准,充分体现了中央推进以人为本、科学发展,带领全国各族人民更高、更快、更强奔向全面小康的坚强决心。

扶贫新国标,要求生活水准的提高。中国扶贫世界瞩目,改革开放之初,我国有2.5亿农村人口生活在温饱线以下。到2010年,全国贫困人口已减至2688万人。但是,经济社会发展不均衡的问题依然严峻,城乡差距、东西部差距拉大,贫困地区与外部世界的鸿沟豁然可见。然而,随着经济社会发展,不仅物价指数上涨,消费需求也普遍提高,"水涨船高",提高扶贫标准,打一场新的扶贫战役,也是统筹城乡、

区域发展、全面建设小康社会的题中之义。新标准必将激发贫困地区发展的内在活力,点燃贫困农民创造美好生活的巨大热情。

扶贫新国标,要求发展内涵的提升。贫困地区人均收入2300元的标准,只能解决"不愁吃、不愁穿"。可是,贫困乡村的孩子也渴望热菜热饭,老人也需要温暖关怀,他们也渴盼电话、宽带和公交车,他们也需要早日过上有尊严的幸福生活。因此,贫困农村还要实现老有所养、学有所教、病有所医、住有所居,与其它地区农村同步发展,不能只看扶贫标准"长高",更要看扶贫开发的基础夯实。因此,国家在基础设施建设、社会事业发展、产业规划布局中,要加大对贫困农村政策倾斜力度,为贫困地区农民脱贫致富铺路架桥、加油攒劲儿。

扶贫新国标,要求使命责任的加强。消除贫困、改善民生、实现共同富裕,是社会主义的本质要求。在经济社会发展的重大转型期,大幅提高扶贫标准,加大开发力度,是构建和谐社会的重大命题。各级党委政府要充分认识我国扶贫开发的紧迫性、长期性和艰巨性,贫困地区的党员干部更需振奋精神、不负重托。扶贫任务重了,要工作更踏实;扶贫资金多了,要花得更到位;扶贫项目多了,要安排更科学;扶贫范围大了,要感情更投入。坚决杜绝贫困县出现豪华办公楼、豪华接待、豪华用车现象。

"衙斋卧听萧萧竹,疑是民间疾苦声"。扶贫新国标,是一把尺子,它将丈量出立党为公的品格、执政为民的担当、深化改革的勇气。我们要用好这把尺子。

(2011年12月1日)

社会组织"松绑"考验谁

江柳依

> 社会组织是政府职能在社会领域的"毛细血管",可以成为政府管理的得力助手

"可直接向民政部门申请成立,不再需要挂靠主管单位。"近日召开的广东全省深化体制改革工作会议提出,对社会组织"松绑"放权。尤其引人关注的是,《关于广东省进一步培育发展和规范管理社会组织的方案(讨论稿)》明确,今后大量政府的事务、政府管理的职能,只要可以交给社会来办的,都可以通过购买服务、权力让渡等方式,逐渐分解和转移到社会组织中去。这就从制度上既对社会组织进行"松绑",又对社会组织进行培育,凸显的是在社会管理的新形势和大格局下,社会组织的独特位势和作用。

社会组织,说白了就是因为某一特定目的和诉求,而把单个的人组织起来,为社会和公众提供所具体需要的服务。显然,相对于政府部门而言,这样的组织具有灵活、便利、针对性强等特点。在日益繁重的社会管理任务面前,社会组织不仅能替政府部门分担很多,也能把大量政府干不了也干不好的事务做得有声有色。在这个意义上讲,社会组织是政府职能在社会领域的"毛细血管",可以成为政府管理的得力助手。

事实上,高度发达的社会总有充分发育的社会组织相伴随。而从社

会公众需求的角度看,其多样化、多方面、多层次的特点,迫切要求社会组织补位。近年来,一些农产品价格涨跌明显,不少农民面临丰收不能增收的尴尬局面,一个重要原因就在于缺乏经济类、服务类行业协会和组织,不能很好地与市场对接。只有促进与百姓利益息息相关的社会组织的充分发育,才能更好满足百姓个性化需求、实现群众切身利益。

不仅如此,社团管理的创新成果,也直接关系到社会管理创新的成效。在利益主体多元、利益诉求多样,社会结构深刻变动、社会关系日益复杂的情势下,只有务实地求解社会管理的"多元方程",科学地回答政府如何对待社会组织这一"时代问题",稳妥地释放社会组织的优势活力,才能形成制度合力,最终达到为社会公众提供更周到、更便捷、更贴近的服务目的。

当然,社团管理创新之后,对政府部门和社会组织都是一种考验,也提出了更高要求。据称,美国仅夏威夷一个州,就有上千个社会组织,当地政府对非营利性、公益性的社会组织予以税收上的扶持,而社会组织承担的许多职能也让政府减轻了很大负担。对于我们的政府部门来说,不仅要放权"松绑",更要针对本土实际探寻社会组织运行规律,进而把对社会组织的培育作为提高执政能力的一个具体要求,使社会组织得到充分发育,作用得到充分发挥。

对于社会组织自身来说,"松绑"意味着发展的机遇,更意味着责任。只有明确自身的责任和使命、功能和定位,做到严格依法和自律,远离现今一些社会组织以服务为旗号"敛财"等不当做法,才能充分释放自身的能量和社会影响力。

(2011年11月30日)

别让广告"绑架"电视剧

张 贺

电视台在实现合理的经济效益的同时,也要把广电行业的社会形象和社会效益考虑进去

"究竟是电视剧中间插播广告?还是广告中间插播电视剧?"一段时间以来,热门电视剧播放中间总会频繁出现广告,观众的收视体验因广告的介入而支离破碎。完完整整、酣畅淋漓地欣赏一部电视剧,成了观众的奢望。这种情况无论如何不能说是正常而健康的。因此,当国家广电总局出台规定禁止电视剧播放中间插播广告时,大多数网友表示支持。这充分说明,此举顺民心、得民意,值得肯定。

其实,人们并不反对合理的广告,也理解广告收入对于电视台生存发展的重要意义,但是当一集45分钟的电视剧中间竟然插播8至10条广告时,广告就已喧宾夺主,电视剧成了陪衬,观众被广告"绑架"了。人们讽刺电视台恨不能把电视剧"分分钟都插进广告卖掉。"这种情况说明,有些电视播出机构的价值观发生了严重倾斜,经济效益的考量超过了社会效益,为了经济利益的最大化而损害了群众正常的收视权益。

有人说,广告商是电视台的衣食父母,没有巨额广告,电视台就不可能购进热门电视剧。此言差矣,归根结底,广大观众才是电视台真正

的衣食父母，离开了庞大的受众群体，哪个广告商会给电视台支付广告费？作为深受我国观众喜爱的节目类型，电视剧在我国拥有广泛的受众，成为广告商青睐的传播载体。但也正因如此，电视台在制定广告插播策略时，更应考虑观众的需求，不能单方面强加于人。电视台在实现合理的经济效益的同时，也要把广电行业的社会形象和社会效益考虑进去。

"君子爱财，取之以道。"即便站在功利的角度，也要看到，过于频繁的插播广告，其广告效应会大打折扣。有效传播的首要条件就是避免引起受众的反感，当泛滥成灾的广告成了观众指责的焦点，很难想象这样的广告产品会深入人心、畅销不衰。

"千台一面"的同质化，一直是困扰我国电视产业的顽疾。过于依赖电视剧就是这一顽疾的体现。最严重的时候，某热门武侠剧竟然同时在十几个卫视频道播出。众多电视台之所以会变成"电视剧台"，一个重要原因就是缺少自己的核心竞争力，电视台自制节目缺乏个性和吸引力，难以带来广告收入。迫不得已，电视台为了争夺广告客户、确保经济效益，就一窝蜂地竞买热门电视剧，又一窝蜂地在黄金时段播出，希望用电视剧庞大而稳定的受众群体实现广告的有效传播。所以，虽然我国有着世界最大的广播电视网、最多的电视台，但电视台的播出模式和盈利模式却几乎如出一辙，能在国内站稳脚、进而在国际上打响自身品牌的中国电视台少而又少。

希望电视台不要过于看重"禁插广告"的短期效应，而着眼于长远，把精力放在提升自身核心竞争力上，不断打造各具特色的优秀内容资源。当电视节目百花齐放、争奇斗艳、观者如潮、好评不断的时候，广告还是个问题吗？

（2011年11月29日）

"国考"如何"考德"

顾 春

> 公务员考试中,"德考"如何成为一道失德者难以逾越的门坎,还须做到可操作、有实效

从11月26日起,参加2012年度国家公务员考试的考生走进考场,竞争约1.8万个国家公务员岗位。一年一度的"国考"就此拉开序幕。

走过十几年的历程,今年的国家公务员考试让人感受到诸多新意:一些职位考试科目设计采用"2+X";多数职位要求考生必须具备两年基层工作经验;强调了"以德为先"的品德选拔,尤为引人关注。

这颇令人欣慰。"国考"在很大程度上,起着导向作用。对即将进入政府从事管理工作的广大青年,对日后可能成为政府官员的后备力量,不管是品德不佳、缺乏责任感,还是只会纸上谈兵、缺乏基层工作经验,都将难以应对越来越高的政务要求。尤其是推出"德考",更是一种纠偏的努力——它与前不久发生的深圳公务员打骂生父一事,与国家公务员局正在制定的"公务员职业道德培训大纲"一起,显示着对"公家人"官德与私德的日益强调。

但"德"如何"考",却需细细思量。一方面,"国考"被视作"玻璃房里的竞争",透明、公开、公正是其最大的特点,也是其公信

力与生命力所在。如果其中的"德考"难以科学考察与量化，规则难以明晰，就有了暗箱操作的弹性空间。近年来某些地方在招聘过程中，泄题、作弊、"萝卜招聘"等行径频频曝光，引发公众的不安甚至愤怒，政府的公信力也遭到挑战。"德考"要成为一道失德者难以逾越的门坎，还须做到可操作、有实效，找到足以服众的路径。

另一方面，把公务员的"失德"、"失范"行为空间压缩到最小甚至零容忍，恐怕还需从根本上入手。10年中，"国考"考生迅猛增长，今年虽然比去年的报考人数略降，但仍有近百万之巨，这固然是社会成员对国家人才选拔制度的肯定，但也不容讳言，"国考"持续红火的背后，有一部分人看重的是公务员对社会资源、权力"福利"的某种占有和掌控。这样的心态，纵使考试考察过了关，进入了公务员队伍，掌握了某些权力，一旦有了某种土壤，就可能"失德"。这样的基因如何剔除呢？

从这个意义上说，"德考"很重要，但更关键的，还是需要加快政府改革。只有进一步推进行政体制改革，切实打造服务型政府，让政府、社会组织、市场各归其位，让"公务员"不再是某种特权与福利的象征，而是回归角色本质，以严明的制度与清晰的权力边界来管理队伍，恐怕才能减少许多逾矩、失德之举。

(2011年11月28日)

正视食品安全的"标准焦虑"

姜 赟

如果食品安全标准失去了公信力，食品安全的防线又该从何筑起

近日，速冻食品名牌企业思念、三全、湾仔码头相继"露馅"：抽验食品内含危害健康的金黄色葡萄球菌。

在执法部门追责与相关企业推责，在公众质疑与企业回应的博弈中，速冻食品新国标引起关注。根据这个新国标，金黄葡菌群检测由定性转向定量，换言之，就是允许在食品中检出少量金葡菌，而这一标准已经被一些企业援引，甚至成为证明产品合格的挡箭牌。

在食品安全形势依旧严峻的今天，食品安全标准难道越来越低？食品安全如何保证？消费者的利益谁来保护？面对公众对新国标"开倒车"的质疑，卫生部门则表示，新标准比旧标准低系误读，新标准与国际接轨，更符合国际食品微生物采样检测要求。

标准到底是否科学合理，相信通过理性认真的讨论，会有最终答案。然而，每当食品安全事件发生，公众往往把目光聚焦在"食品安全标准"的现象，则令人深思：本该中立客观的安全标准，为何屡屡引发公众的批评质疑？如果食品安全标准都失去了公信力，食品安全的防线又该从何筑起？

任何标准,都是时代的产物,也都应该与时俱进,同时代要求相契合,与发展阶段相适应。可是,一个无法回避的事实是,食品安全事件频发的背后,我国食品管理标准更新滞后,部分标准长期止步不前,二三十年不变。事实上,近年来许多食品安全事件的发生,都与此有关。

当然,这些年来,食品安全的标准也并非完全"岿然不动"。许多标准也在重新论证修订中。然而,恰恰这些新标准的制定,每每为公众质疑。道理很简单:由于标准制定参与者需要相当的专业能力,这一限制成了有关部门、企业、专家的"关门习惯"。这样的标准制定流程,不仅剥夺了公众的知情权、参与权,也给公众留下了"存在猫腻"的猜想空间。

这些年来,每当公众质疑食品安全标准过低了,总有一种声音呼吁,标准制定讲究国情适用。这种观点严格来说并无错,不过有时却显得文不对题。其实,谁都明白不可能一口吃成个胖子,也会尊重中国"发展中"的现实。公众无法接受的是,从三聚氰胺事件到瘦肉精事件,许多食品安全标准早已与"国情"无关,发展的中国早应该摒弃这些落后的食品安全标准,可现实中这些落伍的标准却"桃花依旧笑春风"。

因此,面对公众对食品安全的担忧,重振食品安全标准的公信力,有关部门不能仅仅以简单回应了事,更应该思考食品安全标准是否早已落后于时代发展?标准制定是否做到了公开透明?制定权是否被"少数人"、"少数企业"绑架?

只有类似问题得到了回答,食品安全标准才不至于成为公众的焦虑,也才能真正成为食品安全的牢固"防火墙"。

(2011年11月25日)

"十五元公务餐"能走多远

刘成友

> 公众对"15元公务餐"的关注,包含着对信息公开和阳光政务的新期待,对改革和创新的新期待

来人来客,一律在乡政府机关食堂就餐;每人每顿,无论领导客商,标准只有15元;抽烟不发整包烟,喝酒就喝自制的酒——这是四川仁寿县珠嘉乡推行6年之久的"按标定人"公务接待制度。

人们有太多的理由叫好:一项看似不可能推行的制度,偏偏就推行了;看似不可能坚持的做法,偏偏坚持了6年;看似迈不过去的"面子关、人情关",偏偏就迈过去了。

人们也有太多的理由担忧:当这一做法只是出现在偏僻的乡村,很大程度上还是维系在一个人身上的"新政"——由这个乡的乡党委书记制定并力推时,会不会随着这位书记的调离升迁而废止?坚持了6年,能坚持10年、16年么?"珠嘉乡式接待"到底能有多大示范作用?

确实,珠嘉乡之所以显得"孤独",是因为时下的制度规定和现实环境仍然缺少对这一做法的有力支持。即便其上级领导和相关来客都表示认可和支持,也并不意味着它具备在更大范围内推广的可能。

不妨看看我们的现实环境。在很多人看来,只要不贪不占,吃点喝点算得了什么?不仅如此,出手阔绰,吃喝讲究,在一些人看来是与接

待热情、体面周到、高度重视画了等号的。个别人甚至将此视为下级做事大方、能挣能花、有魄力有本事的表现。凡此种种，构成了公款吃喝文化的潜规则，对公务接待规定置若罔闻，廉价接待餐往往会"叫好不叫座"。

但这也正是"异类"珠嘉乡的可敬之处：并不在于餐费标准只有15元，而在于数年一以贯之背后所体现的挑战潜规则的勇气、按章办事的坚持，以及阳光政务的理念。

对"珠嘉乡式接待"，人们叫好也好，担忧也罢，实质上包含了一种期待，对基层新政和干部作风的新期待，对信息公开和阳光政务的新期待，对改革和创新的新期待。就全国来看，这样的创新和尝试，尤须制度上的有力推进。当信息不能彻底透明、政务不能置于阳光下，也就谈不上充分的监督，公务接待的相关规定，就会沦为"名存实亡"的空文，甚至变成"餐桌腐败"。去年，国务院就明确提出将中央部门的公用经费统一压缩5%，今年起，从中央部委到地方政府，也要求按规定进行"三公经费"公开，这是阳光政务的制度化探索和尝试。只有这样的硬性规定多了、实了，才会起到节省支出、避免浪费、改革政务的效果。

刹住公款大吃大喝之风，更需从领导干部做起。倘若领导干部能处处严格要求、率先垂范，相关规章能够严格执行、不越雷池，上行下效，标准公务餐才可能继续坚持，公款吃喝风才能有效刹住，百姓所盼望的廉洁勤政、阳光政务也才能尽快实现。

(2011年11月24日)

"三公"公开需要"问责落地"

郝 洪

"三公"公开,除了要将权力运行的每一个环节置于民众监督之下,还应给予民众问责的权利

11月21日,国务院法制办公布《机关事务管理条例(征求意见稿)》,要求县级以上政府定期公布机关运行经费的预算、决算和绩效考评情况。这是自今年3月份以来,中央和国务院推动"三公"经费公开又一个有力措施。

此前,3月23日,国务院常务会议要求中央各部门"三公"经费公开;5月4日,国务院常务会议再次要求中央各部门公开2010年度"三公"经费决算数和2011年"三公"经费预算情况,地方政府及其有关部门要比照中央财政做法,做好部门预算、"三公"经费等公开工作;8月,中办国办印发《关于深化政务公开加强政务服务的意见》,进一步要求各地财政预算、决算以及"三公"经费支出,"公开的内容要详细全面,逐步细化到'项'级科目"。

自上而下的"三公"经费公开,迈开了改革行政体制、推进政治文明的关键一步。一直以来,公众对于公开"三公"经费的呼声不断,民众希望能从公共财政透明入手,打开对行政权力监督的通道。政府的财政收入绝大多数来自税收,纳税人有权知道所缴纳的税款用于何处,

创造了怎样的社会效益。将"三公"经费公开制度化，就是通过制度切切实实地保障公民知情权、参与权、监督权等民主权利。

要让"三公"经费公开真正落地并不容易。已有的公开报道表明，到目前为止，全国31个省级政府，只有北京、上海和陕西等少数省市，以及广州、成都等几个城市公布了"三公"经费情况，大多数地方政府尚无动静。眼下，通过管理条例的规定，县级政府也可望纳入"三公"经费公开的范畴。

"三公"经费公开是手段，不是目的。公开了一堆账目，发现了一些问题，结果却不了了之，这样的公开无益，相反，政府公信力会在这些或彪悍、或模糊的数字当中被消减——谁愿意无休止地看一场"数字秀"呢？以"三公"支出公开为支点，防止权力腐败，遏制权力自肥，除了要将权力运行的每一个环节置于民众监督之下，还应保障民众问责的权利，对那些违规公款消费、以权谋私者应依法依规进行处理。

"三公"经费公开既已破冰，其势自不可逆转。尽管，"三公"经费公开尚停留在公布支出总额阶段，还只是财政透明的一小步，但社会信心就是在这样一步步踏实的行动中建立；符合社会发展和文明进步的先进体制，也是在这样循序渐进的过程中逐步培育、完善。我们期待"三公"经费公开更细致、更彻底，并成为常态，由此衍生出促进社会文明进步的政治生态。

(2011年11月23日)

耕地保护要杜绝"监守自盗"

刘彦随

> 严格守护18亿亩耕地的"红线",要从我国工业化、城市化与农业现代化协同发展的长远战略入手

耕地减少现象依然令人痛心。在本报曝光了重庆南川800亩土地莫名"失踪"事件(详见本报11月19日第四版)的同日,国家土地副总督察甘藏春在报上也撰文指出:目前的征地过程中,的确存在耕地快速减少、牺牲被征地农民利益的现象。

对地方滥占耕地事件,国土资源部等相关部门近年来加大了处罚力度,但至今不绝、前赴后继的"踩红线"现象,背后的症结值得深思。作为粮食安全根基的耕地,伴随着保障发展和保护耕地的"双保"压力不断增大,为什么一些地方的"动作"会经常发生变形——热衷于加快征地和出让土地,却忽略了征地应有的法律程序和应当承担的民生职责,以至于出现耕地保护"监守自盗"的行为。

分析上述违法行为的背后,我们能看到这样一些深刻背景:

其一,随着快速工业化、城镇化发展,我国建设用地需求的惯性增长与其有效供给刚性制约的矛盾不断加剧,耕地保护的宏观目标与耕地建设占用的利益博弈局面仍未根本转变。

其二,当前的征地制度导致农地非农化远快于农民城镇化,一些地

方征地中"要地不要人"、"占地不用地",造成了大量伪城市化的农民和大量闲置浪费的农地。

其三,土地出让的主体不明,使用监管不到位,一些地方政府忽视农民土地权益,"代行"土地出让,随意改变约定土地用途,甚至变相开发建设,引致耕地"变性"和农村集体利益受损。

这也提醒我们,严格守护18亿亩耕地的"红线",确保农民合法权益的维护,既要从耕地本身着眼,更要从我国工业化、城市化与农业现代化协同发展的长远战略入手,在城乡发展转型中优化人、地、业三者的密切关系,妥善处理土地经营收益的管理与分配关系,推行耕地数量、质量、生态、时间与空间的全要素保护。

对政府来说,当前的主要任务是制定理性的地方发展战略与建设规划,对适宜的征地规模、补偿安置能力及社会保障水平进行综合考量。海南陵水征地模式之所以被称道,就在于它明确了政府、企业、农民的责权益关系,建立了平等协商的土地开发利用规划和土地增值收益共享办法,既保证了合理征地和耕地保护,又保障了被征地农民的发展权。

农民作为土地承包经营的主体,既享有权益,也担负有责任。尤其在转型期,针对一些地方不爱农惜地的现象,也亟须创新土地管理机制与政策,根本扭转人为抛荒、压损和侵占的问题,探索建立激励性的耕地保护责任与机制,真正让耕地保护者有其利,让耕地占用者尽其责,使农民保护和利用耕地的长远生计有保障。

从古至今,土地问题不仅仅是土地本身。将耕地保护视为一种"立体责任",在更加宏观的系统中统筹,对"失踪"的土地有更明确的问责,唯此,才能杜绝耕地保护中的"监守自盗",切实守住耕地"红线",保证国家粮食安全,保护农民合法权益。

(2011年11月21日)

请为乡村"文化之痛"做点什么

詹 勇

当代农村面临的一大挑战,是精神家园的荒漠化现象

面对"家乡衰落"现象,"我们不能做点什么吗?"日前,立人乡村图书馆发起者李英强在媒体上这样发问。4年前,这位北大经济学硕士放弃优越的大城市生活,与妻子背起行囊回到湖北农村老家,自筹资金为家乡人开办了一个图书馆。

公益图书馆的乡村之旅,绝非"诗意的栖居"。对许多人来说,"回不去的故乡",还因为曾经恬静的文化图景,正在被麻将声、黑网吧、六合彩和算命打卦的喧嚣击碎。当代农村面临的一大挑战,是精神家园的荒漠化现象。有统计数据显示,2008年我国乡村人均藏书只有0.1册。

阿根廷作家博尔赫斯曾说:天堂应该是图书馆的模样。对于广袤农村、9亿农民来说,能够解知识饥渴、精神匮乏的"文化天堂",无疑更加急需。当电影放映队在穷乡僻壤受到贵宾般的欢迎,当村民像当年接亮电灯时一样欢呼广播电视"村村通"入户,当数以十万家的"农家书屋"被农民誉为"富了脑袋富口袋"的惠民工程,你能感受到文化之雨滋润农民心灵所带来的欣喜,更能感到像土地一样巨大深厚的文化需求正在苏醒。

和许多人一样,李英强和他的伙伴们也曾为家乡文化衰落而嗟叹焦虑。然而,与许多人不同,除了面向现实的惊叹号,他们还发出了面对自身的问号:我能做点什么,我能带来什么?

"改变我们能够改变的",这是立人图书馆的行动逻辑。4年来,从孤军奋战到数十人的团队,从"中学经济学"到"立人大学",从第一座图书馆到分布于9个省市的10余座图书馆,从乏人问津到办理有效借书证2000余个、覆盖数万人,李英强们所憧憬的乡村教育"乌托邦"正在现实中日益清晰。普通人的力量到底有多大,孩子们专心阅读时嘴角浮起的微笑给了最好诠释。

与立人图书馆类似,乡村大地上也生长着"耕读书屋"、"家庭图书室"等一大批公益图书馆;与李英强团队一样,广大农村坚守着为孩子们奉献青春的乡村教师、为乡亲们送文化的大学生村官、为一所学校带来生机的支教志愿者,他们都有着"三年之病,须求七年之艾"的耐心,有着"不是天边一朵云,而是落在地上的雨水"的扎实心态。

相对于政府部门推动文化建设、促进公共文化服务均等化的"大手笔",民间的努力或许波澜不惊,但却同样为农村教育和文化发展提供了无尽滋养。更为重要的是,乡村公益图书馆矢志"去国民阅读最薄弱的地方建设"、"让灵魂里本有的种子发芽",在一个文化大发展大繁荣的时代,这样的理念和行动已经超出了公益范畴,彰显了公民的文化自觉和文化责任,从而激活那些沉睡的社会资本,唤起那些社会力量,一起建设共同的精神家园。

或许,当有人感慨"一种向下的力量开始登场,从而抑制住了原本随着时代而高涨的向上的力量",我们不妨先扪心自问,我究竟为"向上的力量"做过什么,做了多少?

(2011年11月17日)

"自愿求职"岂是"自愿中毒"

傅达林

> 不管是否自愿,更不管是否有"生死约定",用人单位必须承担应有的职业病防治义务

据中央人民广播电台报道,最近几年,江西省萍乡市芦溪县华辉电源科技有限公司的多名职工,通过自行体检,先后检出患有不同程度的慢性铅中毒,以及由此引发的各类病症。职工向工厂讨要医药费,却得到厂方回答:"你们明明知道这种工种会中毒,当初可是自愿求职。"责任被推得一干二净。

即便工人是自愿的,即便当初合同中明确约定"如若中毒,概不负责",难道就真的与厂方无关吗?

《职业病防治法》明文规定,"用人单位应当为劳动者创造符合国家职业卫生标准和卫生要求的工作环境和条件,并采取措施保障劳动者获得职业卫生保护","劳动者被诊断患有职业病,但用人单位没有依法参加工伤社会保险的,其医疗和生活保障由最后的用人单位承担"。也就是说,不管是否自愿,更不管是否有"生死约定",法律要求用人单位必须承担应有的职业病防治义务。

遗憾的是,我们既没有看到厂方履行法律义务的作为,也感觉不到他们对职工生命健康权利的基本尊重与保障。法律要求,"建立、健全

职业卫生档案和劳动者健康监护档案"。但根据职工们反映的情况,"华辉电源"建厂8年,除了早年组织过一次职工体检外,并无定期血铅检查或者建立健康档案。8年时间的"有法不依",让原本能够得到及时救治的职工身陷职业病深渊,更让法律设定的企业义务和责任丧失殆尽。

在严峻的就业形势和失衡的劳资关系中,别说是"自愿求职",哪怕是签一个"生死合同",怕也会有人"自愿"。这种基于弱势地位或信息缺失的"被自愿",却成为一些单位推脱责任的挡箭牌,背后凸显的依然是张海超"开胸验肺"式的痛楚与无力。不久前,在关于《职业病防治法》修改的讨论中,就有专家建议强化劳动者的主体地位。要扭转目前这种失衡的劳动关系,一个基本前提就是保障劳动者基本权利。

拿"自愿求职"作挡箭牌,还折射出职业病防治执法监督之难。近年来,从"开胸验肺"到"毒苹果",从云南水富"怪病"到深圳农民工尘肺,每一桩事件都触及我国职业病防治执法监督的软肋。有数据显示,我国有近四成职业病患者未获得赔偿。正是用人单位的违法成本过低,职工的维权成本过高,才使得用人单位面对生命健康权受到损害的职工时,依然能够拿出"自愿求职"的理由来糊弄搪塞。

不难想象,那些因"自愿求职"而落下职业病的职工,将会面临多么苦楚的生活境遇。而这些用人单位,却在懈怠法律义务的同时打造另一种形式的"血汗工厂"。可见,对不履行职业病预防法定义务的用人单位,应加大处罚力度,引入高额赔偿机制,通过制度设计倒逼用人单位自觉保护职工合法权益,这是当下刻不容缓的任务。

(2011年11月16日)

捍卫显规则，行更胜于言

江柳依

> 言说的力量只能是一种摇旗呐喊式的助威，点滴的进步终究要靠点滴的行动推助

面对潜规则，是无动于衷，是"腹诽"，是言词挞伐，还是用行动去反对？从社会进步的角度看，这四种反应当以后二者为建树，其中又以行动带来的进步更大。

湖南省长沙市海韵贸易有限公司总经理陈荣日前向媒体实名举报，将湖南那起"只买贵的、不买对的"，原本1500万元可以完成、最后却以3000万元成交的政府采购怪象公之于众。

不独政府招标采购，各类招投标过程中猫腻的事儿不少，有相互串标、内定中标之因，就有"买高不买低"之果。

在招投标竞争中出局的陈荣，把招投标中的潜规则暴露在阳光下，使当事方不得不正视，社会公众更能行使监督权利。有了这种阳光的曝晒，那些原本躲在暗箱和暗角中如痼疾般的潜规则，就面临被破解消除的压力，显规则一方的势能因此而增强。最终，清清白白做事就能变得理直气壮，更加公平公正的环境就能促成。

这便是"一个行动胜过一打纲领"的道理所在。很多时候，光说不练是没有用的，进步理念不能变成进步实践，"进步"就仍然只会

"原地踏步"。言说的力量只能是一种摇旗呐喊式的助威,点滴的进步终究要靠点滴的行动推助。

当我们猛烈批评社会道德滑坡的时候,吴菊萍、陈贤妹、刁娜用行动托举了爱心,挽救了危境中的人,更捍卫了社会良知;当一些人感慨于贫困山区孩子午餐无营养时,央视的走转改报道进行了真实的报道,促成了国家出资160亿元予以彻底解决;当我们痛心于美丽的滇池被污染时,张正祥这位老农坚守滇池30多年,告停了160多个环滇池污染企业、62个采石场。

行动,有时候的确需要付出代价,甚至代价会很沉重。也许,这正是我们许多人只能成为"网络上的道德家"、不能成为"现实中的行动者"的原因所在。然而,行动的艰难愈发彰显了行动的可贵。对于我们每个人来说,"惟其艰难,更须坚持",从自己做起,从身边做起,在国家和社会需要时挺身而出,才是我们应有的正确选择。

"任何时候生命都是高于一切的,这里需要的不是镜头而是行动。"一个月前在杭州救起落水女子的"西湖女侠"乌拉圭游客玛利亚,愤怒于当时的众多围观者只是拍照而不是出手相帮,曾如此大声呵斥。但愿这声呵斥,能震撼我们去勇敢地走出行动的一步,去为我们的文明进步、公平正义做些建设性贡献。

(2011年11月15日)

指责"路人"不如践行"最美"

包 塞

> 与其一味痛心于道德缺失，呼唤道德复苏，还不如从自己开始，唤醒真善美的人生

一位山东"最美女孩"车流中救助陌生伤者的义举，以及车祸肇事者、被救者、施救者三家人"因祸结缘"的故事，正在社会上广为流传。

这位名叫刁娜的24岁龙口姑娘，前不久与丈夫在下班途中，看到一位女子被撞倒在路中央。为了不让伤者被二次碾轧，"不让小悦悦悲剧重演"，刁娜与丈夫毫不犹豫地下车救人，一边拨打急救电话，一边护在伤者身前疏导交通。天色较暗，车流中的刁娜不幸被撞倒，右腿骨折。刁娜的善举也感染了车祸中的肇事者、被救者，他们用友善、谅解和诚信，续写了一段关于良知、公德与责任的佳话……

在一个民族陷入集体的道德焦虑、道德追问之时，刁娜的善行义举，各方的人性善良，既是一抹亮色，也让我们深思。

这段时间，摔倒的老人无人扶、轧伤的孩子无人救，助人为乐、见义勇为这些原本天经地义的行为成为迟疑不决的纠结。人们在问，我们是否真的患上了"路人冷漠症"？素以守望相助、急公好义著称的中华民族，是否真的集体丢弃了善意与义举？

这种道德焦虑当然有其现实基础,不过,"道德信心"不应被轻易否定。一方面,在一些媒体的"选择性报道"中,"路人冷漠症"有被过度渲染、放大之嫌;另一方面,每一次"痛心"与"焦虑"的背后,恰恰说明,如潮的向善之心从未泯灭和走远。以小悦悦事件为例,事发后,仅在新浪微博的转发与评论就多达453万余条,微博"小悦悦悼念堂"的关注者多达19万余人。这种道德渴求、对善与恶的鲜明立场,不正是道德复苏、弘扬的最坚实基础吗?

更重要的是,储存于民间向善的道德力量依然深厚博大。我们拥有像刁娜那样的"最美女孩"、拥有像杭州吴菊萍那样的"最美妈妈",也拥有大火中为邻居架梯、救了20多条命的上海"最美奶奶"朱燕珍……这些美好的人和事,让我们感动且温暖,让我们互信与互爱,让我们确信:"人皆可以为尧舜。"

其实,行善本该不假思索,平凡朴实。被评为全国道德模范的朱燕珍很淡然:"这有啥,谁都会这样做!"善念默默涌动在国人心中,这是助人为乐蔚然成风最深厚的民意基础。而平常的向善之心,才能激发出临危救人的勇气,让善的一闪念凝成大义大勇,温暖人间。

"大义大勇"在生活中并不多见,更多的则是举手之劳的平凡善举。拥挤的公交车上,能否为白发老人让个座?有人问路,能否耐心回答甚至送上一程?邻家没人冒出黑烟,能否及时拨打119并通知其他人……勿以善小而不为,人性的善良温暖就在这样的微小善举中,不断凝聚成"最美"的风景。

爱,是一次举手之劳,也应是长久温暖;是危难之下的"最美",也是日复一日的"平常"。与其一味痛心于道德缺失,呼唤着道德复苏,还不如从自己开始,唤醒真善美的人性。从政府、媒体到每一个人,都合力凝聚真善美的力量,抑止假丑恶的泛起,从指责"路人"走向从我做起、走向道德践行。

(2011年11月14日)

破除垄断才能改良"经济体质"

徐立凡

> 作为国有资产的受托管理人,国企的利益追求应与公众利益有高度的一致性,而不仅仅是谋一企之利

发改委证实正在调查中国电信和中国联通涉嫌宽带接入领域垄断问题。

破除垄断,无论从保障民生的角度,还是从经济发展的立场;无论是为维护消费者权益,还是为促进行业健康发展,警惕并破除不涉及经济安全的市场领域的非正常垄断现象,都是当有之义、当务之急,是政府部门义不容辞的职责。

服务差、收费高,却非但没有被淘汰,反而不正常生长,这正是典型的"垄断病"。在很大程度上,一般竞争性领域的跨越式发展中,为提高产业发展效率,从布局到经营都采取了倾向垄断的方法,由此形成并固化了排斥竞争的利益格局,落下了病灶。而同时,普通消费者对于垄断经营可能或已经造成的利益损失,缺少自我救济手段。技术屏障、信息失衡、维权无门……使得普通消费者难以参与反垄断。

这样的逆淘汰,直接损及的是公众利益。公众所能得到的服务以及为之付出的价格,影响着生活质量的高低。在管理通胀预期成为宏观调控首要任务的前提下,质次价高的服务实质上还影响到"治胀"的成

效。公众如果总是需要付出性价比不当的服务成本，不仅会影响到公众幸福感，而且货币和财政政策的调整就很难完全到位，向民生倾斜的政策意愿也就难以完全落地。

而企业利益与公众利益如果长期背离，最终会伤害到经济和社会发展。对于垄断的监管如果不能及时到位，在高额利润召唤下，垄断式经营就可能成为市场的价值取向。倾向垄断前景、排斥合理竞争，在"马太效应"之下，垄断性企业获得过多资源不断发展壮大。而由于缺乏发展空间，一旦市场形势有变，非垄断资本就不愿意再进入实体经济。这种失衡情况，实际上意味着经济资源的变相浪费和经济体系体质的下降。

其实，即使从企业自身的角度出发，垄断利润尽管可以一时抑制竞争对手，也最终会抑制自己的发展。特别是，在许多国企已经做大做强的今天，理应具备更广阔的视野，参与世界性竞争中去。如果沾沾自得于垄断地位，那么，在势必到来的更大格局竞争中，将无法成为有力的竞争者。

更重要的是，就国企性质而言，作为国有资产的受托管理人，国企的利益追求应该与公众利益有更高的一致性。即使由于种种原因形成了事实上的垄断地位，国企也应该具备对于垄断的排斥性基因，不能对不合理的垄断习以为常，甚至刻意维持；应该比一般企业更自觉地去履行社会责任，更自觉地运用企业占有的资源造福于人民、造福于国家，而不仅仅是谋一企之利。

（2011年11月11日）

"巨型雕像"拷问慈善的商业边界

姜 赟

> 判断公益性，标准应是商业收益是否用于慈善事业，即"禁止利润分配原则"

近日，一尊 24 米的巨型雕像，将操办者河南宋庆龄基金会再次推向舆论的风口浪尖。高达 4 亿元的投资、做成 600 人会议厅的基座、电影院等配套建筑，浓浓的商业味让人难以与一个致力于慈善的组织联系起来。

面对公众质疑和记者追问，河南宋基会三缄其口；河南相关部门组成调查组，对该基金会调查两月有余，真相却还未破茧。

这种现象值得一议。

实际上，慈善与商业并非水火不容。慈善组织从事商业活动，一定程度上可以助其免除生存担忧，对其专注公益、保持决策独立性、避免权力和资本干涉，具有重要意义，是慈善可持续发展的一种手段。不少国家的慈善基金会也有从事商业活动的。我国的《基金会管理条例》也规定："基金会应当按照合法、安全、有效的原则实现基金的保值、增值。"

然而，慈善与商业的交叉，却可能让一些自律不严、心怀私利者假慈善之名行商业之实。今年以来慈善界的种种波澜也提示：慈善与商业

的边界，更需要划清。

慈善组织从事商业活动，如何杜绝市场交易中慈善组织的利益私人化，是第一个边界。避免逾矩跨界，公开透明是法宝。对有的慈善机构而言，虽然募捐能力很强，公益支出榜上却名落孙山，且商业利益去向不清。面对质疑，又始终藏着掖着慈善账本，难免引来更多揣测。

慈善组织以公益之名参与市场竞争，往往会因其特殊法律地位获得竞争优势。如何避免慈善商业活动变质为不正当竞争，这是第二个边界。一些公募基金会借公益之名报批拿地，却从事商业开发；或者进行关联交易，将慈善利益转化为私人利益。这就给公众留下许多想象空间。

第三个边界，就是如何避免慈善组织涉足高风险投资领域。善款毕竟不是风险基金，需严格进行风险控制，对于安全性的考量应超过效率和效益。否则，一旦投资失败，埋单的貌似基金会，实为社会公众。

对于慈善组织，公众判断其是否具有公益性，标准应是商业收益是否用于慈善事业，即是否遵从公益界著名的"禁止利润分配原则"。厘清慈善与商业的边界，坚守商业收入继续用于慈善事业的原则，对于我国慈善事业保持活力和长远发展十分重要。正如新任中国红十字会常务副会长赵白鸽所言，"要赚钱的，你就远离红十字会。"

做慈善，搞公益，即使方向正确，方式方法不正确也不可取。因为，传播善念、启迪心灵、升华价值，可能是更为重要、也更为长远的慈善。

(2011年11月10日)

今天如何做记者

李泓冰

"自媒体"时代，记者的职业精神、自律意识、专业水准和公信力更加弥足珍贵

11月8日是记者节，这是中国仅有的三个行业性节日之一。但是，没有记者在这一天放假，这是一个工作的节日。

工作着，并不只有美丽。在中国，"记者"寄托了人们沉重的期望与梦想，也意味着难以言喻的压力与挑战。有时，当记者心情很复杂很无奈——你对很多悲剧常常无能为力，你可能眼睁睁看着灾民被洪水卷走、看着汶川大地震中孩子们惊恐的眼神、看着诗意的黄河在渐渐枯干和肮脏……当然，更多时候，当记者是一种幸福。因为你在参与并记录历史进程，走进许多美丽的心灵，让更多微弱的呼声变得嘹亮，让每天变动不居的新闻砥砺着你的思想，更有机会见人所未见，闻人所未闻——身为记者，仿佛能比别人多活几回。

现在，职业记者面临的挑战前所未有。"自媒体"时代来临，人人都可以快捷传播消息，记者的职业精神、自律意识、专业水准和公信力便更加弥足珍贵。在全民微博的时代，在声音多元、舆情复杂的今天，更要捍卫记者的职业操守，更要有"关键时刻我在现场"的精神，以扎根基层、报道事实、还原真相为己任。

然而,网络时代,一些记者选择了"轻松"捷径:抄网文、收复印件、拿统发稿,不去现场不下基层,远避高风险地区。这是新闻行业流行的浮躁病。而眼下正在进行的"走基层、转作风、改文风"活动,正是对此的有力纠正。当然,仅仅是到了基层,看一眼、聊几句就走,恐怕还是未必能发现新闻、发现真相。大众日报记者陈中华,十年中,骑一辆自行车,用光了36册采访本,写下了120万字的采访笔记,踏遍100多个县市区、300多个村镇,奔波乡野,揭批过假化肥坑农,呼吁过建廉租房,甚至自己得癌症住进医院还接着报道老病友的"陪护难"……这样的人,才是大写的"记者"。

老新闻人范敬宜说过,"离基层越近,离真理越近。"反过来想一下,愈发让人如坐针毡——离基层越远,离真相越远,离真理也越远。这样的"越远",如果成了媒体通病,岂不令人悚然而惊?一个记者的远离真相,甚至一家媒体的失语,都还不足惧,但是,如果这份远离已成流行,则害莫大焉,那将是整个行业的痛楚。

当然,记者的远避基层,要究诘的不独是记者个人。如果下了基层得了真相,能得到褒扬得到肯定,才是一种有力的导向,使更多的记者以下基层为荣,以追求真理为荣。如果下了基层,探骊得珠了,却得不到肯定,恐怕愿意吃力不讨好的记者,就日渐稀少了。

对记者而言,"走转改"不是权宜之计,而应该是一种常态,是逼近真相的唯一途径,也是记者锤炼职业精神、提升职业道德的重要途径;同时,也不要忘了"善待媒体"——这不仅是对记者的尊重,也是对正义和良知的尊重。

(2011年11月9日)

"降价退房潮"需要理性对待

景柱楠

> 房价波动不可避免。无论是购房者、开发商,还是政府,均应理性看待、合理应对

近日,多地新楼盘大幅降价促销,引发部分已购房业主的不满。从上海嘉定龙湖地产郦城售楼处,到安徽芜湖绿地售楼处,一些要求"补偿"甚至"退房"的老业主,因诉求未达,选择了打砸售楼处等过激行为泄愤。这种因降价引发的"退房潮",在网上一度还被贴上"房闹"标签。

从近期看,"僵持阶段"的房价已经出现"松动"。在"决不可有丝毫动摇"的房地产调控措施下,在"要使房价回归到合理的价格"的目标下,这样的"松动"、"波动"或许还会继续下去。无论是普通购房者、开发商还是政府,均需理性看待、合理应对房价下行可能带来的种种问题。

"还未交房,数十万的首付钱就瞬间蒸发了"。这样的遭遇值得同情。然而,"合同是当事人之间的法律",既已订立合同,就应严格执行,这是一个基本规则。即便因为"情势变更"要解除合同,也只能在法院提出。降价退房甚至打砸泄愤,难说于法有据。

更何况,"有市场就有涨跌",平等自愿、反险自负的契约精神,

实为市场经济的基石。市场经济的本质是法治经济，倘若由于房价的波动而导致合同形同虚设，房地产市场的交易行为便会失去起码的保障，市场经济的有序规范也就难以达到。

然而，也要看到，所谓的"房闹"背后，也有"房奴"的艰辛。因房价的"大起"而恐慌性购房，结果却遭遇"大落"。即便是"一个愿打、一个愿挨"的市场行为，但若没有高企房价的裹挟，可能就不会有恐慌性购房，也就不会演出"打折打掉半生积蓄"的悲剧了。"房闹"背后的房价焦虑，尤其值得关注，需要引导纾解。

其实，不管是"大起"还是"大落"，对于追求长期可持续发展的开发商而言，也都绝非利好。只有利润水平向价值回归，不断回应和改善公众的住房需求，房地产业才能迎来持续的发展。"降价退房"的屡屡上演，对房地产商而言，是"让道德血液流淌在社会责任肌体之中"的要求，更是"加快转变发展方式"的警示。

对于降价退房潮，相关方面也应理解和尊重已购房业主诉求的合理之处，积极采取措施妥善处理：一方面要引导争议双方理性、依法解决价格争端；另一方面应切实履行监管职责，对于开发商涉嫌违法违规的欺诈行为，坚决严厉打击，绝不姑息手软。

要想从根本上杜绝房地产市场的"过山车"行情，就要加强调控、尊重市场。毕竟，房子不是一般的消费品，而是事关百姓民生、长远来看也关乎中国经济总体格局的特殊商品。只有继续严格执行调控政策、规范市场体制机制，才能让人民群众看到切实的成效；有了房地产市场的平稳健康发展，也才会从根本上防止"房闹"的出现。

（2011 年 11 月 8 日）

银川"微博喊话"能否传更远

韩立勇

> 党政机关在网上开展的"批评和自我批评",不仅丰富了微博问政的概念和路径,而且也能获得主动借助网络舆论、完善和修补线下制度的溢出效应

银川市委办公厅、市政府办公厅的官方微博"问政银川"擅长"喊话":把网友反映的问题,转发给本市170多个相关职能部门的政务微博,并督促办理。近日,"问政银川"向久不更新的官方微博"开炮",通报批评了银川各县市区及市直部门中连续7个工作日未更新的政务微博。

微博聚集了强大的媒体功能和社交功能,是与公众交流互动的良好平台。10月中旬,国家互联网信息办公室在一次交流会上,还鼓励党政机关和领导干部更加开放自信地开微博、用好微博。政府机构开设官方微博,早已不是个别单位的探索之举。利用信息时代的先进技术提升社会服务水平、创新社会管理,也是建设现代政府的应有之义。

从批评银川地税局微博"银川地税"对34条市民投诉很少回复,到与银川晚报、电视台等媒体的微博互动,"问政银川"的创新之处在于,为银川市政务微博群找到了"神经中枢":既通过转办的方式,直面群众的利益诉求;也通过督导的方式,促使各职能部门用好微博平

台,形成网络问政合力。

这种在网上协调政务微博的办公方式,不仅丰富了微博问政的概念和路径,也让网友们看到"政府与政府之间较劲"的同时,直观感受到政府自上而下解决网民实际问题的诚意。党政机关在网上开展的"批评和自我批评",因为具有媒体功能,在网上办公的实践之外,也获得了主动借助网络舆论、完善和修补线下制度的溢出效应。

连续7个工作日没有更新微博,应该批评。即便更新了微博,如果只是低质量的转发、无关民生的帖文,意义也不大。这也提示我们,各地政府对微博已经越来越重视,但如何用好微博,还有待破题。当前,政府机构及公务员进驻"微博"阵地数万,但拥有巨大传播力影响力的活跃微博,毕竟还是少数。

正因此,"问政银川"微博,可以看作是政府机构微博向网络问政深水区发展的一次有益探索。它突破了微博上政府与网友互动的格局,强调的是当地政务微博群的互动优势,不仅能畅通公众的意见渠道、及时发布权威信息,而且能通过微博向政府机构"喊话",创新管理方式,进行严格监督,打造更强大的亲民、惠民话语平台。

微博对推动政府善治的功能不言而喻。不过,如何更清晰地界定网络问政的边界,让网上反映的事情,通过网下的制度支撑去解决,同样需要进一步探索。即便是"问政银川",也不能停留在"微博喊话"的层面,要督促政府机构用好网络,哪怕是保持微博更新频率,也需要更多网下的制度支撑。

无论是技术还是思想,互联网的发展都可用"飞速"形容。面对这样的情况,"重形式轻内容"的微博问政,"想搭理才搭理"的单向互动,损害的将不仅是微博问政平台的公信力。只有不断创新手段和形式、不断完善制度和方法,才能真正用好微博、用好互联网,乃至于用好未来可能出现的各种新技术。

(2011年11月7日)

强调"公家人"的"私德"不是苛求

王甘武

> 公职人员接受更严格的道德审视、更充分的道德培训,是公职之"公"天然的要求

近期,深圳公务员打骂生父一事,让公职人员的道德问题成为社会关注热点。国家公务员局近期也透露,该局已制定《公务员职业道德培训大纲》,要求"十二五"时期对公务员进行一次"道德轮训"。

对于公职人员,道德举足轻重。正如胡锦涛同志在"七一"讲话中提出:"要坚持把干部的德放在首要位置"。的确,一个动辄用拳头说话的公职人员,面对矛盾纠纷时如何能理性处置、妥善化解?这不仅是基于常识的"合理推论",也是来自个案的现实考量。

公职人员的道德表现,塑造着公职部门的公共形象。甘肃成县政法委副书记涉嫌犯罪,被停职并依法拘留;河南省汝南县公安局民警酒驾致5死3伤,也被批捕。虽然只是个案,当事人也已被法律惩处,但这些公职人员对部门形象、群众信任的伤害,却难以避免。

然而,从江苏沭阳将社会公德、家庭美德等个人品德纳入干部考核,到江苏南通将搞婚外情等不良行为纳入公职人员"行为禁令",这些公职人员的道德建设之举每每引来热议。除了可操作性之外,更有关于公职人员"道德边界"的讨论。一些人认为,家庭关系、个人交往

等，属于私人生活，关乎的是私德范畴，用以要求干部，有点触角太长。

的确，随着时代的发展、社会结构的分化，以及对个人隐私和权利意识的普遍认可，私域和公域的区分愈发明显。在这种情况下，如果简单地从私德类推公德、以私德否定公德，显然会失之偏颇。动辄用GPS定位官员行踪，随意"人肉搜索"曝光公职人员及其亲友隐私，既不公允也不可取。

然而也要看到，公职人员掌握着公共权力、履行着公共职责、关系到公共利益，拥有不同于普通群众的特殊身份，对社会有着更大的影响力。当被视为社会管理者的公职人员，与暴力、酒驾、猥亵等刺目文字联系在一起，引发的道德波动，远远超出普通个体的失德离德、违法犯罪。即便是按照权责对等原则，公职人员也理应承担起公职责任之外的道德责任。

可以说，公职人员接受更严格的道德审视、更充分的道德培训，是公职之"公"天然的要求。而合理区分、妥善对待公与私的不同，关键则在于明确评判标准、找到校正准星。只有从标准上厘清公私界限，在制度上完善规范对公职人员的监督内容，才能更好地适应社会发展，顺应公众期待。

"修身齐家治国平天下"是儒家先贤提出的人生理想。把提高个人修养、处理好家庭私事作为实现人生价值的第一课，从做一个有爱心、有修养、有道德的人开始，最终做有益于他人、有益于社会、有益于人民的人，当是"公家人"应有的人生追求。

(2011年11月4日)

大雾天里的"宏观"与"微观"

范正伟

> 感受虽然是微观的,但大家的感受组合起来,可能就反映了宏观的真实;感受虽然是主观的,但它代表情绪和期待,从这个意义上讲,主观感受也是不容忽视的客观存在

北京连日来的大雾,不仅遮住了蓝天,也增加了焦虑:空气污染程度究竟是轻还是重?

"雾天不等于污染天",北京空气质量"自己与自己比有进步"。北京有关部门负责人的回应,在网上引来广泛讨论。而来自不同机构的几项相距甚远的统计数据,更将这种讨论推到了激烈的程度。

同样的大雾天,有人看到了污染,有人看到了进步;有人看重宏观统计,有人则强调微观感受。为什么会出现这种"关公战秦琼"的局面?针对空气污染程度这样一个客观事实,公共部门应该怎样与公众沟通,才能得到大家的认同?

在气象领域,北京眼下的雾天被称为"灰霾",空气悬浮物是其元凶之一。北京目前监测的是直径小于10微米的悬浮粒子。按照这个标准,十几年来北京的空气质量的确有进步。但研究显示,大气悬浮物中对健康危害最大的是直径小于2.5微米的颗粒,换成这把尺子一量,差距就出来了——对环境质量有更高期待的公众希望尽力向更严格的国际

标准看齐,而环保部门却还在强调与历史相比的进步,百姓自然不愿买账。

面对公众健康的新期待,面对环境治理的新要求,我们在回应质疑时,一方面固然要看到环境问题从根本上受制于发展阶段和水平,不可能一蹴而就地解决;另一方面更要看到,污染对人体的危害不分中外,既然奥运以来北京的环境质量让百姓看到了更上层楼的希望,就不能总拿老旧标准说事儿,尤其是在技术条件完全许可、新的环境空气测定重量法刚刚公布的背景下。

"监测数据和群众感受不能'两张皮',必须把人民群众对环境的切身感受与监测数据统一起来",不能"人民群众深受污染之害、苦不堪言,而监测数据喜气洋洋、自说自话"。环保部长周生贤不久前的这两句话,对环保部门是一个很好的提醒。

感受虽然是微观的,但大家的感受组合起来,可能就反映了宏观的真实;感受虽然是主观的,但它代表情绪和期待,从这个意义上讲,主观感受也是不容忽视的客观存在。

这些年来,从房价上涨到物价指数,一些统计数据之所以与老百姓感受拧巴、一些地方的回应之所以同公众的常识相悖,固然有技术手段欠缺、发展水平受限的原因,但同时也折射出民意把握水平的不足、良性互动能力的欠缺:该讲不足的时候谈成绩、该谈宏观的时候讲微观,惟独欠缺直面问题的勇气和设身处地的关切,这自然就难以得到理解认同,甚至让老百姓成为"老不信"。

作为公共服务部门,无论是发布数据,还是回应质疑,不仅要考虑到既有条件,也要设法与老百姓的感知对接,不仅要用数字说话,更要用责任心说话,以实事求是的态度促进问题解决。只有这样,我们才能在转型期处理好个体感受与科学度量、微观数据与整体把握、国际标准与具体国情的关系,才能更加科学地剖析转型期的复杂现象,更加有效地疏导公众情绪。

(2011 年 11 月 2 日)

如何拆除医患"信任隔离墙"

张 铁

"八毛门"事件后各方的理性、宽容和清醒,让人看到重塑良好医患关系的希望

两个月里,患儿家长陈刚与深圳儿童医院的关系经历了一个大转弯。

8月底,拒绝费用10万元的手术,患儿在另一家医院凭借8毛钱的石蜡油缓解了病情;9月,家长向医院讨说法,发酵成"八毛门";10月,患儿病情复发,在武汉的医院做手术,证明最初诊断无误;10月底,陈刚向深圳儿童医院公开道歉。这一过程,既折射医患关系的痼疾,也让人看到去除这一痼疾的可能。

平心而论,陈刚的不信任并非没有道理。在石蜡油产生的短期效果下,在8毛钱与10万元的悬殊对比下,难免产生过度治疗的怀疑。而缝针后"不交钱就拆线"、男性被做"子宫整形术"等极端个案的出现,"大处方"、"大检查"等普遍现象的存在,都给医患关系留下了"不信任"的预设。这样的关系之下,出于对自身利益的保护,即便是小小的误会,也可能触发怀疑的反弹。

信任是医患关系的基石,也是取得良好疗效的前提。"八毛门"之后,一些医院一度连续出现不听医嘱、导致患儿病情加重的事件。最新

的案例,是广州妇幼保健院一名重症手足口病患儿的父亲怀疑医院过度治疗,拒做相关检查,耽误诊疗时机。

当坦诚相待、和谐信任被警惕和猜疑所取代,受损的不仅是个别人。看病找熟人、拉关系才放心,手术前塞红包、请吃喝"联络感情",小病也要上大医院找专家,舍近求远去药店买药……信任缺失时,每个人都可能是受害者。而重建医患信任,也有待医患双方合力而为。

医患关系中,医方天然处于强势,是重建信任的关键。"八毛门"事件中,深圳儿童医院始终保持忍耐大度和专业精神,在舆论讨伐下坚持科学地阐述自己的意见,这种态度令人敬佩。事实证明,有了这样的胸怀和作为,不论误解多深,最后都会得到患者的理解和尊重。

重建信任,同样需要患者的主动努力。固然,患者不断增长的权利意识是倒逼医方责任感的一种方式,但医患关系中,患者并非"永远正确"。以怀疑论为前提,将所有医生预设成唯利是图的"坏人",既不公平,也对医生的正常诊疗不利。更多的时候,患者也应履行自己积极配合治疗、信任医院和医生的义务。

那么,这种信任的尺度究竟应该如何把握?在呼吁医患相互给予尊重、耐心和理解的同时,更重要的是重建双方的信息平衡。心理学认为,不信任感来自不熟悉。及时、详尽、专业的信息,能消除患者的陌生感和警惕心,让医患间的沟通更有效,是建立信任最直接、也最重要的基础。在这方面,深圳儿童医院的做法值得所有医疗机构借鉴。

医院的克制和专业、患者家长的公开道歉、媒体对自身的反思,"八毛门"事件后各方的理性、宽容和清醒,让人看到重塑良好医患关系的希望。"医患双方应该是朋友,而不是互相提防的敌人。"与其陷入不信任的悲叹,不如积极朝着信任努力,这才是拆除"信任隔离墙"最有效的路径。

(2011年11月1日)

三元餐补，善政如何善用

李泓冰

我们期待，政府的坚决介入与民间力量的热情投入，能够完美地促成这桩善政，让3元钱真正强壮身处乡村的一代国人

这个周末，关于3元钱的话题不胫而走。

话题始于国务院常务会议10月26日的一个决定：从2011年秋季学期起，启动实施农村义务教育学生营养改善计划。在集中连片特殊困难地区试点，每生每天3元补助标准，将有680个县市的2600万在校生受益，每年所需160多亿元由中央财政负担。

这是一项怎么评价也不过分的德政，堪称善莫大焉，其积极影响甚至远超民生与教育范围。看似区区3元钱，扶助的不止是贫困学生的饥肠，更有一个民族的未来。

不久前，中国发展研究基金会发布学生营养状况调查，指出中西部贫困地区儿童营养摄入严重不足，受调查的1400多个农村孩子中，12%发育迟缓（此前另一份教育部牵头开展的调研表明，在沿海大城市，男、女学生生长迟滞检出率已分别下降为0.5%和0.8%），72%上课期间有饥饿感，男女寄宿生体重分别比全国农村学生平均水平低10公斤和7公斤，身高低11厘米和9厘米——这是一组触目惊心的数字，尤其是置于中国GDP总量已攀升至世界第二的背景下，在城里孩子挑

食成癖的同时,还有数以千万计的中国儿童挨饿。这是一个伤及一个国家身心的疼痛,也损及社会公平正义与公共服务均等化的理想。

营养午餐计划,始于热心的民间慈善人士。而政府的及时接力,既是众望所归,也是本届政府承诺将财政性教育投入提高到占GDP4%的具体落实步骤。

已经先行在部分地区试点了3年政府资助营养午餐的广西称,此举不但提高了农村孩子的体质,还降低了义务教育阶段辍学率。甚至,对于众多贫困乡村留守儿童而言,与老师同学分享一顿饱饭,不但是上学的动力,还是一次慰藉孤独感的"亲情午餐"。

此一德政,是填补诸多鸿沟的良好开端,诸如城乡差别鸿沟、不同地区占有公共教育资源悬殊的鸿沟、城市独生子女与农村留守儿童所受关注反差巨大的鸿沟。

善政尤需善用,要让这3元钱真正成为贫困儿童的福祉,首要的就是监管。除了从制度上完善操作细节之外,还需加大对挪用、贪污相关资金的惩处力度,让这"3元钱"成为不容染指的"高压线"。需要指出的是,在监管中,还需要民间力量继续发挥作用,与政府合力确保"营养午餐"的营养不流失。

我们不妨借鉴一下邻国印度的经验。印度政府1995年开始"小学教育营养支持全国项目",即"免费午餐",然而起初由于监管失当,效果不彰,甚至有家长将政府发的粮食变卖贴补家用。直到2001年,印度强制要求各邦给学生们提供烹饪好的午饭。此时民间人士起到巨大作用,基金会、义工、技术人员八仙过海、殚精竭虑,既出工出力,又贴身监管,最终,印度1.2亿儿童每一个人都吃上了营养午餐,印度儿童辍学率从此大幅下降。

我们期待,政府的坚决介入与民间力量的热情投入,能够完美地促成这桩善政,让3元钱真正强壮身处乡村的一代国人。

(2011年10月31日)

用制度关爱纾解"空心化"之痛

詹 勇

> 一些农村地区,空巢老人"老无所依",留守儿童"幼无所靠",已经不仅仅是个体的生活困扰,更是社会面临的严峻挑战

"她比沈从文笔下的翠翠更让人感动。"这几天,一组题为《弟弟要睡了》的照片在网上广为传播,湿润了千万网民的眼睛。在摄影师定格的画面中,一个不到10岁的小女孩带着弟弟,一边听课,一边哄着怀里闹困的弟弟……

这幕场景之所以让人心酸,是因为照片背后有着无奈的现实:小女孩的爸爸妈妈都出去打工了,8个孩子跟着爷爷奶奶生活,爷爷奶奶要干农活,只好由小女孩带着弟弟上学。而在小女孩生活的苗族村寨,全村45岁以下的成年人大都在外打工,基本上家家户户都有留守儿童。

如果让目光跳出湘西山村这一隅,就会发现,"弟弟要睡了"折射出许多农村家庭的普遍处境。来自全国妇联、全国老龄办的数据显示,目前我国农村留守儿童人口约5800万,留守老人多达4000万。

伴随着中国社会快速走向城市化、工业化,在打工潮席卷之下,曾经"依依墟里烟"的村子,只剩下老弱妇孺的孤独背影。"说村不是村,有院没有人;说地不是地,草有半人深",一幅"空心化"的落寞

图景,触动了转型期的一大社会痛点。

近年来,从街头流浪儿童到广西温江村"问题少年"成群,从邵阳沉船事故到留守女童与奶奶尸体独处7天,无不表明在"空心化"蔓延的背景下,一些农村地区的空巢老人"老无所依",留守儿童"幼无所靠",孩子们普遍存在学业失教、生活失助、亲情失落、心理失衡、安全失保等问题。这不仅是他们的生活困扰,也是社会面临的严峻挑战。

《弟弟要睡了》这张照片为什么能打动网友?一个网络调查中,居前两位的回答分别是"折射了部分落后地区的贫困现状"和"反映了留守儿童权利保障的缺失"。这告诉我们,在社会流动加剧的时代,流动者的境况备受关注,但留守者的权益如何保障、留守儿童的未来何处安放,还是一个有待破解的难题。

事实上,我们的社会一直在努力回答这些问题。近年来,从政府部门到民间组织,代理家长、寄宿制学校、留守儿童之家、免费午餐、留守儿童关爱基金等创新举措不断涌现。日前,国务院决定启动农村义务教育学生营养改善计划,2600万特困地区学生每人每日补助营养餐费3元,这也是许多留守儿童的福音。

一位领导同志曾在给留守儿童的回信中写道:"在我们心里,每一个孩子都不普通。你们现在是我们的至爱、祖国的花朵,将来是社会的财富、国家的栋梁。你们成长的每一时刻都牵挂着我们的心,你们的幸福和健康成长正是我们为之奋斗的真正价值所在。"这样的殷殷深情,亟需化为破除城乡壁垒、保障留守权益的制度关爱,才能真正纾解农村"空心化"之痛,给希望的田野带来勃勃生机。

(2011年10月28日)

输得起的球赛,输不起的未来

李 强

> 1993年,《夏令营中的较量》引发社会思考;18年后,输掉的小学生足球赛提醒我们,当年的问题仍未解决甚至更严重

3天之内,北京两所小学足球队分别以0:11和3:7的比分败在了来访的俄罗斯小朋友脚下。这悬殊比分引发的关注和讨论,甚至超过不久前国家男足世界杯预选赛失利。

平心而论,来访的这支俄罗斯少年足球队,虽然球员都是"00后",但毕竟是一支经过专业训练、获得过西伯利亚联邦区冠军的球队。反观我们,不过两支完全业余的小学球队而已,惨败也属情理之中。

真正值得关注的是,我们这些10岁上下的孩子,个头虽然高,但体能、体质却有待提高,跑20分钟就气喘吁吁,与生龙活虎的俄罗斯孩子形成鲜明对比。这并不是两所北京小学孩子们的特殊情况,而是一个具有普遍性的问题。根据最近一次全国青少年体质健康调查,过去10年间,我国青少年的肺活量、速度、力量等指标持续下降,肥胖率却增长1倍。据近年统计,在一些大城市,青少年肥胖率已经超过发达国家;眼睛近视的比例更不容乐观,初中生接近60%,高中生达到

76%，大学生甚至高达83%。

青少年体质不断下降的事实，令人不禁担心，长此下去，我们输掉的不仅是足球，更是未来。1993年，一篇《夏令营中的较量》曾经轰动全国，中日青少年在体质素质方面的差距，引发社会诸多思考。18年后，足球场上气喘吁吁的孩子们告诉我们，当年的问题依然存在。从家长到学校、从教育主管部门到整个社会，都需要回答好关于教育理念、教育方式的拷问。

长期以来，在应试教育的指挥棒下，无论学校、学生还是家长，都形成了"多读书—考高分—上名校"的定势，大量的学习任务压在学生头上。在各种考试科目面前，体育课变成了可任意占用甚至取消的"副科"。2007年一项对8000所学校的调查显示，我国专职体育教师配备率只有38.8%，大量的教育投入，并没有向体育教育倾斜。

而且，对体育教育，不仅学校重视有限，家长更是将其定位于"锻炼身体，保持健康"的层次，只要孩子身体健康，那么锻炼少点也无所谓。实际上，中国家长对于教育的重视程度不可谓不高，为了孩子，花多少钱都在所不惜。然而，这些钱都花在了幼升小、小升初、兴趣班等方面，其最终目的，是进好学校、考好成绩、进好大学，仍然陷入应试教育的逻辑循环。

这样扭曲的教育理念，实际把体育的教育功用大大弱化。著名体育教育家马约翰曾说，"体育是培养健全人格的最好工具。"体育锻炼，不仅使人体格强壮健康，更是锻炼意志力、树立规则意识、培养团队精神的绝佳方式。体育教育对于青少年的重要性，丝毫不亚于书本知识以及琴棋书画等兴趣爱好。

从另一个角度看，输掉球赛未尝不是好事。悬殊的比分，再次敲响警钟，提示每一个教育者和家长重审自己的教育理念。我们要关心的，不仅是孩子的学习成绩，更要关心他们身体的健康、人格的成长。这是为了孩子，更是为了我们的未来。

(2011年10月27日)

堵住数据泄密的"利益缺口"

马红漫

> 要确保数据安全,强化相关教育、严格程序制度和事后法律惩戒,缺一不可

统计数据泄密问题受到严查。国家保密局、最高检24日通报,去年5月以来,我国国家宏观经济数据多次被泄露,已立案侦查6件6人。其中,国家统计局干部孙振、中国人民银行干部伍超明因犯故意泄露国家秘密罪分别获刑5年、6年。

在中国经济实力日渐强大的今天,统计数据屡屡遭窃的负面影响显而易见。我国宏观统计数据就曾多次被境外媒体精准"预测",尤其是2008年到今年6月期间,路透社曾7次"猜中"中国月度CPI数据,堪称业内"章鱼哥"。国家机关公信力受挫、国家经济安全遭遇威胁、证券机构等寻租者获取不当得利、市场公平竞争环境受损……当个体逐利冲动膨胀到一定程度之时,国家安危与法律道德难免被抛于脑后。

从孙振、伍超明二人的案件剖析,他们的泄密对象都是证券行业从业人员。这些寻租者的切身利益,与CPI等经济数据息息相关,若能提前获知数据、并据此先于同行做出相关交易,获利十分诱人。恰因此,寻租者会千方百计向相关要员示好,或举办讲座、或朋友宴请,并许以高额邀请费用。结果,那些尚未公之于众的核心数据信息,便在"不

经意"间被传递了出去。

实际上,对于数据安全,我国有着一系列法规护航。保密法规定,所有公民都有保守国家秘密的义务。任何危害国家秘密安全的行为,都必须受到法律追究。统计法也明确,"统计数据依法公布前,任何单位和个人不得泄露"。但遗憾的是,查办泄密案件时,存在发现难、取证难、立案难、处理难等问题,打击力度跟不上,犯罪成本较低。从完善法律监管的角度看,一些金融机构以贿赂方式获取统计数据,同样也应该以行贿罪论处,如此,才能够真正堵住宏观经济数据泄露的"利益缺口"。

其实,为防止数据泄露,国家统计局从今年7月开始,调整了统计数据发布方式,比如提前了发布时间、缩小了接触涉密数据的人员和范围。然而现实问题在于,国家核心经济数据的统计工作十分庞杂,包括初始数据采集、整合、误差调整、部门信息交换等诸多环节,涉及人员众多,这在客观上增加了保密监管的难度,也让泄密者心存侥幸。保护我国经济数据安全,强化工作人员教育、严格程序制度、事后法律惩戒,缺一不可。

对统计数据心存敬畏,才能让统计工作尽善尽美。此次高调通报泄露涉密经济数据案件查办情况,也在客观上凸显了统计数据在经济生活中的重要性。这提醒更多相关工作人员,不仅需要谨守法定职责,更需要以一种严谨履职的态度来保证数据的客观公正。官方统计的目的,是为后续政策决策服务,相关工作也应当摒弃闭门造车的思维,切实为经济发展服务。

统计领域"蛀虫"获刑,严肃了保密法规的落实。而堵住泄密的利益漏洞、完善保密的制度藩篱,在此基础上进一步发挥统计数据的重要作用,全社会、尤其是相关人员对统计工作严肃性与重要性的认识还需提升。

(2011年10月26日)

"叫板官员"该由谁接招

张 铁

"球来拍挡"只管一时,制度护航才有长治久安,也才是更好的接发球

一次为讨薪农民工讨公道的"微博叫板",让湖南纪委预防腐败室副主任陆群近日成为公众关注的焦点。

因怀疑长沙县警方在处理一起农民工讨薪事件中有殴打和非法拘留的行为,陆群以"御史在途"为网名在微博中公开表示,"如果经公正调查证实民工诉求不合理,我立即辞职以谢天下",并质问相关领导,是否敢"谁错谁辞职"。

作为一个长期关注农民问题、在工作中也接触到大量农民投诉的纪检干部,陆群不会不懂,走组织渠道才是解决问题的正道。但让陆群叫板领导的农民工讨薪被拘一事,发生在今年4月。当时,陆群就曾质疑有关部门粗暴执法、殴打讨薪农民工。虽然有关方有"高度重视"、"进行调查"的回复,但迄今未有结果。在历经半年的等待中,有关部门"能拖就拖、能推就推"的轻慢,"拳打棉花,力道被泄"的敷衍,是失去信心的陆群选择网络平台帮助农民工维权的现实逻辑。

陆群的选择,就像一记无奈之下发出的险球。这一发球引来的围观,让农民工讨薪被拘被殴升级成为公共事件,相关方面必须接好这个

球。从媒体报道可知，陆群微博叫板之后，有关方发布调查结果，认定是"正当执法"，裁处"是依法、正确的"。但作为被质疑的对象，如果自己单方面调查得出结论，就像"既当运动员又当裁判员"，结果恐怕难以服众。要更好地维护农民工或建筑公司合法权益，平息事态、取得信任，就需有超乎"当事人"的上级组织介入，给出更权威、更客观、更有说服力的调查。

此事之所以引发广泛关注，更在于这其中涉及的，是几十名农民工的合法权益，是一名纪检干部不惜以自己名声甚至前程为民工维权的勇气。如此，对陆群"叫板"的农民工维权问题能否及时关注，对他质疑的警方问题能否介入调查，考验着相关部门的应对能力，检验着对群众的感情，更关系地方的公信力。

陆群的"发球"也表明，我们反映诉求的渠道，仍需进一步畅通。如果一个熟悉相关程序和法律的纪检干部反映问题尚且要"微博上见"，农民工合法维权的难度更可想而知。在爬楼跳桥、断指开胸、拜官拜神的诉求表达背后，还有更多无人接的发球，需要政府、社会以更大的责任、更多的精力去关注。

"微博约赌"当然不应是维护权益、反映问题的常态。激烈的言辞、愤慨的叫板，或许能解决这几十名农民工的问题，但此时此地有用，彼时彼地却可能失效。合理诉求的表达，需要规范化的渠道；公平正义的实现，唯赖制度化的保障。这也提示社会管理者，维权才能维稳，制衡才能治权，"球来拍挡"只管一时，制度护航才有长治久安，这才是更好的接发球。

陆群表示，他会"呼吁媒体"、"用法律的手段"来解决问题。我们希望相关部门同样能拿出建设性行动及时介入，有问题则依法依规追责，无问题则向社会说明情况，让公众对公义的吁求，能激起来自现实的回响。

(2011年10月25日)

请以商业理性终结"拍砖"式互伤

田 泓

> 商业模式可以根据形势随时调整,但诚信守则、共同繁荣始终为商业持续发展的根本

中国商家之间的非理性商业经营纠纷似有愈演愈烈之势。有乳业巨头蒙牛的高管涉嫌诬陷伊利产品,双方陷入互相攻讦;有饮用水企业康师傅和农夫山泉持续多年的"水之战",结果让消费者对各种水源质量都疑虑重重。前两天,淘宝纠纷再起波澜:在淘宝方面宣布推迟商城老客户执行新规后,部分中小卖家集体转向支付宝提现,被指为"扰乱金融秩序,涉嫌严重违法"。

我们可以把淘宝商城和中小卖家的纠纷看成是电子商务"成长的烦恼"。其所涉的诸多命题,比如平台企业和商家的利益均衡机制、相关法律法规建设等,都是电子商务发展必然碰到的"瓶颈"。商务部的介入或让人有理由相信,漏阙会在纷争之后补阙,以维护电子商务发展的蓬勃之势,但电子商务企业自身也应切忌采取那些非理性、非法且恶性的竞争手段。

在目前淘宝纷争中,当事双方显然缺乏应有的商业理性。中小卖家接到涨价通知,采取的是"拍砖"式维权方式;而马云身为电子商务领袖,能熟练运用国际规则与雅虎这样的巨头周旋,却扑不灭自家后院

"草根们"的火,让人不能不为电子商务的未来捏一把汗。

不单是企业家,消费者的非理性维权在我国的商业活动中也不鲜见。时常在各地上演的"砸车事件"就是此类"暴力维权"的代表作。只是,这种方式在快意之后,留下一地废墟,并未给商业文明的建设添加些许砖瓦。

商业博弈或许表现为你死我活、波谲云诡,但究其本质,是契约精神下的生产、流通和消费各个环节的多赢,商家、中介、消费者的关系更是"一荣俱荣、一损俱损"。契约的意义在于,它以大家共同认可的规则,将各方利益捆绑在一起,并由此降低了交易成本。商业模式可以根据形势随时调整,但诚信守则、共同繁荣始终为商业持续发展的根本。

消费者以及小微企业的"拍砖"式暴力维权,往往是由于与强势企业相较实力悬殊,缺乏议价渠道和维权的可操作性。因此,要让企业、商家与消费者遵循商业理性行事,不仅要靠法律法规的完善、主管部门的协调监管和局部的妥协,还要培育强有力的小微企业行业组织、壮大消费者协会组织,让各方利益可以在平等合法的基础上通过协商达到平衡。

据说,创造新的商业文明是马云们一直以来的理想。然而淘宝纷争让人们看到,新的科技手段并不必然地催生新的商业文明。在"拍砖"式商业纠纷频现时,各方都有必要重温那些最基本的商业伦理,才能降低商业运营成本,维护商业信誉,更捍卫消费者的基本权益,也一扫中国商业在国际形象上的阴霾……

(2011年10月24日)

保障外地人是道管理考题

周人杰

让广大外来人员共同分享城市的建设发展成果，既是城市包容度的体现，也是城市管理者应有的理念

19日，北京公布了公共租赁住房建设管理的最新规定。打破户籍限制、分档补贴租金、年内将实现配租1万户以上……很多人说，新规里"弥漫出浓浓的人情味儿"。当然，最引关注的，是外地人纳入到公租房供应对象的规定。

在北京政策性住房中，廉租房、经适房、限价房的申请此前一直都限定在该市的户籍人群。而此次新规，对来京连续稳定工作一定年限的外地人开了一扇窗。这意味着，不仅许多毕业不久的大学生、城市低收入人群能解决起码的"住有所居"困难，那些怀揣梦想、同样为大城市做出贡献，却可能连"蜗居"都难以住进的外来务工人员，也有可能享受到这座城市的政策温暖。

在我国，户籍背后所包含的福利在地域与城乡间悬殊极大，社会保障还难以实现全覆盖，"在路上"、"在异乡"的人们往往是社会保障制度中"被遗忘的人"。外来人员尤其是收入较低的外来务工者，要想"同城待遇"或"市民待遇"，并不现实。特别是外地人大量涌入的北京、上海这些特大型城市，更轻易不敢开这个口子。所以，我们常看

到,因为户口,外地人在买车购房上常常受限,务工人员的子女在城市里的课桌是那么摇晃;还会看到,那些时隐时现的道德冷漠与人格歧视……事实上,就在北京公租房新规公布后,网上也有一种担心:外地人也可申请,会不会引发进京潮,"抢占北京资源"?

有人说,今天的中国处于一个"流动时代",而今天的老百姓对于"社会公平"的呼唤更加强烈,这无疑给社会管理增加了难度。北京曾因关闭一批打工子弟学校而引起强烈关注,就证明了这一点。让广大外来人员共同分享城市的建设成果,既是城市包容度的体现,也是城市管理者应有的理念。

回到北京公租房新规。尽管对外地人的"政策覆盖"存在不少担心,比如,申请条件不限收入是否合适,政策落实能否到位,究竟能有多少符合条件的外地人住进公租房,新规还是赢得了一片叫好。"首善之都"的住房保障方式实现了"全覆盖",人们从中感受到的,是一座城市释放的暖意,是社会公平的信号。

这种信号,也越来越多地出现在各种制度设计中。从外来务工人员劳动权益的保护,到各项社会保障的日渐规范;从随迁子女入学难问题的妥善解决,到"医保卡"全国漫游的逐步施行,尽管有的还在起步探索,但展现出公共财政在公平呵护与民生保障上的作用,凸显了管理者们正视矛盾的勇气与解决问题的决心。

中国的城镇化堪称世界上最为复杂、最为艰巨的过程。面对越来越多的"外地人",城市管理者以何种心态、用何种方式看待他们,保障他们的合法权益,既关系当下的社会和谐,更关乎城市的未来发展。

(2011年10月21日)

清华"贫困县选才"的启示

秦 宁

当教育公平不断推进，当公平覆盖到更多的弱势群体，他们才能实现"知识改变命运"的愿景，我们的社会流动才能更趋于合理

18日，清华大学公布了该校"新百年计划"的自主选拔考试实施办法：全国592个国家级贫困县的所有中学，均可推荐一名考生参加清华大学的自主招生，他们一旦获得了资格确认，将在未来的录取过程中获得30—60分的分数优惠。

清华招生新政是对现有自主招生制度的强力刷新，尤其是面向592个国家级贫困县选才的制度设计，对寒门学子来说，是一个极大利好。过去5年，高达八成的全国贫困县无一人上清华。在此基础上审视清华招生"照顾"寒门学子，越发感慨它释放的温情与善意。

寒门学子进清华不易，进北大、进其他名校的，同样不多。而且，无论是公众的一般感觉，还是调查的统计显示，来自中西部农村的孩子进名校的比例，都呈下降趋势。有学者做过调查，发现1978—1998年间，北大学生中来自农村的比例约占30%；而从2000年至今，考上北大的农村子弟骤降到了10%左右。

清华自主招生向寒门学子的倾斜，实是不失时宜的矫正。自主招生

政策实行多年，但总体看，侧重素质教育的特点对城市孩子更有利。这既是一种客观事实，也存在一些误解。正如北京大学校长周其凤所称："不能一谈到素质就是说唱歌好、跳舞好。"农村孩子知道尊重别人，能吃苦，知感恩，这比会背一些诗歌、多解一道数学题，素质更高。所以，从"冷落"到"照顾"寒门学子，不仅是"扶贫"式的帮助，更是评价体系的制度性纠偏。

就此而言，清华作为名校，对贫困县学子的"照顾"具有可贵的导向意义，如果其他高校积极跟进，给贫困县学子多一些青睐，"寒门子弟难进名校"的现状或许会有所改观。当然，"穷庙富方丈"，贫困县也有非贫困学子，因此需警惕招生"照顾"成了权力饕餮的盛宴。

放在更宽广的现实语境中，还可发现清华招生新政也是推动教育公平、打破阶层固化的有力举措。社会阶层固化一直是近年来的热议话题，贫寒子弟上升的空间确实出现逼仄，这应当引起我们的注意。

"只要维持公平的教育机会，贫穷就不会变成世袭。"对贫寒子弟来说，接受教育、享受到良好的高等教育，是改变自身命运的有效途径。清华新政让更多的人看到了希望，也助推了教育公平。当然，改变贫困生的命运，仅靠清华还不够，需要更多的高校跟进。当教育公平不断推进，当公平覆盖到更多的弱势群体，他们才能实现"知识改变命运"的愿景，我们的社会流动才能更趋于合理。

（2011年10月20日）

请摘掉功利教育的"绿领巾"

姜泓冰

> 未来中国社会真正需要的,不是少数自我强大的精英,而是遍布各个阶层的一代健康、成熟的合格公民

几乎所有中国孩子胸前都曾飘扬过红领巾,人人知道它是中国少年先锋队的标志,是"革命烈士的鲜血染成的红旗一角",对于初入学校的孩子来说是莫大的荣誉与向往。然而没有想到,在陕西西安的某个小学,竟然会由此派生出一条惹眼的"绿领巾"来。

"绿领巾"本身并不惹人厌憎。有不少城市在尚不到入队年龄的一年级新生中间试行"绿领巾",将它作为少先队"预备队"的标记,衬着一张张稚嫩笑脸,像新长出的苗苗一般可爱而充满希望。

但这一次,西安某小学的"绿领巾",被老师当成"激励没戴上红领巾的学生"的手段,被学生们解读为"差生"的身份标志,因而格外触目惊心。看见孩子们一离开学校就赶快摘下"绿领巾"藏进书包的动作,听见系"绿领巾"的孩子说"不戴怕老师说"、系红领巾的孩子说"你学习差,只能戴'绿领巾',我才是真正的红领巾"时,这样的触动尤其强烈。

应试教育给了我们众多考试和依照学科考试排名评价学生的强大习惯。在整个教育阶段,绝大多数中国孩子身上贴得最牢固而显眼的,就

是这一种分类标签：尖子生、差生、中等生。在不少学校，除非你有特殊背景，否则只有学习成绩优秀者才有做班干部、评先进、率先入队入团的资格；同一种违纪行为，优等生和差生得到的反馈和处罚多半也相去甚远。如今，西安的这个小学干脆用红、绿两色的领巾，让优等生和其他孩子变成了泾渭分明的两个群体。

虽然学校有些委屈地说，他们的本意只是为了"激励"那些还不够入队条件的学生，但如此"激励"手段显然更多被理解成了压力与打击，缺少对于孩子自尊心、平等意识的理解与关注，难以达到激发上进心的目标。

教育，尤其是基础教育，应该以健全人格的公民为培养目标，教育孩子"成人"的重要性远远大于"成才"。然而，眼下的现实却恰好相反。从家庭教育到学校教育，急功近利的态度将"育人"过程挤压得十分扁平，不仅让孩子承受了难以负担的学业压力，更将庸俗浅薄的功利化价值观念植入他们的人生观、世界观。很难想象，一个从未感受到平等与尊重的"差生"，如何能够拥有适度的自尊自重意识、不以对立的情绪看人处世；也很难想象，一个仅因学科成绩优秀或拥有了"红领巾"、"五道杠"就被娇纵的"优等生"，即便日后成为"精英"，便会陡然懂得平等待人、体恤弱势人群。一位16岁的"神童"博士最近在接受媒体采访时说自己应当做"王者"、"人上人"，且要求并不富裕的父母付全款为他在北京买房，此等表现也从另一方面证明了这种单薄教育理念的缺失。

中国的教育正处在深化改革、谋划长远的关键时期。在急功近利的社会环境投射下，教育很难独醒，最容易被世俗"劫持"而沦丧根本的育人理念。但未来中国社会真正需要的，不是少数自我强大的精英，而是遍布各个阶层的一代健康、成熟的合格公民。要培养他们，请从摘掉教育的"绿领巾"开始。

（2011年10月19日）

女童遭碾,我们都可能是"路人"

李泓冰

我们每一个人,都可能成为走过小悦悦身边的"路人",请停下来,拉她离开街心;或伸出援手,将她抱离险境。这是本分,更是底线

这是一段令人揪心的视频。广东佛山一个五金城里,两岁女孩悦悦被一辆面包车撞倒、碾轧,接下来的几分钟,还有呼吸的悦悦孤零零地躺在路边,18个路人先后经过,但都当没看见,而其间悦悦又被一辆货车碾轧。这令人心寒的一幕,直到拾荒阿姨陈贤妹经过,将悦悦搬离街心、在高喊中惊动了悦悦妈妈,才得以终止。此刻,濒临脑死亡的小悦悦,躺在医院的重症监护室。

18:1,多么让人遍体生寒的数字!尽管有人曾因见义勇为被冤,尽管救人常不免带来某些"麻烦",但是,见死不救甚至用冷漠来助纣为虐,是在撕裂社会的良知底线,消解公众灵魂深处的仁义善念。

是陈阿姨的出现和奋力施救,让我们被冰冻的道德感有了一丝暖意。怀揣一颗善良的心、在看到孩子躺在马路上抽动的那一刻"只想着救人"的陈贤妹,让我们有理由相信,这桩个案里的悬殊比例,并不能成为社会道德的代表。陈贤妹并不孤独。我们完全可以举出另外的个案,像勇敢地徒手接住坠楼女童的杭州"最美妈妈"吴菊萍;扶助

摔倒老人、虽被冤枉却依然无悔的南通大巴司机殷红彬；还有合肥两位农妇以德报德的事例——主动做好事让老婆婆搭"顺风车"的农妇刘士圣，不幸发生交通事故后主动担责，赔偿对方，而老婆婆的儿媳李孝香善良宽容，坚决拒收上万元补偿金。当然，更不用说汶川特大地震之后的举国相助和志愿者的驰援……在这些朴实的草根大众心中，守望相助、扶危济困，天经地义。他们是这个社会里沉默的、平凡的、但善良的大多数。

公众之所以如此关注"18∶1"的恶性事件，如此激愤于冷血路人的"旁观心态"，因为它太过异常和触目，将大众的道德神经触碰得疼痛难忍。这种疼痛感在网友们的愤怒中体现得淋漓尽致，它与陈贤妹的出手相救一样，体现出对生命的尊重、对善良的坚守，蛰伏在草根大众的心中，构成社会道德的主流。

孔子说，礼失求诸野。中华民族的礼义廉耻，原本植根于最质朴最底层的"草民"中间。路旁行人口似碑，不管是大是大非的价值判断，还是急公好义、古道热肠的民间道德，都是五千年文明史得以绵延不绝的重要支撑。基于此，我们一面对陈贤妹们的良知善行深深致敬，一面也必须对冷血的路人报以严厉谴责，他们对生命冷漠如斯，不仅是文明社会的耻辱，也让文明古国蒙羞。

阻止道德的滑坡、托举向善的力量，正成为今天我们这个社会必须面对的考题。这道考题不仅涉及道德的考问，也关乎文明社会的公民责任。在一些国家，见死不救甚至会构成犯罪，英国的"见死不救罪"规定：如果涉嫌"没有对涉险人士予以协助"，将面临法律的惩罚。在社会道德被严重污染的时刻，或者可以让法律来拯救道德？

我们每一个人，都可能成为走过小悦悦身边的"路人"，请停下来，拉她离开街心；或伸出援手，将她抱离险境，这是本分，更是底线……

(2011年10月18日)

"淘宝伤城"背后是转型之痛

庞自立

既需要鼓励更多企业做大做强，也需要保护大量合法经营的中小企业的生存发展权。如此，才是发展的正道

15日，针对沸沸扬扬的"淘宝商城风波"，商务部表态，希望淘宝商城采取积极行动回应相关商户特别是中小商户合理要求，同时对淘宝中小卖家喊话"必须循合法途径表达诉求"。这让反淘宝联盟对淘宝商城大卖家的围攻有所缓解——过去一周来，数千中小卖家和网民组成的反淘宝联盟，以拍商品、绐差评、要退款等恶意购买手段，令一些知名品牌商铺损失惨重。

这场被称为"淘宝伤城"的风波，源于淘宝商城的新规——商城大幅度提高2012年商家年费和保证金，要求所有商家年底前拿出平均超过预算数万元的资金，招致部分中小卖家的激烈反对。

此次"暴力起义"的中小卖家，向淘宝商城中无辜的大型商家施暴，抗议方式极为不妥。不过，他们的境遇也确实值得同情。升斗小民，辛苦开个小店，本小利薄，赚钱养家殊为不易。更何况，在淘宝的初期发展中，他们也曾立下汗马功劳。此次淘宝商城高额提价，无疑让相当一部分卖家陷入两难：跟进则承受不起高额成本，退出则前期投入和积累血本无归。在当前中央鼓励中小微企业发展的政策背景下，淘宝

应当充分考虑他们的权益。

对于淘宝商城来说,通过提高准入门槛,淘汰资质不够的商家,提升自身品牌的价值和服务,完全符合市场逻辑。长期以来,淘宝商城上假货泛滥,投诉不断,通过提高门槛净化市场,对淘宝来说大有裨益,对广大网购消费者而言,也不啻是好事一桩。从长远看,也有利于中小卖家提升产品质量和营销水平,让良币驱逐劣币,营造诚信健康的商业环境。

看似很难兼容的双方诉求,是当前电子商务发展出现的一个"阵痛"。为什么阿里巴巴掌门人马云坚称的"做了最该做的事"、在很多人看来是"电子商务发展方向"的淘宝新规,却被不少人斥作是"有违道义"、"卸磨杀驴"的"强拆"之举?在电子商务发展中,该如何解决好企业自身做大做强的需求与诸多弱小商户权益保护间的客观矛盾?这个"转型之痛"需要理性的求解。

当前,电子商务年交易额超过4万亿元,占据市场支配地位的平台企业,其运作方式,包括收费模式、服务标准,会对整个行业产生举足轻重的影响。从这个角度上看,淘宝商城方面对小卖家的态度,具有行业的风向标作用。这也正是商务部希望淘宝方面能以更积极的行动回应中小商户合理要求的含义所在。

联系此前的"3Q大战",无疑提醒相关部门:对于飞速发展的电子商务来说,恐怕应加快步伐,从平台企业、卖家商铺以及消费者多方利益出发,为电子商务发展建立适宜的制度法规环境;应加大力度,强化网络环境下的市场监管,维护电子商务的正常秩序,营造电子商务发展的良好环境。

无论对电子商务还是对中国经济来说,既需要鼓励更多企业做大做强,也需要保护大量合法经营的中小企业的生存发展权。如此,才是发展的正道。

(2011年10月17日)

慈善行为不能"权力统筹"

李天扬

> 把慈善这一社会性的分配机制变成行政摊派、权力统筹,容易让人产生逆反心理,无形中销蚀慈善组织的公信力

最近有两件事广受关注:其一,广东东莞政府部门集体办理"月月捐"——绑定一张银行卡,每月固定扣10元以上"捐款"。当地一名干部称,10元标准,并不过分。其二,沈阳、济南、西安等地群众向媒体反映,他们正在读小学的孩子被学校要求加入红十字会,并要缴纳5元会费。

针对批评质疑,东莞市民政局表示,"月月捐"可以随时参加随时退出;几个地方的红十字会也强调,中小学生入不入会,完全自愿。然而,在政府部门、学校这种对个人表现颇有压力的场合,即使内心对这种方式并不认同,又有多少人会因为几块钱的"小事"公然退出类似的"集体活动"?

小事其实不小。"郭美美事件"之后,我国慈善组织的公信力、公众的慈善热情,均受到一定程度的影响。与此同时,人们对于慈善的关注程度则有了极大提升。也正是在这样的背景下,以前一些司空见惯的"慈善模式"正在被重新打量,比如对动用权力募捐的反思,比如对善款去向的关切。正如日前民政部有关负责人所说,一系列舆论风波引发

的思考,让政府部门、慈善机构和社会公众对慈善事业的本质有了更深入的理解,对现代社会中如何开展让人民满意的慈善有了相当程度的反思,这对于提高慈善组织规范程度、运作水平是一个促进。

近段时期以来,中国红十字会、中华慈善总会等慈善机构推出一系列举措,推进善款使用的公开、透明,力图重塑慈善公信力。然而,改革不会一蹴而就,公众善心重聚需要一个过程。在我国慈善运作"起步晚、底子薄、基础弱"的背景下,如何还原慈善的自愿本质,如何防止"慈善初衷"被随意篡改,如何提升社会整体的慈善质量,种种问题,都需要在实践中进一步探索。

无论是政府部门还是企业、学校,可以号召、鼓励、引导慈善,但是不能将慈善作为一种"义务"去推广。硬性摊派不是慈善,运用权力手段搜集慈善资源必然会破坏慈善生态。把慈善这一社会性的分配机制变成行政摊派、权力统筹,容易让人产生逆反心理,无形中销蚀慈善组织的公信力。至于那些假借慈善之名去圈钱圈地、牟取私利的行为,就更是与慈善全然无关,体现的只是权力的滥用。

正如有专家所分析的,目前我国的慈善事业存在着"三低三高"的局面。"三低"是:整体起点低,慈善组织数量低,捐款数量低。"三高"则是:需求极高,热情极高,开放度极高,而且因为有网络支持,现在已和世界连成了一片。在这样的背景下,促进中国慈善事业的健康发展,使慈善真正植根于社会、依托于普罗大众,离不开慈善环境的培育、慈善文化的涵养、慈善制度的健全。在这方面,作为社会管理者的政府部门如何"有所为有所不为",这既是对执政智慧的考验,也是对依法行政的检验。

(2011年10月14日)

拿什么根治"中小企业病"

周人杰

根治"中小企业病",要对症下药,更应完善应急状态下的金融保障,切实引导实业走向繁荣

高利贷资金断裂、温州老板跑路、台州老板自杀……近期充斥媒体的报道再度引发公众对江浙中小企业的关注:悲观者以为这将严重影响国民经济向自主增长的有序转变,提出"中国式次贷危机"的担忧;乐观者则认为个别企业破产倒闭是正常现象,更欲以市场之名放任其自生自灭。不同认识的背后,中小企业究竟有着怎样的尴尬?突围之路又在何方?

中小企业的地位和作用无需赘言。正如温家宝总理所言,"中小企业在扩大就业、推动经济增长等方面具有不可替代的作用,支持中小企业发展具有全局和战略性的重要意义"。近年来,从宪法对非公经济"鼓励、支持和引导"的制度规范,到"新36条"对民间投资健康发展的政策保障,应该说,中小企业发展的环境正在不断优化。

然而,在国际金融危机以及经济波动阶段,一些中小企业的频频破产倒闭,除了自身抵御风险能力差的因素和市场经济正常的优胜劣汰,还有其他"非常"因素的存在。事实上,中小企业面临的利润空间低、融资成本高等问题,使得它们往往格外脆弱,有人形象地概括为"中

小企业病"。

要帮助中小企业走出困境,一方面固然要在尊重市场经济规律的同时,按照中央的要求,实施差异化金融监管、机构信贷政策落实、财税支持力度加大等应急政策;同时也要认清"中小企业病"成因的长期性和复杂性——它不仅是老板道德病、企业经营病,更是金融信贷病、实体经济病。对此,我们除了采取灵活审慎的调控政策之外,更应着眼于长远和大局,加强制度建设。

当前中小企业面临的最大难题是资金问题。因此,民间借贷和官方信贷对于应急状态下的中小企业,意义不言自明。只有不断完善对中小企业的信贷保障才能从根本上纾解中小企业的种种困境。

对于民间借贷而言,应该相信市场,给予其合法的市场地位。事实也证明,民间借贷宜疏不宜堵,应加强监管,引导其阳光化、规范化发展。尤其在中小企业经营困难的特殊时期,更应建立风险评估、预警体系、秩序整顿等制度,发挥其积极作用,同时防范可能出现的金融风险。

相信市场,但也不能迷信市场。在民间借贷之外,还要建立一整套应急状态下的触发机制。一旦发生中小企业融资成本过高,国有商业银行、股份制金融机构、担保公司、小额贷款组织等便应自觉响应政府干预,按照比例、降息让利、分类发放中小企业贷款,切实落实支持发展中小企业的国家战略。

"民营经济成就了浙江,是浙江的瑰宝,我们要像爱护眼睛一样爱护它们。"目有疾,自当医。而这种医治,不仅要给予其应急性的资金支持,更要着力约束资金流向,规避应急贷款再次流入资本市场的风险,引导中小企业走向实体繁荣的康庄大道。由此而论,根治温州企业近年来从房产到能源再到古董的炒作之风,才能矫正被扭曲了的经济结构,才能尽量减少无谓的行政干预,才能重新提振实业起家的勇气与辉煌。

(2011年10月13日)

"流动时代"怎样呵护"留守未来"

范正伟

> 对留守儿童的关注,要着眼于对单独个体的关切,更应扩展至对庞大流动人群的关怀

"村庄没有生气,孩子的内心是荒凉的"、"没有学校的村庄就像没有孩子的家庭",刚刚过去的这个暑假,清华大学等多所高校的师生深入农村,寻找乡村教育的希望,同时呈现了许多"空心村"的荒芜与纠结。

伴随着这样的"宏观关切",前不久发生在湖南农村的惨剧,再一次以极端的方式,让"留守儿童"闯入我们的眼帘:一个年仅1岁8个月的留守女孩小梦与奶奶的遗体共度7日之久,才被从长沙赶回家中的父亲发现,小梦的身心均受到了严重伤害。

"父母在远方,身边无爹娘,读书无人管,心里闷得慌,安全无保障,生活没希望。"这则顺口溜,点出了小梦遭受伤害的直接原因,反映出许多留守儿童的生存现状。亲情、教育、安全,缺失了这些至关重要的环节,留守儿童的健康成长引人忧思。

家庭是社会的细胞,亲情是所有社会关系的基础。在经历了惨剧后,小梦的父亲痛定思痛:孩子好了后,一定要带在身边。然而,正如有人所担忧的:进城后的小梦能在父母奔波忙碌中得到足够的关爱吗?

面对高高的户籍壁垒,又如何从稀缺的社会公共服务中分享到自己应得的一份?

留守儿童的问题,不只是一个家庭问题,更是一个社会问题。5800万留守儿童的背后,是超过两亿背井离乡的"流动大军"。一边是"流动",一边是"留守",许多时候,正是流动人群权利的缺失,造成了留守儿童的种种困境。在这个意义上,留守儿童的安全问题,不仅是能否与父母共同生活的问题;留守儿童的教育问题,也不仅是一本课本和一张书桌的问题。对留守儿童的关注,既要着眼于对单独个体的关切,更应扩展至对庞大流动人群的关怀。

日前,国家人口计生委发布了《中国流动人口发展报告2011》。报告对流动人口生存发展状况、人口流动迁移与城镇化、流动人口基本公共服务均等化等问题进行了深入分析,折射的现状有喜有忧。但无论如何,伴随着中国不可逆转的城市化进程,人口流动是历史的必然,也是社会发展的动力。我们需要关注的是,在这样一个充满转型与阵痛的"流动时代",如何让追逐梦想的流动人群告别候鸟式的"半城市化"状态?如何使留在农村的儿童避免过早被"社会性断乳"?如何避免父母为孩子外出打工挣钱、下一代却在留守中荒芜的发展悖论?

法国学者孟德拉斯在其著作《农民的终结》一书中说:"20亿农民站在工业文明的入口处,这就是在20世纪下半叶当今世界向社会科学提出的主要问题。"对当下中国而言,这一命题的一个重要内容则是,为留守儿童提供必要的政府与社会支持,减少他们的亲情缺失、教育缺位、行为失范与安全隐患,实现《中国儿童发展纲要(2011—2020年)》强调的"所有儿童享有平等的权利与机会"。这不仅关系到中国的城市化能否有一个稳定大后方,也关系到中国的现代化能否有一个可持续未来。

(2011年10月12日)

化解"坤叔困境"重在观念突围

郝 洪

> 只有善待、善用、善管公益团体,我们的社会管理才能发展创新,社会的和谐稳定才有宽广基础

因为省委书记的批示,20多年默默致力于慈善助学的广东东莞民间团体"坤叔助学团队"终于"转正",以"东莞千分一公益服务中心"的名字,注册入籍东莞市民间组织管理局,正式成为中国民办非企业队伍中的一员。此时,距"坤叔助学团队"递交注册申请已近5年。

集合1300多名助学者,资助2600多名贫困学生,每年资助经费数百万元——"坤叔助学团队"一对一助学模式,从广东拓展到广西、四川、湖南等地,广受赞誉。可是,寻求合法身份之路,却障碍重重:有制度困境——民间助学团体没有业务主管部门,也没有行业归属,没人管,就没法登记;还有种种顾虑——"坤叔"们希望使用的"千分一公益服务中心"这个名称,呼吁大家拿出收入的千分之一用于慈善事业,但在管理部门看来,却担心是在硬摊派。

如今,省委书记"很为坤叔的公益团队愤愤不平"的一纸批示,化解了"坤叔困境",然而,更多民间公益团体的身份困境该怎样化解?民间公益团体的力量如何得到进一步的认同?

中国公益慈善舞台上，民间公益团体一直扮演着举足轻重的角色，捐资助学、环保行动、抗震救灾中都有他们的身影，并已经成为现代生活中的一部分。不断成长的新兴民间公益组织是政府机构的补充，是社会管理的有力支撑，也是和谐社会的润滑剂。

遗憾的是，一直以来，民间公益团体的社会角色并没有得到广泛认同。不仅如此，从身份认定到人员、场地、管理等诸多方面，不低的门槛已将许多致力于公益的民间团体挡在门外；就算一切硬件条件具备，还有道德的苛责和质疑如影相随———如"坤叔助学团队"，普通不过的注册名称，也会遭遇居高临下的道德追问。

无论是制度困境，还是种种猜忌，归根结底，都是观念困境。民间公益团体的高门槛背后，是对社会管理认识的局限。随着社会的发展，社会需求越来越多样化，需要社会提供的服务也越来越细化，这些需求，有些要依靠政府管理完成，有些则依靠市场提供，而有一些则寄望于多样化的民间公益机构。这是我们加强和创新社会管理的重要方面。

正如广东省委书记汪洋所言，"我们不能对公益组织在成立时就搞'有罪'推定，而成立后却疏于监管。"只有认识到民间公益团体在社会公共事务管理中的意义和作用，进而做到善待、善用、善管，我们的社会管理才能发展创新，社会的和谐稳定才有宽广基础。

今年7月，有关部门表示，对公益慈善类、社会福利类、社会服务类社会组织，履行登记管理和业务主管一体化，这意味着，上述三类社会组织将可直接登记，不必再找所谓业务主管部门挂靠。从"坤叔助学团队"的"转正"波折看来，制度藩篱虽然推倒了，但更关键是要拆除观念上的围墙，否则，在登记管理上仍然会遭遇诸如"注册名称有摊派之嫌"的泛道德化门槛，挡住民间公益机构前进的脚步。

（2011年10月10日）

智慧让梦想与现实"交会对接"

余建斌

科技革命或许还在远方，但寻找突破的脚步每天都可以踏响

如同孩子向往外面更大的世界，人类也从未磨灭"离开地球摇篮，扩大生存空间，向着宇宙更深更远处出发"的梦想。而航天事业，正是这一梦想与智慧的完美结合。

鼓荡着梦想与智慧的双翼，天宫一号成功进入预定轨道，中国人有了第一个真正意义上的"太空之家"。然而，这只是一个开始。天宫一号的发射难度要小于随后的神舟八号飞船，即使此次航天试验中，真正的高潮也是在其后的两个航天器交会对接。但这又不是一个简单的开始。天宫一号的升空让空间站梦想变得如此之近，它激发着我们对更广阔世界的想象，这是"走出地球"的必然一步，让人类用更高更全面的视角审视地球和自身。

在追逐"太空驻留"梦想的路上，中国还是追赶者。1966年，美国两个航天器完成世界上首次在空间的交会对接；1971年，苏联发射世界上第一个空间站。而此次交会对接完成，距离我们的空间站完全建成也还需近10年。

奋力追赶的过程，是一次又一次的飞跃和进步。1992年，中国载

人航天起步；2020年前后，将实现空间站长期驻留太空。这30年，不仅是空间站和航天技术自身的飞跃，带动突破的还有众多科学和工程技术领域的进步。

梦想与异想的最大区别，在于是否筑基于智慧。这种智慧表现在我们怀揣梦想，却赋予其审慎而理性的内涵。踏实地选择一个准确的战略方向，踏实地沿着这个方向做好积累和提高，一点点量的积累，可能就孕育着巨变。对于像中国这样的后来者，也许这是更加切合实际的做法。

这也正是让梦想与现实"交会对接"的智慧。我们冀望的飞跃，同样是一个渐进的过程。质的变化来自量的积累，一飞冲天也离不开每日振翅的练习。那些一下子推动世界天翻地覆变化的想法，不是科学，是科幻。

就中国航天来说，每一次突破都来自于漫长的积累，而时间是衡量这种积累的刻度。东方红一号卫星1958年上马，1970年才发射成功，用时12年；神舟飞船1992年立项，1999年神舟一号无人飞船上天，2003年神舟五号才把航天员送上了天，用时11年。没有卫星、飞船和交会对接技术的成熟，就不会有空间站的建立。这一次次的积累和突破，才让我们能一次次为飞跃而自豪。

今天的中国科技，已经写下很多"迟来的飞跃"。中国人进入太空、卫星探月、载人深潜器入海5000米……梦想正慢慢地一个个化为现实，补齐中国科技整体水平的短板。而这些，也必然为重大科技革命铺就基石。正是在这个意义上，科技革命或许还在远方，但梦想和智慧的双翼却已然鼓荡，寻找突破的脚步，每天都可以踏响。

（2011年9月30日）

别等事后才想起"安全警报"

张 铁

> 无论是否有财产损失、人员伤亡,每一个预警、每一次事故,都不能被忽视

近日媒体报道,广西梧州桂江一桥整修,虽然被发现桥面有裂缝,但在市政部门"抢工期"的要求之下,还是"力保"如期通车。

今年9月是全国"质量月",主题是"建设质量强国,共创美好生活"。大桥未完成整体验收勉强通车,"行车像骑马",让人不能不担忧工程质量。更重要的是,桥面的裂痕,也是一种"安全预警"。如果忽视了这样的预警,不仅谈不上美好生活,更可能威胁到群众生命财产安全。

对于预警的忽视,在很多安全事故中都能发现。今年7月,北京地铁扶梯逆行造成1人死亡;而去年12月,深圳地铁同一品牌同一型号的电梯,也曾逆行伤人。今年7月垮塌的钱江三桥,通车不久路边就出现裂痕。

安全生产领域,"海恩法则"广为引用:每一起严重事故背后,有着29次轻微事故和300起未遂先兆。换个角度理解就是,每一次严重事故,都会有300多次能防患未然的预警。而"墨菲法则"则认为,事情如果有变坏的可能,不管可能性多小,它总会发生。这些理论,对

于安全管理，无疑是有益的警醒。小漏洞可能会产生"蝴蝶效应"，酿成大祸，而小问题往往会在各种小事故中被暴露。只有重视这些预警，及时绑好"安全带"，才能消灭那些"变坏的可能"。

听不见"警笛"，看不到"警灯"，很大程度上是因为安全并未被摆在首要位置。梧州相关负责人解释，有问题还通车正显出当地政府"有责任心"。如此带着"裂痕"的"责任心"，难免让人质疑：是否大干快上的责任、追求政绩的责任超过了安全责任、生命责任，这才会使"裂痕"的预警被不屑地视为耳边风？

安全预警被忽视也反映出，在很多地方，安全还是一种被制度推着走、逼着做的"要我安全"。害怕的是出事后媒体曝光、上级追责，看重的是事故造成经济损失、政绩损失。一些地方和部门对安全的认识、对责任的认识，远未达到中央要求的"要把人民群众生命安全放在首位"的程度。看到了小毛病、出现了小差错，第一反应是能捂就捂、能拖就拖，更别说主动查找原因、堵塞漏洞了。

对于桥面裂痕，当地辩解：不是结构性裂痕，对安全没有影响。然而，各种安全事故以特殊的方式提醒我们：无论是否有财产损失、人员伤亡，每一个预警、每一次事故，都不能被忽视。

如果每一个预警都能成为一次全面体检、杜绝隐患的契机，如果每一个事故都能收获亡羊补牢、举一反三的教训，未雨绸缪、防微杜渐才不是空谈。

(2011年9月29日)

如何为他们修缮"人生护栏"

谢振华

> 游走在城乡两端,新生代农民工的人生,变成既回不去又留不下的"夹生饭"

一个3000人的村庄,有100多个青壮年在外地因抢劫入狱——温江村,这个地处广西天等县上映乡的偏僻山村,正以"砍手党村"的"名声"为外界知晓。从这里走出大山到广州、深圳闯世界的年轻人,不少选择以抢夺他人财物的方式在城市立足。

这令人震惊,更让人沉思:是什么魔障,让这么多年轻人,走上了这条灰色的不归路?

温江村属大石山区,地少且瘠,缺水,只能靠天吃饭,贫穷逼迫着想改变自己未来的年轻人走出大山。读大学,找一份体面的工作留在城里的"捷径",已经越来越难走,更多年轻人更愿选择打工这条路进入城市。

在惊叹都市的繁华后,他们会发现,城市虽好,居大不易。和更早进城的父辈相比,他们更了解城市的魅力,也更渴求留在城市。然而,低学历低技能,使他们只能从事那些环境恶劣、工资低、待遇低的工作。微薄的收入,难以满足他们使用手机、上网等都市化消费。如果再遭遇歧视、欠薪等,更会心生怨怼。面对诱惑,面对不公,难免有人铤

而走险。

贫穷绝不能成为犯罪的借口。他们灰色人生的选择,很大程度上与自身好逸恶劳有关;他们的违法行为,理当受到法律严惩。不过,当个体事件有了向群体现象扩散的趋势,尤其是,当"打工苦,打工累,不如混混黑社会"这类黑白颠倒的价值观渐成温江村年轻人中流传的顺口溜、当新生代农民工的犯罪案件约占到全国城市刑事案件的1/3时,社会管理者应特别警惕"温江村现象"的生长蔓延。

温江村年轻人的迷失,某种程度上也是当下中国新生代农民工群体困境的一个极端缩影。目前,"80后"、"90后"的新生代农民工已超过1亿人。在工业化、城市化高歌猛进的当下,基本不懂农活的他们,回不去也不愿回到乡村,技能所限也让他们很难融入城市。游走在城乡两端,他们的人生变成既回不去又留不下的"夹生饭"。他们比其他人更需要"人生护栏",然而,社会保障和救济渠道的缺失、城乡文化的冲突、常年被边缘化带来的道德畸变、贫富差距产生的心理失衡、市民的歧视与都市的诱惑,让"护栏"失修。

正因此,处于发展的战略机遇期和矛盾凸显期的中国,应该正视并解决好这一问题:新生代农民工犯罪的土壤与催化剂,如何消弭?走出灰色人生、走向阳光地带,社会如何给他们更多助力?

宏观层面,创造一个平等的成才环境最为关键。要打破现有城乡二元体制,融化户籍坚冰,消除身份限制;要制定完善保护农民工的法律、法规和政策,并落到实处;要统筹城乡发展,着力发展县域经济,创造条件让他们在家门口就业、创业;微观层面,人人都可为他们的未来出力。正是有意无意的歧视,让他们成为城市里的陌生人。对他们的劳动,市民应当给以尊重。比如面对快递员、服务员、保安人员时,少一些鄙夷漠视,多一句问候感谢,或许可让隔阂渐融。

毕竟,新生代农民工的未来,关乎整个社会的未来。

(2011年9月28日)

"农民工高考"求解"上升焦虑"

詹 勇

> 在这个流动性加剧的时代,我们的社会更加需要为奋斗者提供公平的舞台,为梦想者提供抵达的路径,实现"人人皆有可能"的包容性发展

"农民工也可以上北大了。"9月25日,由共青团广东省委联合有关部门推出的"圆梦计划"完成了今年秋季招生考试。按照这个计划,政府出资,与北京大学、中山大学、天津大学等10多所高校联手,推出物流管理、模具设计、机电一本化等专业,为1万名在粤的新生代农民工提供以网络授课为主的大学教育。

上大学,是多少农民工遥不可及的梦想。如今,象牙塔之门开始向年轻的农民工们敞开,知识力量成为他们人生新的"变量"。这个变化,为个体发展带来新希望,也将为整个社会的发展创造新契机。

"培训很贵,不培训更贵",这是日本企业家松下幸之助的经营之道。这样来看,对劳动者进行教育培训,实在是"一本多利"的"买卖":可以让农民工提升能力素质,使企业获得优质人力资源,可以助力经济结构调整、产业优化升级……

从这个意义上说,我们需要重新审视教育特别是平民教育与社会发展的关系。在社会学家看来,学校是使人从社会底层向社会上层流动的

"电梯",教育是改变命运的重要途径;社会管理者也深刻认识到,没有教育机会均等,就谈不上社会公平。

当前,我国的农民工总数已达2.42亿,新生代农民工接近1亿。仅以广东论,在粤务工的"80后"、"90后"新生代农民工约2000万人。"拉着拉杆箱进城"的新生代农民工,与他们"扛着蛇皮袋进城"的父辈相比,放下了"乡土梦",怀揣着"城市梦",他们希望融入城市生活,成为"新市民"。因此,在参加过技能培训的新生代农民工仅占30%的现实面前,在他们面临的"回不了村、进不了城"的窘境面前,在报名网站"塞车"、报名电话打爆的需求面前,"圆梦计划"的推出,不仅为农民工个人提供了成长新平台,更是为整个农民工群体的全面发展、向上流动展现了新的可能。

其实,在社会转型期,"上升"的焦虑和需求,一直激荡于变革进程。从30多年前"潘晓来信"中"人生的路呵,怎么越走越窄"的迷惘,到3年前"罗炼出走"发出的"终生役役而不见成功"的无奈;从今天徘徊于城市各个角落的"蚁族"、"北漂",到"拼爹就业"、"萝卜招聘"引发的"阶层固化"忧思,不断提醒人们,在一个流动性加剧的时代,我们的社会更加需要为奋斗者提供公平的舞台,为梦想者提供抵达的路径,实现"人人皆有可能"的包容性发展。

尽管刚刚开始,但广东的"农民工高考"已引起教育部和各地的关注,更多的"圆梦计划"正在酝酿,给社会管理者带来启示:面对流动时代的"上升焦虑",需要在社会管理中彰显"圆梦思维",创新管理思路,整合社会资源,开辟更多上升通道,把人们的期盼、社会的需求变为一个又一个扎实的"圆梦行动"。

(2011年9月27日)

信访"通",社会才能少些"痛"

庞自立

> 基层工作压力再大,也绝不是暴力截访、侵犯公民合法权利的理由。某种意义上说,维权就是维稳

一位名叫赵志斐的河南洛阳男子进京旅游,只因与上访者同住一室,被当地派来的"追访者"当成上访者而遭返并打伤。日前,洛阳洛龙区政府已作出回应,对相关6名责任人进行处罚,其中涉事乡信访办主任被撤职,有关负责人向被错抓的赵志斐道歉。

如此做法,也算是对"误抓"的及时问责与补偿。但,假如赵志斐是一个真的上访户,不存在"误会"一说,难道就可以"押回打伤"吗?上访群众的合法权益该如何保护?

并非杞人忧天。当洛龙区警方提醒赵志斐父亲"你儿子要吸取教训","这次是被误抓还找到了,下次找不到咋办",无意中也披露了一个令人心寒的事实:一些地方的非法截访甚至是暴力截访,看来并非"偶然"。

在我国,信访是由法律法规予以保障的公民权利。在司法救济尚不到位的国情下,信访制度作为一种权利救济,是利益协调的重要通道,对公民维护自身权益、缓解社会矛盾发挥了重要的作用。特别是,在当前中央强调加强和创新社会管理的背景下,作为加强群众工作、协调利

益、化解矛盾的信访制度，更成为重要一环。

也正因此，中央领导才多次强调要"切实把信访工作作为党的群众工作的重要组成部分"，要"带着对群众的深厚感情，更加积极地回应群众提出的合理诉求，更加主动地解决好群众的现实困难"。

然而，至少从赵志斐事件中展现的当地强大的"截访能力"可以看出，中央的要求、群众的利益在某些人眼中，远不及自己的位子与帽子重要。有些地方官员既不愿积极从源头化解矛盾，更害怕越级上访乃至赴京上访失了自己的颜面，想方设法掩盖问题、阻截信访通道。源头治理变成了源头堵截甚至"暴力截访"，社会管理中的这种野蛮做法，既是对中央精神的异化，也是对公民权益的践踏，还可能因此引发恶性事件。

就在日前，监察部、国土资源部、住房和城乡建设部、国务院纠风办等四部门联合对今年上半年发生的11起强制拆迁致人伤亡案件进行了严肃处理，问责了57人，其中副省级1人。这一方面显示了中央对维护群众合法权益、禁止违法拆迁的坚决态度，另一方面，案件中拆迁户多有数次信访却未果的经历再次提醒人们：当信访无法成为调解利益、化解矛盾的渠道时，许多问题就可能上升到对立、对抗乃至致人死伤的极端状况。

基层治理千头万绪，维稳任务艰巨，但这不是治理者暴力截访、侵犯公民权利的理由。只有治理者真正把群众利益放在心中，真正做到中央要求的"执政为民"，真正维护好群众的信访权利，让信访制度切实成为"通道"，由此，才可能化解矛盾、避免激化，从而减少转型期的社会痛点。从这个意义上说，维权就是维稳。

（2011年9月26日）

"禁止违法强拆"是执政高压线

范正伟

在拆迁这一"除旧布新"的过程中,我们理解地方治理者的不易与艰难,但更不能忘记为什么而出发、为了谁而发展

"把违法违规强制拆迁作为一条任何时候、任何情况下都不得触碰的红线,切实维护好群众的合法权益。"近日,中办国办以转发文件的方式,再次重申了中央的立场。

一段时期以来,从制定《国有土地上房屋征收与补偿条例》等法规,到下发严格征地拆迁管理工作的"紧急通知",再到部署对违法征地拆迁案件的督查工作,党和政府连出重拳,体现了坚决制止违法征地强拆、维护群众利益的决心。

然而,吉林长春朝阳区违法强拆致人死亡案、辽宁盘锦兴隆台区违法强拆引发伤人案、湖南株洲云龙示范区强拆致农民汪家正自焚死亡案……有关部委近期查处的六起强拆致人伤亡案表明,一些地方的强拆冲动,并不会因某部法律的颁布彻底消弭,必须祭出更严厉的手段。

强拆悲剧大多有权力主导的因素,即便商业拆迁,也往往有钱依权势、权纵钱胆的"利益同盟"。其背后,则是"权大于法"的拆迁思维。这也是为何法律禁止"行政强拆"后,依然有一些地方政府铤而走险。故而,对违法强拆,除了加大监督问责力度,更要强化司法作

用。法院要对政府的强拆申请严格审查，对"违法强拆"勇敢说"不"；各级党委也要为法院工作创造条件，使其有底气说"不"。

征地拆迁不仅是一个法律问题，也是一个政治问题。一些地方的拆迁之所以成为"火药桶"，一个重要原因就是群众工作不到位，方法简单，甚至以强迫、威胁等方式对待被拆迁群众，致使矛盾不断激化。毛泽东曾说过："有许多时候，群众在客观上虽然有了某种改革的需要，但在他们的主观上还没有这种觉悟，群众还没有决心，还不愿实行改革，我们就要耐心地等待；直到经过我们的工作，群众的多数有了觉悟，有了决心，自愿实行改革，才去实行这种改革，否则就会脱离群众。"那些急不可耐的拆迁者，可曾有过这样的感情和耐心？

中国的城市化是一个大趋势。在这一"除旧布新"的过程中，我们理解地方治理者的不易与艰难，但更不能忘记为什么而出发、为了谁而发展。在拆迁过程中，倘若政府自己都不遵守法律，又如何引导群众在法律框架下表达诉求？倘若连个体公民的合法权益都得不到维护，所谓的"公共利益"又如何取信于民？

当一些地方以断水断电断路等方式强迫搬迁时，也有一些地方在积极探索拆迁补偿的利民新机制；当一些地方深夜偷袭民宅搞强拆时，也有一些地方正在推行阳光征收维护农民利益；当一些地方的拆迁推土机与燃烧瓶对峙时，也有一些地方在强调"先安置后搬迁、先补偿后拆迁"……不同拆迁行为的背后，实则是执政能力的差距。从这个意义上看，在拆迁中能否正确处理发展经济、维护稳定、保护群众利益的关系，能否实现依法、文明、和谐征地拆迁，是一个地方治理水平的分水岭，决定着领导干部是否有资格"为人民服务"。

也正如此，对那些默许纵容、甚至亲自批准"违法强拆"的领导干部，需要坚决依法严肃问责，使"禁止违法强拆"这根红线，成为"高压线"，成为党和政府公信力的"生命线"。

(2011年9月23日)

"院士之争"的背后

李泓冰

> 让院士制度回归学术本位,不单关系到院士的学术权威、平息一些不必要的学术之争,更关系到学术公平的维护、科学创新的动力

近些年,曾经高高在上的科学家们,越来越走近了大众。遗憾的是,不少人"走得近"却非关科学,而是各种攻讦。院士的神圣感正被渐次消解,甚至让人担心院士新闻会越来越多地从科教版做到社会版甚至是娱乐版去了。

最近的一起,是中国农业大学老院士李季伦领衔实名举报另一位资深院士、原农大校长石元春涉嫌利用职权进行学术剽窃。很快,石元春奋起反驳,更有农民站出来为之喊冤。举报者言之凿凿,反驳者义正辞严。这场官司,看来只能有待权威学术调查来澄清是非了。但对圈外的看客们来说,这不过是给诸如"人耳鼠"是真是假、北大著名海归科学家饶毅"意外"落选院士、某院士候选人被妻子举报道德败坏等"院士新闻"又添新料而已。

当然,从积极的意义分析,这足以说明舆论监督与社会监督正逼近象牙塔尖的学术精英。在我国的科学管理体制下,科研所占用的也是公共资源,接受监督无可厚非,这有利于原本神秘的院士遴选以及学术成

就走向公开透明，或有利于院士制度以及运作方式更加规范完善。

但是，有关院士的种种负面新闻，也足以引起反思。

前溯到被认为解决了世界性饥饿难题的袁隆平——这位47年来不断攀登科学高峰、有"东方魔稻之父"称号、刚刚创造了杂交水稻新纪录的"人民农学家"，十余年前曾经落选院士。忆及此事，宽容的他只是说，两院院士评选中，可能存在一定的门户之见。曾任中国科学院院长的路甬祥也说，袁隆平完全有资格当选院士，落选只是一个"历史的误会"。而一些在海外权威学术团体获评"外籍院士"或获得重量级国际科学大奖的科学家，在国内的院士选拔中却屡屡碰壁，或能说明类似的"历史性误会"，并不鲜见。

为什么院士的学术权威性屡受挑战和质疑？这或许与其间掺杂了过多的非学术因素密切相关。

众所周知，"院士"这个头衔早已不只是对科学家个人的学术认可那么单纯了。每每到了评选院士阶段，一场集体性的"院外"公关就紧锣密鼓地进行。圈内人心知肚明，每个大学都有一笔专门申请院士的公关经费，这个投入产出是相当"划算"的，一旦产生一个院士，为这所大学带来的社会荣誉、领导认可、附加大笔资金的科研项目，甚至是招生的广告效应，都会纷至沓来。其结果便会出现，本该是最顶尖的科学家群体中，潜规则也在大行其道，而学术净土却不那么干净。

院士制度回归学术本位，这不单关系到让院士的学术成果足以服众，平息一些不必要的学术乱象，更要紧的，是维护学术的公平。因为，已不单纯的院士象牙塔，可能反而镇住了科学创新的强烈冲动，伤害了学术的健康发展。

（2011年9月22日）

解企业之难方能治"民贷依赖症"

周人杰

"民间借贷热"的背后,不仅是实体经济投资机会的匮乏,更是部分中小企业融资渠道的狭窄、生存空间的逼仄

从温州到鄂尔多斯再到江苏泗洪县石集乡,日前,全国各地频频曝出的高利贷链条断裂个案,把"民间借贷"推到风口浪尖,更让后金融危机时代的金融风险问题浮出水面。

以滚雪球方式过度膨胀的民间借贷,之所以让人胆战心惊,是因为一旦长长的资金链在任何一点上断裂,就会引发中小企业倒闭潮,更会让卷入其中的普通民众血本无归——1997年亚洲金融危机导致第一次温州民间借贷的崩盘,出口外向型中小企业大范围倒闭的悲剧,至今让人心有余悸。当前的情况也不容乐观。据浙江投资研究机构的分析,浙江小企业约80%都靠民间借贷维持经营;而在江苏石集乡,根据央视调查,高达98%以上的村民参与到高利贷游戏中。

民间借贷的"风生水起",暴露的正是当前中小企业艰难的生存困境。

从资金供给方看,在资本市场剧烈波动的当下,中小企业创业艰难、利润偏低,"放贷谋利"自然成了民间资本的一个选择。以鄂尔多斯为例,在煤炭与房地产之外,民间借贷几乎成了民间资本的唯一出

路。半数以上的居民热衷于放贷的资本活动,凸显了民众对于投资实业、尤其是创办中小企业的信心缺失。

就资金需求者而言,为应对通胀而收紧的银根,加之扶持力度的不均衡,部分本就贷款困难的中小企业雪上加霜,"付息借贷"往往成了饮鸩止渴的无奈。在温州,普遍5%左右的利润率的现状,使得部分中小企业难获银行信贷,而民间高利贷又进一步压缩了利润空间、放大了违约几率。

可见,所谓的"民间借贷热",一方面折射出实体经济投资机会的匮乏,另一方面反映出了部分中小企业融资渠道的狭窄。生存空间的逼仄,不利于中小企业发挥吸纳就业的"社会稳定器"作用,也不利于我国经济增长由政策刺激向自主增长的有序转变,背后隐藏着的巨大金融风险更令人惊心。

应当承认,民间借贷发展到今天,对盘活民间资本市场、服务中小企业发展、繁荣地方社会经济,做出了积极的贡献。当务之急,不在于否定民间借贷,而应给予其必要的制度规范、适度的风险控制。尤为重要的是,在宏观调控既定方向不变的条件下,应尽快出台审慎灵活、针对性强的具体措施,依靠"区别对待、有保有压"的政策传统着力解决部分中小企业的融资困难。

正如英国电信集团董事长利万基在2011年夏季达沃斯论坛上所言:"中小企业是整个经济的引擎。"关心中小企业就是关心国民经济整体,就是关注就业、关爱民生。只有帮助中小企业从"民间借贷依赖症"的无奈困境中走出,才能迎来企业和民间借贷的春天。

(2011年9月21日)

根治"校车乱象"需要政府给力

袁新文

> 政府积极主导发展规范、安全的校车,是根治校车乱象的关键

湖北省荆州市两名幼童被闷死在幼儿园校车一事,刺痛了社会的神经。而校车惨剧,近年来频频发生:湖南衡南农用车非法搭载学生,造成14死6伤;黑龙江双城市一辆满载小学生的非法校车坠桥翻车,造成8人不幸身亡、39人受伤……

去年,我国发布了首部强制性国家标准《专用小学生校车安全技术条件》,但相似悲剧为何还在上演?

偶然中有着必然。用一个字来概括校车的现状,那就是"乱"。一些校车,安全不达标,管理不到位,事故隐患多;一些"黑校车",没有任何审批手续,完全"山寨版",违章更是家常便饭;一些农村地区,有的人利用农用车、拖拉机甚至报废车辆接送学生。河北省迁安市交警近日在路上拦截了一辆幼儿园校车,8人座的面包车,竟塞下了64名孩子,加上司机和老师,共66人,让人瞠目结舌更心惊胆战。

校车乱象背后,实是监管缺位。不论是教育机构还是交管部门,都无法推脱监管不力之责。而且,在司机和老师"不怕死"的后面,还有着家庭和社会需求强烈而校车服务资源严重短缺的现实。正是两者之

间的矛盾日益突出，成为了校车混乱的根源。

在日益扩容的城市，家长对校车的渴望由来已久，但很多人至今还在发愁；在广袤的农村地区，教育结构调整，中小学大规模撤并，孩子的上学路越来越远，特别是那些留守儿童，父母长年在外打工，无人接送上学……在这样的现实中，校车自然成为人们渴求的教育资源，破解校车难题已经成为广大家长的强烈呼唤。

然而，不少地方的教育部门和学校对此不仅"视而不见"，反而"另有高见"。有人解释为"缺钱"——校车购买、运营、管理需要大笔资金，教育经费尚不充足，校车的事只好靠后站；有人辩解为"难管"——安全责任如此重大，权利职责尚不明晰，故而"能不管尽量别管"。正是政府部门的不作为、教育机构的不积极，让校车的事成了"老大难"。

实际上，"难管"之说只是借口，如果能确定运营方式，划清学校、公司和家庭的职责，没那么难；更何况，提供公共服务，本来就是政府职责所在。

在义务教育实现了全免费、高等教育实现了大众化之后，人们对教育的需求自然从基本需要向着优质服务转变。校车理应纳入政府社会公共服务体系的范畴，从根本上扩大教育服务的外延。比如美国，多年前就大力发展校车、增加教育服务，政府每年为每个孩子提供校车补助。

校车承载的是稚嫩的生命。加大监管力度、确保学生安全，责任重于泰山，丝毫不能含糊。在这样的前提下，在创新社会管理的格局中，由政府积极主导，发展规范、安全的校车，不仅是优化教育服务的需要，更是根治校车乱象的关键。

(2011年9月20日)

"秭归巡视"还需继续晒账本

陈 焜

> "公务接待"的潜规则水有多深、漩涡多大，正在一次次的曝光中浮出水面

被媒体曝光的"20天花费80万元"的湖北省第六巡视组，大概能松口气了。17日，湖北省纪委向社会公布了调查结果，称该巡视组在秭归县巡视期间，开支总额11万余元。所谓的"80万元账单"，实则包含了当地其他方面开支，是当地在借巡视组名义报销其他费用。

至此，"背黑锅"的巡视组脱了干系。然而，"秭归巡视风波"就可以画上句号了吗？

那份"80万元账单"，并不是网友随便伪造的，而是源于《县委办公室关于解决省委第六巡视组进驻秭归工作经费的请示》。根据"请示"所列，巡视组在秭归期间的开支共计80.19万元，涉及五大类开支名目，巡视组的各类花销中，包括酒112056元，香烟35550元，衬衫8100元，4万余元的15件运动服等。

这让人不禁追问：调查结论显示"巡视组未收受手机、照相机、平板电脑、衬衫、布鞋等物品、礼品"，那这些出现在县委正式报告上的名目与费用，到底用在何处？

此前，秭归县委方面出具的一份官方说明称，"80余万元"包含了

"历年及今年以来县委办接待上级领导,外来客人以及来秭归开展对口支援所发生的费用;添置办公设备的费用,购买接待酒水的费用。"这样的解释难以服众。正常的公务接待是必要而允许的,按"一事一审核"方式,何至于要追加历年公务接待费用?又何至于把"办公设备费用"与接待费用"打闷包"?如果不是违反了财务制度,就是背后有猫腻,借公务之名行地方私利之实,甚至成为腐败的保护伞。

其实,无论是中办、国办关于《党政机关国内公务接待管理规定》,还是湖北省委、省政府的规定及巡视制度要求,对公务活动及接待标准都很明确具体。那些一望即知明令禁止的礼品、物品,居然如此不加掩饰、大摇大摆现身于申请报告中,我们所能找到的合理解释是:"关起门"来,大家都有一种默契,钱倘若花在了领导身上,花在公务接待上,再多,也"合理","师出有名"。

这种"默契"尤其让人震惊。"公务接待"的潜规则水有多深,已经在一次次的曝光中浮出水面。正是从山西古城平遥一年公务接待10万人次的"接待之痛"中,我们看到了现行行政审批体制下的无奈;正是从江苏海门市审计局被网络晒出的"3年近百万元公务接待费"中,暴露出公务接待被异化成某种"礼尚往来"与"公款社交"。而这一次,又让我们感到了"公务接待"背后的种种问题。

如果不是意外"走光",秭归县这份内部的经费明细表,公众绝难知晓。可以肯定的是,即便呈现在外界面前的"三公"账本,也一定是要么笼统模糊雾里看花,要么巧妙伪装移花接木——而这种现象,同样让人担忧。

湖北省纪委在调查中说,对当地以巡视组名义报销其他费用的"错误行为",已责成当地调查处理。我们期待着那70万元的账本能晒个底朝天,真正"分清责任",更期待公务接待能从潜规则中突围出来。

(2011年9月19日)

救活廉价药不能只靠"强心针"

王君平

从医改宏观视野入手，形成药品的合理定价机制，切断医院与药品之间的利益链条，廉价药的生产才不至于总是"要死不活"

"救命药"鱼精蛋白注射液缺货的紧急状况，正有望得到缓解。据悉，在各方关注下，国家药监局日前正积极协调相关企业，展开应急生产。

一支10元左右的鱼精蛋白，是心外科手术中必须用到的药物，而且目前没有替代药，被称为"救命药"。如此"不可替代"，按说应是制药企业的宠儿，为何现在的短缺却不是因为市场需求量的急增，反而是由于药厂主动停产？

让人揪心的是，这种紧缺的原因和状况，在廉价药身上已是频频上演。1元1支的氯霉素滴眼液、几块钱一盒的氟哌酸、8元100片的牙周灵片等，几乎都在国内销声匿迹了。据一项对国内12个城市42家医院临床用药情况的调查，医院廉价药缺口高达342种，其中130种药在10元以下，5元以下的药品占了69%。

靠着政府的应急，"救命药"的"命"眼下总算让人松了口气。然而，"病灶"不除，"强心针"只能起一时之效。为什么患者欢迎的药

却难以获得生产企业的青睐？其深层原因需要深思。

经典廉价药的短缺，首先暴露出我国药价管理的不完善。我国药品价格实行政府定价、政府指导价或市场调节价。药物指导价是"药物最高限价"，称之为"药物的天花板价"，政府希望借此降低看病费用、缓解"看病贵"。但"天花板价"是把双刃剑，抑制了药价虚高的同时也对廉价药有杀伤力。

鱼精蛋白是一种用了几十年的廉价老药。企业的"停产"也是一种市场本能，药品成本价一旦高于市场定价，廉价经典药的消失便不难理解。

也因此，救活廉价药，不能只靠应急生产的"强心针"，而要对"症"下药。只有实行药品动态定价，建立严格的成本监测体系，通过专家评估、行业评审等制度确定药品成本价，增强定价过程的公开化、民主化，才能既防范制药企业虚报成本，又保障廉价药物的合理成本，形成药品的合理定价机制。

防止药品"降价死"，同样需要政府运用调控手段，保障药品不会因低价竞争而"招标死"。北京在药品招标采购过程中就规定，低价短缺药无需竞价。那些一元钱以下的针剂、一毛钱以下的胶囊等低价药品，企业直接挂网报价，形成低价药、短缺药成交品种目录，这样的做法收效不错，许多低价药品得以在市场重现。

廉价药的短缺，某种程度上也是医改诸多问题的缩影。如果公立医院以药养医的机制不变，高价药自然比廉价药受欢迎——道理很简单，只有开高价药，医生的回扣才会越大，医院的利润才会越多。

在这个意义上，只有从医改宏观视野入手，切断医院与药品之间的利益链条，让药品回归其单纯治病的属性，廉价药才不至于总是"要死不活"。

（2011年9月16日）

用制度防控"地方债务风险"

徐立凡

> 破除急功近利的、表面的、粗放的发展模式,对地方债务风险的管控才能真正奏效

作为后危机时期影响经济复苏的主要困扰,世界主要经济体的债务危机和债务问题引起了广泛关注。在欧洲债务危机开始向金融业蔓延、美国债务危机结构性矛盾难以破解的同时,伴随偿债高峰的即将到来,地方政府性债务问题引人关注。近日,国家发改委、财政部、银监会相继给出了相对乐观的答案:总体可控,但须加强风险防范。

尽管各有关部门的统计口径不尽相同,但债务负担率占 GDP 的比重还远离国际惯例 60% 的警戒线。因此,地方政府债务风险"总体可控"的结论是可靠的。特别是,考虑到许多地方债务形成于经济刺激周期,而现在处于经济软着陆进程中,在趋于严格的地方政府融资管理政策导向下,地方政府债务总量迅猛上涨的条件已不充分,这为控制地方政府性债务风险水平打下了良好的基础。

但也要看到,"风险总体可控"不代表债务违约的事情就不会发生。一方面,从债务偿还期限看,还债高峰将出现在 2012 年至 2013 年左右,债务违约风险到底有多高,有多少隐性债务未进入风险管理当中,将在那时得到真正验证;另一方面,局部地区出现债务违约的风险

不能忽视。据统计，目前有78个市级和99个县级政府负有偿还责任的债务率高于100%，如果不能偿债，现有财政制度如何通过财政拨款或转移支付等方式予以援助，尚无制度性安排。

尤需注意的是，由于有的地方政府高度依赖土地财政，如果债务到期而无力偿还，那么，变相降低对房地产的调控力度、通过盘活土地市场获取更多的土地收益，就可能成为地方政府的选择。由此可能导致的结果是：牺牲房地产调控成效，避免债务违约的发生。

此外，在现有政绩考核模式下，对地方领导干部的实际激励仍是在任内提高经济增长率。在土地收益因为房地产调控而大为减少的情况下，通过借债以获得发展资金就会成为"自然选择"。由于领导干部的升迁、调任并不与债务挂钩，债务运行周期也无法与地方政府官员的任期匹配。这就意味着，有的人无须真正为地方债务负法人之责。如果融资贷款成了每一任地方官员发展经济都离不开的主要凭借，那么，地方债务有可能出现"滚雪球效应"，增大违约风险。

从这个意义上说，尽管地方政府性债务风险总体可控，但并不意味着风险会自动消失。如果只对其实施静态管理而不加以更完善的制度性防控，其安全系数仍会下降。

而更完善的制度性防控，一是建立规范的地方政府债务风险管理制度，确立适当的监测体系和风险控制标准；二是点清并盘活地方国有资产，强化其保值增值功能，防止国有资产流失；三是加快推进地方自主发债试点，培养地方政府的市场信用意识，减轻对于土地财政的过度依赖；四是加紧对于地方政绩考核模式的调适。

从根本上说，破除急功近利的、表面的、粗放的发展模式，对地方债务风险的管控才能真正奏效。

(2011年9月15日)

食品安全监管如何"道高一丈"

张 洋

> 变"不作为"为"有作为",进而实现科学作为,在监管者与违法者的"动态对抗"中实现并保持"优势对抗",才能真正保障食品安全

近日,公安部统一指挥浙江、山东、河南等地公安机关历时4个月,成功破获了一起利用地沟油制售食用油特大案件,查获扣押地沟油炼制的食用油100余吨。

尽管地沟油产业"传说"已久,但当公安机关摧毁其地下产业链时,还是令人震惊:跨省收购作业、产量达每天数十吨、销往粮油市场……在庆幸于一条非法产业链被斩断的同时,人们依然充满焦虑。

应该说,公安机关声势浩大的侦查行动对迅速查清问题、保障食品安全起到很大作用,也让海内外看到了中国整治食品安全的努力和决心。但是,在食品安全事件屡屡发生之后,地沟油制售食用油走向产业化、规模化之势,让人不禁深思。

当前,我国已经建立食品安全监督管理体制,《食品安全法》也已经在原则上明确了卫生监督、食品安全、工商管理、质量监督等多个部门的职能,形成监管部门各司其职、各负其责并统一协调的监管格局,这为食品安全提供了基础性的制度保障,也在一定程度上发挥了食品安

全屏障作用。

但同时也不可否认,由于食品安全管理难度大、成本高,甚至掺杂有部门和私人利益的考虑,各部门对食品安全问题的监管逐渐由"谁都管"变成了"谁都难管"。同时,一旦发生食品安全事件,某些职能部门的惯用手法就是,将各自的管理权限画地为牢,并以此作为自己的挡箭牌。食品安全的这种多头管理格局导致相关部门权责不分,进而引发的监管的不力也给不法商贩提供了"黑色产业"的膨胀空间。

在这个意义上,制度的设计固然重要,但更为重要的还有"责任心"和"主动性"。可以说,公安部依法打击地沟油案件,就体现了这种"作为精神",受到了老百姓的欢迎,也极大地震慑了食品安全犯罪。也因为此,我们有理由责问:在地沟油制售从小作坊到大工厂"升级"时,当不法商贩已经非法从事地沟油制售多年时,平日严守"生产环节监管"、"流通环节监管"等种种界限的职能部门又在何处?

行政监管如果无措或缺失,食品安全的承诺即是一句空话。地沟油案件的发生,再度敲响食品安全警钟,加强食品监管的控制显得尤为重要。而对于我们的行政监管部门而言,不仅仅是要改变以往的"不作为",还要在"有作为"的基础上实现科学作为,在监管者与违法者的"动态对抗"中实现并保持"优势对抗",就算"魔高一尺",也要"道高一丈"。

(2011年9月14日)

拿什么封堵邵阳沉船的"黑洞"

李泓冰

如何让这个世界变得更加安全，让每一个人的生命不再那么脆弱，要从堵住每一个习见的"疏忽"开始

这个中秋，有很多人在电视新闻播出之际，手中握着的那块甜香月饼，竟是迟迟送不到口中。

国际新闻中，反复播出的是美国"9·11"事件十周年纪念活动的镜头，近3000个生命瞬间非正常死亡，让亲友和世界同悲戚；国内新闻里让人悲戚的，则是湖南十多名乘客的非正常死亡——中秋小长假的前一天，湖南邵阳塘田市镇一艘满载初中生的渡船，一头栽倒在夫夷江冰冷的水中。从此，十多条生命再也看不到中秋的满月，其中有不少是花朵一般的女生。

在一个文明的社会，当灾难来临之时，我们会本能地将孩子护佑在怀中。可是，这条限载只有14人的渡船，据说超载严重到搭乘了50个渡客，大部分是嬉笑着回家的初二学生，全然不知成人世界中一条又一条的"疏忽"，如黑洞般把他们抽离父母的怀抱，汲向可怕的深渊。

"疏忽"一：习见的挖砂船把一条温和的小河挖得面目狰狞，其钢丝绳绊住了渡船螺旋桨，直接导致渡船侧翻。挖砂船的作业，并非始于今日，小河此前也发生过船翻人亡的惨剧，据说，三四年前当地就曾公

告禁止采砂，为什么禁令却成一纸空文？监管到底怎么了？

"疏忽"二：校方与渡船有约定渡送学生回家，校方出资，让学生免费搭船，但却疏忽了，船主为了赚钱不惜数倍超载。即使那一天老师负责任地把学生们护送上渡船才转身离去，但对超载的危险，为什么就没能负责任地排除呢？

"疏忽"三：据称，超载在当地是习见的事，习见，意味着无人监管。那些地方安监部门、交通部门、教育部门，平素都在做什么？

"疏忽"四：这一次枉死的孩子多为女生，据说当地习俗是女孩不能下水。经此灾变，不知这习俗能否有所改变？毕竟，在面对生命之不能承受的安全"黑洞"前，多一点自救的能力，便多一些生命的希望。

"疏忽"五：据报道，遇难孩子大多是"留守儿童"，远离父母的监护。于是，对于在渡船问题上争取权益、节假日接送孩子以确保安全等方面，颇力不从心。

……

只要有一个"疏忽"被堵住，惨剧也许就可以避免，可怕的是，这种种"疏忽"太习以为常了，不仅仅是在邵阳，在中国欠发达地区的许多河流、许多乡镇，它都可能如一个大的邪恶的黑洞，等待着吞噬鲜活的生命。

邵阳，塘田市镇，夫夷江，向荣村地段……这些平素极其陌生的地名，以这样一种悲哀的呈现，让我们牢记。经常，我们的眼球会猛然撞上类似的陌生地名，却是因为矿难、车祸、桥倒屋塌，因为生命的非正常死亡……那些逝者，在用生命中最后一个惊叹号，让我们惕惧不安。

诺贝尔和平奖获得者、作家韦塞尔说过：决不能忘掉那些死者的命运。如果我们真忘掉了，就是使他们再一次地死亡，我们自己就对他们的死亡变得毫无价值而负有责任。

不管是"9·11"的逝者，还是邵阳的逝者，都在提醒着生者的责任——如何让这个世界变得更加安全，让每一个人的生命不再那么脆弱，要从堵住每一个习见的"疏忽"开始。

(2011年9月13日)

信访如何实现"理性选择"

范正伟

信访立法的重点究竟是约束权力还是权利？是保障还是限制信访自由？无论从宪法规定，还是信访功能来看，答案不言自明

一审稿曾引发争议、备受关注的《深圳经济特区信访条例》，近日正式公布，并将从10月1日起正式实施。值得注意的是，正式《条例》中，拟禁止信访者自残、用令人厌恶的服装道具等曾出现在一审稿中的多条禁止条目已被删除。

立良法才能推善治。在深圳的信访立法中，如果说建立重大事项信访风险评估、矛盾纠纷定期排查调处、负责人接待群众来访等制度体现了一种进步，那么此次将一些遭受诟病的规定删除，同样体现了对民意诉求的尊重，彰显了深圳人大的积极作为。

正如深圳人大常委会部分委员所言，在一审稿中，"不得使用令人恐惧或者厌恶的服装、道具等方式上访"，表述主观、难以把握；"传染病人、疑似传染病人应当采用电话或者书面形式提出信访事项"，是对信访人权利的限制、对传染病人的歧视。类似瑕疵，与立法技术有关，也与主观认识有关。

当前，地方性立法经常有相关部门参与起草，这种起草的模式有专

业化、效率高、成本低等优点，同时也折射着起草者的认识水平，甚至沾染了部门利益倾向。可以设想，如果将"令人恐惧或厌恶"作为判定标准，最终结果必然异化为"令执法人员恐惧或厌恶"；而禁止"自残式上访"的背后，则是"头痛医头脚痛医脚"的懒政思维。在"群众信访反映的问题80%以上有道理"的语境中，无论是"自我松绑"式的扩权冲动，还是"何不食肉糜"式的禁令，都显得不合时宜。

所谓"去山中贼易、去心中贼难。"在这个意义上，与删除上述法律条文同样重要的，是对有关部门错误认识的纠偏，是对国家信访制度初衷的重申。

不可否认，不管是权利还是权力，其行使都有边界。就信访而言，信访工作有责任追究制度，信访人也有不得扰乱公共秩序、不得侵害他人权益的义务。然而，同样需要强调的是，每一部法律都有其价值取向。信访立法的重点究竟是约束权力还是权利？是保障还是限制信访自由？无论从宪法规定，还是信访功能来看，答案不言自明。

由此可以理解，为什么深圳信访条例一审稿中的许多禁止性规定，当初会引来如此多的反弹、质疑和冷嘲热讽。同时，它也启示我们，杜绝那些非理性的上访方式，除了启动"行使权力思维"，更要唤醒"尊重权利意识"，认真分析信访人跳楼、爬高架塔、实施暴力、堵塞交通、自残等行为，有多少是"哗众取宠"？有多少是"以闹取利"？有多少是"救济无门"？

在社会转型和矛盾凸显的今天，作为一项具有中国特色的制度安排，信访活动正处于一个相对活跃时期。无论是维权、监督还是建议类的信访，固然会给有关部门带来挑战，但它同时也是新时期改进群众工作、创新社会管理的重要资源。而如何发挥信访上传下达、联系群众的功能，如何把信访纠纷纳入法治轨道，鼓励群众更加理性地选择救济渠道，最大限度地增加社会的和谐因素，这是对治理水平的考验，也是对执政理念的检验。

(2011年9月9日)

民间文物鉴定亟需依法管理

刘 琼

> 乱象丛生,需要尽快对我国民间文物鉴定加强法律规范和监管,对鉴定专家的资质、鉴定程序、法律责任予以严格规范

两件造假金缕玉衣评估出24亿元的天价,促成一起巨额骗贷案件的发生。日前曝光的这则新闻,称得上"骇人听闻",也暴露了民间文物鉴定的乱象。

一则,经济犯罪与"文化"勾结,形式越来越复杂。这起以骗贷为标的的经济案件骗术实在太"高",既然黄金有价玉无价,玉的价值由专家说了算,一起好莱坞电影式的骗局便在现实中上演。

二则,专家胆儿也忒大、心也忒黑。促成这起骗局的前提,是5位著名文物鉴定专家白纸黑字的签字。已经出土并且"验明正身"的金缕玉衣总共没有几件,也都有档案可查。这两件玉衣身份是否合法,稍查即知。如果不合法,知情者首先要向有关部门告知信息,然后提请论证。作为专业化和职业化程度很高的全国著名文物鉴定专家,面对这两件所谓的金缕玉衣,隔着玻璃、不作任何技术检查就轻作判断,行径颇似"老千"。"老千"是为骗钱,专家所为何哉?几万、几十万元的鉴定费?"君子爱财,取之有道",显见得这老话如今已在一些人的脑海里荡然无存。

可以肯定,此番"金缕玉衣"一案,对文物鉴定行业的信誉影响至深。也正因此,相关部门需要痛定思痛,彻底反思,对我国民间文物鉴定的法律规范和监管进行商讨,对有关鉴定专家的资质、鉴定程序、法律责任予以严格规范。

有则才有守,文物鉴定行业亟待强化规则。行规是约定俗成的职业守则,蕴含着职业道德,是一个职业成熟、完善的标志。已故文物专家单士元就曾说过:上世纪二十年代以来,中国文物界一直有个不成文的严格行规,即从事研究、鉴定的文物专家不得从事收藏,以防学术失范。恪守道德成为美谈,偶有"湿鞋"者也会成为反面教材。同样,针对正在兴起的民间收藏和鉴定,法律法规的空白,是失控,也是大隐患。

随着经济收入的提高,不少个人、企业希望丰富投资渠道。这也使得民间收藏和鉴定日渐活跃起来,专家们的民间影响力也逐渐增强。因为文物鉴定的标准和话语权掌握在少数有专业知识的专家手里,专家们将直接影响着投资趋势、经济行为和市场秩序。虽然,相信绝大多数专家能恪守职业道德,但缺乏法律的约束,"相信"也会打折。如果具有重要学术身份的专家,热衷于民间的有偿鉴定,让学术活动变为商业活动,其患无穷。这些,都应有法规的约束。否则,巨大的经济利诱下,从业人员良莠不齐,乱象丛生,最终伤害的还是整个行业。因此,有必要确立一条新的行规:文物专家只问真伪,不管价值。一件文物值多少钱,交由市场去说了算。如此,则可以救专家于诱惑,还文物以安宁。

有法才有天,权利一定要和责任挂钩,才能发挥正面作用。知识也是这样。当知识成为一种专有权利时,约束也应随之而来。在一个由物质匮乏进入到物欲膨胀的社会转型期,法律法规是对他人财产和权利的保护,也是对自我权利和价值的保护。

收藏越来越热,世态越来越复杂,详细适用的民间文物鉴定法律法规越早出台,文物事业的发展才越有保障。

(2011年9月8日)

道德和法律,究竟谁撞了谁

李泓冰

> 现行法律虽无法超拔于社会习俗存在,但法律对于引导甚至重塑社会文明、道德规范,是能助一臂之力的

最近,这样的事件发生多起:老人倒地无人扶,旁边是一群保持安全距离围观的路人,有人想伸手搀扶,又有人出言沮止……

无数人在发问,我们的社会道德怎么了?

对社会道德滑坡痛心疾首的人们,立即会将南京彭宇案、天津许云鹤案等判例视为众矢之的。的确,经过舆论不断发酵,关于老人摔倒"扶不扶",大众的第一反应就是"彭宇案"带来的恐惧感。法院判决的模棱两可至今仍为人诟病。彭宇案判决书使用了"从常理分析"、"更符合实际的做法"、"与情理相悖"之类的措辞,来判断彭宇之责;而许云鹤案则在证据不足的情形下,用了"必然"、"定然"等主观判断,来做过错推定。

当真相扑朔迷离的时候,局外人妄断是非都是轻率和不负责任的行为。如果被告真的撞倒老人却不肯承认,还要编造动听的助人为乐借口,是极不诚信、不道德的行为;如果老人没有被撞却强诬被告,同样极不诚信,更在媒体与网络的放大效应下,对社会向善之心造成极大伤害。

值得分析的是，为什么法律会有"从常理分析"得到"必然"、"定然"的推断？"常理"不正是社会道德现状的反映吗？

法官眼中的"常理"是，如果不是你撞的老人，自然不用扶，更不用送去就医。可悲的是，我们在现实中的感受，确乎如此——活雷锋，毕竟不是社会的常态。而同样的事情，倘若发生在一些文明程度高的国家，路遇病患或需要帮助的人，几乎总有人毫不犹豫地伸出援手。或许，这是因为他们没有承担法律责任的后顾之忧，不会有"不是你撞的你就不必扶"的"常理"——就像新加坡的惩罚机制规定，被援助者如若事后反咬一口，则须亲自上门向救助者赔礼道歉，并施以其本人医药费1至3倍的处罚。

那么，法律和道德，究竟是谁把谁给撞了？这就像鸡生蛋还是蛋生鸡一样难以定夺。事实上，社会秩序本来就遵循着一个从习惯到习俗、从习俗到惯例、从惯例到法律制度的发展过程。

不过，现行法律虽无法超拔于社会习俗存在，但法律对于引导甚至重塑社会文明、道德规范，并不一定存在冲突。比如，倘若法官能坚持不受舆论干扰，坚持"谁主张，谁举证"以及"以事实为依据，以法律为准绳"等司法原则，而不是轻率地推出一个证据模糊、是非含混的判决，那么，恐怕给社会道德走向带来的负面效应要轻得多。

如果更进一步，在社会道德摇摇欲坠的时候，请法律出手援救呢？曾经从戴安娜车祸纠纷中获悉，英国设有"见死不救罪"：如果"没有对涉险人士予以协助"，就会面临法律惩罚。为了匡扶社会道德与正义，立法能否助一臂之力？如果见义勇为有奖，而见死不救可能涉嫌犯罪，那么，被摔倒的社会道德或能有被扶起的可能。

依靠法律拯救道德，确实不得已。法律只是扶助道德之一途，在经济急剧增长、城市不断扩张中，曾经倚仗熟人社会道德压力来规制行为的文化传统，正岌岌可危，在情感约束越来越少的"陌生人"社会里重建道德规范，我们还任重道远……

(2011年9月7日)

明清园林终究不是私产

张 铁

不考虑公益职能、公共属性，把自己等同于以逐利为唯一目的的市场主体，是一种迷失

初识北京者，往往会惊讶于俯拾即是的文物资源。胡同深处，住户往来的四合院，垂花檐柱可循迹显赫的背景；寻常巷陌，车马喧腾的市场，精美砖雕可辨读历史的风烟。然而，近日有媒本报道，北京部分园林古建保存状况堪忧，一些甚至遭蚕食成为饭馆。

的确，近代以来风云变迁，古都的老宅子、旧园林，权属关系复杂。或属国有，或归私人；或被单位占用，或成住宅杂院，不一而足。然而，对于不可移动文物，无论情况如何，按照文物保护法规定，一个基本原则是"不改变文物原状"。

市场化浪潮之下，一些人不能以保护之心对待文物，反而将之过度"资源化"。对少数管理部门而言，文物成为他们随意用来牟取私人利益、部门利益的"私产"；一些幸运的私人所有者，更是在利益驱动下，寻找管理漏洞，汲汲于文物的"变现"。这一过程中，不破坏已属幸运，更遑论保护了。

如刘老根会所租用的晋翼会馆，搭罩棚、修山墙甚至挖泳池，是否还亭台依旧？那桐故居虽未列为文保单位，但这座"有山可观水可听"

的院落变身饭馆,烟熏火燎之中,也难免雕梁画栋失色。不少性质明确的老牌文保单位,同样陷入争议中。故宫的建福宫办会所,激起极大波澜;承德的避暑山庄,会所也现身其中。

近日,国家文物局发布新规,禁止国有文保单位经营性活动背离其公共文化属性。实际上,即便并非国有文物,也传承着历史记忆、携载有文化基因,同样有"公共属性"。所以文物保护法才规定,非国有不可移动文物改变用途需要报备。而那些国有的文物,更是典型的公共资源,理应为人们所共赏、共享、共保。

不仅仅是园林古建,还有一些如公共体育馆、公园之类的公共设施、公共资源,也穿上"私"的外衣,大打营利旗号。收取适当费用,用以管理、维护或提供更好的服务,原本未为不可。但如果不考虑公益职能、公共属性,把自己等同于以逐利为唯一目的的市场主体,同样是一种迷失。

文物保护法规定,非国有不可移动文物由所有人负责修缮、保养。对于有历史价值的文化遗存,不管是作为文物严格保护,还是作为公共资源妥善开发,引入社会力量都是值得探索的方向。即使是吸引社会投资搞"商业开发"的模式,也并非就与文物保护宗旨相悖。然而,"藏宝于民"甚至"藏宝于商",更需加强管理。市场经济条件下的文物,谁来管、如何管,我们仍未能很好地回答。如果不能明确属性、厘清权责,如果缺少完善的决策机制、监督机制、追责机制,如果没有科学合理的平台引入社会力量,那些紧锁于馆中、深埋于地下甚至隐迹于闹市的历史文物,可能就只能定格于模糊的老照片了。

故时池馆,旧日楼榭,都诉说着林徽因笔下"时间上漫不可信的变迁"。如若让鸟鸣蝉唱、影壁飞檐,终湮没于霓虹的闪耀、汽笛的喧嚣,我们将再听不到时代变迁的歌唱,只能在惭愧中默对后来者的指责与嘲笑。

(2011年9月6日)

危机公关帮不了康菲

姜泓冰

倘若没有起码的社会诚信和对环境负责任的态度,所谓"危机公关"非但帮不了康菲,反而可能偷鸡不成蚀把米

在一次次的怠慢拖延,以及一起起的"瞒和骗"后,康菲公司在渤海湾蓬莱19—3油田的生产作业终于被国家海洋局叫停。该公司次日即发表声明,表示正制定执行方案,将按"相应步骤"停止作业。

从此前的虚与委蛇、甚至不惜谎称完成"两个彻底",到此次迅速回应,康菲公司的拖延症似乎有了很大改观。不仅如此,对此前央视的报道,康菲公司更条件反射似地提出质疑,并要求更正错误。根据这则报道,一名康菲员工公然称"我们就是骗你的、骗你的",而引起舆论哗然。康菲公司声明,该员工没有发表这样的"负面言论",电话与其声音不符。

百事缠身,还能对"失实"新闻做出如此迅速的强硬反应,说明康菲公司并不是没有执行力的。只是其对公司形象的高度敏感和竭力捍卫,与对中国海洋环境污染的漫不经心形成了鲜明对比。

借助现代侦测分析技术,要鉴定出那句由无线对讲机传出的"我们就是骗你的"声音是否属于康菲员工,绝非难题。只不过在公众看来,身陷巨大麻烦的康菲对这种细节的"较真"程度,大有超过已持

续3个月、污染损失不断加大的渤海溢油事件之势。两相对照，怎么看都让人感觉异样。

自渤海漏油事件发生以来，面对海洋油花漂溢，康菲迟迟不予主动公开，一旦成为舆论焦点，便很快在7月初谎称"原油渗漏点已得到有效控制，油膜回收工作也已基本完成"；面对国家海洋局的清理期限，在期限最后一天谎称完成"彻底排查溢油风险点、彻底封堵溢油源"工作；在谎言被揭穿后，又表示是"天气原因拖延"……作为一家知名跨国企业，康菲公司这一番应对表现，可谓深得"危机公关"的个中三昧——事发之初能拖就拖，尽量封堵消息；无可抵赖则及时回应，在抢占舆论落点方面不缺席；貌似真诚、虚与敷衍，对真相"无可奉告"……然而，事实证明，倘若没有起码的社会诚信和对环境负责任的态度，这样的"危机公关"非但帮不了康菲，反而可能偷鸡不成蚀把米。

根据国家海洋局调查结果，此次渤海溢油事件是由一系列违规作业、低级人为错误造成的责任事故。可以预见，面对不断蔓延的海洋污染，以及众多渔民的沉重损失，肇事方承担相应责任既是正义的呼唤，也是法律的要求。不管你多么财大气粗，掌握了多少公关技巧，都不能逃避本该承担的责任。惟有真正将社会责任、将对公众与环境的诚信与敬畏奉为信条，才是免除这场危机的不二法门。

（2011年9月5日）

正视公众的"税感焦虑"

周人杰

只有权力尊重权利,才有权利呼应权力,而这也是税收最终的法理基础

9月1日,新修订的个人所得税法正式实施。最受瞩目的,是将工资、薪金所得减除费用标准,由每月2000元提高到3500元。而对于众议纷纭的"房产加名税",财政部、国税总局日前表示,房屋、土地权属由夫妻一方所有变为双方所有,免征契税。

从个税法修改,到房产加名税的免征,体现出对群众利益的真诚关心、对群众愿望的真实反映,折射出政府对民意的尊重。

在这样的背景下,"月饼税"尤其触目,引发热议。

其实,公众俗称的"月饼税",起自国税总局于2009年开始推行的补贴征税。应该说,征收此类"福利税",确实有法可依,也有利于规范一些大型垄断企业的补贴超标和隐性福利,是税收在收入分配调节中杠杆作用的体现。单以税金来看,对个人收入影响确实不算大。

但在人们看来,这并非多交几块钱的"小"事。一方面,中秋发月饼,关涉文化传统与情义,很多人认为应是免税的"小意思",税务部门的锱铢必较与公众的认识有较大差距;另一方面,通胀压力下的工薪族,对税负的敏感度在增加。

"月饼税"引起争议,某种程度上折射出公众的"税感焦虑"。近期"房产加名税"、"饭补税"等屡成热点,之前关于个人所得税起征点的热议、关于苹果牌平板电脑入境关税的争论,反映出公民"纳税人意识"的增强,也体现了公众在税收问题上对知情权、参与权、表达权和监督权的强烈渴望。

相关部门理应重视这样的焦虑。税收取之于民、用之于民,只有得到公众理解,才能交得明白、收得顺利、用得清楚。何况,上述税种的征收边界、制衡设计,外界并不清楚。事实上,税种关涉公共利益,其制定或修改,民意、民愿理应作为重要参考。在个税法的修订中,这种共识就已经形成——只有权力尊重权利,才有权利呼应权力。而这,也才是税收最终的法理基础。

税收制度也需要植根于现实文化和社会心态的土壤。要认识到,税收不仅是"给政府赚钱"的问题,更应该考虑:如何把"以人为本"的理念贯穿税收的全过程,让税收制度得到更为广泛的认可和接受?如何发挥税收在收入分配调节中的杠杆作用,使之成为促进社会公平正义的有效手段?

"房产加名税"免征,既考虑了税理,也考虑了人情;而对于"月饼税",已有上海等地开始采取人性化操作,对于不申报的单位不予深究。看来,即使是在现有的"法"与"情"的空间中,仍然可以找到尊重民意的平衡点,让中秋节的人情味儿浓起来,让人心获得温暖。

(2011年9月2日)

大火为何"烧"不到责任人

郝 洪

> 如果对责任企业多是舆论的纸上挞伐、少有实际的行政追问和责罚,更难见司法介入的权利追诉,必会酿成大火大祸

8月29日,中石油大连石化公司柴油储罐起火,大火在3个小时后被彻底扑灭。

火灾发生后,有关方面迅速发布消息称,大火未造成人员伤亡,事故污水也未流入海,"对周边海域和大气环境未造成污染"。然而,公众依然惊魂未定,悬念依旧未解。

一方面,着火的柴油罐处于该公司油品罐区内,周边遍布存储油气的罐体,倘若火势未能迅速控制,后果不堪设想。另一方面,火灾对海域与大气环境的影响需要详细调查,并有科学数据证实,如此迅速地断言"没有污染",是否轻率?

这已经是中石油13个月中的第四次惊魂。此前的7月16日,中石油大连石化公司厂区内1000万吨常减压蒸馏装置换热器发生泄漏着火;2010年7月16日,中石油大连保税区油库的一条输油管道发生爆炸,泄漏1500吨油入海,大面积海域遭污;同年10月24日,大连新港码头油库拆除油罐时,引燃罐体内残留原油,再次发生火灾。

"前事不忘,后事之师"。为什么这么多教训拧不紧中石油安全生

产的阀门？纵观近几年来中石油在安全事故上的处理，问责往往过轻。公众所见，在导致243人死亡的2003年重庆开县天然气特大泄漏事故问责之后，中石油近年发生的一系列火灾事故，虽已明确认定是人为操作失误所致，但对责任企业多是舆论批评，少有实际的行政追问和责罚，更难见司法介入的权利追诉。

2005年11月，中石油吉林石化发生爆炸事故，造成8人死亡、60多人受伤、近百万居民生活受到影响，企业为此承担了怎样的责任呢？6年来，国家为松花江流域水污染防治累计投入治污资金78.4亿元，而中石油只向当时的环保总局缴纳了100万元罚款，以捐助的名义支付给吉林省政府500万元。致430余平方公里海域污染的"7·16"爆炸事故，时隔一年，官方调查结果至今未出炉，也没有任何惩罚性赔偿。

"千里之堤，以蝼蚁之穴溃；百尺之室，以突袭之烟焚"，小错不究，必酿大祸，火灾频频，问责却迟迟，如此放纵的结果令人担忧。问责过轻，淡漠了安全意识，更淡化了社会责任意识。"松花江沿岸应该还有其他企业的污染"，"大连新港原有管线爆炸事故属于承包商事故"——这样的回应证明了对问责的不屑，以及对自身社会责任的漠视。

作为大企业，本应在保护公众安全、维护公共利益方面成为表率，这不仅是应有的社会责任担当，亦是其自身发展的基础。且不说连续火灾事故给中石油带来的经济损失，它所导致的社会不信任感，亦将成为其未来产业发展的障碍。

(2011年8月31日)

"打四黑"折射执法民意逻辑

马国英

> 任何社会管理活动,都必须有坚实的民意基础,才能提高效率、降低成本、优化效果

8月28日,公安部"打四黑除四害"官方微博开通。开通两天,"粉丝"已过万。微博的"个人介绍"中写道:"齐心协力打四黑,警民联手除四害",正反映出此次"打四黑除四害"专项行动背后的执法逻辑:重视民意、顺应民意、依托民意。

买到假货、吃到"毒物",周边是收赃销赃的"黑市场"、涉黄涉赌的"黑窝点"……这样的状况,公众难以满意。在公安机关此前的"大走访"开门评警活动中,"四黑"也正是群众反映强烈的社会治安问题。这样的民意基础,可谓此次专项行动的"第一推动力"。

从另一个方面说,无论是制假贩假还是食品安全,都与公众利益切身相关。对于政府部门的工作,群众的判断不仅来自总结中的数字、媒体上的报道,更来自实实在在的感受。"打四黑"打的是群众最痛恨的违法犯罪,保的是生活最基本的内容,也将成为公众评判公安部门工作的窗口。其成效如何,影响着公众安全感,也影响着政府部门的公信力。

任何社会管理活动,只有获得坚实的民意基础,才能提高效率、降

低成本、优化效果。作为对公众诉求的回应,"打四黑"同样也只有在民意的支撑之下,才能更好地进行。"四黑"往往藏身于基层社区及其周边,社会力量的引入,可说是打好这场攻坚战的关键。犯罪线索的提供、执法办案的协助、建议意见的提出等,都需要公众的积极参与。向社会公布电话等举报方式,开通互动微博,显示出公安机关对群众力量的依仗和重视。

理清专项行动的民意逻辑,对公安机关来说,还应该有一个深刻的认识,就是要对自身执法行为提出更高更严的要求。鼓励群众参与、依靠群众支持,自然不能拒绝群众监督。专项行动实际效果如何,群众评议才是"晴雨表"、"计分器"。

突破重点难点,通过对要害领域、部位、环节的强势打击,形成威慑预防效应,发挥教育引导作用,是专项行动的一般安排。而其最终目的,是将"短期治标"落实到"长期治本"上来。把专项行动的成果长效化、把专项行动的方式制度化,才能保证公众安全感、满意度长期的落实。

值得注意的是,一些地方的公安机关已经进行了打击涉及食品药品犯罪的制度化尝试。辽宁公安机关建立省、市、县三级食品药品犯罪侦查机构。重庆、北京等地公安也建立相应的专门侦查队伍。这些创新举措,无疑为打击整治实现由专项行动向长效机制的延伸过渡,提供了宝贵的借鉴。

这次专项行动也是一次社会管理创新的尝试。的确,动员群众的力量参与其中,以社区为平台、派出所为主力,公安部开通首个官方微博,都折射出公安机关在社会管理创新上的种种探索。实际上,专项行动背后的民意逻辑,也同样可以使用在社会管理创新上,倾听公众呼声,顺应民意需求,动员社会力量,也是社会管理创新的要义所在。说到底,社会管理就是对人的管理和服务。

(2011 年 8 月 30 日)

珍惜"慈善风波"中凝聚的共识

姜 赟

> 由专家、媒体、业界和公众共同参与的慈善大讨论,凝聚起了诸多宝贵共识

经过近来的种种风波,无论是慈善组织还是相关管理部门,都已经开始了一场与"挽回信任"的赛跑。

日前,民政部公开表示,公益慈善类组织将单独由慈善司负责,开展独立的行业监管。由民间公益组织发起成立的"基金会中心网"上,也有越来越多基金会加入了这个信息公开的平台。

如果说"慈善风波"在一定程度上伤害了公众的慈善热情,那么,这场由专家、媒体、业界和公众共同参与的社会大讨论,也凝聚起了关于慈善的诸多共识。

比如,透明公开是现代慈善的灵魂,慈善机构只有配备"玻璃口袋"才能让公众捐得放心;职业化、专业化保证善款能被高效使用,专业素养、职业道德,是问心无愧提取管理费的前提;破除双重管理体制、放开公募权利,才能激发蕴藏于社会的慈善力量,形成更具活力的"慈善市场"。

慈善事业的健康发展,不意味一点问题都不出,而在于能够正视和解决问题。从"怎么看"走向"怎么办",才能促成我国慈善行业的进

步、慈善水平的提升。中国红十字会"捐赠信息发布平台"上线试运行，迈出了重要的第一步；为规范信息披露工作，《公益慈善捐助信息披露指引》面向公众征求意见。这些，可以说都是慈善风波推动形成的共识，在实践中的一步步落地。

制度层面也同样在进行着更深层次的探索。"壹基金"走出身份困境，转型为公募基金会；民政部或将"松绑"公益组织，不需业务主管单位可直接登记注册。这些透露出共同的信号：政府角色将从"严审批"转向"严监管"，多元化将是未来的慈善格局。

当然，任何变革都有其历史包袱和传统逻辑的阻碍，不可能一步到位。这也是作为慈善主体的公众应有的意识。

风波之后，公众需要深化对慈善的理解。在看到慈善组织不足的同时也看到它们的重要作用，在接受它们工作的同时也认同必要的管理费用。更重要的是，要平复"慈善风波"激起的强烈情绪，与过去一样积极投身慈善事业，不让捐款减少，不让血库告急，不让需要帮助的人在等待中失去希望。

风波之后，慈善组织与管理部门也需要重新看待媒体与慈善的关系。这段时间，如民政部相关人士指出，"慈善捐赠降到了冰点"，有人迁怒于某些人的"天真无知"，有人怪责于媒体的"穷追猛打"。诚然，回望"慈善风波"，确有一些组织机构"躺着中枪"；展望"慈善伤疤"揭开后的信任修复，媒体作为正面传播者和引导者的作用无疑应该强化，但抱怨者也需意识到：存在的问题是第一位的，新闻报道是第二位的。民政部证实的"社会捐赠总额没有大幅下降"、只是"慈善机构收的捐赠少了"这一现象表明：公众的慈善热情一直存在并释放，慈善机构的公信力下降并非媒体报道催生。

对于慈善，这是我们的愿景：法律规范、政府监管、公众监督、组织善治、行业自律、社会选择、平等竞争、优胜劣汰、合作共赢。而这幅美好图景，需要慈善从业者、社会管理者、媒体，以及包括你我在内的每一个社会成员，共同绘就。

（2011年8月29日）

刑诉法修改释放积极信号

兵 临

> 尽管尚在审议中,但草案中对公权与私权的重新"配置"调整,强化了个体权利保障的价值理念

备受关注的刑事诉讼法修正案草案首次提请审议,这是这一重要法律自1979年制定以来的第二次"大修",增加和修改的条文占现有条文总数的三成以上。

一部调整国家追诉犯罪的程序基本法,之所以引起人们强烈关注,是因为它不仅涉及对国家权力的调整配置,更关系到公民个体权利的保障。在现代国家,刑事诉讼法对于犯罪嫌疑人、被告人权利的关照程度,往往成为衡量人权保障水平和法治文明程度的重要指标。

回顾我国刑诉法发展历程,不难看到这样一条脉络:从单纯注重打击犯罪向兼顾人权保障方向演变。在1979年我国制定刑事诉讼法之初,立法价值取向偏重于维护国家追诉权力,对犯罪嫌疑人、被告人等的个体权利保护较少。1996年刑诉法修改,突出对被告人权利的关怀,确立无罪推定、疑罪从无等原则,对随后的刑事执法产生了深远影响。随着近年来公民权利意识增强,此次刑诉法修改理应比以往更加注重个体权利。

尽管修正案草案还在讨论审议中,不过,从目前透露的一些内容

看，修订者们倾向于在保障个体权利方面能更进一步。例如，规定不得强迫自证其罪，直接指向犯罪嫌疑人的权利"扩容"；设定危险精神病人强制医疗程序，将决定权从政府手里转交到法院手里，显现出立法在寻求社会防卫的同时，更加注重精神病人的人权保障。这些以被追诉对象为归依的"权利安顿"，彰显了现代刑事诉讼程序正义的价值理念，也更加符合法治发展潮流。

在国家追诉犯罪的相对关系中，对被追诉人一方权利的强化，就意味着对刑事执法机关权力的限制，如何在打击犯罪与保障人权的双重价值目标间寻求均衡，是一个十分复杂的课题。

此次刑诉法大修，核心问题也是国家追诉犯罪过程中公权与私权的配置，其中有的内容显现出立法对二者的协调。比如，规定近亲属拒绝出庭作证权，但在侦查和审查起诉阶段仍保留有接受调查询问的义务；再如，草案允许国家反腐败部门使用监听窃听等技术侦查手段，增加的是公权比重。此消彼长之间，折射出的乃是立法价值多元化的追求。

不过从整体上看，刑诉法修改在公权与私权的配置上，继续朝着更加合理的方向前行。刑事诉讼法在人权保障上的地位在所有法律中十分重要，如果这些人权保障的条款能够获得通过，必将给未来中国刑事诉讼格局带来深刻变化，对刑事执法模式带来深远影响。

尽管目前还难以预言草案的审议结果，但无论如何，这些修改思路已经体现出对刑事法治文明的进一步思考与追求，相信也必会在修订后的刑诉法中有所实现。

（2011 年 8 月 26 日）

应明确保密和公开的边界

张 铁

> 引导社会理解、认同合理合法的"不公开",关于"秘密"的讨论,才能成为一堂很好的公开课

中央部门"三公经费"公开接近尾声。近日,外交部向媒体表示,由于本部门部分预算涉及国家秘密,因此不予公开。

"以公开为原则,不公开为例外",已成共识。按照政府信息公开条例,这样的例外,包括涉及国家秘密、商业秘密和个人隐私的政府信息。毋庸置疑,这些信息不能也不应公开。外交部的选择,有其现实依据,也有国家利益的考虑。

然而,信息公开实践中,有些"秘密"似乎并没有什么道理。几千个停车位造成市民出行不便,郑州市规划局却以"秘密"为由拒绝公开规划信息;北大三位教授要求公开首都机场高速公路收费数额、流向,也被"秘密"挡在门外。在一些地方和部门,利益秘密被掩映在了"国家秘密"的幕布后面。

从中央部门公开"三公经费"来看,时间、类目、口径还未能统一,信息的公开与保密边界还比较模糊。在此情况下,如果没有严格标准、不经合理程序,那些"想公开的就公开,不想公开的就不公开"的部门和机构,会不会拿"秘密"当挡箭牌,让公开变成走过场?这

也是引起公众顾虑的重要原因。

在保障公众知情权、监督权的基础上,引导社会理解、认同合理合法的"不公开",不仅会让认识更进步、心态更成熟,更有利于进一步推进政务公开。正因此,政府部门理应正视公众的敏感,回应顾虑背后的疑问。

在我们相继以中办国办文件推动信息公开、以最高法司法解释保障信息公开的背景下,在"公开透明"渐成上下共识的时代潮流中,划定不公开的范围、标准和程序,对于规范"不公开行为",至关重要。哪些属于秘密?谁来判定秘密?该有什么程序?这些明确了,那些不该例外的部门,也就难以用秘密把本该见光的信息锁在柜中。从"以保密为主导的公开"变成"以公开为主导的保密",政务公开才能掌握好公开与保密的天平。

我们需要更明确的标准,细化相关条例中的笼统规定,收紧相关法规中"其他事项"这样的口袋条款;我们需要更完善的机制,让"例外"的划定、鉴别和监管更公开合理,避免各个部门自定其秘密;我们也需要更严格的规定,确保不公开的程序正义,打消公众对"自我豁免"的质疑。

实际上,向公众说明不公开的理由、标准和程序,本身也是一种公开。在可能的情况下,如果能对不公开作一些必要的解释说明,恐怕更能获得公众的理解认同。这样的标准公开、程序公开,甚至比单纯的信息公开更能起到普及政治常识、争取社会信任的作用。

从政府信息公开条例实施算起,政务公开刚刚开始三年。在中央部委的公开元年,对"不公开"的讨论,于政府、于社会,都无疑是一堂很好的"公开课"。在这样的讨论、修正和实践中,政务公开才能一步步走向成熟。

(2011年8月25日)

行业协会需要"刮骨疗伤"

范正伟

既要对行业协会的乱象进行严肃整顿,也要思考如何健康培育社会组织,进而给行政行为确定边界,为社会组织发展留足空间

近日,一些企业人士向媒体反映,一些打着"中国民营企业家协会"名号的工作人员正在敛财办会、"叫卖"副会长职位。而此前几天,作为"中华脊梁"颁奖活动主办方的中国经济报刊协会、中华爱国工程联合会,刚刚接受了民政部的行政处罚。

评奖敛财、公款吃喝……当一些行业协会与这些丑闻联系在一起、晾晒在舆论聚光灯下,人们在惊诧在质疑:协会究竟怎么了?

在近期的"协会风波"中,折戟沉沙的不仅有老牌协会,也有未经注册的草根协会,二者在忽悠敛财、失范失位方面并无二致,以至于一些民间段子编排这些协会是"戴市场的帽子,拿政府的鞭子,坐行业的轿子,收企业的票子"。话虽有夸大和片面之成分,但也表明,新老问题交织、不同矛盾迭出,一些行业协会的违规之举,已经严重危害到公共利益。

应该说,行业协会在这些风波中也在不断反思、积极改进。比如,中国红十字会开通捐赠网站,希望以公开透明重建信任;"中华脊梁"

评委会也开始解释澄清、赔礼道歉,这些至少都算好消息。不过,倘若反思到此为止,行业协会不仅无法从根本上刮骨疗伤,更难以承载协同参与社会管理的期待。

必须承认,尽管有国情和发展阶段的不同,行业协会的基本属性却是共通的。比如它的非营利性、社团性、民间性和中介性,以及连接政府和市场的桥梁纽带作用。近些年来,从实施政企分开,到国务院颁布《关于加快推进行业协会商会改革和发展的若干意见》,从撤走官员兼职的位子,到缴下协会手中的鞭子,行业协会逐渐脱离"行政襁褓",向民间自治社团组织转变,这是行业协会改革的一大进步。

然而,此轮"协会风波",以及此前强制入会、摊派会费的"协会骚扰"现象,以及制造"涨价联盟"等行为,莫不在提醒:行业协会依然需要进一步加大改革步伐。

一方面,行业协会要有清醒的自我认知,弄清楚"我是谁"、"能做什么"、"不能做什么"等基本问题;另一方面,监管部门也应反思行业协会"养老院、小金库、二政府"错位背后的官僚化痼疾,正视"严审批、宽监管"带来的监管真空问题,推动协会走出"非典型腐败"误区,进而使协会能更好地发挥桥梁和纽带作用。

在这个意义上,此次"协会风波"暴露的问题也是整改的契机。如果能就此对中国行业协会乃至社会组织的发展进行一次全方位的梳理,按照"十二五"规划"培育扶持和依法管理社会组织,支持、引导其参与社会管理和服务"的要求,对协会乱象严肃整顿,给行政行为确定边界,为社会组织发展留足空间,使其真正发挥好社会细胞的活动力、经济发展的调适力、公共服务的辅助力以及社会矛盾的消化力,无疑,这些社会组织就能成为加强和创新社会管理的重要力量。

(2011 年 8 月 24 日)

让"最美"的人不再独行

詹 勇

> 普通人的道德勇气不仅来自于个体的自觉,更需要社会的呵护和激励

总有一种感动让人怦然心动,总有一种情感"秒杀"无坚不摧。在苏州木渎镇,一位少女在暴雨中为残疾乞丐撑起一把雨伞;在赣州南门文化广场,一位交警俯身背起一名跌倒在地的老人;在安徽亳州一间简陋的屋子里,一位白发苍苍的母亲艰难地给瘫痪在床的儿子喂粥……当这些令人动容的瞬间被定格,在微博和论坛上被数以十万次的转发的时候,一种温暖的力量,正推动着我们迎来洒满阳光的秋天。

这些瞬间也恰如一部正在书写的爱心之书的封面。近期,一大批平凡的"温暖人物",构成了令人叹为观止的"爱心谱系"。"最美妈妈"吴菊萍勇救高空下坠的女童导致手臂骨折,"最美奶奶"柴小女奋力救起落水孩子不幸牺牲,"送水哥"3年坚持给农民工免费送水,"板凳妈妈"许月华37年带大138个孤儿……

尤其让人感叹的是,这些温暖你我的"小人物"们,大多在网上率先走红,受到无数网友的追捧、赞美。"请坐,大叔!"广州地铁车厢内,一位农民工因怕弄脏座位而蹲在一旁的图片,引起人们热议。众多网友对普通劳动者的善意和力挺,更让人看到了一种久违的价值观的

回归。这足以让我们略感欣慰：谁说真善美在今天是稀缺品？谁说真善美在今天没有"市场"？

"草根爱心"静水深流，滋润大地，必能释放巨大能量。但不容否认，我们的社会今天还在遭遇"道德沙尘暴"。社会转型期，利益的分化与侵蚀、观念的多元与错位、社会的发展与阵痛，使得道德的挺立与生长面临前所未有的复杂社会生态。在社会道德领域，我们并不缺少各种"最美"，但也不得不面对那些"最窘"——在一些地方，施以援手、见义勇为者不再被感激和颂扬，反而被讹、被告、被索赔，彷徨于无地。"彭宇案"、"李凯强案"曾让不少人"很受伤"，也让人困惑：法律能否也给善良一个公平的交代？当我们为那些"可以不伟大、但不可以没有责任心"的平凡好人而喝彩的时候，也许更应思考：我们的社会——从围观者到媒体，从有关部门到法律制度，能不能及时挺身而出，给在打压中下坠的道德力量一个向上的托举？

普通人的道德勇气不仅来自于个体的自觉，更需要社会的呵护和激励。就像自然生态被破坏，最终会惩罚人类自身一样，"道德生态"一旦被破坏，同样贻害无穷。如果好人流汗流血又流泪，病态的价值观就会由此"立论"，人心的"冷漠症"就会传染开来。最典型的事例是：在几起救人者被告的无奈之后，近年来，多次发生了老人跌倒无人帮助最终死亡的悲剧。

培根说过：集体的习惯，其力量更大于个人的习惯。今天的道德勇气和道德践行，更呼唤道德生态的涵养。在市场经济环境下重新确立价值坐标，在世界第二大经济体的国度推进"精神的成长"，需要我们每一个人的努力和付出。

（2011年8月23日）

集体摆乌龙，媒体如何自省

郝 洪

舆论的宽容是否就能成为公共媒体原谅自身过失的理由？
走出这场假新闻的"接龙游戏"，媒体又该怎样反躬自省？

本周，好几则虚假新闻引来有关部门的回应。国税总局声明"国税总局47号文"纯属伪造；国家海洋局澄清渤海溢油索赔新闻，称索赔诉讼是真，所谓"亿元索赔额"报道不实；民航局则指正，"关舱门后30分钟须起飞"的"新规"被严重误读，这一规则只在天气和空中管制状态正常情况下适用。

虚假新闻的背后，是传统媒体的集体"失守"——包括中央权威媒体在内，众多新闻媒体都被上述三条假新闻击中，不仅援引转述，还迅速推出评论，成为乌龙新闻的"二传手"。

由于这些假新闻内容本身呼应了社会热点问题，民间舆论更多聚焦于假新闻的民意折射，对媒体的集体乌龙则保持了相对宽容的姿态。但舆论的宽容是否就能成为公共媒体原谅自身过失的理由？走出这场假新闻的"接龙游戏"，媒体又该怎样反躬自省？

从报纸、广播，到电视、互联网，再到今天的微博，社会传播媒介越来越丰富，传播工具也越来越平民化。在这个人人手中都握有麦克风的时代，受众即是传播者，信息的传播与接收几乎同时发生，这使得信

息的传播迅速而贴近，也使得新闻的真实性受到前所未有的巨大挑战。

信息泛滥之时，也是公共媒体，尤其是主流媒体作用彰显之时。及时、客观、公正地报道真相、澄清事实，避免"不确定"信息的传播，是公共媒体的责任，也是其保持权威性、公信力的重要途径。然而，喷涌而出的网络信息冲击之下，竟有一些公共媒体放弃了自身事实核查和专业调查传统，盲目抢新闻，在信息传播的高速公路上迷失了方向。

诚如许多评论所言，不少谣言其本身蕴含着民意的合理诉求。这也是国税总局在对47号文辟谣之后，公众非但没有斥责谣言传播者，反而颇感失望的缘由。即便如此，媒体也不能以"表达民意"为托词，不顾信息的真伪，忽略对事实的调查。

虚假信息即使跑赢光速，仍摆脱不了虚假的本质。很多时候，它跑得越快，带来的负面影响就越大。比如对"关舱门后30分钟须起飞"新规的误读，并不能促进航空公司提高航班准点率，相反，却可能激化乘客与航空公司之间的矛盾。倘若媒体能够脚踏实地，掌握更多的一手资料，认真解读新规，并就此展开讨论，给政策制定者充分的解释空间，让民意有更充分的表达渠道，则更有助于航班延误这一老大难问题的解决。

真实是新闻的生命，它无关传播工具的演进和传播速度的改变。惟有恪守真实，才能真正记录一个时代，才能真正做到回应关切、沟通民意。对政府而言，谣言止于公开；对有着社会责任担当的公共媒体而言，传闻止于客观的求证。只有保持客观、真实、公正的态度，最大限度地呈现各方实际情况与利益诉求，并进行充分讨论，才能寻求到多赢的解决方案，航空乘客权益保障如此，税改公平追求如此，渤海溢油的环保追问亦如此。

当然，要达到上述目标，我们还需要让媒体工作路径更为顺畅，避免手握话筒却发不出声的尴尬。

(2011年8月18日)

生态环境事故频发是一记棒喝

武卫政

牺牲生态环境得不偿失,这是被无数事实证明的真理,我们不能在同样的问题上重复栽跟头、交学费了

渤海溢油不止、云南"铬污染"未平;恒山因过度开采"破相"还令人揪心不已,陕西榆林沙漠中竟出现高耗水的高尔夫球场,更让人难以接受……

7、8月份是极端天气多发时节,但这一桩桩环境生态事件,不只是老天爷捣乱。有突发因素,更是累积效应。指责曝光者"唯恐天下不乱"也好,抱怨"好事不出门,坏事传千里"也罢,问题就在那里,想瞒下去很难,纵然人们一时看不见或者难有切身感受,有时一场狂风暴雨就能把问题给掀出来。

对于当前的环境形势,有权威专家概括为四句话:局部有所改善,总体尚未遏制,形势依然严峻,压力继续加大。近期披露的问题,为这四句话作了注脚。分析这些问题的原因,可以发现一个共同点,那就是项目或工程的决策者考虑经济效益多,考虑资源环境承载力少。

最为明显的是,对于油、气、煤、水、金属等资源,只想着多采快挖赚大钱,却不顾及资源的稀缺性、不可再生性,不顾及资源开发过程中可能造成的环境生态损害。如此急功近利,掠夺式地开发利用资源,

把自然环境当成可以任意排污的场所，造成的后果就是既影响当地的可持续发展，又直接危害群众健康。有百年采煤史的山西孝义，目前1/5的面积已被"采空"，地质灾害多发；而整个山西，因采煤造成的生态环境损失高达4000亿元。

有人说，中国的环境问题到了集中爆发期，此话并不为过。十七大报告在概述前进中面临的困难和问题时，第一条就是"经济增长的资源环境代价过大"。"十二五"规划纲要指出，面对日趋强化的资源环境约束，必须增强危机意识。这些年，我们一直在努力建设资源节约型、环境友好型社会，但环境质量仍只是"局部有所改善"。由于长期以来传统工业化和粗放增长方式的惯性，很多问题并没有从根本上解决，不少矛盾经过多年的积累，恰恰到了集中凸显期。

"十二五"期间，破解资源环境约束、保障群众身心健康、实现人与自然和谐相处，要求各地不仅要继续清偿环境生态欠账，更要努力做到不欠新账。沿海和大江大河沿岸化工企业布局的过于集中，重金属行业废渣的堆放与无害化处理，水资源的过度利用与污染，草地的过载过牧以及毁林开荒的工程建设等问题，事关可持续发展和人民群众切身利益，都需要高度重视。要做到既避免新的环境问题出现，又能对生态旧账及时采取补救措施，惟有实施更加严格的环境管理制度，让破坏生态环境者付出高昂代价，山川才有庇护，发展才有未来。

牺牲生态环境得不偿失，这是被无数事实证明的真理。在坚定科学发展的今天，频发的生态环境事故正是一记棒喝，警示我们：不能在同样问题上重复栽跟头、交学费了。

（2011年8月17日）

渤海漏油不能只"罚酒三杯"

范正伟

只有切实履行起责任,把现有法律用好用足,执法部门才能摆脱执法不严的诟病,并获得国家机关的应有权威

两个多月过去了,渤海漏油事件非但没有画上句号,反而因怠慢拖延愈演愈烈,污染面积从"200平方米左右"增加到超过840平方公里、油基泥浆溢出量也从预计的1500桶增加到了2500桶。

与有关部门的三令五申、社会各界的强烈关注不同,肇事者美国康菲公司似乎颇为从容,不仅违抗国家海洋局的清理期限,"遮遮掩掩、刻意隐瞒",直到被事实逼到了墙角,才勉强承认之前未尽力排查溢油风险点。

更令人诧异的是,面对如此严重的环境污染事故,康菲公司非但不以为耻,反而在其官网招聘公告上,将这一事故作为其"品牌广泛传播的机遇",宣称事故使该公司的"知名度得到了很大幅度的传播"、"业务成交量同比大幅度提升"。这不啻为对公司社会责任的放弃,也是对中国法律制度的嘲讽。

黑压压的海水,轻飘飘的姿态。作为一个跨国企业,康菲公司面对污染事故如此轻描淡写,让人知道了什么叫"南橘北枳"。的确,国家海洋局区区20万元的上限罚款,与国外动辄上亿美元处罚相比,不过

是挠痒痒。这或许可以从一个侧面解释康菲公司的淡定,它似乎扼住了中国环境法律制度漏洞的"命门"。

事实果真如此吗?中国的环境法律确实有待健全完善,比如,亟须改变"守法成本高、违法成本低"的制度弊端,改变"海洋部门不上岸、环保部门不下海"的管理不足等。但在法律修改之前,其实我们仍有其他约束性条款,仍有别的"硬手段"扼制康菲公司的种种行为。

对相关监管部门来说,除了督促和谴责,还可进一步调查蓬莱油田项目的环境影响评价、履行"三同时"制度的合法性和有效性。根据《海洋环境保护法》第九十条,有关部门也可以克服所谓"核算方法不明确"的不足,尽早匡算生态损失,代表国家提出生态损害赔偿;或者,协助渔民搜集受损证据,要求肇事者承担无过错民事责任;在刑法修正案(八)新鲜出炉的背景下,还可以考虑适用"污染环境罪",向司法机关移送相关犯罪嫌疑人……把现有法律用好用足,有助于执法部门摆脱执法不严的诟病,维护国家机关的应有权威。

作为蓬莱油田的最大股东,中海油虽然不是"肇事方",却也无法完全置身事外。一方面,就漏油事故本身而言,中海油确应"强化监管职能",以其专业能力尽到对康菲公司的约束、制衡之责,进而维护本国利益;另一方面,透过一起起安全事故,中海油也应反思其发展目标与监管技术能力的匹配,反思其"国际招标、引进外资"的开采模式,更好地承担央企的重要使命,特别是在国际合作中更好发挥作用。

甬温高铁事故后,事故严查、安全排查、高铁降速、列车召回……这些后续措施和理念转变,正在给人民一个"真诚负责任"的交代,也成为发展理念转变的契机。现在,面对渤海漏油事件,同样不能轻轻放过、不了了之,而应通过严肃查处,变"罚酒三杯"为"举一反三",给民众、给环境一个"真诚负责任"的交代。

(2011年8月16日)

感受深圳的"大运成人礼"

薛 原

> "大运成人礼"是对城市面貌一次新的塑造,更是对城市品格一次新的提升,是一次"内外兼修"的过程

"这是一座漂亮而友好的城市","一切都很满意,我以后还会来"。深圳的骄阳下,笑容和阳光一样灿烂,来自世界各地的大学生运动员对这座城市不吝赞美之词。

参加大运会的选手不是什么体坛大腕,但大运会是他们迈向奥运会等更高目标的一级坚实台阶。在这里接受竞争,收获友谊,大运会是他们运动生涯中的一次"成人礼"。

深圳是中国最年轻的大城市,这座充满活力与激情的城市第一次举办国际综合性大赛,也是城市发展历程中的一次"成人礼"。

改革开放以来,深圳从一个小渔村跃升为大都市。快速发展的过程,难免出现一些进度参差、"被遗忘的角落"。举办大运会,深圳得以审视城市布局中的短板,有机会主动规划、拾遗补缺。比如,大运中心和大运村都建在龙岗区,这里曾是"关外",基础设施薄弱。"大运会让龙岗的发展提前了十年",这样的感受,是当地居民的切身体会。

而"大运成人礼"更是对城市品格一次新的提升,是一次"内外兼修"的过程。开赛以来颇受好评的深圳交通,即为例证。如何既确

保赛事活动顺利进行，又尽可能少"扰民"？深圳管理者创新思路，没有强制限行，而是倡导"绿飘带行动"，许多市民主动为爱车系上"绿飘带"，承诺在大运期间不开私家车。这种变"政府强制限行"为"市民主动选择"的做法，既是对民意的尊重，也赢得民意的信任。大运会开幕当天，深圳市区干道交通流量下降了33%，而开往各个场馆的公交车和地铁上人流不断。

举办一项赛事，也展现和丰富了一座城市的性格。2010年，深圳评选出30年十大观念，其中既有"时间就是金钱、效率就是生命"、"敢为天下先"这些耳熟能详的口号，也有"送人玫瑰，手有余香"、"实现市民文化权利"、"来了，就是深圳人"这样当地人感受最深的观念。这些口号与观念，也让这届大运会有了"不一样的精彩"：遍布全城的志愿者，不断延伸的城市绿道，随处可见的笑脸与问候……来自五湖四海的大学生运动员们从中感受着这座城市发展的动力源泉。

每一座城市都需要在风雨洗礼中逐渐成熟自信。筹办大运会时，深圳也曾因"高危人群"之说遭受质疑，也有"禁止上访讨薪"的意外之举，而执政者广纳言路、从善如流，将这种"成长的烦恼"最终化为"成长的财富"，城市也由此多了一份宽容与自信。

大运会是个青春活力激荡、多元文化交流的舞台。当深圳与大运会热情相拥，当更多普通人在公共事务的积极参与中成为城市的主角，当笑容与倾听，交流与选择这样的"柔性表达"成为习惯的方式，大运会不仅让这座城市尽展新颜，更带来城市治理的点滴之变。

(2011年8月15日)

高铁要坚定科学发展既定轨道

詹 勇

> 对高铁运行的一系列调整安排，反映出从政府到公众对于"我们需要什么样的高铁"这一问题的思考和共识

或许，将来人们回首我国的铁路发展史，会发现围绕"7·23"动车追尾事故的深刻反思与不懈努力，如同一次及时的"信号灯"，使中国高铁坚定地沿着科学理性的既定轨道前行。

就在10日，国务院常务会议决定，开展高铁安全大检查，适当降低新建高速铁路运营初期的速度，并对拟建铁路项目重新组织安全评估。根据新的运行方案，高铁降速50公里开行。

频出的故障，特别是"7·23"事故的发生，暴露出高速运行下的隐患。事故原因尚待查明，此时降低运行速度，既是对"未知风险"中人的安全的高度重视，也有利于在增加安全冗余的前提下，改进技术管理，积累运行经验。作为一个新型的、复杂的大系统，高铁包含的固定设施、移动设备、控制系统、运营管理等子系统，无疑需要足够的磨合。循序渐进的方式，既符合事物发展规律，也是世界各国高铁在磨合乃至挫折中不断前进的普遍经验。

当然，很多人还是希望，现在的"降速"，是为了更好的"磨合"，更是为了促进将来的"安全提速"。就在"7·23"事故后，仍有不少人继续

选择高铁,甚至还有人憧憬:在确保安全的前提下,能再快些便捷些。事实上,更好、更快、更强,这是人类对文明进步的共同追求。而已经展现了社会价值和发展前途的高铁,正让更多国家和人们坚信,其未来如同当初的飞机一样,会给人类社会带来深刻变化。这对于"铁轨上的中国"来说,尤显重要。

时代在义无反顾地向前走。试图回到"绿皮车时代",那是一种退步,也不可能为广大群众答应和选择。中国需要现代化高铁,这既是一个发展中人口大国的现实需求,也是中国未来的一次发展新机遇。我们无法容忍以生命为高昂代价的畸形发展,但因为一些事故就彻底否定高铁,也是因噎废食。"7·23"事故付出的沉痛代价,反而让我们更加坚信:坚持科学发展理念,是何等重要和急迫。今天高铁发展中所暴露出的一些隐患与不足,反映了此前过于注重建设速度而忽略科学发展的状况。缩短了运行磨合期、忽略了人员培养、滞后了管理手段和服务配套的协调跟进、轻视了大众对一项新技术的认同接受……正是一些过时的观念、落后的管理、冷漠的服务并未完全与"绿皮车"一起退役,有的反而"搭了便车",才掣肘着今日高铁又好又快地前行。

对逝去的生命,最好的悼念是吸取教训。对高铁的未来,最急切的问题是在坚定信心中更加坚持科学发展。京沪高铁运行40多天后,国务院作出对高铁的大调整,正反映出从政府到公众对于"我们需要什么样的高铁"这一问题的思考和共识。高铁之"高",远不只是速度之快、技术之先进,而应包涵运行安全、价格亲民、服务温馨、管理科学等诸多要素。说到底,高铁的发展,必须把科学发展深深焊进铁轨中,真正体现以人为本的发展思路。

"就像一个人跑步,不能老是以加速度在冲刺,他必须要放慢一下脚步,为了以后跑得更好。"日前,国家统计局新闻发言人盛来运对我国经济增速"降温"这样形容。人间正道是沧桑,只有沿着科学发展道路,不断迈出坚实步伐,才能走得更稳、更快、更远。高铁是这样,在现代化之路上高速前进的中国,更是这样。

(2011年8月12日)

平抑物价需要"民生杠杆"

郝 洪

要让民生杠杆在高企的 CPI 上保持平衡,稳物价之外,应有一套完善的社会保障措施,帮助中低收入者缓解压力

8月9日,国家统计局发布的数据显示,7月CPI同比上涨6.5%,创下3年来新高。在CPI不断上扬的今天,类似的"创历史纪录"消息不算新闻了,更多人关心的是,CPI高企之下,民众的生活水平如何保障?在保增长与物价上涨、通胀预期增强之间,民生该如何安放?

CPI 数据的上涨曲线在百姓日常生活账本中看得最清楚明白。数据表明,7月,全国居民消费价格总水平,城市上涨6.2%,农村上涨7.1%;食品价格上涨14.8%,非食品价格上涨2.9%。可见,在物价涨幅上,农村高于城市,食品高于非食品。这意味着,在收入普遍偏低的农村,人们所承受的物价上涨压力要大过城市;意味着,在恩格尔系数还停留在40%左右这一高点的中国,将有大部分中低收入家庭日常生活因此捉襟见肘。

物价"冷暖",中低收入人群先知。从媒体晾晒的百姓日常支出账本里,可以真切地感受到高企的CPI给中低收入者日常生活带来的影响——收入在增长,可"当家却越来越难"。上海媒体报道的小区保安老颜一家的生活账本就显示,从2010年2月到2011年6月,这个家庭的

月支出平均多了1200余元，去掉一些客观因素，比如给女儿请家教等每月多支出三四百元外，其余增长的开支全在柴米油盐上，对于月收入在3000元的老颜一家而言，生活的压力可想而知。

稳定物价是个系统工程，需要在保增长、控通胀、稳民生之间寻找一条平衡道路，其背后是经济结构调整和科学发展的大命题，需要政府的智慧、耐心和持久的努力。但是，稳民生却不只是稳定物价。在物价涨跌成为常态的今天，要让民生杠杆在高企的CPI上保持平衡，稳物价之外，应该有一套完善的社会保障措施，帮助中低收入者缓解压力。

中低收入人群最先感知CPI的波动，也应最先得到社会保障的护佑。今年以来，各地纷纷给出租车司机及种粮、生产农副产品的农民以补贴，全国有22个省、自治区、直辖市启动了"社会救助和保障标准与物价上涨挂钩的联动机制"，这些短期、长期的财政政策既保障了中低收入者的利益，也起到了平抑物价的作用。

但是，这些政策还只是一小步，如何在稳定发展速度的同时，让群众分享到发展的红利，而不是成为高物价的受困者，仍然需要更多实质性举措。

今年以来，为了应对物价上涨，香港、澳门地区出台了一系列宽减赋税、扶助弱势的措施，比如补贴电费、派发津贴、提高个人缴税起征点、降低标准税率、宽免个人和企业的所得税等。这些做法未必完全适合内地，但也反映出一种共识，即通过加大财政对社会保障投入、构建完善褔利体系来分担民众通胀压力，让全民都享受到经济发展成果。惟如此，高企的CPI才不会成为高空钢丝，物价上涨的不利因素才会降到最低，其传导效应也会大大减小。

(2011年8月11日)

微博时代我们怎样辟谣?

杨 健

> 只要微博用户始终坚守理性、客观、温和的立场,微博管理者始终坚守"善待善用善管"的原则,它就一定能够在推动社会进步方面发挥更加积极的作用

成立不到 3 个月的微博"辟谣联盟",撩动了新媒体舆论场里最敏感的那根神经。

这群"自带干粮"的网友,高举"为真相服务"的旗帜,揪出了关于今年 6 月北京暴雨的若干张移花接木的照片,验证了"卖淫女裸体受审照"的子虚乌有,澄清了"出血性大肠杆菌已入侵北京"等不实信息。他们力图"为净化微博舆论生态贡献力量",却与堪称严厉的质疑和嘲讽不期而遇。

这恐怕是辟谣联盟成立之时所未曾逆料的窘境。而这种窘境的背后,潜藏着至少三个层面的疑虑和争议。

首先,怎样对微博进行定位?它究竟是严格意义上的媒体还是街谈巷议?能否用对媒体的标准来要求它?

其次,怎样区分传言、质疑和谣言?辟谣者对真相的追问,应该秉持怎样的原则?

再次,辟谣会不会片面放大微博生态的不足和缺陷,对微博的生存发展带来负面的后果?

尽管有人认为，微博只是一个引车卖浆者云集的大茶坊，但客观地讲，这个有着1.95亿用户的言论平台带有鲜明的媒体特征，也确实已经成为其他媒体的重要新闻源。在这样的背景下，探讨"微博的伦理底线在哪里"并非多此一举。不只是媒体从业者在使用微博信息时需要审慎严谨，一般的信息发布者也应该诚实守信，对自己的言论负责。

个体的自律并非全然可靠，好在开放环境下的网络舆论场有着良好的自净机制。"群众的眼睛是雪亮的"，再高明的骗子，也别想在所有时候欺骗所有人。无论是"周老虎"还是"盐恐慌"，真相都在广大网友自发的证伪中大白于天下。正因如此，我们对尊重公民表达权、对维护互联网言论秩序始终抱有坚定的信心。也正因如此，辟谣联盟的举动作为舆论自净的一种尝试，有利于推动民众的理性表达和有序参与，体现了公民的社会责任，有它存在的正面意义。

然而任何话语都有它的语境。"辟谣"这个词之所以让一部分人心生反感，是因为此前在一些地方一些人那里，它成了对抗监督、文过饰非、压制不同意见的挡箭牌。那些朝三暮四的"辟谣"本身就经不起推敲，甚至造成"越辟谣，越信谣"的恶果。

这就涉及一个怎样辟谣的问题。是抓住一点不及其余，揪住一些传言和质疑中的瑕疵不放，进而将其全部斥为谣言；还是不预设立场、不戴有色眼镜，以"言者无过，闻者足戒"的包容心对待批评和监督？是像某些辟谣者那样标榜自己"骑着自行车替某一方说话"；还是不偏不倚，一切以客观公正、力求真相为皈依？答案不言自明。

作为一个新兴传播平台，微博的发展刚刚起步。迄今为止，虽然微博言论存在鱼龙混杂、泥沙俱下的一面，但总体而言，它在促进公民知情权、表达权、参与权、监督权等方面功不可没。追求真相，捍卫真相，是新兴媒体繁荣发展的基本条件和价值取向。只要微博用户始终坚守理性、客观、温和的立场，微博管理者始终坚守"善待善用善管"的原则，它就一定能够在推动社会进步方面发挥更加积极的作用。

（2011年8月10日）

"陈醋之争"拷问行业协会责任

陈杰人

中国的食品安全问题,既需要加强行政监管,更需要行业协会带领各企业实现"行业自觉"

日前,围绕食醋的安全性和添加剂问题,媒体与山西醋业协会及有关监管机构发出了不同的声音,两种意见的对决,一方面让消费者感到迷惘,另一方面也再次暴露了食品安全机制的脆弱。

山西陈醋的安全性到底如何,相信有关部门通过认真调查能够给出一个令人信服的说法。但由此我们看到,从苏丹红到瘦肉精,从敌敌畏到吊白块,从地沟油到三聚氰胺,食品安全的一波又一波拷问,让消费者无所适从。

所有这些让人揪心的传闻或丑闻,其实是现代食品工业发达后食品添加剂兴起的"副产品"。添加剂本非罪,它引发的诸多问题,终究是人为造成,这一局面,既是利益诱惑使然,更有管理失范之责。

这次食醋之争,山西质检中心急于为山西醋业撇清,体现了监管者片面维护经营者利益的护犊心态;而山西醋业协会更是充当急先锋,对揭露者威胁有加,也反映出行业协会的偏颇立场。许多时候,正是因为生产者和监管者都没有重视公共安全利益,导致食品安全在事前防范、事中督查、事后救济方面都出现纰漏。

要真正维护食品安全,首先需要有关政府部门恪尽职守,以一个中立者的角色,督促生产者依法从事,并对违法者严格依法处罚。在这方面,质检部门有一个重要工作,那就是根据《食品卫生法》规定,督促有关行业协会就其本领域的食品安全问题,制定科学合理的行业标准,并从对公众安全负责的角度,审定这些标准后予以公布实施。考虑到食品安全的特殊性和敏感性,质检部门可以确立"无标准禁生产"原则,要求一切食品行业必须先制定合理标准才允许生产销售,这就能防止一些企业借"无标准"之由滥用添加剂。

不过,食品安全的保障不能光指望执法部门的监管,从源头上看,食品行业协会也大有可为。首先体现在产品标准的合理制定上。对一个产品的安全标准和添加剂问题,行业协会比普通消费者甚至业内专家都更为了解,如果行业协会制定了科学合理的生产标准,就能减少乃至杜绝非安全产品的出炉。

食品行业协会发挥作用,还体现在行业准入和退出机制方面。由于食品生产经营安全要求高,行业协会可以制定行业准入门槛,杜绝不具备条件的商家进入;同时,也可依靠行业准则,将违反规定的商家逐出本行业,以消除食品安全隐患。

食品行业协会发挥作用,更体现在信息公开、技术规范等方面。比如,食品行业应当向药品行业学习,对待哪怕是最简单的产品,也做到原理说明、成分介绍、禁忌事项等全面公开,还可以促进本行业的技术攻关和技术互助,提升食品的科技含量,防范少数商家利用技术违法添加。

食品安全是个良心活。中国的食品安全问题,既需要加强行政监管,更需要行业协会带领各企业实现"行业自觉"。行业协会应认识到,加强对本行业的监管,虽然可能影响少数不良企业的利益,却是维护行业健康发展和消费者权益的最佳途径。

(2011年8月9日)

破坏水的发展是"失血的发展"

张 铁

> 破坏水资源的发展是"失血的发展",不仅有损公众健康权、生命权,更会让地方陷入发展的贫血

"林木伐尽,水泽湮枯,将来的一滴水,将和血液等价"。近日关于"水流困局"的讨论,让鲁迅80多年前发出的这一警示,尤显意味深长。

去年此时,舟曲泥石流演成国殇,一年之后,白龙江流域上千座小水电站影响水文生态;高尔夫球场占地质疑未绝,河北、辽宁等地一些球场私自挖井、污染水源再起争议;一半左右的地表水被污染,近六成地下水水质较差,数据触目惊心……"涸泽而渔"一词于此,有着格外的意义:水脏了、水干了,丧失生存空间的将不仅仅是鱼。水资源问题如高悬的达摩克利斯剑,随时有坠落的危险。

过去很长一段时间,水被认为是一种取之不尽、用之不竭的资源。无论是城市的发展,还是能源的开发,往往不惮于"涸泽"。但是,人类活动必然会影响环境,这使水资源同样成为"有限资源"。植被破坏、土地硬化,土壤的持水能力必然减退,北京平原从水渠纵横到缺水严重,就是例证;人口增加、经济发展,人均资源量就相对减少,并使水污染的风险加剧,造成水资源萎缩。水环境的承受力,成为长远发展

不可规避的硬约束。

水不仅是生命之源，也是生产之要、生态之基、发展之本。以舟曲为例，小水电过度建设使江河断流，影响育林和农业生产，更使泥石流等灾害易发，发展面临饮鸩止渴的险境。按今年中央一号文件——《中共中央国务院关于加快水利改革发展的决定》，合理开发水能资源需要在保护生态的前提下进行。不仅是小水电，整个水资源的利用，都不能一味上马、粗放开发，而必须是在环保前提下的科学发展。

水流的困局，在很大程度上是管理的困局。水电资源集中在经济相对落后的西南山区，"靠水吃水"的发展模式有其必然性，这势必使得水资源难以承载一些地方干部强烈的发展冲动和畸形的政绩观念。另一方面，水资源的利用和管理跟不上城市化迅速推进的步伐，无论是城市给排水系统的建设还是用水的计划和分配，既缺少合理标准也没有强力执行。

更重要的是，从某种程度上说，水资源、水环境的管理部门，不管是水利部门、地质部门、环保部门还是市政部门，在某种程度上都处于弱势。在一些地方看来，它们不能产生直接的"效益"，不是发展的推动者，而是发展的"消费者"，甚至因其"守门人"的性质而拖了发展的后腿。也因为一些体制机制的限制，在生产总值为核心的发展系统中，这些部门难免失去话语权，甚至可能成为水环境破坏、水资源浪费的"背书者"。

经济学家认为，未来区域经济的发展，水资源的数量和质量是决定性因素。如果说安全生产事故背后是"带血的发展"，那么破坏水资源的发展则是"失血的发展"。这虽然可能带来短期收益，但长久来看，却不仅会产生生态问题，有损公众健康权、生命权，更会让地方经济失去基础，陷入发展的贫血。

(2011年8月8日)

消除隐患方能重树信心

詹 勇

对事故和隐患的正确态度和负责行动，本身就是提升社会安全感的基础工程

"事故发生，是因为对存在的隐患治理不彻底、不认真、不坚决"。4日，国家安监总局新闻发言人黄毅针对当前热点做如此分析。铁道部部长盛光祖在谈到如何吸取"7·23"事故教训时，也要求不得随意压缩铁路建设项目工期，并要求全面排查和整治铁路的安全隐患问题。而与此相呼应的是，在网上，"晒晒我们身边的公共安全隐患"，正成为近期网民们一个热议话题。

正如国家安监总局3日会议指出，刚刚过去的一个月，是"异常痛心和忙碌的一个月"。面对沉痛教训，从政府到公众，纷纷痛定思痛，寻求对策。在焦灼的目光中，"隐患"成为一个焦点。国务院常务会议日前提出的加强安全生产六大措施中，"全面排查和消除安全隐患"排在第一位。

灾难是一面镜子，虽然残酷，却能照出真实问题，使一些平时看不到或者被忽视的真相凸显于眼前，也在人们的心里制造着不安与恐慌。人们从北京、深圳地铁扶梯突然逆行的事故，看到了电梯质量和维护的隐患；从京珠高速客车大火致41名乘客死亡的惨剧，看到了携带易燃

物的隐患；从上海特大火灾事故，看到了社区消防存在的隐患；从温州动车追尾事故，看到了座位没有安全带、出事后包厢门打不开、缺少救生锤、信号设备有缺陷等隐患……

不管是事故中自动浮现出来的隐患，还是人们受到事故的警示主动发现的隐患，既是威胁安全的现实隐患，也是冲击人们对公共安全信心的心理隐患。比如，地铁电梯事故发生后，许多网友纷纷在微博上表示"心有余悸"；铁路、公路上的故障、事故不断，影响着人们出行时对交通工具的选择。

"祸之作，不作于作之日，亦必有所由兆"。安全生产领域中有一个著名的"海恩法则"：每一起严重事故的背后，必然有29次轻微事故和300起事故先兆以及1000起事故隐患。如何及时发现和排除隐患，防患于未然？如何从灾难中吸取教训，继续稳步前行？

一个重要途径就是发动人民力量，借助群众无所不在的雪亮眼睛，真诚倾听百姓对公共安全的各种意见，善用社会公众的智慧和力量化危为安。这不仅因为，公众作为"体验者"，晒出来的安全隐患往往目光如炬地指出了真实问题；更是因为，在公众关注的目光下，隐患的背后凝结着社会关切，影响着安全预期，对事故和隐患的正确态度和负责行动，本身就是提升社会安全感的基础工程。

信心是完全可以重拾的。1998年，德国城际高速列车也发生了死亡101人的惨剧。事故发生后，德国铁路公司进行了长达5年的技术调查和法律审判，努力改进技术，严格规范。而今日，高铁仍然是德国人出行的首选。

因此，事故发生了，需要对公众疑虑和关切的每一个安全隐患都作出"真诚负责任"的交代：让调查处理过程公开透明，使公众得到真相；对设备问题、管理问题、厂家问题、腐败问题等一追到底、毫不手软；查清事故原因，作出经得起历史检验的结论，进而采取科学有效的改进措施。唯有这样，才能真正堵住安全漏洞，增加安全系数，帮助人们找到安全信心的生长基点。

(2011年8月5日)

政务公开，提速更需"保质"

陈家兴

提升政务公开的质量，乃是为政府公信力打造"培养基"和"蓄水池"

近日，中办、国办印发《意见》，就深化政务公开、加强政务服务作出部署，特别是，对公众关注的"三公经费"等要求逐步细化到"项"级科目，对重大突发事件和群众关注热点问题，要求客观公布事件进展、政府举措、调查处理结果等。这些要求表明，政务公开向纵深推进，不仅是公众期待和时代大势，也正成为一种政府自觉和行政诉求。

这些年，我们国家的信息公开不断向前迈进。四川汶川特大地震中，大量客观、真实的信息在第一时间传递，让人民真切感知国殇，举国上下凝聚起团结一心的强大力量。北京奥运会、上海世博会上的信息公开，让国人在世界的广角、多维视域和信息的充实、深度这两个坐标来客观把握中国，从而培植了大国国民的从容与自信心态。而从一些重大突发事件的信息公开，到中央部门晒出"三公经费"，再到公众对红十字会慈善信息的关切，日益深刻地表明，公众期待深度的知情、参与、监督。唯有高质量的公开，才能回应公众的殷切期待。

正如《意见》所指出的，"政务公开方面，有的存在重形式轻内容

现象,有的公开内容不全面、程序不规范,有的不能妥善处理信息公开与保守秘密的关系,政府信息共享机制不够健全"。显然,要深化政务公开,必须首先搬开这些"路障"。要搬开这些"路障",必须首先有直面问题的决心和勇气。这也就是为什么《意见》强调要"以改革创新精神"来深化政务公开,其目的也是要提升政务公开的质量。

政务公开的对象是公众,没有高质量的信息公开不可能吸引公众,更不可能赢得群众的信任。回应社会关切,就必须把握公众的关注点、兴奋点。一般来说,公众想知道某项事务的深度信息,想了解某项决策的出台背景,想获知某个公共事件的真实情况,想关心某个关系公众切身利益问题的来龙去脉。除非国家机密,相关部门都应依据"公开是原则、不公开是例外"的理念,及时、充分、全面、准确地予以公开。不隐瞒、不保留,原原本本、真真实实,有了这样的信息公开态度和行动,公众就会和政府部门站在一起客观看待成绩、直面问题,愿意贡献自己的智慧和力量,一起推动进步。

政务公开关系政府公信,公开质量连着信任程度。在信息社会里,公众对政府有信息关切,没有公开就会缺乏信任。要实现十七大报告提出的"从各个层次、各个领域扩大公民有序政治参与",一般层次和层面的政务公开已经远远不能满足公众需求。只有不断提升公开质量,才有公众的深度知情、参与、监督,也才有良性互动基础上的高度信任。在这个意义上,提升政务公开的质量,乃是为政府公信力打造"培养基"和"蓄水池"。

在信息时代,高质量的政务公开已经成为政府公信力的重要源泉,公众对政府的信任成为重要的行政资源。善待这一源泉,善用这一资源,政府实践"为民"这一主旨方如虎添翼。

(2011年8月4日)

透过审计署的"自我评价"……

范正伟

政府如何自我评价,不仅是技术问题,更是态度问题

全年支出 7.91 亿元、审计整改 624.24 亿元、审计成果投入产出比为 1:82……继公布"三公"经费账单之后,审计署日前以一份 2010 年度绩效报告再次赢得掌声。

令人印象深刻的,不仅因为它是中央部委绩效报告的首次发布,还在于它展示了一种"专业力量"。少有大而化之,少有含糊其辞,也没有一味的报喜不报忧,而是用数字说话、用事实说话、用细节说话,既公布了人均审计成果逾 2000 万元的业绩,也公布了中国审计投入产出比,还介绍了这一比率的国际排名——远高于英国,略高于日本,低于美国。

审计署有关负责人表示,发布绩效报告是为了让公众明白"钱花的值不值"。已有人大代表在微博上反馈道,透过审计署细致客观的报告,发现"加强审计是一件合算的事情"。看来,这无论对审计工作本身,还是对审计部门公信力,都是利好。

说服力源于专业,公信力来自坦诚。从公开"三公"经费,到发布绩效报告,审计署频获肯定,原因正在于此。反观有些部门的"三公"经费公开,要么犹疑观望,要么语焉不详,甚至以"数字敏感"

为由不予公布，如此"公开"自然难获认可，也无助于公众树立正确认知。比如，看"三公"经费不仅要看绝对数额，还要看人均经费，更要看部门职能。只有告诉公众全部事实，改变信息不对称，才能打消疑虑建立信任，进一步通过"公开"改进、完善政府工作。

这些年来，从房价到股市，从居民收入到幸福指数，从反腐倡廉到群众满意度，一些部门的统计数据与百姓感知相差甚远，一些地方自我评价的社会认可度不高。表面上看，这是因为某种"不专业"：计算方式的不完善，取样数据的不周延，关注领域的不全面，以至于"统计"被揶揄为"估计"，一些信息发布常常引来"反面猜想"。但本质上，这其实是一个态度问题。倘若"三公"经费花得太多，用在刀刃上的却很少，自然不敢说得太细；倘若公布工作绩效只为了完成任务，而不是以满足知情权为归依，自然会以谈主观成绩为主；倘若"一贯正确"的思想依然普遍，容易自夸、少有自谦乃至遮丑护短的现象就难以消弭。

有人说，审计署的标杆式举动与其"术业专攻"有关，与其"清水衙门"有关。这或许是一个原因，然而，回应公众关切本来就应是公共部门的必备素质，那些"油水部门"更应成为行政改革的着力点。透过一些部门公开透明的随意性，一些地方自我评价的主观化，应该得出的结论是，唯有不断强化细化规则制度，减少主观随意性，公开透明才会成为唯一选项，"政误"公开才会成为政务公开的一部分。

毛泽东曾说，"我们应当相信群众"。社会稳定从来都需要群众支持，政府公信力归根到底源于满足群众需求的能力。既看到成绩，又要看到不足，勇于正视并解决问题，这是政治文明的必然要求，也是现代政府的必修课程。正所谓成绩不说跑不了，问题不说不得了。

（2011年8月3日）

公开透明才能赢得"募捐市场"

姜 赟

一旦公众成为选择的主体,就会以"用脚投票"的方式,倒逼整个慈善事业的成熟

中国红十字总会"捐赠信息发布平台"上线试运行了。虽然信息发布面还不广、线还太粗,不尽如人意的地方还很多,但至少迈出了可喜的第一步,表明了红十字会希望以公开透明重拾信任。特别是,考虑到红十字会规模大、"欠账"多、技术能力不足等因素,公众也需给予一定的宽容和空间。

在某种程度上,这一平台的上线,正是公众倒逼的结果。而中国红十字会身上所背负的质疑和期许,也是整个公益界困境的缩影。

民政部 2006 年颁布的《基金会信息公布办法》规定,"公募基金会组织募捐活动的信息"等应该公开。实际情况却是,全国慈善基金会超过 2000 家,许多连官网都没有,有些地方基金会甚至不公布年度报告,更遑论财务报告了。

长期的不透明,耗损着慈善组织的公信力,更伤害了公众的公益热情。从最近曝出的几起事件,可以看出公益界与社会的"对立困局":一边是公众慈善意识、权利意识的提升,另一边却是慈善组织公开透明的缺席;一边是社会慈善需求的扩大,另一边却是公众不信任感的

增加。

在这个意义上,中国红十字会迈出的这一步,也可被视作中国公益界未来的方向性选择。

公开透明是为了接受监督。只有将善款的募集使用放到阳光下,逼捐诈捐、暗箱操作等霉变才会消除,捐赠者才会安心,信任才能重建,慈善文化也才能形成。何况,这也是对慈善机构的一种自我保护。否则,就将如香港红十字会秘书长所说,"一次意外,足以致命。"

更重要的是,随着时代发展,"垄断型募捐"的模式也必然要走向竞争性的"募捐市场"。透明度将直接影响公众、企业家乃至政府"购买"执行者的信任度,也将直接决定善款涌入的数量。一旦公众成为选择的主体,就会以"用脚投票"的方式,倒逼整个慈善事业的成熟。

这样的市场选择,已切实地摆在了慈善机构面前。福耀玻璃董事长曹德旺在挑选2亿元善款执行机构时,把透明度、执行力作为首要标准;中国扶贫基金会的"爱心包裹"项目,依靠捐款发票与受助人反馈,以透明互动撬动逾1.8亿元善款。

在这个市场中,透明度也须有"质量保证"。信息披露需要制定统一的标准,区分层级,厘清强制披露与自愿披露的界限;信息披露的真实性、权威性需要引入独立第三方进行审计。因此,中国红十字会乃至整个公益界的信息披露还有很长的路要走。

中国公众从不缺少慈善的热情。当网友以微博为平台给山区孩子送上"免费的午餐",当团购形式的"聚蕉行动"10天销出500多吨滞销香蕉,我们能看到这种热情的激活和释放。只有全方位的公开透明,慈善机构才能重树形象、重建信任,否则必将为这种热情所抛弃。

(2011年8月2日)

"变废为宝"与"寻宝"同样重要

谢卫群

在积极开发新能源的同时,对于既有能源的再利用,同样应保持足够热度

最近几天,有关页岩气的消息颇为密集。据报道,我国页岩气可采资源量已探明约为 31 万亿立方米,首次页岩气探矿权出让招标试点工作也圆满完成。另据报道,目前国家发改委和国家能源局正会同有关部门研究制定页岩气专项发展规划,并已在国家科技重大专项中设立了相关专题和示范工程。还有媒体透露,其规模开采有望 5 年后启动,市场规模将超千亿元。

日本核危机之后,寻找更为绿色的安全的新能源,成为各国的重要课题。此时,我国发现和开采新能源的确让人兴奋:"十二五"期间,国内可能将新增页岩气 6000 亿立方米,有望弥补天然气不足,缓解能源短缺的难题。

不过,需要提醒的是我们在积极开发新能源的同时,对于既有能源的再利用,同样应保持足够热度。

比如,能否通过加强科学管理和技术进步,尽可能减少现有能源的浪费?我国每年排空的与能源相关的气体总量惊人,且呈上升态势,包括煤层气中的瓦斯气体、垃圾气体、沼气、焦炉气体等。我国已探明的

天然气储量为 38 万亿立方米，煤层气的探明储量高达 36 万亿立方米。天然气应用很普遍，但煤层气几乎没怎么利用，随着煤矿开采而大量排空，不仅使优质能源白白浪费，还增加了煤矿事故频次，使得大气环境治理难度加大。据换算，一立方米瓦斯产生的温室气体效应，相当于一个立方米的二氧化碳排放量的 23 倍。

这样巨大的浪费和污染，令人扼腕。

人们对既有能源的再利用不太热忱，有多种原因，比如技术原因、产业链原因等，更重要的是各地政府对资源再利用还没有充分的重视。在有些地方，转变经济增长方式、实现低碳可持续发展，口号叫得很响，却迟迟不见行动，低碳生活的价值取向尚未成为风尚。

事实上，在一些技术相对成熟的领域，既有气体能源的再利用，其产出投入比要高于新能源的开发，被称为"黄金产业"。比如，广东力宇燃气动力有限公司累计承接了 50 万千瓦的燃气发电项目和全国 70% 的垃圾气体发电项目，其中山西晋城煤业的总装机容量 152 兆瓦煤层气发电项目，全部由煤层气发电，直接净收益每年将超过 10 亿元——这本来都是作为废气白白排上天空的。因此，间接收益是对大气污染治理投资将大大减少。一增一减，两者收益甚为可观。

目前，欧美不少国家燃气发电已超过总体用电量的 23% 以上，而我国燃气发电仅占 2%—3%，增长空间还十分可观，不仅需要新的气体能源来填补，更需要既有能源的再利用。

这是一个简单逻辑，既有能源的再利用可以增加能源供给，还可以减少碳消耗和排放，实现持续性发展，何乐而不为？关键是发展观念的转变还要克服现实的障碍，让人们意识到"变废为宝"与"寻宝"同样重要，才可能把"垃圾箱"变成"聚宝盆"。

(2011 年 8 月 1 日)

让公布遇难者名单成为制度

李泓冰

> 让个体生命的尊严、让灾难的真相,凛然闪烁在庄严肃穆的名单之中,提醒各级政府,"最大的责任就是保护人的生命安全"

对"7·23"动车事故的亡者家属来说,长歌当哭、远望当归的"头七"就要到了,这将是他们一道难以逾越的关口。

胡锦涛总书记在第一时间指示,务必把救人放在第一位。温家宝总理赶往现场时对中外记者说的一番话,给遗属带来慰藉。他说:"我们不要忘记这起事故,不要忘记在这起事故中死难的人。这起事故让我们更警醒地认识到,发展和建设都是为了人民,而最重要的是人的生命安全;它也让我们认识到一个政府最大的责任就是保护人的生命安全。"

是的,最重要的是"不要忘记"。

动车追尾事故给中国人带来的惊痛,对中国铁路的信任危机,很难轻易化解。如何才能建立信任?温总理说得好,"不在口头,应该在实践中"。

此前,公众对事故善后的颇多质疑,难以得到及时、准确的回应。比如遇难人数的争议,如实公布遇难者名单,就可能终结猜疑。在千呼万唤中,在家属同意后,我们等来了分批公布的遇难者名单,那39个

沉甸甸的、曾经色彩缤纷的生命,以黑色的字体悲哀地呈现在公众面前。他们各自的人生故事或精彩或温暖,却都在那个电闪雷鸣的雨夜里被强行中止。

在以前的不少群死群伤事故中,遇难者名单总是被浓缩为一个孤零零、冷冰冰的数字。事实上,对任何一场灾难,抵抗遗忘最有效的一个方式,就是尽可能多地发掘与人性相关的生命细节。遇难者名单的权威发布,就是一个无法回避的重要环节,唯其如此,我们才能通过他们受之父母的姓名去还原这 39 条生命曾经的温度,曾经的人生故事,临终前的各种细节以及遗属的悲恸……而一个个曾经的生命变得具体的时候,生者才会更加深切的意识到责任的重量,也才能真正吸取教训,痛改前非。

自汶川大地震起,第一次有了为平民群体性遇难举哀的先例。全国哀悼日的设立,彰显着对人民群众生命的高度尊重,这是我们从特大地震的痛楚中收获的精神成果,也是我们走向更高层次的政治文明的一个标志。然而,尊重生命的意识还需继续深化,继续走向制度层面。

天灾人祸之后公布遇难者和失踪者名单,在我们很多地方还是一个难以突破的雷池。我们切盼,让公布遇难者名单成为一项制度,从此被不折不扣地遵循。让个体生命的尊严、让灾难的真相,凛然闪烁在这份庄严肃穆的名单之中,并时时提醒各级政府,"最大的责任就是保护人的生命安全"……

(2011 年 7 月 29 日)

"城市的良心"需要制度支撑

陈仁泽

> 对于城市内涝,需要超越一时效果、短期责任,进行长期规划,承担长远责任

"城市看海",成了今夏网络流行语。7月26日,"海景"再现:暴雨造成石家庄、郑州等多个城市内涝。住建部调查显示,2008年—2010年全国62%的城市发生过城市内涝。

客观看来,这与极端天气增多、城市排水管网标准明显偏低有关。由于长期投入不足、历史欠账较多,我国城市排水管网的建设明显滞后于城市化进程。许多城市排水沟渠、管网、泵站等规划不尽合理,排水体系不科学,规模偏小。目前,省会以上城市的排水标准一般只有一年一遇到两年一遇,其它城市的排水标准更低。

与"地下的欠账"相对的,是"地上的增长"。近年来,城市发展快马加鞭,投入不断增多、规模不断扩大,楼越修越高、路越修越宽、广场越修越大。在这样的情况下,内涝显然难以仅仅归结为"技术"问题。

很多城市也在努力解决这一顽疾。然而,积水点改造、管网更新等,却成效有限。如郑州,去年该市市长曾因内涝问题公开道歉,之后开展了积水点改造工程。今夏的大雨中,已改造完工的积水点却仍难以

承受大雨的袭击。

对于城市的"血管",采用"打补丁"的方式,"头疼医头,脚疼医脚",难以见效。对于城市内涝,需要超越一时效果、短期责任,转变城市规划建设理念,强化公共管理和应急机制,进行更长期的规划、承担更长远的责任。

另一方面,城市内涝是"系统性疾病",涉及规划、交通、水利、气象等诸多部门。只有建立一套有效的沟通协调机制,才能形成合力。而要把排水蓄水结合起来,要有更多的资金、技术投入,同样离不开具体执行部门的通力协作。这些,不仅是技术问题,更是观念问题、制度问题。

值得深思的是武汉的做法。21 日,该市纪委发出通报,对主要责任人进行问责:市水务局长被行政警告,副局长被免职。

这样的问责,某种程度上抓住了城市内涝的症结。地下建设滞后,归根结底还在于城市管理者急功近利的政绩观。如果更关注任期内城市面貌的巨大变化,更在乎能带来升迁的经济发展数据大幅增长,对于看不见的"隐形工程",自然难以"高度重视、深入研究、大力解决"。

在破解城市内涝顽疾的道路上,或许最缺的不是资金和技术,而是那颗为城市繁荣、民众福祉深谋远虑的责任心。政绩观的转变,同样需要制度推动,改变唯 GDP 的考核方式,让做好地下管网这样的"隐形工程"变成"显性政绩",才能给城市管理者的政绩冲动找到合理的出口。

"下水道是城市的良心",100 多年后的今天,雨果的这句名言仍有着现实的意义。经过暴雨洗礼,各地可能会掀起地下管网改造热潮。但是,只有本着"功成不必在我任期"的观念,本着对公众负责、对未来负责的态度,才能从小打小敲走向标本兼治,真正做到"城市,让生活更美好"。

(2011 年 7 月 28 日)

三公经费能否"晒"出公平公正

白天亮

公众对"三公经费"的期待,并非简单的"少花钱、不花钱",关键要明明白白、合情合理。除公开外,公平公正也应更加强调

近日,"三公经费"引发热议。98个国务院要求公开"三公经费"的部门,已有超过八成向社会"晒"出账本。

公开,无疑是进步。把政府花钱放入"鱼缸",体现建设透明政府、责任政府的主动选择和积极姿态。更重要的是,"公开—监督—回应"的互动,能提升公众对政府的认同和信任,进而促进中国民主政治建设的进步。

正因此,公开带来的质疑值得珍视。国家人口和计生委是否有必要如此频繁地出国?水利部近亿元的公车费用是否都用在本职工作上?中科院平均每天高达27万元的接待费用花在了哪儿……回答好这些问题,是公开的本义所在,也是政府部门的职责所在。

公众对"三公经费"的期待,并非简单的"少花钱、不花钱"。政府部门正常运行,当然需要各种经费。行政成本的存在本身没问题,关键是这笔账要明明白白、合情合理。公务出国可以,顺便游山玩水则不应该;吃工作餐也可以,但"我为工作喝茅台",公众肯定不答应。即

便"三公经费"是零,也且慢鼓掌——没准儿,这要么不作为,能推的推、能拖的拖,该干的不干,该查的不查;要么乱作为,"堤内损失堤外补",用车、出国、吃饭都找人埋单。前者是懒政,后者是腐败,公众都不愿看到。

公开"三公经费"引来质疑,有公开内容不够规范的因素,也有公众了解不足、随意揣测的因素。但更应该看到质疑声浪后的"潜台词":公众真正看重的是其是否用得合理、花得公正。

所以,面对质疑,最好的回应是进一步做好"公开"的文章。

目前的公开,口径较窄。比如,财政部公布的是"财政拨款预算数",这样的"小口径",把更庞大的事业收入、预算外收入等锁在了门内。公开内容,也大多是笼统数据,不足以让公众识别其费用是否合理。比如"公务用车购置及运行费",除审计署细化到每辆公车的平均费用外,大多数部门只是交代几个简单数据。公开也缺少必要的说明,比如公务接待,有的部门花了几个亿,有的部门只花了几万元,由于没有人员基数,公众难以分析比较。

公开本是为了接受监督,而这样口径不一、标准不同、内容不清、语焉不详的公开,将难达初衷。无论是公开的口径、内容还是具体方式,都还有待进一步统一、完善。改进预算编制的办法和程序、健全监督体系、建立问责制度等,都是"三公经费"的制度"笼头"。通过对比"三公经费"的多少及其效果,也可以同步考察政府部门是不是管了不该管的事,是不是应当让渡某些职能,从理顺职能方面促进"三公经费"的公平公正。只有不留死角的公开,才能实现有效的监督,真正衡量出行政成本的高低及效益。

"三公经费",公开只是开始。我们期待相关部门能主动及时地回应公众质疑,期待政府部门能积极有效地厉行节约,更期待中央部门"三公经费"的首次公开能成为一个契机,推动行政成本走向合理,推动财务制度走向透明。

(2011年7月27日)

记取"温州温暖"的力量

张　铁

> 蕴藏于社会的蓬勃力量，能够成为政府行动的有效支撑，是社会建设和社会管理的宝贵资源

"7·23"动车追尾事故后，一张照片拼图热传网络：上方，是温州市民献血的长队；中间，是医院中忙碌着的义工；下方，是救援时赤膊上阵的村民。网友评价：温州温暖，中国力量。

事故之后，飘零在悬坠车厢里的生命，开始了与时间的赛跑。此时此刻，没有什么救援，能比在场人的双手更有效；没有什么车队，能比周边的社会车辆更迅捷；没有什么信息，能比微博的传递更及时；也没有什么鲜血，能比流淌在身体中的那份更丰沛、更温暖……每一个普通公民的表现，每一种社会力量的呈现，都影响着速度、力量、慰藉与温暖，关系到"黄金救援期"里的生命质量。

"温州温暖"，因而倍显珍贵。它让我们感受到公民意识的成长，触摸到时代的温度，传递着前行的信心。风险社会，总有各种安全事件在意想不到的情况下发生。很多时候，有组织的公力救助难以及时抵达，需要每个人守望相助弥补"时间差"。社会管理者编织的安全网只是"网"，经纬线间的那些空白，需要社会成员共同的努力来填充。

实际上，这样的力量，崛起于汶川地震、北京奥运志愿者的自觉选

择中，展现在各种民间协会、社会组织的持续行动中，绽放在山区孩子吃上免费午餐的笑容中。

这种蕴藏于社会的蓬勃力量，能够成为政府行动的有效支撑，是社会建设和社会管理的宝贵资源。突发事故中，它上升一分，就能多消散一分伤害的阴霾；社会生活里，它增加一分，就能多绽放一个灿烂的笑脸。这也是论及社会管理时，胡锦涛总书记要强调"社会协同"的原因。

无论是救援、献血或是关注，事故之后的参与，也让每个人感同身受：他们，也是"我"；我，即是"你们"。对共同体的认知、对社会责任的感受，更能激发社会成员的参与感和认同感，也有益于弥合已然出现的社会裂痕。

社会力量，巨大也分散。在"温州温暖"里，我们看到，事故两小时，号召献血的微博集结了上千网友前往血站；温州三院招募志愿者的帖子，3小时内挤爆100个名额；我们也看到，参与的通道还不够畅通，很多人不知如何发力；参与的方式还有待改进，组织效果还不能完全地最大化。

社会薄弱之处，当是社会管理者发力之点。深刻变化的转型期，能否整合社会力量，不仅是社会管理的创新，更是执政能力的体现。培育社会组织、呵护社会爱心、激活社会力量，理应成为各级政府推进社会管理的应尽之责。

项炜伊，两岁半，留着锅盖头，穿着公主裙，低头喝水。第一次坐动车，父亲拍下这一刻，传上微博。而当最后一个获救时，她却不幸成为孤儿。事故之后，对每一个散发温暖者，怎样赞美都不为过，然而，没有人在意赞美，因为大家更希望的，是聚集更多温暖，持续释放，照亮小炜伊以及更多如她一样用个体之肩承受社会悲剧的人前行的方向。

(2011年7月26日)

高速时代尤须系好"安全带"

张 铁

> 面对与现代化相伴而生的"文明的风险",我们需要充分的风险意识、足够的应对之策

"7·23"动车追尾事故发生后,从中央重视到当地施救,从铁道到消防、医疗各部门,救援、医治、寻亲等工作第一时间展开。温州市民自发赶赴现场帮助转移运送乘客,连夜前往血站排长队献血,令人感动。

动车追尾,是这个"多事之夏"惨痛的又一笔;一向被认为较为安全的铁路出事,造成更大的社会影响。从客车起火到煤矿透水,从电梯逆行到桥梁垮塌,安全事故高频率、大范围发生,拉响了"风险社会"的警报。

墨西哥湾原油污染,日本地震导致核泄漏……现代社会,科技越发展,内部组成的密集度和复杂性就越高;技术越先进,相互的依赖和影响程度就越高。微小的失误、细节的疏忽,都可能引发风险。

今天的中国,更置身于一个"风险胶囊"之中:浓缩了西方国家几百年的现代化历程,也浓缩着这一过程中的各种风险。城镇化、工业化、信息化,现代化在带给人们更多"文明的成果"时,也难以避免地让"文明的风险"相伴而生。这需要我们有足够的风险意识、足够

的应对之策，为高速发展时代系上一根牢固的"安全带"。

以铁路为例。经过长期努力，中国铁路可说进入了"高速时代"。高铁的里程、时速等达到了世界第一。我们需要这样的速度，但也需看到，更快的车速、更密的车次、更多的路线，需要更精确的管理技巧和更严格的安全意识，这是铁路的"高压线"，也是发展的"生命线"。列车"贴地飞行"，只有系上管理、制度和责任的"安全带"，才能无愧"第一"。

按"海恩法则"，一次严重事故的背后，有着几十起甚至上百起轻微事故或未遂事故。虽然运行系统有别，但高铁出现的许多"小状况"，已暴露铁路存在的种种问题。如果足够重视，或能避免事故发生。事发之后，国务院副总理张德江第一时间赶到现场强调"一定要把事故查清，给社会一个交待"，表明了中央的坚决态度：只有从事故中汲取教训，查明原因，严厉问责，堵住漏洞，做好补偿，才是对事故伤亡者负责，对公共安全负责。

针对近期出现的多起重大安全事故，国务院安委会发出通知，要求有效防范和坚决遏制重特大事故发生，确保人民群众生命财产安全。这提醒各级管理者，在"风险社会"到来之际，以人为本的执政理念要求我们具备前所未有的风险意识。当列车在铁轨上飞驰，管理系统是否能跟上节拍？当高楼不断刷新天际线，消防与救生措施是否一起生长？当桥梁道路建设一往无前，施工质量与工程监管水平能否同样提升？当我们为"嫦娥"遨游太空而自豪，为"蛟龙"潜入深海而骄傲，我们能否在保证公共安全方面，也走得更快？

事故之后，更多的列车将驶过更长的铁轨，发展高铁的方向不会因此改变，但强烈的安全意识必须在对事故的处置总结后更严密地提上日程。惟愿管理部门以痛定思痛的责任感和如履薄冰的使命感加大安全措施，让所有乘客都能如愿抵达目的地；也惟愿中国这列高速行进在复杂环境中的动车，更稳健、更安全地把人们带向未来。

（2011年7月25日）

"下一个姚明"需要宽松土壤

李泓冰

> 只要继续以开放精神推动运动员培养体制的改革,更多"姚明"就会在某个中国体育的转弯处向世界说"嗨"

姚明在上海宣布告别篮球职业生涯,几乎所有媒体和球迷都在问:下一个姚明在哪里?

姚明拥有的兢兢业业的职业精神和幽默气质,让美国人叹服;他的劳模品性和对集体主义精神的尊重,"什么时候让我代表国家队参加奥运,我就立刻回家",更赢得中国人的尊敬。事实上,姚明的成功,不乏个人努力与魅力,更得益于他所感谢的"伟大、进步的时代"。

对于"下一个姚明",目前媒体还有些悲观。一位美国知名媒体人在盛赞了姚明"让西方人睁开双眼,开始审视地球另一端的世界"之后,悲观地说,"唯一的遗憾,是再也不会有下一个姚明了"。

其实,姚明的出现,有其偶然,但也有必然,或许我们不必过于悲观。

姚明是站在不断走向开放的中国体育肩头,才取得了今天炫目的成功。从"圈养"走到"放养",从中国走向世界,他拥有的梦想时代让前几代运动员艳羡不已。不能不提及的是,姚明还拥有"姚之队"——出谋划策的经纪人与智囊,他们智慧地策划并保护着姚明的

形象。天时、地利、人和，造就了极难复制的姚明……

是的，任何一位成功者，包括姚明，都具有某种不可复制性，但是，赶上了"伟大、进步的时代"的，不光是姚明，还有一大批中国运动员，比如，我们今天，也拥有李娜、刘翔、丁俊晖……越来越多元化的体育明星，越来越开放的运动员成长道路、越来越宽松的改革土壤，继续诠释着这个时代的"伟大"与"进步"。

不过，当我们殷殷呼唤"下一个姚明"时，也有必要认真打量整座中国体育金字塔。比如，我们需要更加广泛而雄厚的群众体育，而不只是用"金牌战略"让体育走向畸形，让运动员成为"机器"；我们需要新型的制度培养模式，不能用"包办"的培养方式让运动员出成绩，又将退役的他们扔进市场经济之海；我们需要更加开放的胸襟，让更多的运动员后顾无忧地走向世界；我们需要更加公平的社会环境，让"姚明"们不管来自农村、小城，还是来自上海，都有平等的教育机会，进而拥有阳光心态和幽默谈吐……

姚明并不是一则神话，他的背影很高大，却并不孤独。当初，世界在打量姚明这个中国巨人之初，也曾充满疑惑，甚至不屑，最后，从疑惑到肯定，从肯定到释然，从释然到欣赏，从欣赏到不舍……人们了解了姚明，也了解了中国，能孕育出这样一个阳光心态、轻松表情的小伙子，他的祖国一定也是一片充满希望的田野。

毕竟，在一次又一次的自豪与反思中，中国体育的体制改革，已经拥有相当的底气与民意基础了；毕竟，我们已经拥有了"偶然"成功的姚明与李娜，只要继续以开放精神推动运动员培养体制的改革，"偶然"终会变成"必然"，下一个、甚至更多的有国际影响力的"姚明"，说不定就会在某个中国体育的转弯处，微笑着向世界说"嗨"……

(2011 年 7 月 22 日)

用好"4.85亿网民"的宝贵资源

范正伟

> 既要对虚拟世界保持关切,更要在实际生活中解决问题,唯此,网络才能健康发展,推动国家进步

中国互联网络信息中心19日发布统计报告:我国网民规模已经达到4.85亿,2011年年底将超过5亿,互联网普及率达到36.2%。

从1987年我国第一封电子邮件,到微博时代的"言论核裂变";从少数精英的高科技梦想,到1/3国人的生活方式,互联网在中国的历史并不长,但网络的力量已经"虚拟照进现实",网络的未来依然"未知远大于已知"。

4.85亿网民,无疑是"网络改变世界"的主导力量。因此,他们怎样发声,执政者如何看待,于转型期的中国治理而言,意义格外深远。

统计报告显示,中国网民的年龄,29岁以下的占58.1%,39岁以下的占81.3%;网民的学历,大专及以上学历占22.2%,初中及以下学历占43.8%;网民的收入,月收入2000元以下和无收入的占62.9%……对类似数据的分析,显然不仅具有统计学上的意义。

无论如何,网民也是公民。每一个马甲与ID,都对应着一个真实的人;每一位网民,都生活在你我身边。他们的声音或许理性或许偏

激、见识或许高明或许朴素，但这就是现实。网民关注的事件，发端于现实生活；网民评判的标准，源于既有的法律道德；网民表达的诉求，至少也是某个方面的呼声。也正因如此，胡锦涛总书记一再强调互联网是"做事情、做决策，了解民情、汇聚民智"的重要渠道。我们不仅应该尊重网民作为公民的权利，更应该重视网络民意的风向标和参照系作用，善于用好4.85亿网民这一宝贵的治理资源。

有人说，中国网民表达的热情，举世罕见。这是一个意味深长的判断。这些天，被质疑7年19次当选的成都"听证达人"被网民围观，尽管后来证明不是托儿，留下的话题却颇为沉重：为什么听证会报名者寥寥无几，以至于胡大妈频频中签？那些群情激昂的网民，为什么在现实中纷纷"隐身"？对于听证会等诸多问题，网民在虚拟世界"愈战愈勇"，现实问题却"无人问津"，这是网民与治理者必须共同面对的课题，如何最大限度地发掘4.85亿网民的资源，让他们在虚拟世界中的热情转化为改善现实的力量，对治理者来说这既是挑战更是机遇。

如果能够不断完善制度、鼓励参与，胡大妈就不会因为多次当选被围观；如果食品安全事件能够少一些，类似"柑桔事件"的网络谣言就不会疯传；如果面对公共事件不总是被动回应，"习惯性质疑"、"无条件反对"就会减少很多；如果能不断畅通各种现实维权渠道，网络爆料就不会如此火爆，一句话，如果矛盾问题能够得以切实解决，"沉默的声音"能够被及时打捞，网民就更能在现实生活中看到自己的力量，网络就不会只是一场虚拟社会的狂欢。

网络不是"城邦暴力团"，也不是"道德理想国"。网民只有不断提高公民素养和议政水平，虚拟才能真正照进现实；治理者只有既对虚拟世界保持关切，更在实际生活中解决问题，才能真正用好4.85亿网民资源。唯此，网络才能健康发展，推动国家进步。

(2011年7月21日)

建立信任才能告别"听证专业户"

张 铁

> 缺少知情、参与、表达和监督权,听证会与公众利益脱了节,怎能激起参与的兴趣?

报名抽签 40 多次,参与听证 23 次,涉及旅游、教育、交通等 20 多个单位和部门……近日,成都一位被称为"听证专业户"的退休老太,引来广泛关注。

诚如报道所言,"听证专业户"出现,有一个重要原因是报名参加者太少。占道停车收费听证,11 个名额,7 人报名;高污染汽车限行听证,需 4 个代表,5 人报名……如果总是这样的比例,不仅会让如胡老太这样的热心"粉丝"成为听证会常客,更可能给一些人"作弊"洞开方便之门。

即便"听证专业户"的产生符合程序,听证会组织者也需反思:一个人是否在各种问题上都足以成为民意代表?价值取向单一的几张熟脸能否起到价格博弈的作用?"报名就能参加"的听证会该如何扩大参与面?

可惜的是,"听证专业户"被曝光至今,也未见相关部门有积极回应。

听证会是论证价格调整必要性、可行性的重要环节,也是消费者和

经营者进行利益博弈的关键环节。不管是水价、停车费,还是手机通讯费、暖气费,价格听证与公众利益息息相关。在一个"利益敏感"的时代,公众绝不会对自身的权利漠然置之。听证会理应能获得广泛关注,吸引大量参与。

信息不对称,专业术语制造门槛,行业成本云山雾罩;程序有瑕疵,几分钟发言难以充分表达,消费者否决权未能得到尊重……这样的听证会,无法成为公众维护自身利益的平台,必然会开成"听涨会"甚至"涨价发布会"。公众缺少知情、参与、表达和监督权,听证会也就与公众利益脱节,怎能激起参与的兴趣?

近年来,从"逢听必涨"引来关注,到听证后降价反而成为一时焦点;从北京水价听证会代表近九成赞成涨价,到哈尔滨水价听证会代表身份造假疑云,无不折射听证会制度效用的减弱。不能达到"提高政府价格决策的民主性、科学性和透明度"的初衷,必然会折损制度公信力。没有了"群众基础",听证会难免由利益博弈的广场变成走走形式的秀场。

要杜绝"听证专业户"的产生,从根本上说需要重建公众对听证会的信任,扩大社会参与的基础。当然,这需要进一步完善制度设计。

可以引入第三方的力量,由独立、权威、有公信力的机构对听证会全程进行监督,避免价格主管部门与垄断经营企业结成"利益同盟";可以要求听证前由审计部门对相关产品的成本进行全面审计,确保听证资料的公正性和透明度;可以加强消费者组织和其他社会组织的建设,让听证会参与者有更广泛的代表性,也增加了消费者的议价权。甚至,可以考虑把听证会开到网上,通过网络公布相关资料、进行广泛讨论,降低参与的时间和精力成本……

听证会不仅仅是利益博弈,更是一种公民参与。如果因为种种利益纠葛而折损了这一形式的公信力,丢失的将不仅是维护公众利益的重要方法,更是公民参与的积极性——而这,正是发展社会主义民主政治的根本所在。

(2011 年 7 月 20 日)

房价回落需平整非理性"洼地"

徐立凡

> 房价合理回落,是楼市健康发展的外在指标。而多元化供应主体能否满足刚性需求,财税金融体系能否保证楼市长期平稳发展,是更重要的内在指标

18日,国家统计局公布了6月份70个大中城市住宅销售价格变动情况。结果显示,新建商品住宅和二手住宅环比价格下降的城市分别有12个和19个,同比价格下降的城市分别有3个和5个。一、二手住宅环同比价格仍在上涨的城市,多数涨幅也未超过5%。

从数据看,70个大中城市住宅价格出现实质性下降的仍然寥寥无几。但是,如果考虑到6月份CPI达到了36个月以来的新高6.4%,及其对住宅价格产生的影响,就能够更乐观一些。若在环比和同比中剔除新增价格上涨因素,那么房价下降的城市要比现在多,降幅也比现在大。值得注意的另一点变化是,房价由普涨转为局部上涨的态势愈发明显。结合国家统计局前5个月的统计数据,同比涨幅达到及超过5%的城市均为二线乃至三线城市,此前最为火爆的一线城市房价走势已趋于平缓。其中,根据今年1月新"国八条"精神实施的"限购令"对投机需求的遏制作用尤其明显。

住宅市场正在出现的新变化,表明当前房价已处在向拐点迈进的关

键时期。值得注意的是，这个时间点正好与通胀周期并行。由于商品房对于规避通胀风险作用明显，假如在这个节骨眼上松一点，房价仍可能迅速反弹。此外，从70个重点监测的大中城市房价走势看，总体仍然处在上升通道，价格水平仍然在高位徘徊。从房价收入比的角度考量，依然远远超过国际平均水平，多数城镇居民依然不堪高房价重荷，房价负担过重，又进一步限制了消费内需扩大的空间，令以内需拉动经济的战略调整举步维艰。

而宏观经济面的情况，则为楼市持续调控提供了条件。今年1至6月，GDP较去年同期增长9.6%。相对于"十二五"规划7%的预期增长目标，开局之年上半年的这个数据为避免经济过度下滑奠定了良好基础，也降低了楼市调控将拉低经济增速的担忧。特别是，随着保障房建设进入了前所未有的高峰期，今年下半年，大批新增住宅即将供应市场，对刚性需求推高房价也有对冲作用。

坚持调控力度不减是政策逻辑的正常延续。不过，也要看到，尽管廓清楼市非理性气氛的手段越来越多，房价飙升的"洼地"并未减少。一方面，由于游资进入一、二线城市门槛提高，炒楼正在向三、四线城市蔓延，这就要求，楼市调控的对策要有针对性地跟进。另一方面，房价不合理上涨的构成因素仍然健全。这表现在，土地价格仍在上涨，地方政府对于土地财政的依赖性仍然很强，金融体系与楼市调控的配合度仍然不高。在这种情况下，楼市再现高温的概率仍然很大。

房价合理回落，是楼市健康发展的外在指标。而多元化供应主体能否满足刚性需求，财税金融体系能否保证楼市长期平稳发展，是更重要的内在指标。从这个意义上说，楼市调控还处在半程，相关机制的跟进，还需要加快。

（2011年7月19日）

频频垮桥是重要警醒

姜泓冰

> 一座大桥垮了，可能有"偶然"因素。但如果本该百年寿命的大桥频频"短命"，则需要追问

5 天内，3 座大桥相继发生坍塌事故：11 日，建于 1997 年的江苏盐城境内 328 省道通榆河桥坍塌；14 日，建成不到 12 年、造价逾千万元的当地标志性工程武夷山公馆大桥倒塌；15 日，通车仅 14 年的杭州钱江三桥引桥桥面塌落。在武夷山，大桥倒塌还造成一辆旅游中巴坠落，致 1 死 22 伤。

这样的事故，让人不由回溯近年发生的一系列垮桥惨剧：2010 年的河南栾川大桥，2009 年的湖南株洲高架桥，2007 年的湘西凤凰桥，1999 年的重庆綦江彩虹桥……对于一个有着数千年造桥历史、建于 1400 多年前的赵州桥迄今仍然屹立的民族，却必须接受"桥塌塌"频发的现实，令人痛心，也让人追问：我们的路桥是否"提前"进入了风险期？

事故发生后，当地各部门迅速抢救受伤群众，武夷山大桥和钱江三桥相关方面相继召开新闻发布会，专家们迅速鉴定了事故原因。然而，这无法让人安下心来。这两座大桥的垮桥直接原因被归于货车严重超载。在媒体公众追问之下，有关方面才继续承认"桥梁存在缺陷"、

"管护缺位"。这样的态度,不免有些"犹抱琵琶半遮面",难让公众释疑。

据调查,钱江三桥的裂缝隐患其实早已出现——4年前已有网民预言过它的塌陷,理由是当初的建桥指挥者因腐败入狱;而武夷山大桥的"超负荷"现象,5年前已现苗头,只因业主与公路管理部门互踢皮球无人养护,一直带病运行。

这仿佛已成惯例:利益丰厚时争相管理,事故一出则互相推诿;日常养护、监察过程中缺少科学规范和严格执行,明知存在隐患也带病运行,而不肯防微杜渐。如此管理方式和应急反应的惯性思维不改,不堪"超载"而必定要在某个节点上"偶然垮塌"的大桥,只怕还会此起彼伏。

我们的确需要管理部门和相关责任人迅速回应公众,但不是"张口就来",更不是推诿塞责。就一座大桥的垮塌来说,不论设计、建设还是事故调查与测量,必须有实实在在的科学依据与专业论证过程。

事实上,更需科学拷问的是,超载究竟是"元凶"还是压死骆驼的"最后一根草"?为什么经过专业设计和严格施工的桥梁会如此弱不禁风?为什么由先进材料建成的桥梁竟如此"短命"?

本该成为"百年工程"的大桥,一座座相继成了"短命桥梁"甚至"索命大桥",不仅给公共财产带来巨大损失,还制造了社会风险,更危及人的生命安全。这种现象尤其值得深思,需要专家认认真真调查原因,管理者积极主动承担责任,让财政投资少些损失与浪费、百姓生命多些安全与保障。更需要提醒各地的,是及时监控和修缮存在隐患的路桥,彻底杜绝"桥塌塌"。

(2011年7月18日)

清除"任期政绩"异化的土壤

刘成友

> "赶任期"现象,说到底与不科学的政绩观有关,与不尽完善的考核评价机制有关,也和"官本位"观念有关

常闻一些建设工程"赶工期"现象。由此,赶成半拉子工程,赶成豆腐渣工程,搞得质量打折,形象受损,危害长远。

而在政绩方面,同样也存在"赶任期"现象,不少地方急功近利的所谓政绩工程即是。日前召开的广东省委全会,就批评了这一现象,并提醒各级领导干部要有"功成不必在我任期"的理念和境界。

正值各地党委换届,广东省委的这番告诫可谓振聋发聩,不仅点出了当前一些干部急功近利往上走的心结,也道出了一些政绩工程频出的症结。

饱受批评的政绩工程,除了具有眼睛朝上、拍脑袋决策、"吊高胃口乱许诺"、"轰轰烈烈胡乱上"等特点外,还有一个期限特点就是"任期内"。不少劳民伤财的政绩工程,背后都有这样的"任期之痒"在抓心挠神。这种心态,容易贪一时之功,图一时之名,甚至"寅吃卯粮"、债台高筑,把好事办坏。

这种心态,说到底与不科学的政绩观有关,与不尽完善的考核评价机制有关,也和"官本位"观念有关。如果所谓的政绩只是做给上级

看的,是为了自己提拔用的,群众利益肯定就被抛到一边。如果考核评价机制只重 GDP 增速,不管民生幸福指数,这样的"指挥棒"肯定无法指挥演奏出科学发展的和谐乐章。如果"官本位"观念顽疾不除,升迁提拔的"压力"很大,也容易造成干部的"近视效应"。

今天,我们已进入改革深水区、矛盾凸显期,攻坚克难的任务更加繁重,发展的"硬骨头"也更加难啃。越是这个时候,越需要各级领导干部从具体而微的基础性工作做起,从事关群众长远利益的事情做起,耐心踏实地啃好每一根"硬骨头",既谋一时,也谋万世;既谋一域,又谋全局。"不努力不行,但急于求成更不行",只有多干打基础、利长远的事情,既尽力而为,又量力而行,才能把好事办好,实事办实。

"功成不必在我任期",要求各级领导干部有大胸怀和长远眼光,一任接着一任干。在任期内不能完成的事情,也要为下一任干部开个好头,打下好基础;只要决策和规划科学,对群众有好处,即使是上任领导班子的决策和目标,也要继续干下去,做到有头有尾,善始善终。这样不仅可以避免急于求成激化矛盾,杜绝贪多求大的豆腐渣工程,更能够真正赢得干部群众的认可,树立起良好口碑,奠定自身进步的坚实基础。

完善干部考核评价机制和干部任用调配制度,无疑能有效强化"功成不必在我任期"的理念和氛围。比如,制定考核评价办法时,是否可以既考眼前,也考长远;既考经济,也考民生;既让上级考,也让群众考,甚至引入第三方考核。干部调配和任用要严肃任期制,防止一些干部成为"溜冰干部","火箭提拔"。"一年干,二年看,三年等着换"的不正常现象,损害的不仅是地方发展和群众利益,还有党和政府的公信力。

(2011 年 7 月 15 日)

土地违法如何不再"此起彼伏"

高云才

只有坚持既打苍蝇又打老虎,才能打消更多地方的侥幸心理。这是公众的殷切期盼,也是土地问责的威力所在

问责的板子重重地打了下来,打在了违法用地者身上。

仅今年上半年,就有698名违反国土资源法律法规的相关责任人被移交司法和纪检监察机关追究责任。依法拆除违法构建物486.8万平方米,没收违法构建物1181.3万平方米,收回土地1.8万亩,罚没款8.6亿元……

板子打下来了,痛不痛?当然痛。被问责的人痛,土地在痛,老百姓更痛。

违法用地的行为,其实是一种"明知故犯"。河北香河"以租代征",坑了农民的同时,也坑了开发商。坑了庄稼、坑了耕地的同时,也坑了一些官员,更坑了香河的发展动力,到头来,竹篮打水一场空……大家都明白,违法用地是死胡同,行不通。但前事已忘,后事不师,违法用地还是屡禁不绝。仅今年上半年,全国就发现违法用地行为3万件,涉及土地面积27.8万亩,违法用地行为同比上升8.0%,涉及土地面积增加14.8%,违法用地形势依然十分严峻。

究其原因,就在于当地政府"心切"——地方发展心切,对土地

收益的追求心切，对 GDP 的器重心切。

改革开放以来，我国经济一直保持较高的平均增长速度，体制机制改革释放了巨大的生产力使然。当前，在投资、消费、外贸三驾马车不断推进的情况下，我国经济保持了平稳较快的发展势头，今年上半年，GDP 增速就达到 9.6%。但由于生产要素竞争力在各地分布不均，经济增长呈现出不均衡的状态。按理，各地当因地制宜，量力而行。但在经济增长几乎是一个狂飙突进的时代里，各地对待发展心态，表现出明显的一致性：东部要超越自己，中部要迎头赶上，西部更是等不得。

要发展，什么最直接？什么最快？什么最简单？大家的心思都绕着土地打转转儿。不少地方干脆把发展的第一要务放在土地上，道理很简单，"种房子"肯定比种庄稼值钱；出售土地收益率高，变更土地使用性质，可以比从事任何产业都要划算。于是，违法用地在各地此起彼伏，按下葫芦瓢又起。如果大家都站在局部立场上，都是算自己家的账多，算国家的账少，难免看不清全局，认不清形势，干出糊涂的事情来。

国土资源部近年来一直在加大土地违法问责力度。用卫星定位检查来震慑，以"约谈"主要负责人对地方"施压"，从这次问责对象看，一线城市不敢公然铤而走险，没有出现在问责名单中。然而，总体不断上升的违法用地行为表明，"保卫土地"的任务相当艰巨。

尽管问责力度不断增强，但面对"问责力度难以完全遏制违法冲动"的局面，尤其是人们对"只拍苍蝇不打老虎"的重重顾虑，除了继续抬高违法成本，还应看到，只有坚持既打苍蝇又打老虎，才能打消更多地方的侥幸心理。这不仅是公众的殷切期盼，也是土地问责的真正威力所在。

（2011 年 7 月 14 日）

高铁,仅有速度还不够

李泓冰

只有服务意识、保障水准、管理制度同步"提速",高铁才能成为"世界领先"的表率

京沪高铁的开通,着实让全国媒体兴奋了一回,"安全、舒适、环保"、"工程质量达到世界一流水平",一切让人憧憬。从此,我们无须掠过天空,只要在地上奔跑,仅用四五个小时便能在京沪间穿梭。这美妙的感受迅速催生了一批"铁丝"——高铁"粉丝"。一时间,"高铁"成了热词。

我们有理由自豪。全球金融危机后,我国将高速铁路作为优先发展的战略性新兴产业,在财政投入、建设用地、技术创新、经营环境等方面加大支持力度,中国成为了世界高速铁路发展最快的国家,甚至连西方人都评价"中国真的是领先世界"。

然而,自6月20日正式运营以来,京沪高铁陆续出现了一些问题。7月10日下午,京沪高铁19趟下行列车晚点,旅客在闷热断电的车厢内焦灼不安。原来是山东省境内雷雨大风惹的祸。时隔两天,7月12日中午,京沪高铁宿州附近又因供电设备故障,再度造成部分列车晚点。这令人们对乘坐高铁添了几分不安与责怨。

票务也闹心。刚刚新鲜体验了只需动动手指、甚至不用纸制车票便

能轻松购票、刷身份证登车的快感，一些旅行计划有变的旅客便开始叫苦不迭：买票容易退票难，哪怕提前数日退票，仍然要支付高达20%的退票费；而在网上或在自动售票机上购票的乘客，还非得到始发地车站，手持身份证和银行卡才能退票，否则，一分钱都拿不回来……

看来，对于拿到了运营里程世界第一的中国高铁而言，仅有速度远不够，还得扪心自问：异常天气的应急预案是否足够充分？应对突发情况的技术设施是否足够安全完善？一旦发生断电、晚点时，如何安抚旅客、损失共担？票务服务能否更加人性化？高铁运营的制度化安排是否做到了一丝不苟？而数量不少的、没有承受能力也不愿"被高铁"的人，他们的权利能否得到应有的尊重……

我们可以在短期内让火车提速，但是，服务意识、保障水准、管理制度的"提速"却未能保持同步。铁路目前还是高度集中统一的部门，这固然有利于提高决策效率、集中资源办成大事，但也容易使铁路部门欠缺与市场经济相适应的服务意识，让消费者只能无奈地呼之以"铁老大"。在"铁老大"面前，旅客的弱势地位一直难以改观。

其实，不管是欢呼还是抱怨，公众对高铁的强烈关注，恰恰是铁路部门最可宝贵的社会资源，也是铁路改革、改进的强大动力。高铁投入巨大，是全国人民的心血凝成，如何让高铁成为让乘客感到安全、舒心、方便的出行方式，从"速度高铁"转向"舒适高铁"，是当下及今后需要尽快"提速"的重点。

对公众而言，已在世界领先一步发展的高铁，需要更好地以人为本，在"又好又快"方面成为表率。

(2011年7月13日)

官员问责还需大胆"正视"

陈 琨

> 出现在官员问责通报里的那些"某"干部,反映出潜藏在一些地方官员思想深处的"捂盖子"意识

引起关注的广东新塘镇"6·11"事件有了处理结果。广州市社会治安综合治理委员会日前通报了这起事件,要求各级党委、政府和部门必须"正视这次事件暴露出来的问题"。同时,增城市委、市政府也启动问责机制,问责官员6人,另有11人涉嫌犯罪。从平息事态到查找原因,再到如今的问责启动、总结教训,反映了当地政府正视问题、努力改进的初步效果。

然而,同时刊登于广东省内媒体的那份问责通报,显然还有不敢"正视"之处。试看——"免去刘某新塘镇党委书记职务","免去麦某新塘镇党委副书记并提名依法免去新塘镇镇长职务";"给予大敦村党支部书记吴某、村民委员会主任卢某党内严重警告处分"……被问责官员名字皆被"某"替代,如此现象让人难以理解,也更需深思。

一个当地党委、政府依法做出的处理决定,一个依据《政府信息公开条例》应当公开的消息,一些无涉国家机密无关个人隐私的被问责官员姓名,为什么在向公众通报时欲说还休,留下最后的不明不白?如果是想给这些官员留面子,那就无异于掩耳盗铃。在资讯发达的今

天,上网随手一搜,微博张口一问,论坛相互一议,"刘某"、"麦某"到底姓甚名谁、何许人也,便可人尽皆知。

那个"你不说,世界永远不知"的时代,早已不在。但说与不说,却是今天衡量公众知情权的"试金石",也是影响公信力的"助推器"。主动、全面、客观地公开信息,不仅能表明政府的决心和诚意,更是对公众知情权、监督权的必要尊重;一味以"某"字搪塞,非但保全不了"某人"们的所谓"面子",还可能为流言发酵准备温床,到头来反倒伤了政府信誉的"里子"。

名字本身不过是一个符号。公开场合的点名与不点名,对责任官员的惩处力度有所不同,对其他官员的震慑效力也有差异。广州、增城两级政府纷纷表示要"正视",可一个连官员名字都要以"某"相称的问责通报,实在难让人看到"正视"了什么。相反,人们从中窥见的,是依然潜藏在一些领导干部思想深处的"捂盖子"意识,是一种"交待过去就行"的应付心态。

不久前,广东省委书记汪洋在与网民在线交流时,强调全省各级党组织和政府要有"更强的接受批评和监督的承受力"。而在总结"新塘事件"教训时,广州市领导认为,与当前一些地区部门社会管理创新意识不强、解决复杂问题的办法不多有很大关系。

"解决复杂问题的办法",有时候确实很复杂——比如流动人口的融合问题,可能会涉及当地产业转型、基层组织力量甚至文化融入;但有时候,其实非常简单——一句"群众为什么不可以骂娘"的"书记之问",就能迅速获得网民力挺;一个不再羞羞答答、以"某"相称的官员点名批评,相信同样有助于政府展现其努力与诚意,弥合干群之间的关系。

当然,让"某"字消失,靠的绝非文字技巧,而是理念进步。

(2011年7月12日)

"最美妈妈"激发社会向善力量

郝 洪

对生命的敬畏和尊重,原是一切真、善、美的根本

连日来,接抱坠楼女童的"最美妈妈"吴菊萍引发了海内外的集体感动。日前,杭州市授予其"见义勇为积极分子"和"三八红旗手"称号,称她的事迹"体现了中华民族的传统美德和人性大爱"。吴菊萍不计后果的爱心托举,不仅给坠楼女童妞妞带来了生的希望,也激发着全社会的向善力量。

素不相识的人们在妞妞居住的小区点燃爱心蜡烛,为妞妞祈福;因受伤无法哺乳,一位孩子刚满两个月的年轻母亲要为吴菊萍哺育孩子;北京企业家夫妇专程赶到杭州,分别为妞妞和吴菊萍捐出10万元爱心款;医院组织最好的专家,正在全力抢救妞妞和"最美妈妈";而吴菊萍也获得了自己所在公司的20万元奖励,并被允许带薪休养……

从一群人到另一群人,从一个机构到另一个机构,从媒体的积极传播到守望爱心的制度回应,因吴菊萍义举而激发的爱心接力,折射着人性的光辉,引导着社会向善。在这个炎热的夏季,有什么比这更能抚慰人们的心灵呢?而因"彭宇案"一度让人不相信"还有好人",也不敢轻易行善的社会,正在变得温暖明亮,爱意涌动。

"爱的世界没有力学"。网络上,年轻的80后、90后正在热烈地讨

论吴菊萍爱的力量源自何处。的确，敬畏生命，尊重生命，就不会仅仅把爱心局限于自己，局限于家人，就能感受到生存的价值和意义，世界就会在我们面前呈现出无限的生机。

回顾近来种种感人的爱心救人事件，无论是杭州托举生命的"最美妈妈"，还是深圳无惧危险以"天使之吻"救下轻生男的"最美少女"，或是为救素不相识的白血病少女弃考捐骨髓的湖北大学生杨力伟（化名），他们都这样回应社会的赞誉——鲜活的生命就在那里，我不能什么也不做，看着他（她）消失。对生命的敬畏和尊重，原是一切真、善、美的根本。

尊重生命，护佑生命，把生命提高到最有价值的地位。这样的生命意识激发社会向善力量，于个人言，是对自身生命的备加珍惜，对生活的信心；于他人言，是通过爱心善意可以帮助改变妞妞、轻生男、白血病少女等个体的命运；于整个社会言，则有助于建立起和谐的社会关系，改变社会群体的命运。

这于当下尤其有着强烈的现实意义。如果我们能多一些对生命的热爱与责任，花季少年就不会轻易地选择轻生，年轻夫妻便不会轻率地让刚刚出生的孩子成为"愤怒的牺牲品"，药家鑫带给他人与自己的"生命之痛"可能不会发生；如果那些道德沦丧的毒奶粉生产企业、利欲熏心的煤矿业主、热衷强拆出一个"光辉GDP"的地方干部，能多一份对生命的敬畏，我们的社会就能更加和谐，才有美好未来。

1932年，陶行知先生在《中国的人命》中写道，只有等到人命贵于财富，人命贵于安乐，人命贵于名誉，人命贵于权贵，人命贵于一切时，中国才站得起来。80年后，在"最美妈妈"用爱托举生命的感动中，在素不相识的人们护佑生命的爱的接力中，再次咀嚼这段话，感受着这种前行的力量。

（2011年7月11日）

谁来填补高温关怀的"制度真空"

武雪梅

> 没有法律制度的规范、约束和保障,高温下的权利只能是望梅止渴

高温又至!中央气象台连续多日发布高温预警。7日,浙赣闽湘渝川等地气温已蹿至38、39摄氏度。

开公交的司机、马路上的交警、蹬三轮的送水工、拌水泥的建筑工……这些烈日下的劳动者又一次进入公众的视野。越来越多的人认识到,高温下的劳动保障,已经不仅是"体面劳动"的问题,更是防止工伤事故和职业病的必然措施;已经不是可有可无的福利,更是必不可少的一项权利。

遗憾的是,现实中情形往往是:一方面是基层劳动者的权利在高温中常常难以落实,另一方面是相关监管部门的"高温保障零投诉零受理"。矛盾背后,暴露出极端天气下社会劳动管理制度的"真空"。

1960年颁布的《防暑降温措施暂行办法》"暂行"了51年,不具备强制效力,已不适应社会发展。而无论是《劳动法》、卫生部等四部门2007年联合下发的通知,还是广东、浙江等省份的相关规定,也都模糊而缺乏操作性。什么是高温天气?中暑是否算工伤?高温怎样延时休息?高温补贴如何制定怎样发放?谁来监管和问责……如果没有法律

制度的规范、约束和保障,这些问题永远只能以问号方式存在;而高温下的权利,永远只能是望梅止渴。

一个各界呼吁多年的"民生"法规,为何就千呼万唤难出来呢?

必须承认,社会高速发展、急速转型,法律的完善与补充任务繁重,每一部法律的出台也都需要大量调研、论证,相关部门"力量有限"也是客观存在。如此,带有"时段性"的高温立法,难免湮没在众多"很需要、很急迫"的法律法规中。

但制约"立法提速"的另一因素则当引人深思。据业内人士介绍,高温下的劳动保障涉及单位部门较多,像工伤保险,归人力资源和社会保障部门管;劳动安全,属于安监部门管;劳动卫生,则由卫生部门分管……"九龙治水"极易造成"群龙无首",一项论责任要各方分担、论利益却与部门无涉的工作,常常会由于缺少强力的调配、精确的协调和统一的部署,失去推动力。

也因此,要填补高温关怀的"制度真空",从长远看,当然立足于立法提速;从现阶段看,或许可以"外力驱动",先简再繁。比如,立法部门可联合相关部委,制定高温条件下劳动者权益保障的单行规定;各省也可通过行政行为,进行制度设计,或把高温条件下的劳动保障作为民生政绩的一个考核要素,或推出面向一线劳动群体的高温休假、高温津贴、高温疗养措施。同时,还可以通过听证会、网络问政等形式征集民意,积极为全国性高温立法做好基础性工作。

高温立法立的是社会规则,清凉关怀则是我们心中良知的法则。在我们呼唤"道德利润"、"民生 GDP"时,希望更多的劳动保障、劳动权利,能像凉爽的清风一样,吹到每一个炽热的盛夏、每一颗滚烫的民心中。

(2011 年 7 月 8 日)

对事故瞒报必须"零容忍"

何 勇

> 我们或许永远也做不到"零事故",但对重大事故的瞒报迟报行为绝不能留下容忍空间

渤海湾,840平方公里的清澈海域,相当于一个城市的面积,一夜之间一类水变成劣四类。

7月5日,国家海洋局通报中海油蓬莱19—3油田漏油造成的初步后果。此时距6月4日海底溢油事件发生已过去31天。虽然中海油方面称"没有瞒报",但一个月时差或许折射出企业对环境责任和社会责任的逃避,对公众知情权和监督权的漠视。

《海洋环境保护法》明确规定:事故之后,须"及时向可能受到危害者通报"。看看中海油方面的"事故之后"吧,不是以沉默应对媒体,就是以删帖应对网络,而对于水污染程度如何、水产品是否被污染、会不会对人造成不良影响等情况,被动公开都谈不上,更遑论向沿岸渔民、社会公众主动通报了。

虽然我们一再强调"安全重于泰山",但在很多领域仍难实现"零事故"——包括漏油事故。正因此,及时通报尤显重要。如果说,发生事故确是"成因复杂",甚至有"意想不到"的情况,但之后采取瞒报,则完全是一种"人为因素",性质当有所不同。

近年来,对于突发事件、公共事件的早报、快报,已基本成为共识。然而一些大型企业在信息公开方面还非常欠缺。2010年7月中石油大连新港漏油事件、紫金矿业污染事故等,都是如此。这背后自然是特别简单的利益考量:一方面,披露事故造成股价下跌,形成巨大的直接损失;而另一方面,瞒报缓报、多方公关把大事化小,"捂盖子"收益惊人。

"不可能在较短时间内得出准确结论",有关方面如此解释这一个月"时差"。但我们看到,早在6月21日,已经有网友微博爆料,引起各界高度关注。真假传言甚嚣尘上,管理机构如果一味按照自己的节奏走,置之不理,既不利于以正视听,还可能激化事态。

查清原因、给出结论固然需要专业严谨,但事实的及时发布、过程的及时公开有时候更为重要。如果结论一时无法得出,难以评估事故造成的风险,为此而做的调查、采取的防范措施、应有的公共预警等,更应及时告知公众,给公众一个明白,还社会一个安心。而且,也只有及时公开相关情况,才能形成强大的外力监督,促使问题尽早查清、更好解决。

这几年,面对舆论,不少企业甚至管理部门常会采取"鸵鸟战术"或"羊群策略":面对舆论把头埋进沙里,希望时间长了风头过了;实在挺不住,让小羊先出来叫几声,老羊躲在后面观风声。这样的策略实质是逃避责任。其实,在信息时代,鸵鸟也好、羊群也罢,不过是掩耳盗铃,最终,只会危及公众切身利益,影响企业长远发展,损害政府无形资产。面对这样的结局,当深思之。

(2011年7月7日)

治理者如何面对"失当批评"

范正伟

> 如果不让讲错话,就不会有人讲真话;如果拒绝接受"失当批评",就会逐渐滑向拒绝接受一切批评

近日,河南南阳一市民在"书记市长网上留言板"上抱怨该市"交通整治行动"变为"罚钱"行动,鼓动市民"闯红灯"。对此,有关方面回复称,该市民的想法和呼吁"完全是逆潮流而动","公安机关将密切关注你的煽动性言论是否造成不良社会影响再视情处置。"

尽管后来该市民承认言语过激,有关方面也回帖表达歉意,但这样的互动还是让人感慨良多。

公允地说,尽管此次回复有点"雷人",但南阳有关方面的网络问政还是有不少值得肯定之处:不同于有些地方的漫无期限,在一个小时内就做出回复;也不同于屡屡复制的"万能回复",仔细查阅市民留言并逐条回应。然而,如此的"雷人回复"却让人"伤不起"——不管是对政府努力还是民众热情。

南阳有关方面之所以"霸气外露",大概与留言"无端谩骂"、鼓动违章有关。毋庸讳言,现实中尤其是网络上,民众表达有时比较率性、夹杂情绪,甚至"捕风捉影"。因此,比关注个案更值得探讨的是,治理者如何面对这些"失当"乃至"错误"的批评、质疑。

现实中，有极端落伍"跨省追捕"的，有看似超脱"置之不理"的，有兴之所至"霸气外露"的。南阳这一事件显然属于第三种。受发帖者的情绪感染，与网民扳腕较劲，却惟独缺少深思：网络互动的初衷为何？过激情绪的根源在哪儿？政府工作是否完美无缺……倘若能在这些方面多做一些反思，回应时就能少一些火气、减几分霸气，有效引导民众理性看待问题。

所谓无风不起浪，民众的某些批评或许带有情绪，但情绪的背后往往潜藏着真实问题，治理者如果只盯住表面情绪，只顾"以牙还牙"，就无法见微知著，从更深层次看问题；更不能防患于未然，从根本上纾解民忧、化解民怨。其实，参与就是认同，牢骚意见里往往包含着民众的信任期待，而这恰恰是宝贵的治理资源。正因如此，重庆合川区委书记王作安表示："凡是针对合川的骂帖，一律不准删除。"也正因如此，广东省委书记汪洋坦言"不怕群众发脾气，不怕群众骂娘"，强调网络问政应该是平等地问、虚心地接受，不计态度、不问来历。

进一步讲，即便批评真的失当，只要不是诽谤造谣，治理者同样需要宽容对待。一方面，相对于有关部门而言，公民所掌握的信息资源毕竟有限，使得批评监督不可能绝对准确；另一方面，批评监督是宪法赋予公民的权利，政府接受批评监督，也包括接受不准确的批评监督。如果不让讲错话，就不会有人讲真话；如果拒绝接受"失当批评"，就会逐渐滑向拒绝接受一切批评。

民心可敬、民意可畏、民气可用。正如胡锦涛总书记"七一"讲话所言，"只有我们把群众当亲人，群众才会把我们当亲人。"治理者只有正确面对"失当批评"，才能最大限度减少"失当言行"，从而更好地培植信任资源、夯实治理基础。

(2011年7月6日)

用透明解开公路收费之"结"

刘先云

  缺乏公路建造成本、资金来源、收费去向等信息的披露，收费清理只会囿于各方"口水仗"

  从京藏高速公路大堵车，到郑州黄河大桥等"名桥"违规收费；从一些地方公路超期收费，到高昂物流成本助推蔬菜价格上涨……公路收费问题引发舆论持续关注，换来相关管理部门积极回应：交通运输部等五部门联合发出通知，开展收费公路专项清理工作。日前，山东省率先公布实施方案，明确8种公路立即停止收费。

  相关部门严格要求，各地积极响应，收费公路的清理相信能"给广大群众交上一份满意的答卷"。但也要看到，违规收费现象仍然比较普遍，清理执行仍有难度。

  种种问题背后，是在收费问题上的各执己见。公众抱怨收费数额高、时间长，加剧了交通拥堵；主管部门却解释贷款尚未还清，公路维护费用高昂，不收费反而造成交通拥堵。而在争议最大的"收费还贷"上，审计报告显示部分公路早已收回成本，如首都机场高速1993年修建时贷款7.65亿元，到2005年底收费就已达32亿元。但数据也显示，公路贷款加重地方债务负担，到2005年底18个省份收费公路银行贷款余额高达8000多亿元，被透支的"公路收费权"一旦停摆，将影响到

地方财政状况。

公路收费问题成为难解的结,从根本上都指向这一笔"糊涂账"——缺乏公路建造成本、资金来源、公路性质、收费标准以及收费去向等信息的详细披露,只会使公众与主管部门、运营企业争执不清,难以清理。

只有实现收费相关信息的公开,才能防止公路变成"私路",沦为少数部门和个人损公肥私的工具。按《收费公路管理条例》规定,政府还贷公路的车辆通行费,"必须全部用于偿还贷款和有偿集资款,不得挪作他用"。而媒体披露部分地区百公里公路养活400余人的消息,却让人怀疑:高额过路费有多少真正用于指定用途?这暴露出,在信息不透明的情况下,有关部门和企业内部可能存在效率低下、利益交换等深层次问题。

如果没有公路收费信息的公开,公路成了地方政府的"摇钱树"和"政绩工程",修路冲动还会加剧。如此一来,大修大建会导致债务问题更加突显,增加金融风险隐患和民众负担。

应该说,当前全面取消收费公路并不现实,政府部门很难有足够的资金确保现有庞大公路体系的建设与养护。然而,在通胀高企的背景下,过高的物流成本推高物价,已然与宏观调控方向相悖。相关主管部门和企业更应结合专项清理工作,及时公布收费公路有关信息,全面接受社会监督,积极争取社会各界的理解和支持。

要规范公路违规收费,遏制地方的投资冲动,必须推动公路收费相关信息的彻底公开。唯有如此,才能还民众以知情权,还公路以公益性,还地方政府以应当之角色。

(2011年7月5日)

"招生掐架"暴露教育功利化之害

姜赟

> 考生有自主选择权。高校应凭自身影响力吸引人,而不是用欺骗、攻讦和利诱等手段"绑架"考生

高校招生,往往被喻为"大战"。近日,这场大战再起硝烟。复旦大学称有人假冒该校老师欺骗考生修改志愿,更有教师在微博上直指"李鬼"来自上海交大。上海交大则紧急回应,称不存在上述行为。

且不论真相如何、谁是谁非,这样的过招,在某种程度上折射高校招生时争夺优质生源的乱象。从自主招生的"北约"、"华约"抱团"掐尖",到去年北大清华公布的新生状元数相互'打架",高分考生作为"稀缺资源",屡屡让各个学校费尽心机。

的确,优质生源是决定高校教学质量的重要因素。但是,考生有自主选择权,高校应凭自身影响力吸引人,而不是用别的什么手段,如果罔顾规则甚至触犯法律,则不仅损及学校声誉,更会给学生留下令人失望的"第一课"。

乱象产生,源于招生已成一些高校的"面子工程"。比拼状元数,比拼分数线……一旦生源被看成衡量高校实力的重要标准,学校下任务、定指标、许重奖,承受巨大压力的招生工作出现无序竞争,也就在所难免。从一些高校为提高分数线只设一个招生计划,到一校猛打另一

校招生热线致使线路繁忙,各种奇招、怪招迭出,便是明证。

一些情况值得注意:招生的过程和结果表面上公开透明,但是招生人员"私下"的活动——包括动用各种关系进行的种种许诺、游说等——却始终暗潮涌动。而对于高考招生,缺少法规细则进行引导规范,也没有相关罚则让"越轨者"止步。既有重重压力,又有规则缺失,不正当竞争怎能不愈演愈烈?

实际上,"生源崇拜"只是"分数崇拜"的延续。高分不等于优质,招收的高分考生多也不等于学校一流。这样的常识,我们已经讨论了很多年,却还是难成共识。这当中,有选材标准单一的原因,有评价体制不够合理的原因,也有高校自身教育思想、教育观念的原因。

如果把高校招生看成基础教育的终点,招生掐架背后的"生源崇拜"会反馈到基础教育的过程,"分数至上"、"应试为先"的魅影,将难以挥去。而如果把高校招生看成高等教育的起点,那么,这样极端功利化竞争也会影响到高校的教育方向,让一些学生从一开始就曲解了成功的含义。

一切以优质生源为先,这样的认识本身正佐证着对于教育结果的功利化评判和对于教育本质的功利化认知。从"被就业"牵扯出的高校就业率造假,到各种大学排行榜背后的利益链条,再到号称"没有4000万身价不要来见我"的教授,这种种事件,与招生乱象一样,都反映着教育功利化的迷思。

大学是创造社会理想的地方。当津津乐道于"分数线"、"状元数",当为了"掐尖"而不惜掐架,高校不妨问一问自己:我们的社会,究竟需要怎样的大学?说到底,高校追求的不应是"分数化政绩",而应是文化传薪人、社会守望者的使命和责任。

(2011年7月4日)

微博之力如何撬动现实

单学刚

> 面对公众通过微博介入公共事务、表达个人观点的"不可逆转现象",社会管理者的媒介素养尤显重要

如果把2009年算成"微博元年",不到3年,微博这个网络社交平台已经成为舆论的重要集散地。近日,从江苏溧阳某局长"微博开房"到"郭美美事件",再到四川会理县领导"悬浮照",诸多热点事件在微博上酝酿、发酵。以"郭美美事件"为例,无数"微友"参与爆料,相关发言就有64万余条。

这既让人看到微博的巨大力量,也让社会管理者看到,网络与现实,无论是舆论场还是社会管理,都在打通交织,成为一体。"开房局长"自以为微博调情不会为人所知,却在网民围观中付出了沉痛的代价;而"悬浮照"曝光后,当地政府通过微博及时道歉,避免了又一起"虎照风波"。

当前,仅新浪微博用户就已突破1.4亿。微博风生水起,客观上推动了地方政府和领导干部公共沟通和舆情应对能力的提升。从陌生、茫然,到积极研究、利用,微博问政已经成为很多地方的执政实践。近日,广东、浙江等地组织领导干部参加有关微博的学习和研讨,南京规定突发事件发生1小时内要进行微博发布,都是可喜的探索和尝试。

但根据复旦大学发布的《中国政务微博研究报告》，到今年3月，实名认证的政务机构微博仅1708个，政府官员微博仅720个。巨大反差反映出一些社会管理者对这片舆论阵地的陌生。

尽管一些领导干部还不能适应微博时代的舆论新格局，但公众通过微博介入公共事务、表达个人观点，已经成为不可逆转的现象。涉及到政府决策、公共管理、领导言行的话题，往往能迅速成为热点。

实际上，微博上大多数人的"围观"或参与，归根到底还是出于关注地方政府工作的善意，出于帮助地方政府改进不足的诚意。正是这样的善意和诚意，使微博可以成为一个回应关切的最好平台。如果扬长避短、因势利导地做好舆论沟通和引导，积极通过微博平台了解民意、汇集民智，及早发现问题、处置问题，完全可以构建一个广泛参与、有序互动的微博舆论新环境，使微博成为社会情绪的"减压阀"、官民关系的"润滑剂"。

从论坛到微博，互联网的飞速发展之下，公众参与公共事务的热情和能力都已极大提升。在微博屡现谣言之后，"谣言粉碎机"、"辟谣联盟"之类反谣言专区的出现，体现微博的成熟，也折射公众网络参与水平的提升。然而，类似侵犯隐私、情绪偏激、造谣传谣的问题，还是在一定程度上存在。这种情况下，社会管理者更该以"善待、善用、善管"的原则，提高媒介素养，重视微博舆论场，回应社会关切，引导公众参与。

社会管理创新，离不开"虚拟社会"管理创新，越早认识到这一点，工作就会越主动。

（2011年6月30日）

聆听"最牛校长"的遗训

李泓冰

请所有地方，都听听"最牛校长"的遗训，用"认真负责"审视一遍校园安全，可好？

四川绵阳桑枣中学校长叶志平突因脑溢血辞世，引发哀思如潮。这样一个偏远乡镇的中学校长，本来默默无闻，却因3年前的汶川大地震中，在他的羽翼下，在他锲而不舍的校舍加固以及安全警示教育和演练之后，2200名学生无一伤亡，获得"史上最牛校长"的美誉。他的远行，让人们惊恸。

正如一位网友哀悼中所言："校长"在此不是职务，是个值得所有人为您鞠一躬的尊称。

据报道，叶校长走得匆匆，没有留下遗言。学生说，"在校园很少看到叶校长有笑容，满脸都是焦急"，"他才50多岁，看上去却比我爷爷还苍老"。那么，让他殚精竭虑、耗尽心血的是什么？

叶校长曾自述：我的职责就是教好学生，保证学生的安全。熟悉他的人说，对校园安全他极为固执——"学生的安全"，是他拼尽短暂的50多年生命，向着中国喊出的最沉重、最响亮、最珍贵的一句话。

在中国，他也最有资格说这句话。灾难之前，他想方设法筹集资金加固校舍，定期组织学生进行防灾、逃生演习，最终让师生在灾难中以

1分36秒奇迹般悉数逃生;震后,备受关注的桑枣中学重建资金颇为宽裕,但他三次否定"豪华校舍",而改用更安全、更朴素的方案……

这一切,即使不做,也没人会责怪。只要他保住"升学率全县第一"的业绩,完全可以高枕无忧,备受尊敬。叶校长的可贵,恰在此凸现。没有人硬性要求,他却坚持自我要求,自觉地把2200多个11到15岁孩子鲜活的生命、把这份重逾泰山的责任,扛在自己的肩头。于是,在一片山河破碎的悲痛之中,他赢得了局部的完胜。

我宁愿不把叶校长的"完胜"看成难以做到的"奇迹"。事实上,这正如叶校长自评一生所用的"认真负责"四字般朴实无华。他防患未然的所作所为,未必需要更大投入。如果有更严密的安全保障制度、更严苛的校舍建设安全标准、更严厉的校园安全事故追惩机制,叶校长所做到的,也许任何学校都可以做到。

可惜的是,校园安全往往是喊得响、做得少的软肋。当然,在校园安全尚未在制度上得到保障的时候,将板子打到校长身上,的确也有不公。

因此,叶校长此生的最大意义,不仅仅在于黄金般的"1分36秒",更在于他用这"1分36秒"昭告中国,只要"认真负责",灾难面前,校园安全也可以固若金汤;只要"认真负责",学校可以成为"最安全的地方";只要"认真负责",局部也有可能做到"万无一失"。

所幸,大地震之后的3年,灾区重建学校抗震标准都大幅提升,校舍建设所用钢筋,密得连蝴蝶也飞不过去。但其他地区的校园,是否也都成为最安全的地方了呢?请所有的地方官员、所有的中小学校长,都用叶志平校长"认真负责"的目光审视一遍,可好?

(2011年6月29日)

保障房要尽快突破建设瓶颈

徐立凡

> 解决资金短缺，确保承诺兑现，当务之急是既要放开融资平台"护航"，也要发动社会力量"驰援"

开工建设1000万套，这样的计划，让2011年成为我国有史以来保障房建设规模最大的一年。到5月底，开工已达340万套。虽然时间过半、任务未过半，但相比去年同期，开工率已提高不少。

保障房建设是民生工程，也是发展工程。一方面，保障房建设能在较短时间内分流商品房需求，减弱房价不合理上涨的动力，保障中低收入群体的居住权，对巩固楼市调控的效果意义重大。另一方面，保障房建设可以带动钢铁、水泥、电力等数十个相关产业发展，刺激居民消费需求，对于保证经济的合理增长，减少经济转型成本也相当重要。

因此，党中央和国务院高度重视这一工作，视之为对人民群众的"郑重承诺"，一些地方政府也列之于干部考核的"必须选项"。作为保障房建设的主导力量，各级政府部门责任意识的提升、体制机制的创新，是工程建设顺利实施、达到预期目标的重要保证。

规模前所未有、力度前所未有，挑战也同样前所未有。1000万套保障性安居工程，年度投资在1.3万亿元左右，中央财政投入的是1030亿元。据报道，深圳的保障房建设资金缺口达百亿元；上海、江苏、湖

南等地试点出售保障房"部分产权"……在迎来第三季度"开工潮"的同时,保障房在很多地方不同程度地遭遇了因资金短缺带来的"建设瓶颈"。

解决资金问题,政府不可或缺。在中央进一步加大对地方资金支持力度的情况下,各地政府同样需要集中财力用于保障房建设。日前,中央政府为地方政府建设保障房放开融资平台,允许地方融资平台为保障房建设"护航"。这或许是今年保障房建设11月底前全面开工的目标得以实现的关键。而在此基础上,最大限度地实现政府意志与市场运行规律的协调,同样至关重要。

住房和城乡建设部近日公布数据显示,房地产企业百强有七成缺席保障房建设。这也从反面启示,保障房建设需要进一步创新融资机制,吸引社会资金广泛参与。体制内需要加大社保资金的投入力度,拓宽资金来源;体制外通过税费减免等政策安排鼓励企业参与,保障房产权共有、先租后售、以资金投入换取商品房建设地块优先权等正在试行的办法,也应加快总结梳理,明确政策预期。

实际上,不仅是资金筹集,保障房建设的整个过程都需要社会力量的广泛参与。公开透明可谓保障房工程的"生命线",及时公布工程建设资金使用情况、质量监管情况、分配方案,让社会各界参与监督,不仅可以增加保障房建设的公信力,也是为社会力量的参与创造透明、公正的市场条件。

保障房建设快马加鞭,催动保障房题材股票飘红。或许,这不仅是投资市场的"政策敏感",也传达出社会各界对保障房建设的良好预期。在某种程度上,保障房的建设不仅仅是个经济问题,更是一个政治问题。只有拓宽渠道、创新机制,解决保障房建设的种种问题,才能"让政策阳光温暖更多住房困难群众"。

(2011年6月28日)

该给"谁的西湖"怎样的答案

杨雪梅

> 杭州政府的"六不"承诺,让我们看到一座城市的文化主张,看到了文化遗产惠及大众的理念

苏小小的西湖,白娘子的西湖,白居易的西湖,林和靖的西湖……如今,早已闻名遐迩的西湖,又正式成为"世界的西湖"——成功地进入了《世界遗产名录》。

与我国此前拥有的 40 处世界遗产相比,西湖该是很特别的一处。它是比较少的文化景观与城市生活"零距离接触"的类型,而就在它申遗成功后的当天,杭州市政府立即承诺,将坚持"六个不变"——"还湖于民"的目标不改变、门票不涨价、博物馆继续免费开放、土地不出让、文物不破坏、公共资源不占用。这样的表态,无论在国内还是世界上,都较为少见。

在日益升温的"申遗热"中,我们看到不少申遗前如何"竭尽全力"耗巨资、成功后如何借名商业开发的案例,或是门票应声而涨,或是以保护之名只对专家开放,让人对"申遗"又盼又怕。当西湖以一种"淡妆浓抹总相宜"的心态,坚持自己的"还湖于民"目标,坚持免费开放的文化思路,并因找到了一种让文化景观优美而生动地存活于城市生活中的智慧与结果,赢得了联合国教科文组织的赞赏,这种

"成功",已经超越了简单的"申遗"。而进入"遗产时代"的"六不"承诺,则让我们看到一座城市的文化主张,看到了文化遗产惠及大众的管理思路。

无论是自然遗产,还是文化遗产,首先是公共的遗产,都应惠及于民。何况,收费、涨价、开发,并不能让景区变成想象中的"摇钱树"。作为地方旅游资源核心的世界遗产,如果因涨价而折损竞争力,只会损害到整个地方旅游业的发展。

西湖免费开放,可为例证。2002年开始,西湖成为中国唯一不收门票的5A级景区,日常维护、清卫保洁、安全管理等方面的费用,每年增加过亿元。但来杭州的游客几年之内已经翻番,旅游收入更是增加了180%。在这一思路之下,从拆除高墙深院到博物馆、纪念馆免费开放,自然和人文景观的保护也得到加强。

保护、开发、公益,一直是文化遗产难以理顺的一组关系。如果没有正确认识,难以处理好这些关系,最终会陷入恶性循环。世遗大会上,丽江、布达拉宫等世界遗产,都曾因过度的商业开发而受到质疑。而为吸引更多游客而大肆营建不伦不类的人造景观,打造毫无特色的酒吧街、商业街,破坏遗产的真实性与完整性,更无异于饮鸩止渴。因此,"杭州承诺"尤显可贵。

兑现还需时间检验。世遗委员会要求"缓解城市发展以及游客激增对西湖造成的压力"。西湖必将因"入遗"而游客激增,而"限客"难免会被认为是对一些人权益的剥夺。在解决好了保护与开发、开发与公益的关系后,保护与公益的矛盾,也还需要破题。

即使从年过半百的白居易与西湖邂逅的公元822年算起,这个东方名湖也已存在了千年之久。让千年名湖在更长的日子里保持青春,现在仅仅是开始。更希望,西湖背后的"杭州承诺",能给更多景区及城市一个启发。

(2011年6月27日)

"奶业标准"呼唤消费者声音

马跃峰

消费者的切身利益和体验,是衡量奶业是否达标的根本标准。

奶业标准的口水战,正从乳制品行业内部转向全民大激辩。有人炮轰去年出台的新乳品安全国家标准一夜之间倒退25年,是"最低最差"的标准;有人认为提高标准、倒逼质量提升的想法虽好,但脱离实际,可能导致乳业重创,损害奶农利益。究竟是舍弃奶农、抬高标准?还是舍弃消费者、降低标准?双方各执一词,难分高下。

其实,关于奶业标准的争论已不是第一次。奶业国标去年出台时,已经被指责受到奶业巨头的挟制,是一次行业的整体倒退。这次的标准高低之争,让公众从一个新角度对食品安全进行了深层认识。

标准是什么?是衡量事物的准则,是经协商一致制定、由公认机构批准使用的规范,其最大特征是促进最佳的共同效益。从这个意义上说,制定标准必须秉持公开、公正的原则,尽可能吸收各方面意见,最终达成共识。奶业标准涉及消毒方法、营养成分、细菌数量等专业问题,固然需要专业团队起草,可是回顾标准制定的过程,始终很神秘。2009年,伊利、蒙牛起草三大乳业强制性国标,20多个省份乳协、20多家乳品企业汇集重庆紧急磋商对策。因为在大多数企业看来,两家大

型乳企起草的内容大多偏向自己生产的常温奶，而对其他奶品设置了诸多限制。牛奶行业内部的协商尚如此困难，众多奶农、销售者、消费者的利益恐怕很难在标准中体现。

行业协会有丰富的专业知识，龙头企业有更先进的技术和生产工艺，本该起草更高、更安全的标准，让消费者放心。可这次标准引来更多质疑，这让食品安全这一本就敏感的社会神经更显脆弱。难怪人们怀疑，个别企业受自身利益的驱使，拿标准当"大棒"，打击竞争对手；难怪人们愤慨，迁就企业的低国标，损害了大多数人的健康权益，背离了标准的本质要求。

其实，不仅仅在奶业，在许多行业，拥有专业话语权的既得利益者，随意设置门槛，拒绝公众和其他行业人士进入，而只在小范围内进行利益博弈。前不久，笔者参加一个食品企业的新闻发布会获悉，肉丸行业标准即将揭开面纱，肉丸含肉量从10%提高到45%以上；丸子的含肉量低于45%，就不能叫肉丸。提高含肉量的消息令人振奋，可反过来看，这个标准的成形，仍然是行业内部的事，并没有更多听取和吸纳公众的意见。

任何一项行业标准的出台，应当是企业、政府部门、消费者三方合作的结果，这期间，固然离不开行业协会和大型企业的参与，但绝不能忽视消费者。消费者的切身利益和体验，是衡量奶业是否达标的根本标准。

（2011年6月24日）

谁来为农村优秀生源"加分"

李泓冰

让弱势群体有通过教育改善个人乃至家庭命运的机会，是一个健康社会以积极方式调整社会利益格局的最好路径之一

高考结束，关于高招的议论热了起来。比如，自主招生仍在不断升温，北大发布了2012年"中学校长实名推荐制"方案。再如，关于各种高考加分政策的争议不绝于耳，折射出人们对教育公平的种种期待。

尽管目前的高考制度因其应试性过强、选拔标准过于单一屡遭诟病，奇怪的是，但凡出台关于保送、自主招生、特长生加分等高校招生改革方案，却总会受到质疑。这或许是因为，一方面，教育公平是社会最敏感的神经；另一方面，也确有些新规有着抢生源的醉翁之意。

生源大战的几近白热化，已"前移"到了高二、高一。不过，细细分析这些举措，大部分的着眼点还是城市生源，甚至是一线城市的优秀生源。而农村生源却在越来越多的自主招生新政中，日益不利，甚至默默出局了。

不能否认，这些新规改变了高校招生只能走高考"独木桥"的历史，选拔标准更宽泛，改革成果也确实诱人。但更加注重的创新和实践能力，更被欣赏的理科、文学、艺术、语言、体育等方面的特殊才能，使得高中期间积极参加和自主招生挂钩的各种学科大赛，显得相当

重要。

要想在"特长"比拼中获胜,不开课外"小灶"、只凭学生个人努力,可能性很小。而农村学生,本来占有的优质教育资源就极其稀缺,他们的父母,往往远在城里为孩子的学费打拼,基本的生活照顾都很难做到,更遑论请名师家教、上高价辅导班。于是,相对来说很难培育出"特长"的农村学生,就只剩硬拼一条路。而目前高校招生特别是名校招生,从"裸考"生中录取的比例越来越低,无疑加剧了农村生源在高校中逐年下降的趋势。

普及义务教育,让城乡孩子有均等的受教育机会,并且让弱势群体有通过教育改善个人乃至家庭命运的机会,这是以积极方式调整社会利益格局的最好路径之一。如果这一路径被"堰塞"了,会让农村学生和他们的家长觉得,很难看到改变命运、重振人生的希望。从这个意义上说,关注弱势群体,一个重要方面就是保障他们的受教育权。

其实中国农村卧虎藏龙,是最为庞大却尚未得到充分开发的一座人才宝库。高招时将眼光更多地投向农村生源,受惠的不仅仅是农村学生。毕竟,多元文化的融合,既能促进社会和谐,也有利于高校的可持续发展。君不见,当年从高校中走出的多少农村孩子,如今都已成为社会各界栋梁!

那么,谁来争抢农村优秀生源呢?在自主招生改革中,能不能出台专属农村生源的优惠政策?在这方面,我们不妨借鉴一下国际上一些高校的招生方式,对贫寒家庭的学生、来自欠发达地区的学生、家庭残缺的学生,给予更大的录取优惠。

希望各高校,特别是名校,在争抢生源大战中,更具社会责任感,更着眼于学生潜能,将招生目标更多地锁定在农村、锁定在辽阔的田野……

(2011年6月23日)

清理公路收费应催生"问责风暴"

单士兵

> 斩断收费公路背后的利益链,并让那些违规的地方和部门受到应有惩罚,才能扫除"路障"

国家五部委在全国范围内开展的收费公路专项清理行动,第一天的经历便证明了"清理"之难。此前已被查处和曝光存有严重"超期收费"等违规行为的浙江台州椒江大桥、河南郑州黄河公路大桥、山东济南黄河大桥、广东佛山三水大桥4个路桥收费站,依然没有任何改变,饱受诟病的"买路钱"一分不少地仍旧照收,其收费理由和依据则各不相同。

这张"首日收费清理答卷"让人着实尴尬。不仅伤害着群众的感情,消损着相关地方的公信力,同时也表明,收费公路问题背后的利益博弈,到了白热化程度。

不妨先来看看这些问题收费站拒不改正的表现。面对新华社记者的采访,对收费已25年的郑州黄河公路大桥,河南省交通厅是"拒绝回应";对收费已经26年的济南黄河大桥,山东相关部门表示"正在调研,是否停止收费要等等再说";对被讥为"收费常青树"的广东佛山三水大桥,佛山市拟通过修正收费年限来使之符合国家规定;对浙江台州椒江大桥,相关回应则是,"尽管建设大桥的贷款2009年已经还清,

但不会减、停收费",因为收费是为了建二桥。

"拒绝"、"推诿"、"敷衍"……这样的回应姿态,既让人看到了问题收费站清理的难点所在,也表明地方保护主义之盛。为了地方利益,一些地方和部门已经公然不顾公共责任,不惜挑战法律法规。公路原本是公共产品,现在很多地方在利益驱动之下,把收费公路当作摇钱树,根本不顾民意反对,也将上级相关制度举措随意虚置。而且,一些地方甚至试图通过种种行政手段,将不合理的收费行为纳入政策支持之下。这些情况,其实应该倒逼收费公路专项清理卷起相关问责的风暴。

事实上,为确保此次专项清理整治能正常推进,让那些损害公共运输速度与效率的问题收费站彻底"消失",国家层面不仅明确赋予了各省、区、市人民政府以及相关行业主管部门多项职责,还宣布清理公路收费实行"既往不咎"的措施。后者的切割正是为了进一步明确和调动整治的相关责任主体。遗憾的是,"路障"看来比预期的更多更大。

这再次让人们看到那条横亘于公路收费灰色地带的利益链条。公路收费是一块巨大的利益蛋糕,而一些贪婪之手伸得过长,甚至通过更改公路收费标准和还贷期限,把公路收费变成一种无休无止的牟利行为。在一些地方,行政权力的许可,执法的不力与不公,正是公路违法乱收费现象存在的重要根源。

看来,要使此次收费公路专项清理行动真正见效,彻底根治顽疾,还必须加大对责任主体的行政与法律问责,斩断收费公路背后的利益链,并让那些违规的地方和部门受到应有惩罚。倘若搬不走这些"路障",让问题收费站有了"保护伞",不仅五部委的清理行动会大打折扣,更可能被违规者制造出更大的制度决口。

(2011 年 6 月 22 日)

违规高尔夫击中多少"漏洞"

徐立凡

> 无论从保障法治严肃的立场讲,还是从维护公共利益的角度看,高尔夫球场都不能"野蛮生长"

北京西南部永定河畔,有条"高尔夫走廊",多家球场连片分布,最大占地约5000亩。北京只是一个缩影,截至2010年底,全国已有近600家高尔夫球场,但正规审批通过的仅有10家左右——而这,是在国家自2004年起不断对高尔夫球场建设下禁令的情况下发生的。

这么多高尔夫球场为何能如此野蛮生长?是谁给其颁发了"准生证"?

据记者调查,大量的高尔夫球场要么借体育公园、生态园和绿地项目建设之名通过了立项审批,要么采取"以租代征"的方式规避土地监管政策,获得土地使用权开工建设。换言之,高尔夫球场建设的无序,既是绕过审批程序的结果,也是相关土地项目界定不明晰的产物。如果对高尔夫球场建设有明确的界定,对其报批建设工程有清楚的范式要求,对土地租用有严格的监管,那么多高尔夫球场还能"另辟蹊径"、还敢"暗度陈仓"吗?从这个角度说,高尔夫球场的"准生证",未必来自某一方,而是由于政策的针对性和效率性还不够高,造成"借生证"泛滥。这也提醒相关部门:只有政策制定的细节愈加完善,

政策落实被绕道而行的空间才会越小。

当然,无论巧立什么名目,偷换什么概念,高尔夫球场作为占地面积大、外观明显的大型建设项目,建成之后是藏不住的。即使绕得过事先审批,也绕不过事后监管。可为什么就能如此明目张胆大建快上?无非两个原因:其一,违规成本太低,即使事后有监管、有处罚,也足可用收益对冲。其二,一些地方监管部门,对高尔夫球场青睐有加,认为对抬高土地价格、吸引外来投资、提升品位形象、繁荣地方经济等益处多多,因此对违规建设睁一只眼闭一只眼,给叫停球场建设和土地管理的一系列法规政策打了折扣。

其实,各国之所以对建设高尔夫球场设定许多限制、颁布一些禁令,原因在于:高尔夫球场不仅占地过大,建在农村远郊有可能侵吞基本农田,建在城中有可能瓜分公共绿地,而且作为高耗水项目,会消耗大量水资源,甚至改变区域内的生态水文状况。由于球场里植被结构单一,养护草坪需要大量使用各类化学用品,渗漏到土壤中还可能带来生态污染——这笔公共利益的账,长久利益的账,远比眼前看得见的那些利益,要大得多、重要得多。

以市场角度看,高尔夫球场的"繁荣"是需求推动的结果。但这种需求绝不能通过无序的、与公共利益的争夺而获得满足。无论从保障法治严肃的立场讲,还是从维护公共利益的角度说,高尔夫球场都不能只见"繁荣"不闻监管,让无序建设继续下去。以各种名义准备立项开工的球场,需要紧急叫停;已建成的,应予以盘点整治。既要通过政策追罚压住高尔夫球场的建设冲动,也要让产权不明确的球场,向公众开放。

需要看到,禁令之下仍在野蛮生长的高尔夫球场,挥杆击中的,绝不仅是生态与环境,更有政策的严肃与政府的公信。

(2011年6月21日)

高校"抢生"不能走歪了路

姜泓冰

> 那些忙着买信息抢生源的学校,更应反思自己的"内功修炼"

高考结束不久,在网上已经有人售卖2011年高考学生名单,其中北京考生7万名,个人信息售价千余元。山东也有部分学生的信息在网上被人打包出售。

考生信息的大面积流出和被非法贩卖,让人们对高考管理、监控体系的严密性心存忧虑。正如山东省教育招生考试院的负责人分析,多半因为"内部出了蛀虫"。毫无疑问,当前应紧急行动起来,尽快挖出"蛀虫",筑牢制度防线,坚决捍卫高考不被腐败侵蚀,确保公正。

分析考生信息潜在购买者的组成,一个现象需要高度重视。从现实来看,除了以往的高考复读培训机构,以及各种以学生为对象的高端学习用品和保健品商家,还有一个重要群体——那些为招不到学生而发愁的大学,尤其是民办高校。

这反映出当前教育发展的阶段性问题。因为人口自然变动以及高等教育投入收益恶化、低龄留学人数蹿高等带来的生源数量下降,正在为社会所关注。今年全国高考报名总数约933万人,比2008年减少了约120万人,很多省份都创了历史新低。生源下降,实力雄厚的名牌大学

虽受影响较少,尚须使出提高奖学金、加大招生宣传等举措来吸引眼球;普通高校更是直接感受到了从"卖方市场"向"买方市场"的陡然转变,惶然不能适应。危机最甚的,当属那些民办高校和高职院校,为了夺取生源,通过半明半暗的手段提早获取考生名单者有之,收买中学班主任或校长"推荐"学生者有之,聘用社会机构不惜虚假承诺或广告招徕生源者有之……种种"拉客"、"倒卖"的生意手段,都已用上。

从这个角度打量"倒卖"事件,就会看到一个监督机制不太健全、风气有些混浊的教育产业,面对危机和办学环境急转,正在做出种种符合市场现状却不够健康的应对,是市场竞争的应急反应。但这样的反应却只是一种"条件反射",不能从根本上解决问题,也难以促使高校把功夫下在教育质量、教育服务的竞争上来。

那些忙着"不择手段"抢生源的高校,其实更应反思自己的"内功修炼":专业设置是否与市场需求脱节?培养目标、课程教材、教育方法是否做到了与时俱进?"实践操作薄弱"甚至"教育内容空白化"等痼疾在何种程度上被克服?

许多改革和变化都是综合工程。教育管理部门在面对"生源下降"的变化时,需要未雨绸缪。一方面需要管好办学者,身正为范,遵章守纪,不要做倒卖学生信息牟利的"好生意",切断非法的招生利益链;另一方面,更要清醒意识到,应当利用生源下降的自然契机,加快调整教育发展格局,加快教育改革试验,避免生源下降带来的"高校生存危机",从而推进中国高等教育的结构调整和水平提高。

在这个意义上,高考生源减少,既是挑战、压力,更是契机、动力。

(2011年6月20日)

个税调整，善听才有良法

郝 洪

> 如何最大限度地凝聚社会共识，平衡各方利益，立法者对民意不仅需要倾听，还要善听

6月15日，全国人大常委会法工委"原汁原味"地公布了个人所得税法修正案草案征求意见结果：短短30多天时间里，收到来自82707位网民的意见237684条，另外还有181封群众来信、11位专家和16位社会公众的意见。而意见大多集中在个税起征点高低、税率结构调整，以及起征点是否要实行地区化差异这几点上。其中，最为关注的"3000元起征点"，只有15%的网民表示赞同。

从意见梳理情况看，围绕上述焦点展开的讨论异常热烈，民间表达，专家观点，各个阶层的声音，各种利益诉求，颇有不同。

这不只是个税法修正案面临的难题。事实上，对任何一部与公众利益息息相关的法律或是政策、法规，都很难期望"众口一词"的局面。既然民意丰富多元，不同地域、不同行业、不同群体的利益关系复杂微妙，如何最大限度地凝聚社会共识，平衡各方利益，不仅需要倾听，还要善听——理性、客观地体察民意走向，从中发现、辨识有利于社会发展的公共决策依据。

善听，意味着实事求是、客观公正。"创人大单项立法征求意见数

之最"的23万多条意见，几乎百分百来自网民，不免让人有些担心：虽然互联网已成为民意表达的一个重要渠道，但8万网民的声音是否真能代表13亿人民的民意？并不是所有人都愿意并能够通过网络来表达自己的诉求，那些游离于网络之外的人群，立法者能否掌握或者如何了解他们的观点？他们在整个利益格局中占据着怎样的位置？

互联网时代，既要学会"借网倾听"，也应注意别遗漏了那些"网外声音"。在这方面，人大代表似乎可以更好地发挥作用。无论是立法还是政策咨询，人大代表可以更积极地到基层去认真听取民众的意见，为民代言。

其实，人大代表沉入社区，并不仅仅是倾听，他们还可以成为立法公开、决策公开的桥梁。公众对决策过程的了解，是理解决策的前提，一部法律的诞生，需要经过调研、论证、纳入立法程序、出台草案、征求意见、审议通过等多个程序，如果在这个过程中，人大代表和民众面对面沟通，让民众充分了解决策过程，了解公共政策需要兼顾全局利益和长远利益，这将有利于立法者于千差万别的利益诉求中寻求平衡，也有利于社会各阶层民众理解这一平衡的结果。

一部法律不可能满足所有人的利益诉求，但是可以通过包括社会保障制度在内的社会利益补偿机制，来进行弥补和平衡，调整和缩小人们的收入差距，打造不同利益群体之间的公平正义。而要做到这一点，恐怕不能一蹴而就。

个税法修正案草案还将继续审议，民意的倾听仍在进行。通过这一部法律的意见征集，不断探索民意上达的通路，不断完善民意倾听的机制，让民意信息有效地进入立法程序和政府决策咨询程序，将是个税法修正案的又一大贡献。

(2011年6月17日)

"擦鞋救母"叩问社会救助"凹地"

吴 冰

只有当社会救助真正有了制度保障，才能从根本上增强群众抵御风险的能力

"广东孝子，南粤骄傲！""你的孝心让我感动得泪流满面，你是全国少年的好榜样。""这样有责任心有孝心的孩子，可以影响和教育一大批人。""顶天立地的男子汉，加油！"……

连日来，河源13岁少年骆伟科为救病母徒步300公里到广州擦鞋筹款一事，经当地媒体报道后，感动了无数人，收到的捐款已经超过30万元。目前，骆妈妈成功进行了脑肿瘤切除手术，而关于骆伟科和姐姐的读书问题，也有人表示愿做他们的"爱心妈妈"，资助他们的生活和学习直到能够独立生活。

这是一个皆大欢喜的结局。

然而，当我们对13岁少年的道德充满礼赞时，当我们庆幸问题得到解决时，当我们为社会爱心温暖这对母子而感到欣慰时，更需要关注这样一个现实：这又是一个典型的因"媒体关注"而解决问题的特困家庭。这些年来，从"暴走妈妈"到"跪行捐助"，不同困难个体困境的改善，往往是因媒体关注才变得幸运。"媒体报道—领导重视—社会行动—问题解决"，这样的模式固然有效，毕竟充满偶然。它折射的，

其实是社会救助制度的缺失。

换言之，媒体所能关注的，往往只是冰山一角。冰山下，依然有更多类似现象：一些家庭因成员罹患重症，很可能就一夜返贫；高昂的医药费，常使刚刚脱贫的农村家庭悲痛欲绝；因为贫穷困顿而形成的超低抗风险能力，直接导致了一些家庭解体……在面对这些遭遇时，如果仅仅依靠个体力量去抗衡，固然令人感动，却注定充满辛酸甚至酿成悲剧。

因此，对那些遭受自然灾害、失去劳动能力或者其他低收入的人群，给予物质帮助或精神救助，维持其基本生活需求，保障其最低生活水平，这样的社会救助，不仅是社会保障的最后一道防护线和安全网，也是实现社会公平、维护社会和谐的必然要求。具体到少年"擦鞋救母"一事，如果社会救助制度能及时替骆妈妈分担其治病压力，13岁的少年就不用"擦鞋救母"，过早承担生活的压力，感受人生的无奈。

在改革开放行进到今天，当我们取得世界第二大经济体的成绩时，完善社会救助制度更为迫切也更有条件。这不仅是因为，与过去相比我们有了更好的物质基础，还因为，及时填补我们社会救助中的"凹地"，是我们加强社会管理创新的重要课题。

应该看到，社会救助需要调集各方资源，也需要社会各界积极参与，但从根本上来说，社会救助是政府的责任。对政府而言，要切实增强社会救助的主动性，让关爱尽可能体现在事前的"雪中送炭"，而不是媒体曝光后、领导过问了，才派人跟进。对社会而言，要看到救助是一项系统工程，不仅要依靠社保和民政等专业部门，还要发动慈善互助机构等社会群团组织的力量。只有当社会救助真正有了制度保障，农村医疗保险得到尽快推进，重病医保制度获得建立完善，才能从根本上增强群众抵御风险的能力。

(2011年6月16日)

流动时代唱好融合大戏

詹 勇

让不同人群和谐共处,携手融入不断发展的工业化、城市化图景中,是今天社会管理需要破解的新课题

近来,一些地方接连发生了本地人与外来务工人员的摩擦事件。虽然冲突已经过去,事情逐渐平息,但那"外来人员殴打当地人、当地人殴打不会讲本地话的外地人"的情景,仍深深刺痛了人们。

改革开放以来,人口巨潮沿着从农村到城市、从欠发达地区到发达地区的路径流动、激荡,给流入地注入巨大经济活力,给当地社会发展带来新气象。然而,当来自五湖四海、口音南腔北调的人们,闯入原来相对平静固定的生活画面时,缓解因城乡异俗、观念有别造成的冲突与矛盾,变得现实;当不同地域、不同阶层的人们为生存与利益产生矛盾时,更好地兼顾各方利益,尤其是让弱势群体的利益诉求能够有效表达、正当权益得到维护,变得紧迫。在社会流动加剧、社会结构深刻变动的时代,如何使不同人群和谐共处,携手融入不断发展的工业化、城市化进程中,成为社会管理的一道新课题。

社会现实让人喜忧参半。一方面,各种"新市民"政策在各地落地生长,外来人口享受均等化服务日益普遍。无论是江苏昆山以"一视同仁、人人共享"的发展理念获"联合国人居奖",还是浙江杭州图

书馆内农民工和拾荒者自在学习的身影,无不表明在包容性发展思维下,"社会融合"正在成为管理者们的自觉。

另一方面,外来人口的"进城"路远非坦途。户籍制度的门槛、用工制度的壁垒、利益呼声的沉没、讨薪历程的艰难、社会歧视的冷眼,有形无形地把"异乡人"推向城市生活的边缘地带,造成了"社会拒人、权利亏人、心理贬人、文化伤人"的"社会排斥"现象。

排斥造成隔阂,更给社会留下深深的裂痕。社会学家对此不无忧虑地指出,"各种社会排斥过程无不导致社会环境动荡,终而至于危及全体社会成员的福利"。

在世界视野中,主要工业化国家也经历过这种社会治理进程。从普遍采取"关门政策"到有序开放、从全面排斥到促进融合,许多发达国家的政府,现在也纷纷致力当好"裁判者"和"服务员",协调好不同民族、不同来源地居民的利益,解决好不同诉求、不同文化的社群矛盾。这对我们不无启示和借鉴意义。

融合则和谐,排斥则俱伤。从这个意义看,中央提出"协调社会关系",要求把"加强流动人口和特殊人群服务管理"作为重要内容,并注重"完善党和政府主导的维护群众权益机制",有很强的现实性和针对性。

在南粤大地,一部名为《外来媳妇本地郎》的电视剧持续热播。这个汇聚不同人群,充满利益冲撞、文化冲突的故事,其实是大流动、大变革时代的一个生动缩影。尽管过程曲折,但总能在冲突与转化中实现交融,在泪与笑中展现人物命运的欢喜结局。我们的社会发展,会成为这样一部令人心动的"大戏"吗?这需要从社会管理者到每一个社会成员的协力创造和呈现。

(2011年6月15日)

高速时代别忘了"慢的权利"

李忠志

尊重"慢的权利",就是对民生需求的尊重,对普通百姓权利的尊重

备受关注的京沪高速铁路将于 6 月底正式运营。据铁道部副部长胡亚东 13 日介绍,为照顾不同人的需求,京沪高铁将采用时速 300 公里和 250 公里两种速度等级混跑的列车开行模式。据悉,时速 250 公里动车组列车票价要低于时速 300 公里动车组票价。

京沪高速铁路的开通,是中国铁路的又一次速度突破。去年 12 月 3 日,在京沪高铁枣庄至蚌埠先导段上,新一代高速动车组以每小时 486.1 公里的时速,刷新世界纪录。完全有能力实现高速运营的京沪高铁,这次有意识地放慢速度,首次在高铁运营中设置不同速度等级的列车。在崇尚高速的时代,这一故意"放慢"的举措,正是一种从社会效益出发的人性之举。

现代人并不掩藏对速度的追求,但并不是所有的人都想快。米兰·昆德拉有一本小说,名字就叫《慢》。书的开头写道:"慢的乐趣怎么失传了呢?啊,古时候闲逛的人到哪里去啦?民歌小调中的游手好闲的英雄,这些漫游各地磨坊,在露天过夜的流浪汉,都到哪儿去啦?"当然,高铁"放慢",并不全是因为人们的这种诗意追求,更因为,在现

代社会里并不是所有的人都有条件、有能力快。高铁速度越快，成本就越高；成本越高，票价就越贵。尽管铁路部门完全有能力让火车跑得快些更快些，但不是所有的人都有能力支付得起高价票。进入高速时代的铁路，有意识地给那些"想慢一些"特别是"不得不慢一些"的乘客多提供一种选择的可能，这是一种对"慢的权利"的尊重。

据专家预测，与航空相比，因为价格和速度性价比更占优势，京沪高铁运营后将具有良好的盈利预期。不能否认，速度提升为高铁在运输市场展开竞争增加了砝码，直接关系到铁路部门的经济效益。但是，对于具有公益性质的铁路部门而言，在追求经济效益的同时，亦不能忘记其担负的社会职责。开通高铁，不全是为了追求经济效益，更是为民众的出行提供更多的选择、更大的便利。如果忘记了这个出发点，忽视了经济效益与社会效益的统一，高铁速度再快也难以赢得百姓认可。

现代人已经进入了"高速时代"，"高速"又何止体现在高铁？邮寄信件，特快专递逐渐增多；开车出门，高速公路取代了省道、县道。出于对"快"的向往、"快"的利润诱惑，人们往往更重视"快"，越快的越精细，越快的服务越好。"快"固然需要很好的服务匹配，但"慢"也不能因此减弱应有的服务质量。越来越多的人选择"快"生活，总有人无法告别"慢"。尊重"慢的权利"，就是对民生需求的尊重。

昆德拉说，从哲学角度讲，人们"追求速度是为了尽快忘记"。但以现实言，追求高速度不应该忘记——忘记普通百姓的基本需求。因为，如果漠视了民生，只剩下速度又有什么意义？

(2011年6月14日)

"权利思维"推动精神卫生立法

陈杰人

> 本着以人为本的精神,寓管理于服务,为精神障碍人群提供特殊关怀,精神卫生法有望为社会管理创新提供有价值的理念

日前,国务院法制办公布了精神卫生法草案,征求社会各界意见。在历经26年的酝酿讨论之后,这项与公民权利和社会秩序密切相关的立法工作,进入了冲刺阶段。

草案在立法宗旨、保护对象、诊断治疗、权利救济等方面,作了比较完善的规定,特别是,总体思路体现了一种"权利思维",不仅要求提高预防、治疗、康复水平,也强调加大救助力度,不歧视精神障碍,切实保护他们的合法权益和人格尊严;不仅对非自愿住院医疗制度明确条件、严格程序,确保精神障碍患者不因贫困得不到救治、不因疏于管理而伤害自身或者危害社会他人,更特别强调,无需住院治疗的公民不能被强制收治……这些思路,获得了公众普遍肯定。

一部属于"医学领域"的草案,之所以引起公众关注,与近年来精神障碍问题屡屡升级为社会热点、成为社会管理新难点有关。

统计表明,我国精神疾病患者超过1亿人,其中17岁以下儿童和青少年患者约3000万人,重症患者约1600万。重症患者中,因家庭贫

穷无钱治疗、救治通道狭窄无处救治等各种原因,只有20%就医。大量流散社会的重症患者,无论从对社会的可能危害看还是患者自身的利益考虑,都是一种社会隐痛。

相对于"该收治的未被收治"的现实,一些地方则还存在"不该收治的乱收治"现象。精神病认定、鉴定机构主体的不够明确、收治程序的不够规范、司法救济的制度空白,造成一些执法困惑,也出现"精神病"成为某些人侵犯他人合法权益、打击上访人员的口实,影响恶劣。

如此,精神卫生的立法"提速",让人欣慰。它传递出一个积极的信号:精神病问题不仅得到了政府的高度重视,而且立法和管理部门正在探索新的管理理念,让管理与服务并重,进一步体现对权益的尊重、对权力的规范。

同样欣慰的是,征求意见刚刚开始,一些讨论正在专家、学者和公众层面热烈展开,不少内容也引起关注。比如能否赋予各级政府、医疗机构、相关监护人和社会组织更明确的权利和义务;能否在政府经费保障、精神疾患纳入工伤和医保等方面力度更大;在普遍关注的"强制收治"上,能否确立监护人意思主导和精神病人自身权利保障两大基本原则,能否赋予利害关系人可诉性救济权,避免那种让当事人一旦被疑为"精神病",就得不到申诉、辩护甚至亲属探望等现象的发生……不管意见最终能否被采纳,公众的热情与见解,本身也应该成为立法和管理的一种资源。

越来越多的事实提醒我们,把精神病特殊人群以及被裹挟进来的少数上访人员视为防范对象的思路,不可取。应本着以人为本的精神,寓管理于服务中,为精神障碍者提供特殊关怀。相信,在政府、社会和家庭的合力之下,精神卫生法有望为社会管理创新提供有价值的理念,促进社会的"心理和谐"。

(2011年6月13日)

污染善后不能让企业"肇事逃逸"

何 勇

> 污染事故发生后企业的"善后",不仅应是"自律",更应是来自政府监管、法律法规的"他律"

企业事故引发水污染,治污投入会有多大?近日召开的松花江流域水污染防治专题会议上,给出了一个具体数字:2005年11月,中石油吉林石化公司双苯厂发生爆炸,污染物流入第二松花江,造成重大水污染事件。5年来,国家为此累计投入治污资金78.4亿元。形成鲜明对照的是,吉林石化公司仅被环保部门罚款100万,并向吉林"捐赠"500万。

这是个落差巨大的不等式:一则,企业造成污染,却由国家埋单;二则,污染事故的善后,不但要处置污染河流、土壤,还需安置流域内企业、居民,成本巨大,国家投资有限,难以确保有效应对;三则,违法成本较低,不能成为镜鉴,应提高企业环保意识。

实际上,类似的"刺眼"事件还有不少:2004年四川沱江重大水污染事件,直接损失3亿元,而肇事单位仅被罚100万元。去年紫金矿业污水渗漏,被判处罚金3000万元,虽创下纪录,但相比其造成的生态灾难,仍可谓九牛一毛。

这些事件,暴露出目前我国在环境污染事故防治、处置、善后中的

法律短板和司法困境。

现有环保法律、法规偏软,弹性较大,对违法企业处罚额度过低,难以起到应有效果。2008年,水污染防治法修订之前,其实施细则规定,造成重大经济损失的罚款,"最高不得超过100万元"。修订后的水污染防治法,虽规定"对造成重大或者特大水污染事故的,按照水污染事故造成的直接损失的30%计算罚款",但"直接损失"的计算,同样有很大空间。

今年5月,《刑法修正案(八)》开始实施。其中对"重大环境污染事故罪"做出重大修订,降低了入罪"门槛",扩大了刑事追究范围,加重刑事处罚力度。但从以往的经验来看,能否像新修订的"危险驾驶罪"一样成为遏制相关违法行为的法宝,同样需要面对理顺复杂的利益关系、监督和执法偏软的考验。

在一些国家,重大污染事故的赔偿,大多是天文数字。2010年,墨西哥湾漏油事件后,肇事的英国石油公司除了被处以数十亿美元的罚款外,还被要求出资200亿美元建立赔偿基金。2007年,美国"特富龙"案中,杜邦公司被要求向当地民众提供高达3.43亿美元的经济赔偿。

不仅是违法成本过低,企业造成污染后环境损害修复、政府的环境监管责任、公民的环保义务等一系列问题,都需要与时俱进地进一步明确和保障。《环境保护法》从1989年5月开始实施,至今已经22年,不少条款需要完善。解决这一重要问题,让它成为能统领各个环境法的基本法,还需相关部门和立法机构的努力。

企业为自己的行为埋单,于理于法都是无法推脱的义务,更是企业社会责任的体现。无论如何,污染事故发生后企业的"善后",不仅应是"自律",更应是来自政府监管、法律法规的"他律"。

(2011年6月10日)

哈药"污染门"为何难关

郝 洪

> 问题如此显见,各方吁请不止,而"污染门"始终难关,这恐怕不能用"失察"或是"盲区"来解释

废气排放超标,恶臭难闻;废水直排入河,河水变绿;废渣简单焚烧,倾倒在河沟边——媒体曝光的哈药集团旗下制药总厂的污染,让人触目惊心。

早在2009年8月,就有媒体曝光了哈药的污染问题。近两年来,媒体对哈药污染的追问一直没有停止。黑龙江多位政协委员也曾联名提案,并提交了"硫化氢气体超标1150倍,氨气超标20倍"的实际检测结果。当地人大多次将哈药制药总厂气味污染问题作为议案讨论。而据当地环保机构说法,自哈药制药总厂建设投产以来,附近居民关于其乱排放的投诉,从未中断过。

民众的追问,舆论的追问,人大政协的追问……如此追问力度,为何竟关不上哈药的"污染门"?

媒体报道说,哈药2010年营业收入180亿元,5年上缴70亿元税金——顶着当地著名利税大户的光环,这是不是哈药的所谓"底气"?

这种怀疑是有理由的。一些利税大户,仗着对当地"贡献巨大",既能创造财富,也能解决就业,就利用地方"不敢得罪"的心态,不

把一些法律规定放眼里。而一些地方，明知企业有问题，但为了留住利税大户，面对举报质疑，或"睁只眼闭只眼"，或"捂盖子封口子"；本该发挥"猫捉老鼠"作用的环保部门乃至司法部门，也常常失语、失职、失守。

事实上，从河北元氏县化工厂长期排放有毒污水，到近期将被"全面严厉整治"的铅蓄电池行业，再次表明，很多污染事故、污染企业的背后，往往与地方有关部门的"宽容"有关。

再看哈药"污染门"。问题如此显见，各方呼请不止，公众因此有理由追问，当地政府机构和司法部门能否更积极地作为？工业布局不够合理，或许令哈药彻底解决排污问题增加了复杂性，但无论如何也不能成为其排污不止的理由，更不能成为推卸责任的挡箭牌。而哈药没有因此付出相应代价，这种现象，恐怕不能用"失察"或是"盲区"来解释。

地方政府扶植企业、服务企业，发展经济，根本目的是为了人民生活幸福。如果居民的住宅楼和企业超标排放废气的烟囱比肩，社区的街道与企业超标排放废水的河道比邻，当企业一边发展壮大，一边污染河流、空气，破坏自然环境，危害民众健康，即使企业上缴再多利税，又能创造什么样的社会价值？眼里只有纳税大户盈亏却轻视群众呼声、牺牲环境资源，还能叫"科学发展"吗？

最新消息说，哈药总厂已承认存在污染，表示立即整改。希望这不是一种敷衍，不是重复两年前的一幕。因为，一次次未有结果的追问，只会让百姓伤心，让地方公信力受损……

（2011年6月9日）

对非法集资切莫"养痈成患"

徐元锋

要防微杜渐而非"养痈成患",当从明确监管职责、追究失职责任开始

日前,引起广泛关注的云南金座公司非法集资案在昆明开庭审理,两名主犯被判死缓。自 2007 年起的两年多时间里,该公司非法集资 4.8 亿多元。违法活动持续如此久的时间,让人不禁要问:有关部门为何不早预警、早查处?

近年来,非法集资等涉众型经济犯罪频发。仅 2009 年 3 月至 2010 年 3 月间,昆明公安机关就侦破 35 起此类案件,受害群众超过 2.5 万人,涉案金额达 10 亿多元。非法集资暗流汹涌,造成群众财产损失,扰乱市场秩序,更影响社会稳定。

非法集资大都有很强的欺骗性:所从事的"事业"往往符合国家产业发展方向,公司"一把手"常常是当地能者名人,盈利模式"看上去很美",对待客户"热情有加"……这在客观上的确会让许多问题在最初被忽略。所以,我们看到的,常常是在资金链断裂、受害者欲哭无泪之后,才引起了"高度重视",遗憾的是,患已酿成,众多投资者血汗钱打了水漂。

难道查处非法集资非要等到"资金链断裂"才行吗?其实,非法

集资骗术并不高明。看看金座公司,这家从事农业产业的企业宣称有15%的集资年收益率、高达四成的员工提成,此等"高回报"本身就蕴含着泡沫。而如此"红火"的公司,4年只缴纳不足5万元税款;旗下的这基地那山庄,经查处多属子虚乌有;那些在各大媒体上的炒作噱头,压根儿经不住推敲查证。

由此可见,对非法集资不是没办法早预防、早打击,关键问题是:谁来尽早预警?查处的压力与动力何来?媒体报道,公安机关2008年已接到金座公司非法集资的举报,但直到一年多后,银监部门认定其确属非法,才正式立案调查。专家分析,相关部门反应迟缓,处理手法单一,也是受害者未能获得有力的预警、犯罪行为没有得到有效遏制的一个重要原因。

其实,针对非法集资,很多地方已建立了由银监部门牵头,工商、公安等部门参加的联席会议制度,但因为目前权责还不够明晰,职责常有交叉错位,使得监管"真空"时有出现。比如,银监部门人力有限管不过来,工商部门管注册登记不管经营行为,公安部门没有判别非法集资的权限,而媒体则称对广告内容没义务做实质审查……

要将非法集资扼杀在萌芽状态,只有明确有关部门各自的责任,强化问责机制,才能倒逼相关单位恪尽职守。一方面,需要意识到,联席会议的设置,是为了强化部门间的联动,而非责任分散"虚化",甚至变成"九龙治水"。另一方面还必须看到,对一时难以断定的非法集资行为,相关机关还应向社会及早发出警示,这正是管理部门的职责所在。

非法集资现象的成因十分复杂,上当受骗者也有自身不可推卸的责任,但这不是放松监管的理由。要做到防微杜渐而非"养痈成患",当从明确监管职责、追究失职责任开始。

(2011年6月8日)

高考改革要直面"时代课题"

袁新文

> 面对社会、个人需要等新变化,高考改革既要大胆推进,又要谨慎前行,而不只是修修补补

又到一年高考时。

每年此时,高考总是媒本焦点。今年,种种高考新闻中,有两条颇具意味。一是高考全国平均录取率预计将达72.3%,比去年增加近4个百分点。另一条是在"自授文凭"的南方科技大学,45位自主招收的学生此前发出公开信表示要拒绝参加高考。

30多年前,高考平均录取率还不到10%,与那个年代相比,今天的考生真应感到欣慰和庆幸。超过七成的录取率,体现了我国教育事业的发展成果,但如何保证高校生源质量,提升基础教育水平,则成为新的课题。

另一方面,思想观念日渐多元,对学历、文凭的看法也日渐多样。从北大清华的自主招生,到南科大的改革,高考体制外的选才探索,也有了强大的现实基础。同时,单一的考试方式问题渐多、积弊渐重,与时代对教育、对人才的要求有所脱节,高考制度出现"裂缝",高校招生方式不断多元,个人成才途径不断丰富,也是必然要经历的过程。

高考录取率上升、南科大学生"拒考",从正反两个方面,佐证着

高考改革的必要。

虽然说高考自恢复之日起不曾停止改革的步伐，但时代在进步，教育在发展，社会和个人在需求、心理上的变化，远远快过高考改革的步伐。而高考不仅是高等教育的"入口"，更对基础教育起着导向作用，是教育改革的"风向标"和"指挥棒"。高考改革，必然要直面新的挑战、解决新的课题。

改变当然不可能一蹴而就。尤其是高考，它不仅是为高校选拔人才，更寄托着无数学子和家长对未来的希望，是社会流动、个人上升一个必不可少的通道。

因此，保证高考的公平公正，应是高考改革的基本前提。一段时间以来，高考作弊、高考移民、高考加分等等，引起广泛质疑和诟病。在这种情况下，北京、上海、黑龙江等地取消或缩减加分项目、加分幅度，可谓必然选择，也体现着高考价值的重塑和回归。

一些人对为高考改革探路的高校自主招生、综合素质评价等，还心存芥蒂，不愿认同。在他们看来，诚信体系尚未健全的社会，除高考分数外，很难保证其他评价方式的真实性、可靠性。"一考定终身，分数论英雄"的标准，相对仍较为客观和公正。这种担心有一定道理，但高考改革一定要等到社会诚信体系建立起来才进行吗？

事实上，高考改革已经无法再修修补补了。一方面，它需要紧跟时代步伐，以更大决心推进；另一方面，也需谨慎前行，避免各种有损于公平正义的情况发生。快与慢两方面，都承载着社会极大的期待和关切，而这或许正是高考改革的难点所在。

智利女诗人米斯特拉尔说："许多需要的东西我们可以等待，但孩子不能等。"高考，关系到孩子们的成长成才，不能观望、不能等待。而这，不仅需要政府部门深入研究、系统设计、科学决策，需要支持、理解、信任、宽容的社会环境，也需要抓住机遇、提高效率、科学而为。

（2011年6月7日）

旱要"抗",更要"防"

赵永平

面对频发的旱灾,需要有抗旱新思路。要从单一转向全面、从被动转向主动,未雨绸缪解决好水资源问题

昔日的"鱼米之乡",眼下却湖干河涸;本该丰水季节,现在却旱魃肆虐。据国家防总办公室统计,截至5月29日,长江中下游湖北、湖南、江西、安徽、江苏5省耕地受旱面积达到4535万亩,占全国受旱面积的43.4%,有329万人因旱饮水困难,占全国的50.6%。

眼下,从中央到地方,各部门各级政府正全力以赴抗旱攻坚,积极调水、提水、引水,指导农民生产自救,帮助旱区人民渡过难关,最大限度降低生产、生活损失。

抗旱,是当务之急,但长期来看,抗旱不能止步于"抗"。虽然我们有应对各种旱涝灾害的基础,但从去年西南大旱到今年华南大旱,频发的旱灾提醒我们:抗旱形势出现新变化,需要引起高度重视;旱情背后暴露出的抗旱能力不足、发展方式粗放等问题,需要以新方式、新理念进行应对和预防。

水情在变。在全球气候变暖的背景下,强降水的概率在增大,干旱时间延长的概率也在增大。过去雨水丰沛的南方,两多两少问题日益突出:"有水地方少,缺水地方多"、"有水时候少、缺水时候多"。"水窝

子"季节性缺水，已并非偶然。

江湖关系在变。过去"插到湖心、收到湖底"，大规模的围湖造田，结果"人进湖退"，水系萎缩，河道淤积，一些河流湖泊甚至丧失功能。以长江注入洞庭湖的藕池口为例，上世纪30年代能消减长江一半洪峰流量，现在却不足1/10，藕池河的水量也一年少过一年。

水与经济社会的关系也在变。经济社会快速发展，用水需求快速增加，水资源供需矛盾成为可持续发展的制约瓶颈。然而，许多地方水资源开发过度、利用粗放，长此以往，水资源难以承载、水环境难以承受。

"雨季抗旱"、"湖区抗旱"，一些地方准备不足、方法不多，还是用"老办法"对待新问题。多年来主要是防汛，没想到汛期会出现严重干旱，因而缺乏应急预案、没有专业服务队伍，只能"头痛医头"，方式方法单一，显得束手无策。面对自然、社会和人的新情况，南方丰水区应重新认识自身水资源、水环境的变化，不能"雨丰而忘旱，临旱再掘井"。

今年中央"一号文件"明确了新时期的水利发展战略定位，将水利提升到关系经济安全、生态安全、国家安全的战略高度。但水利投入力度仍不够，保障水平仍偏低，面临"基础脆弱、欠账太多、全面吃紧"的严峻局面。这次旱灾再次警示我们，必须推进水利改革发展，向现代水利、可持续发展水利转变，这不仅关系地方经济长远发展，更是靠水吃饭、靠水生活的广大群众福祉所在。

雨总会有下的一天，这场旱灾终究会过去。然而，作为一个旱灾频发的国家，抗旱是一个长期而紧迫的任务。科学制定规划，完善抗旱体系，从单一抗旱转向全面抗旱，从被动抗旱向主动抗旱转变，未雨绸缪解决好水资源问题，才是治本之策。

（2011年6月3日）

让孩子们生活得更快乐

李泓冰

> 如果所有儿童都能享受到均等基础教育,或许,很多孩子尤其是农村儿童,就可以蜂拥而入快乐之门

今年"六一",关于"快乐"的声音比往年越发嘹亮。胡锦涛总书记在湖北十堰一家幼儿园墙上写下"快乐生活""健康成长"。温家宝总理与北京朝阳区一所小学的孩子一起打了一场快乐篮球。

近年来,随着经济发展,我国儿童事业取得很大进步,但也出现一些新问题。如幼儿园入托难、特别是在城乡普及学前教育以及是否纳入义务教育范畴,已经上升为迫切的社会课题。在京沪等城市,外来人口激增,甚至在入学入托中超过本地户籍人口,导致原有公办托幼资源严重不足;而在中小城市和农村城镇,当初的人口出生高峰与百姓教育需求的上升,也使幼儿园极其紧缺。"入园难,难于考公务员;入园贵,贵过大学收费"——家长们口口相传的类似调侃,透着无奈与辛酸。尽管各地采取各种措施,不断加大了政府投入力度。但要彻底化解这一难题,还要做大量工作。

相比城里孩子,农民后代的成长之路更为艰难,农村儿童的权益保护更值得重视。对不少乡村留守儿童而言,与父母共度"六一"是一种奢望。能随父母进城的孩子,能就读公立小学,相当幸福快乐。很多

城市在为这个目标而努力,像上海,承诺让七成农民工子弟就读公立学校。但能够进城读书的孩子毕竟有限,即使进了公立学校,在城里孩子与打工子弟间,还隐藏着不少隔膜。城乡藩篱所带来的身份差别,还会在他们长大后显露出来,一旦意识到这些差别,他们的快乐能有多久?

城里孩子的不快乐,比如被如山的作业偷走的睡眠、被压缩的游戏时间、被迫在并非兴趣的"兴趣班"辗转……一直有媒体大声疾呼着,但是,潜藏在教育困境中的农村儿童身上的那些不快乐,原因更为复杂,且隐藏着更多未来社会不安定因素,还难以引起社会的高度重视。

不久前,由一些热心人士发起的农村儿童免费午餐计划,除了让受惠儿童吃了一顿难得的饱饭,更大的意义,是让公众开始关注中国乡村儿童的吃饭问题。对这些孩子而言,城里孩子对应试教育负担的抱怨,是遥远的奢侈。如果所有的农村儿童,每天都能有政府提供的热腾腾的免费午餐,孩子们脸上的笑容也因此会更多绽放。

一句"不让孩子输在起跑线上",常被视作夺走孩子快乐的紧箍咒。然而,如果以这句话作为向所有儿童提供均等基础教育、享受教育公共服务的理由,或许,被剥夺了快乐的孩子尤其是农村儿童,就可以蜂拥而入快乐之门。

因为,教育就是实现社会公平正义最给力的那条"起跑线"。

(2011年6月2日)

工资集体协商,国企应做示范

张 刃

在国企推行工资集体协商制度,不是"要不要"的问题,而是如何率先垂范、做得更好的问题

近日,全总有关负责人表示,将用3年时间全面推进工资集体协商制度,引来普遍关注。在企业普遍推行工资集体协商制度,是工会维护职工合法权益的重要内容,对构建和谐劳资关系、维护社会公平和稳定无疑深具意义。

有人认为,工资问题在非公企业矛盾突出,该从非公企业抓起;国企劳动关系一般都比较和谐,工资协商没有多少文章可做;还有人说,国企推行工资集体协商缺乏某些条件……事实果真如此吗?

国企经营管理运作规范,又有民主管理传统,劳动关系比较和谐,确是事实。但也应看到,在市场经济条件下,在劳动关系日渐多元化、复杂化的今天,国企劳动关系同样遭遇了一些新问题,产生了一些新矛盾。例如,人们一般都认为,国企特别是大型央企的职工,普遍收入较高,其实,在其内部,也存在收入差距较大的问题。再如,不同行业的职工收入差距明显,即使是同一行业,不同区域的职工收入也有很大差异。

更需引起关注的问题是,在国企尤其大型央企内部,目前普遍使用

大量的劳务派遣人员。因为与企业在职人员的"身份"不同，他们的收入普遍低于正式职工，同工不同酬现象还较普遍，劳动争议或纠纷隐患较多。由于劳务派遣人员的归属问题相对复杂，合法权益常得不到切实保障。国企如果能在解决这些问题方面探出新路，势必能对使用了更多劳务派遣人员的非公企业起到示范作用。

现实中，大量的商业服务业、劳动密集型非公企业，因为规模有限、用工分散、流动性强等特点，组建工会有困难，难以与企业直接进行工资集体协商。同时，不同行业职工的利益诉求也不尽相同。这样的背景下，由行业工会代表行业职工进行工资集体协商就显得十分必要。这个课题同样需要国企率先摸索。

国企特别是央企的属性与地位，使它们在贯彻国家法律政策、履行社会责任、构建和谐劳资关系方面，责无旁贷。从这个意义上说，在国企推行工资集体协商制度，不是"要不要"的问题，而是如何率先垂范、做得更好的问题。

（2011年6月1日）

醉驾入刑莫留模糊空间

田 泓

"醉驾入刑"一个月,我们看到,在舆论的督促下,司法机关正在努力压缩模糊空间,减少执法弹性

5月27日,湖北鄂州公安机关经报请该市人大研究同意后,对一名醉酒驾车肇事的人大代表依法刑事拘留。

5月25日,在舆论围观下,四川丹棱县交警大队收回对该县某副局长"因公醉驾"的行政处罚,改以提起公诉。

"醉驾入刑"实施一个月来,关于法律条文的执行一直是舆论关注的焦点,而围绕"特权醉驾"、"因公醉驾"热议不断,则反映出人们对"同案能否同罪"的"公正焦虑"。上述两起事件之所以令人关注,其原因正在于此。

由此也可以理解,当初"醉驾不一定一律构成刑事犯罪"的表态为何会引来众议纷纷。这种说法刚刚提出,就立刻有专家对自由裁量权是否会导致混乱表示担忧。公安部随后表态,在刑法修正案(八)和修改后的道路交通安全法施行后,公安部门对经核实属于醉酒驾驶机动车的一律刑事立案。

透明细化是法律客观公正的重要保证。醉驾看行为还是看后果?如何判定情节的轻重?这些具体问题不仅决定着个案的判决结果,而且关

系到整个社会对执法公正的认知。就此而言,"醉驾入刑"确实不能"模糊上路"。

透过"醉驾入刑"以来的几起焦点案件,造成人们这种"公正焦虑"的重要原因,正在于对这种法律模糊地带的"不同拿捏"。比如,四川丹棱副局长"因公醉驾"事件,作为"醉驾入刑"后的首例公务人员醉驾案,尽管当事人酒精检测已达醉驾标准,但交警部门认为其"开车不到500米"、情节轻微且因当事人是公职人员,仅作出行政处罚。如此轻描淡写的处理,既无法消除人们对权力干扰、"网开一面"的担忧,更加大了公众"一碗酒能否端平"的质疑。

现代刑法学鼻祖贝卡利亚曾经说过,"刑罚的有效性不在于刑罚的严酷性,而在于刑罚的及时性和不可避免性。"所谓"不可避免",换句话说,就是法律面前人人平等。就实践而言,"有条件"影响这种"不可避免性"、破坏这种平等的,往往都是权力、财富的掌握者。高晓松案,让我们看到了"名人"在司法面前只是"人名";当公职人员酒驾后,是否能与普通公民一视同仁,而不是大醉化微醉、微醉化无醉,更关系到"醉驾入刑"实际威慑力,关系到全社会的公正信心。

"醉驾入刑"一个月,我们看到,在舆论的督促下,司法机关正在努力压缩模糊空间,减少执法弹性。最高人民法院负责人日前表示,已经要求各级法院把最近宣判的案件上报。最高法院将认真总结各地经验,选择典型案件,以指导性案例的形式发给各级法院探讨使用。应该说,这样的努力正是司法对公众"公正焦虑"的良好回应。从这个意义上说,"醉驾入刑"给全社会上了一堂生动的法律普及课、公平正义课。

(2011年5月30日)

"干预"涨价要注入市场因素

马红漫

只有在行业中注入更多市场竞争因素，价格才会因企业竞争自动被维系在合理区间

月头刚刚被罚、月尾就再度涨价，联合利华"执着"的价格策略备受关注。日前，广州、上海等多个城市部分超市已收到联合利华涨价通知，一些产品价格涨幅在10%左右。而就在本月初，该企业刚因"散布涨价信息"被国家发改委罚款200万元。

随着国内物价指数频频"破5"，市场高通胀预期渐浓，商品价格任何风吹草动都可能牵动老百姓敏感的神经，即便是联合利华向媒体的一句喊话，都可能引发日化产品的抢购潮。为此，中央调控部门从今年3、4月开始，频频约谈方便面、日化企业及各行业协会，直至向联合利华开出200万元罚单，以此表达稳定物价的政策导向，期望通过行政措施抑制新一轮涨价潮流。其间，主管部门关切民生、控制价格的良苦用心，理应充分肯定。

联合利华的"执着"涨价，却让行政罚单的威慑力骤降，也进一步让人思考：在市场经济中，面对日化品企业的合法定价权，如何协调政府的行政干预与市场法则间的关系，如何防止市场价格秩序被扰乱？

市场竞争情况下，企业不敢轻易涨价，即使成本上涨，多数企业也

首先会选择内部消化，而不会轻易转嫁给消费者。而历史经验告诉我们，占据市场垄断地位的企业，常会操控价格。随着民族日化品牌接连被国外"巨头"收归囊中，日化产品的市场份额日益集中在少数企业，包括联合利华在内的四大巨头，在中国市场已占据了八成左右的份额。国家发改委公布的数据显示，2010年联合利华洗发类、洗肤类、衣物洗涤类产品，分别占中国内地市场份额的12%、12.6%、15.2%。如此格局下，企业间很容易形成某种默契，共同维护既有的市场优势支配地位。

由此而言，中央调控部门对于价格的监管应该从打击滥用市场支配地位入手，但也要避免直接介入对具体产品价格的干预。外国市场监管经验也是如此，今年4月，欧盟委员会就对两大日用消费品巨头宝洁和联合利华开出巨额罚单，惩处两巨头协同汉高公司在欧盟的8个国家操纵洗衣粉价格。其中，联合利华被处以1.04亿欧元罚款。

值得强调的是，严厉的行政惩戒对价格调控能够发挥暂时作用，但政策绩效却难以长期延续。只有在行业中注入更多市场竞争因素，价格才会因企业竞争自动被维系在合理区间，而主管部门的主要职责正在于此。

针对日化产品定价权旁落的局面，处理好类似"涨价问题"，或许应该从两方面入手。一方面，政府应积极鼓励民营企业进入，通过培育优质的民族品牌与既有垄断者抗衡；另一方面，当充分发挥行业协会等中介组织的作用，定期公布业内主要原材料占比及其价格变动等数据，消除厂商假借成本之名行涨价之实的冲动，以此促进市场形成合理的价格预期。

（2011年5月27日）

舆论为何瞄准"真维斯楼"

李泓冰

> 纷争背后隐喻着一种社会心态：谁都可以媚俗，但大学不能，否则我们这个民族的精气神或将无所归依

清华骤然冒出个"真维斯楼"，一时满城风雨。校方回应，捐资给校园建设并予以冠名，在国内外大学中非常普遍。在清华，以企业命名的楼也不鲜见。果然，打开清华大学教育基金会官方网页，大楼的冠名权招标是明码实价的：软件学院馆5200万元，生物医学馆1亿元……

是啊，举目四望，全国校园里有多少企业赫然冠名学府，大家何以独独对"真维斯楼"不依不饶？而引起"围观"争议的，又岂独清华？前不久，北师大一教授在微博告诫学生，"40岁时没有4000万不要来见我"；这两天，云南大学一位副教授又傲然对MBA学员炫富，更提醒同行："大学教师全心投入教学是种毁灭"……

以前被人们敬仰不已、并视为"象牙塔"的大学，如今接二连三地放下身段，取悦商场，这样的"不约而同"，恐怕不仅仅是缺钱那么简单。

清华的委屈是真实的，那些忽然被当成舆论靶子"示众"的教授们也有理由喊冤。试想，倘若一个"全心投入教学"的教授，一个全心供奉学术的校长，一个全心"追随兼容并包，恪尽学术自由"精神

的大学，如果在现实生活中真有生存之虞，该如何选择？

在一个"没有钱是万万不能的"的社会环境里，大学要做到遗世独立，难。

有报道称，中国高校总负债额巨大，有的名校甚至因负债数十亿元而有破产危机。捉襟见肘的财政，让大学不得不为稻粱谋，这让我们不得不反思一下高校财政体制之疏了。

冠名教学楼不始于今日，甚至也并不始于中国、始于清华，而舆论偏于今日耸动，想来一是网络围观之声势远甚往昔，二是也许觉得更具社会声誉的企业才配清华？三来，可能反映了最堪重视的社会心态——大学的文明之魂、民族之魂、学术之魂总要有一个相对清静而独立的安放之所。

当浮躁而功利的财富至上价值观大行其道之际，公众对大学的期许较往日尤有甚之。用爱因斯坦的话来说，"大学向来是把传统的财富从一代传到下一代的最重要的场所"——此"财富"显然不是"真维斯楼"背后的财富，而是精神财富。他还有一句话，"追求客观真理和知识是人的最高和永恒的目标"，从这个意义上说，负有传承文化神圣职责的教育，不仅仅是发展的手段，更是目的。

因此，这数场纷争或许提示我们：大学应该保持对高尚的追求，否则我们这个民族的精气神或将无所归依。从另一个角度看，名满天下，难免谤亦随之。这"谤"，是鞭策，更是期许。民气可用，是大学发展的真正动力所在。

（2011年5月26日）

从"移民热"看"宜居大国"建设

曲哲涵

> 只有从"经济大国"迈向"宜居大国",中国才能留住财富、留下人才、留存自信

由招商银行等机构新近发布的《2011中国私人财富报告》显示:在接受调查的投资资产超过千万元的富裕人群中,近60%的人已经完成投资移民或有相关考虑。

有钱人移民海外,是否会带走大量财富?有多少"知识精英"在流失?面对新一轮的移民热,社会各界有许多担忧、质疑。

移民不是新现象。历史上,从"欧亚丝绸之路"到"哥伦布发现新大陆",移民实现了世界各地人员的相互往来和商品技术的互通有无,成为人类社会进步的重要动力。上世纪80年代亚洲"四小龙"的崛起,与移民欧美人员携技术、资金与管理经验回归不无关系。今天,经济全球化大大提高了国家和地区间移民的自由度和吸引力,一定数量的中国人移居海外,不仅让个人对生活条件、工作机会、投资环境有更多选择,也有利于促进中国与其他国家的交流、合作与发展。

另一方面,中国人口基数本来就大,尽管移民海外者绝对数量猛增,但比照不断成长的富裕人群、庞大的海归群体,移民后"人走企业留"的现实,以及来华外资"外脑"不断增加的趋势,对移民的过

度担忧并不成立,当以开放的心态看待。

不过,如果移民在一段时间成为一种热潮,其背后的社会动因值得关注。

移民话题在当下之所以变得有些沉重,是因为这一轮"移民热"一定程度上反映出国内的某些"不宜居"因素——受访移民们解释的原因集中在这样几方面:为了孩子摆脱应试教育重压,为了获得健康的生活环境与完善的社会保障,希求投资环境更为规范,期待没有因贫富差距导致"仇富心态"的氛围……移民远行所"期",也是中国当下所"缺"。人们当然有通过合法合理途径选择更好生活质量的权利,只是,作为社会中坚力量的知识精英及富裕人口过多流失,会加重普通人乃至整个社会的焦虑感。

移民话题在当下之所以变得敏感,还因为人们担心,一些非法致富人群,借移民而"漂白"。虽然各国移民条款都十分严格,但大量事实让人们有理由怀疑:对上述人群及其亲属移民出境的审查、管理仍存漏洞。

对"移民热"的关注,理应转化为这样的思考和行动:进一步深化经济社会领域的改革,比如发展和改革教育理念,让孩子的成长更健康、更快乐;完善国内相关立法,提高居民财富的"安全感";完善社会保障和福利制度,提高居民的"幸福感";坚决惩治贪污腐败,促进社会公平正义,确保居民的"尊严感"……

只有从"经济大国"迈向"宜居大国",中国才能留住财富、留下人才、留存自信,向外移民才不会成为一种热潮,带来诸多焦虑。

(2011年5月25日)

善待"举牌"是一种素养

吴 焰

社会管理环境的深刻变化,需要我们时常自问,是否已经做好了准备?

当16岁的广州学生陈逸华为反对地铁统一化翻新而在街头"举牌",数百公里外的长沙,82岁的原市委副书记朱尚同,也在用另一种方式"举牌"——由他撰写的一封批评长沙"优化市区环境"活动出现"劳民伤财"情况的信,引起多方关注。

两件事中,当事人身份各异,关注事件不同,但又何其相似——这一老一小公开表示,想"尽一个公民的责任"。无论其意见能否代表大部分人,表达方式是否让人"始料不及",两起本不相关的个体行为,却让我们欣喜地看到,公民在积极地参与社会管理。

"举牌"的后续反应,同样能证明多方的积极态度。陈逸华感谢社会、学校、家庭创造的"自由度",朱尚同也直言"没啥紧张的"——他坚信政府有接受公民公开批评的胸怀。另一方面,广州地铁公司虽然对陈逸华的想法最初不予理睬,但后来力推事态向良性转化,也为自身形象赢得了加分。

能善待"举牌"、不避问题,确是一种雅量。特别是,相较那些对待问题能捂则捂、能压则压,对提意见者习惯打棍子、抓辫子、扣帽子

的地方和部门来说，尤显可贵。

与过去相比，今天的人们，对公共事务的参与热情明显提高，对政府决策的监督意识大为增强，意见与诉求的表达方式也日趋多样……社会管理环境的深刻变化，需要我们时常自问，是否已经做好了准备？更进一步说，如何善待、善用广大群众的参与热情，切实做到最大限度激发社会活力、最大限度增加和谐因素、最大限度减少不和谐因素。

近年来，"公众参与"热情的积极释放，让我们从中感悟到一个道理：听取不同声音，对于推动科学执政、民主执政大有益处；善待不同意见，是各级领导干部必备的素养。

地铁翻新方案的修改，固然让人感佩高中生的意见价值，但退一步说，就算建议不可取，"举牌哥"没有受到被呵斥驱赶的"处分"，没有获得不予理睬的"待遇"；相反，却受邀和相关管理部门共同讨论。相信小小少年和他的"力挺"者们，即使依旧"保留意见"，也会放下牌子，尊重符合更多人利益的选择——这样的结果，又何尝不是好事。

朱尚同老人的"举牌"还在"进行中"。他批评的问题更复杂，即便是当事社区居民也观点不一。但无论最终走向如何，相关部门应该坚持把群众的满意度作为一切工作的出发点与落脚点，在交流互动中形成共识——这样，才能最大限度地确保决策科学，最大程度地凝聚社会力量。

（2011 年 5 月 24 日）

审计之后 尚须打造"阳光企业"

姜泓冰

倘若只是大事化小、小事化了，或者仅停留在倡导节约、杜绝浪费的"作风整饬"上，高消费胃口与乱发钱的风气，恐怕不会就此收敛

审计署近日发布了对 17 户中央企业财务收支的审计结果。2007—2009 年间，有的企业存在职务消费不清、开假发票、违规发放薪酬、少缴税收等问题。

关于央企的薪酬与福利，社会上流传已有时日，公众质疑恐怕不无道理。与早些年相比，今天的大学毕业生就业市场上，国企尤其是央企已成热门选项。优厚的薪酬和福利，稳定的岗位，令其诱惑力倍增。

如果优厚待遇来自企业的经营成绩，当然不会惹来非议。然而，确有企业的业绩靠的是行业红利、资源红利和政策红利，而不是技术红利与管理红利；另一方面，所谓"能力越大，责任越大"，央企对社会的贡献，同样应体现在社会责任方面，这其中，就包括带头遵循相关财税制度、管理规定。

此次被审计署点名的央企，大多集中在电力、能源、重工和通信等行业。违规消费、违规发钱，是共性问题。有的企业不仅化属于全民的利润为企业私利，安享背离市场原则的高薪厚酬，甚至是一方面巨额投

资项目经营不善、面临亏损，一方面还在垫款数亿元为职工购买"经济适用房"、支付住宅物业费。这是很不应该的。

被审计署点名批评后，一些问题企业已表示马上整改，有的却把问题向下属企业一推了之。这种消极态度让人不安。有的企业存在的滥用职务消费、高薪酬厚福利等问题，并非这次审计才发现。而公众更加关心，违规经费使用，谁来退赔？谁来为此承担高昂的社会成本？倘若没有严肃的处罚和追究，谁能保证这免单责任的大手大脚就此收敛？

面对审计结果，国资委高度重视，表示将采取一系列措施规范央企行为，并欢迎社会各界对央企进行监督，打造"阳光企业"。经验表明，仅有审计与监督还不够，只有追责了问责了担责了，让乱花钱的人自己"埋单"，才能从根本上杜绝乱花钱现象卷土重来。如果违规者不能因此付出必须的代价，类似问题恐怕不会绝迹。

(2011年5月23日)

工程建设为何"前腐后继"

王 琳

> 只有当监管制度更严厉严密，当司法惩处跟进到位，做到不能腐败、不敢腐败，诸如工程建设领域中的"前腐后继"，才可能大大减少

最高检、监察部日前公布了工程建设领域违纪违法案件的查办情况，腐败现象令人吃惊。

这并不是反腐机构第一次公布工程腐败的查处情况。在一些地方，"工程上马、官员落马"的案例在不断重复，"大楼建起来，干部倒下去"的现象屡见不鲜。

这几年，反腐利剑一再刺出，对腐败高发领域、行业也加强重点监控，为何还是没能遏制"前腐后继"的脚步？想来，这些人们也并不是天性喜欢以身试法的，他们的贪腐，更多是在权衡收益与风险之后所作出的选择。

反腐机构公布上述典型案件，既让人们看到了中央惩治腐败的决心，也让人们进一步感受到不断完善工程建设领域的基础性法规制度的必要性。如何做到"不敢贪"、"不能贪"，需要进一步思考。我们一再强调，要以党风廉政建设和反腐败斗争的实际成效取信于民；现在看来，建设和斗争，两手还得更硬。

当前,从"建设"的角度来说,着力点仍应放在制度预防上,而且应是"有效"的制度预防。"有效",不是指成立了多少个预防部门,组织了多少次预防展览,提出了多少句预防口号;"有效"的衡量标准,是让权力受到强有力制约,让权力的运行袒露在阳光之下。

从"斗争"的角度来说,着力点应放在杜绝选择性执法和选择性司法上。"成效"既要体现在"查处",更要体现在"惩处"。一方面,应依靠民众多管齐下揪出那些依然"潜伏"的腐败分子,另一方面,应严格依法惩处腐败分子。

其实,腐败并不仅仅在工程领域高发,在司法领域同样高发。近年来,一些腐败分子虽被查处,但"重罪轻判";一些被重判的腐败分子,也常借助"保外就医"等程序"提钱出狱"。惩处不严,执法不一,让有些人心存"亏了我一个,幸福全家人"的侥幸。所以,工程腐败并不是孤立存在的,只有严惩腐败,才能确保刑法的威慑、预防和指引功能的最终实现。

著名法学家贝卡利亚说过,刑法的本质不在于刑罚的严厉,而在于刑罚的不可避免。只有当监管制度更严厉严密,当司法惩处跟进到位,做到不能腐败、不敢腐败,诸如工程建设领域中的"前腐后继",才可能大大减少。

(2011年5月19日)

保障房不能成为"翻版福利房"

邓建胜

> 保障房既要重视建设,也要关注分配;既要通过各种方式"扩容",也要始终恪守其"社会保障"的公共属性

继湖南衡山县电力局、安徽电力等企业被曝出集资建别墅群后,央行苏州支行一个集资别墅项目近日也陷入舆论漩涡:该支行集资建的别墅,有员工嫌其"位置偏僻"而转售他人。几乎同时,新华社也曝出福建龙岩市经济适用房被某些公职人员"团购",机关事业单位的工作人员占申购者比例近20%;山西省忻州市首例限价房项目成为当地干部福利房且被大肆高价倒卖牟利……

保障房究竟该保障谁?这个问题本来应该很清晰。但为什么在现实中竟屡屡"好经被念歪"?尤其是,当下还出现了一种保障房被一些地方和企事业单位当成"福利盛宴"的趋势。

公众对这些集资建房、骗购牟利等行为很愤慨,原因在于,保障性住房建设本质上不是计划经济时代单位福利分房的翻版,更不是资本、权势的逐利场,而是由政府之手牢牢掌控的、专为低收入群体量身定制的"安居房",理应成为一项民生工程、民心工程。因此,在当前大力推进保障房建设的背景下,如何防止"保障房"异化为"福利房",不仅关系到"十二五"末基本解决城镇低收入家庭住房困难问题的政府

承诺,也直接关系到整个社会保障领域的分配正义。

应该明确,保障房是社会保障体系中的一环,而不是有钱单位职工才能享受的福利。作为政府干预住宅市场的一项重要政策工具,保障房有明确的服务群体——被高房价排斥在外而需要安居的低收入群体。他们无力通过自身的努力解决居住问题,需要政府"托底"。这些群体,不是按单位、部门内部收入的差距和官职的大小来区分,而是以一个地区的居民收入水平和房价高低作为依据。显然,一些企业建的别墅群、公职人员的"团购"倒卖,均与"保障"无关。

我国真正意义上的楼市还不到20年,计划经济形成的单位福利分房制度尾大难除,导致我国保障性住房建设无论在制度还是立法上都比较滞后,存在保障主体界定模糊、收入线划分不合理、建设资金及房源缺乏、退出机制不完善等问题。时下,一些单位和部门打着"保障性住房建设"的旗号,征地要钱,为本单位职工和领导干部建设高标准住宅而屡屡得逞,其实就是钻了这些政策空子。从法律上完善保障性住房制度,也是防止资本和权势浑水摸鱼的重要前提。

还要看到,从立项、建设到销售,保障性住房建设的问题不断,利益驱动是违规操作的主因,监管不给力则为其提供了巨大的空间。因此,保障房既要重视建设,也要关注分配;既要通过各种方式"扩容",也要始终恪守其"社会保障"的公共属性。

(2011年5月18日)

食品安全"一把手"如何负责

富子梅

只有监管责任落实了,才谈得上责任的追究与惩处

面对此起彼伏的食品安全事件,在反思道德滑坡、制度缺失的同时,一些地方也把视线转向政府监管。最近,北京、上海、浙江、广东等地相继明确要把食品安全工作纳入领导干部政绩考核,推行食品安全整治区(县)长负责制,统筹推进市县两级食品安全监管职能调整,实现各环节紧密衔接,形成全链条监管。

在一些地方监管不力甚至你推我搡的背景下,将食品安全纳入政绩考核,实行"一把手"负责制,这不仅是对食品安全政府责任的宣誓,也抓住了落实食品安全监管责任的关键。

然而,制度的生命在于执行力。许多食品安全事件的发生,其实并非制度缺失,而是因为制度被架空、被消解。这也意味着,让领导干部的"帽子"与百姓餐桌挂钩,通过政绩考核保障食品安全能否实现初衷,同样面临不小的考验。

我们不曾忘记,同样是政绩考核重要内容的安全生产,在一些地方却曝出了这样的令人尴尬的新闻:"多省现矿难瞒报现象,部分矿工家属因利益纵容";同样是政绩考核重要内容的节能减排,一些地方对普通居民的拉闸限电,也曾引发"节能减排"异化的担忧。我们也还记

得,即使是在食品安全问题上,国务院食品安全办也曾建立过相应考核评价制度,监察部门也一直在加大行政监察和行政问责力度,但食品安全的形势依然严峻。那么,对于这一次食品安全的考核,我们能否杜绝这种变形和异化,能否真正"考核"见效?

政绩考核的有力抓手是问责,问责的前提则是明确责任。当前,食品安全监管面临不少难题,往往是由于体制机制不畅、监管责任不明所致。这就难怪,每当食品安全事件发生,人们常会听到"标准不明确"的遁词,看到"这个不归我管"的推卸。正如国务院食品安全办有关负责人所言,"实际工作中确实存在一些监管边界不清、监管重复和空白并存等问题"。因此,在强调"一把手"负总责的背景下,只有进一步明确细化责任,才能让工作有抓手,使权责能一致。

由于我国食品安全采用的是分段监管加综合协调的模式,客观上会形成缝隙,这就使得综合协调的兜底、补充作用非常重要。然而,眼下由于认识水平不同、监管资源不同、产业基础不同、饮食习惯不同,各地食品安全综合协调差异化很大,甚至不少地方机构、职能、人员不落实的情况较为普遍,为食品安全监管埋下隐患。当务之急,各地要从实际出发,落实监管人员、资金、技术,让监管职能与监管力量相匹配。监管责任落实了,才谈得上责任的追究与惩处。

构建周密明晰的权责制度,才可能避免只纳入、不考核,或者只考核、不问责的尴尬。而以往的实践更提醒各地,要确保政绩考核有实效,还要不断加大公众的知情权、监督权的保障,以公开透明避免弄虚作假,以阳光问责防止"高起轻落",进而发挥好考核问责的威力和效用。

(2011年5月17日)

有憾于故宫的接连"失守"

李泓冰

安全防线、文化水准和文化责任的失守,提醒我们必须进一步强化故宫的公共文化资源性质,不断提高公众文化服务水准

文化是要有载体的。中国文化博大精深,要说到现实象征,就算是老外,也会脱口而出:故宫、长城……梁漱溟先生对中国文化的定义——"中国人夙昔生活所需要之一切",足见国人对中国文化载体的情感多么深厚如海。从这个意义上说,故宫发生的事,再小也是大事。

如今牵丝攀藤发生在故宫的几桩故事,着实令人揪心。

一是失守,且是失守于一个很不"专业"的小贼,这确实让全国人民都不放心了。那是故宫博物院啊,拥有百万余件文物、50 余万册典籍,安放着中国文化和中国历史深厚的家底呢!当然,老虎也有打盹儿的时候,世界上很多名满天下的博物馆,都有迄狼狈的失窃记录,有研究艺术品犯罪的专家甚至认为,盗窃艺术品的更多是笨贼,而非职业高手。在防不胜防之时,亡羊补牢永远不嫌晚。怕就怕,失守的不仅是若干安保防线,还有发自内心的对守护国家级博物院那种如履薄冰的敬畏感。十多年前,一位文化耆宿在有人建议他去故宫担纲时,摆手不迭,称故宫国之重器,不敢有米芥之疏,望八高龄难担大任。那种对国

宝深深的敬畏之情与责任意识，令人动容，也令人怀想。

二是失"语"。58小时失窃案迅速告破，故宫赠给北京市公安局的锦旗写着，"撼祖国强盛，卫京都泰安"，意思也算不错，惜乎将"捍"错成了"撼"，望之瞠目。当然，过而能改，善莫大焉。可惜，故宫相关人士此后的辩称让人惋叹，说是为了显得"厚重"才选用了"撼"字，与"撼山易，撼解放军难"的"撼"同义……已有权威语言学专家指出这两个字绝不能"通假"，且"用对易，写错难"。一个字的错用，姑且置之一笑，然而，文化守护人的责任意识，是"厚重"还是"轻薄"就兹事体大了。"君子莫大于学，莫害于昼，莫病于自足，莫罪于自弃。"懒惰、自满与自弃，君子不为，故宫独不惕然而惧乎？

三是失"明"。关于建福宫是否成了国际富豪的顶级会所，论辩双方尚争得不可开交。其实，会所的建与不建并不重要，甚至症结也不在于此举是不是对文物的保护性利用。重要的是，此事究竟该由谁来决策？决策过程有没有必要公开透明？作为全国重点文物保护单位、国家级博物馆，故宫者，非故宫工作人员所有，本属于国民共享的公共文化资源。然而，从当初星巴克入驻故宫，到如今的疑似富豪会所，此类决策过程常常失"明"，远离公众监督的视线，着实让国人不踏实、不放心。

如果没有殷墟、兵马俑、长城和故宫们的幸存，以及一批批文化人殚精竭虑、如履薄冰的守护，我们很难想象中华文明能薪火相传，屹立五千年而不倒。我们为此要向一代代恪尽职守的文物守护者致敬。同时，由这一次故宫安全防线、文化水准、文化责任接连失守的故事开始，也该进一步强化故宫的公共文化资源性质，不断提高公众文化服务水准。

（2011年5月16日）

地价"限高"能否拉房价"走低"

于 猛

房价的合理下降是一个系统工程,仅靠改变土地出让方式的单兵突进,难以实现

房地产调控正在向纵深推进。5月12日,国土资源部公布了招拍挂制度改革的意见,明确提出,在坚持土地招标、拍卖、挂牌制度的同时,采用"限房价、竞地价""限地价、竞房价"、"综合评标"等出让方式,抑制居住用地出让价格的非理性上涨。

招拍挂制度改革是社会各界关注的热点。近年来,在"价高者得"的规则下,"地王"频出,地价上涨,这项制度饱受质疑。客观地说,始自2001年的土地招拍挂出让制度,由于引入市场竞争机制,开发商拿地由"找市长"变成"找市场",很大程度上减少了暗箱操作等问题。但从实践中看,也存在着执行偏差,产生了一些副作用———一些地方在土地出让时过多考虑价格因素以获取更多的土地收益,致使地价不断走高。

目前,部分城市商品房价格仍居高不下,少数规划的商品房优质地块和二、三线城市商品房土地出让存在着地价非理性上涨的可能。此次推出的"综合评标"、"一限多竞"等土地出让办法,曾在北京、天津等地试点,效果较好,直接带来了住宅用地出让价格的大幅降低,在一

定程度上防止了"地王"干扰市场预期的现象,对增加住房供给、调整供应结构、稳定市场预期、促进房地产市场健康发展,起到重要的作用。

当然,采用综合竞价、考评等方式改革土地招拍挂制度,也会带来"主观评分是否妨碍公平"等问题。从过去一些地方的实践看,确实不能排除有些地方会采取"变通"行为。因此,这项新政能否落到实处,改革能否收到预期效果,关键要看各地在土地出让过程中,能否真正实现公开、公平、公正。这意味着,应将全过程置于公众和有关部门的监督之下,同时强化建设评标机构,确定最终中标者后,将中标理由详细向社会公布,接受监督。

而更多老百姓关心的是,地价的"限高"会不会带来期待中的房价"走低"?客观地说,土地招拍挂制度并非地价高涨的直接推手,房价居高不下的根本原因,在于当前流动性过剩、供应结构不合理,市场供求关系不平衡等。解决当前房地产业问题,要尽快明确其功能定位究竟是"支柱产业"还是"民生"属性。促进房价的合理下降,是一个系统工程,仅仅靠改变土地出让方式的单兵突进,难以实现。

此番土地"限高",还是能让人们感受到积极信号。这几年,国家不断加大对房地产市场的调控力度,施出"组合拳",从商品房的"限购"到此次地价的"限高",让人看到各个环节的改革正在加速推进。如果房地产业的"民生"属性更清晰,包括财税制度、金融支持、审批监管等制度设计就能相应跟进,这将在更大程度上推动房地产市场平稳健康发展,从而让更多老百姓住有所居。

(2011 年 5 月 13 日)

醉驾入刑要杜绝"模糊上路"

王松苗

> 醉驾入刑的执法关键,在于使每一个醉驾者能受到一视同仁的处罚

备受关注的"醉驾入刑",又有新说法:最高人民法院负责人10日指出,5月1日刚刚实施的刑法修正案(八)规定,醉酒驾驶机动车要追究刑事责任,却没有明确规定情节严重或情节恶劣的前提条件,因此,危害社会行为情节显著轻微危害不大的,"不认为是犯罪"。

此番说明似乎让对"从重治醉"普遍支持的公众感到一丝疑惑。不过,从过去的一些执法教训看,此时强调司法程序和执法分寸,并非多余。在我国动用最严厉的刑罚治理醉驾、各地陆续对醉驾案展开审理判决的同时,更需要司法依法办案定罪。

惩罚是对正义的有力伸张。"情节显著轻微危害不大的,不认为是犯罪",作为基本的定罪准则,这是度量"醉驾"的规尺。不分情节,只要是在道路上醉酒驾驶机动车就一律以犯罪论处,从短期看,可能有利于震慑醉驾的发生;长期看,却与刑法的精神相去甚远,会损害人们的法治信仰,侵蚀法治建设的大厦。比如,在没有车辆与行人的荒野道路上醉酒驾车,刚刚打着火就主动停驶等,因为不具有现实的危险,不宜以本罪论处。而如果恣意张开刑罚大网,轻则可能加重刑事司法成

本,重则导致刑法规定形同虚设,法治权威受到消解。

全国人大内务司法委员会的调研报告显示,2009年全国查处酒后驾驶案31.3万起,其中醉酒驾驶4.2万起。如此大量的醉驾事件也说明,治醉驾固然当严,但也需要在法律框架内严格把握定罪条件。比如,对一些情节并不严重的醉驾,可以治安处罚;即便定罪科刑,也可以借鉴香港,转为社区服刑。

当然,普通人对"不是犯罪"的说法之所以担心,更基于它留下了一个模糊地带。什么样的情节是"显著轻微"?什么样的属于"危害不大"?如果没有明确的界定,不能有进一步的司法解释,不能与现有的行政法规进行衔接,难免会让各地在执法分寸拿捏上出现差别。最为可怕的是,这种模糊地带还可能被某些特殊人群恶意钻空子,出现"因人而异"的判定,造成司法不公现象。这些担心如何化解,"空白"如何扫除,恐怕是司法部门下一步需要尽快正视和解决的问题。

"刑罚的威慑力不在于刑罚的严酷性,而在于其不可避免性"。醉驾入刑不在于给醉驾司机多重的刑罚,而在于使每一个醉驾者能受到一视同仁的处罚。如何做到这一点,如何保证醉驾查处与审理程序的正当性,实现公正与效率的两全其美,需要全社会的共同维护。

(2011年5月12日)

"免费午餐"期待政府接棒

张 铁

> 如果能促成政府、社会组织和民间力量更大范围内的良性互动，这一计划可能成为政府与民间协同共治的范例

3元，是一瓶饮料的价格；3元，也是贫困山区小学生一顿午饭的花费。3月以来，由一些媒体人发起、众多网友参与的"免费午餐"计划，在网络上汇起一个又一个3元，在为这些孩子们捧出盛满爱心的免费午餐的同时，也抛出了"民间慈善力量到底有多大"、"民间慈善究竟能走多远"的悬念。

短短两个月，"免费午餐"计划已经募集了近两百万善款，让7所学校的孩子们受益。"微公益"的"大效益"，让人感动振奋。它又一次印证，抚慰伤痛、救济困顿，是许多普通人最朴素的心愿。正如诗人所言，"如果能解除一个生命的痛苦／平息一种酸辛／帮助一只昏厥的知更鸟／重回巢中／我就不虚此生。"细微善行的汇聚，又岂止是让鸟儿重回巢中？它有着温暖整个社会的力量。

"免费午餐"的背后，显现的是一些新慈善理念的确立、一种新运作模式的探索。从公布善款数量、组成监督团队、多人校验支出等措施中，我们看到，媒体的手段、制度的保证、透明的程序，正在给慈善注入强大的正面力量，激活那些蕴含于普通人的慈善之力。慈善不只是有

钱人的事,也不只是单向度的捐款捐物。

然而,恰恰是这种"力量"的增大,让第二个悬念开始加重。

近日,"免费午餐"的活动组织人发布了23张支出收据,每张上都摁有手印。尽管有一些制度化的探索,但随着参与者日益增多、收入支出更加复杂,资金筹集、管理和监督,都已经不是原始的契约方式能支撑的。而且,不具备独立法人身份的民间公益组织向社会募款,也难免非法集资之嫌。这一问题,也是去年"壹基金"曾经面临过的困境。

这种困境,既反映了我国慈善制度还不够完善,也说明民间慈善虽可以打补丁、但无法替代政府某些职能。免费午餐背后隐含着营养权这项基本的权利,它与生命健康权息息相关,也关乎社会公平公正、长远发展。提供物质上、经济上的支持,提供保障这一权利的法律程序和服务,本是政府应尽之责。正因此,"免费午餐"若想覆盖更多学校,温暖更多孩子,当下尤其需要政府"给力"。

当然,政府接棒,不等于社会放手。民间慈善,是社会救济的重要渠道、社会建设的重要内容。更何况,在免费午餐之外,还有营养早餐、平安午觉等行动;在山区学生之外,还有空巢老人、留守儿童等群体。不仅是免费的午餐,也不仅是孩子们的营养权、发展权的保障,更是整个社会的公平公正,都需要政府和社会的携手努力。

据媒体报道,"免费午餐"计划已开始与公募基金合作,广西、湖南等地政府也正积极推广类似项目。如果这一计划能促成政府、社会组织和民间力量在更大范围内的良性互动,就不仅仅是解决孩子的午餐问题,更可能成为政府与民间协同共治的范例。

(2011年5月11日)

官商合谋不治，矿难瞒报难止

陈家兴

> 严查有无合谋瞒报，对国家公职人员参与瞒报行为实行严惩，才能令监管者不敢疏忽大意

尽管从国家法律到部门规章，都对矿难瞒报行为作出了严厉惩处的规约，但瞒报现象并未因此减少。日前，国务院安委会通报了 4 月份以来发生的 6 起较大瞒报事故，要求必须"严厉打击事故瞒报行为"。（详见本版 5 月 9 日报道）

瞒报并非新现象，但最新通报的这 6 起事故显示了一些新特点。国务院安委会在通报情况时强调，事故反映出矿主及"有关人员"共同无视国家法律法规、无视政府安全监管、无视矿工生命安全。这些"有关人员"竟包括监管人员，甚至还有煤管所为瞒报出谋划策，出现了"官商合谋"、"猫鼠一窝"现象。这样的现象及其原因，值得警思。

对于煤矿安全事故的问责，我国相关法律规定的处罚手段向来很硬，对瞒报的制裁措施也相当严厉。2006 年通过的《刑法修正案（六）》，针对不报或谎报情况作出了施刑规定；2007 年，国办针对年初 5 起恶意隐瞒矿山事故而专门发出通报，亦要求"坚决依法惩处瞒报事故"。不过，诚如国家煤矿安全监察局有关领导所言，对"瞒报"的处罚下手不狠。此次通报的几起矿难，矿主做法再次表明，一旦"瞒报"

不比"实报"失去太多，甚至照样升官发财，瞒报就会成为矿主的第一选择。

监管部门作为煤矿安全生产的第一责任人，能否及时监管、第一时间施救，并在事后严格查处，尤为关键。令人震惊的正在这里：此次通报的6起矿难瞒报事故中，瞒报的"技术含量"其实并不高，已有群众纷纷举报，蛛丝马迹显而易见。但在鸡西"4·26"矿难中，当地监管部门在派出13个调查组、耗费4天时间后，居然得出"查无此事"的结论。是监管能力太差还是另有猫腻？而云南宣威市海岱镇杨梅山"4·15"矿难中，出事煤矿倒是及时报告了镇煤管所，但在自救过程中，镇煤管所竟然与矿主共同瞒报，销毁证据，伪造记录，这岂止是玩忽职守，分明已触犯了相关法律法规！

为什么这些监管部门能成为矿主为己所用的一枚重要棋子？从以往的情况看，矿主认为只要把监管人员搞定，矿难信息就可玩于股掌。这种搞定，不仅在于平时的经济利益输送，使他们对自己的生产行为睁只眼闭只眼，更在于完成一种政治利益与事故责任的"绑定"：咱们是一根绳上的蚂蚱，我出了问题你也脱不了干系。

"猫鼠一窝"的后果极其严重，不仅使安全生产失去了监管防线，矿工的生命得不到保障，而且它极大地损害了政府的公信力。只有严查有无玩忽职守、有无贪污腐败、有无合谋瞒报，特别是严惩国家公职人员参与瞒报行为，才能令监管者不敢疏忽大意，不敢任其驱使。只有决不姑息瞒报，严惩官商合谋，才能有效杜绝矿难的不断"复制"。

（2011年5月10日）

开放包容不应只在大运会赛场

郝 洪

> 通过举办盛会让世界看到一座城市的开放、包容、欢乐，既需要城市管理智慧，更需要常态治理机制

距第二十六届世界大学生夏季运动会还有 90 多天，眼下，深圳正进行细致而严格的准备，希望为大运会顺利举行提供良好环境。继清理治安高危人员、禁烟、限行、禁排放污染物、禁租房客打 110 等措施后，日前，深圳市住房和建设局又对农民工讨薪问题作出一系列维稳部署。

举办大型展会活动或节庆活动，安全和有序都是最基本和重要的条件。保护公众以及所有参与者的安全，也是政府的职责所在。有着"中国梦工场"之称的深圳，第一次在世界性活动的舞台上隆重亮相，自然备加珍惜。当地政府为此作出的各种努力，应该得到市民和社会的理解。

但深圳市住房和建设局的最新维稳部署，还是把自己推向了舆论焦点。他们颁布的《通知》称：在大运会期间，严禁以任何理由拖欠农民工工资，凡是因此造成群体性突发事件的企业，给予不少于 3 个月的红牌警示，禁止在深圳承接工程；同时，也严禁农民工通过群体性上访等非正常方式和手段讨要工资，造成严重后果或恶劣影响的将追究其刑

事责任。

如果说,公共场所禁烟、禁止企业乱排放等,是有利城市管理、造福民生之举,但"严禁农民工通过群体性上访等非正常方式和手段讨薪"、"禁租房客打110"一类禁令,则很值得推敲。无论管理初衷多么合情合理,也不能以牺牲一部分人的合法权益为代价,更不能有悖依法行政的程序正义。讨薪上访只要不逾越法律底线,恐怕不能被"严肃处理",相反还应引起地方政府的高度重视,帮助他们讨薪维权。否则,人们将无法区分政府的"职责"与"权限",毕竟,作为一个行政部门,没有权利越法律之俎,代行"追究刑责"之庖。

为筹办大运会,深圳曾提过一个口号:"办赛事、办城市"。前不久,深圳市领导也说,要通过大运会,让世界看到深圳不一样的精彩。这话很精辟,但如何将之化为具体的城市管理智慧、形成常态的治理机制,却不是一些简单化的禁令能一蹴而就的。

举办大型国际性赛事,确实必须保障治安稳定、交通流畅、环境整洁、社会和谐,但和谐与稳定的氛围要靠什么来打造?实践证明,"疏"的效果往往好于"堵"的措施。比如,如果能对建筑企业欠薪依法严惩,责罚落到实处,自然不必担心引发相关群体性事件。制定并执行这样的举措,才是以人为本的德治善政,才是维护稳定的根本之举,也才是城市精彩的点睛之笔。

作为改革开放的先锋,深圳通过各个领域的创新与突破,深切地激活了人的创造潜能,城市管理也走在了中国内地城市前列。而深圳大运会之所以把会徽定为"欢乐的U",正是想突出这个"U"所诠释的意义:欢乐的、开放的、包容的、青春的、世界的、未来的。我们期待这个"U",不只是出现在大运会的赛场上,更能成为这座城市的精神气质,在细节中呈现深圳风采。

(2011年5月9日)

基层"晒账本"要防"技术处理"

马国英

> 如何确保基层政府公开的数据真实、具体、全面，是"三公"经费公开提高公信力必须解决的问题

4日召开的国务院常务会议，研究部署进一步推进财政预算公开，其中，要求地方及部门比照中央做法，做好财政预算、"三公"经费等的公开，受到关注。

公开"三公"经费，基层政府准备好了吗？

中央垂范、省市跟进，公开"三公"经费对基层来说，绝无推诿、拒绝之理。可基层也有难言之隐。正如一位基层干部所言，"三公"经费公开对节约行政成本、监管专项资金等有好处，但有些经费却很难省下来。比如县乡政府要去跑项目，迎来送往、宴请招待等等，难以避免。

这让人想起四川巴中市的白庙乡。去年3月开始，白庙乡政府将"三公"经费等支出"晒"在网上，列明每笔费用，包括一次花1.5元买了一本信纸，引起广泛反响。据说白庙乡"裸账"后，乡党委书记苦苦跑了两个月，也没有争取到一笔资金。所以有人称白庙乡为"孤本"。所幸一年之后媒体回访，情况有了好转，有企业准备要投资当地特产金银花，因为在企业看来，"敢于公开自己账本的政府，既能取信

于民,也能取信于企业"。

乡镇政府公开"三公"经费支出,"是一件简单的事,却不是一件容易事"。因为,公开是天经地义的事情,在技术上并不复杂,但这么多年来全国几万个乡镇只有白庙乡真正做到了全部公开,可见,确实有难度。

财政预算、"三公"经费公开,一直是热点话题,社会呼声很高,各级政府也尝试破题。2007年施行的监督法,将人大对财政预算的审查监督具体化;2008年实施的政府信息公开条例,为建设阳光政府提供了制度支撑。公开已成大势所趋,特别是现在,中央明确要求,地方和部门只有具体落实的问题。需要防范的是,可能会有一些基层,在"如何公开"上动足脑筋,对公开的数据做"技术处理",比如把"三公"经费调到其他支出项目里,使公布的数字远远小于实际支出。某县前几年搞办公经费厉行节约,在内部公开过包括"三公"经费的数字,有的乡上年支出了二三十万元,却只报了3万元。如何确保基层政府公开的数据真实、具体、全面,是"三公"经费公开提高公信力必须解决的问题。

中国的改革从整体上说是一种增量改革,用俗语概括接近"紧烧火、慢揭锅"的意思,就是要统筹考虑改革的速度、效益与时机。基层实行"三公"经费公开,可能也需要这样一个过程。白庙乡的"公开后效应"证明,它可以成为"范本"。相信,随着改革的推进,配套措施的完善,监督体制的健全,更多的基层政府能把压力转化为动力,让"保密账"变成"明白账",更成为"民心账"。

(2011年5月6日)

"精神病收治"不得偏离法治轨道

范正伟

> 人们对"徐武事件"的诸多质疑,一方面说明有关部门的工作需要改进,同时也再次反映出我国精神卫生立法存在的空白

武汉武钢职工徐武,在因"精神病"被强制入院治疗4年后,近日从精神病院逃离到千里之外的广州,但旋即又被跨省追回。

人们关注"徐武事件",既是关切一个公民的人身自由,还因为它与此前案例有太多相似之处:同样是被有关部门强制治疗数年,同样有"状告"、"上访"因素,同样是亲属和本人都不认为患有精神病……尤其在此前数位"精神病人"都被证伪的背景下,要改变人们的习惯性质疑,确需拿出十分过硬的依据。

到目前为止,关于徐武"被精神病"的质疑,依然缺乏具有足够说服力的回应。比如,徐武是否患有"精神病"?如果说徐武本人否认,尚可用"不承认有病,越证明有精神病"来解释;那么在徐武家人坚决否认,并称此前是"被迫"收治的申诉下,在广州医疗机构的初步诊断与有关方面存在较大出入时,面对收治者与被收治者及其家属的各执一词,究竟该由谁来甄别鉴定?

再者,即便徐武真有精神病,是否有必要强制收治?如果说强制收

治的前提是"造成危害结果",徐武行为的危害结果是什么?有关部门若掌握了足够的证据,在"徐武事件"成为公共事件的今天,为何不能及时公之于众?至于跨省追寻,更是令人不解,徐武虽然从精神病院逃出,但他既不是犯罪嫌疑人、也不是在逃罪犯,有关方面直接介入不仅于法无据,还会让人疑窦丛生:为何对一个"精神病人"如此关心?

上述疑问,一方面说明有关部门的工作需要改进,同时也再次反映出我国精神卫生立法存在的空白:强制收治没有门槛,缺乏程序规范,个人救济缺乏途径,住院期间缺乏纠错机制……在此背景下,精神病鉴定尤其是强制收治,很容易标准模糊乃至随意轻率。更值得警惕的是,从以往一些"被精神病"案例来看,在一些地方,"精神病"鉴定和强制收治,往往有着复杂的背景。它的危害在于,一般司法强制,尚且有明确期限以及救济途径;一旦被认定为精神病强制收治,不仅恢复正常遥遥无期,救济途径更是付之阙如。

尽管我国的《精神卫生法》尚在襁褓,尽管"无危险、不强制"理念还没有具体条文落实,但必须看到,即便"强制收治"是为了"治病救人",也是以限制人身自由为前提的,需要格外谨慎。更要看到,非经法定程序,任何单位和个人不得剥夺他人的人身自由,这是我们建设社会主义法治国家的基本要求。精神病人也是受法律保护的公民,对其强制收治同样必须通过严格程序,而不能在一种对公众、媒体和家属不透明的环境下进行。

回到"徐武事件"上来,对于类似精神病的鉴定,我们应该回到医学本身,让精神病的强制收治遵循程序正义。只有这样,才能最大限度尊重当事人和家属的合法权益、最大限度增加和谐因素、最大限度减少不和谐因素,进而化解社会矛盾,维护社会稳定。

(2011年5月5日)

禁烟禁酒谁该率先垂范

李泓冰

> 限酒与禁烟的步履蹒跚,有文化、政治和经济的重重阻力。需要以法律来破解陋习,也需要行政规范与各级干部的表率

奉烟与敬酒,几乎成了社交场上的中国文化符号,取代了从前物质短缺时期"你吃了吗"之类的寒暄套话。如今,这样的烟酒文化,因为伤及生理、心理健康,浸润了官场、商场上的不良风习,甚至发生一些恶性事件,威胁到公共安全,引发公众与决策层的高度警觉。

自5月1日起醉驾入刑之后,虽有顶风作案者,但显然收敛了许多。在许多大中城市驾车"本本族"日渐普及之际,用法律来向醉驾严厉叫停,不但能终结久治难愈的酒后驾车,也是向无酒不欢的酒桌文化注入一针镇静剂。虽然醉驾的终结并不意味着与酒相关的各种潜规则的终结,但至少取得了具有标志意义的阶段性胜利。

然而,同样是5月1日推出的"室内公共场所全面禁烟",效果却不如人意:在众目睽睽之下,在禁烟标牌之侧,烟民们依然怡然自得地喷云吐雾。尽管专家们一再呼吁,对个人难以掌控的两大致癌高危因素——"二手烟"和"空气污染",应尽快立法并建立专门执法队伍,重罚"公共场所吸烟",然而,中国的禁烟步伐依然迟缓得让人失望。我

国签署世界卫生组织的《烟草控制框架公约》，承诺今年1月9日前在室内公共场所和室内工作场所实现100%禁烟，可是，履约的5年内，不仅全民吸烟率没有下降，二手烟的受害者却在3年内增加了2亿人——这一失约与中国负责任大国的形象很不相符。

限酒与禁烟的步履蹒跚，有文化、政治和经济的重重阻力。其中，烟酒文化习俗的阻力首当其冲，影视中要表现正面人物的深思熟虑，最简便的方法就是往他手中塞一支烟；百姓婚丧嫁娶场面上也断然少不了烟与酒；送礼最体面最拿得出手且不太会有行贿受贿之嫌的，也非烟酒莫属。类似"酒杯一端，政策放宽"的官场潜规则，就这样四处蔓延。烟酒产业的厚利以及对地方GDP的贡献，便在官场与民间积习中互相唱和，获得"双赢"。

现在，法律终于庄严出场了。

醉驾入刑，基于长期以来公众对酒驾的深恶痛绝与穷追猛打，也是中国社会走向现代文明的局部胜果，这或将成为法律源于社会习俗，同时又约束社会习俗的极好范例。卫生部发布《条例》规定，从5月1日起全国将在室内公共场所全面禁烟，可是，由于缺少可操作的执法方案及执法人员，难免遭遇尴尬。

打蛇必打七寸。我们除了继续呼吁以法律来破解陋习之外，也寄望于行政力量与各级干部的表率作用。事实上，上述的三重阻力，都与各地行政管理执法方面的默许或者宽容息息相关。倘若有党政干部率先垂范，对相关企业不再有明里暗里的保护性政策，对违法者以及违法后寻求关系开脱者必查必究，积重难返的烟酒陋习，或能在这样的综合治理下有所改观。

(2011年5月4日)

抓食品安全不能只靠曝光

富子梅

> 必须保持监管的独立性，彻底杜绝监管人员和被监管对象相依共存，提高基层监管执法的公信力

据报道，重庆近日查获1250公斤含有国家明令禁止添加的福尔马林（甲醛水溶液）的血旺。"甲醛血旺"早在两年前就被当地媒体揭露过，却一直没得到根治，甚至成为业内公开的秘密大行其道。

接连曝光的食品安全问题，让大家对表面上色香味俱全的各类食品几乎丧失了基本的安全信心。从三聚氰胺奶粉到化学火锅底料，从瘦肉精火腿肠到染色馒头，从硫磺生姜到福尔马林血旺，问题食品此起彼伏。大家禁不住要问，下一个被曝光的问题食品将是什么？依靠媒体曝光来推动食品安全问题的解决，是否太过被动？怎样才能让监管与惩处更有力有效？

食品安全是最基本的民生问题，百姓关注，高层重视。中央领导多次强调，要加大监管力度，严把食品安全关。颁布食品安全法、成立国务院食品安全委员会以来，食品安全在国家层面受到前所未有的高度重视。但在实际中，却表现出"一头热、一头凉，一头弱、一头强"的状况，即高层热、基层凉，食品产业弱、地方保护强。

从当前情况看，高度重视食品安全的意愿、举措还没能传递到基层

农场、工厂、市场和监管层。在各地,食品的生产、加工、销售受制于薄弱的产业基础依然散乱,小作坊、小摊贩、小餐饮难以计数,而在基层特别是广大农村和城乡结合部,监管能力显得捉襟见肘:人手不够,资金短缺,监管乏力。再加上GDP至上的惯性思维,一些地方为了带动税收、拉动就业,纵容食品生产企业违规经营,实行地方保护主义,助长了企业逃避监管的侥幸心理,使一些小隐患积累成大问题。

食品产业规模化、组织化、规范化程度不高,行业自律约束机制不健全,企业质量安全管理能力较低,是食品安全处于风险高发期和矛盾凸显期的重要原因,但这决不能成为问题食品频现的借口。当此之时,更要把保障食品安全的各项举措不折不扣落到实处,用严格的监管和严厉的惩处,破除本不该强大的地方保护,淘汰劣质生产经营企业,逐步改变食品产业基础薄弱的状况。

基层监管执法不能总在媒体曝光之后才有力度。要让日常监管硬起来,一方面必须充实基层监管力量,配齐装备,更新标准,培训人员,提升监管能力;另一方面,必须保持监管的独立性,彻底杜绝监管人员和被监管对象相依共存,提高基层监管执法的公信力。

保障食品安全是食品生产经营者、监管部门和各级政府的法定责任。各地各部门既要支持企业发展,也要严格监管。只有创新食品安全监管惩处体制机制,严惩违法犯罪行为,才能强化对生产经营者的外部约束力,促进其内部管理能力稳步提高。这虽然不是一朝一夕之功,却是强基固本之策,各地各部门务必严格落实责任,坚持不懈、持之以恒地抓下去。

(2011年5月3日)

帮菜农要防"越帮越忙"

张 毅

> 菜农的燃眉之急要解,但要谨防释放错误市场信号,当心行政干预失当,导致"越帮越忙"

菜价问题让菜农伤心,政府"闹心"。连日来,有关部门积极协调产销对接,地方政府发动企业加大收储,号召市民购买"爱心菜",有的地方还给菜农临时补助,缓解了不少卖难问题,让菜农感受到了丝丝温暖。

然而,面对各方的"焦心",要特别提醒的是:燃眉之急要解,但要谨防释放出错误的市场信号,当心行政干预过度,导致"越帮越忙"。

在普通人看来,这轮蔬菜滞销来得有些"突然"。一季度,人们还在为物价上涨着急,一股寒流的袭来,热气腾腾的菜田立即打起"喷嚏",冻僵了农民的笑脸:山东历城、河南中牟、湖北嘉鱼、海南万宁……"菜贱伤农"从个别品种向更多品种、从个别地区向更多地区迅速蔓延。然而,在很多专业人士眼中,这有其"必然"。

"菜贱伤农"的根本症结,是盲目种植,生产过剩。深层矛盾还是小生产与大市场的衔接问题。我国农产品市场放开以来,波动一直在重复上演。许多年前专家就断言,大多数人搞生产,少数人口消费,这种

局面不根本扭转，我国农产品供求就走不出"多了少、少了多"这个怪圈。

客观地说，菜市"怪圈"见怪不怪。有赚有赔，在市场起伏中摔打多年的农民兄弟，有一定的承受能力；有涨有落，充分享受农业发展成果的城里人，消费心理已日渐成熟。在此过程中，农产品供求的市场调节机制也在逐步形成并稳定。对此，相关政府部门应有基本判断。

以目前关注焦点最高的"流通环节"为例。一斤菜，地头6分钱，市场6毛钱，中间三道手。"两头叫，中间笑"的局面实在让人难以接受，很多人因此呼吁：减少中间环节。问题是：减几道环？砍哪个节？要知道，这些环节或有需要理顺完善之处，但其本身是市场数十年的选择。真要少了某个环节，极有可能造成新的"肠梗阻"，引发别的问题。那样的话，中间笑不起来，两头也叫不出声。

"菜篮子"是市长工程，不管市长以何种方式负责，都必须相信市场、问计市场。否则，行政干预多了，尤其是价格干预不当，往往造成市场信号错乱，引发后遗症。去年蔬菜行情看涨，各方反应有些过急，一定程度上放大了市场信号，抬高了农民的销售预期，这也是眼下蔬菜集中供应、生产过剩的原因之一。

因此，除了应急措施缓解卖难，更需要站在为下轮"菜园子"建设和"菜篮子"工程负责的角度，释放正确市场信号。比如，新一轮菜篮子工程应充分体现"一副担子两头沉"的政策指向，既全面提高农村菜园子的生产经营水平，又有效推进城镇菜篮子的市场功能，让"菜园子"快乐、"菜篮子"轻松。

对广大农民兄弟来说，长期处于产业链底端，他们是一群"容易受伤的人"。因此，每一轮因价格波动引出的行政干预，不妨想得更周全些：为今天的农民"疗伤"，为明天的农民"少受伤"甚至"不受伤"，到底能帮什么忙？

(2011年4月28日)

怎样看待"高调"的陈光标

李泓冰

> 对乐于行善的人，不妨多一份理解，不必在他高调时推波助澜，也不能一棒子打死，让后来者望而生畏。

对一个慈善家来说，"诈捐"的罪名足以终结一切。因此，中国"首善"陈光标捐赠"注水"的传闻，无论对媒体、公众还是陈光标本人，都攸关重大。往小了说，事关一个人的名誉；往大了说，关系到慈善事业的成长。

这两天，一些慈善机构已公开为陈光标证明"真捐"，不过，仍有媒体还在逐笔求证质疑。事实上，这两年，陈光标在慈善的道路上不断成为舆论焦点，其高调的行善方式，也曾引来一些争议，甚至被视为"暴力慈善"。但围绕一些争议，还是有几分疑惑。

疑惑一，行善者是否必须是道德完人？有人认为，作为公众人物，陈光标应该成为"楷模"。而民营企业家陈光标恐怕并非完人，特别是对传统上以低调、清高、做好事不留名为美德的中国人而言，"高调"、"好名"、"作秀"是一种非常惹眼、易招反感的"缺点"。那么，非楷模人物甚至是有明显缺点的人，行善就该一律否定吗？如果是这样，还有几人有资格行善？水至清则无鱼，在严苛的道德标准下，慈善的"池"中还能幸存几条"鱼"？

疑惑二，"高调行善"，是否比"低调不行善"更该受到质疑？在中国，靠税收来调节二次分配的制度一直在完善之中，一些富豪大款可以在全球奢侈品市场出手豪阔，可以把几乎所有财富留在手里、留给子孙，慈善的理念在这一人群中显未普及。相对那些吝拨一毛的富豪，"高调"捐款的陈光标，就该承受更多的批判和冷嘲热讽吗？当盖茨、巴菲特携手来华劝捐，陈光标大声回应死后裸捐，曾让不少退避三舍的中国企业家被动而尴尬。两者相比，谁更该受到质疑？

疑惑三，慈善事业的制度缺陷是否应该由个人"买单"？毫无疑问，中国慈善的收支制度、监管制度有诸多不够科学、不够透明之处。救灾时大张旗鼓募得大笔善款，捐后如何使用却一直鲜有公开。陈光标陷入"诈捐门"，一部分原因也是因为一些慈善机构对捐赠信息披露不够。我们在要求陈光标"自证清白"的同时，是否更应要求相关慈善机构对"诈捐"争议及时评判？

陈光标是一位民营企业家，他捐或不捐、捐多捐少，是否有以募捐换取广告效应，是否借此与政府搞好关系以争取项目……这种种被质疑的行为，如果一定要算作不足，那也是个人选择，只要其中不涉违法，他的捐款行为就应该和其他好心人一样，受到肯定。这和有的地方、专业慈善机构的"挪用"、"滥用"善款，性质判然有别。

作为一个立志用自己的"高调"推动中国慈善事业发展的企业家，陈光标的慈善方式确有可以改进之处。但于起步较晚、阻力很大的中国慈善事业而言，公众特别是企业，还远未形成乐捐善助的社会习惯。当此之际，在严格制度建设和监管机制的同时，对乐于行善的人，不妨多一份理解，不必在他高调时推波助澜，也不能一棒子打死，让后来者望而生畏……

（2011年4月27日）

岂容"法袍"成为"变现砝码"?

傅达林

> 司法廉洁,既需要制度性监督与治理,也需要发自内心的对职业尊严的认同与捍卫

广东湛江9名丧失职业道德的法官与一个"讼托"合谋结成一条利益链,将司法公权变为牟取私利的工具,攫取巨额灰色利益。据湛江市纪检监察机关透露,目前涉案人员已被查处。

法官被"讼托"拉下水,在司法系统并非孤例,但像该案这样,"讼托"投资诉讼、经营案件俨然公司化运作,同时将9名精通法律的"执法者"变成了"枉法者",并不多见,让人震惊。

俗话说,苍蝇不叮无缝的蛋。如果把"讼托"比成腐化司法公权的"苍蝇",那么被拉下水的法官就是"有缝的蛋"。因为在职业伦理上存在自我认同的危机,有的法官对于公正司法的法纪要求不屑一顾,自我保护屏出现裂痕,让"讼托"有机可乘。

司法实践中,少数法官会被"银弹"击倒,甘为"财色的奴仆",固然与监督乏力有关,但也暴露了他们低弱的自我免疫力。在这些法官眼中,身上的"法袍"并非职业尊荣的"羽毛",而是可以用来"变现"的砝码。于是,在司法审判和执行中出现了"选择性执法",有钱积极立案,无钱立案消极,甚至人为制造诉讼难,逼迫当事人转而寻求

"诉讼掮客"代打官司,自己则从中牟取私利。

这样的"正义"运送,偏离了法治社会对司法的应有期待,严重损害司法的公信权威。它也发出警示:确保司法守护社会正义的底线,需要更加重视法官的职业伦理建设。从司法廉洁角度看,如果说制度性的监督与治理是坚固的"外部防护网",那么发自内心的对职业尊严的认同与捍卫,则是更为直接的"内部预警器"。

现代社会,法官生活在纷繁复杂的关系网中。面对形形色色的纷扰与诱惑,法官的自我认知容易混乱。法治的深入发展,必然要求法官形成一种职业认同的司法尊荣——处在这样的职业伦理中,法官爱惜自己的尊严与名誉甚于一切,绝不容忍"讼托"对自身名誉的任何玷污,更不会将代表法官尊荣的法袍当作加入"利益共同体"的筹码。

法官的这种尊荣感从何而来?如何才能培育出法官对国家的忠诚、对法律的信仰、对自身职业的高度认同呢?这需要强化职业伦理规范,也需要从心灵重建上让法官滋养出一种对法的神圣情感;需要严惩法官违法违纪行为,也需要国家为法官提供相匹配的地位优待和执业保障,发挥教育、监督、管理和惩治这些综合手段。只有当法官牢固确立了献身法律职业的无尚尊荣感,他们才能在面对强权或干扰时,保持独立超然的职业良知,按照法律的价值导向追求司法正义。

(2011年4月26日)

"摆平"菜价还需创新

徐 冲

> 政府需要大胆从管理创新上找思路,最大限度地遏制"菜贱伤农"怪圈的反复出现

山东等地的"菜贱伤农"现象,引起了政府部门的高度重视。据称,商务部已开始深入各地调研,而上海等地也开始探索蔬菜价格保险机制。

客观地说,农产品特别是蔬菜的价格确有"大小年"现象,是市场经济的共生现象。这多少给人留下"菜价伤农难杜绝"的印象。然而,政府果真"无能为力"吗?

细看此次山东等地"菜贱"原因,一是盲目扩种;二是囤菜"炒菜",如游资炒作大白菜;三是不必要的恐核心理,使一些收购商拒收大叶蔬菜。这里有老问题,有新现象,倘不加以重视并切实解决,可能会冒出更多难题,引致更大损失。

针对上述原因,政府的"手"不妨坚持两条原则:一是大胆管理,因为市场经济绝非放任不管,何况我们也有了多年来保持粮价稳中有升的经验;二是大胆从管理创新上找思路,最大限度地遏制这种怪圈反复出现。对前一条,社会几成共识;而后一条,还是新课题。

所谓管理创新,首先要特别重视精细管理。这里的"管",绝不是

基于计划的命令式管理,而是遵循市场经济规律基础上的科学管理,其要义在于科学梳理流程,尽量做到可知可控。今天,市场经济发展的深度和广度远超我们的想象,利益链条令人眼花缭乱,但市场是有规律的,当雷同的"卖菜难"现象一而再再而三地出现,其间必定隐含着一定的规律,关键是我们善不善于挖掘总结,能不能够创新有效的管理办法,既管总量又管结构,既管供给也管需求,既管"行业人"也管"闯入者",这是对政府管理部门提出的新挑战。魔高一尺道高一丈,管理之道只有在与市场之魔的相互"切磋"中才能日进日新,造福大众。

管理创新,还要特别重视危机管理。全球化和市场化时代容易出现"蝴蝶效应"。虽然游资炒作大白菜并未成功,日本核泄漏对我国蔬菜安全的影响微小到可以忽略不计,然而,这两大因素却"污染"了市场信心。信息的失准与失当,促成了现在蔬菜市场的危机。在信息传播瞬间完成的今天,危机管理尤显重要,企业如此,政府亦如此。然而,面对信息危机频生的现状,我们目前仍没有十分有效的应对之策。

其实,不仅对菜价需要管理创新,房价、油价、公交车价、出租车价等,莫不如此,只是特点不同、针对性不同、方法措施不同而已。倘市场主导的方法不能解决矛盾,有必要采取政府主导方式予以调节。市场不会乖顺听话,相反还常常桀骜不驯,所以,在事涉民生的领域,政府务必高度重视管理创新,这样,才有可能减少价格的非正常波动,消解其带来的不合理伤害,让市场更好地服务大众。

(2011 年 4 月 25 日)

卖官因何"近水楼台"

陈家兴

对于组工干部，不仅需要对他们提出无形的道德约束，出台苛严的禁令，还需要给他们手中的权力套上制度的笼子

又一个卖官者落马，湖南通道县原县委组织部长向志清获刑11年。在一年半左右的时间里，他竟然"卖"了34次官，获利31万多元。

或许有人疑惑，对干部的选拔任用，地方组织部长似乎并没有绝对的决定权，怎么实际能量会这么大？原因就在于，这个岗位能提供很多方便，想要卖官，可谓"近水楼台"。

组织部门的干部，百姓俗称"管官的官"。对干部职位的冗缺调配、干部的任职情况、上级的用人意向等关键信息，不仅灵通全面，更是扼守要津。他们对干部有考察权、汇报权、建议权，这些具体实际的权力，都会直接影响和左右干部任免。

在某种程度上讲，正是这种"职务便利"，使一些官员在谋求升迁中，费尽心机地想与组织部门搞好关系，也给了一些人寻租的机会。

从这个角度看，我们或许就能更加深刻地理解了，为什么中组部一再强调，组工干部要"讲党性、重品行、作表率"，特别是要做公道正派、风清气正的表率。因为如个别人不能出以公心，偏听偏信，重人情重关系，重圈子重派系，最终都会影响到选拔任用的科学性、公正性。

一个普通官员变质了,影响的还只是他权力所及之域。而一个组工干部变坏了,则等于把此地的干部都置于"险地"——清者廉者会被否定"出局",心术不正者找到升迁捷径,意志薄弱者可能被迫跟风,卷入买官泥淖。我们常说"用人是导向",组工干部的变质,会极大地动摇"老实做人、踏实做事"的干部信念,损坏党风形象,伤及百姓信心。可怕的还有,买官怎么花出去的钱,往往都会怎么收进来,因为凭靠官员那点有限的工资,担负不了买官之资。从何处收?从百姓身上刮,从自己手下干部手里敛取。一池清水,最终就会被如此这般搅浑了。

正因此,对于组工干部,不仅需要对他们提出无形的道德约束,出台苛严的禁令,还需要给他们手中的权力套上制度的笼子。只有这样,才能使组工干部们不愿伸手、不敢伸手、不能伸手,真正做到公道正派、风清气正。

在地方领导班子集中换届之际,中央组织部等多次强调要风清气正,设定"5个严禁、17个不准"高压线。山西太原市原市长张兵生等已因触线而受惩,显示中央对"跑官要官、买官卖官、拉票贿选"绝不手软的决心。从根本上来说,只有管住权力,才会使卖官人的手伸不出,才会让买官人的路被堵死,也才能选出用好德才兼备的领导干部。

(2011 年 4 月 22 日)

问责给力才能告别"天价"

王四新

> 把问题的解决寄望于"自我净化"和"道德自律",往往会延宕诸多深层问题的解决

继河北沧州农信联社曝出的"最牛工资单"有了领导免职、工资清退的处理后,上海卢湾区红十字会也决定——"万元餐"的超标部分由个人承担,而中石化广东分公司"天价酒"背后的负责人,受到了免职处分。

但公众对这几起事件的追问依然不断,甚至,这些初步处理结果又引发新一轮热议和质疑。很多人疑虑:如果每次出事仅仅是"退还"了事,或者简单处理几个"责任人",把问题的解决寄望于行业的"自我净化"和个人企业的"道德自律",往往会无限延宕诸多深层问题的解决。

上述问题的曝光,无一例外都是网友曝出,并非问题单位的自纠自查。这就让公众有理由担心并追问:最牛工资单、天价酒、万元餐,这些偶然浮出水面的丑闻,是否只是冰山一角?

的确,上述几起事件的主体,有的是国有企业,有的是金融单位,有的是慈善机构,性质不同、职能不一,各自有着自己的治理规则。但对于违规甚至涉嫌违法的认识应该是一致的,内部"规定"也必须是

在国家相关法律、制度框架下进行的。那么，规定与监督、制度与执行之间的距离，为何总是一次次被拉大？

回过头来看这几起"天价"事件，有一些共同特征：河北沧州农信联社的20万元"最牛工资单"，受益者多是普通员工；上海卢湾区红十字会的"万元餐"，声称是"公务接待"；而中石化广东分公司百万元的"天价酒"，据称也是为了"业务需要"。这再一次表明：当违规甚至违法行为的受益者是内部大多数人、是打着幌子下的"公务"活动时，"道德自律"便显得苍白可笑，"自我净化"更易机制失效。纵然有内部人"泄密"，也往往需要承受被反向"问责"和打压的风险。

而纵观近年来各种腐败浪费丑闻的曝光，之所以不断"演进"，一个重要原因还在于：事后问责的不够给力，常常给人"不过如此"的遗憾，甚至会让腐败者、违规人窃喜"其奈我何"，很难让人心有敬畏、行有禁区。

离开监督的权力是可怕的，也正因此，中央一再强调，构建反腐倡廉制度体系，要"以制约和监督权力为核心"。而制约权力的关键，是对滥用权力者予以坚决责罚。在这个意义上，"天价酒"等现象的暴露，虽让公众痛心疾首，倒也不失为一个树立"问责范本"的契机。比如，"天价酒"、"最牛工资单"是否仅仅局限于"内部处理"？如何解决"万元餐"责任人"只能批评不能行政处罚"的尴尬？对于这些问题的明确，不仅有助于问责的彻底，也将给后来者很好的警示。

只有真正完善了问责机制，治理贪腐违规问题才不会"头疼医头、脚疼医脚"。也只有让问责给力，"天价酒"这类新名词才不至于不断挑战公众的神经，类似腐败事件才有望告别"按下葫芦浮起瓢"。

（2011年4月21日）

拿什么拯救食品安全的道德

范正伟

只有不断完善法律法规，让道德败坏者受到法律的严惩和社会的唾弃，食品安全才有望得到切实保障

上海"染色馒头"热气尚存，宜昌"毒生姜"仍在熏制，沈阳"兽药豆芽"又在疯长……

短短数天内，如此密集的曝光，说明全社会高度重视食品安全问题，也印证了日前温总理的判断："这些恶性的食品安全事件足以表明，诚信的缺失、道德的滑坡已经到了何等严重的地步"！

食品生产的确是个良心活。无论现代化的流水线，还是传统的小作坊，生产过程都可谓"天知地知良心知"，而消费者只能"眼不见为净"。因此，一个社会如果道德滑坡，食品安全往往是重灾区；反过来讲，提升食品安全指数，道德重建是重要一步。

道德对于市场经济的意义，无需多言。而如何拯救道德，却是一项系统工程。一方面，善行义举的弘扬、苦口婆心的劝说固然重要；另一方面，也要警醒：那些有毒食品制造者，往往也曾是高喊"社会责任"的企业。

这也说明，良心的盾牌并非总是可靠，道德的血液并不总能自我生成，尤其是对企业来说。正如一位学者所言，"在以股东利益和利润最

大化的组织那里，公众健康永远不是一个首要的议题。"如果没有一定的约束，食品生产者很容易在利益的驱使下铤而走险。

市场经济既是"诚信经济"，也是"法治经济"。我们可以提倡企业流淌道德血液，却必须正视企业逐利的现实；我们可以提倡企业的道德自律，却并不能把"宝"全部压在良心上面。

"法律是道德的底线"，只有法律站稳了阵脚，道德才不至于在利益面前无限后退。事实上，许多食品安全事件的发生，或是因为制度的不健全不完善，或是因为执法者的失守推诿，或是由于问责的过于温柔。近年来，恶性食品安全事件此起彼伏，但倾家荡产的商家却十分罕见，监管渎职者被严肃问责的也少之又少。既然总是打不疼、打不死，既然笃定的收益远远大于预想的风险，劣币驱逐良币的逆淘汰现象就会发生，不闯红灯就会落后的"红灯效应"就会被放大，避免食品生产企业的"道德风险"也就无从谈起。

其实，发达国家也经历过食品安全危机，如美国的"肮脏食品加工厂"，欧洲的疯牛病，日本的毒大米。推动各国走出危机的最大启示，是用系统的制度呵护良心，用严苛的法律捍卫道德。美国法律规定，无论金额大小，只要有制假或售假的行为就构成犯罪；日本对农产品实施严格的"身份证"制度，建立了可追溯管理模式。这也正如中央领导一再强调的，要不断完善法律法规，让道德败坏者受到法律的严惩和社会的唾弃。

有人说，"一张简单的饭桌上，包含了经济发展的全部道理"。从1993年取消粮票制度至今，中国正在经历一场从"吃饱"向"吃好"、"吃健康"的转变。在这一历史进程中，能否保证公众的食品安全，事关执政水平和社会信心。从这个意义上说，解决食品安全问题，必须上升到"面包政治"的高度。

（2011年4月20日）

"还路于民"需要制度趟路

徐立凡

> 公路不是投资品,而是公共产品,理当由政府提供而将所有权和经营权还诸全民

收费年限长达 50 年、超 10 亿元收入流向不明……随着媒体的曝光,广东花都境内收费站引来质疑。对此,花都区回应:所有收费公路及收费站均是在《收费公路管理条例》实施前全部建好并取得收费许可,所有收费公路及收费站均是按照合作企业的经营期限(50 年)来设置收费期限,不存在违规收费情况。不过,对于收入的去向与使用问题,当地没有作出回应。

公路收费成了"无底洞"却没有违规,映射出的是公路网建设初期的历史痕迹。在资金匮乏的情况下,国家探索实行了"贷款修路,收费还贷"政策。市场化运作的公路投资管理体制,对于吸收社会资金参与公路建设、发展地方经济起到了积极的推动作用,但也客观造成了公路乱收费的预期外结果。在一些地方,假"收费还贷"之名,高价收费、频繁收费、超期收费的现象严重,甚至非贷款公路也借此乱立名目收费,将公路收费视作财政外收入的来源主体,甚至私化为不当寻租来源。

治理公路乱收费已经多年,然而要彻底根治仍有长路要走。原因在

于，公路乱收费不仅是价格问题，仅靠降低收费标准或部分取消收费等价格干预措施，尽管可以实现结果上的拨乱反正，但仍然无法触及结构性问题，其效果只能是阶段性的和局部的。实际上，公路乱收费的背后，还有地方财政是否透明的问题。具体到花都这一案例，收费到底纳入了哪一个部门管理和使用？有多大比例用于还贷？是否有投资回报率约定？对这些问题作出明晰回答，既是厘清社会质疑的需要，也是政府信息公开的要求，不能以"没有违规"一语带过。

实际上，遵守契约应以双方均无违约为前提。投资方未进行工商年检，因服务水平低下和乱收费导致高速公路变为慢速公路，都应视为违约在先，在这种情况下，作为另一缔约方，地方政府部门有权重新考量当初的收益权约定，如在对方已经违约的情况下仍以当初约定为由收费，不仅难以消弭社会质疑，反而有自利之嫌。

从根本上说，公路本身不是投资品，而是公共产品，理当由政府提供而将所有权和经营权还诸全民。对于"贷款修路"的历史遗留问题，无论从倡导契约精神还是保护投资环境出发，尊重并保证早期投资者的应有收益权都是应有之义，但这并不意味着乱收费可借此获得豁免空间。在今天地方经济已经获得较快发展之后，地方政府赎回社会投资者的收益权交还全民，是一条可行之路。在这方面，广东一些地方已有经验可资借鉴。

需要指出的是，还路于民，不应是舆论压力下的被迫之举，而应该是制度推进的自觉行为。说到底，最终根治公路收费乱象，需要在制度设计方面趟出新路。

(2011年4月19日)

食品安全,警钟为谁而鸣

郝 洪

> 近年来的食品安全事件,对相关企业的司法追责做到了雷厉风行,但对失职、渎职的监管者的司法问责远未到位

一场由馒头引发的食品安全监管风暴正从上海刮向全国。4月11日,上海超市曝"染色馒头"事件,第二天,该市启动了全市范围内的"馒头大检查"。随后,内蒙古、天津、山东、江苏、浙江等地的多个城市都展开了针对馒头市场的专项整治。

类似的专项整治风暴我们其实已经熟悉。毒奶粉事件、苏丹红风波、"一滴香"谜案、"健美猪"等食品安全事件发生后,都雷厉风行地进行过一次次大规模整治。应该说,声势浩大的整治行动对迅速查清问题起到很大作用。

然而,食品问题的屡屡曝光也使我们由此深思:整治风暴能在多大程度上拯救食品安全于水火?

立足于大检查的专项整治风暴,并不能触及食品安全问题的制度之痛。一时的整治风暴可以拍死苍蝇,却无法改变滋生苍蝇的环境。忽视了对整个制度环境的治理,给企业和监管者以逃避责任的借口。上海"染色馒头"事件中,监管机构"坚决不护短"、华联超市"给不法制作商钻了空子",这些委过于人的自我辩白,或可窥见一斑。

事实上,许多食品安全问题源自行业"潜规则"。上海有关监管机构就透露,超市把临近保质期的食品退还给生产商,过期食品被生产企业重新作为原料进行再加工,此乃行业"潜规则"——既已明知是行业"潜规则",监管机构如何能多年视而不见?食品安全事件频发,无良企业自然难逃其咎,但行政监管缺失与混乱才是根源,甚或如"瘦肉精"事件中,某些监管者与不法企业、商家结成利益同盟、监守自盗,几令食品安全防线沦陷。

行政监管积弊不除,食品安全的承诺即是一句空话。而行政体制内积弊是不可能依靠自查、自检就可以破解的,需要来自外界强有力的监督和问责。上海"染色馒头"事件发生后,无良生产企业迅速被吊销了食品生产许可证,公司法人代表等5名犯罪嫌疑人被公安部门依法刑事拘留,但对监管机构的司法问责将何时启动呢?渴求食品安全的消费者,同样期待司法之剑挥向这些领域,追问这本应确保公民安全的"最后防线"是如何崩塌的。

回顾近年来的食品安全事件,对犯罪企业,尤其是中小民企的司法追责已基本到位,但是,对失职、渎职的监管者的司法问责却远没有到位。今年3月底,最高人民检察院刚刚下发《关于依法严惩危害食品安全犯罪和相关职务犯罪活动的通知》,要求从司法层面加大对国家公职人员在食品安全失职、渎职犯罪的查处,明确对食品安全的监管者和执法者要有司法问责。人们普遍认为,这将极为有效地提高监管效力,从而遏制食品领域里的不法行为。这也让"馒头事件"的问责,在某种程度上有了示范效应。

花样百出的食品安全事件,挑战着消费者的想象力;监管的无序和失措,则挑战着管理者的信用和权威。"染色馒头"再度敲响食品安全警钟,警钟为谁而鸣,值得每个人深思。

(2011年4月18日)

从"工"到"工人",路还有多远

张 毅

"有生产没生活",这是大多数农民工的现实困境。而他们对安居乐业美好生活的诉求,正日益强烈

将"自己的身心融入城市",对农民工黄莲梅来说,这个希望正变得真切。

5年前来到吉林市打工的这位环卫女工,几天前面对前来调研的李克强副总理,实话实说自己"悬"了很久的苦恼:为这座城市打拼多年,至今依然居难定所。即使是各地政府正在大力推行的公共租赁房政策,也只是面向城里人。

这番心酸之语,道出了亿万农民工的一个共同困境:大部分人都还未摆脱"有生产没生活"的处境。而农民工对安居乐业美好生活的诉求,正日益强烈。

这是一个长年辛劳、忍辱负重的群体。他们顶严寒冒酷暑,风里来雨里去。最脏最重最苦的活,往往由他们承受。可长期以来,他们居无定所,工资较低,子女上学难、看病难。一座座楼房盖起来了,一座座桥梁架起来了,他们很开心,但"熙熙攘攘的都市里,哪里才是我的家?"他们像候鸟一样在城乡间顽强迁徙,编织美好梦想,却不时被现实灼痛。

长期以来,农民工的角色定位,似乎还只是一个"工"。学者说,廉价劳动力为劳动密集型产业提供了取之不尽的人力资源,支撑了经济低成本快速扩张。企业家呢?招不到人,就喊"用工荒";就业压力大了,一句冷冰冰的"企业也要生存啊",裁员没商量。城里人呢?公交车拥挤不堪,地铁站人流如织,农民工常被某些城里人视作"多余的人",但春节保姆返乡、送奶工回家,又苦苦哀求"留在城里过年"。这样的一群人,为城市的体面与繁荣做出了自己的贡献,但自身的生活质量与个人尊严却难以顾全。

人口众多,农业大国,工业化、城镇化步履沉重,农村贫穷落后;长期严格的二元结构、根深蒂固的"二元意识",加大了城乡差距,阻碍了农民进城的步伐,打破了社会公平公正……这些国情与现实,使得"先生产后生活"成为一种无奈选择。但这样的情况不能也不会永远——正如李克强副总理对黄莲梅所承诺的,要"让你们的身心真正融入城市"。

这样的承诺与要求,也有望很快化为现实。走过"十一五",亿万农民迎来反哺"三农"的春天,城乡分割的制度逐步废除,从清理欠薪问题到保障生产安全再到社会福利的保障,农民工获得的社会保障与生活权利正在增多。而展望"十二五",城镇化与新农村建设两轮驱动,农民进城的道路也在变得平坦和宽广。

我们有理由相信,随着各项举措的进一步推进,由"工"到"工人"的彻底转变,这一天并不遥远。在为之辛勤劳动的城市里,黄莲梅们也会分享到更多快乐、更有尊严的生活。

(2011年4月15日)

公开不能只是防腐的"备选项"

陈家兴

不给公权力对公开"可选可不选"的自由,不给公权力可以变换规则、任意拿捏规则等自由,公开制度才会有刚性约束

"公开"防腐的威力,再一次被实践证明。最近,四川万源市把城镇职工养老保险的各个审批环节"全裸",来自四面八方的说情风很快销声匿迹。

"我每天都要接到几个说情的电话,真是不胜其烦。"万源市有关官员大实话的背后,是一些不符合参保条件的人希望通过"走后门"获取利益的实情:一些不到退休年龄的人想篡改年龄,一些人想假借特殊工种以提前退休,更有些人想增加工龄提高退休待遇。

不管万源市"全裸"社保审批环节是一种主动设计还是无奈选择,都从一个侧面说明:面对腐败滋扰,公开作为一种刚性的防腐制度,是权力行政和官员自律的一种价值取向。想让自己"无权腐败",公开即可以成为腐败"防浪堤"——就看你想不想了。

事实上,公开作为一种价值理念,已然超越了政府信息公开"公开是常态,不公开是例外"的应用范畴,拓展了政府行政中对事关群众切身利益重要决策事项的公示要求,更适用于公共治理的诸多层面、

环节和程序。举凡关系群众切身利益的，关系公共利益的治理事项、程序等，公开都应当成为一种价值共识、一种制度设计、一种自觉选择。

然而，公开这个最有效的防腐剂，在公共治理实践中还只是一个"备选项"。许多人不愿意、不喜欢公开，不敢公开，原因就在于，在幕后，攫取利益，捞好处，掩盖不公平、不公正，一切都很方便，都不会有什么麻烦。一旦公开，一些人、一些部门，就可能断了财路，想上下其手就不能随心所欲。一定意义上说，这也正是公开在一些实践中走样、走形式、阻力重重的重要原因。

实践中，公开往往还只是利益博弈中的一种次优选择，是一种妥协乃至借以撑门面的结果。很多时候，掌握各种资源配置的绝对权力方，有意无意让公开缺位，只是在利益大蛋糕分割完毕需要对小蛋糕微调时，在各方权力人情关系摆不平时，在攫取的利益形同鸡肋而腐败风险又太大时，公开才成为了决策的现实共识。如此"选择"出来的公开，绝非真正意义上的制度设计，公众也未必买账。

全面公开需要一个过程，但在社会发展的现实和大势之下，公开只有成为防腐的一个"必选项"，才可能真正产生威力。所谓"阳光是最好的防腐剂"，其前提正是阳光必须照耀。在公共治理过程中，不给公权力对公开"可选可不选"的自由；在公开过程中，不给公权力可以变换规则、任意拿捏规则等自由，公开制度才会真正具有刚性约束。

如何才能让公开尽快成为防腐的"必选项"、成为公共治理的必经路径呢？公开的制度如何获得科学设计的支撑不致有漏洞之虞呢？这需要以更加自觉主动的态度加以推动。

（2011年4月14日）

警惕"一票否决"被异化

范正伟

"一票否决"不是万金油,不能成为包装懒政思维的精美外衣,不该成为加重基层干部负担的"紧箍咒"

时下,各地"一票否决"的出镜率很高。除了熟知的计划生育、环境保护外,信访治安、城市环卫、安全生产、招商引资……似乎都在搭"一票否决"的快车。

在这种背景下,有的地方紧急刹车:近日,江西省委办公厅发出通知,要求除党中央、国务院和国家法律法规明文规定外,坚决清理各种不符合规定的"一票否决"或具有"一票否决"性质的检查考核。此前,广东、新疆等地也出台了类似举措。

过多过滥的"一票否决"被否决,于"一票否决"而言,是一种正本清源;对基层干部来说,是一次集中减负;从治理水平来看,也是一个提升契机。

所谓"一票否决",是指政府部门干部考核里,在规定的多项任务中,有任意一项或者特定某项没有完成,则评估为整体不合格。这种指标设置,突出政府在特定时期的中心工作,对于全局工作具有积极意义;但同时也意味着,一旦被否决,其他方面做得再好也无济于事,换句话说,所有成绩归零,一切"白干了"。

或许正是因为这种威力,"一票否决"被许多地方青睐,成为衡量下级工作绩效的重要标尺。甚至在某种程度上,成为上级"给力"、"铁腕"、"决心"的代名词。

过犹不及,"一票否决"的事项,应该是那些事关全局的重大事项。如果仅仅因为表示"重视"、强调"力度",就不分主次、眉毛胡子一把抓,连厕所改造、宠物饲养也搞起了"一票否决"。最终,什么重要什么也不重要,"一票否决"的分量与效用也趋向于零。

所以,对于"一票否决"这一举措,无论否决什么,还是谁来否决,都必须考虑其正义性、合理性乃至合法性。

首先,"一票否决"是一个问责举措。问责的前提是"权责明确",但从现实来看,许多"一票否决"的背后,往往是权责错位,是上级的懒政思维,正如有干部言,对乡镇干部实行的许多"一票否决"并不公平,因为"他们没有执法权"。

其次,"一票否决"是一种资源配置。在资源有限的前提下,过多的"一票否决"会使下级疲于应对,导致表面文章的产生;或者顾此失彼,不计成本调动一切资源完成"一票否决"的工作项目。这势必助长短期行为,给社会的稳定和谐埋下隐患。

最后,"一票否决"也不能背离法治。一些地方"一票否决"的出台,仅仅是政府会议通过或者某位领导要求;还有一些地方明明有法不依、执法不严,却不用法律手段处理,反而退缩到行政层面靠"一票否决"解决。

那些关乎基本国策的"一票否决",应该也必须认真坚持下去。但"一票否决"不是万金油,不能成为包装懒政思维的精美外衣,不该成为加重基层干部负担的"紧箍咒"。一个科学的考评体系,要强调执行力,更要权责分明;要看数字材料,更要考虑群众感受;要看到当前绩效,更要考虑主观努力、客观因素和长远发展。

(2011年4月13日)

危机公关不是"丑闻消音器"

单学刚

> 危机公关要有法律底线和道德操守，不能把推卸责任、误导舆论和"金钱公关"当成法宝

中国国际公共关系协会发布的调查报告显示，网络公关及危机公关已成为份额增长最快业务。以大企业、政府及城市为主要客户的公共关系服务需求正逐步增加，据预计，今年此类业务将占公共关系行业三成。

这个"激增"，让人喜忧参半。

喜的是，一些地方政府和企业改变了对突发事件的"鸵鸟政策"，开始重视与公众之间的沟通，重视对公众关切的及时回应，希望通过网络公关来引导舆论、化解困境。与过去的"习惯性沉默"相比，这是一种进步。实践证明，公关运用得当，可减轻危机给地方和企业带来的声誉损害。

忧的是，一些人片面理解了公关的内涵，以为危机公关就是利用网络等媒体"摆平"和"搞定"公众舆论。而不少网络推广公司，也常为自己能"成功引寻互联网上的舆论导向"而得意，其背后的"奥秘"，就是通过控制论坛和网络水军来操纵舆论。

去年沸沸扬扬的蒙牛公关事件，是业内利用网络水军"抹黑"的

典型行为；十多天前发生的"双汇瘦肉精万人道歉大会"闹剧，更是一场试图"抹红"却适得其反的公关丑闻：年逾七旬的双汇董事长鞠躬道歉，有经销商甚至现场高喊"双汇万岁"。中国国际公共关系协会负责人近日向媒体透露，这次"表演"是公关公司的手笔。出了问题，企业不是忙着给消费者损失一个说法，却忙于计算自身损失，企图通过"表演"蒙混过关——危机公关异化为"秀"意十足的"表演"，引来的只能是更大危机。

危机一旦出现，邀请专业公关机构参与应对，组织公关活动，这本身不是问题。但危机公关有一个前提，就是以诚恳、诚实的态度面向公众，不回避问题和错误，而不是通过拙劣的表演欺骗公众。仅靠公关手段，绝不可能代替危机的真正化解。那些只会"捂盖子"、花钱"删帖子"，而不是忙着解决问题、舒缓公众情绪的做法，无疑是本末倒置。事实证明，"秀"出来的危机公关不是、也成不了真正的"丑闻消音器"。只有真诚地道歉、及时地弥补、积极地查处、主动地改进，才能及时挽回形象；也只有积极承担企业的社会责任，才能赢得消费者的同情理解，重新找回公众的信任尊重。

危机公关、网络公关的火爆，某种程度上说，是社会的进步，是政府部门和企业成长的需要。可是，公关要有法律底线和道德操守，不能把推卸责任、误导舆论和"金钱公关"当成法宝。当然，这不仅需要公关行业加强自律，更需要"出事"企业、政府，以正确的态度和方法，找到真正的"丑闻消音器"。

(2011 年 4 月 12 日)

行业反"潜"需要攻坚战

姜泓冰

> 那些羞于见人的行止"潜流",那些有损全体公民利益的发展"奥秘",如不斩断遏制,扰乱的必是整个社会环境的公平与秩序

一张浙江某旅游公司的导游《佣金分配表》在网络上疯传,引发了人们对导游诱导游客购物消费获取巨额佣金这一旅游业"潜规则"的新一轮关注。

导游从商家吃回扣拿提成,本不是什么新闻。而这张"分配表"的意义,在于它将导游、旅行社、商家之间利用旅客购物而产生的利益分配比例,曝光在公众面前。佣金占比之高,甚至完全倒挂失调,让人咋舌,最高的紫砂、珍珠、菊花等商品,导游提成高达50%。而杭州600元的丝绸套装,据说成本仅百元,余下的全是旅行社提成、导游回扣和商家利润。

如此高的回扣率,足可使那些辛苦采购生产的实干家们羞愤,也让人们对旅游业盈利模式产生了质疑。一个擅长"导购"的导游,恐怕仅此收入足以远远高出"导游"所得;旅行社账面上正规经营净利普遍不到1%,与台面下的商业提成相比,怕也是小巫见大巫。

这些私下交易获取的提成和回扣,必然是削薄公开、规范的经营利

润的结果。可能不同地方的导购佣金比例不同，但可以肯定的是，这种非正常"导购"下的私利刺激，必然会让旅行社与导游把游客视为谋取私利的"商业资源"，旅游也因此成了一场"游客与导游间斗智斗勇的游戏"。去年以来，香港接连发生的导游与内地游客恶性冲突，导游教训侮骂不肯购物的游客时十分理直气壮，也是因为过高的购物、消费提成已成为导游生存的核心利益，是旅游业内不成文的通行规则与行为逻辑。

不止旅游业，不少行业里也存在各自的"潜规则"。医药行业，医院科室或医生凭着处方用量多少从药厂拿提成，一度令大处方盛行、抗生素滥用；食品行业，拿廉价树胶替代昂贵蜂胶是蜂蜜生产的行业"常识"，火锅添加化学药品熬制"靓汤"，是公开的秘密。三鹿奶粉事件最终曝光前，在奶粉中添加三聚氰胺以提高蛋白质含量，也是"一传十十传百"的奶牛饲养和乳品生产行业"宝典"。

业内通行而不语，只用来蒙骗外行的消费者，这样的"潜规则"贻害无穷。一方面，它肆无忌惮地突破了"明"的法律、道德底线，蚕食着整个社会的诚信基础，另一方面，它也以一点个人或个别企业眼前的毫末私利，挤占了正常成本，甚至一再上演"劣币驱逐良币"的情节，损毁着一个个行业、产业的整体利益。那些羞于见人的行业"潜流"，那些有损全体公民利益的发展"奥秘"，如不被及早发现、铲除根治，它扰乱的，必是整个社会环境的公平与秩序。

反腐难，反行业"潜规则"更难，行业内大量利益既得者一起组成了利益联盟，让外人难以窥探，更难被根除。从这个意义上说，反行业"潜规则"，尤需一场社会攻坚战。

(2011年4月11日)

有了"四千万",丢了什么

李泓冰

在财富膜拜后面,是对普通劳动者的轻慢,对平凡生命的蔑视

日前,北师大房地产专业的一位教授在微博中告诫学生:"当你40岁时,没有4000万不要来见我,也别说是我学生。"经过网络发酵,这位教授因此言论一夜成名。在一个多元化的社会里,时不时放出个把类似的刺耳或顺耳的话来,本不算稀奇。值得人们思考的是,这样的言论何以能如此触动社会舆论和社会心理?

以财富作为成功人生的标准,自然不是这位教授的发明。现在,媒体每年要排富豪榜,电视上的一些访谈节目、肥皂剧则直白地以拥有豪宅、名车与美女描摹"成功人士"……国人对财富的热情被极大地激发起来。与此同时,中国的基尼系数也在逐渐攀升,让国人对有关"财富"的话题格外敏感。人们对这位大学教授用财富区分学生成功与失败大加批判,流露出的是对象牙塔精神净土竟也被财富"污染"的集体郁闷。

关于财富的崇拜,所掩饰的是对什么的轻慢?

且看一位年轻人在一次车辆碰擦事故后叫板对方的雷人之语:"一看你的车,就不如我爸!"此人事后承认,只是想唬住对方,令其误认

为自己有背景。

从"车不如我爸"到"40岁赚4000万才能认师",有着清晰而一贯的逻辑线索:在财富膜拜的后面,是对普通劳动者的轻慢,对平凡生命的蔑视,而平等与民主意识在他们的脑海中已无处容身。更令人悲哀的是,将这样的逻辑应用得如此纯熟且不由自主的,是年轻的学生或他们的老师。所谓"知识阶层"表现出来的这种轻慢,不容我们不生出警觉之心。

中国知识分子一向深具社会责任感。从前的士大夫阶层自许"士不可以不弘毅";"五四"之后,现代知识分子阶层更以救亡和启蒙为己任,推崇"德先生"与"赛先生";而以饱学之身投入"英特纳雄耐尔就一定要实现"洪流中的一代共产党人,为了无产阶级的幸福,慨当以慷,不惜抛头洒血……人民当家作主、知识阶层与劳动阶层一律平等,生命没有高低贵贱之别——这样一些中国的志士仁人花了一个世纪才使之深入人心的现代观念,如今在有的年轻的知识分子中却有渐渐式微之嫌。

当膜拜与轻慢的对象发生了错位,仅仅指责是不够的,或许,我们应该反思平等教育、平等意识的严重缺位了。

(2011年4月8日)

购物卡考验反腐调适能力

张 铁

针对新情况、新问题,实现"精确瞄准"、"精确打击",才能有效反腐、防腐

反腐利剑再次指向"收送商业购物卡"行为。日前召开的国务院廉政工作会议重申,领导干部收受商业预付卡等,将以收送同等数额的现金受贿处理。

去年1月,中央颁布实施了《中国共产党党员领导干部廉洁从政若干准则》,详述了52种"不准",接受"购物凭证"赫然在列。今年3月22日,中共中央纪委颁发实施《〈中国共产党党员领导干部廉洁从政若干准则〉实施办法》,明确了违反52个"不准"行为的具体处理依据。

事实上,从高额会员卡到商场代金卡,再到"有刷卡机处都能用"的消费卡,各种购物卡不断升级换代,屡屡出现在各种"受贿清单"之中。北京石景山区检察院一份报告显示,以购物卡贿赂的案件,2009年占到了行收贿案件总数的83.3%。可以说,愈演愈烈的"购物卡腐败",折射出腐败形式在新经济社会条件下的不断变异。

不仅是购物卡,越来越多的新型腐败,都已进入监管部门视野。52种"不准"中,"内幕交易"等列入其中。2007年,中央纪委《关于

严格禁止利用职务上的便利谋取不正当利益的若干规定》，包括了借房、借车等长期不还视同受贿等内容，正是为堵住花样翻新的各式权钱交易。不管是主动出击，还是形势倒逼，对新型腐败三令五申的禁止背后，是相关部门对新问题的及时应对，反映了治理的决心。

腐败产生于经济社会的土壤，地块越大、结构越复杂，滋生腐败的罅隙也就越多。社会财富大为丰富，经济活动大为增加，经济主体不断萌生，腐败产生的条件也更多，当前的情况就是如此。如何有效管理和引导类似购物卡的新事物，不仅考验监管机制的科学性、合理性，也考验相关部门在经济社会转型期的"调适能力"。只有及时跟进，才不至于在新问题前败下阵来。

从许多国家的发展经验看，经济社会发展的过程中，腐败现象存在一种倒 U 型的轨迹：发展到一定阶段，腐败会呈增多趋势；到了发展成熟期，就会逐渐下降。然而，绝不能因此而放任当下的腐败。恰恰相反，只有加强制度建设，不断实现"精确瞄准"、"精确打击"，有效遏制各种"擦边球"，才能促使经济社会良性运转，不断走向成熟。

如果说购物卡是一个经济问题，"购物卡腐败"就实实在在是个政治问题。国家预防腐败局负责人在今年两会期间就曾表示，7 个部门正在会商推出"预付卡实名制"，相信这对管住"购物卡腐败"会有实效。而同样，摸清新情况、新问题，对其他领域、其他地方出现的腐败不断施以"精确打击"，才能有效反腐、防腐。

(2011 年 4 月 7 日)

"墓地使用权"被误读的背后

李天扬

> 在制度安排、行业管理上更好地"善后",既是给生者以慰藉和力量,也体现民生关怀、社会进步

墓地只有20年使用权?原来是场误读!

清明节前一天,民政部有关负责人明确表示,墓地使用期限与其土地性质和使用年限有关,一般为50年或70年,"如果土地使用年限延长,墓地使用年限应自动延长"。而之所以规定20年的收费年限,是"从保护群众利益和方便群众缴费的角度提出的限制性缴费周期"。这番及时而权威的解释,给几天来社会广泛关注的"墓地使用期限20年"之争,画上句号。

"入土难安"的虚惊似乎就此化解。然而,这场争议的起因、发酵过程,却给我们留下许多思考和启示。

仔细阅读相关墓地管理规定或者业内人士解释,人们并不难了解所谓"20年期限"具体所指内容,正如有人打比方说,好比"买了房子要交物业费",墓地管理费到期了应按规定续交,理儿并不算复杂。所谓"争议"本无从谈起。

但误读也并非空穴来风。媒体揭露的殡葬行业垄断性高收费黑幕,网友"晒"出的各种"身后服务"产业链乱象,让人们对这一行业的

相关规定、管理规范，生出许多质疑，引发各种猜想。另一方面，一些政府管理部门的人士在就墓地问题展开说明时，一味强调"墓地只有使用权，没有所有权"，甚至说"墓地不属于国家必须要去保障的范围"，让不少人感情上难以接受，沿着自己的惯性思维去解读；当然，还有一些解释干脆是"以其昏昏，使人昭昭"，则进一步加重了公众的疑虑。

我国地少人多，不可能不断开辟大量墓地，让亡者与活人争地。因此，海葬、树葬、塔葬、壁葬等生态墓葬形式，不仅是当前提倡的殡葬新风，也是世界大趋势。即使是传统的入土安葬方式，也正在向小于1平方米的小型墓发展。对于个别人私自占山占地搞的豪华墓园，更是强调取缔。显然，通过政策导向来倡导，也合情合理。

但一些"科学选择"必须建立在公众的感情认同上。在绝大多数人仍秉持入土为安观念的今天，体察、体谅群众的这种观念和习俗，在墓地管理、收费、存废问题上照顾群众的情感需求，让百姓葬得安心，也是为政者需要承担的责任。

其实，在墓地使用权这件事上，政府也好，公众也罢，都应该树立依法办事的观念。20年到了，是不是要续交管理费，应该按当时合同规定行事。"您的墓地已欠费"，这句话看似雷人，却并非没有道理。现在的当务之急是：民政部发布《公墓管理暂行办法》已经19年，"暂行"的是不是太长了点？相关的法律，是不是该尽快完善？而如果有法可依，争议和误读，或许就不会发生。

逝者已矣，他们无法感知身后事。但政府能否在制度安排、行业管理上解决好"善后"的事，既是给生者以慰藉和力量，也同样体现着民生关怀、社会进步。

(2011年4月6日)

房价调控莫走调

于 猛

> 确定什么样的房价控制目标,体现着地方政府调控房价的诚意、决心,甚至发展路径的选择

看来,在各地出台的房价调控目标中,北京不仅是"首降"者,而且极有可能成为唯一言"降"的城市。

按国务院要求,各城市必须合理确定好今年本地区新建住房价格控制目标,并在一季度向社会公布。但截至3月31日撰写本文时,不仅仍有城市噤声不语,而已公布的那些房价控制目标让舆论一片哗然——普遍和当地GDP增速、人均可支配收入增速这两个标准挂钩,不少城市把房价控制目标设定在10%左右。还有一些城市目标模糊,解释弹性大。

难怪有公众质问:这究竟是控制目标还是涨价目标?这样确定房价控制目标,合理吗?不要说房价上涨10%,就是跌个10%、20%,工薪阶层也还是买不起。为什么不少城市控制房价的目标,总是距国务院要求的"居民住房支付能力"那么遥远?

目前,房价问题不仅仅是经济问题、民生问题,更是一个政治问题。中央下了最坚定的决心要把民众反映最强烈的房价上涨过快问题遏制住,国务院密集出台组合重拳来切实解决问题,被称为"史上最严"

的"新国八条"要求各城市公布房价控制目标,也是希望增强人们对未来房价的理性预期,部分打消投资、投机者对房价大幅攀升的预期,改善供给状况。

平心而论,在当前房地产支柱产业地位、土地财政依赖症没有根本改变的情况下,要想让地方"降"下房价调控指标,会很纠结也难实现。但这绝不应该成为有些地方在落实中央要求、解决房价上涨过快问题上走走样子、"调而不控"的理由。针对大部分城市制定的房价调控目标,住房和城乡建设部日前已发出通知,要求各地听取民意,对已公布的房价目标酌情调整,"取得社会的认同和支持"。这是再一次释放目标信号:调控目标要经得起今后的"达标问责",但首先是现在经得起民意的认同。

事实上,遏制房价过快上涨趋势,甚至做到"稳中有降",不是没有可能。去年4月,《国务院关于坚决遏制部分城市房价过快上涨的通知》印发后,房地产市场出现积极变化,去年末的涨幅已经大幅回落。投机、投资需求正在减少,保障房和中小户型的商品房的供应量正在加速上升,一些有利于房价回归合理区间的有利因素正在积累。而现在,北京敢于提出让今年全市新建普通住房价格比2010年"稳中有降"的目标,从另一个角度也证明了这种可能性。

说到底,确定合理的房价控制目标只是第一步。真心实意遏制房价过快上涨,就要切实落实中央和各地出台的一系列调控措施,抑制不合理的需求,增加供给总量,改善供给结构,规范市场秩序等,切实承担起促进房地产市场平稳健康发展的责任。当然,最根本的,是要加快转变经济发展方式,减少城市对土地上所产生的种种"利润"的依赖,把中央的刚性要求视作地方科学发展的一个"倒逼机制"。

从这个意义上看,确定什么样的房价控制目标,实际上体现着地方政府调控房价的诚意、决心,甚至发展路径的选择。

(2011年4月1日)

别给"黑哨环境论"留空间

清 唱

如果每个人都严于律己,哪会有今天足球圈混乱的大环境

身陷囹圄的"黑哨"陆俊、黄俊杰、周伟新,风光不再,悔恨交加。然而其忏悔之言,让人五味杂陈。

"在这样的氛围下,我没有抵御诱惑的能力和水平。""大家都这么做,我只能这么干。""足协领导安排的,我能不按领导意思吹吗"……这些伴着鼻涕眼泪的"忏悔"之词,与我们往常听到贪官污吏受审时的忏悔一样,用的是同一个逻辑:他的错,是社会环境造成的。

贪官污吏如此开脱罪责,让公众斥为"不知廉耻",其辩解之词常不攻自破,被沦为笑柄。然而"黑哨"们的这般辩解,却引来不少同情。比如有人就认为,足球打假反赌抓捕的一些人,"有点冤",错不在他们,而在于中国足球的种种制度。有人甚至说:把谁放在这个位置,都难保不出事。

不得不承认,中国足球存在很多这样那样的问题。为被抓的人"喊冤鸣屈"者,可能是出于对足球的挚爱,希望从根子上解决问题,重振中国足球山河。但这些人真值得同情吗?

拿裁判来说,本是绿茵场上的法官,不管是从职业道德还是体育精神来讲,公正公平执法是最基本的要求。像陆俊这样的裁判,收人钱财

后违背"球场法官"的职责,出事后却一股脑把责任推给了所谓的大环境。我们不禁要问:什么是大环境?大环境是怎么形成的?难道不是由一个个的个体小环境形成的吗?如果每个人都严于律己,哪会有足球圈混乱的大环境?何况,在同样的"环境"下,不是依然还有很多秉公执法的裁判吗?一个坏的制度,确实可能把好人变成坏人,但再好的制度,也会有坏人,有坏人可钻的空子。自己犯了错,不从主观上找原因,反把责任推给所谓的"环境",这是什么逻辑?

有人曾痛心地说,改革开放30多年来,我国各项事业蒸蒸日上,足球却不进反退,到了非整治不可的地步。自开展打假反赌活动以来,一些"鱼虾"纷纷落网,可明眼人都知道,足球打假反赌何其难,侦查难、取证难,各种利益纠结下,查处压力大、阻力多。此次打假反赌的强劲攻势,表明了中央惩治腐败、振兴足球的决心,也显示了多部门合作的力量,人们更期盼中国足球从此能干干净净。当前,打假反赌仍处于紧张侦查的节骨眼上,需要"一查到底"的决心和"乘胜追击"的行动,才能巩固前期足球打假反赌的成果,从而净化整个足球大环境。

动辄就把责任推给"大环境"的心态,也再次提醒人们:打假反赌松懈不得,只有铲除个体身上的"犯罪基因",才可能还绿茵赛场一片干净。

(2011年3月31日)

"无根树"何以种得如此坦然

李泓冰

> 如果得罪了老百姓便乌纱不保,那"无根树"在光天化日之下哪里还种得下去

常常不得不佩服弄虚作假者的"创新精神"。这一回让人无语的,是福建省福鼎市龙安开发区的咄咄怪事:百户农民土地被违规征收,为了应付上级国土资源部门的检查,匆忙种下"无根树"以蒙混过关。

龙安开发区领导这样解释:"房子还要盖嘛……怎么能够做好群众工作,又怎么能够把检查工作做好?""无根树"就是他们想出来的变"两难"为"两全"的"创意"。福鼎市国土资源局领导还乐观地认定,"我们福鼎这几年的土地政策越来越规范了,越来越严"。

就在你好我好大家好的和谐气氛中,栽下了"无根树",蒙过了上级检查团;检查团刚一上车,这边就准备拔树造房……一切都得心应手,天衣无缝。如果不是"讨嫌"的记者又冒将出来,这里将是一片"皆大欢喜"——除了百姓的怨言和消失的农田。

在这个案例中,透出的最令人心悸的信息,还不仅仅是造假——这一回在造假的品种中,又添上了"假树"一类——更值得注意的是,此次营造"无根树"的,不是某些无良企业,不是某些个人,而是一级地方政府。此类作假以前也被揭批过,但欺哄上级的意图之明目张

胆、无所顾忌，还是让人触目惊心。

开发区政府、村委会、村民，这几个层面对"无根树事件"都心知肚明，并不刻意隐瞒；被蒙蔽的，只有"上级检查团"。一切都在光天化日之下进行，并不担心有好事者举报。政令的下传上达、令行禁止，在这个局部颇为畅通，只是所鼓励的，恰是国家层面在竭力限制的，如滥占耕地；所禁止的，恰是中央三令五申要严查的，如弄虚作假。

据调查，此类突击栽树、应付检查的做法在福鼎并非个别。在集体沉默之下，一些干部弄虚作假十分"坦然"，表明他们无惧乎民意，不在乎民心，更将政府公信力视若儿戏——这才令人心悸。

为什么集体缄默？是否说了无用，说了白说，还是没有渠道可说，没有人有兴趣倾听？

细想想，一些人费尽心机去弄"无根树"，说明还是在乎"上级检查团"的。对他们而言，一个地方政绩的好坏，不是百姓说了算，而是自己说了算、上级说了算。

倘若老百姓对干部的升迁与否有发言权，干部对民意的敬畏自会油然而生。然而，如何实现让百姓参与选人用人、参与监督行政权力的运作？如何防止公共权力作伪，乃至被滥用甚至弃用？在我们的制度设计中，其实并不乏制衡与监督力量，但在基层的现实操作时，却常常不尽如人意。于是，一些恣意妄为的干部，便认定，哪怕民怨四起，只要搞定上级，我自岿然不动。

针对这样的现象，中央领导同志有言："扩大干部工作民主是深化干部人事制度改革的基本方向，公开是扩大民主的前提。"诚哉斯言。如果得罪了老百姓便乌纱不保，那"无根树"在光天化日之下哪里还种得下去？

（2011年3月30日）

土地流转须尊重农民意愿

徐立凡

从根本上说，无论土地开发利用的出发点多么好，农民的土地使用权益都不容剥夺

地处东北"黄金玉米带"的吉林省前郭县，是全国十大商品粮基地之一。去年年底启动"现代化农业示范区项目"后，1300多户农民被划入土地流转的范围。有媒体报道，尽管当地宣称该项目对农民增收有好处，但也有一些农民算的账是，同意流转远没有自己种地收益大。日前，甚至发生了当地干部进村强行上门"送钱"、却被村民毫不领情"扔回"的事情。

28日，当地政府表示未强制农民出让土地。尽管各方说法不一，但有一点要明确的是，土地流转，必须尊重农民的意愿。

上门"送钱"，在一定程度上体现了对农民土地经营权的认可，也体现了基层干部说服工作的不易。但就其性质而言，仍属于应急式的强制补偿。补偿额度如何设定，是一次性补偿还是按年补偿，能否弥补农民认定的土地流转后的利益损失，是否有机制性保障等等，均未明确。而没有签土地流转协议就不能买种子化肥备耕的规定，更有剥夺农民正常生产权之嫌。

根据《农村土地承包法》的规定，土地承包经营权流转应遵循依

法、自愿、有偿的原则。如果土地流转没有严格遵循法定原则，不仅不利于土地出让的合理流转，而且容易激发基层矛盾，使正常的生产和社会秩序遭受考验。

近年来，随着土地使用制度的改革和城市化进程的加快，农村集体土地的流转极为活跃，成为需要认真研究、制度跟进的一个经济现象。当前，忽视农民集体土地所有权，以行政干预代替市场协商方式进行土地流转的事情，并不鲜见。

究其原因，在于农村集体土地有偿使用制度的设计仍有改进空间。一方面，政府征地与土地流转之间的界线仍较模糊。在用较少行政成本实现大规模开发以带动地方经济的诉求下，不时出现以强制性手段代替市场配置功能的事情，导致农村集体和农民个人收益权受损。另一方面，农村集体土地经营权的主体也缺乏明确界定。比如，谁可代表农村集体土地经营权所有者与开发方协商？谁来决定土地经营权的市场作价？由于利益主体和利益分成机制不清晰，如果农民参与度不够，就难免出现在利益判断上与地方政府部门有落差的情况。在吉林前郭县的事件中，当地政府部门通过土地规模开发经营实现规模效益的想法并没有错，农民维护自身利益也没有错。显然，要缩小双方对于土地效益的判断落差，仅凭思想工作难以完成。

从根本上说，无论土地开发利用的出发点多么好，农民的正当土地使用权益都不容剥夺。真正做到这一点，不仅需要对农村集体土地经营权保值，还需要令其增值。这意味着，对于农村集体土地使用权，既应通过市场化的手段进行评估，以保证农民利益，也要通过企业化的运作，让农民利益升值。唯有不断地制度创新，农村土地才能得到合理开发利用，农民土地利益才能得以保护，并分享到农村土地利益升值后的开发成果。

(2011年3月29日)

不"慈"不诚，何以为"善"

田 泓

> 高尚的目的，更需要通过诚实的路径抵达。否则，非但结不出善良的果实，还只能透支社会信用成本，阻碍进一步行善的脚步

一位母亲为筹集医疗费用、怀抱眼癌宝宝在广州闹市跪爬千米，引来众人唏嘘和关爱，虽筹得巨额手术费用，但最终却被揭出是网络公司的炒作。这出所谓的"慈善策划"，再次将如何行善推向舆论焦点。

面对大街上蓬头垢面甚至身患残疾的乞儿，给钱还是不给，恐怕是很多人都有过的纠结。给吧，多半其中有诈，甚至会助纣为虐；不给吧，又于心不忍，怕误了个把真的有难者。就在这给与不给的纠结中，向善之心被一而再、再而三地消磨，而最终被可悲地透支了的，是整个社会的诚信。

"跪爬捐助"事件中所杜撰的"富家子弟"恃强凌弱的桥段，之所以能如此精准地击中大众的敏感神经，固然有贫富差距加大的社会现实背景，也与我们的慈善过于聚焦某个事件或个人有关。

整个"跪爬捐助"事件中，最值得深思的是"策划人"的表白。一是他坚持认为整个过程是在行善，自己非但没从中拿一分钱，还捐了300元，并且超额筹到了手术费，"坏就坏在媒体不该揭露真相"。二是

他称网上每天有那么多人发帖求助,却反应寥寥,若无此番策划,那对母女可能至今还会深陷绝望之中。

这话或许有几分道理。但是,高尚的目的,更需要通过诚实的路径抵达。慈善作为社会事业,需要一定的策划才能起到一呼百应、放大爱心的效果。但是,被愚弄、被欺哄的同情,以及有辱受助者尊严的策划,非但结不出善良的果实,反而只能透支社会信用成本,阻碍进一步行善的脚步。不慈、不真、不诚、不信,何以为善?

经过多年的宣传与实践,慈善观念正深入人心。但名人的善举常被拷问,如不断涌现的明星"诈捐门"、某些不尊重受捐者的"暴力慈善"行为,以及一些善款被滥用甚至挪用,都让大众对慈善事业的信任屡受伤害。事实上,与其去追究行善者的动机,不如为慈善创造更良好的社会环境、法制环境与舆论环境。其中包括捐助体系的完善、对慈善组织的监督,也包括慈善文化的提升。如果总是把施舍等同于救助,慈善就很难走上理性的轨道。没有受助者的尊严,又哪来慈善事业的体面?

更重要的是,倘若我们的医疗保障体系能更完善,能惠及更广大人群,让眼癌宝宝能通过正常渠道得到正规治疗,那么"跪爬"也就不会产生如此强烈的戏剧性。

只问目的,不管手段,虽可成功于一时,却难免遗祸于一方。行善者仁心仁术,受助者真实真诚,慈善事业方能一方受助,八方受益,历久弥新,行之久远。

(2011年3月28日)

"高调退贿",壮举背后的无奈

范正伟

让现场的"严肃拒贿"先于事后的"高调退贿",应当是对规则更好的捍卫,也是对个人更早的保护

张翕飞现在的心情,或许比他当初选择"高调退贿"时更为复杂。

自去年10月以来,这位江苏盐城的干部,先后两次将总计6笔价值9000元的退贿清单在网上公开。张翕飞称,送礼是官场潜规则,当初收礼则是因不便当场驳人面子。

对张翕飞这种悬之于网、公之于众的退贿之举,人们反应不一。有人力挺,也有人质疑。但一个基本共识却是,退总比不退好,公开退也比悄悄退好。

这也是张翕飞的初衷:希望以此弘扬正气、净化风气,并告诉大家"找我办事不需要送礼"。以一己之力发布廉政宣言,以个人名义向潜规则说不,张翕飞的力量也许有限,却勇气可嘉、难能可贵。

但我们还是不免为他担忧:"高调退贿"毕竟不是"高调拒贿",虽然法律规定,"国家工作人员收受请托人财物后及时退还或者上交的,不是受贿。"但毕竟有"及时"的要件,万一"不及时"呢?换言之,张翕飞为什么要冒这种法律风险?

"碍于面子",这样的理由看似简单,却颇为沉重。因为想着"不

打送礼的人，不打笑脸的人"而无奈收礼，不只是张翕飞一个人的纠结。即便是张翕飞，在公开退贿清单时，也隐去了行贿者的单位和姓名。

当"碍于面子"成为一种普遍习惯时，连选择"曲线抵抗"的张翕飞，也被一些同事认为个性有点"怪"、"思维异于常人"。那些铁面无私者，被看做"另类"、讥为"僵化"、当成大战风车的堂吉诃德，甚至因不合潮流被"逆淘汰"，也就不足为怪了。

"他们送钱是冲着书记这个职位来的。"一位县委书记在因受贿入狱后如此感叹。给领导干部送礼，不是冲着人情往来，而是为了权钱交易。可见，"碍于面子"虽能博得一时"和谐"，却会埋下巨大隐患。一位公安局副局长就曾这样反思自己的落马："倒在人情世故面前"，"中了温水煮青蛙的陷阱，发现时已经无力挣扎"。因为面子从"身不由己"走向"情不自禁"，由"被动型腐败"演变为"习惯性沉沦"的案例，近年来并不鲜见。

因此，对于张翕飞们而言，卸下"碍于面子"的重荷，让现场的"严肃拒贿"先于事后的"高调退贿"，既是对规则更好的捍卫，也是对个人更早的保护。就此而言，如果说"高调退贿"彰显的是良知勇气，那么"严肃拒贿"体现的就是原则操守。因为所谓"面子"，只应在私人交往领域存在；而在公共领域，"规则"应始终被恪守遵循。

让"严肃拒贿"先于"高调退贿"，除了领导干部的良知勇气，更需要制度监督的持续给力。公众力挺"高调退贿"的背后，正是在呼求制度的应答。温总理在今年两会记者招待会上曾说："消除腐败的土壤还在于改革制度和体制。"如何通过制度瓦解"一个不得不送、一个不得不收"的腐败环境，杜绝只顾"面子"不顾"里子"的"空壳人"，进而弘扬"严肃拒贿"的理念，树立对规则制度的现代信仰，这样的命题同样需要高调解决。

(2011年3月25日)

期待"问责党委领导"的效力

邓聿文

问责不仅要对渎职官员进行惩罚,也应要求党委政府对民意有所回应。这是提升问责主体的意义所在

日前,《北京市实施〈关于实行党政领导干部问责的暂行规定〉办法》正式对外公布。其中最值得关注的是,党委领导首度被列入问责范围。此外,问责办法的亮点还有"问题官员"两年内不得提拔,实行问责与党纪政纪处分不能相互替代,"不作为领导"也要问责,以及弄虚作假从重问责等。可以说,上述严格规定,是问责制实施以来的一大进步,也是完善问责制的一记重拳,必将更好地促进责任政府的建设。

有权必有责,用权必担责。建立健全问责制是加强对党政领导干部管理和监督,增强党政领导干部责任意识,不断提高党的执政能力和执政水平的重要举措。通过问责党委领导,促使各级党委领导真正懂得权力的含义,主动承担应负的责任,以充分发挥问责体制的效力。

从党政领导问责制实施以来的情况看,虽然在一些重大事件的问责中,有党委主要领导被免职的案例——例如,在江西宜黄县"9·10"拆迁自焚事件中,负有重要领导责任的宜黄县委书记邱建国被免职——但各地出台的问责制,主要还是对行政官员问责,政府或部门"一把

手"被免或被责令辞职的比较多,而同样作为决策者的党委领导干部却很少被问责。在现有的决策体系里,党委处于关键的地位,各级党委领导,特别是党委主要领导,对一个地区或部门的经济社会发展,领导干部的廉洁自律,其所起的作用,非常重大。

当前,有的地方实行的问责制,还多半停留在有一事问一事、出一事责一事的层面上,有时甚至是为"平民愤"而去问责,对问责制的认识显然存有误区。问责的根本目的,是要加强对权力运行的制约和监督,保证把人民赋予的权力用于为人民谋利益。这就决定了问责是一个责任体系,党委、政府及其官员在其中都需要承担法律责任、行政责任、政治责任、道德伦理责任;这也意味着,问责不仅要对渎职官员进行惩罚,也应要求党委政府对民意有所回应。这是问责制的精髓所在,也是提升问责主体的意义所在。

将党委领导列入问责范围,对于推进党风廉政建设具有重要意义:如果滥用人民赋予的权力,不担职责,就该付出应有的代价,从而促使各级党委领导时时意识到自己的权力和责任所系,严格约束自己,带头遵纪守法,审慎决策,善用权、用好权。

对各级官员特别是党政领导干部的权力进行监督,是一项长期而艰巨的任务。值得欣喜的是,问责党委领导已逐渐在一些地方成为共识,继北京后,广东、重庆等地也将党委领导列入了问责范围。不过,为了使问责制发挥更大作用,还需要合理配置和划分权力,强化舆论监督,培育问责制的制度文化。

(2011 年 3 月 24 日)

别让"换届监督"虚晃一枪

董宏君

一项举措若缺乏对细节的规范,再好的初衷、再大的声势也可能会在实际工作中被虚置

眼下,全国省、市、县、乡四级党委正自下而上进行集中换届,地方各级人大、政府和政协换届工作也将陆续展开。为方便干部群众监督换届工作,畅通举报、投诉、反映渠道,各地纷纷推出公开透明之举。山西省纪委、省委组织部开全国之先河,联合公布了260名各市、县(市、区)纪委书记、组织部长手机号码和电子邮箱,确保换届选举在阳光下运行。

这是一种有益的尝试。尝试中也会有这样那样的问题。比如,就在这些纪委书记、组织部长手机号码和邮箱公布的当天,有记者随机拨打名单中33人的手机,发现3人关机、16人接通后无应答、4人在通话,接通率很低;有纪委书记称当天收到了"新邮件50封","电话明显多了",但"询问咨询的多一些";还有的表示"反映的问题方方面面,也有人只是抱着试试的心态。"当然,也有一些"接通后对方不说话"的,甚至打"骚扰电话"的,让纪委书记、组织部长们感到"挺影响工作"。

这些反映,折射了公众在当下政治生活中的复杂心态:媒体的快速

跟进"验证",公众的咨询试探心理,找到渠道后的一吐为快、沉默无语中的审慎观望,甚至在各种"骚扰"中传递出的某种"不满"。换个角度看,这些心态与情绪不无道理,因为它们来自广大党员干部群众的关注与期待,正确待之,可以成为各级党委和各级组织、纪检部门继续完善、细化工作机制的"市场讯息"。

把换届全过程置于组织、干部、群众的有效监督之下,通过千万双眼睛的"紧盯",提高选人用人满意度,是中央的要求,也是中央的决心,更是一次党员干部群众广泛参与、让反腐更有成效、让民主再获推进的实践机会。这个"机会"事关一个地方的发展全局,事关"十二五"科学发展、社会和谐是否有保证,事关党在人民群众中的威信。如何让各地的公开举措更细更实更具操作性,让党员干部群众参与的积极性更高,非常需要分析上述"市场讯息"。

实际上,这些讯息反映的情况值得思考:较低的接通率,表明"公开"的实效还有限,被公开者担负的责任不直接。同时也说明:如果没有"对下级负责"的约束机制,履行职责就会缺少一些紧迫感;如果没有类似操作手册的"每一项任务有具体机构承担、每一项工作有具体人负责",考核问责再严也是"雷声大雨点小",淋不湿几个人。

一项举措若缺乏对细节的规范,再好的初衷、再好的形式也可能会在实际工作中被虚置。强化对制度环节的精细化设计,才是对群众期待的有效回应,对群众参与的极大鼓励,对群众监督的真正重视。据最新报道,就如何平衡其他公务和换届选举的工作,如何解决热线中反映的问题等事项,山西省委组织部正在酝酿进一步完善措施。应该说,这是一种科学的态度、务实的探索。

让群众广泛参与监督,需要的不仅是创新姿态,更要落实在具体行动中;不仅要拓宽渠道,更要让渠道通起来、发挥好作用。期待各地在换届工作中有更多创新务实的实践,让选人用人满意度进一步提升,让组织部门的公信力进一步增强。

(2011 年 3 月 23 日)

惠农政策农民岂能"不知情"

单士兵

让人们对涉及自身权益的问题拥有充分知情权、行使好监督权，才能最大程度避免民生工程的"被打折"

近年来，农业机械化成为保障粮食安全的基础性工程，国家每年投入大量资金用于补贴农民购置农机具。在河北保定市，自 2004 年以来，国家每年发放了数千万元农机补贴，然而，由于这些巨额资金长期脱离监管，现已查实的违法违规金额就高达 110 多万元。

此类现象不止发生在河北保定一地，随着其他地方类似情况陆续被发现，人们揪心不已：如果这种坑农行为在更大范围内发生，将会有多少惠农资金被一些人中饱私囊？又将给国家的惠农政策造成多大的损害？

不难发现，在这起事件中，信息不对称、内部监督形同虚设，是农机生产企业和管理部门得以相互"勾结"的重大漏洞。因为很多农民对国家农机补贴这样的好政策尚不知情，一些农机管理部门才能肆无忌惮地骗取农民信息，套取国家补贴款私分。

类似信息不对称现象，在其他惠农政策上也曾发生过。据新华社调查，近年来国家通过采取农业税减免、粮食直补、良种补贴等方式，加大"三农"的扶持补贴力度，但在内蒙古、山西等地，惠农资金有被

截留、挤占和挪用的现象。而其中一个共同特点，就是很多农户均没有听说过相关政策。

在今天，实现信息公开是很重要的事。因为信息本身就是一种宝贵的资源，它只有在公开和公平的语境下被分配使用，才能满足社会不同主体的平等需要。如果信息资源只是掌握在某些人手中，就很可能造成某种垄断，对其他主体形成利益掠夺。在国家农机补贴问题上，也正是因为信息资源只掌握在少数人手中，内部监管失灵，外部监督缺失，最终，信息资源变成了某些农机生产企业和管理部门贪腐的工具。

从实际情况看，当前农民要获取国家惠农政策这种信息资源，渠道还比较单一。很多时候，他们多是依靠乡村干部的传达，甚至是靠"道听途说"来获取。这就为信息传递中的无意减损甚至有意隐瞒提供了便利，更无法调动和利用受益主体的监督积极性。惠农政策本身包裹着巨大的利益，而当前基层监管还比较薄弱，层层下发的过程中，如何避免"雁过拔毛"现象，是好政策口惠实至的关键。多种惠农资金被截留、挤占和挪用的现象说明：面对利益之诱，仅仅依靠相关管理部门和基层工作者的"自觉"与"自律"实现信息公开，进而形成立体监管，只是一种善良的愿望。

让惠农政策真正惠及农民，最行之有效、也是成本最低的做法，就是从上到下建立起充分的信息公开制度，保证各种信息渠道充分畅通。让人们对涉及自身权益的问题拥有充分知情权、行使好监督权，才能最大程度避免民生工程的"被打折"，制止"惠农"变"坑农"这类恶劣事件的发生。

(2011 年 3 月 22 日)

问题食品确须"坚决查处"

姜泓冰

让更多黑心牟利者、失职的监管者不敢、不能心存侥幸，是解决食品安全问题的当务之急

"瘦肉精"事件曝光5天了。对于"双汇"这个在中国市场名气不小的品牌来说，消费者的信任危机、企业形象被影响以及直接经济损失，已经不可避免，悬念只是：它会不会像三聚氰胺事件一样，使一家经营多年的知名企业就此一蹶不振？

连日来，各级政府、各有关部门高度重视，严查处理"瘦肉精"事件。河南方面宣布处罚28名包括区县检疫人士在内的责任人，农业部、商务部迅速派出督察组赴当地调查，国务院牵头协调八个相关部门组成的联合工作组也随后出动。"坚决查处"，"追究责任"，确乎言出不虚。

"瘦肉精"事件又一次加剧了食品安全的信任危机。从这几天的市场反应看，不仅生产企业受到重创，还殃及了河南各地生猪饲养户的经济利益，影响了整个肉制品行业的市场声誉。

如果河南方面公布的调查结果属实，"瘦肉精"的实际市场影响其实并不大：媒体曝光涉嫌使用"瘦肉精"的9个饲养场（户）、1512头存栏生猪中，检出含有"瘦肉精"的生猪是52头；正在进行的对孟州

等地163.1万头存栏生猪抽检，检出的问题猪比例似乎也不高。以概率论，这只是"个别问题"。但就是这"个别问题"，却让整个产业、行业与社会，付出了巨大代价！

三聚氰胺奶粉案带给中国奶业的沉重打击，至今绵延：那么多国民不惜花大价钱出国采购、代购洋奶粉，直至将港澳等地的奶粉买到脱销，不仅让国产奶业痛失大片市场，更令国人痛心于不良商人道德沦陷的严重后果。这样的代价我们还要付出多少？

食品安全问题依然频现。就在这两天，重庆发现的一家用福尔马林泡制毒血旺的食品加工厂，已在各种执法检查者眼皮下生存大半年，每天生产2.5吨毒血旺，顺利销往周边市场。人们不禁要问：为什么在食品安全上，那么多部门依然管不住、管不好？

从三聚氰胺到"瘦肉精"……如果食品安全波及的行业越来越多，如果问题事故愈演愈甚，"劣币驱逐良币"的市场游戏将波及更广，危害更烈。也正因此，全国两会上，食品安全成为许多议政者的关注点，一个呼吁以严刑峻法惩治食品、药品领域严重犯罪的建议，成为20多年来联名代表人数最多的议案。

基层检疫监管者的失职，多头监管形成的责任缝隙，企业唯利是图的贪欲，相关部门的护短，商业道德的丧失……治理频发的食品危机，固然是一个长期的系统工程，但严罚重责，让更多黑心牟利者、失职的监管者不敢、不能心存侥幸，已是当务之急。当国家早已明令禁用的"瘦肉精"公然变成一个地区、行业的公开秘密，任何一个参与者都不可能再有无辜的借口，任何借口也都是对他人生命健康的有意伤害，是对社会公共安全的一种渎职乃至犯罪。

问题食品确须"坚决查处"，姑息养奸必将使食品安全问题愈演愈烈！

（2011年3月21日）

领导干部参选居委会的意味

郝 洪

作为社区公共事务和公益事业的代言人,居委会如何能在社区公共利益上有更多的话语权才是关键

广州市黄花岗街道社区居委会一次寻常的换届选举,却因正厅级干部陈新的参选,成为媒体关注的焦点(见本版3月16日相关报道)。有人赞同,有人反对,更多的则是惊诧——这是否有点"屈尊"了?

在人们的印象里,居委会就是一群大爷大妈,处理一些婆婆妈妈的事儿。近几年,虽然有不少大学毕业生加入到社区管理队伍中,但总体上,作为群众自治组织,居委会一向是退休人员发挥余热的地方,与政府机关干部、大学教授鲜有交集,更不用说"正厅级"的大学校长、博士生导师了。

如今,广东工业大学校长、博士生导师陈新,这名正厅级干部的参选,能给居委会带来什么?理想的状况自然是,增强居委会的社会影响力,帮助提高居委会这一民间自治组织的管理水平,使居委会真正成为沟通社区居民与政府各管理机构之间的桥梁,成为社区公共事务和公益事业的代言人。

这也正是许多选民的愿望。比如,有选民就说,以前总觉得居委会委员说话不够分量,如今有正厅级干部当委员,希望"实力派"社区

干部能多为街坊办实事。黄花岗街道党工委其实也有此意,在他们看来,辖区内有中科院广州分院、广东省教育厅等大型单位,发动这些单位"有号召力、有资源,也有想法"的领导或老领导参与社区事务管理,"效果是原来的大爷大妈无法实现的"。

应该说,让有影响力的人参与某一组织或机构,的确能够引发大家对这一组织或机构的关注,也的确有利于居委会工作的开展,甚至可能对加强和创新基层组织的社会管理工作带来新气象。但要想从根本上提升居委会的影响力,既离不开具体人的管理能力、管理思路,更取决于居委会本身的"社会地位"。换言之,作为社区公共事务和公益事业的代言人,居委会如何能在社区公共利益上有更多的话语权才是关键。

陈新在接受记者采访时说,他是作为普通市民参加居委会竞选的。陈新之所以强调其市民的身份,相信也和大多数普通群众一样,希望能有更多"普通市民"陈新而非"正厅级干部"陈新参与到社区管理事务中来,社区管理需要的是"陈新"们的决策能力、管理能力,需要的是"陈新"们在建立完善决策听证会、矛盾协调会、政务评议会、居务公开等民主自治制度方面的创新思维。

只有在这些方面取得突破,居委会才能真正提升自身影响力。

(2011年3月18日)

危难时刻,人类需要互相温暖

詹 勇

> 为异国他乡的人们祈福,也是为自己祈福;帮助受灾的人们重新站起来,也是在帮助自己

这几天,日本东北地区的灾情,引起许多国家关注。

"中国政府和人民愿继续提供必要的帮助"。14日,胡锦涛主席向日本表达诚挚慰问。

从3月11日日本发生9级地震以来,那些叫做"宫城"、"仙台"、"福岛"的日本地名,就一直牵动着我们的心;那卷起10米巨浪、冲垮农田和街道的海啸,让人们震惊不已;成千上万日本人的命运和在日中国人的安危,让我们唏嘘和挂念;而可能出现的余震和核泄漏风险,更让全世界一起揪心,共同寻找应对之策。

"人类在面对自然灾难时的同情、关切和凝聚,超越一切。"网友的留言,恰是中国人心态的真实写照。第一时间,中国政府致电日本首相,表示愿提供所需帮助;第一时间,中国国际救援队赶赴日本重灾区;网上调查显示,超过九成的网民认为,大灾面前,应"不分国界,不分种族",积极援助,共同抵御灾难……

是的,没有什么比经历过灾难的人更能感同身受。就在日本地震的前一天,3月10日,我国云南盈江也刚发生了5.8级地震,造成数百人

伤亡，我们的政府和民众也在全力以赴抢救着每一个生命。而此前，我们遭受了汶川地震的重创，经历过玉树强震、舟曲泥石流的悲痛……

正是这些大灾大难，让我们对于生命的逝去、家园的摧毁，有着锥心刺骨的疼痛；对于危难时刻各界力量驰援所带来的温暖，我们也会有着发自肺腑的感激；而对于"自然灾难面前的人类共同命运"，我们更有深刻真切的感悟。

天灾面前，人类就是整体。从去年的海地到智利，从一个月前的新西兰到今天的日本，从地震到洪灾到龙卷风……灾难频繁发生，带给人类永远的创痛，也一次次提醒着每一个国家和民族：在令人惊惧的灾难面前，人类能做的，也许就是守望相助，同舟共济，携手而行。为异国他乡的人们祈福，就是为自己祈福；帮助受灾的人们重新站起来，也是在帮助自己。

曾经在日本仙台求学的鲁迅先生说过："无穷的远方，无数的人们，都和我有关。"这一刻，"悲天悯人"的情怀应该是一致的。

明天，日本的灾情会怎样？我们不知道，但我们愿意祈祷，并和更多国家与人民一起，提供可能的帮助。我们相信，阳光能洒在四川汶川新建的羌寨上，能照在云南盈江县拉勐村的孩子们的脸上，也应该会给日本宫城县仙台市的灾民们带来暖意……

（2011 年 3 月 15 日）

高校改革,要到"深水区"学游泳

姜泓冰

> 惟有放手,让其在"深水区"中学习游泳,中国的高校才能发展,中国的教育才有希望

教育改革进入了"深水区"——从去年国家教育发展中长期规划纲要颁布开始,就时时听到教育界人士这样说。但很少有人去追问:"深水区"究竟指什么?是改革变为静水深流,还是将走向波澜壮阔?

近日,清华大学推出取消博导评选制度、副教授即可以招收博士生等举措。有人为此欢呼:清华大学一下子多出1000多名副教授博导,年富力强的教师可以更好发挥其科研能量和影响力;有人带着迟疑:以前的博导仅从资深教授中间遴选,称得上是"教授中的教授",如今资格放宽,会不会引发博士生培养质量的下滑?博导资格、博士生招生名额分配等审定权力由学校下放到学院、系科,科研界现有的近亲繁殖、门墙森立等现象,会不会因此有了恣肆蔓延的新土壤?

取消博导评选制度并非清华原创,此前已有不少高校悄悄做过试验。中国高校经历了一轮并校扩招的"大发展"之后,面临着高校课程设置、人才培养、治校管理模式等诸多方面的问题,改革的呼声比以往任何时候都强烈,由此引发的迟疑、质疑也比以往更多。

就在这几天,被视作"高校改革试验田"、自授学位的南方科技大

学,历经 3 年多筹备,终于迎来了首批 46 名"实验班"新生报到;上海纽约大学获教育部批准筹建;自主招生上演高校联考的"三国杀"局面……认真打量中国大学的这些"新动作",人们就会发现:当下的高校改革,每一项新举措的出台,总是背负着打破现行教育体制僵局、探索新路的厚望,出台后也总能引起各种各样的议论。很少有哪一项改革措施能赢得一致叫好,也很少有哪个人能冲破迷雾,给我们一个改革优劣成败的标准答案。

这也许正是"深水区"的真正含义:向着选拔培养创新人才的目标,每所学校都可以有自己的改革进程和改革试验。或许,未来若干年后,会有一些探索因为不识水性又乍入深水区而沉落,也会有一些只抢眼球、缺少实效的改革举措最终迷失,但必定会有一些高校借助深水浮力、敢拼会搏,最终成为游泳高手。这样的结果,或许不如理想的那么美好,但却体现了改革的本来逻辑。

教育是百年大计。高校改革,不能指望一朝一夕、一蹴而就。惟有放手,让其在"深水区"中学习游泳,中国的高校才能发展,中国的教育才有希望。

(2011 年 3 月 2 日)

交心赢得信任

李泓冰

> 只要敢于说真话，让群众看到政府的难处与做过的实事，一定会赢得群众的信任

新春刚过，全国两会在即，人们发现一个引人注目的动向：中央领导同志走入基层，探问疾苦，与群众交心谈心，解释政策，鼓舞信心。

春节期间，胡锦涛总书记来到革命老区、河北省保定市易县西山北乡，鼓励乡亲们继续弘扬老区光荣传统，把老区建设得更加美好。总书记拿起鼓槌，擂响大鼓，与当地村民一起欢度新春。温家宝总理 27 日与网友对话，谈房价、谈户籍制度、谈农民工子弟教育及大学生毕业分配……几乎涉及所有社会热点和民生问题。

党和国家领导人频下基层与群众谈心，已经成了一个习见的现象。作为总理，温家宝与网友对话已经是第三年了。今年的对话中，他反复强调政府对解决现实问题的信心，并"请大家相信"。正如他最后所说的，其实，"交心、谈心比内容更重要"，"通过访谈了解群众的思想、意愿和要求，并且回答政府在想什么，政府已经实行了什么政策，政府工作还存在什么问题……"

这使我们想到，信任，是相互的，只有互信，才有和谐，才有合力，才有共同面对困难、面对未来的勇气和信心。战争年代面临的艰难

困苦,远远超过今天,最后,依靠人民群众的信任与全力支持,中国共产党赢得了全国胜利。这份珍贵的信任,今天依然是最宝贵的政治资源和精神财富。

然而,有的人与百姓渐行渐远,中间隔着厚厚的一道墙,百姓连见官员一面都极其困难,遑论交心谈心与互信互谅?可以这么说,在有的地方,群众不信任政府,那里的干部往往也不信任群众。百姓听不到他们交心的话,看不到真实的情况,久而久之,失去了信任感。

中国的百姓善良而宽容。只要敢于说真话,让群众看到政府的难处与做过的实事,一定会赢得群众的信任。像总书记、总理这样走到民众中间,坦诚交心,不仅能了解真实的民情民意,也能赢得百姓的尊敬和信任。

无论是地方两会还是全国两会,都是密切联系群众、争取人民信任、提高政府公信力的极好机会。各地党政领导不妨自问,是不是也能这样走入民间,倾听民意,关注民生?有没有自信让当地"十二五"的规划通过代表委员以及人民群众的严格审视?

(2011年2月28日)

重塑商业伦理要让诚信增值

张 铁

> 如果诚信的缺失与重建,确是整个市场经济体系"成长中的痛苦"、"必须付出的代价",消费者惟愿这样的痛苦更少些、代价更小些

无论多么"痛苦、纠结和愤怒",阿里巴巴公司自曝家丑的"欺诈门",还是不仅造成内部人事更迭,更引发企业甚至行业的诚信危机。

近期,关于企业诚信问题的讨论,不止这一次。苹果公司供应商"毒倒"员工,家乐福、沃尔玛大玩"价签戏法",再加上稍早时蒙牛和伊利"互泼脏水",莫不显示出企业对诚信建设的忽视。

基于诚信订立契约,是各种市场行为的基础。市场经济本就是一种信用经济,诚信不仅是社会责任,更是建立在市场逻辑上的必然选择。对市场主体而言,失去诚信,就失去了一种重要社会资本。少数厂家生产假葡萄酒,让素称"中国干红城"的河北昌黎受到质疑与冷遇,就是典型例证。

诚信的价值,来自降低机会成本的考量。与有诚信者交易,风险更小、麻烦更少,不仅能减少意外损失,还能提高效率。在电子商务领域,面临虚拟的购物过程,诚信更可谓核心竞争力。

然而,如果诚信不能带来预期收益,不能产生竞争中的正面效应,

以营利为追求的企业,便会失去对它的兴趣与信仰。这也正是企业诚信屡屡出现问题的原因。

当前,诚信制度不完善、诚信文化尚薄弱,在找融资、争项目等方面,诚信并没有体现出直接的好处,相反其应有的价值在贬低。考量投资回报率、评估公司实力时,诚信也往往不是关键因素。屡见报端的各种商业贿赂等表明,人情与关系是一些企业更现实的选择。

诚信在市场竞争中的正面影响,也并不像想象中那么大。消费者虽可"用脚投票",但在类似网上购物这样总量巨大且不断增长的市场中,走了这双脚会来另一双脚,对做"一锤子买卖"者,诚信也不是很有吸引力。

而且,企业总在标榜诚信,挂上知名商标,搞来专业认证。但从"假驰名商标"到"免检产品风波",诚信标准的混乱,也使诚信本身贬值。更何况,对于失信的惩戒力度也远远不够。家乐福违规,每家门店罚50万元;宝洁公司涉嫌虚假宣传,罚款20万元。对这些大型企业,无异九牛一毛。

重塑商业伦理,要让诚信"增值"。这不能仅靠企业道德和市场导向,更要靠制度促使企业自觉选择诚信体系。比如,完善相关法律法规中有关诚信的规定,出台支持企业诚信建设的法规政策。比如,推进信用评级业发展,加强信用评价体系建设。更重要的是,加强信用监管和失信惩戒力度,建立失信行为公示制、档案制、曝光制等,使那些因信用问题而致的企业"死亡"不再是特例。

对于"欺诈门",阿里巴巴董事局主席马云说,这是"成长中的痛苦",是"发展中必须付出的代价"。

(2011年2月25日)

我们需要怎样的科学素养

陈星星

> 公众素养是科技发展的土壤。离开了这个群众基础,即使我们能够实现"上天入地",也很难持续不断地推动创新

第八次中国公民科学素养调查显示,2010年,我国具备基本科学素养的公民比例为3.27%,相当于日本、加拿大和欧盟等主要发达国家在20世纪80年代末的水平。

在"建设创新型国家"的语境中,科学素养作为一项基本公民素质的重要性不言而喻。在这个意义上,公民科学素养调查结果应该引发我们足够的深思。

公民科学素养可以从三个方面衡量:科学知识、科学方法和科学精神。不可否认,随着我国经济的发展和科技的进步,越来越多的中国人对科学技术持积极态度。但是否就必然意味着科学素养的提高?

这让人想到过去的一年里,那些备受关注的科学话题:从"吃绿豆能治百病"的张悟本神话、道长李一的"盖世神功",到媒体炒作"地球遭遇千年极寒"、"世界末日将来临",再到"引渤入疆"让新疆变江南、禁止添加面粉增白剂等争议……面对其中一些明显的科学谬误,很多人不加质疑地相信、追捧、盲从,媒体不加选择地跟进、扩大、炒作。

在专业层面,我国已是科技论文和专利数量的"创造大国",但以衡量质量的论文引用率和国际专利来看,远谈不上"创新大国"。我国科技进步对经济增长的贡献率,与发达国家的60%—80%存在很大差距。

公众层面的现象与专业层面的表现,看似相距甚远,实则紧密相连。不从事专业研究的社会公众固然不会参与科学技术前沿的创新,但实际上,公众素养是科技发展的土壤。离开了这个群众基础,即使我们凭借少数科技精英的努力能够实现"上天入地",也很难持续不断地推动创新,真正迈入创新型国家的行列。这给我们提出了一个重大命题:在经济高速发展、重大科技成果不断涌现的背景下,我国公民的科学素养如何与之同步?

一个公民是否具有科学素养,并不仅仅看他能否正确判断"声音是否只能在空气中传播"这样的科学问题。西方发达国家不仅测试公众对科学技术与社会、经济、文化等各方面关系的看法,更考察公众对科学技术是否持怀疑态度,是否认为科学技术需要控制,期望科学技术解决哪些问题,希望所纳的税费使用于科学技术的哪些方面等。甚至还有国家专门测试公众对于媒体信息是否具有质疑精神和过滤功能。

一个具备科学素养的公民,不仅应该掌握足够的科学知识、科学方法,更需要强调科学的思维、科学的精神,理性认识科技应用到社会中可能产生的影响,进而具备学习、理解、表达、参与和决策科学事务的能力。

不久前,科技部公布了中国科技实力"清单":中国科技投入年增20%,科技人力资源总量居世界第一;基础研究取得多个"首次"或"第一",部分领域比肩国际前沿。如果说,科技创新成果体现科技发展的"硬实力",公民科学素养则是科技发展的"软实力"。而通过提高全民科学素质,激励科技创新、促进创新型国家建设,我们任重道远。

(2011年2月24日)

让新生代农民工走进"春天"

郝 洪

> 如何为新生代农民工创造更多的公平机会,让他们通过自己的努力融入城市和社会,是各地政府和社会管理部门面临的挑战

中华全国总工会日前发布了一份新生代农民工调查报告,这是近年来国家权威部门发布的关于"80后"、"90后"农民工群体的较完整的一份调查。它让那些"漂着的群体"的面孔逐渐清晰,让更多人看到了"春天"与这些身处社会最基层人群的距离,也让人们感受到了中央与相关部门推动这一群体走向"春天"的决心。

1.5亿农民工,新生代农民工占到60%。作为农民工的主体,他们是中国经济发展的重要支柱,是城市居民生活须臾难离的依靠。但我们当中有多少人真正关注、了解他们?如果不是一年一度的"讨薪潮"、"用工荒",他们几乎很难进入大众媒体的视野。

今天,当他们通过这份调查报告,整体地站立在我们面前时,我们看到了什么?

我们看到了年轻一代农民工抑制不住的发展冲动和改变自身命运的渴望。与父辈相比,他们受教育的时间长,外出务工是为了寻找自我发展机会;他们劳动合同签订率有所增长,维权意识更强;他们频繁跳

槽,希望融入城市和社会,渴望认同,追求梦想。

我们看到了年轻一代农民工仍显尴尬的身份处境和需要重视的生存状况。与父辈一样,他们至今依旧游走在城市与农村的边缘,面临整体收入偏低、工作稳定性差、劳动合同不规范、社会保障水平偏低、职业安全隐患较多等处境。大多数人的职业命运,依然是在高强度的低端产业岗位上卖苦力。

过去30年中,农民工经历了从"离土不离乡"到"离土又离乡"、从"第一代"到"新生代"和"第二代",从"暂住"到"常住"或"居住"的实质性转变,相关政策也在不断完善和调整。去年1月,中央一号文件提出要"着力解决新生代农民工问题",这是中央文件中第一次使用"新生代农民工"概念,传递出中央对这一群体的高度关注。然而,作为中国城镇化建设中的阶段性矛盾,新生代农民工生存环境的根本改善,是一个艰巨、长期的工程,不仅需要制度关怀,还需要从政府、社会、市民层面,包括新生代农民工自身,进行全方位调适。

对新生代农民工来说,缺少向社会上层流动的渠道,缺少融入城市的能力,是他们面临的现实。为他们创造更多的公平机会,让他们通过自己的努力,融入城市与社会,追求幸福人生——这,是我们从这份调查报告中读到的责任,也是各地政府和社会管理部门面临的挑战。

过去一年中,不少新生代农民工曾以各种方式,比如"旭日阳刚"吟唱《春天里》,向这个社会宣告他们的存在。今天,又一年春天来临之际,希望这份沉甸甸的新生代农民工调查报告成为一个推手,推动政府进一步研究创新社会管理方式,采取针对性措施,帮助他们早一天走进"春天里"。

(2011年2月23日)

司法解释应传递法律的温度

吴丹红

人性化不仅要通过立法、执法体现,也应当通过解释体现

报载,广东东莞市某工厂的一名员工在工作岗位上突发脑溢血,经抢救无效死亡。因为抢救时间比《工伤保险条例》规定的48小时多出了一个多小时,劳保部门因此难以认定其为工伤。因关乎劳动者的权益保障,而且很多人质疑该规定的合理性,此事引发了一些争议。

这条引发争议的规定原文是:"职工有下列情形之一的,视同工伤:(一)在工作时间和工作岗位,突发疾病死亡或者在48小时之内经抢救无效死亡的……"这个48小时,是指病发后抢救的时间不能超过48小时,还是指病发至死亡在48小时之内呢?

立法文字上的模糊,给法律解释留下了空间。从目前的相关案件看,除了少数案例,各地的劳动和社会保障部门基本上是以抢救时间不超过48小时来进行工伤认定的。既然工伤的规定是对工人在工作期间受到的伤害进行赔偿,受伤原因、严重程度、身体状况的差异都会影响抢救的时间,那么就不应该从法律上规定统一的时间标准。

《工伤保险条例》中"视同工伤"的规定,是对典型工伤的补充,立法原意上是对劳动者进行更多的保护。最明显的例证,就是把"在上下班途中,受到非本人主要责任的交通事故或者城市轨道交通、客运

轮渡、火车事故伤害的"也规定为工伤。最典型的则是职业病，即使不在工作时间病发，也规定为工伤。

就上述案例而言，像脑溢血等疾病的抢救时间是因人而异的，发病的原因可能与患者的劳动强度相关，可能是职业病间接引发的，还可能是内外因共同作用的结果。而把抢救时间限定在48小时之内不符合常理，更不符合该条规定的立法初衷。类似情形，还有网上报道较多的"尘肺病"是否属于工伤以及如何证明职业病的问题等。

由于立法者的有限理性和社会形势的变动，立法者不可能制定出完美无瑕的法律，成文法的局限性必然会与成文法的优点相伴。法律解释是成文法法律适用的前提，为了更好地理解立法意图，对法律及其规范的含义作出解释是必要的。在现行体制中，行政法规的解释权属于国务院及其主管部门，地方性法规具体应用问题的解释权属于相应的地方政府主管部门，当出现类似的典型案件时，主管部门就可以启动法律解释工作。

法律解释的基本立场应当考虑立法的宗旨，例如《消费者权益保护法》是保护消费者权益的，《劳动法》是保护劳动者权益的，《妇女儿童保护法》是保护妇女儿童权益的，人性化不仅要通过立法、执法体现，也应当通过解释体现。通过法律解释，可以弥补成文法的立法漏洞，可以根据法律规范的基本原则、精神，适时地对新情况、新问题作出符合实际的处理。

（2011年2月18日）

尘肺病背后还有什么在艰难呼吸

毕诗成

> 唯有强力问责,并对制度及时纠正补漏,才能最大程度地构建一条正义通道,避免悲剧的重演

甘肃古浪县上百人患有尘肺病,其中已有多人死亡,但因大部分缺少用工证据,一直维权未果。

健康人可能无法体会,被尘肺蒙胸之后的艰难呼吸,是怎样的痛苦感受,但梳理这些尘肺病患者遭遇的种种,却不难感受到他们的生存困境——打工时,粉尘浓度严重超标无人过问,仅有的一次性口罩一用就是几个月,着实可怜;被雇佣时,绝大多数没有签订劳动合同,忍气吞声;离开时,所有暂住证、合同等证据都被老板搜走,无可奈何;病发后,老板以没有务工证明为借口拒绝赔偿,欲哭无泪;求助时,有关部门又以证据不足之名不给撑腰,甚至辩称"找不到老板",推诿卸责;舆论愤然时,无论是未尽劳动保障责任的矿主,还是疏于监管的有关行政部门,都无人为此承担责任,让人心酸。

冰冻三尺非一日之寒,病患尘肺也非一日之伤。某种程度上讲,正是一连串的缺位、失守,才导致了逃离贫穷的梦想,最后演变成与死亡赛跑的悲凉。

更要紧的是,这绝不是孤立的个案,这种无助代表了不少基层劳动

者的生存状态。根据卫生部2009年的相关统计数据，无法治愈的尘肺病，占当年职业病总例数的79.96%，是我国患者人数最多的一种职业病；而相当多数的患者，出现在中小型企业。因为"制度不完善"，屡屡维权艰难，昔日河南农民工张海超的"开胸验肺"就已经验出过制度之失。遗憾的是，这一案例最终也只是被作为极端个案来对待，未能举一反三。

此番甘肃古浪的"制度尘肺"再次发作的背后，是用工制度的漏洞、普通劳动者权利羸弱、应有的监管形同虚设……这里既有劳动者尊严的问题，也有经济能否持续发展、民生困境能否改善的问题。这些年来，一些地方过度透支了"人口红利"，以"中国人多"、"不愁雇不上人"为借口，纵容了一些不良企业的违规违法行为。这种透支是不道德的。不管是从社会伦理，还是从劳动尊严的角度，都需要补上这块制度"短板"，改善劳动者的境况。

据报道，古浪当地政府已为每个有尘肺患者的家庭办理了低保，并着手建立应急救助基金实施救助，这是最起码的努力。但在这类问题上，有关部门显然不能仅仅扮演事后慈善机构的角色。违法用工、违规施工、逃避责任的事情是怎么发生的，执法是如何懈怠的，企业违法成本又是如何降低的，都有谁该为这些尘肺病患者承担责任？唯有强力问责，并对制度及时纠正补漏，才能最大程度地构建一条正义通道，避免悲剧的重演；才能为更多合法权益受到侵害的劳动者，多撑起一片清新呼吸的空间。

（2011年2月17日）

吃空饷背后的"失守"

李泓冰

制度永远是靠人来执行的,当腐败现象发生之际,谁来捍卫公共利益?

吃空饷,这个似乎被封存于历史记忆中的词儿,近来忽然红火。先有福建龙岩吃了9年空饷的"最牛公务员",继而又冒出湖南永州教职员工大面积吃空饷的奇闻。

让人拍案惊奇的还在于,对于吃空饷这种明显的违纪违法行为,当事诸方不以为耻,反而振振有词:"空饷吃的是地方财政,不是国家财政,关你记者什么事?"

从记者调查看,吃空饷现象,在永州的一些县,已是公开的秘密。在职教师碍于同事情面,不好举报;校长们利益攸关,或涉内幕交易,捂住不报;离职教师吃到空饷的甜头,能瞒则瞒;教育主管部门偶有查处,但念及部分空饷或贴补了教育经费,也眼开眼闭……

于是,管理部门与学校、校长与教师,由此结成一个利益共同体,皆大欢喜。

但是,可怕就可怕在这份皆大欢喜,它导致了这种违纪违法行为的长时间放任。更可怕的是,它还发生在教书育人的学校,试问,这些导演、纵容、默许了吃空饷行为的教育工作者,会怎样教育他们的学生?

如果,这种违纪违法行为的链条中,哪怕只有一个节点,基于正义或只是恪尽职守而坚决断裂——比如,发放空饷的财务人员能严守财经纪律,吃空饷的教师能良心发现,甚至只是某个了解真相的局外人,能勇敢或坚决地举手说"不",整个吃空饷事件也不会运作得如此天衣无缝、顺理成章。

短短数日,记者的调查便使触目惊心的吃空饷利益链条浮出水面。可见,如果真下决心,查处这一"公开的秘密"本应易如反掌。然而,涉及吃空饷的每一个人都配合默契,查处环节则醒目地高举轻放。

有人呼吁完善监管机制。是的,但凡出现营私舞弊之类的腐败,我们总是习以为常地往体制机制的漏洞上去想。然而,我们的各种规章制度已经不能说不严密,要办成一件事,需要过的关、盖的章也已不少——怎么还是堵不住、防不了类似吃空饷这样极其醒目的漏洞呢?

制度永远是靠人来执行的,如果连为人师表者也失去了最起码的道德感和廉耻心,我们的社会良心便将面临退无可退的境地。

那句"关你记者什么事"的诘问,给我们极大的警示:当腐败现象发生之际,谁来捍卫公共利益?

答案或许是——社会中的每一位民众。

(2011年2月16日)

消除乙肝歧视须更严格执法

傅达林

要让公平就业的理念成为社会共识,除了公民努力和社会教育,更需要严格执法和有力救济

一个社会的法治文明,往往体现在对特殊人群的权利保障上。在我国,乙肝病毒携带者就是这样一个群体,他们的权利不仅关系到个人的生存境遇,更关系到整个社会的法治文明程度。然而,在"就业体检禁查乙肝"的禁令执行满一年之际,一则《2010国企乙肝歧视调查报告》的结果却令人感到遗憾:被调查的180家大型国企中,明确表示入职体检要进行乙肝检测的高达61.1%。

反歧视公益机构的这个报告,为我们提供了一个观察的视角。消除乙肝歧视、促进求职者平等就业权利的实现,不仅是国家《就业促进法》、《传染病防治法》的题中之义,也是落实公民平等权利的必然要求,国企本应带头落实、做出表率。遗憾的是,高达六成的"违规率"表明,实践中乙肝人群的权利仍是整个社会"权利木桶"的一块"短板"。

在乙肝携带者的抗争、司法判例的助推以及社会舆论的关注下,乙肝人群的权利得以进入立法视野,相关法规修正了对乙肝的歧视性规定。从"不得强行将乙肝病毒血清学指标作为体检标准",到"用人单

位强查乙肝病毒血清学指标将被罚款1000元",及至卫生部办公厅下发通知重申"一律不得提供乙肝项目检测",书面上的反乙肝歧视堪称"大功告成"。上游法律对乙肝歧视作了宏观性矫正,下游政策作了具体的禁止乃至处罚性设定,只是这些以"意见"、"通知"等形式表现出来的部委政令,虽然具有较强的针对性,但在执行上却缺乏足够的刚性,使得法律反乙肝歧视的威慑力、执行力不足,一些企业对"意见"可以听之任之,对"通知"可以充耳不闻。

其实,纵观整个就业领域的歧视现象,不独是乙肝病毒携带问题,其他诸如户籍、性别、身高、外貌、地域乃至酒量、属相、血型、姓氏等,之所以成为横亘在求职者面前的一道鸿沟,并非法律上没有明确的禁止性规定,关键是法律层面的规定过于原则和抽象,威慑力、执行力不足,即便是国家部委及地方政府"三令五申"下发意见和通知,也不足以改变用人单位的习惯性认知,无法树立起反歧视执法的应有权威。

消除乙肝等就业歧视,必须祭起法律利剑。调查显示,30.02%的受访大学生认为就业歧视虽然可以避免,但却没人管;而遭到就业歧视后,67.03%的受访者选择无奈接受。以乙肝歧视为例,如此大面积的国企违规,缘何未见有执法单位"利剑出鞘"?从中不难发觉当前反歧视执法上的缺失,以及维权渠道的不畅。在我国劳资双方实力悬殊的背景下,求职者的权利如果缺乏严格的执法保障和救济渠道,就只会造成遭遇歧视者忍气吞声的境况。

因此,要让公平就业的理念成为社会共识,除了公民努力和社会教育,更需要严格执法和有力救济。对一些有禁不止的企业而言,只有提高违法成本,严格纠查惩治,法律和社会保障平等权利的良好初衷才不致在实践中被悬置。

(2011年2月15日)

从用工荒想到讨薪难

张 刃

"用工荒"的背后,有许多用工者或劳动管理部门平时就应该认真解决的问题

新春伊始,许多地方又闹起了"用工荒"。与往年不同的是,今年不仅沿海地区招工难,连历来大量输出劳动力的中西部省份,也加入了"闹荒"行列,千方百计挽留外出务工的家乡人。有人说,这是劳动市场新动向。

说新也不新。这几年,年年都闹"用工荒",只是区域、行业、程度不同而已。今年的用工新动向,固然有中西部地区经济社会发展加快的原因。但考量"用工荒",还需从更多视角切入。

譬如,与"用工荒"同时存在的"讨薪难"。许多农民工辛苦一年却遭遇无理欠薪,讨要不成反而受辱甚至受伤。譬如,面临金融危机、经济发展迟缓,一些企业"无情操作",盲目裁员,大量农民工被迫返乡,几乎断了生计。譬如,时见媒体披露有的工厂劳动环境恶劣、职工工伤后果自负,职业病求告无门……

这些事情发生的时候,有谁想到过"用工荒"?想到过有朝一日也会"有求于"农民工?更重要的是,当"用工荒"缓解之后,那一幕会不会重演?会不会"恶性循环"?

毋庸讳言,"用工荒"对农民工来说是个好消息:"身价"行情看涨,就业选择更多;对劳动管理部门和用工者,则是调整政策、改进工作的契机。"用工荒"的背后,有许多平时就应该认真解决的问题。

譬如,年终清欠硕果累累,深想一想却令人沉重。讨薪不是"秋收",本不该集中收获。国家法律明确规定,用人单位必须及时足额发放工资,而农民工却非要到年终才能结算,是用人单位无视法律,还是有关部门执法不严?从实践看,讨薪之难难在农民工的弱势,但对于有权力的机构、有能力的企业而言,清欠并不难,否则,何以有年终清欠的累累硕果?既如此,为什么总要到年底才"集中行动",才"重拳出击",才"不得不给付"?平时就及时清欠,就不准拖欠,何劳年底兴师动众?如果有人拿清欠当"业绩",有人"能拖一天是一天",结果就只能是年年要清欠,常常"用工荒"。

发生"用工荒",不仅是个薪酬问题,还有劳动者作为社会人的体面和尊严问题,即使他们的要求并不高。

每逢年节,总会有"特别关爱"农民工的新闻见诸媒体,如某地、某企业包专机、专车送农民工返乡过年之类。但年节时日有限,"特别关爱"也非常态,能受益的农民工更是少数。在节日过后更多的平常日子里,在辛勤劳作中,农民工更期盼的是收入多一点、待遇好一点、权益更受保护、人格更受尊重,这些都是用工者和劳动管理部门应该认真对待并切实解决的。

值得注意的是,目前发生"用工荒"的,大多是劳动密集型的制造业企业,它们往往因为市场订单变化更容易盲目裁员,一旦需要扩大生产,又由于缺乏人力储备而措手不及。企业发展需要长远目光,需要舍得花"本钱"培训和留住人才——包括熟练工和农民工。

善待员工,尊重员工,是打破"用工荒"的重要手段。

(2011年2月14日)

谨防"民心工程"砸了民心

鲁 平

事前、事中、事毕都要尊重民意和法规,把民心工程真正办到群众的心坎里

辽宁新民在117个村实施的"防氟改水工程",本是一个"民心工程",却成了一个"伤心"工程:送走了高氟水,引来了铁锰超标水。这样的事情,令人心痛,发人深思。

民心工程直接关系群众切身利益,面广点多,公众关注度高,社会效益大,搞好了,能解决群众实际困难,从而赢得群众拥护;搞不好,则添了麻烦。各级政府、各个部门,对这类工程本应倍加认真,严格程序,保证质量。

本该得民心、聚民心的工程,最终成了扰民、伤民的工程,原因固然很多,但不尊重民意和法规,恐怕是"把好事办砸了"的主因。

事前不尊重民意,决策不透明,缺乏细致的分析论证。一些基层干部常感慨,老百姓要求越来越高。其实,有时候,政府部门抓的事情、干的工程,并没有和老百姓的需求对上弦。所谓"民心工程",没广泛调研,未真正反映民意,自然不会受欢迎。

事中不尊重法规,短平快的政绩观作怪。在任一方,造福一方,这是领导干部的基本职责。可是,一些干部片面追求个人政绩,不但热衷

搞一些短平快项目，对周期较长的工程项目，也非要在自己任期内"见成效"。像新民市投资数千万、涉及至少 10 万人的改水工程，工期居然只有 10 个月，导致没时间进行实地勘测、论证和可行性分析，"只好边施工、边设计、边招标"，违反国家有关规定。

这样不尊重制度的事情，时有所闻。比如说，有的地方搞棚户区改造，盲目追求速度，要求"当年搬迁、当年施工、当年入住"，既给工程质量带来大量隐患，也造成搬迁中手续不全，程序不当，埋下隐患。

事毕缺乏工程项目"后评价"。工程完工，草草鉴定，匆匆审计，只要查不出经济问题，万事大吉。至于工程是不是发挥了效益，有没有达到预期效果，群众评价如何，往往很少问究。

办砸的工程花费巨资可以修复，失去的政府形象却很难挽回，尤其是受伤的民意更是一时难以恢复。半拉子工程损失可以计算，而民心的得失则无法以金钱衡量。这就要求各级政府在实施民心工程时，从民心得失、政府公信的高度，建立起一套行之有效的机制，事前、事中、事毕都要尊重民意和法规，把民心工程真正办到群众的心坎里。

同时，有关部门也要加强对民心工程的监管和评价考核。对那些明显违背初衷、没有达到预期效果的民心工程，要按照有关规定，及时启动问责程序，及时回答社会疑问，维护政府形象，捍卫群众利益。

（2011 年 2 月 11 日）

"微博打拐"验证民众智慧理性

单士兵

> 充分重视社会力量在更多的社会领域内发挥良性作用,将对促进社会建设起到重大的助推作用

兔年春节,全国亿万人沉浸在喜庆气氛中,彭高峰或许是其中最幸福的人。他的幸福,是经历跌宕的悲极而喜。找到被拐走3年的孩子,这个男人从此告别肝肠寸断的失子之痛。

重要的是,是社会力量帮他找到了孩子。这个心酸又感动的故事,就发生在最近网络微博"随手拍照解救乞讨儿童"行动的大背景下,彭高峰正是靠微博网友帮助找回了被拐的儿子。

"随手拍照解救乞讨儿童"是网络时代典型的公民行动。在知名学者的带动下,这次行动通过微博激荡起一波一波的浪潮。不仅有大量社会名人参与街拍,还有多个慈善基金参与进来,以求建立数据库和培训志愿者,各地警方也接连出警调查核实,公安部以及许多地方公安机关都明确表态支持这样的民间行动,部分全国人大代表还表示准备在今年两会上就此提案。

这一系列连锁反应,验证了社会力量的强大与智慧,也体现了政府部门对群众力量的认同与支持。无疑,充分重视社会力量在更多的领域内发挥良性作用,将助推社会建设的进程。

让社会力量对社会建设起到推进作用，这首先是基于自然人的情感与文化的需要。就拿打拐来说，拐卖儿童，逼迫未成年人行乞，是人性大恶。而在一个追求文明的社会，失子之痛绝不只是零散的个体伤痛，而是亲情伦理引领下的社会共同记忆与体验。这就是"微博打拐"最重要的情感、伦理、文化的支撑。事实上，面对种种公益活动与公共事件，那些精神相通、忧戚与共的群体很容易黏合在一起。

"小政府、大社会"的社会治理格局，这些年越来越成为一种共识。以民间力量参与社会管理，是社会建设不容忽视的力量。随着现代公民的公共意识不断生长，很多公共事务正是因为充分吸纳大众参与，才避免了走向某种偏失。从这个意义讲，充分呵护社会力量的生长与壮大，让社会呈现更大的希望与活力，本身就是现代政府的责任。

当然，对于社会力量参与解决社会问题，也应该重视其边界。事实上，对此次"微博打拐"行动，大众除了热情参与，同时也并不缺乏反思与警示的声音。比如，强调"随手拍"必须注重对隐私权的保护，强调这种行动本身可能存在的专业性不足，特别是看到这种民间参与与现实规章之间可能发生的碰撞，进而诉求于通过制度完善来保证公众参与的理性与正当。

可以说，此次"微博打拐"是民间力量参与社会建设的一块试金石，证明了社会力量可以帮助政府作为，民间行动可以助推制度完善。当大众力量通过与专业机构协作，通过与政府部门进行良性互动，可以发展成为一种社会润滑剂，以其智慧与理性来形成强大合力，对社会建设起到重要作用。

（2011年2月10日）

奥数被批为何成了一桩"冤案"

袁新文

> 一些学校虽然高举素质教育的旗帜，讲的是先进的教育理念，可是真正的功夫却下在了选拔生源和升学考试上

尽管专家学者力陈"奥数挂帅"的诸多危害，尽管教育部门明令禁止奥数班，可是，奥数班依然门庭若市，奥数热依然温度不减。奥数的生命力为何如此顽强？最近，北京一所著名中学的校长为奥数叫屈："奥数不是反革命"，换句话说，奥数被批是一桩"冤案"。

奥数本身并没有什么错。但是，对奥数稍有了解的人都知道，奥数不适于作为通识教育的内容，而只适合少数孩子学习。让大多数小学生用大量时间和精力学习奥数，不仅不能培养孩子的创造力，反而会使他们对数学产生畏惧心理，抑制甚至扼杀他们的学习兴趣。"全民学奥数"的危害正在于此。停奥班、禁奥校，是遵循儿童少年的认知发展规律、为孩子的健康成长着想，其现实意义毋庸置疑。

有人说，奥数屡禁不止是因为有社会需求，家长便是需求旺盛的群体。这话不无道理。可是，家长们为何对奥数情有独钟？难道他们真是奥数的"铁杆粉丝"？其实，让孩子学奥数是大多数家长的无奈之举，他们真正的目的并不是培养孩子成为数学爱好者，而是把它当作孩子升入名校的敲门砖。所以，家长对奥数的需求是升学压力制造出来的。

设想,如果那些名校、优质校、示范校不以奥数成绩作为选拔学生的标准,还会有那么多家长"痴迷"奥数吗?答案不言而喻。然而,不少中小学名校非常认可奥数,认为与其他科目相比,奥数在考试和评价方面更有区分度,奥数学得好说明学生发展有潜质。因此,一些名校还是想方设法在奥数上做文章,通过各种方式把"奥数尖子"选拔进来,并且暗中设立实验班,"开小灶",希望这些孩子能帮助学校提高升学率。

由此可见,奥数之所以如火如荼,原因在于有人不愿让它与升学脱钩,坚持把它作为"选优"、"掐尖"的工具。在基础教育界,这种"潜规则"早已不是秘密。

一些学校虽然高举素质教育的旗帜,讲的是先进的教育理念,可是真正的功夫却下在了选拔生源和升学考试上。在一些人心目中,名校之所以有名,靠的是高升学率;素质教育是说给领导听的,是做给别人看的,只有分数和升学率,才是真功夫、硬道理。在这样的观念指导下,教育教学怎能不滑向应试的误区?

教育的根本宗旨,是成就一个个有血有肉、心灵健康的人,而不是培养一批会考试、得高分的"机器"。不论在什么样的社会环境下,不论在什么样的教育生态中,校长们都不能忘记自己肩负的职责和使命;不能忘了,成功的教育绝不是只做升学这一件事。

(2011年2月1日)

治理欠薪还需"制度护薪"

詹 勇

> 深挖现象背后的深层问题,从源头上进行治理,依法维护农民工权益,以制度代替突击,以"护薪"取代"讨薪"

"打工挣钱,天经地义!你拖欠工资就没有良心!"人社部一位同志的疾呼言犹在耳。而更鼓舞人心的,是各地各部门保障农民工工资支付的切实行动。自去年以来,人社部等四部委组成联合督查组赴津、冀、辽等10个省份检查农民工工资支付情况,北京市为3.9万名农民工追发工资1.7亿元,新疆各级工会清欠农民工工资5.3亿元,江西两个月内为5万多名农民工追回工资及赔偿金逾7500万元……最新数据显示,2010年欠薪企业数量、涉及劳动者人数和欠薪金额,都比往年下降。

但也应该正视,临近年关,欠薪现象仍在一些地方不同程度地存在。这些个案时刻警醒我们,虽然经过集中整治,大面积的欠薪现象已得到有力遏制,但破解这一难题依然需要艰苦的努力。

表面上看,欠薪问题属于劳资纠纷,但问题的解决,往往不像勒令企业老板立马给钱那么简单。事实证明,每一份工资要进入农民工的腰包,并不容易。以欠薪问题最为严重的建筑行业为例,不签劳动合同的用工方式,使农民工陷入维权陷阱;层层转包的承包模式,使农民工处

于利益链的最末端；垫资施工的运作模式，使农民工工资成了"连环债"中最脆弱的一环；项目结束才拿钱的结算方式，使农民工从一开始就进入"被拖欠"状态。

"欲流之远者，必浚其泉源。"治理欠薪问题，不能头痛医头脚痛医脚，而应深挖现象背后的深层问题，从源头上进行治理，依法维护农民工权益，以制度代替突击，以"护薪"取代"讨薪"，方为治本之策。

事实上，从制度层面破解欠薪难题已经成为各地的创新实践。北京推行劳动监察"网格化"管理模式，上海完善劳动关系预警和应急处置机制，南宁、广州等地建立举报投诉制度、工资保障制度，成都实施"权益信息卡"和"工资银行卡"等监管机制，都以不同形式开通了农民工拿到工资的"绿色通道"，拓展了保障权利的救济渠道，值得总结和借鉴。

从目前看，各地治理欠薪，大多倚重行政力量，法治力量的运用还大有可为。比如，农民工在与欠薪企业的利益博弈中，明显处于弱势地位，由于法律等维权渠道存在的问题，"告他拖不起"成为农民工难以承受之重。而欠薪者的违法行为所付成本与其所获丰厚利润相比，只是九牛一毛，助长了"欠他玩得起"的心态和行为。

有鉴于此，迫切需要在法律制度上作出调整完善，简化劳动争议案件的处理程序，降低农民工的维权成本；同时加快立法步伐，打造"恶意欠薪入罪"等"撒手锏"，大幅提高违法欠薪成本，使恶意欠薪者得不偿失、寸步难行。

（2011年1月31日）

倾听网络民意须防恶意"病毒"

陈家兴

> 互联网的开放性和隐蔽性，在给正常利益诉求提供顺畅渠道的同时，也为一些放不上台面的不正当手段提供了土壤

仅仅十多年时间，互联网在中国就拥有了逾4.5亿的使用者，凸显了国人对这一新技术的情有独钟。借助互联网这个民意表达的快速通道，广大网民关注公共事务、加强政治参与，表达意见、维护权利的途径更为通畅。然而，广大网民在越来越享受"在线生活"的同时，也不时遭遇意想不到的误导甚至伤害。

从"贾君鹏，你妈喊你回家吃饭"、"神仙姐姐"，到最近的"钱云会案"，这些网络热点事件，无一例外地被罩上了一层厚厚的"网络迷雾"，让人一时真假莫辨。直到幕后"网络推手"、"网络水军"现身说法、"神乎其技"，或彼此利益纠葛不清、争吵之中互揭老底，或权威部门介入调查拨开迷雾、揭示真相，广大网民方才发现自己被"洗涮"了，被"娱乐"了，被"恶搞"了。

这无疑是互联网时代令人棘手的一种"民意病毒"。那些"网络推手"、"网络水军"隐身于普通网民之中，身披马甲"分身有术"，装得像普通网民一样发帖、"盖楼"、留言，或谣言惑众，或火上浇油。他们受雇于某些"民意制造者"，按其意旨批量生产"民意"，前者获得

佣金，后者在"民意"的成功制造中实现自己的目的。

这种网络"民意病毒"还具有不断潜滋暗长的特性。客观地看，人们总会有各种各样的利益诉求。在现实世界中，这些诉求会受到规则制度的规范和制约。但在虚拟世界里，则可能因缺乏有效的法则秩序管束而有所放纵。在一定意义上说，互联网的开放性和隐蔽性，在给正常利益诉求提供顺畅渠道的同时，也为一些放不上台面的不正当手段提供了土壤。一旦这些空间为"网络推手"、"网络水军"所占据，成为他们牟取不当利益的手段，"民意病毒"便会无节制地滋生蔓延。

"民意病毒"利用和裹挟健康民意，不仅伤害广大网民的感情，也损害网络民意表达的健康肌体，不利于互联网的健康发展。与此同时，公众情绪、社会舆论也存在被左右或误导的可能，一些社会矛盾问题就面临被激化或放大的危险。

毫无疑问，互联网作为中国式民主建设的新通道，为满足公众知情权、表达权、参与权和监督权提供了广阔渠道。在看到这些积极意义的同时，也应该充分认识到网络表达泥沙俱下、鱼龙混杂带来的风险和危害。对于那些信息来源不权威、不清晰的"事实"，对于那些有悖常识的"传奇"，对于那些陈述偏颇、片面的意见，我们需要多留一个心眼，避免被欺骗、被误导、被蒙蔽。

在这个问题上，传统媒体承担着更重的社会责任。作为专业新闻机构，面对一些热炒的网络事件，传统媒体必须保持高度的冷静、理性，恪守职业道德和专业精神，防范网络"民意病毒"的侵袭，抵制新闻炒作的诱惑，才能与互联网形成良性互动，共同推进社会的文明进步与和谐发展。

（2011 年 1 月 30 日）

提高违规成本才能禁绝"价签戏法"

张 铁

"价签戏法"是商家衡量其收益和成本之后，做出的"理性选择"

大米标价每袋64.6元，结算时却变成69.7元；138元的鱿鱼丝，价签上用大号字体标示"13"，小号字体标示"8.0"……这些，是家乐福等超市近期被查处的"价签戏法"。

种种把戏，都可在《禁止价格欺诈行为的规定》等法规的"禁止"条目中找到，比如，标示的折扣幅度与实际不符、使用欺骗性或误导性文字等。而这些现象在多地多店的存在，也难用"技术失误"解释。

玩"价签戏法"，企业能得到什么？高价卖出低价物品，无疑能增加营业额。乘以巨大的销售量后，靠差价获得的利润，数目肯定不小。这种做法甚至还能让消费者以为自己捡到了便宜，给商家贴上"物美价廉"的标签。

从成本看，"价签戏法"付出的主要是风险成本。如果被消费者发现，可能会有退货、投诉发生；被监管部门发现，则会面临经济处罚；被公之于众，还可能损害企业形象。不过，这些都只是建立在"如果"之上。

"价签戏法"的存在，是商家衡量了收益和成本之后，做出的"理

性选择"。消费者退货,商家不过损失一笔交易。而维权时过高的时间、精力和机会成本,往往让很多消费者选择吃哑巴亏。可见,"价签戏法"的存在,一部分来自消费者方面的低风险。

来自管理部门的成本,同样如此。以此次为例,处罚为没收违法所得并处5倍罚款,无法计算违法所得的"最高处以50万元的罚款"。对能排进世界前十的企业,这不过是九牛一毛。而且,欺诈行为被发现,本身就是一个小概率事件。

至于企业形象,对于家乐福这样的大型超市,可能也并非想象中那么重要。一方面,大型超市主打"低价牌",与供应商谈判时超强的议价能力才是关键。而"大树底下寸草不生"的发展策略,也常常置消费者于无从选择的境地。

正是这样的成本收益比,成为"价签戏法"的土壤。而要禁绝"价签戏法",也正是要增加其违规成本。主管部门需要主动监管,完善信用评级,加强立法的明确性和惩戒力度,发挥法律的震慑作用。从消费者方面看,需要简化投诉和索赔流程,强化执行,提高补偿,以此鼓励消费者为了自身权益站出来。同时,此次事件也表明,舆论等其他渠道的监督,同样有效,可资利用。

家乐福等超市的做法,未尝不是零售业中的潜规则。而屡屡可见的"跳楼价"、"亏本大甩卖",或者算不清、说不详的"建议零售价",甚至是月饼、酒水的奢华包装等,也未尝不是易被忽视的价格欺诈行为。家乐福等超市被处罚了,更多的商家也要以此自警,否则,丢失了诚信,就难免面临最严厉的惩罚——被消费者抛弃。

(2011年1月28日)

警惕面对群众诉求的"制度休眠"

范正伟

"扬汤止沸"不如"釜底抽薪",制度化的方式才是解决矛盾冲突的根本途径

"今天我不只是了解个案,更重要的是了解政府工作、制度和政策等方面还存在哪些问题,从而更好地为人民服务。"日前,在国家信访局与来访群众交流时,温家宝总理郑重表示。

举一反三,把解决个案纳入制度性省察,这一表态正中时弊。正如总理不可能亲自帮所有农民工讨工资一样,从根本上解决群众上访所反映的问题、满足群众的利益诉求,还要通过制度的改进和政策的完善。

许多矛盾冲突的背后,往往是利益表达机制的缺失。对此,把群众的利益诉求纳入制度化、规范化、法制化的轨道,才能通过制度解决问题、化解矛盾、推动发展。

同时也要看到,还有一些矛盾冲突的累积强化,不是因为制度本身的缺失,而是源于"制度休眠"。制度供给不够固然会引发问题,但"制度迟钝"、"制度休眠"同样无助于问题解决。事实上,在回应群众诉求、解决矛盾冲突方面,已有不少渠道:领导干部接待群众制度,党政干部和党代表、人大代表、政协委员联系群众制度……遗憾的是,就在温总理回应群众诉求时,深圳市却爆出了"19名人大代表零建议"

的尴尬新闻。

许多时候,群众诉求并非无处表达,而是找到了地方却"门难进、脸难看、事难办";许多时候,矛盾纠纷并非不能化解,而是诉诸法律却遭遇"立案难"、"审理难"、"执行难"。当制度内的诉求表达渠道不畅时,制度外的手段便会被选择。现实中,那些合理诉求与极端表达手段相交织的现象,那些在司法渠道与信访渠道中不断往返的案件,那些"大闹大解决,小闹小解决,不闹不解决"的逻辑,无不表明激活回应群众诉求制度的重要性。

在改革攻坚和矛盾凸显期,地方治理往往面临着两难局面。但无论如何,面对种种复杂而琐碎的利益冲突,仅仅依靠行政权力或权宜措施,满足于简单的息事宁人,很难减少处理问题的"棘手感",只会增加化解社会矛盾纠纷的成本,进而导致社会生活的无规则和难以治理。

古人说,智者当借力而行。对于政府处理矛盾纠纷而言,这个力,就是包括法律在内的各种制度。公正而刚性的制度,比苦口婆心更为可靠有效,比几十个人盯一个人的"截访"更为省力,也比"人民内部矛盾用人民币解决"的方式更为经济。这就要求各级政府部门,不仅要善于处理具体问题,更要从具体案例中发现普遍问题,把解决个案上升到制度完善和环境改善的层面,为矛盾纠纷的解决提供更便捷、更公信的制度渠道,鼓励更多人在制度框架内解决问题。

总之,任何时候都应该认识到,尽管可能见效不是那么快,尽管可能会有各种阻力,但"扬汤止沸"不如"釜底抽薪",制度化的方式才是解决矛盾冲突的根本途径,也才能真正实现社会的和谐稳定。

(2011年1月27日)

机关幼儿园是计划经济的"尾巴"

盛大林

公共财政提供的服务应该是共享的,即所有公民都有平等享有的机会

正在召开的广东省两会上,"财政供养机关幼儿园"成了热点话题。因为在《广东省2011年省级部门预算草案》中,有8所省直机关幼儿园将获得6863万元财政资金补贴。这引起了代表委员及公众的强烈质疑:公职人员凭什么拿纳税人的钱为自己的孩子服务?

7年前,就有广东省人大代表指出,用省级财政供养机关幼儿园极为不合理,不应该用纳税人的钱让少数人受益。到现在,省级部门预算草案里不仅仍有这样的安排,而且费用越来越多。那么,这种做法到底对不对?

公共性是公共财政的基本属性。公共财政提供的服务应该是共享的,即所有公民都有平等享有的机会。但在一些地方,机关幼儿园不是"公共"的,而是"专供"的,即只招收本级机关干部职工的子女,或至少是本单位子女优先,这实际上是拿公众的钱为一小部分人谋福利。这种财政供养机关幼儿园的现象,存在两种不公平:一是对公众及其子女的不公平,二是对私立幼儿园的不公平。

广东省人大财经委有关负责人解释说:目前,部分幼儿园是事业单

位，按照我国财政体制，都会给予财政预算安排，这和其他事业单位是一样的，所以预算编制本身并无不妥。言下之意，既然是事业单位，财政预算当然应该有安排。但这种事业单位该不该存在，本身就是个问题。随着我国事业单位改革的不断推进，绝大多数幼儿园已经脱离了财政的供养。据广东省政协委员吴翰、吴潭伟调查，广东省享受财政全额或差额拨款的幼儿园约410所，不到总数的4%。

目前，我国实行的是九年制义务教育，学前教育并不在义务教育的范围之内。诚然，很多地方确实存在着"入园难、入园贵"的问题，但这并不意味着政府应该大包大揽。只要社会有需要，自然会有人提供服务。市场具有发现价格的机制，随着竞争的充分和市场的规范，服务价格自会逐步趋向合理。政府应该做的，是加强监管、提供服务。如果财政有余力，也可以对幼教机构进行补贴或者给予税收等方面优惠，但补贴或优惠应该是普惠式的，而不能只是惠及部分幼儿园，更不能成为机关干部的福利。

其实，党政机关直属的幼儿园不只存在于广东，在全国很多地方都还有不少。这些幼儿园是计划经济遗留下来的"尾巴"，应当下决心割掉，而作为改革开放前沿阵地的广东，更有理由率先行动。

（2011年1月26日）

实现教育家办学须解三道"扣"

林 尧

> 理顺管理部门与学校的关系、学校内部治理的关系、学校与社会的关系，实现教育家办学，任重道远

继为名师配备学术秘书之后，广东惠州市教育改革最近又有新探索：教育局把人事管理权、自主招生权、财务自主权三方面10多项权力下放给试点中学；资源分配向教学一线倾斜，为优秀教师退出行政岗位向名师发展创造良好条件；部分试点学校大幅度精简领导岗位，裁撤处室单位，实行扁平化管理。

像山东、湖南等地此前取消中小学校长行政职级的做法一样，惠州教育系统的这些探索，都是鼓励教育家办学的努力尝试。

提倡教育家办学，归根结底，就是推动教育活动的组织管理按教育规律办事。落实到实践中，要真正实现教育家办学，困难和阻力不小。从大的方面看，至少有三道"扣子"待解。

第一道"扣"，是理顺管理部门与学校的关系。减少行政部门对办学的过多干预，保障学校的办学自主权，首先需要管理部门舍得放权。现在一些地方口头上支持教育家办学，可一到具体的管理问题——教师招聘、工资分配、自主招生、评级评优等，都卡得死死的。这样一来，再好的教育家也办不好学。

另一方面，管理部门放权又绝不能把什么都推给学校，放任不管。"放权"绝不等于"弃权"，行政管理部门应该进一步强化服务和监督职能；而要做好这些，责任并不轻松。

第二道"扣"，是理顺学校内部治理的关系。办学是个系统工程，教育家办学，不是校长一人说了算。加强教职工代表大会职能，建立教师委员会、学术委员会、学生代表大会，规范议事制度，推进民主决策，强化群众监督，推行分权制管理，才能实现真正意义上的按教育规律办事。

第三道"扣"，是理顺学校与社会的关系。教育不是存在于真空中，考试制度、就业环境、家长期待，都考验着教育家的能力和智慧。广纳教育贤才、培养优秀师资、调动教师热情、提高办学效率和教学质量，如果目的只是适应旧的人才培育理念和教育制度，只是多培养几个"状元"，就谈不上是教育家办学。真正的教育家，应该有能力整合学校、家庭和社会资源，带动教育模式的创新和社会风气的转变。也只有这样，教育家办学才能赢得更加广泛的支持，实现可持续发展。

实现教育家办学，任重道远。惠州等地的教育改革，在这方面迈出了坚实的步伐，希望能有更多地方、更多学校加入到这个探索的行列中来。有创新的激情，有敢试的勇气，有科学的精神，有坚持的耐性，规律从来都不会亏待它的追随者。

(2011年1月25日)

要"法正"不要"施恩"

杨 凯

公共服务要走向完善,可以差异化,但是不能等级化

近日,杭州飞雪连天,但在许多网友心里,这里有"最温暖的图书馆"。

几年前,杭州图书馆开始对所有读者免费开放,因此也有了乞丐和拾荒者进门阅览;有读者"无法接受",找馆长投诉,馆长褚树青回答,我无权拒绝他们入内读书,但您有权利选择离开。这则"旧闻"在日前被网友在微博"晒"出后,很快引发热烈追捧。有趣的是,在褚树青和他的同事们眼中,自己不过是在做公共图书馆"最正常的工作"。

"无法接受"和"无权拒绝","最温暖"和"最正常",在这里,我们看到了两层耐人寻味的心理错位。

无法接受跟乞丐、拾荒者同室读书,大概出自一种很微妙的心理。或许,有的读者认为,这与图书馆的氛围不协调。

"无法接受"的人可能没意识到,在一个公共图书馆里,所有人都是"读者"。不管你在进门之前是儒是丐、是"金领"是"蓝领",进了这扇门,都是读书人。公共图书馆"无权拒绝"一个进门读书的乞丐,借古典名著里的人名说吧,并非"施恩"——额外的照顾,而是

"法正"——正常的管理。

于是,我们又看到了第二个层面上的错位,为什么作为提供公共服务的公共机构,一次"最正常"变成了网友心中的"最温暖"。

最近看到一位海外华人写的网帖,说一朋友回国给儿女办婚礼,耗资糜费,气派非凡,但此兄最为得意之处却在于找人疏通关系后,迎娶车队途经收费站一路绿灯、分文未纳,省钱事小、面子事大。这种拥有特权的感觉大概让当事人"很温暖",但也让他人看到,代价是公共服务的"不正常"。

类似现象,并不少见。医院看病,有些人能让院长出面打招呼;孩子上学,有些人会拿着条子来挑学校;春运了,有些人恨不得去找铁道部部长搞票。"我这么做是有本事,你这么做那还了得",这种意识一旦发展成为实践,就演化成了特权。而面对特权,又总有些"职责"一次又一次被"潜伏",日积月累,本来"正常"的工作变得藏头缩尾,"不正常"的事情倒显得理直气壮,进而败坏整个社会风气。

国家的法规政策、公共机构的章程条款,本是从为大多数人服务的角度出发设计,理所当然体现着平等的精神。杭州图书馆之所以"最温暖",正因为它正常践行了公共机构的职责,说白了,就是让大家感受到了平等带来的阳光;但从另一个角度来看,说它"最温暖",也恰恰是因为目前这样的温暖还不够多。

这点值得所有的公共机构管理者深思。以前有一首流行歌,"特别的爱给特别的你",公共机构应该慎唱。公共服务要走向完善,可以差异化,但是不能等级化。否则这不是在提供服务,而是在制造鸿沟。

(2011年1月24日)

平衡利益才能和谐发展

范正伟

> 通过对公共利益的界定、谈判能力的平衡、程序正义的维护,为合法行政权力的实施提供制度支撑,为正当民众权益的保护打造法律之盾

在我国法治建设与社会发展进程中,1月19日国务院审议并通过的《国有土地上房屋征收与补偿条例》(以下称"新条例"),无疑写下了浓重一笔。

自2007年首次审议以来,这部条例修改与制定,始终牵引着亿万群众的目光,伴随着对多方意见的征集。一部行政法规在出台前两次公开征求意见,在新中国的历史上是第一次;超过10万条的意见建议所承载的,不仅是"开门立法"的诚意,更是对制度进步的渴求。

改"拆迁"为"征收",取消"行政强拆",界定"公共利益"……在《物权法》出台3年的语境中,在拆迁矛盾纠纷增多的背景下,面对一些人"没有强拆就没有新中国"的思维,《城市房屋拆迁管理条例》的废止和新条例的施行,是对发展理念的一次认真梳理,对我们正确认识所处的发展阶段、彰显政府的公共性、重申司法的中立性,都具有深远的意义。具体表现为:

公共利益的明晰化。在我国工业化、城镇化快速发展阶段,统筹兼

顾发展的普惠性和维护被征收群众的正当利益，具有重要意义。新条例明确规定，因国防、外交需要，组织实施能源、交通、水利、教科文卫体、资源环保、防灾减灾、文物保护、社会福利、市政公用等公共事业需要，以及保障性安居工程建设需要，政府可以实行房屋征收。这是我国立法首次对公共利益作出具体界定，符合现阶段的基本国情和改革发展的实际需要，符合最广大人民群众的根本利益。

强制征收的司法化。司法终极裁决是法治社会的特征。过去政府强拆时"既当裁判员，又当运动员"，被拆迁人缺乏有效的救济途径。新条例取消了行政强拆，规定由政府"依法申请法院强制执行"，保证了双方力量的平衡性。

补偿标准的市场化。按市场价补偿才是公平的补偿。与旧条例相比，新条例对被征收人的补偿更为明确，不仅列举了补偿的内容，同时规定补偿"不得低于房屋征收决定公告之日被征收房屋类似房地产的市场价格"，并将市场价的确定交由中立的第三方评估机构，保证了补偿标准的客观性。

征收过程的程序化。程序公正是维护公信力的关键。新条例提高了对征收补偿方案的公众参与程度，规定多数人意见不一时要组织听证会，并要求将被征收房屋的调查结果和分户补偿情况在房屋征收范围内向被征收人公布，保证了征收行为的透明性。

改革开放30多年后，中国社会进入了利益博弈时代。政府治理的一个重要内容，是调整各种利益关系，维护最广大人民的根本利益。利益博弈须有规则，法律则是重要手段。对房屋征收与补偿而言，如果权力没有制衡，权利没有救济，行政强拆的推土机便难以刹车熄火，"以闹取利"的钉子户也会日益增多。

从这个角度看，新条例无论是公共利益的明晰化、强制征收的司法化、补偿标准的市场化，还是征收过程的程序化，都是在建立一种公平的利益博弈机制，通过对公共利益的界定、谈判能力的平衡、程序正义的维护，为合法行政权力的实施提供制度支撑，为正当民众权益的保护打造法律之盾。

法律的生命力在于实施。新条例的颁布，为房屋征收补偿过程中公

平正义的实现打下了坚实基础。而新条例的落实,还有待于我们克服土地财政的诱惑,尊重司法的独立性,并始终保持对人民和法律的敬畏,使制度的进步真正惠及民众、推动和谐发展。

(2011年1月22日)

让公共财政的阳光更温暖

百 合

> 财政的每一分钱都是人民的血汗换来的,任何部门和个人都不应该、也没有权力从中牟私,乱花浪费

财政部最新公布的数据显示,2010年全国财政收入突破8万亿元,再上新台阶。

近年来,全国财政收入保持了强劲增长势头:从2005年财政收入超过3万亿元,2008年跃上6万亿元,再到2010年突破8万亿元,年均增长达到20%。财政收入持续增长,主要得益于经济的平稳较快发展。

财政的钱多了,怎么花是百姓最关心的问题。这些年,优化财政支出结构,加大民生领域的投入,一直是财政工作的着力点:农村和城里的孩子享受免费义务教育,基本医疗保障体系逐步覆盖城乡,低收入群体的生活有了最低保障,保障房建设不断提速……刚刚过去的2010年,国家财政在教育、医疗卫生、社会保障等民生领域的支出,全部超过年初的预算。广大群众也切身感受到,公共财政的阳光越来越温暖。

然而,与优先保障和改善民生相比,有些财政的钱就没有花到正地方。比如,有的地方经济发展并不快,财政也并不富裕,但政府和有关部门建的办公楼却是超一流水准,配套修建的大广场上,小桥流水,花

团锦簇。也有的部门添置办公用品"狮子大开口",只买贵的,不买对的,"天价采购"之类的事情时有发生。这些大手大脚的花钱、慷国家之慨的行为,令人心寒。

虽然财政收入增加了,财政的日子好过了,但还远未到敞开花钱的时候。总体上看,我们在民生领域的欠账很多,医疗、养老、就业等方面的保障水平还很低,政府提供的公共服务仍有待提高,急需花钱的地方还很多,财政收支矛盾仍十分突出。

因此,财政支出仍需要精打细算,"好钢用在刀刃上",将有限的钱用在多办关系国计民生的大事上,用在解决人民群众最关心、最直接、最现实的利益问题上。特别是要坚决制止和杜绝"政绩工程"、"形象工程"等各种形式的铺张浪费,严格控制公务接待费、公费出国、公费购车等方面的支出。家大业大,花钱却不能大手大脚。

说到底,财政的每一分钱都是人民的血汗换来的,财政的钱取之于民,更要用之于民,任何部门和个人都不应该、也没有权力从中牟私,乱花浪费。财政花出去的每一笔钱,都应该仔细掂量。可花可不花的钱,一定不能花,需要花钱的项目,要经过充分论证,确保资金花到实处、花出效益,让人民群众得到更多实惠。

(2011年1月21日)

应该从"德孝治县"中想到什么

陈 方

> 坚持德才兼备、以德为先的用人标准,具体到操作层面,仍有不少经验需要探索、不少难题需要破解

近日,河北魏县一项关于干部任用的规定引起舆论关注。在此之前,甘肃金昌、山西河津等地出台的类似规定,也曾引来众议纷纷。

对领导干部,"德"的考量无疑至关重要。党的十七届四中全会通过的《中共中央关于加强和改进新形势下党的建设若干重大问题的决定》,强调"坚持德才兼备、以德为先用人标准"。这是党对干部选拔任用工作历史经验的科学总结。对于这一点,毫无疑问,全社会有着广泛共识。

至于为什么魏县的"德孝治县"会引来质疑,恐怕主要还在于考核官员的"德",究竟应该采取怎样的方式和标准。比如,中国传统文化中有"忠孝不能两全"之说,在这种语境下,"不孝顺"父母的官员是否肯定就不是好官?一名干部是否孝顺,应该由谁来加以评判?家人的认定,是否可以作为绝对的标准?这些问题不考虑清楚、不回答明白,遭受质疑也就在所难免。

毋庸置疑,干部的"私德"也是"德"的重要方面。这也是魏县干部群众认可"德孝治县"的重要原因。同时,"无德不孝一律不考

虑",并不意味着"提拔干部唯孝是举"。从这样的角度讲,真正值得担心的,是考核"德孝"的具体方式。

按照魏县的规定,提拔干部在组织考察环节中,将认真调查了解考察对象在孝敬双亲、夫妻关系、教育子女等方面的情况,并由其父母、岳父母、公婆、配偶等写出德孝方面证明材料;凡是德孝方面有问题的干部,实行"一票否决"。由此可见,干部的"私德"是由"自家人"来考核的。而到了现实层面,为人父母者大都"望子成龙"、"望女成凤",又有多少父母会因为孝顺问题来牵制儿女仕途的升迁呢?由是观之,公众担心该制度会沦为"花拳绣腿"不无道理。

有人就此提出,在此项指标考核中进一步加大"自家人"之外的其他群众的发言权,"德孝治县"的措施价值也许就能更好地实现。果真如此吗?俗话说,"清官难断家务事",尤其是对于"孝心"这种主观性很强的指标,要求外人来做评判,恐怕也不是那么容易。

概而言之,"德"是一个很广的概念,"孝"只是其中一项指标,而且认定难度较大、认定成本较高。在这样的情况下,虽不可否认"德孝治县"的良好初衷,恐怕也不能对它寄予太高的期望。围绕河北魏县"德孝治县"展开的诸多讨论,其价值在于提醒我们,坚持德才兼备、以德为先的用人标准,具体到操作层面,仍有不少经验需要探索、不少难题需要破解,任何"一抓就灵"的想法都是不现实的。

(2011 年 1 月 20 日)

用好司法的"测震器"功能

吴丹红

> 如果每个部门都能守土有责,不仅可以增强司法的公信力,也会让更多的人信任法律、选择法律

河南农民时某因被指控8个月偷逃368万余元高速公路通行费,而被平顶山中院以诈骗罪判处无期徒刑,经媒体报道后引起社会广泛关注。该判决生效后又峰回路转,其弟供述,时某是替其顶罪,法院决定重审此案。1月16日,河南省高级人民法院和平顶山市中级人民法院联合召开新闻发布会,宣布对该案中主管院长、庭长和主审法官等相关责任人就审查不细、把关不严进行问责。

从去年对赵作海错案启动再审程序,到此次的司法问责,河南高院的及时纠错,不仅表明法院有勇气直面自己体系内的问题,也让我们认识到,尽管司法领域各司其职,尽管问题的出现原因很多,但如果每个部门都能守土有责,都能践行"群众路线",摆脱利益羁绊、维护公平正义,不仅可以增强司法的公信力,也会让更多的人信任法律、选择法律。

当然也应看到,审判阶段出现的问题,许多时候根源未必在审判本身。审判只是正义的最后一道防线,处于问题解决的下游。社会层面遗留的问题夹杂着法律层面上的困境,传导到了作为神经末梢的案件审判

上。当社会纠纷中产生的矛盾不能得到及时疏导，累积下来的包袱有可能像"最后一根稻草"，成为司法难以承受之重。即使退缩到刑事诉讼领域内讨论，我们同样可以发现在案件的审查判断上仍未脱离"接力棒"模式的老毛病。除非有重大证据变化，否则后一诉讼阶段都是对前一阶段的确认和配合，纠错功能难以发挥。一旦侦查或审查起诉存在问题，错误地立案或起诉，考虑到未决羁押可能带来的国家赔偿问题，法院只能被动地作出有罪甚至罪重的认定。

偷逃过路费案的离奇判决，挑战了人们的日常性判断，稀释了社会对法院裁判的认同度。如何让审判沟通社情民意？就现行制度而言，检察院有人民监督员，法院有人民陪审员，实际上都能在沟通民意的基础上促进司法机关公正办案。只是，人民陪审员"陪衬化"现象，使他们并不能像制度预设那样参与重大案件的决策，而不参加庭审过程的庭长、主管院长等审委会成员却有实质上的决定权。人民监督员的监督范围，也只限于检察院自侦的职务犯罪案件，而不包括普通刑事案件。其实，此类可能在社会上引起巨大争议的案件，恰恰最需要有随机选取的普通民众以自由、诚实和秉承良知的参与，并发挥其在合议中对案件的影响力，同时监督法官的审判过程。

最高人民法院院长王胜俊曾指出，"只有坚持司法的人民性，司法制度才会有无限的生机活力；反之，偏离司法的人民性，司法工作就会陷入困境和险途。"作为社会公正的"测震器"，司法的敏感神经能感受到许多社会问题的症结，因此也可以让更多的民众参与司法，不断提高人民群众参与司法的质量，不断丰富人民群众感受司法的方式，正义的实现就会更加直观，法治的前景也会多一份希望。

(2011年1月18日)

面对公务接待潜规则

郝 洪

> 面对公务接待潜规则,我们恐怕不能止于简单的"诫勉谈话、限期整改"

因网络举报公务接待费超标而牵出的一桩案子,成为最近颇受关注的"网事"之一。网友热帖追踪,舆论热切关注,持续多日。这多少令人觉得有些奇怪——为何一个县级市审计局3年近百万元的公务接待费,会引来如此规模的"围观"?

被曝光的海门市审计局,其3年所支出的近百万元公务接待费中,有60多万元是预算内开销。换言之,海门审计局平均一年20多万元的公务接待费是正常而且合规的。只要不太出格,公务接待如何支出、为谁支出,公众一概不知,更难有机会发表评论。

问题是,不知何种原因,海门审计局的部分公务接待项目和支出明细被拿到网上"晾晒"了。而这粗粗的一"晒",就"晒"出了海门审计局局长的贪腐丑闻,"晒"出了公务接待的另一面——"公款社交"。

据海门市对该市审计局的调查结果,海门市审计局两天对四川绵竹市审计局一行15人的接待,花费2.7万多元,多是用于参观与吃喝,真正工作交流的时间仅半天。对此,海门审计局局长的解释是"礼尚往来"——此前,该局多次派人到绵阳交流学习、援助物资,虽然援

助数额不高,但对方接待规格很高,不仅绵竹审计局领导亲自到机场迎接,而且活动中对方都是全部出场接待。

去年下半年,山西古城平遥曾自曝公务接待不堪负重,最多的时候,一年"公务接待"10万人次,仅门票一项就少收入1200多万元。如果说平遥的公务接待之痛有现行行政审批体制下的无奈,那么,海门审计局则暴露出公务接待被异化的某种现实——迎来送往之间,交流的并不是信息与经验,而是某些人的私人感情;推杯换盏之时,连接起的并不是部门之间、地方之间的合作纽带,而是一些私人利益链。

来而不往非礼也,学习交流变身为参观旅游,这样的事并非海门审计局独有。事实上,海门审计局3年公务接待近百万元的花费不过是"公款社交"的冰山一角。

据报道,处理结果已出台,海门审计局局长受到党内严重警告和行政降职处分。需要说明的是,这一处分并非针对这一场超规格的公务接待,而是针对由此牵出的其他腐败案;对公务接待超标一事的处理,不过是诫勉谈话、限期整改。

海门审计局被限期整改了,那些仍然在"公款社交"潜规则之下逍遥的其他地方、其他管理部门和权力机构,公众该如何监督?是不是该像海门一样,将包括公务接待在内的各项行政预算公开寄希望于零星的网络"晾晒",将对权力的监督寄希望于偶然的网络举报?面对公务接待潜规则,我们恐怕不能止于简单的"诫勉谈话、限期整改"。

(2011年1月17日)

重视消除"百慕大"现象

李泓冰

> 唯有从制度建设的本源入手,才能从根本上防范职务犯罪,消除所谓"百慕大"现象

有人把十余年来某地交通厅长的"前腐后继",形容为"百慕大"现象。其实不确,自然界的"百慕大"独一处而已,某些特定领域腐败的"百慕大",却时有所闻,不独一地。

要致富,先修路,改革开放之后,各地修路热情高涨。中国的各级道路,特别是高速公路等迅速铺展,投资往往数千万甚至过亿元,其间蕴含着巨大的利润空间。不法承建商向官员行贿的出手也很"大方",制衡与监督机制又严重缺失,让一些既有审批权又有工程指挥权、拨款权和验收权的官员情不自禁,贪欲丛生。曾有查办过多起交通腐败案件的检察官感叹:利润丰厚,且建设资金在交通系统内部封闭运行,双重效应的叠加成为引发职务犯罪的重要原因。

还有一则新闻让人深思。河南禹州一农民用两台运沙车假冒军车,8个月内在高速公路上通行2361次,偷逃过路费368万元,被河南平顶山市以诈骗罪判处无期徒刑。不言而喻,偷逃国家税费应该惩处。然而各地道路的超载超限和千方百计"节省"过路费的现象屡禁不绝,和腐败在某些领域多发联系起来,其间或许存在一定的关系。物流成本的

高昂,表明各地收回道路建设投入的急迫。然而,多处道路早已过了当初承诺的收费期限,仍然照收不误,这里面的"账",究竟有多少肥了承包商,并从他们手中进了多少人的私囊呢?物流成本居高不下,是否全然合理,是否需要重新考量?

交通物流一向被视为国民经济顺畅运行的润滑剂,甚至有命脉之重。交通领域的"梗阻",不但伤及经济健康运行,更伤及党和政府的形象,伤及百姓的信任。

胡锦涛总书记新年伊始在中纪委六次全会上发布反腐动员令,明确提出要"严肃查处重点领域和关键岗位发生的腐败案件,坚决遏制腐败现象易发多发势头"。近年各地一再查处某些部门的多发案件,也表明了重点领域反腐的力度和决心。

总书记讲话中有两个关键词:"标本兼治"和"惩防并举",值得高度重视——唯有从制度建设的本源入手,才能从根本上防范职务犯罪,消除所谓"百慕大"现象。

(2011年1月14日)

不要随意动用警力参与拆迁

陈杰人

> 一旦警察参与征地拆迁,很多本属商业关系的矛盾就会转化为被拆迁人和地方政府的矛盾

1月10日,湖南省委常委、公安厅长李江明确表示,严禁全省各级公安机关参与征地拆迁等非警务活动;同日,贵州省委书记栗战书强调,在进行征地拆迁等工作时,不得动用警力参与。

在征地拆迁不时引发群体性事件的背景下,有的地方明令禁止警察参与拆迁工作,这既是对中央精神的认真贯彻,也是符合实际的明智选择。

早在2010年5月,国务院办公厅就发出了《关于进一步严格征地拆迁管理工作切实维护群众合法权益的紧急通知》,要求严查各地违法拆迁行为,对随意动用公安民警参与强制征地拆迁造成严重后果的,要严肃追究有关党政领导的责任。

如此明确而严格的规定,一是鉴于一些地方征地拆迁中发生了死伤事件,群众反映强烈,社会影响恶劣,二是考虑到征地拆迁问题的敏感性及其与群众利益的攸关性。

在我国,随着市场化、城镇化和法治化的推进,一方面,土地作为资源要素的重要价值日益凸显;另一方面,有关利益方围绕土地的矛盾

日益激烈，征地拆迁如果稍有不慎，就可能产生恶性后果和连锁反应。

问题如此敏感，不等于不要征地拆迁，而是说，征地拆迁必须建立在一些基本原则之上——如尊重群众合法利益、商业拆迁必须严守公平自愿、公益拆迁应当严格依法依程序进行、行政和司法权力应该保持中立并超脱于任何利益方。

拆迁中随意动用警力，危言很多。首先，对商业拆迁而言，警察的介入打破了应有的平等协商格局，往往削弱了被拆迁方的谈判能力；其次，警察职责法定，介入拆迁事务往往师出无名；再次，警察参与拆迁，让拆迁方有了更多"牛气"，更容易侵犯被拆迁方的合法利益；第四，一旦警察参与征地拆迁，很多本属商业关系的矛盾就会转化为被拆迁人和地方的矛盾，不利于社会的稳定和谐。

应当看到，警察参与征地拆迁行为，往往是被迫而为。要真正禁绝此类现象，就需要地方自觉贯彻执行中央精神，杜绝滥用警力，真正保持政府权力的利益超脱。

（2011 年 1 月 13 日）

遏制"土地违法"须打破"利益格局"

徐立凡

保证土地管理形势的持续好转和真实可控,需要强化财政制度、土地管理问责制度等方面的综合配套措施

国土资源部有关负责人日前表示,2010年违反土地政策供应的现象主要集中在房地产项目上,今年将对约60个全国重点地区进行例行土地督察,目前已有20个县市一把手被土地督察部门约谈。

一些地方存在的土地违法违规行为,不仅是房地产市场无序发展的主要推手,而且降低了土地使用效率,加剧了征地用地矛盾,损害了农业发展和农民利益,增加了地方政府的债务风险,留下了不法寻租的巨大空间。治理土地违法违规行为,不仅是经济健康发展的需要,也是避免社会矛盾激化的需要。

但也要清醒地看到,由于利益盘根错节,治理土地违法违规行为会遭遇强大的阻力。对土地财政的严重依赖和GDP崇拜情结,让一些地方对于土地违法违规行为既缺乏监管自觉,也缺乏查处动力。在政绩考量下,地方擅自调整土地总体规划占用基本农田,非法批地,重点工程占地边报边用、未报即用等情况并不鲜见。

事实表明,保证土地管理形势的持续好转和真实可控,不仅需要强化单兵突进式的土地整治行动,还需要强化财政制度、土地出让金管理

和土地管理问责制度等方面的综合配套措施。

其一，通过财税制度改革平衡全局利益和地方利益，减少地方政府对于土地财政的依赖。

其二，把监管的边界扩大到资金上来。2010年全国土地出让成交总价款2.7万亿元，创下新高。土地交易的繁荣固然标志着经济向好，但也可能包含着不当收益。这种收益体现在地价上，就是地价的非理性上涨，并会最终体现到房地产价格上。此外，一些地方对于土地出让金中保障房提成部分的足额缴纳执行并不积极，这同样会增加解决住房需求的难度。

因此，将监管边界延展到资金上来，将土地出让金的收取和使用置于法律法规监管之下，是提高督察效果的必要环节。

其三，问责要及时透明。国土管理部门的问责权限是"既处理事，又处理人"。根据要求，如果地方违法违规土地面积达到当年新增建设用地面积15%以上的，其行政首长就要被问责。土地清查治理进展到了哪一步？是否存在违法违规土地面积超越"红线"需要问责的现象？问责程序如何展开？执法程序透明，问责才能真正落地，法律尊严和政府公信力才能真正体现。

从根本上说，治理土地违法违规行为，应是打破违法违规利益格局、转变地方行政方式的重要部署。而严肃纪律、改进监管方式，才能让这一步扎实地走下去。

(2011年1月12日)

抵制"金币诱惑"才能杜绝"血铅事件"

武卫政

> 面对一些涉铅企业的"金币诱惑"和"摇钱树功能",光靠环保部门监管必然独木难支

新年伊始,安徽省怀宁县发生血铅超标事件,引起广泛关注。

近几年,血铅事件一次次牵动人们的神经。2009年发生了6起较大血铅事件,2010年发生9起较大血铅事件。这些事件大多呈现这样一条轨迹:当地群众尤其是儿童身体受到损害——医院检测,证实血铅超标——媒体曝光,引起舆论关注——政府采取经济补偿和医疗措施,安抚群众——舆论压力进一步加大,上级部门介入——政府处理责任人,关停污染企业——事件淡出舆论视野……

对于这一轨迹,人们质问:血铅事件为什么屡屡发生?"前车之覆"为什么没能成为"后车之鉴"?

毋庸讳言,血铅事件是粗放发展方式的必然结果。当前,在一些经济欠发达地区,存在着不少工艺水平落后、污染严重的铅冶炼、铅回收和铅酸蓄电池企业。在当地一些干部眼里,这些涉铅企业是高利润、高税收的"摇钱树",从而在招商引资和日常监管之中,给予种种照顾。血铅事件的发生,表面上看是企业环境意识淡薄、长期违法排污所致,根源还在于企业受到地方"特别保护",有恃无恐。

不少国家都有涉铅企业，问题在于，涉铅企业具有很大的环境风险，一个地方引进这类企业，既要严把源头准入这一关，也要严把日常监管这一关。令人遗憾的是，许多地方发生血铅事件，恰恰是由于两个关口都没把住。

有消息称，怀宁县的那个污染肇事企业，居然还是县环保局帮助引进的，没通过环评就开始了试生产。就职能而言，县级环保局本来就不应该承担招商引资职能，退一步讲，考虑到地方发展的现实，如果一定要给环保局摊派招商引资任务，也应该要求它引进先进的、环保的企业，怎么能"捡到篮里就是菜"呢？

当然，即便引进了先进生产力，也不意味着就可以放松环境监管。陕西某地工业园引进的企业铅冶炼技术达到国际先进水平，但在2009年仍然引发了血铅事件，其主要原因就是环境管理未能同步。在一些国家，对涉铅企业污染源控制以及对厂区周围水、空气中铅的监测有着严格的要求，但国内有的企业却只重视生产，而忽视对周围环境和群众健康的保护，值得深思。

应该看到，涉铅企业很多处于经济欠发达地区，而这些地方环境执法能力严重不足，多数县级环保局不具备监测铅及其化合物的能力，这就要求环保部门加强自身能力建设，严格监督，履行环保责任；同时更要看到，面对一些涉铅企业的"金币诱惑"和"摇钱树功能"，光靠环保部门监管必然独木难支，更需各级政府树立科学发展理念，通过加快转变经济发展方式，真正走出发展"见物不见人"的误区，切实维护群众身体健康和环境安全。

（2011年1月11日）

诚信与"实名制"同样重要

邓海建

相较于完美无瑕的制度，一个因诚信而立的社会同样值得期待。

北京少数水果批发市场最近出现了一种怪现象：个别不法商贩在苹果纸箱夹层中灌入水泥，以增加成箱苹果的重量。面对这种造假手段，职能部门只得以"实名制"来监管苹果的流向。

道高一尺魔高一丈。从某种意义上说，即便有了苹果"实名制"，也未必能确保非法逐利的冲动不会突破制度的防线。当年，"阳澄湖大闸蟹"为了防伪，给每只螃蟹的脚上挂上地理标识，但随后各色湖塘出产的毛蟹都穿上了"防伪标志"，一度令消费者真假莫辨。

"实名制"的苹果或许能减少虚假的分量，却无法驱散人们的忧虑。客观地说，市场失范既是制度问题，也是道德问题。成熟的市场经济从不讳言诚信的意义和价值——这当然不是推卸监管部门的责任，但我们也当看到，任何制度都不可能达到完美，监管的效能终归有个限度。在千变万化的市场中，道德自律具有不可或缺的意义。

成熟的市场经济应当是讲道德、讲诚信的经济。历史也一再证明：没有诚信等最基本的道德观念，市场经济的"自我调节"迟早会引发无可规避的灾难。

经济领域如此，社会领域也不例外。最近的"深圳保障房事件"引起多方关注，审查工作历时一年，从初审、复审到终审，三次审查三次公示，相关部门的确也做了不少工作，但最后仍"有确凿证据证明大概有20余户申请者隐瞒了房产、自有用地"。我们在反思制度缺陷、监管乏力的同时，也该反思：为什么开着豪车、住着豪宅的市民毫无愧色地与困难群众去争保障房？公民应有的诚信意识与悲悯情怀去了哪里？

民无信不立。经济社会越是发展，越是需要诚信有序的人文环境。一方面，诚信是市场秩序的保障，有了公平公正的买卖，才有生产与消费的良性发展；另一方面，诚信是文明进步的基石。它不仅能减少人与人之间的交易成本，且有助于弥补法令制度的缺陷。

这些年，社会上不乏"制度依赖"、"立法依赖"等工具理性思维。出了问题就骂制度，有了纰漏就怪法律不严密。其实，即便制度建立健全了，一些症结也未必能得以有效纾解。道理很简单，我们往往忽略了诚信的力量，忽略了诉诸道德的"良方"。

打击假冒伪劣也好，反腐倡廉也罢，制度固然要硬起来，但作为制度规制对象的人，也须构筑起诚信的防线。相较于完美无瑕的制度，一个因诚信而立的社会同样值得期待——而制度与道德两相契合，也正是社会和谐的方向。

（2011年1月10日）

消除"被精神病"的恐惧

王松苗

只有以自愿为原则,非自愿为例外,才能最大限度地保障精神障碍者的权益

1月4日,疑因举报被送入精神病院14年的湖北省十堰市竹溪县公务员郭元荣被接回家。竹溪有关部门称,起初是"公安机关侦查发现郭精神异常",遂送郭到医院进行鉴定,并经郭家人同意入院治疗。

从上述解释中,不难发现两点:一是启动精神病鉴定的机构是公安机关,二是这种治疗得到了其家人的同意。至于郭元荣本人的态度,则一字未提。

平心而论,对多数精神病患者的强制治疗都出自善意且具有相当的正当性。据中国疾病预防控制中心精神卫生中心估计,我国各类精神病患者数量相当大,其中大约1600万是重症患者。而重症患者中,只有20%到医院就医,另外80%流散在社会,得不到有效的治疗。

无论从社会利益还是患者自身的利益考虑,对精神病患者进行一定的强制治疗都是必要的。但也应该特别注意,这种非自愿住院治疗对精神病患者形成了强制,稍有不慎,极易演化为诱发纠纷的火药桶。

虽然我国《治安管理处罚法》对违反治安管理的精神病人,规定责令其监护人严加看管和治疗,但这种"治疗"并不必然等于"强制

治疗"。按照《立法法》规定，限制人身自由的措施，应该由全国人大及其常委会制定的法律予以授权。

要使非自愿住院治疗程序正当合法，切实免除公民"被精神病"的恐惧，应当回答三个问题：

第一，强制住院，疾病应严重到什么程度？对非自愿住院治疗，目前各地依据的"精神病人入院收治指征"，只是卫生部2001年11月《关于加强对精神病院管理的通知》中的一个附件。其内容不仅缺乏上位法授权，而且其中一些用语也不乏歧义。比如，在"越不承认有病，越证明有精神病"的习惯性认知背景下，"拒绝接受治疗或门诊治疗困难者"即可强制收治这一条，就有误伤健康人的危险。

第二，强制治疗，该由哪些人说了算？监护人、近亲属、所在单位等个人或机构是否有权对疑似精神病人强制送治？怎样防止家属、单位与当事人发生矛盾而可能造成的迫害性强制？立法应当对监护人资格取得的司法程序、医院的收治程序，以及行政执法部门的阳光操作作出规定，增加收治管理和康复治疗的透明度，特别要加强监督，防止公权力滥用。

第三，住不住院，"精神病人"有无选择权？充分尊重患者本人的意志是所有医疗行为的基础性前提。只有以自愿为原则，非自愿为例外，才能最大限度地保障精神障碍者的权益。

总之，从根本上免除人们对"被精神病"的恐惧，解决上述三个问题仅仅是个基础。"无危险，不强治"，应融入立法精神，成为执法理念。

(2011年1月7日)

公安"给力"带给我们什么

黄庆畅

> 打击犯罪、服务群众，不可能一劳永逸，公安"给力"还需再发力

刚刚过去的2010年，中国公安机关在人们的脑海中，刻下深深烙印——"给力"。1月3日，由人民网评选的"2010公安十大'给力'行动"结果揭晓，全国打黑除恶、足球打假反赌、扫黄风暴、重大恐怖组织案件告破、"零容忍"整治酒驾等榜上有名。

是什么吸引网友力顶公安工作？公安工作"给力"又给老百姓带来了什么呢？放心、信心、舒心，是网友用鼠标给出的答案，也是群众对公安工作的充分认可。

公安"给力"，群众对社会治安感到放心。当前，我国正处于改革攻坚期、矛盾凸显期，特别是过去的一年，大事多、喜事多、难事也多。在这样的情况下，2010年我国社会治安持续好转，群众安全感明显提高。其中，公安机关功勋卓著，功不可没。

本着"人民群众最痛恨什么犯罪，就重点打击什么犯罪；哪里治安问题突出，就重点整治哪里"的思路，公安机关全力以赴，依靠科技创新手段、注重实效、强调法治，严厉打击影响群众安全感的暴力犯罪、涉枪涉爆犯罪、黑恶势力犯罪、电信诈骗犯罪、拐卖儿童妇女犯

罪、"两抢一盗"犯罪和"黄赌毒"等违法犯罪,打掉了犯罪分子的嚣张气焰,让群众拍手称快。

公安"给力",增强了人们对惩治腐败的信心。公安机关的一举一动,老百姓看在眼里,心里也在琢磨打量。足球打假反赌之初,人们欢呼的同时,曾担心"水太深,查不下去";扫黄风暴刮起,也有人估计"有背景的,风刮不倒"。后来人们看到,中国足协原副主席谢亚龙、南勇、杨一民和"金哨"陆俊等一条条"大鱼"落网;有些"神秘"、具有几分风向标意义的北京"天上人间",被依法查处,停业整顿;曾"黑"极一时的重庆司法局原局长文强,终被拉下马、受到法律严惩。一个接一个的"给力"行动,消除了人们的疑虑,也让群众看到了党和国家惩治腐败的决心。

公安"给力",让百姓的生活更加舒心。世博安保、亚运安保,在确保安全的前提下,公安机关坚持以人为本,实施一系列便民利民举措,让人们看得愉快、游得开心。针对涉及小学生、幼儿园儿童犯罪频发,公安机关组织开展"守护天使"专项整治行动,为千千万万家长解决了后顾之忧。酒后驾驶令人痛恨,人人喊打,各地公安交通管理部门积极回应群众呼声,深入开展整治酒后驾驶专项行动,始终保持对酒后驾驶的高压态势,坚持"零容忍",执行酒驾一律拘留等"四个一律",让酒驾致人死亡数下降四成。

打击犯罪、服务群众,不可能一劳永逸。2010年公安"给力"行动,带来了老百姓的平安。人们在充分肯定的同时,也对2011年的公安工作寄予更高期望:"给力"还需再发力。

(2011年1月6日)

违规别墅将走向何方

郝 洪

> 公众质疑的不只是违规企业的肆意妄为，还有违规者对公共资源的任意侵占

抢在2011年新年到来之前，南京中山陵景区内违规扩建别墅事件初步处理方案出台，处理意见很"给力"——停工待查，限期恢复原状。拖了一年悬而未决的中山陵景区内违规扩建别墅事件，终于止步于2010年。

习惯了对违规扩建处理的"罚"字当头，南京市政府一纸"限期恢复原状"的处理意见，让人在意外之余，不禁拍手称快。一直以来，正是摸清了"以罚代管"这一规律，违规搭建者们才有恃无恐、肆无忌惮，以为只要"生米做成熟饭"，交些罚金总能蒙混过关。现在，曾经打着"管理区"旗号的别墅扩建项目也要"限期恢复原状"了，处罚措施动真碰硬，"煮熟的饭"也有被连锅端的可能。

不过，"限期恢复原状"只是中山陵景区内违规扩建别墅事件处理的第一步。人们期待，加快对违规企业江苏德基公司的查处；人们也期待，能依法追究那些对违规建筑视而不见、相互推诿的管理部门的责任。这样，才能真正有力打击违规建设，让中山陵风景区这一公共资源不再被各种商业化开发所蚕食。

倘若该事件仅仅止于"限期恢复原状",中山陵景区内违规扩建别墅事件的警示作用可能仍将有限,无法以儆效尤。因为,从报道来看,南京市政府"限期恢复原状"的处罚令,仍有很大的回旋余地,这些余地有可能令大事化小,小事化了。

中山陵风景区内现有别墅究竟能否扩建?在什么样的条件下可以扩建?管理部门如何担负起中山陵风景区的保护、管理之责?现有的处理意见并未明确回答这些问题。而这,恰恰是中山陵景区违规扩建别墅事件的关键所在——公众质疑的不只是违规企业的肆意妄为,还有违规者对公共资源的任意侵占。如果把中山陵景区内违规扩建别墅事件仅仅看作是一件简单的违章搭建案例,那将会误读民意,偏离事件处理的正轨。

当普通的民众为了保护城市山林、湖泊等公共资源,而逐步搬迁出这些风景如画之地时,别墅豪宅却依山傍湖而起,中山陵景区的别墅扩建风波如是,云南洱海填湖造别墅亦如是。而这,相信绝不是公众所期待的保护与管理。中山陵景区内违规扩建的别墅将走向何方,这不取决于违规者的态度,而是取决于监管者的决心,取决于监管者对公共资源性质的认识,以及将自己放在一个什么样的位置,来管理、保护中山陵风景区这一公共资源。

(2011年1月5日)

楼市调控考验地方政府

刘成友

落实调控政策，需要多方面的努力，尤其依托于地方政府的有力执行

日前，住建部部长姜伟新表示，今年将继续坚定不移地加强房地产市场调控，并适时会同监察部对省、市人民政府稳定房价工作进行考核，对政策落实不到位、工作不得力的，将进行约谈直至追究责任。

人们还记得，3年前，房价一路蹿升时，曾经有过类似上述的说法；半年前，房价近乎脱缰时，也有过类似的说法。遗憾的是，尽管有关部门多次表态，截至目前，人们还没有看到有地方政府在楼市调控中被追究责任。

即便如此，人们还是有所期待。毕竟，在楼市调控中，一个普遍感受是："国十条"等楼市政策的一部分措施，被有些地方在执行时"打折"了。人们期望看到令行禁止、政令畅通，期望调控收效明显、百姓受益。

实际情形是，在很多城市，开发商捂盘惜售现象仍未杜绝，圈地囤地现象仍不同程度地存在；保障房资金落实不到位，工程进展缓慢……客观分析起来，让市场的归市场，市长的归市长，除了流动性过多、通胀预期增强等市场因素之外，有的地方没有担当起相应的责任，或许是

重要症结。

主要表现为：有的地方深度介入房地产行业的惯性没有消除，个别地方明降温、暗托市；限购等各项调控政策在执行中被"软化"；廉租房或经济适用房的供给乏力，个别地方还有虚报数字之嫌……地方执行的"短腿"，让中央调控政策成了扬汤止沸。

地方在调控中动力不足，原因或在于地方利益的考量及其对土地财政的高度依赖。一些地方担心调控可能影响地方经济和财政收入，对如何主动参与调控缺乏考虑和研究。更严重的是，有的地方尝到了土地财政的甜头，他们为获取高额土地出让金，采取种种措施，推高地价，抬高房价，以此换取好看的 GDP 和政绩。这阻碍了楼市调控的成效，损害了群众利益。

落实调控政策，需要多方面努力，尤其依托于地方的有力执行。有令不行，调控就难免"雷声大雨点小"，不仅房价难稳，政府的公信力也会受到损害。在个别地方，对群众有利的政策往往"大的变小，小的变没"，最后文件成了"纸上画，墙上挂"的东西；而一些关涉地方自身利益的政策，则经常是强力执行。这不能不让人警醒。

土地财政不可持续。如何推动地方政府财权与事权相适应，规范土地征收行为，用好土地出让金收入，解决地方政府面临的"钱少事多"的现实难题，这既是行政管理体制改革的迫切要求，也是贯彻落实科学发展观，更好地转方式、调结构、惠民生的必由之路。

(2011 年 1 月 4 日)